I0821086

JEAN COCTEAU
ÉCRITS SUR LA MUSIQUE

Dans la même collection

L'orchestre à cordes sous Louis XIV : instruments, répertoires, singularités, sous la direction de Jean DURON et Florence GÉTREAU, 2015, 472 pages.

Essais de philosophie de la musique : définition, ontologie, interprétation, par Jerrold LEVINSON, textes réunis, traduits et introduits par Clément Canonne et Pierre Saint-Germier, 2015, 288 pages.

L'orchestre au travail : interactions, négociations, coopérations, par Hyacinthe RAVET, 2015, 384 pages.

L'enquête en ethnomusicologie : préparation, terrain, analyse, par Simha AROM et Denis-Constant MARTIN, 2015, 288 pages.

Perception et cognition de la musique, par Stephen MCADAMS, 2015, 248 pages.

Camille Saint-Saëns et le politique de 1870 à 1921. Le drapeau et la lyre, par Stéphane LETEURÉ, 2014, 224 pages.

Darius Milhaud, compositeur et expérimentateur, sous la direction de Jacinthe HARBEC et Marie-Noëlle LAVOIE, 2014, 288 pages.

La steppe musicienne : analyses et modélisation du patrimoine musical turcique, par Frédéric LÉOTAR, 2014, 320 pages.

La musique face au sytème des arts ou les vicissitudes de l'imitation au siècle des Lumières, sous la direction de Marie-Pauline MARTIN et Chiara SAVETTIERI, 2014, 352 pages.

Ernest Van Dyck et Jules Massenet : un interprète au service d'un compositeur, par Jean-Christophe BRANGER et Malou HAINE, 2014, 228 pages.

Michèle Reverdy, compositrice intranquille, par Yves BALMER et Emmanuel REIBEL, 2014, 232 pages.

Les Variations pour piano, *op. 27 d'Anton Webern : essai d'analyse sémiologique*, par Luiz Paulo DE OLIVEIRA SAMPAIO, 2014, 256 pages.

Le compositeur, son oreille et ses machines à écrire : déconstruire les grammatologies du musical pour mieux les composer, par Fabien LÉVY, 2014, 288 pages.

Analyses et interprétations de la musique : la mélodie du berger dans le Tristan et Isolde *de Richard Wagner*, par Jean-Jacques NATTIEZ, 2013, 408 pages.

L'essor du romantisme : la fantaisie pour clavier de Carl Philipp Emmanuel Bach à Franz Liszt, par Jean-Pierre BARTOLI et Jeanne ROUDET, 2013, 400 pages.

Bruxelles, convergence des arts 1880-1914, sous la direction de Malou HAINE et Denis LAOUREUX, avec la collaboration de Sandrine THIEFFRY, 2013, 408 pages.

Du politique en analyse musicale, sous la direction de Esteban BUCH, Nicolas DONIN et Laurent FEYNEROU, 2013, 256 pages.

Écrits de compositeur : une autorité en question, sous la direction de Michel DUCHESNEAU, Valérie DUFOUR et Marie-Hélène BENOIT-OTIS, 2013, 440 pages.

SERGE DIAGHILEV, *Danse, musique, beaux-arts : lettres, écrits et entretiens*, présentés et annotés par Jean-Michel NECTOUX, 2013, 544 pages.

JEAN COCTEAU
ÉCRITS SUR LA MUSIQUE

textes rassemblés, présentés et annotés par

David Gullentops et Malou Haine

Ouvrage publié avec le concours
du Centre national du livre,
de la Fondation Francis et Mica Salabert,
du Fonds pour la Recherche Scientifique en Flandre (FWO-Vlaanderen),
du Centre de Recherche : Littérature, Intermédialité et Culture (CLIC-VUB)

VRIN

La collection *MusicologieS* présente des ouvrages qui répondent aux attentes des mélomanes, des musiciens, des musicologues mais aussi à celles de toutes les personnes qui s'intéressent à la musique et qui souhaitent découvrir et explorer son histoire, son langage, sa place et son rôle au cœur des sociétés occidentales et non occidentales.

La musicologie contemporaine possède de multiples orientations disciplinaires : histoire, histoire de l'art, philosophie, psychologie, psychanalyse, esthétique, sociologie ou anthropologie, pour ne citer qu'elles. Les ouvrages de la collection puiseront à ces univers et contribueront à la connaissance et à la compréhension des musiques savantes et populaires de toutes les époques.

MusicologieS
collection dirigée par
Malou Haine et Michel Duchesneau

Imprimé en Belgique
ISSN 2114-169X
ISBN 978-2-7116-2659-5
www.vrin.fr

INTRODUCTION

Dès son entrée sur la scène culturelle en 1908, Jean Cocteau (1889-1963) s'adonne à la création artistique qu'il étendra progressivement du domaine de la littérature, à ceux de la musique, de la danse, du spectacle, des arts plastiques et cinématographiques. Il écrit des poèmes, des romans, des pièces de théâtre, des essais et pratique le journalisme culturel; il élabore des livrets d'opéra, des arguments de ballet, des chorégraphies [1]; il réalise des mises en scène pour lesquelles il conçoit masques, costumes et décors [2]; il dessine le portrait de nombreuses personnalités, compose une œuvre graphique et plastique, illustre des ouvrages et peint des tableaux; il contribue à de très nombreux courts métrages et films en tant que dialoguiste, scénariste et réalisateur, touche à la tapisserie, la céramique, la création de mode et s'investit dans la décoration d'intérieur et d'extérieur de lieux publics et de chapelles [3].

Outre cette activité débordante, Cocteau se consacre également à la critique musicale. Or, si ses œuvres poétiques, théâtrales et romanesques viennent de faire l'objet d'éditions critiques [4], jamais les écrits sur la musique n'ont obtenu ce privilège. De son vivant, Cocteau s'est employé certes à rassembler une trentaine de ces écrits. En témoignent *Carte-Blanche* (1920) qui réunit les articles parus dans *Paris-Midi* en 1919, ou encore *Le Rappel à l'ordre* (1926) qui reprend les célèbres aphorismes sur la musique du *Coq et l'Arlequin* (1919) et, à leur suite, pas moins de cinq articles et la même série de *Carte-Blanche*. Mais il ne s'agit pas d'une réunion de textes entreprise de façon systématique et critique. Certains articles font preuve de transformations importantes par rapport à leur première publication, d'autres ont été écartés sans raison apparente. De plus, au moment où Cocteau rassemble une partie de ces textes, il n'en est encore qu'au début d'une carrière qui sera par la suite enrichie par bien d'autres écrits sur la musique.

1. Citons, par exemple, *Le Dieu bleu*, *Parade*, *Les Mariés de la tour Eiffel*, *Le Bœuf sur le toit*, *Le Jeune Homme et la Mort*.

2. C'est tout particulièrement le cas de la reprise d'*Œdipus Rex* en 1952.

3. Pour un aperçu de l'ensemble des ouvrages traitant de ces domaines très divers, nous renvoyons à la bibliographie du site scientifique Jean Cocteau : http://www.jeancocteau.net/wiki/doku.php

4. Jean Cocteau, *Œuvres poétiques complètes*, éd. Michel Décaudin, avec la collaboration de Monique Bourdin, Pierre Caizergues, David Gullentops et Léon Somville, Paris, Gallimard, Bibliothèque de la Pléiade, 1999; 2005 (deuxième édition). Jean Cocteau, *Théâtre complet*, éd. Michel Décaudin, avec la collaboration de Pierre Caizergues, Pierre Chanel, Gérard Lieber, Francis Ramirez, Christian Rolot et Jean Touzot, Paris, Gallimard, Bibliothèque de la Pléiade, 2003. Jean Cocteau, *Œuvres romanesques complètes*, éd. Serge Linares, Paris, Gallimard, Bibliothèque de la Pléiade, 2005.

Nous nous devions par conséquent de réunir l'ensemble de cette « œuvre » qui se manifeste non seulement sous la forme très diverse de propos, préfaces, commentaires, articles et ouvrages conservés sous la forme de manuscrits ou diffusés par l'intermédiaire des médias de l'époque, à savoir la presse écrite, l'édition, la radio et le disque, mais qui se distingue surtout par la variété des sujets, des artistes et des genres musicaux traités. Cet état de la question fournit dès lors tous les écrits de Cocteau sur la musique – les premiers remontent à l'année 1910, les derniers à l'année de son décès en 1963 – et constitue un ensemble de 310 unités. Chaque unité représente une version de base et, le cas échéant, l'ensemble des autres versions manuscrites et publiées [5]. Pas moins de 137 dessins originaux ou inédits de Cocteau accompagnent ses propos.

Soulignons que Cocteau connaît les rudiments de la musique : il a reçu des leçons de piano dans sa jeunesse, a pianoté sur le clavier et joué de la batterie en amateur; il a même improvisé et composé une dizaine de chansons [6]. Ses premiers recueils de poésies, *La Lampe d'Aladin* (1909) suivi du *Prince frivole* (1910) font de fréquentes allusions à la musique, autant dans les titres ou leurs contenus que dans leurs formes qui épousent quelquefois celles de genres musicaux. Dans les années 1920, Cocteau montre un intérêt soutenu pour la musique en étant l'impresario de spectacles musicaux pour ses amis compositeurs du Groupe des Six [7].

Qu'entendons-nous par « musique » et par « écrits » ?

Le présent ouvrage rassemble les écrits sur la musique de Cocteau. Du point de vue méthodologique se posent d'emblée deux problèmes : il convient de définir ce que nous entendons par « musique » et par « écrits ».

La notion de « musique » est prise ici au sens le plus large. Elle recouvre tout type de musique et comprend les spectacles, les créateurs, les acteurs et les institutions : musique classique et musique populaire, danse et ballets, jazz et chanson, cirque et music-hall, compositeurs, chanteurs, interprètes, chorégraphes, danseuses et danseurs, compagnies de ballets, salles de spectacle, moyens de diffusion, instruments de musique, etc.

Il s'agit donc de rassembler les écrits de Jean Cocteau *sur* la musique et non ses écrits *en rapport* avec la musique. Ainsi avons-nous écarté les textes de Cocteau mis en musique par divers compositeurs et chansonniers que nous avons recensés précédemment [8], de même que ses arguments qui ont servi de base à des spectacles musicaux ou des ballets (*Parade, Les Mariés de la tour Eiffel, Le Bœuf sur le toit*, etc.),

5. En réalité, notre corpus comprend quelque 900 versions de textes manuscrits et publiés.

6. Malou Haine, « Jean Cocteau et sa connaissance de la musique », dans David Gullentops et Serge Linares (dir.), *Jean Cocteau*, numéro thématique de *Europe. Revue littéraire mensuelle*, 81 e année, n o 894, octobre 2003, p. 248-282.

7. Malou Haine, « Jean Cocteau, impresario musical à la croisée des arts », dans Sylvain Caron, François de Médicis et Michel Duchesneau (dir.), *Musique et modernité en France 1900-1945*, Montréal, Presses de l'Université de Montréal, 2006, p. 69-134.

8. Voir la liste des 614 textes de Cocteau mis en musique dans Malou Haine, « Catalogue des textes de Jean Cocteau mis en musique », dans David Gullentops et Malou Haine (dir.), *Jean Cocteau : textes et musique*, Sprimont, Mardaga, 2005, p. 167-291. Voir également David Gullentops et Malou Haine, « La pérennité musicale de l'œuvre de Jean Cocteau », dans *ibid.*, p. 5-14.

à l'exception de l'argument du *Train bleu* (texte 90) qui, absent de l'édition critique de la bibliothèque de la Pléiade [9], est donné ici.

La notion d'« écrits », quant à elle, est plus délicate à traiter. Dans le cas d'un compositeur, on peut sans doute distinguer ce qui relève de son écriture musicale et ce qui se rapporte à son écriture littéraire. D'un côté, le travail de composition musicale, propre aux activités du métier, exprimant une inspiration créatrice et se traduisant par des notes de musique ; de l'autre, des traités théoriques, des essais esthétiques ou philosophiques, des textes de critique musicale, des introductions relatives à ses compositions, ou encore ses lettres, ses souvenirs, ses journaux intimes, voire éventuellement des entretiens, tous les types de texte qui consistent à expliquer sa démarche créatrice, sa signification et/ou son esthétique ou qui fournissent des informations factuelles.

Emmanuel Reibel distingue ainsi l'*opus musical* (ou *opus de création*) de l'*opus littéraire* [10], encore que certains écrits appartiennent à l'une comme à l'autre catégorie. Les paratextes entourant une composition musicale ne font-ils pas partie intégrante de l'œuvre musicale ? Où classer par ailleurs un livret d'opéra lorsque son auteur est également le compositeur qui en a écrit la musique, étant donné que livret et partition forment évidemment les deux facettes indissociables d'une même œuvre ?

Si les musicologues cherchent depuis quelque temps à concevoir une typologie des écrits de compositeurs, la question demeure : est-il possible d'établir une typologie universelle applicable à tout compositeur et rassemblant tout type d'écrits ? Plusieurs cas d'espèce résisteront toujours à entrer dans un modèle préétabli, et il nous faudra constituer une typologie adaptée.

Dans le cas d'un écrivain, nous sommes en présence d'écrits qui, évidemment, appartiennent à la fois à son *opus de création* et à son *opus littéraire*. Ces deux catégories flirtent l'une avec l'autre, leur ligne de démarcation n'étant jamais évidente, et il paraît difficile de les dissocier. C'est particulièrement le cas chez Cocteau, où ses poèmes, pièces de théâtre, romans, textes mis en musique, arguments de ballets pourraient sans hésitation prendre place parmi son *opus de création*. Mais que faire alors des textes qui échappent apparemment à cette catégorie et qui s'opposent pourtant à une intégration dans l'*opus littéraire*. Certes, il existe une différence sur le plan du registre d'écriture entre, d'une part, le roman, le théâtre et la poésie ; d'autre part, la critique musicale ou les notes de programme. En effet, les écrits critiques ou esthétiques de Cocteau, sa correspondance, ses souvenirs, ses entretiens (tantôt destinés à l'écrit, tantôt restés radiophoniques ou télévisuels), ses préfaces et introductions diverses, ses phrases liminaires accompagnant pochettes de disques, affiches de ballets ou programmes de concert s'inscrivent tout autant dans son *opus de création*. Prenons quelques exemples concrets : les *Portraits-souvenir* (1935), le *Journal d'un inconnu* (1953) ou *Le Passé*

9. Jean Cocteau, *Théâtre complet*, éd. Michel Décaudin, avec la collaboration de Pierre Caizergues, Pierre Chanel, Gérard Lieber, Francis Ramirez, Christian Rolot et Jean Touzot, Paris, Gallimard, Bibliothèque de la Pléiade, 2003.

10. Ces expressions ont été utilisées par Emmanuel Reibel lors du colloque sur les *Écrits de compositeurs* (Montréal février 2012), mais elles ne figurent pas dans la version publiée de son texte ; voir « Quel statut pour les écrits de compositeurs ? Éléments pour une réflexion méthodologique à travers l'exemple d'Hector Berlioz », dans Michel Duchesneau et Valérie Dufour (dir.), *Écrits de compositeurs : une autorité en questions*, Paris, Vrin, 2013, p. 117-133.

défini (huit volumes posthumes publiés à ce jour depuis 1983 et couvrant les années 1951 à 1963 du journal intime du poète) appartiennent à première vue à la seconde catégorie, mais ne sont nullement cependant dépourvus d'une dimension littéraire. Pour illustrer le caractère poétique de pareils textes, citons un extrait d'un propos consacré au danseur Vaslav Nijinsky paru dans la revue *Comœdia illustré* du 15 juin 1911 :

> Je ne sais plus s'il m'étonne davantage par le miracle de ses vols ou par l'intensité de son jeu. La jeune fille revient du bal et s'endort. Sa rose de corsage tombe, et voici que son parfum se dresse, rampe et conquiert la chambre. Le parfum de la rose c'est Nijinsky. Dans un costume aux pétales frisés auquel le rêve de la jeune fille ajoute peut-être l'image précise d'un récent danseur, il pénètre parmi les cretonnes bleues avec la chaude nuit de juin. Il mime et concentre tout ce qui, jusqu'alors, me semblait intraduisible d'un triste et superbe assaut d'arôme. Orgueilleux de sa rouge turbulence il tournoie en suaves remous, imprègne les rideaux de mousseline et enveloppe la dormeuse d'un voile tenace [11].

Pour Cocteau, la poésie constitue le seul et unique fil rouge de ses multiples activités créatrices et forme l'expression première de sa sensibilité et de son esthétique. Au début des années trente, l'auteur classe lui-même ses diverses productions sous ce seul label générique. Ainsi distingue-t-il : « poésie de poésie », « poésie de roman », « poésie critique », « poésie de théâtre », « poésie graphique », « poésie cinématographique » [12]. Même s'il ne distingue pas explicitement ses écrits sur la musique, ceux-ci font partie bien évidemment de sa « poésie critique ». Tous les textes rassemblés dans notre corpus ne s'apparentent pas cependant à la catégorie de la critique musicale. Certains relèvent d'opérations promotionnelles, notamment lorsque Cocteau annonce ses propres spectacles (entre autres *Parade*). D'autres encore, par exemple des textes d'hommage ou des notes de programmes, sont à proprement parler de simples propos de circonstance.

S'il n'est guère possible, chez Cocteau (comme sans doute chez la plupart des écrivains), de distinguer son *opus de création* de son *opus littéraire*, comment dès lors établir une frontière dans ces multiples écrits ? Il n'était évidemment pas envisageable de relever toutes les occurrences relatives à la musique dans ses journaux intimes, même si leur développement est parfois considérable. On pense aussi aux nombreuses mentions de musiciens dans son abondante correspondance, notamment dans les lettres adressées à sa mère ou à ses amis musiciens (Francis Poulenc, Georges Auric, Arthur Honegger ou Darius Milhaud). Ces écrits, qui appartiennent plutôt à la sphère privée qu'à la sphère publique, ont été écartés ici, mais feront l'objet d'une publication à venir.

Nous nous sommes limités par conséquent à éditer tout texte formant une entité propre. Ont ainsi été rassemblés les articles de journalisme musical publiés dans des périodiques musicaux (*Comœdia* ou *Comœdia illustré, Le Mot, Le Courrier musical, La Revue musicale*, *Journal musical, La Danse, Prestige de la musique*, *Prestige de la danse, Arts-spectacles,* etc.), dans des revues littéraires (*Les Lettres françaises, Arts-spectacles, Nord-Sud, Le Mot, Signaux, Les Annales, Les Œuvres libres, Revue de*

11. Texte 6 de notre corpus.

12. Jean Cocteau, *Morceaux choisis. Poèmes* (Paris, Gallimard, 1932), intitulé « Ouvrages du même auteur » figurant sur la page en vis-à-vis de la page de titre. À ces six rubriques, Cocteau ajoute « Livres illustrés par l'auteur » et « Avec les musiciens ».

Genève, L'Intransigeant, La Nouvelle Revue française, Conferencia, Excelsior, etc.) et dans des journaux d'informations générales (*Paris-Midi, Le Figaro, Le Monde, Ce Soir, Vu, Aujourd'hui, Vanity Fair*, etc.). Ont été retenus aussi les hommages rendus à l'occasion d'anniversaires ou de décès, les introductions ou préfaces destinées à des ouvrages traitant de musique ou de ballet, de même que les notes insérées dans des programmes de concerts ou des catalogues d'exposition. Nous y avons joint les quelques phrases liminaires accolées à un dessin et ajoutées sur une pochette de disque, habitude très fréquente chez l'artiste à partir des années 1950. Enfin, ne pouvaient être omis de cet ensemble les textes sur la musique que Cocteau a fait paraître en langue anglaise ou allemande dans des périodiques étrangers, à plus forte raison lorsque les versions françaises de ces textes ne nous sont pas parvenues. Aux versions originales nous avons joint dès lors une retraduction en français.

Notre corpus comprend également plusieurs textes inédits conservés actuellement dans diverses collections privées ou publiques (voir les précisions dans les notes d'entrée de chacun des textes).

La recherche de ces écrits sur la musique a été longue et fastidieuse. Nous ne sommes pas à l'abri pourtant d'un oubli. Aussi comptons-nous sur les lecteurs de cet ouvrage qui voudront bien à l'avenir nous avertir de leurs nouvelles découvertes afin de poursuivre l'enrichissement de cet ensemble.

Textes réécrits par Cocteau

Comme nous l'avons déjà évoqué, Cocteau s'est employé à rassembler certains de ses écrits journalistiques sous la forme d'un ouvrage. Ici se pose une autre question fondamentale : faut-il également inclure les textes que le poète a republiés ? La réponse eut été facile si ces rééditions étaient identiques aux éditions originales, mais c'est très rarement le cas. Chez Cocteau, la réécriture est une des caractéristiques essentielles de son processus de création : d'une part, changements de titre, modifications d'adjectifs, de mots ou d'expressions, d'autre part, ajouts ou suppressions de phrases ou de paragraphes entiers et refonte quasi complète d'un texte sont monnaie courante et se produisent non seulement au fil des années, mais aussi au cours d'une même année, voir à quelques jours d'intervalle. On peut avancer dès lors que les versions *pré-originales, originales* et *post-originales* d'un même texte sont règle générale dans la création coctalienne. L'article sur *Parade* que nous étudions plus loin éclaire parfaitement cette pratique. Ce n'est pas pour autant l'éloignement temporel qui entraîne la réécriture d'un texte, mais davantage le souci d'expliquer son œuvre au public et de prendre part à la scène journalistique et critique pour défendre, d'une façon différente à chaque reprise, la nouveauté des œuvres.

Dans d'autres cas, ces remaniements résultent d'un changement d'opinion. On pense aux textes concernant Erik Satie. Comme nous le verrons dans le même article sur *Parade*, Cocteau évoque en un premier temps le compositeur en des termes laudatifs qu'il ne retiendra pas lors d'une réédition quelques années plus tard. C'est également le cas pour Claude Debussy : Cocteau change d'opinion au cours du temps [13]. Ces

13. Malou Haine, « Claude Debussy vu par Jean Cocteau », *La Revue musicale OICRM*, vol. 2, n° 1, mis en ligne le 15 janvier 2014, http://revuemusicaleoicrm.org/claude-debussy-vu-par-jean-cocteau

réemplois peuvent aussi découler d'une certaine paresse de l'auteur répondant à une demande spécifique d'hommage ou de célébration et apportant alors une simple couche de vernis frais à un texte paru antérieurement.

Outre les textes différant d'une édition à l'autre, nous disposons aussi quelquefois des manuscrits, des dactylogrammes ou des épreuves d'éditeur annotées par l'auteur. Toutes ces versions ont également été examinées afin d'en relever les variantes : des mots, des phrases ou des paragraphes entiers sont raturés, biffés, surchargés, supprimés ou complétés en vue de la première édition. Certains manuscrits ou dactylogrammes proposent même plusieurs moutures du même texte et reflètent alors le processus de réflexion de son auteur. En outre, comme certains éléments supprimés dans ces versions se retrouvent insérés dans un texte ultérieur, il est primordial de les prendre en considération.

Prenons pour exemple un écrit d'une importance capitale pour la musicologie. *Le Coq et l'Arlequin. Notes autour de la musique* est considéré comme le manifeste de la jeune génération de compositeurs français groupés autour de Satie. À travers ce recueil d'aphorismes percutants et de charmants mots d'esprit, Cocteau se profile comme le défenseur de la modernité musicale : il rejette le flou de l'impressionnisme de Debussy et les influences germano-slaves ; il prône un « Coq » français au chant pur qui s'oppose à « l'Arlequin » bariolé d'influences néfastes. Ce réquisitoire en faveur de la nouvelle musique française, celle qui s'oppose à Debussy et fait table rase de Wagner et de Stravinski, est donc un document essentiel pour l'époque. Mais quelle version choisir pour étudier ce texte ? Peu de musicologues savent en effet qu'il existe trois versions publiées et une version en épreuves d'imprimerie : l'édition originale de 1918 datant en réalité de janvier 1919 ; la « nouvelle édition » parue en septembre 1919 et supprimant déjà un aphorisme ; la réédition de 1926 dans *Le Rappel à l'ordre*, la plus couramment citée, mais écartant pas moins de 16 aphorismes et apportant quantité de modifications aux deux versions précédentes. Les épreuves de la première édition sont par ailleurs ô combien précieuses, puisqu'elles révèlent bien d'autres aphorismes écartés en vue de la première édition, mais surtout la disposition originale du texte qui a été donnée par l'auteur et qui n'a pas toujours été respectée par les typographes. On s'étonne d'ailleurs de constater que les rééditions modernes du *Coq et l'Arlequin* ne précisent pas la version retenue ; elles n'expliquent pas non plus les raisons de leur sélection et ne parlent donc pas des variantes significatives d'une édition à l'autre. On n'ose penser aux traductions des textes de Cocteau qui circulent dans différentes revues…

Pour la manière dont nous avons rendu compte de ces variantes, nous renvoyons aux propos consignés ci-dessous (voir « Principes de l'édition scientifique des textes »).

Organisation des textes

Une fois la sélection opérée, la question de l'organisation des textes a longuement été discutée. Divers thèmes récurrents apparaissent dans les 310 textes rassemblés à ce jour : les Ballets russes, ses promoteurs, ses danseurs ou ses ballets (notamment Serge de Diaghilev, Misia Sert, Léon Bakst, Vaslav Nijinsky, Ida Rubinstein, *Salomé, Schéhérazade, L'Après-midi d'un faune*) ; les compositeurs (Satie, Stravinski, Ravel, Debussy, Le Groupe des Six) ; les artistes de variétés (Mistinguett, Marianne Oswald, Maurice Chevalier, Édith Piaf, Charles Trenet) ; le jazz, le music-hall. Évidemment, les spectacles de Cocteau sont abondamment abordés : *Le Dieu bleu, Parade, Les Mariés de la tour Eiffel, Le Bœuf sur le toit, Le Jeune Homme et la Mort*. Les regrouper selon ces thèmes nous paraissait une bonne solution, mais rapidement toutefois, nous avons dû renoncer à cette idée, car souvent un même texte évoque simultanément plusieurs thèmes. L'ordre d'apparition chronologique a donc été retenu, mais est suppléé par deux index en fin d'ouvrage permettant de repérer les occurrences des noms et des titres d'œuvres. Pour faciliter les renvois, nous avons numéroté les textes.

Options éditoriales

L'ensemble des textes est classé chronologiquement en six périodes, découpées en décennies de 1910 à 1960, la dernière étant suivie des textes non datés. Hormis cette dernière catégorie, chaque texte est rangé en fonction de la date qui figure sur sa version manuscrite ou sur sa version publiée. Le titre est celui que Cocteau lui a donné, à l'exception des textes sans titre qui reçoivent entre crochets une identification en fonction du sujet abordé. La version textuelle donnée est rendue en respectant les règles de l'art, à savoir en fournissant le texte intégral, en restituant les retraits et les lignes blanches que l'auteur a apportés pour structurer son texte et en corrigeant tacitement les coquilles et les aberrations des éditions précédentes.

Pour accompagner la lecture, chaque texte a droit à trois types de notes : une note d'entrée, des notes explicatives et des notes d'identification. Signalée par un astérisque, la note d'entrée est sur le plan éditorial la plus importante. Elle énumère tout d'abord les références des différentes versions du texte connues sous la forme de leçons préoriginales, originales ou postoriginales, publiées ou enregistrées et de manuscrits, de dactylogrammes ou d'épreuves. Nous n'avons pas repris les références des éditions publiées après la mort de notre auteur, sauf lorsque l'une d'elles révélait en exclusivité le texte en question. La note d'entrée indique également l'édition de base choisie et les arguments éditoriaux qui ont prévalu pour privilégier cette leçon du texte. Il va sans dire que nous avons vérifié toutes les versions qui sont mentionnées. Dans quelques cas seulement où les spécialistes à qui nous nous sommes adressés n'ont pu nous aider à retrouver la version unique d'un texte, nous l'avons explicitement mentionné.

Comme pour toute édition scientifique, chaque texte est accompagné de notes explicatives – qui livrent des informations sur le contexte artistique – et de notes d'identification – qui fournissent des précisions sur les œuvres et les personnages cités et qui, pour éviter les redites, ne figurent qu'à l'occurrence première ou la plus appropriée. Dans l'index, le lecteur pourra facilement retrouver l'emplacement de ces notes explicatives grâces aux styles de police utilisés – les caractères romains, gras ou italiques renvoyant aux pages concernées, respectivement pour une simple mention, une identification ou une illustration.

Même si l'époque de Cocteau paraît à première vue bien proche pour les spécialistes d'entre nous, un très grand nombre de personnalités ou d'œuvres citées méritent assurément d'être redéfinies ou identifiées. Ces annotations n'ont posé en principe aucune difficulté majeure. Mais, comme nous l'avons signalé, Cocteau use aussi d'un langage imagé, à première vue truffé d'ambiguïtés, de plurivocité et d'équivoques, en réalité privilégiant la nuance et la précision et conférant une dimension existentielle à l'écriture. Étant donné que cette polysémie n'est pas toujours perceptible à la lecture, nous avons éclairé sa présence sous la forme de renvois aux autres textes de l'artiste et aux œuvres qui l'ont inspiré. Nous nous sommes abstenus toutefois d'expliquer la poétique qui sous-tend la critique musicale de Cocteau [14], laissant aux lecteurs le plaisir de découvrir eux-mêmes toute la poésie véhiculée par ces textes.

Cet ouvrage étant destiné à la fois à un large public, aux musicologues et aux littéraires, certaines explications en notes de bas de page seront considérées comme superflues pour un public averti, tandis qu'elles seront bien utiles pour d'autres lecteurs.

Pour l'ensemble de ces notes, nous avons renvoyé ponctuellement aux publications qui ont éclairé ou mis en avant un point très particulier dans ces textes. Ce qui ne veut pas dire que nous ne sommes pas tributaires d'informations que nous avons puisées dans des ouvrages de référence comme les catalogues des compositeurs, abondamment consultés, en particulier ceux d'Erik Satie, Claude Debussy, Darius Milhaud, Arthur Honegger, Francis Poulenc, Germaine Tailleferre, Louis Durey [15] ; des ouvrages fondamentaux sur le Groupe des Six [16], Serge de Diaghilev, les Ballets russes [17], les Ballets suédois ou l'avant-garde musicale [18], ainsi que des souvenirs de musiciens [19] nous ont été très utiles.

---

14. Pour un développement sur la poétique qui sous-tend les écrits de Cocteau sur la musique, mais surtout l'ensemble de son œuvre artistique, voir David Gullentops et Ann Van Sevenant, *Les Mondes de Jean Cocteau. Poétique et Esthétique*, Paris, Éditions Non lieu, 2012.

15. Robert Orledge, *Satie the Composer*, Cambridge, Cambridge, University Press, 1990 ; François Lesure, *Claude Debussy : Biographie critique, suivie du Catalogue de l'œuvre*, Paris, Fayard, 2003 ; Paul Collaer, *Darius Milhaud*, nouvelle édition revue et augmentée, accompagnée du *Catalogue des Œuvres et d'une discographie*, Genève, Slatkine, 1982 ; Harry Halbreich, *L'œuvre d'Arthur Honegger : Chronologie. Catalogue raisonné. Analyses. Discographie*, Paris, Honoré Champion, 1994 ; Carl B. Schmidt, *The Music of Francis Poulenc (1889-1963) : A Catalogue*, Oxford, Clarendon Press, 2002 ; Robert Shapiro, *Germaine Tailleferre : A Bio-Bibliography*, Westport, Conn., Greenwood Press, 1994 ; Frédéric Robert, *Louis Durey : l'aîné des « Six »*, Paris, Les Éditeurs français réunis, 1968.

16. James Harding, *The Ox on the Roof : Scenes from Musical Life in Paris in the Twenties*, London, Macdonald, 1972 ; Eveline Hurard-Viltard, *Le Groupe des Six ou le matin d'un jour de fête*, Paris, Méridiens Klincksieck, 1988 ; Jean Roy, *Le Groupe des Six : Poulenc, Milhaud, Honegger, Auric, Tailleferre, Durey*, Paris, Éditions du Seuil (coll. Solfège), 1994 ; Roger Nichols, *The Harlequin Years : Music in Paris 1917-1929*, London, Thames & Hudson, 2002 ; Robert Shapiro, *Les Six : The French Composers and their Mentors Jean Cocteau and Erik Satie*, London, Peter Owen, 2011.

17. Sjeng Scheijen, *Diaghilev : A Life*, traduit du néerlandais en anglais par Jane Hedley-Prôle et S.J. Leinbach, London, Profile Books, 2009 ; Militsa Pojarskaïa et Tatiana Volodina, *L'art des Ballets russes à Paris : Projets de décors et de costumes 1908-1929*, avant-propos de Martine Kahane, traduit du russe par Sophie Benech, Paris, Gallimard, 1990 ; Martine Kahane, *Les Ballets russes à l'Opéra*, iconographie de Nicole Wild, Paris, Hazan / Bibliothèque nationale, 1992 ; Mathias Auclair et Pierre Vidal, *Les Ballets russes*, préface de Bruno Racine, Montreuil, Gourcuff Gradenigo, 2009.

18. Ben Häger, *Ballets suédois*, Paris, Jacques Damase et Denoël, 1989 ; Nancy Van Norman Baer, *Paris Modern : The Swedish Ballet 1920-1925*, San Francisco, Washington, University of Washington Press, 1996 ; Erik Näslund, *Rolf de Maré : fondateur des Ballets suédois, collectionneur d'art, créateur de musée*, traduit du suédois par Etienne Clotuche, Arles, Actes Sud / Stockholm, Bokförlaget Langenskiöld, 2008 ; Josiane Mas (dir.), *Arts en mouvement : les Ballets Suédois de Rolf de Maré, Paris 1920-1925*, Montpellier, Presses universitaires de la Méditerranée / Centre d'étude du XXe siècle, Université Paul-Valéry-Montpellier, 2008. Michel Duchesneau, *L'avant-garde musicale à Paris de 1871 à 1939*, Sprimont, Mardaga, 1997.

19. Darius Milhaud, *Ma vie heureuse*, Paris, Belfond, 1973 ; Georges Auric, *Quand j'étais là* , Paris, Bernard Grasset, 1979. Igor Markevitch, *Être et avoir été. Mémoires*, Paris, Gallimard, 1980.

Références croisées

Les références croisées pour les identifications de personnes ou d'œuvres ne sont utilisées que lorsqu'une information est donnée en aval du texte concerné. Si elle est fournie en amont dans un texte précédent, les index permettront de la retrouver. En revanche, les allusions littéraires, nombreuses dans les textes de Cocteau, sont explicitées à la première occurrence, à laquelle renvoient les références croisées.

Les illustrations

Si nous avons reproduit des dessins de Jean Cocteau dans ce volume, ce n'est par pour allécher les lecteurs, mais pour souligner que la production graphique du poète interagit avec sa production critique. L'une ne va pas sans l'autre et toutes deux contribuent à une œuvre multimédia avant la lettre. Cocteau rend compte en effet de sa pensée, d'une part, ligne par ligne et de façon analytique dans ses écrits, d'autre part, en une vue synoptique et de façon synthétique dans ses dessins. Convaincu de la complémentarité des modes d'expression pour transmettre un « message », il a toujours tenu à les reproduire, en l'occurrence le mode verbal et le mode graphique, ensemble dans ses publications. C'est pourquoi nous avons signalé dans les notes d'entrée de chaque texte les dessins qui les accompagnaient et que nous attirons aussi l'attention de nos lecteurs sur les « montages texte-dessin » très caractéristiques de cette forme de créativité. La plupart des dessins accompagnant les textes ont été reproduits. Si nous en avons intercalé d'autres là où ils n'étaient pas présents dans les textes originaux, nous les avons sélectionnés en fonction des périodes de création concordantes.

À notre grand regret, nous n'avons pu reproduire l'ensemble des dessins de Cocteau. Tout d'abord parce qu'il nous incombe en premier lieu de rendre compte des textes en relation avec la musique et non de l'œuvre graphique en relation avec la musique. En outre, Cocteau reprend souvent un dessin d'origine pour l'adapter à un nouveau point de chute éditorial. La pratique du calque lui permettant dès lors de fournir à chaque fois de nouvelles variantes graphiques, il aurait été fastidieux de reproduire les innombrables avatars d'une même illustration. Témoignent de cette pratique dans notre volume le portrait de Django Reinhardt apparaissant pour la première fois en 1937 (illustration 61) et repris avec de légères variations en 1954 (illustration 91), tout comme celui de Diaghilev et Nijinsky datant de mai 1913 (illustration 1) et reproduit, à nouveau à quelques différences près, dans un recueil de dessins publié en 1923 mais daté cette fois de 1912 (illustration 80).

La dernière raison de notre sélection reflète notre souhait de mettre en évidence la diversité et l'évolution graphique de Cocteau. Des premiers croquis parus dans des périodiques comme *Comœdia* aux illustrations réalisées pour des affiches ou des disques à la fin de sa carrière, le poète évolue de portraits-charge caricaturaux (voir Bakst, Nijinsky, Diaghilev, Satie[20], …) à des portraits d'amis composés à partir d'un ou de plusieurs traits (voir Auric, Lifar, Milhaud, Piaf, Trenet[21], …), ou encore de véritables reportages graphiques d'un spectacle (voir *La Cantate* d'Igor Markevitch, les

20. Voir illustrations, respectivement, 3, 1, 49, 24.
21. Voir illustrations, respectivement, 84, 76, 42, 79, 62.

différents « Portraits-souvenirs », Mozart[22], …) à des compositions de style futuriste (illustration 46), cubiste (illustration 17), voire abstraite (la représentation du Groupe des Six, la couverture de la partition de *Toréador* de Poulenc ou celle de *La Voix Humaine* du même compositeur[23], …). Enfin, pour compléter l'aperçu des dessins de Cocteau, nous avons sélectionné aussi une série d'œuvres graphiques (illustrations 125-129) qui témoignent de l'intérêt du poète pour la musique ou pour les musiciens, sans qu'il ne leur ait consacré le moindre texte à part entière. Pour la plupart datées, ces « illustrations sans texte » ont été intégrées à la fin de notre volume.

Principes de l'édition scientifique des textes

Si notre corpus relève de la recherche en musicologie, il se doit de répondre également aux impératifs de l'édition scientifique des textes. À l'origine, nous avions envisagé d'appliquer à ces écrits les principes d'édition habituellement suivis pour les textes de Cocteau[24], mais nous avons dû les adapter en fonction des problèmes spécifiques rencontrés : d'une part, l'existence de plusieurs versions d'un même texte ; d'autre part, la multiplicité et la diversité des variantes au sein des versions.

Les différentes versions d'un même texte

Abordons le premier problème, celui des différentes versions d'un même texte. En principe, une édition scientifique fournit pour chaque texte une version de base qui correspond à la dernière leçon revue et/ou corrigée par l'auteur. Cela est tout particulièrement vrai pour les périodiques et les ouvrages où la correction des épreuves apporte la preuve de ses choix délibérés et de ses options définitives. Dans le cas de Cocteau, le respect de ce principe a toutefois des implications néfastes.

Au fil des publications, Cocteau en vient à écarter des paragraphes, voire des pans entiers de l'édition originale, afin d'éviter les redites et de redynamiser son texte. L'exemple le plus significatif en est livré dans la réunion de ses écrits critiques sous le titre *Poésie critique I et II*[25]. Or cette « édition revue et/ou corrigée par l'auteur » fournit une version de l'ensemble de ces textes qui est fortement élaguée et dont le lecteur non averti ne peut avoir conscience. Seule une ligne pointillée récurrente signale subrepticement, sans note explicative ni avertissement, l'éviction d'une partie souvent importante, voire cruciale. Pour preuve cet extrait du *Secret professionnel* qui est sous-entendu par une ligne pointillée dans *Poésie critique*[26] et qui fournit dans l'édition originale de 1922 précisément en cet endroit les propos suivants :

> M. Marnold, critique du *Mercure*, me reproche de ne parler que par métaphores de la musique. C'est pour moi le seul langage possible. Aidé par les musiciens, je pourrais éblouir les lecteurs crédules. Mais outre que les musiciens tiennent les articles de techniciens pour incompréhensibles, je ne suis pas technicien et cherche avant tout à me faire bien comprendre.

22. Voir illustrations 58, 70, 71, 72, 95, 97, 98, 128.
23. Voir illustrations 75, 125, et 8 du cahier couleur.
24. David Gullentops et Malou Haine, « Les écrits de Jean Cocteau sur la musique et la danse : principes d'une édition scientifique », *Revue belge de musicologie*, vol. LXVI, 2012, p. 109-119.
25. Jean Cocteau, *Poésie critique*, tomes I et II, Paris, Gallimard, 1959-1960.
26. Voir *Le Secret professionnel*, dans Cocteau, *Poésie critique I*, p. 60.

> « On ne peut aimer une musique, me disait M. Marnold, sans savoir à fond le contrepoint et l'harmonie. » C'est prétendre qu'on ne peut jouir d'un arbre sans connaître la nature de ses fibres, d'un plat sans être cuisinier. Voilà notre terrain de dispute avec un homme bien sympathique, puisqu'il n'hésite pas à défendre les jeunes [27].

Dans le cas particulier de Cocteau, il convient donc de choisir comme édition de base l'ensemble le plus homogène ou le plus complet. Prenons pour exemple l'extrait d'un article sur la reprise de *Parade* paru sous le titre « Carte Blanche [VIII] » dans *Paris-Midi* du 19 mai 1919 et, à l'identique, dans *Le Siècle* du 20 mai 1919, puis réédité avec des suppressions et des variantes d'abord dans *Carte Blanche* (Paris, La Sirène, 1920), enfin dans *Le Rappel à l'ordre* (Paris, Stock, 1926) [28]. En prenant pour point de départ la version plus développée de la revue *Paris-Midi* (*PM*), il est plus aisé d'indiquer la suppression ultérieure d'un segment syntaxique dans *Carte Blanche* (*1920*) et *Le Rappel à l'ordre* (*1926*). Deux extraits de l'article en fournissent l'illustration : dans le premier cas, Cocteau écarte le qualificatif « d'une autre race » (*variante a*), sans doute trop radical et source de conflits ; dans le second cas, il élimine la phrase « et trouve la bonne route » (*variante b*), relativisant ainsi l'ascendant de Satie sur la musique du Groupe des Six. Signalons ici l'emploi d'appels de notes alphabétiques pour signaler les variantes afin de les distinguer des appels de notes numériques pour annoncer les notes explicatives :

> Partir d'un orchestre de Claude Debussy, de Maurice Ravel pour juger l'orchestre de *Parade*, c'est apprécier une lampe en se plaçant au point de vue chaise, et trouver la lampe incommode parce qu'on ne peut pas s'asseoir dessus. L'orchestre de *Parade* est d'une autre sorte, d'une autre race [a]. Il n'est pas pauvre, il est sans surcharges, sans bouche-trous. [...]
> [...] Comme le concert célèbre où Monteux donna l'orchestre du *Sacre* (*La Procession* de Franck était aussi au programme), ce concert Delgrange marque une date. Satie joue le rôle de poteau indicateur. La jeunesse consulte la flèche et trouve la bonne route [b].

Variantes

a. L'orchestre de *Parade* est d'une autre sorte [, d'une autre race *supprimé en 1920-1926*].

b. La jeunesse consulte la flèche [et trouve la bonne route *supprimé en 1920-1926*].

Partant de ce principe, il est donc possible de retracer une évolution du texte plus complexe, par exemple lorsque des mots, des segments de phrase ou de paragraphes viennent à être remplacés. Or, pour permettre à la fois de découvrir la version la plus riche d'un texte et de bien saisir ce type de transformations, nous les signalons à la suite du texte en question, sous la forme d'une série ou d'un paradigme de variantes. Le procédé consiste alors à énumérer entre crochets les leçons successives du texte, tout en permettant de reconstituer ses différentes versions.

Apparaîtra par exemple sous la transcription du même article sur *Parade* (texte 42 de notre corpus) la *variante q* :

---

27. Texte 82.
28. Texte 42.

> [...] nous n'étions, Satie, Picasso et moi, ni [boches *Ms.-PM*; Allemands *1920-1926*] ni criminels

qui reproduit en premier lieu la version de l'édition de base, celle du périodique *Paris-Midi (PM)*, correspondant à celle du manuscrit *(Ms.)* :

> nous n'étions, Satie, Picasso et moi, ni boches ni criminels,

ensuite la seconde version, celle de *Carte Blanche* (*1920*) :

> nous n'étions, Satie, Picasso et moi, ni Allemands ni criminels,

enfin la dernière version, celle du *Rappel à l'ordre (1926)*, qui, dans ce cas précis, reprend la précédente.

Ainsi le lecteur est-il en mesure de parcourir simultanément les différentes versions d'un même texte et de se rendre compte des évolutions significatives que Cocteau lui a fait subir à chaque stade d'écriture ou de publication connu. Pour mesurer l'intérêt d'une telle présentation, prenons en guise d'illustration deux extraits toujours du même article sur *Parade* (texte 42 de notre corpus). Pour ce qui est du premier extrait, nous constatons que Debussy n'est plus qualifié de « maître de *Pelléas* » dans les éditions de 1920 et de 1926 (*variante b*). Sans doute est-ce pour ne pas évincer plus longtemps la part de contribution de Maurice Maeterlinck à cette œuvre magistrale, part trop souvent occultée au profit du compositeur et au détriment de l'écrivain.

Dans le second extrait, nous remarquerons que Cocteau relativise dans la dernière édition le bon accueil réservé à une œuvre de Gabriel Fauré précédant la reprise de *Parade*, en remplaçant « ovationnait » par « acclamait » (*variante p*), de même qu'il atténue dans les éditions de 1920 et de 1926 le sentiment de haine française à l'égard de l'ennemi héréditaire, en substituant « Allemands » à « boches » (*variante q*) :

> *La Mer* ne scandalise plus. On y mène les jeunes filles qui achètent maintenant chez Durand la *Pavane pour une infante défunte* de Maurice Ravel au lieu de *La Prière d'une vierge*. Elles dodelinent de la tête et reconnaissent les vagues de Biarritz. Le coucou de Beethoven les fait sourire. Elles plongent avec l'audace de Pearl White dans les arpèges mous, les éclats sourds des cuivres, parmi les algues, les tritons et les sirènes du maître de *Pelléas* [a]. [...]
> [...] Donc, dimanche, la salle qui ovationnait [b] le bon compositeur Gabriel Fauré supporta sans révolte cette *Parade* si maudite que M. Paul Souday fut le seul à prendre sur lui d'écrire en 1917 que nous n'étions, Satie, Picasso et moi, ni boches [c] ni criminels [29].

Variantes

a. [...] les tritons et les sirènes [du maître de *Pelléas Ms.-PM*; de Debussy *1920-1926*].

b. [...] la salle qui [ovationnait *Ms.-PM-1920*; acclamait *1926*] le bon compositeur Gabriel Fauré [...]

c. [...] nous n'étions, Satie, Picasso et moi, ni [boches *Ms.-PM*; Allemands *1920-1926*] ni criminels.

Ce procédé de description qui consiste à présenter ces variantes sous une forme paradigmatique rejoint d'ailleurs une pratique courante dans l'univers de la musique. En effet, musiciens et chefs d'orchestre chevronnés ne sont-ils pas habitués à étudier les différentes transcriptions d'une partition avant de l'interpréter. La juxtaposition

29. *Ibid.*

des différentes options pour certaines parties de la partition ne précède-t-elle pas la découverte de la meilleure solution pour l'exécution du morceau de musique ?

Multiplicité et diversité des variantes au sein des versions

Venons-en au second problème, celui de la multiplicité et de la diversité des variantes au sein des versions. En règle générale, une édition scientifique débute par la description et l'étude de l'ensemble des variantes, ce qui a été notre objectif de départ dans le cas présent. Une fois l'inventaire terminé, il s'agit ensuite de s'interroger si les variantes décrites contribuent toutes et effectivement à une meilleure compréhension des textes. Leur sélection dépend en effet du type de texte à décrire, de l'objectif de l'édition scientifique et du public à atteindre et à sensibiliser, trois critères que nous avons appliqués de façon conséquente à cette édition d'écrits sur la musique.

Si la sélection des variantes dépend tout d'abord du type de texte à décrire, nous avons décidé de ne pas rendre compte dans notre édition des variantes d'orthographe ou de ponctuation. Si les noms communs ou propres ont été estropiés, nous les avons tacitement corrigés. Parmi les exemples les plus révélateurs figure l'extrait suivant d'un texte publié dans l'édition originale de 1924 et repris tel quel dans la réédition du *Rappel à l'ordre* en 1926 :

> Il est entendu que Monte-Carlo est une ville très laide, Venise une ville très belle, Lourdes une ville très émouvante. Mais Lourdes peut choquer, Venise décevoir et j'avoue que Monte-Carlo me plaît [30].

Or, dans le contexte de ces écrits sur la musique, « Lourdes » est une leçon du texte erronée due aux typographes et se doit d'être remplacée par « Londres » :

> Il est entendu que Monte-Carlo est une ville très laide, Venise une ville très belle, Londres une ville très émouvante. Mais Londres peut choquer, Venise décevoir et j'avoue que Monte-Carlo me plaît [31].

Pour ce qui est de la ponctuation, lorsque les textes publiés fournissent des leçons très diverses, nous avons retenu uniquement la leçon de l'édition de base, tout en la vérifiant et la corrigeant en fonction des manuscrits, des dactylogrammes ou des épreuves (lorsque ces documents nous sont parvenus). Dans le cas où l'article paraît dans un quotidien, le recours à l'avant-texte est particulièrement utile, voire recommandé. Les typographes n'hésitent pas en effet à recomposer un article pour l'adapter au style et à la mise en page du périodique. Or, très souvent dans notre cas, la vérification du manuscrit a permis de rétablir non seulement la ponctuation, mais surtout la disposition en paragraphes d'un texte et de lui restituer une logique d'argumentation qui avait été effacée lors de sa parution dans le journal [32]. Ont été rétablies ainsi, à partir des

30. Dans Jean Cocteau, « Prologue », dans Théâtre Serge de Diaghilev, *Les Biches*, [vol. I] (Paris, Éditions des Quatre-Chemins, 1924), [p. 9] et Jean Cocteau, « La beauté se compromet encore une fois avec nous », *Le Rappel à l'ordre* (Paris, Stock, 1926), p. 63 (voir texte 91).

31. Texte 91. Curieusement, la leçon correcte « Londres » figure dans une édition du texte bien plus rare publiée sous le titre « Deux ballets actuels » dans *La Revue de Paris*, nº 12 (15 juin 1924, p. 908-916).

32. En rapprochant systématiquement le manuscrit original de sa publication ou de sa divulgation radiophonique, nous avons obtenu des résultats comparables pour d'autres types de textes : programmes de spectacle, housses de disque, cartons d'invitation.

versions manuscrites destinées à la publication, la mise en page d'origine de l'article « Après *Les Mariés de la tour Eiffel* » paru dans *Comœdia* en 1921 [33] et celle de l'article « Satie » paru dans *La Revue musicale* en 1952 [34].

Le choix des variantes se rapporte en second lieu à l'objectif de l'édition entreprise. Dans notre cas, comme il importe de rendre compte de l'évolution de la réflexion de Cocteau critique, nous avons retenu ce qu'il est convenu d'appeler les variantes significatives. Nous n'avons pas sélectionné systématiquement les interminables variations de conjonctions (« et » / « ou »), de prépositions (« dans » / « en ») ou d'articles (« le(s) » / « un » / « des »), mais bien, par contre, toute substitution, adjonction et suppression d'un nom, d'un terme, d'une série de termes, d'une phrase, d'une partie ou d'un ensemble de paragraphes, qui témoigne d'une évolution significative dans le propos ou dans la réflexion de l'auteur.

Afin de compléter le panorama de l'évolution, nous avons étendu la sélection des variantes des versions publiées des textes : édition pré-originale en périodiques, édition dite originale, rééditions successives, à celles qui n'ont pas paru et qui les ont précédées : manuscrits, dactylogrammes, épreuves, enregistrements radiophonique ou sur disque. Ce type de variantes est d'autant plus précieux qu'il révèle souvent les options premières dans la genèse textuelle et qu'il permet de mieux évaluer l'orientation de sens finalement conservée dans la publication. Parmi les nombreux cas particulièrement intéressants, citons cet extrait final d'un premier jet manuscrit où Cocteau s'exprime librement sur la nature âpre du conflit l'ayant opposé à Diaghilev lors de *Parade*, extrait ne figurant pas dans l'édition originale :

> Je l'étonnai. Il se vengea. Je l'aimai. À son énorme véhicule décoratif de couleurs et de gestes, j'opposai *Parade*. Il était mauvais joueur. Il encaissa, se vengea, me détesta, m'aima. Oh, c'était beau de le voir jouer, tricher et ramasser l'or pour jouer une autre partie [35].

Sélection des variantes et choix du texte de base

Enfin, la sélection des variantes s'opère en fonction du public à qui l'on adresse l'édition. Il va sans dire que les musicologues n'auront cure de parcourir toutes les variantes d'un écrit critique, selon tous les registres d'expression langagiers et dans l'ensemble des versions. Ce qui leur importe est d'être assuré d'une saisie correcte des différentes versions des textes et de pouvoir les étudier en fonction du type d'analyse qu'ils envisagent. C'est pourquoi nous avons donné, pour chaque texte, la leçon la plus complète comme édition de base et à sa suite l'ensemble des variantes qui renseignent sur l'évolution majeure des différentes versions existantes non publiées ou publiées. Nous entendons ainsi faire accéder le lecteur directement à l'édition de base, tout en lui permettant déjà de prendre connaissance de la ou des diversifications majeures de cette leçon.

33. Texte 69.
34. Texte 185.
35. Voir la *variante d* du texte 131.

Cas spécifique du Coq et l'Arlequin

Si tels sont les principes généraux d'organisation de cette édition scientifique, il va sans dire qu'ils seront sujets à des adaptations dans certains cas. Ainsi les variantes provenant de l'un des avant-textes peuvent être intégrées sous une forme paradigmatique au sein de l'édition de base, dès lors qu'elles fournissent des informations particulièrement importantes sur le processus génétique du texte en question. C'est l'option que nous avons prise par exemple pour le manifeste *Le Coq et l'Arlequin*, où les aphorismes présents dans les épreuves, mais non repris dans l'édition originale figurent aux côtés de ceux qui ont été retenus, afin de mieux saisir la sélection finale opérée par l'auteur et la finalité de cet écrit fondamental par l'histoire de la musique. Illustrons le procédé à l'aide d'une série d'exemples.

Un premier cas concerne l'évolution des leçons du texte au sein même d'un aphorisme. Prenons l'exemple suivant :

> C'est ainsi que si l'homme qui passe pour le [pontife *Épreuves* ; père *1918*] d'une école parce qu'il la décida, hausse un jour les épaules et la renie [avec un clin d'œil *supprimé en* 1926], cela ne discrédite en rien cette école.

L'extrait se lit alors, successivement :
– dans sa version première, celle des épreuves (*Épreuves*) :

> C'est ainsi que si l'homme qui passe pour le pontife d'une école parce qu'il la décida, hausse un jour les épaules et la renie avec un clin d'œil, cela ne discrédite en rien cette école.

– dans celle de l'édition originale (*1918*) :

> C'est ainsi que si l'homme qui passe pour le père d'une école parce qu'il la décida, hausse un jour les épaules et la renie avec un clin d'œil, cela ne discrédite en rien cette école.

– enfin dans la version du *Rappel à l'ordre* (1926) :

> C'est ainsi que si l'homme qui passe pour le père d'une école parce qu'il la décida, hausse un jour les épaules et la renie, cela ne discrédite en rien cette école.

Un second cas concerne l'évolution des leçons du texte dans la série des aphorismes. Prenons l'exemple suivant où trois aphorismes sont insérés entre crochets :

> Que cet axiome ne serve pas d'excuse aux *assis*. Un vrai artiste est toujours en rumeur.
>
> [L'abus de pédales n'existe pas qu'en musique. Presque tous les idiomes ont des pédales, mais la langue française est un piano sans pédales. *Aphorisme supprimé dans la « Nouvelle édition » de 1918*].
>
> Un handicap de pittoresque dispose mal envers les musiciens et l'exotisme principalement.
>
> La sculpture si négligée à cause du mépris de la forme et de la masse en faveur du flou, est sans doute un des arts les plus nobles. D'abord, c'est le seul qui nous oblige à lui tourner autour.
>
> [Il y aurait bien des choses à dire sur les peintres et sur les poètes, mais je tourne ici autour de la musique. *Aphorisme présent en Épreuves, non retenu en 1918*].

Cet oiseleur et cet épouvantail, c'est un chef d'orchestre.

Dans le créateur, il y a nécessairement un homme et une femme, et la femme est presque toujours insupportable.

[Le public interroge. Il faut répondre par des œuvres, non par des manifestes. *Aphorisme supprimé en 1926*].

LE BEAU A L'AIR FACILE. C'EST CE QUE LE PUBLIC MÉPRISE [36].

Comme l'édition de base est l'état du texte donné par l'édition première (*1918*), le lecteur comprend que le deuxième aphorisme a été supprimé à partir de la « Nouvelle édition » du *Coq et l'Arlequin*, et qu'il ne figure pas non plus, bien entendu, dans *Le Rappel à l'ordre* (*1926*). De même, le quatrième aphorisme de cet extrait figure dans l'ouvrage au stade des épreuves (*Épreuves*), mais en est supprimé dès l'édition première (1918), alors qu'il explicitait pourtant le thème principal de l'ouvrage. Le dernier aphorisme entre crochets a bel et bien été présent dans les épreuves (*Épreuves*), dans l'édition première et dans « Nouvelle édition » du *Coq et l'Arlequin*, avant d'être supprimé dans *Le Rappel à l'ordre* (*1926*).

Pour ouvrir…

Si les écrits de Jean Cocteau nous apportent un éclairage utile sur l'évolution de l'univers de la musique et de la danse au XXe siècle, c'est sans doute grâce au rôle de témoin privilégié et de défenseur de l'avant-garde musicale dans lequel le poète-critique s'est investi. Aux aguets de toute nouveauté, il a rendu compte en effet de la naissance et du développement des nouvelles tendances artistiques et de l'accueil que le public leur a réservé. Ce corpus de critique musicale a pourtant pour intérêt de ne pas se restreindre à un compte rendu du moment. Comme Cocteau ne cesse de recomposer et de republier ses propos, il nous renseigne sur la réception de ces œuvres non seulement à leur avènement, mais aussi avec le recul de plusieurs semaines, années ou périodes. Pour saisir au mieux le cheminement de ses opinions, il convient donc de fournir une édition scientifique qui rende compte de ces différentes étapes. Dès lors se justifie, à notre avis, le projet d'avoir innové dans la transcription de ces écrits sur la musique en livrant, pour chaque texte, une version de base suivie des variantes significatives. Chaque écrit s'offre ainsi à lire dans ses stades successifs de conception et d'élaboration. En soulignant ainsi l'évolution permanente à laquelle Cocteau s'est astreint dans sa réflexion et dans son écriture, nous espérons aussi définitivement contredire l'opinion d'un artiste touche-à-tout, opportuniste, voire artificiel, alors que ses écrits témoignent d'une précision, d'une nuance et d'une sensibilité sans cesse remises en question.

36. Nous respectons évidemment la taille des caractères choisie par Cocteau.

Remerciements

Il nous reste à remercier l'ensemble des personnes qui nous ont soutenus de diverses façons dans ce travail de longue haleine. Toute notre reconnaissance va en premier lieu à M. Pierre Bergé qui nous a accordé le droit de reproduire à titre gratuit l'ensemble des textes et des illustrations de Jean Cocteau présents dans ce volume.

Nous remercions également les institutions qui nous ont permis de consulter leurs imposants fonds d'archives sur Jean Cocteau, en particulier Mme Emmanuelle Toulet, directrice de la Bibliothèque Historique de la Ville de Paris, Mme Françoise Leonelli, directrice de la collection Séverin Wunderman – Musée Jean Cocteau à Menton, Mme Sandra Blachon, responsable du Fonds Cocteau de l'Université de Montpellier III, ainsi que M. Gérard Lhéritier de la collection privée – Musée des Lettres et Manuscrits à Paris.

Notre gratitude s'adresse aussi aux collectionneurs privés qui nous transmis des documents uniques et nous ont permis de reproduire des dessins de Cocteau. Outre ceux qui désirent rester anonymes, nous citons Anne-Marie Berger, André Bernard, Françoise Bibolet, Annie Guédras, Philippe Jadin, Yannis Kontaxopoulos, Alexandre Prokopchuk, François Vals et Carole Weisweiller.

Nous sommes redevables ensuite à plusieurs de nos amis et collègues pour des informations ponctuelles, tant littéraires que musicologiques : Claudine Boulouque, Frédérique Brunner, Pierre Caizergues, Pierre Chanel (qui nous a encouragés au tout début du projet), Florence Chaudoreille, Claude Chauvineau, Sylvia Giocanti, François de Médicis, Jean-Jacques Eigeldinger, Sandrine Faraut, Joël-Marie Fauquet, Pascal Fulacher, Audrey Garcia, Jacinthe Harbec, Denis Herlin, Pierre-Marie Héron, Dany Lallemand, Varena Monnier, Jean-Paul Morel, Jean-Jacques Nattiez, Patrick Ramseyer, Emmanuel Reibel, Valérie Renoux, Sandrine Thieffry, Danick Trottier, Marcel Turbiaux et Christophe Wolter.

Enfin, un mot spécial de remerciement à Liliane Hermans et à Arielle Owieczka pour avoir, avec un dévouement sans pareil, saisi les nombreux textes de ce volume, et à Ignace De Keyser pour avoir traduit deux textes publiés en allemand, et à François Duchesneau pour avoir amélioré nos traductions anglaises.

David GULLENTOPS et Malou HAINE
2005-2015

ABRÉVIATIONS

Institutions

BHVP : Bibliothèque historique de la ville de Paris
BnF : Bibliothèque nationale de France
HRC : Harry Ransom Research Center de l'Université du Texas à Austin
JD : Bibliothèque littéraire Jacques Doucet
MLM : Musée des lettres et des Manuscrits, Paris
SUL : Syracuse University Library

Œuvres de Jean Cocteau [1]

CB : *Carte Blanche*, Paris, La Sirène, 1920.
CPM : *La Corrida du premier mai*, Paris, Grasset, 1957.
DE : *La Difficulté d'être*, Paris, Paul Morihien, 1947.
ECI : *Essai de critique indirecte*, Paris, Grasset, 1932.
FA : *Le Foyer des artistes*, Paris, Plon, 1947.
JG : *Journal 1942-1945*, éd. Jean Touzot, Paris, Gallimard, 1989.
JI : *Journal d'un inconnu*, Paris, Grasset, 1953.
LA : *Lettre aux Américains*, Paris, Grasset, 1949.
LM I : *Lettres à sa mère I. 1898-1918*, éd. Pierre Caizergues et Pierre Chanel, Paris, Gallimard, 1989.
LM II : *Lettres à sa mère II. 1919-1938*, éd. Jean Touzot et Pierre Chanel, Paris, Gallimard, 2007.
MPV : *Mon Premier Voyage*, Paris, Gallimard, 1936.
OPC : *Œuvres poétiques complètes*, éd. Michel Décaudin, Paris, Gallimard, Bibliothèque de la Pléiade, 2005 [2 e éd.].
ORC : *Œuvres romanesques complètes*, éd. Serge Linares, Paris, Gallimard, Bibliothèque de la Pléiade, 2006.
PC I : *Poésie critique I*, Paris, Gallimard, 1959.
PC II : *Poésie critique II. Monologues*, Paris, Gallimard, 1960.
PD I : *Le Passé défini I. 1951-1952*, éd. Pierre Chanel, Paris, Gallimard, 1983.
PD II : *Le Passé défini II. 1953*, éd. Pierre Chanel, Paris, Gallimard, 1985.
PD III : *Le Passé défini III. 1954*, éd. Pierre Chanel, Paris, Gallimard, 1989.
PD IV : *Le Passé défini IV. 1955*, éd. Pierre Chanel, Paris, Gallimard, 2005.

1. Seules les œuvres citées dans les notes sont mentionnées par des abréviations. Par souci de clarté, ces abréviations ne figurent pas dans les notes de tête de chacun des textes.

PD V : *Le Passé défini V. 1956-1957*, éd. Pierre Caizergues, Francis Ramirez et Christian Rolot, Paris, Gallimard, 2006.
PD VI : *Le Passé défini VI. 1958-1959*, éd. Pierre Caizergues, Francis Ramirez et Christian Rolot, Paris, Gallimard, 2011.
PD VII : *Le Passé défini VII. 1960-1961*, éd. Pierre Caizergues, Paris, Gallimard, 2012.
PD VIII : *Le Passé défini VIII. 1962-1963*, éd. Pierre Caizergues, Paris, Gallimard, 2013.-
PJ : *Poésie de journalisme* (1935-1938), Paris, Belfond, 197.
PS : *Portraits-souvenir. 1900-1914*, Paris, Grasset, 1935.
RO : *Le Rappel à l'ordre*, Paris, Stock, 1926.
SP : *Le Secret professionnel*, Paris, Stock, 1922.
T : *Théâtre*, Paris, Grasset, 1957.
TC : *Théâtre complet*, éd. Michel Décaudin, Paris, Gallimard, Bibliothèque de la Pléiade, 2003.

Revues consacrées à Jean Cocteau

CJC : *Cahiers Jean Cocteau*
CJCns : *Cahiers Jean Cocteau, nouvelle série*

ANNÉES 1910 À 1919

1. « Charge de W[aslav] Nijinsky et de Serge de Diaghilev au moment du *Sacre du printemps* – mai 1913 », s.d., collection privée.

1

VASLAV NIJINSKY *[1]

Je me suis laissé dire par des Russes que là-bas on lui préfère Volinine[2]. Il faut s'entendre. Volinine est une sorte de « ténor » ; il entre, se campe, affecte une immobilité préparatoire, sourit et se décide.

On ne saurait dire au juste où commencent et finissent les prouesses chorégraphiques de Nijinsky ; il se mêle à l'action avec une adresse constante et ne se laisse guère tenter par le succès facile du *numéro*.

Je lui ai entendu reprocher de n'être pas suffisamment mâle.

Nijinsky n'est pas efféminé.

Nijinsky a l'air d'un dieu spécial, venant on ne sait d'où, et sans attache aucune avec le reste de la troupe.

Je reconnais même avoir ressenti quelque tristesse à le voir en smoking, au restaurant, après le théâtre.

---

* « Vaslav Nijinsky », *Comœdia*, n° 1006, le 2 juillet 1910. Texte accompagné d'un dessin de Paul Iribe.

1. Vaslav Nijinsky (1889-1950) débute en 1907 au Théâtre Marinski de Saint-Pétersbourg. À l'automne 1908, il devient l'intime de Serge de Diaghilev avec qui il entretiendra durant cinq ans une relation amoureuse. Au printemps suivant en 1909, il participe à la première saison des Ballets russes présentée par Diaghilev au Théâtre du Châtelet à Paris : il danse dans *Le Pavillon d'Armide* et *Le Festin* (19 mai 1909) et dans *Les Sylphides* et *Cléopâtre* (4 juin 1909). Cocteau évoque ces deux derniers ballets avant de s'étendre sur ceux de l'année en cours, à savoir *Le Carnaval* et *Schéhérazade* (4 juin 1910), suivis de *Giselle* (18 juin 1910), qui sont présentés eux à l'Opéra. Nijinsky devient rapidement le danseur étoile qui éblouit le tout-Paris par ses sauts extraordinaires et par ses chorégraphies à succès, notamment *L'Après-midi d'un faune* (1912) et *Le Sacre du printemps* (1913). Son mariage en 1913 provoquera la colère de Diaghilev qui le licenciera. Les critiques l'avaient surnommé le « Vestris russe », en référence à Auguste Vestris, célèbre danseur français de la fin du XVIIIe siècle. Voir note 147 du texte 122.

2. Formé par Alexandre Gorski au Théâtre du Bolchoï de Moscou, Alexandre Volinine (1882-1955) y interprète tous les grands rôles du répertoire classique de Marius Petipa, notamment *Coppélia* et *Le Lac des cygnes*. Comme plusieurs autres danseurs du Bolchoï ou du Marinski, il est engagé par Diaghilev pour les saisons parisiennes qui ont lieu au printemps, lors de la fermeture des théâtres russes. Diaghilev disposera ensuite de sa propre compagnie de danseurs qui le suivra dans ses tournées européennes et américaines. Volinine n'a figuré qu'une seule fois comme soliste aux Ballets russes dans l'une des esquisses chorégraphiques des *Orientales* (musique d'Alexandre Glazounov), le « Pas de deux » avec Catherine Geltzer créé à l'Opéra le 25 juin 1910. Tous deux y sont présentés comme les étoiles du Théâtre impérial de Moscou, lui comme premier danseur, elle comme première ballerine. Après avoir suivi Anna Pavlova dans ses tournées entre 1914 et 1925, Volinine s'installe à Paris l'année suivante et ouvre une Académie d'art chorégraphique avec les époux Tamara et Théodore d'Erlanger. Jean Babilée sera formé dans cette école de danse de renommée internationale.

Il émane de sa personne un mystère indiscutable, et ce mystère enveloppa immédiatement le public, l'an dernier, la première fois qu'il parut sur la scène du Châtelet.

Il était alors au milieu des autres sur le programme ; le triomphe l'inscrivit en tête et, dès ce soir, tout le monde répéta son nom qui rampe et saute[3] !

Nijinsky est pathétique.

Lorsque, dans *Giselle*[4], il s'élance au rythme d'une musique vieillotte et semble obéir à des fils divins, une rumeur s'élève que je n'avais jamais entendue jusqu'alors. C'est un amalgame d'admiration, de respect et d'étonnement. Il produit l'effet d'un demi-prodige ; on a l'impression qu'il se passe un événement presque impossible et il ne faudrait pas grand-chose pour qu'un peu de crainte s'ajoute à l'enthousiasme.

Il renverse toutes les lois d'équilibre. Il a l'air sans cesse d'être peint sur un plafond. Il se couche mollement dans l'espace. Il lance des fleurs qu'on ne voit pas, court après elles, les rattrape au vol et les sème. Il livre au ciel mille petits assauts éphémères. Ses bonds ont la ronde et lente noblesse des majuscules et, tour à tour, audacieux Icare ou naïf Ganymède, il emporte les cœurs sur des ailes invisibles[5].

Avec sa tête menue, son cou large et long à la Donatello[6], son torse mince sur ses jambes aux cuisses trop fortes, Nijinsky semble un jeune Florentin vigoureux à l'excès et maniéré jusqu'à l'équivoque.

Est-il assez divers !

Voyez-le dans *Cléopâtre*[7]. Quel nègre fidèle, cauteleux et sournois ! Quelle humble manière de courber l'échine et de plier la jambe ! Comme son œil est attentif au moindre signe de sa souveraine !

---

3. En cette soirée du 18 mai 1909, Nijinsky accède au triomphe qui lui assure une renommée internationale.

4. *Giselle*, ballet pantomime en deux actes créé à l'Opéra de Paris le 28 juin 1841, sur un livret de Vernoy de Saint-Georges, Théophile Gautier et Jean Coralli, dans une chorégraphie de Jean Coralli et Jules Perrot et mis en musique par Adolphe Adam. Le ballet est repris par les Ballets russes à l'Opéra le 18 juin 1910, dans des décors et costumes d'Alexandre Benois et sous la direction musicale de Paul Vidal. La chorégraphie conçue par Marius Petipa à Saint-Pétersbourg en 1884 est reprise, sauf pour la « Fugue et Variations » qui est signée Michel Fokine et destinée à mettre en valeur Nijinsky et Lydia Lopokova. Les principaux interprètes sont Tamara Karsavina dans le rôle de Giselle et Nijinsky dans celui de Loys, le paysan amoureux.

5. Cocteau décrit poétiquement le rôle de Nijinsky dans *Giselle* dont l'argument est tragique. En effet, la paysanne Giselle est éprise d'un jeune villageois nommé Loys. Or Loys n'est autre que le prince de Thuringe qui s'est déguisé en paysan pour séduire la belle, même s'il doit prochainement épouser sa cousine Bathilde. Le garde forestier aimant secrètement Giselle et jalousant son rival révèle la supercherie à la paysanne qui en devient folle et meurt de désespoir.

6. Donato di Niccolò di Betton Bardi, dit Donatello (*ca* 1388-1466), le sculpteur florentin le plus célèbre du Quattrocento. Au sujet du « cou large et long à la Donatello », voir le portrait de Nijinsky par Cocteau. Voir illustration 2.

7. Dans le ballet *Cléopâtre* (1909), Nijinsky interprète l'esclave dévoué. Le synopsis de *Cléopâtre* est cruel. Amoûn est amoureux de la princesse Ta-Bor, mais lorsqu'il entrevoit la reine Cléopâtre, il tombe amoureux d'elle et lui déclare sa flamme. Il devrait être immédiatement condamné à mort pour sa témérité, mais Cléopâtre lui offre une nuit d'amour sans lendemain. À l'issue de cette nuit, il boit la coupe empoisonnée que Cléopâtre lui tend. C'est dans ce rôle d'esclave noir que Nijinsky stupéfie le public par ses fantastiques sauts de félin. Voir l'article que Cocteau consacre à ce ballet en 1913, texte 10.

Dans *Schéhérazade*[8] c'est encore un nègre mais, cette fois, un nègre voluptueux, somptueux, rieur !

Lorsque l'eunuque ouvre la porte du harem et que Zobéide lui tend les mains, il bondit comme un jeune fauve enfermé dans les ténèbres et que la lumière grise. Il est imprévu comme un tigre ; il titube de joie ; il pousse des cris muets de tout son visage sombre que les dents claires illuminent et, lascif, s'étire sur les coussins où son pantalon d'or semble un poisson qui ruisselle au soleil.

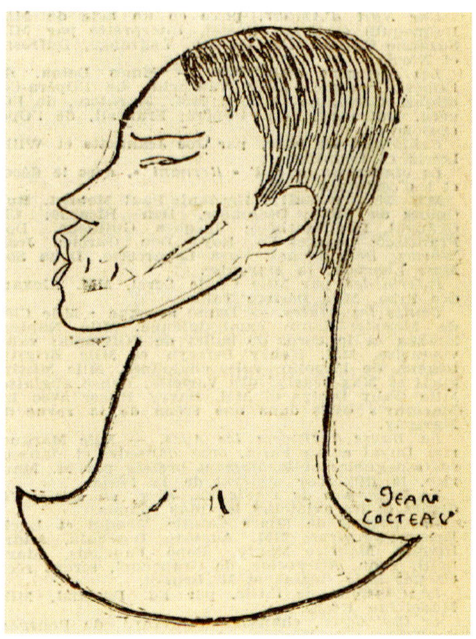

2. Nijinsky, dans *Comœdia*, n° 1694, 20 mai 1912.

Dans la suite, au milieu de la ronde frénétique, il saute avec l'ivresse de l'animal libre. (Animal aussi, lorsqu'il se roule en sanglotant sur le cadavre de Giselle, et cette fois encore l'effet intense émane de la naïveté sauvage.)

Revenons à *Schéhérazade*. Le Sultan rentre au Palais. La joyeuse bande n'a pas remarqué sa terrible silhouette.

Mais le petit nègre voit ; le petit nègre est lâche ; la peur l'immobilise une seconde, puis, sans effort, d'un léger coup d'orteils, il profite du tumulte et s'envole.

Enfin, le carnage !

On l'a découvert. Il avait dû se blottir derrière un brûle-parfums deux gardes le poursuivent. Il est éperdu ! D'autres gardes lui barrent le passage. Il se retourne, reçoit un coup de sabre au front, tombe, se tend et se détend comme un arc et meurt dans les spasmes.

Je crois ne pas connaître de spectacle plus tragique, plus simplement épouvantable que l'expression de ce *danseur* lorsqu'il regarde le fer luire et s'abattre.

Et tout à coup, après ces pantomimes étranges, en maillot blanc, chemise de batiste et veste noire, blond et romantique, il tournoie parmi les tutus de gaze et les couronnes de roses. C'est le pâle poète des Sylphides[9] !

---

8. Rappelons brièvement l'argument de *Schéhérazade* (1910). Le schah dans son harem reçoit la visite de son frère qui lui raconte ses déboires amoureux. Tous deux simulent leur départ et assistent en cachette à l'ouverture par le grand eunuque d'une porte d'où s'élancent des esclaves noirs aux vêtements chatoyants et cuivrés. Ils découvrent les amours interdites de la sultane avec son esclave favori. Sur ordre du souverain, les coupables sont massacrés, et la sultane se meurt aux pieds du souverain. Voir l'article que Cocteau consacre à ce ballet en 1913, texte 12.

9. *Les Sylphides*, rêverie romantique en un acte dont la première parisienne est présentée par les Ballets russes au Théâtre du Châtelet le 4 juin 1909 (répétition générale le 2 juin). Les différentes sections du ballet sont composées de morceaux de Frédéric Chopin orchestrés par Igor Stravinski, Alexandre Glazounov, Anatole Liadov, Nicolas Sokolov et Sergueï Taneïev. L'argument et la chorégraphie sont signés Michel Fokine ; le décor et les costumes sont d'Alexandre Benois ; l'orchestre est placé sous la

Mais voici la plus charmante image. Une danse, mongole sans doute… et quelque peu fantaisiste.

3. « Léon Bakst », s.d., dans Jean Cocteau, *Dessins*, Paris, Stock, 1923.

Léon Bakst [10] qui déploya le décor de *Schéhérazade* comme une géante traîne de paon est l'auteur du costume.

Casaque d'or, culotte rose bouffante, bas bleus. Attachée au bonnet rond, une pendeloque de soie verte frôle la joue gauche ; la peau fardée imite les couleurs d'une pomme chinoise et le tout a l'aspect net et délicat d'une pagode en porcelaine peinte [11].

Les gestes ont des sinuosités javanaises. Le cou s'allonge, les yeux se tirent, les doigts se recourbent en forme de jonque. Ce n'est plus un danseur sur une scène ; c'est une divinité trop petite pour une niche trop grande.

Je voudrais citer tous ses rôles. Chacune de ses attitudes est une trouvaille et si l'admirable Fokine [12] le guide, quel élève !

direction musicale d'Émile Cooper. Les principaux interprètes sont Anna Pavlova, Tamara Karsavina et Alexandra Baldina (les Sylphides) et Vaslav Nijinsky (le poète), seul homme parmi un ensemble de vingt-trois danseuses. Ce ballet résulte d'une version transformée de *Chopiniana* créée au Théâtre Marinski le 10 février 1907. Contrairement aux autres ballets de la troupe de Diaghilev, *Les Sylphides* sont une œuvre de danse classique, maniérée et désuète, usant de robes traditionnelles en tutu avec jupes de gaze évasées et bouffantes.

10. Léon Bakst, pseudonyme de Lev Samoïlovitch Rosenberg (1866-1924), peintre et décorateur, débute sa carrière dans les théâtres impériaux de Saint-Pétersbourg en 1902. En 1909, il se fixe à Paris où il réalise de nombreux décors et costumes pour les Ballets russes jusqu'en 1921. Il travaille ensuite pour Ida Rubinstein, ce qui lui vaudra les foudres de Diaghilev.

11. Cocteau décrit ici le costume doré et les évolutions de Nijinsky dans son solo des *Orientales*, ballet créé par les Ballets russes à l'Opéra le 25 juin 1910, dans une chorégraphie de Michel Fokine d'après Marius Petipa, un décor et des costumes de Constantin Korovine et de Léon Bakst. Ces esquisses chorégraphiques comprennent plusieurs sections sur des musiques de divers compositeurs. La musique de la danse orientale siamoise de Nijinsky est due au compositeur norvégien Christian Sinding.

Dans son atelier d'Auteuil, le peintre Jacques-Émile Blanche représente les principaux danseurs des Ballets russes de la saison 1910 dans leurs costumes de scène : Ida Rubinstein dans *Schéhérazade*, Tamara Karsavina dans *L'Oiseau de feu* et Nijinsky dans *Les Orientales*. Diaghilev nommera le peintre « parrain » de ses ballets, tout en l'obligeant à assister à chacune des nouvelles créations.

12. Michel Fokine (1880-1942), premier danseur au Théâtre Marinski en 1898, puis professeur de ballet en 1901, assure avec éclat le succès des premières productions des Ballets russes à Paris en signant leur chorégraphie. Il évolue également comme danseur dans certaines d'entre elles. L'impact de ces ballets sur le public doit également beaucoup à la qualité exceptionnelle de leurs interprètes : Anna Pavlova, Adolf Bolm, mais surtout Vaslav Nijinsky et Tamara Karsavina qui s'investissent avec passion dans les rôles que Fokine crée à la mesure de leur talent. Les couleurs vives et chatoyantes choisies par les costumiers et les décorateurs contribuent également au succès des Ballets russes, couleurs dont les couturiers et décorateurs d'intérieur s'inspireront largement à l'époque.

Je vous garde, Nijinsky, une reconnaissance émue. Vous m'avez prouvé qu'on possède à Paris une flamme que j'y croyais éteinte par le snobisme, et je comprends grâce à vous la simple raison du silence habituel aux salles d'opéra.

Riez en nous quittant de votre beau rire oriental ! Vous laissez en France un souvenir pareil à ces rêves qu'on ne raconte pas au réveil, parce qu'on craint de le mal faire et de voir se moquer les incrédules.

[*Note liminaire :*] Les dessins qui illustrent cet article sont de Paul Iribe. Ils sont extraits de *Vaslav Nijinsky*, ouvrage qui vient de paraître avec cette épigraphe : Six Vers de Jean Cocteau, Six Dessins de Paul Iribe.

2

Avant que Nijinsky ne danse *Le Dieu bleu*, M. Jean Cocteau nous dit des vers *

J'imagine leurs yeux retroussés vers les tempes,
Lorsqu'au centre d'un chaud bassin,
Ils sortent du lotus qu'on voit sur les estampes
Arrondir son pâle coussin [13].
[Jean Cocteau]

– *Le Dieu bleu* [14] est né de ces vers, me dit M. Jean Cocteau, de ces vers qui parurent ici même quelque jour. Et c'est en les relisant avec mon ami Frédéric de Madrazo, le fils du peintre célèbre [15], que j'eus la première vision d'un ballet où les Dieux de l'Inde balanceraient leur langueur. De Madrazo qui comprit ma pensée, m'offrit aussitôt des renseignements infiniment précieux sur les costumes des prêtres, les fêtes, les

* « Avant que Nijinsky ne danse *Le Dieu bleu*, M. Jean Cocteau nous dit des vers », *Comœdia*, n° 1314, le 6 mai 1911. Interview réalisée par le critique musical Charles Tenroc et accompagnée du dessin de Cocteau « Nijinsky dansant avec Mlle Rubinstein » ainsi que d'une photo du poète.

13. Ces vers proviennent du poème « *Ma paresse au jardin...* » (*OPC*, p. 1419), qui a paru le 5 août 1910 dans *Comœdia* sous le titre « Vais-je aller retrouver l'ami qui me fait signe ? ». Ils figurent également en exergue de l'article que Cocteau consacre au *Dieu bleu* dans ses *Notes sur les ballets* parues en 1913 (voir texte 16).

14. *Le Dieu bleu*, légende hindoue en un acte, sera créé par les Ballets russes au Théâtre du Châtelet le 13 mai 1912, sur un argument de Jean Cocteau et Frédéric de Madrazo, une musique de Reynaldo Hahn, dans une chorégraphie de Michel Fokine, des décors et costumes de Léon Bakst et avec un orchestre placé sous la direction de Désiré-Émile Inghelbrecht. Les principaux interprètes sont Vaslav Nijinsky (le Dieu bleu), Tamara Karsavina (la jeune fille), Lydia Nelidova (la déesse), Max Frohman (le jeune homme), Bronislava Nijinska (la bayadère enivrée), Michel Fedorov (le grand prêtre), Maria Piltz, Séraphine Astafiéva et Lubov Tchernicheva (les porteuses de paons). N'ayant pas obtenu de succès, ce ballet a été considéré comme un demi-échec. L'article de Cocteau remonte donc à un an avant la création du ballet, au moment où le compositeur faisait paraître sa partition au Ménestrel. Hahn, son beau-frère Madrazo et Cocteau ont donc terminé leur travail, alors que les répétitions du ballet n'ont pas encore commencé, ce qui conduira Diaghilev à reporter sa création à la saison 1912. C'est le premier argument chorégraphique que Cocteau écrit pour les Ballets russes. Diaghilev lui a passé la commande à l'automne 1910.

15. Frédéric (Federico) de Madrazo y Ochoa (1875-1934), artiste d'origine espagnole issu d'une famille de peintres : il est le fils de Raimundo de Madrazo y Garreta (1841-1920) et le petit-fils de Federico de Madrazo y Kuntz (1815-1894). Il a réalisé un portrait à l'huile de Cocteau datant des années de leur collaboration au *Dieu bleu*, aujourd'hui conservé dans la maison Cocteau à Milly-la-Forêt.

cérémonies, les danses locales, des détails techniques, des indications authentiques que j'utilisai bientôt avec ivresse.

Cocteau revient des rives de la mer bleue [16] – toilette matinale d'une suite de nuit passée en chemin de fer; pyjama de miel d'or étonné des ombres qui chagrinent le ciel parisien, vexé de ne luire plus aux rayons crus qui s'accrochaient là-bas à ses plis étincelants. Les yeux du poète, finement modelés d'une pâte nonchalante, semblent dépaysés et cherchent la clarté dans le cabinet de travail orné d'un goût d'art subtil, mélange de sobriété franco-orientale. Je remarque aux murs le cadre de vers signés de la comtesse de Noailles [17] et d'Henri de Régnier [18], le portrait de l'Impératrice Eugénie [19] et un curieux autographe de Mallarmé sur une feuille où traînent quelques dessins de Manet [20]. Tout un décor confortable de juvénile sévérité dont les accessoires sont faits de dessins, de volumes, de feuillets et de savoureux papiers à lettres aux teintes du pyjama miel d'or.

Après un mélancolique souvenir à la Côte d'Azur, nous causons du *Dieu bleu*.

– J'ai écrit ce ballet afin de réunir et de mettre en relief tous les moyens, toutes les facultés artistiques non seulement de l'extraordinaire Nijinsky, mais aussi toutes les ressources de l'art de Mlle Rubinstein, de Mlle Karsavina, de Mmes Fokina et Fedorova, de Cecchetti [21], le mime puissant, et de tous les artistes qui composent cette étonnante compagnie sous la direction du très distingué M. de Diaghilev [22].

---

16. Le poète vient en effet de séjourner avec sa mère à l'hôtel du Cap au Cap-Martin (Alpes-Maritimes) et d'assister à la première saison de Diaghilev présentée à l'Opéra de Monte-Carlo, du 9 au 30 avril 1911. Il est présent, par exemple, le 19 avril 1911 à la création du *Spectre de la rose*, le tout premier ballet de cette saison.

17. Anna de Noailles (1876-1933), poétesse et romancière, amie de Cocteau, dont l'influence sur le jeune poète est importante non seulement sur le plan des thématiques et des sources d'inspiration de ses premiers recueils, mais aussi pour le développement de son art de la conversation.

18. Henri de Régnier (1864-1936), poète et romancier, dont les œuvres ont fortement inspiré les débuts poétiques de Cocteau. Voir Wendy Prin-Conti, « Jean Cocteau – Henri de Régnier. *Vestigia flammae* », dans *Les Amis de Jean Cocteau*, numéro thématique des *CJCns*, n° 10-11, 2013, p. 19-37.

19. Durant son séjour à Monte-Carlo en avril 1911, Cocteau rencontre l'impératrice Eugénie (1826-1920) par l'intermédiaire de Lucien Daudet. Veuve de Napoléon III, l'impératrice effectuait régulièrement des séjours sur la riviera française, bien qu'elle soit officiellement exilée en Angleterre.

20. Pour une explication de la relation très souvent établie par Cocteau entre Stéphane Mallarmé et Édouard Manet qui a illustré « L'Après-midi d'un faune », voir note 62 du texte 7.

21. Cocteau cite les interprètes envisagés pour participer au *Dieu bleu*. Or, comme les répétitions n'ont pas encore eu lieu, la distribution n'est pas encore fixée. Ida Rubinstein, Vera Fokina, Olga Fedorova et Enrico Cecchetti n'y prendront pas part.

22. Serge de Diaghilev (1872-1929), critique d'art et impresario russe. À Saint-Pétersbourg en 1898, il fonde, avec Alexandre Benois, la revue *Mir Iskousstva (Le Monde de l'art)* consacrée à l'ensemble des modes d'expression artistiques, y compris les arts décoratifs. Il organise également des expositions pour faire connaître l'art russe dans son pays autant qu'à l'étranger. Dans l'une d'elles qui se tient en 1906 au Salon d'automne de Paris, il présente un ensemble impressionnant de 750 tableaux. L'engouement suscité incite Diaghilev à revenir l'année suivante pour donner cinq concerts historiques de musique russe à l'Opéra et sept soirées de gala de l'opéra *Boris Godounov*. Fort de ces divers succès, il lance dès l'année 1909 une saison de ballets qui s'impose sous le label des « Ballets russes ». Dès lors, chaque année jusqu'à sa mort en 1929 (à l'exception des années de guerre), la compagnie des Ballets russes occupera les devants de la scène parisienne avec des succès, des scandales et des échecs. Les premières années, Diaghilev s'entoure d'artistes russes autant pour la musique, pour les décors que pour la chorégraphie. Il s'adresse ensuite aux artistes occidentaux, principalement ceux installés à Paris. Diaghilev fera connaître sa compagnie de ballets en Europe occidentale et en Amérique, mais n'aura jamais l'occasion de la produire dans sa patrie.

« Je ne puis sans l'assentiment de mes collaborateurs, de Reynaldo Hahn[23], de Fokine qui mettra l'œuvre en scène et réglera les mouvements, de Bakst qui a composé les costumes d'après ses superbes aquarelles, vous dire le scénario. *Le Dieu bleu* est un dieu de l'Inde, c'est Krishna le Dieu de l'Amour, fils de la belle Dévaki, la huitième incarnation (*avaiàras*[24]) de Vishnou avant celle du cheval exterminateur Kalki. D'après la légende qui présente des analogies avec celle d'Apollon, le Dieu de l'Amour fascine les serpents, tire à l'arc, charmeur des coucous et des roses qui l'enlacent de leurs corolles sensuelles et l'enivrent de leurs parfums.

« Nijinsky représente le Dieu, teint du bleu éclatant des estampes japonaises comme vous l'avez révélé vous-même, aux lèvres et aux cheveux d'argent.

« Mlle Rubinstein sera peinte, elle aussi, de couleur différente.

« Tous les personnages apparaîtront en clair, sous le soleil blanc de l'Hindoustan, aux costumes pâles faisant contraste avec la couleur mystérieuse d'un décor sombre.

« On verra le Gange, fleuve sacré aux rives d'ébène, des ibis aux becs d'aurore, des dieux, des fakirs effrontés et frénétiques, des tortues géantes aux carapaces d'or, des singes suspendant leurs ébats à des roses gigantesques. Grâce au génie de Bakst, l'apparition de Mlle Rubinstein, en ce cadre, pourra être d'un effet surprenant…

« Le ballet comporte un acte et une apothéose. Avant d'être créé à Londres pour les fêtes du couronnement du roi[25], il sera représenté au Châtelet sous forme d'une répétition générale de gala ; il n'aura donc qu'une seule représentation.

– Actuellement, du moins…

Quant à la musique, elle est signée du maître Reynaldo Hahn. Elle est largement poussée de mysticisme poussiéreux, d'un souffle chaud de l'Inde et décrit le pittoresque et le rythme d'une invention frémissante et claire. Je crois que M. Inghelbrecht[26] conduira l'orchestre. Que vous dirai-je de plus ? Que Nijinsky danse exactement six minutes sans repos, ce qui constitue un record qui, jusqu'à présent, n'a point été dépassé ; que Nijinsky est, non seulement un danseur épris de musique, de dessin et d'anatomie, suivant les préceptes de M. Le Fort[27], mais encore un comédien de premier ordre… »

---

23. Reynaldo Hahn (1875-1947), compositeur d'origine vénézuélienne, naturalisé français en 1912. Il est connu à l'époque principalement pour ses mélodies chantées dans les salons mondains et pour son amitié intime avec Marcel Proust. Pour des raisons stratégiques, Diaghilev a accepté de lui confier la composition de la musique, ses relations pouvant l'introduire auprès de mécènes potentiels. C'est ainsi que Madrazo, beau-frère du compositeur, intègre également l'équipe du *Dieu bleu* pour concevoir l'argument avec Cocteau. Remarquons que cette nouvelle production marque un tournant dans l'esthétique des Ballets russes, puisque Diaghilev s'adresse pour la première fois à un compositeur français pour lui écrire une musique originale. Hahn exerce également le métier de critique musical au *Journal*.

24. Avaiàras ou avatâr qui, avant de signifier dans le langage quotidien une suite de péripéties, désigne dans les traditions de l'hindouisme les incarnations successives du dieu Visnu et de ses compagnons du panthéon brahmane.

25. La saison des Ballets russes à Londres se tiendra du 21 juin au 31 juillet 1911. Le couronnement de George V aura lieu le 22 juin 1911, mais la soirée de gala organisée le 26 juin pour fêter l'événement ne fera pas figurer *Le Dieu bleu* au programme.

26. Désiré-Émile Inghelbrecht (1880-1965), chef d'orchestre et compositeur, ami proche de Reynaldo Hahn et de Claude Debussy.

27. Léon Le Fort (1829-1894), docteur en médecine de la Faculté de Paris, membre de l'Académie de Médecine, dont les recherches sur l'anatomie avaient contribué à faire progresser la pratique de la chirurgie.

Et les vers d'Albert Samain me reviennent en mémoire[28] :

> Et, du lent mouvement imprimé par ses bras,
> Donne un rythme bizarre à l'étoffe nombreuse,
> Qui s'élargit, ondule et se gonfle et se creuse,
> Et se déploie enfin en large tourbillon…
> Et Pannyre devient fleur, flamme, papillon !

– N'avez-vous pas, vous-même, dessiné costumes et décors[29] ?

Le poète « au front plus blanc qu'un marbre au clair de lune » pense lentement :

– Je suis poète, fait-il, et non dessinateur. C'est tout à fait par hasard que MM. de Diaghilev et Astruc[30] m'ont fait l'honneur de me demander le dessin de l'affiche de la saison russe. Je ne l'ai point encore terminée ; elle représentera Nijinsky dans *Le Spectre de la rose*[31]. Mais la poésie est ma seule joie ; adieu les ciels et les soleils du Midi ; je me remets au travail, voulant terminer au plus tôt mes travaux sur le chantier : un volume de vers, un roman et une pièce de théâtre[32].

– Et la fine silhouette du jeune artiste se détache sur les tapis épais, le miel d'or du pyjama disparaît dans les étoffes parfumées d'une mélancolie de rêves lointains.

Ch [arles] Tenroc[33].

---

28. Extrait du poème d'Albert Samain « Pannyre aux talons d'or » publié dans *Aux Flancs du vase*, suivi de *Polyphème* et de *Poèmes inachevés* (Paris, Mercure de France, 1902, p. 55).

29. Cocteau donne en effet de nombreuses directives pour la chorégraphie et la gestuelle des danseurs, mais également pour les décors et les costumes, ce qui suscitera l'irritation de Diaghilev.

30. Organisateur de concerts et agent artistique, Gabriel Astruc (1864-1938) a aidé Diaghilev à organiser ses premières saisons russes à Paris dès 1906. À l'époque de cet article, il est encore l'un des interlocuteurs privilégiés de l'impresario russe qui a bien besoin de lui pour être introduit auprès des personnalités influentes de la société parisienne. En 1913, Astruc deviendra le directeur du tout nouveau Théâtre des Champs-Élysées.

31. En réalité, Cocteau dessinera non pas une, mais deux affiches pour le ballet *Le Spectre de la rose*, représentant, d'une part, Nijinsky et, de l'autre, Karsavina, les deux danseurs solistes de ce spectacle. Ces affiches paraissent d'abord en noir et blanc dans *Comœdia* (nº 1346 du 7 juin 1911), puis en couleur dans *Comœdia illustré* (nº 17 du 15 juin 1911). Voir illustrations 1 et 2 du cahier couleur.

Le tableau chorégraphique *Le Spectre de la rose* de Michel Fokine est créé par les Ballets russes au Théâtre de Monte-Carlo le 19 avril 1911 (répétition générale le 6 avril), sur la musique de l'*Invitation à la valse* de Carl Maria von Weber orchestrée par Hector Berlioz, une chorégraphie de Michel Fokine, dans des décors et costumes de Léon Bakst et avec un orchestre placé sous la direction de Nikolaï Tchérepnine. Deux danseurs occupent la scène : Tamara Karsavina (la jeune fille) et Nijinsky (la rose).

32. Les travaux en chantier de Cocteau concernent vraisemblablement le recueil de poèmes *La Danse de Sophocle* et la pièce de théâtre *Élisabeth Patter*. Quant au roman, il pourrait s'agir d'un projet qui rejoint celui que Jules Lemaître lui suggérera deux mois plus tard, en juillet 1911, et qui donnera lieu à la création du *Potomak*.

33. Charles Tenroc, pseudonyme en palindrome de Charles Cornet, tient des rubriques sur la musique dans *Comœdia* à partir de 1910. Il prête ensuite son concours au *Guide musical* puis au *Courrier musical*, dont il deviendra le rédacteur en chef.

3

MADAME IDA RUBINSTEIN DANS *SAINT SÉBASTIEN* *

Un nouveau signe est dans l'espace.
Gabriele D'Annunzio [34]

L'apparition de Madame Ida Rubinstein [35], dans l'œuvre de M. Gabriele D'Annunzio [36], sur la scène française, est à mes yeux un événement tel que je demeure stupéfait devant le silence de la presse à son égard [37].

L'incompréhension native ou volontaire d'un ou deux ou même de trois critiques me semble admissible, mais la sensibilité des autres ne saurait être mise en doute, et j'en

* « Madame Ida Rubinstein dans *Saint Sébastien* », *Comœdia*, n° 1340, 1er juin 1911. Deux ans plus tard, Cocteau consacre un nouvel article à ce mystère dansé dans l'ouvrage sur Léon Bakst : voir texte 14.

34. Il s'agit d'un extrait du texte de D'Annunzio, plus précisément la réplique du personnage de Phoenisse, la gardienne de la ville sumérienne de Dilbat, qu'on nomme Vénus : « Un nouveau Signe est dans l'espace. / Un royaume trouve son roi. / Le jour tremble. La nuit s'efface. »

35. La danseuse russe Ida Rubinstein (1885 ou 1888 – 1960) débute comme tragédienne dans *Salomé* à la salle du Conservatoire de Saint-Pétersbourg le 20 décembre 1909. Issue d'une famille juive fortunée, elle s'entoure d'artistes de qualité : Alexandre Glazounov pour la musique et Léon Bakst pour le décor et les costumes. Rubinstein fait sensation en se dénudant dans la « Danse des sept voiles » dont la robe orientale annonce déjà celle de *Cléopâtre*. Ce ballet dirigé par Fokine dans une mise en scène de Meyerhold s'inspire d'un texte d'Oscar Wilde. Il est interdit en Russie après deux représentations, ce qui incite Diaghilev à engager la danseuse pour sa tournée parisienne : elle dansera dans *Cléopâtre* (1909) et dans *Schéhérazade* (1910). *Salomé* sera reprise en juin 1912. Voir texte 19.

Dès le mois d'août 1909, Rubinstein désire s'émanciper de l'autorité de Diaghilev : lors d'un spectacle composite dans la salle de l'Olympia, elle intègre subrepticement sa « Danse des sept voiles ». Elle envisage ensuite de monter seule un ballet dont elle est à la fois la mécène et la vedette. Ce sera, avec l'aide de l'impresario Gabriel Astruc qui organise sa « Grande Saison de Paris », *Le Martyre de saint Sébastien* qui est créé au Théâtre du Châtelet le 22 mai 1911, sur un texte de Gabriele D'Annunzio et avec des décors et costumes de Léon Bakst. Ce mystère en cinq actes, tenant à la fois de l'oratorio, du mimodrame et du ballet, est mis en scène par Armand Bour, dans une chorégraphie de Michel Fokine. Claude Debussy écrit une musique originale pour soli, chœurs et orchestre. Ce dernier est placé sous la direction d'André Caplet, les chœurs sous celle de Désiré-Émile Inghelbrecht, assisté par Marcel Chadeigne et par Émile Vuillermoz comme chefs de chant.

36. Le poète et romancier italien Gabriele D'Annunzio (1863-1938) rencontre Ida Rubinstein à l'issue d'une représentation de *Schéhérazade* qui l'a profondément troublé. Il décide de lui écrire un mystère en cinq actes dont elle interprétera le rôle principal, celui du saint martyr.

37. Cocteau ment ici effrontément : une quinzaine d'articles relatant la création du *Martyre de saint Sébastien* ont paru dans la presse avant le sien, notamment le 18 mai 1911 dans *Excelsior*, le 23 mai (lendemain de la création) dans *L'Intransigeant*, *Le Matin*, *Le Gaulois*, *Gil Blas*, *L'Éclair*, et le 30 mai dans *Le Journal* et *Le Temps*. Même dans *Comœdia* où Cocteau publie son texte, les critiques Emery et René Blum en ont déjà tous deux parlé le 23 mai. Par ailleurs, le 1er juin 1911, à la date même de la parution de son article, Claude Roger-Marx livre dans *Comœdia illustré* un élogieux compte rendu de sept pages agrémenté d'une double page en couleur présentant les croquis de trente-deux costumes dessinés par Léon Bakst et d'une pleine page en couleur de Rubinstein dans son rôle de martyr transpercé par des flèches. Cette vaste contribution est elle-même précédée d'une présentation en deux pages du poète Gabriele D'Annunzio sous le titre « Le printemps d'un Poète » par son compatriote, l'écrivain et critique d'art Ricciotto Canudo.

Seuls deux articles suivront le texte de Cocteau deux jours plus tard, le 3 juin, l'un dans *L'Action française*, l'autre dans *Le Ménestrel*. Sans doute Cocteau est-il stupéfait de constater qu'il est l'un des derniers à s'exprimer au sujet de cette représentation : le poète s'autorise évidemment à détourner ainsi la vérité afin d'être plus percutant et de justifier son propre silence.

connais parmi ceux qui se sont tus, dont la finesse distingue d'une infaillible manière l'auréole troublante de l'exceptionnel.

Il est vrai que les journaux obligent leurs collaborateurs à d'immédiats comptes rendus et que le fait d'avoir admiré Madame Rubinstein ne saurait sans sacrilège se traduire à la hâte dans un bureau de rédaction.

Ce silence, d'ailleurs, ne me peine pas pour elle, trop haute et trop parfumée pour avoir besoin d'un piédestal et d'un encens, mais pour Paris dont je déplore qu'il accueille avec mollesse un astre imprévu de la gravitation artistique.

Madame Ida Rubinstein possède mieux que le « sens du théâtre »[38], elle a le *don d'incarnation*. Le moindre de ses gestes prend une importance si grave et si surprenante qu'on ne saurait désormais imaginer sans eux la vie du personnage qu'elle évoque.

Combien ce superbe rôle eût été mal servi par une impeccable actrice !

Madame Ida Rubinstein produit aux oreilles l'impression qu'un primitif procure aux yeux ; même suave noblesse ; même grandeur simple, mêmes fautes de perspective touchantes, même gaucherie méticuleuse et adorable.

Malgré l'horreur naturelle que j'ai pour les comparaisons picturales, car, si Mme Rubinstein rappelle les maîtres italiens, c'est parce que toutes les choses proches du sublime ont un « air de famille », elle fait cependant penser à quelque vitrail animé par miracle et dont l'image soudain vivante, un peu mal à l'aise et pleine d'un souvenir immobile, muet, translucide et sacré, n'aurait pas encore l'usage libre de sa voix récente et de ses gestes nouveaux.

Tout l'aide, la seconde, la hausse, la couronne ! soit qu'elle dise à Dioclétien avec une gentillesse naïve : « Oui, tu m'as été libéral, Seigneur » ou que, des profondeurs de son âme, elle appelle dans le crépuscule l'amour terrible de ses frères d'armes, et folle, ivre d'un suprême délire, compte les ardentes clefs ouvrant dans sa poitrine le coffret clos de son cœur élu.

Quel spectacle ! Quel concert ! Quels tendres élans loin des cabotinages ! C'est ainsi, puisqu'il y a jeu, que devraient jouer les fidèles choisis pour animer de leur foi la trame des mystères.

Au second acte, lorsque la scène n'est plus qu'une ample poitrine poussant un cri d'amour vers le ciel, la salle sombre devient une nef, où son organe monte, pur et un peu nasal, comme le soprano d'un pâle enfant de chœur. Et les notes rauques, le passage de sa voix grave à sa voix supraterrestre n'est pas non plus pour me déplaire, car il ajoute à cette adolescence le charmant phénomène de la mue juvénile.

---

38. Ida Rubinstein interprète le rôle principal – parlé, dansé et chanté – de saint Sébastien. Elle étudie le texte en vers octosyllabiques et en prose avec Jules Leitner, sociétaire de la Comédie-Française, sous l'œil bienveillant de l'actrice Julia Bartet, et travaille le chant avec Émile Vuillermoz. D'une durée de quatre heures, l'œuvre est longue et difficile. La danseuse incarne le personnage de Sébastien, chef d'une unité de l'armée romaine (la cohorte d'Émèse) au service de Dioclétien. Chargé de supplicier des chrétiens, il reçoit soudain des stigmates et se transforme en soldat du Christ. Il chante avec les martyrs et suscite des conversions. Entretemps, le palais de Dioclétien est le théâtre de fêtes grandioses dans un décor somptueux, où l'on va sacrifier Sébastien qui a été dénoncé comme chrétien. Dioclétien tente de sauver le jeune homme en lui faisant renier sa foi, mais se voit contraint de le supplicier. Percé de flèches, Sébastien est laissé pour mort.

Peut-on la voir sans douce angoisse, lorsqu'elle annonce, géante et si frêle, entre les colonnes noires, à l'empereur juché parmi la pourpre, qu'elle va danser la passion *de ce jeune homme asiatique, de ce prince supplicié* ?

Un silence s'impose, une torpeur orageuse flotte, tout le théâtre, en deçà et au-delà de la rampe, est envahi par l'atmosphère spéciale annonciatrice des phénomènes, et, tout à coup, sans prévenir, sur une musique âpre et proche, son long corps se disloque, ploie sous le faix honteux, butte et halète ; la croix écrase son épaule faible, la fatigue l'arc-boute, son visage ne répugne pas à la divine grimace des larmes ; elle est la Véronique du Golgotha[39] ! la Catherine Emmerich[40] des planches ! Elle a vu ! Elle a entendu ! Elle retrouve ! Et, lorsque soudain redressée, mime évangélique, encore si possible grandie, transfigurée, illuminée, impondérable et souriante, elle pose les questions de l'ange du saint sépulcre, j'ai le désir de crier : « Prenez garde ! Prenez garde ! Les prodiges n'existent qu'en tant qu'on s'applique à les reconnaître ! Or, un prodige se passe, et vous ne vous en apercevez pas ! »

Oh ! le long de ces cinq actes, le frénétique, le pâmé, le chancelant, le victorieux athlète du Christ ! Depuis le début, où elle semble une flamme solide, jusqu'à la fin, où elle n'est plus qu'une cire penchante avec une immense flamme, que d'attitudes frappées dans l'atmosphère plus définitivement que dans le métal en fusion !

Il faudrait tout dire de ce qu'on n'a pas dit ! Son immobilité attentive avant le supplice des gémeaux, au centre de la bleue cohorte d'Émèse, les bras de velours vert dressés jusqu'à la coche de l'arc, le visage à la fois anguleux et plein au front nu bandé d'yeux incolores, les boucles noires qui s'échappent de la petite corne d'abondance du casque, sa manière de se mouvoir hors les toiles, hors la foule, hors tout ce qui demande un effort d'imagination pour devenir évocateur, la démarche sûre, le regard un peu apitoyé dont elle fascine la mère douloureuse et la pousse, tel un inverse aimant, aux pieds des martyrs mélodieux, les cassures de sa hanche et de ses coudes caparaçonnés d'or, et cette danse sur la braise, lorsque les orteils nus se recroquevillent de divine souffrance (des imbéciles n'ont-ils pas cru qu'elle faisait des pointes ! ! !) et qu'elle tombe à genoux, ivre de torture, avant de croire qu'elle foule une jonchée de lis humides.

Il faudrait tout dire ! Ses appels enfantins lorsqu'elle découvre la chambre magique après le carnage des idoles : « À moi, Guddène ! À moi, Phlégon ! J'ai trouvé l'issue », et lorsqu'elle raconte le *sourire* de l'esclave, sa voix, qui semble venir de plus loin que sa gorge, de plus loin que d'elle-même, venir des constellations que découvrira tout à l'heure, grâce à M. Bakst, la porte massive contre laquelle s'appuie sa fragilité radieuse.

Et toute cette réalisation unique d'un désir sept fois légitime, n'effaçant pas, par ce fait même qu'elle touche à peine au théâtre, Cléopâtre la terrible et Zobéide l'imprudente, toute cette concentration unique d'un triple rêve de poète, de musicien et de peintre, … pour que plusieurs personnes consentent avec indulgence à reconnaître un louable effort d'étrangère, et pour faire dire à mon voisin de loge, au passage, où, tandis que la victoire impériale brûle sa paume tentée, son cœur souffre toutes les luttes

39. Allusion à sainte Véronique qui tendit son voile au Christ portant sa croix au Golgotha, pour qu'il puisse s'essuyer le front.

40. Anna Katharina Emmerich (1777-1824), religieuse allemande qui a reçu les stigmates de la crucifixion du Christ et dont les visions ont été rapportées et publiées par Clemens Brentano dans l'ouvrage *La douloureuse Passion de Notre-Seigneur Jésus-Christ* en 1833.

du sermon sur la montagne et que par elle et pour nous l'humilité chrétienne triomphe de l'orgueil païen : « Elle est délicieuse. »

4
Le ballet russe *

C'est une Saison véritable[41].

Comme le Printemps, l'Été, l'Automne, elle vient avec l'éclat toujours le même et jamais semblable de ses couleurs et de sa lumière.

Elle s'était abattue comme l'oiseau Phénix, au centre de Paris ; elle était là, remous magique de vacarme, de mystère et de plaisir et tout le monde allait y prendre sa charge de pathétisme. On s'imprégnait de ce faste inconnu. Tous les cœurs suivaient ses douces voltiges ; tous les yeux promenaient sur les images quotidiennes la tache indélébile de ses décors intenses.

... Et puis, elle était partie[42].

On en avait un peu souffert, on ne l'avait pas trop avoué, on avait craint de ne jamais la revoir autrement que par le souvenir qui magnifie les choses, mais la diminuait ; et voilà que tout à coup, on l'annonce, et qu'elle approche chargée d'étoffes, d'orfèvreries, de fleurs, de gemmes, de parfums et de musique, comme un fabuleux cortège des Mages !

À la suite de Serge de Diaghilev, voici d'abord Mme Ida Rubinstein[43]. Sa démarche est lente. Chacun de ses pas la secoue avec douceur et lui rejette mollement la tête

* « Le Ballet russe », dans *Les Ballets russes*, programme officiel de la sixième saison russe édité par *Comœdia illustré*, Théâtre du Châtelet, du 6 au 17 juin 1911, n. p. « Sixième saison » puisque Diaghilev a commencé ses saisons russes en 1906. Trois ans plus tard débute la première saison de ballets : c'est donc bien la sixième saison russe, mais la première des Ballets russes. Le texte écrit par Cocteau pour le programme officiel de la saison 1911 met en évidence les éléments les plus importants : les danseurs, les spectacles et les décorateurs. Il n'aborde pas du tout les compositeurs.

41. À considérer les huit représentations parisiennes en 1911, les Ballets russes se restreignent à un programme d'une « demi-saison », ce qui est exceptionnel pour cette époque (voir note suivante). En y ajoutant les dix-sept soirées des Ballets russes données à Monaco du 9 au 30 avril 1911, Cocteau cherche à soutenir l'idée qu'il s'agit, malgré tout, d'une « saison véritable ». Les ballets de la saison parisienne de 1911 comprennent *Le Carnaval* (reprise de l'année précédente), *Le Spectre de la rose* et *Narcisse* (premières représentations à Paris, mais créations à Monaco), *Sadko* et *Pétrouchka* (créations à Paris). Cocteau n'aborde pas ces deux derniers ballets, car au moment d'écrire son texte il ignore encore que Diaghilev les mettra à l'affiche de sa saison parisienne.

42. Le public parisien était habitué à bien davantage de représentations des Ballets russes : en 1909, Diaghilev en avait donné vingt-six du 18 mai au 20 juin et, l'année suivante, vingt du 4 au 30 juin. La diminution du nombre de soirées prévues en 1911 s'explique par le fait que Diaghilev organise à présent des tournées avec sa compagnie de ballets : Milan (janvier 1911), Monaco (avril), Rome (mai) et Londres (juin-juillet). La première saison à Londres revêt à ses yeux une grande importance, car il y trouve des mécènes lui permettant de financer ses spectacles.

43. Cocteau évoque à nouveau Ida Rubinstein comme danseuse soliste de la troupe des Ballets russes, alors qu'elle monte, sans le concours de Diaghilev, *Le Martyre de saint Sébastien* dont la première précède de quelques jours le début de la saison russe, le 22 mai 1911, dans ce même Théâtre du Châtelet. Rubinstein remplit pourtant ses engagements et termine cette saison 1911 pour les Ballets russes, avant d'envisager de créer sa propre compagnie de ballets.

en arrière. La longueur mince, droite et parallèle de ses jambes, ses coudes qu'elle applique à ses hanches, la rondeur haute de ses épaules entre lesquelles le cou s'enfonce, évoquent l'ibis aux ailes closes.

Elle est trop belle, comme une essence première sent trop fort. La main gauche, le long du corps où monte une robe lourde, joue avec un lotus bleu ; la main droite au bout du bras à la franche cassure, tient une longue flèche d'or. Elle porte vers notre ville les insignes de ses rôles.

Voici Vaslav Nijinsky. En sa poitrine revécut l'âme du mystérieux enfant Septentrion [44] qui mourut d'avoir trop dansé sur la plage d'Antibes. Droit, tendu, souple, il marche sur le bout des pieds, à petits pas rapides et contenus. Avec sa tête étroite et nette comme un poing, son cou large et long à la Donatello, son torse mince sur des jambes aux cuisses trop fortes, on dirait un jeune Florentin vigoureux à l'excès et félin jusqu'à l'équivoque.

Il renverse toutes les lois d'équilibre. Il semble sans cesse peint sur un plafond, il se couche mollement dans l'espace, il livre au ciel mille petits assauts et ses danses ont l'air de beaux poèmes écrits en majuscules.

Rappelez-vous *Schéhérazade* !

Quel nègre somptueux ! voluptueux ! rieur !

Rappelez-vous *Les Sylphides* ! Quel poète romantique ! penchant ! vaporeux !

Il titube de joie, pousse des cris muets de tout son visage sombre que les dents claires illuminent, s'étire sur les coussins où son pantalon d'or semble un poisson qui ruisselle au soleil, saute au centre d'une ronde démoniaque, reçoit un coup de sabre au front, tombe, se tend et se détend comme un arc, meurt dans les spasmes… et, à quelques minutes d'intervalle, tournique, pâle et blond, en maillot blanc, veste noire et chemise de batiste, âme charmante et désuète de Chopin [45], parmi les couronnes de dahlias et les tutus de gaze.

Maintenant, il vient vers de nouveaux triomphes. Il porte un costume dont un doigt qu'il pose sur ses lèvres m'interdit de décrire la splendeur particulière.

Sa main gauche tient un narcisse, sa main droite une rose. Un reptile s'enroule à sa taille. Ce sont aussi les insignes des rôles qu'il va jouer.

Voici Tamar Karsavina [46]. Elle semble une petite fille. Doucement éperdue, elle court de droite et de gauche sur ses pointes. Ses bras sont croisés sur sa poitrine. De luisantes nattes inclinent son visage et ses yeux timides lui appliquent de longs cils sur les joues. Elle entraîne à sa suite Sophie Federova [47] la sombre, la possédée, qui agite un

---

44. Le théâtre romain d'Antibes conserve une stèle funéraire à la mémoire de l'enfant Septentrion dont l'inscription mentionne explicitement que sa danse était appréciée jadis au Théâtre d'Antipolis.

45. Rappelons que *Les Sylphides* se dansent sur des musiques de Chopin.

46. Tamara Karsavina (1885-1979), danseuse au Théâtre Marinski auquel elle reste attachée jusqu'en 1918. À partir de 1909, elle participe aux Ballets russes de Diaghilev, tout particulièrement durant la morte saison à Saint-Pétersbourg. Elle figure parmi les rares danseuses étoiles de la compagnie à vivre toute l'aventure des Ballets russes jusqu'à leur disparition en 1929. Elle dansera la plupart des rôles solistes.

47. Sophie Federova (1879-1963), danseuse du Théâtre du Bolchoï jusqu'en 1919, participe aux Ballets russes de 1909 à 1913.

thyrse et une torche, Fokina[48] la flexible, Lopokova[49] la précoce, Ludmilla Schollar[50] la turbulente, Natalia Trouhanova[51] qui entre d'une manière si imprévue et si radieuse dans la farandole, et toute une cohorte de minces fleurs penchantes.

Voici Fokine ! Des ailes vives aux chevilles et aux tempes, il volette d'un groupe à l'autre. Il donne un ordre, il exécute un geste et tout se range, se prépare, s'harmonise. Son œil est circulaire et persistant ; sa voix, douce et implacable. Il entoure la troupe de son zèle actif et génial. C'est Mercure !

4. Tamara Karsavina dans *L'Oiseau de feu*, dans *Comœdia*, n° 1015, 11 juillet 1910.

Autour de lui repose un campement de jeunes athlètes et d'adolescents aux regards pâles. Bolm[52], Rosaï, Orlov, Leontieff[53], etc. Ce sont eux qui sortiront de leur calme pour tourner sur place dans une vertigineuse frénésie et qu'un accord brusque fera s'arrêter net et revenir à leur harmonieux repos comme le vif argent dispersé par le doigt se reforme de lui-même.

Enfin Léon Bakst nous réserve de géantes, de vertes, de soyeuses, d'émouvantes surprises ! Vous verrez l'étang où se perd le jeune *Narcisse*[54] parmi les divinités forestières, les monstres que charme *Le Dieu bleu*[55], la fenêtre où surgit *Le Spectre de la rose*[56], les baraques foraines de *Pétrouchka*[57], le talisman versicolore de *La Péri*[58].

---

48. Vera Fokina (1886-1958), danseuse au Théâtre Marinski dont elle épouse le maître de ballet Michel Fokine en 1905. Ensemble ils prennent part aux saisons des Ballets russes de 1909 à 1912, puis lors de la saison de 1914.

49. Lydia Lopokova (1891-1981), issue du Théâtre Marinski, rejoint les Ballets russes en 1910.

50. Ludmilla Schollar (1888-1976), formée au Théâtre Marinski, participe aux Ballets russes de 1909 à 1914, puis en 1924.

51. Natalia Trouhanova (1885-1956) danse à l'Opéra de Paris en 1907 avant d'intégrer la troupe de Diaghilev en 1911.

52. Adolphe Bolm (1884-1951), premier danseur du Théâtre Marinski en 1905, participe aux Ballets russes en 1909. Il quitte la Russie deux ans plus tard pour rejoindre la troupe de Diaghilev jusqu'à ce qu'il s'installe aux États-Unis en 1917. Il s'illustrera à la fois comme danseur soliste et comme chorégraphe.

53. Cocteau cite quelques danseurs de Diaghilev : Georges Rosaï, Alexandre Orlov et Léonide Leontieff. Ce dernier devient premier danseur à partir de 1911.

54. Pour *Narcisse*, voir texte 13.

55. Pour *Le Dieu bleu*, voir texte 2.

56. Pour *Le Spectre de la rose*, voir note 31 du texte 2.

57. *Pétrouchka*, scène burlesque d'Igor Stravinski, créé par les Ballets russes au Théâtre du Châtelet le 13 juin 1911, dans une chorégraphie de Michel Fokine et avec des décors d'Alexandre Benois. Les principaux interprètes sont Tamara Karsavina et Vaslav Nijinsky.

58. L'article de Cocteau paraît dans le programme officiel de la saison, dès la première représentation, c'est-à-dire le 6 juin 1911. L'auteur a donc écrit ses textes plusieurs semaines à l'avance, après avoir assisté

Léon Bakst travaille ! Et aussi Alexandre Benois, Golovine, Rœrich et Anisfeld [59] : car il faut préparer une cage digne de l'immense oiseau semblable au tapis volant des *Mille et une Nuits*, lequel se pose au milieu de l'allégresse stupéfaite et repart trop vite en laissant après lui le germe divin des nobles entreprises.

5

Tamara Karsavina *

Elle rentre du bal [60]. Elle n'en peut plus. La chaleur, les souvenirs, le sommeil la suffoquent. Elle tombe assise dans son large fauteuil et sa crinoline l'installe au milieu d'un nuage. Sa tête penche sous la charge des boucles, des rubans et des camélias. Elle s'endort. De sa rose tombée, un parfum captieux, insinuant, monte et enroule ses volutes. Elle revoit les épaules fuyantes, les parures, les robes à douze volants de dentelle, les beaux jeunes hommes à sous-pieds dont la manchette se retrousse sur l'habit et qu'un gilet de soie pince à la taille, les lustres à girandoles l'éblouissent, un « sorbet » rafraîchit sa bouche brûlante, et l'arôme, l'arôme qui tour à tour l'attaque et l'abandonne, charmant comme un valseur et terrible comme un guerrier s'approche, l'envoûte et l'emporte endormie pour une de ces danses de rêve dont on se souvient en détail et qu'on ne pourrait jamais revivre. Ô la lutte muette et merveilleuse d'un de ces papillons blancs d'été avec ce fourbe arôme ! Que de molles ruses ! que d'assauts inoffensifs ! et lorsque le réveil rétablit la véritable chambre vide, l'aube apparue, le lit entrouvert, la rose morte et que le parfum bondissant a dû choir et se coucher en rond au centre d'un massif, quelle déception virginale d'un pur désir sur ce noble visage de petite somnambule enivrée !

---

aux répétitions, ce qui lui permet de parler en détail des danseurs et des décorateurs. À ce moment, il ignore toutefois que *La Péri*, ballet sur une musique de Paul Dukas, avec une chorégraphie de Georges Balanchine et des décors de Léon Bakst, sera abandonnée comme projet et ne verra jamais le jour. Quant au *Dieu bleu*, il ne sera représenté que l'année suivante, en 1912.

59. Cocteau mentionne les peintres russes qui travaillent pour Diaghilev aux décors et aux costumes de ses productions de l'année 1911 : Léon Bakst (*Le Spectre de la rose*, *Narcisse*, *La Péri*), Alexandre Benois (*Pétrouchka*), Alexandre Golovine (*Le Lac des cygnes* pour la première à Londres le 30 novembre 1911) et Boris Anisfeld (*Sadko* ; rideau de scène pour *Pétrouchka*). Seul Nicolas Rœrich n'est pas encore embauché en 1911 : il prépare les décors et costumes pour *Le Sacre du printemps* de 1913.

* « Tamara Karsavina », *Comœdia illustré*, n° 17, 15 juin 1911, p. 568. Texte figurant sous la reproduction de l'affiche de Cocteau pour *Le Spectre de la rose*, l'ensemble étant placé en vis-à-vis de l'affiche et du texte sur « Vaslav Nijinsky ».

60. Le synopsis du ballet *Le Spectre de la rose* est basé sur un argument de Jean-Louis Vaudoyer d'après un poème de Théophile Gautier : une jeune fille revient du bal ; fatiguée, elle s'endort dans un fauteuil ; de son corsage se détache une rose qui, dans son rêve, se transforme en un Génie qui la couvre de caresses et disparaît à l'aube. Créé par les Ballets russes à Monte-Carlo le 9 avril 1911, le ballet est présenté au public parisien le 6 juin suivant.

6
VASLAV NIJINSKY *

Je ne sais plus s'il m'étonne davantage par le miracle de ses vols ou par l'intensité de son jeu [61]. La jeune fille revient du bal et s'endort. Sa rose de corsage tombe, et voici que son parfum se dresse, rampe et conquiert la chambre. *Le parfum de la rose* c'est Nijinsky. Dans un costume aux pétales frisés auquel le rêve de la jeune fille ajoute peut-être l'image précise d'un récent danseur, il pénètre parmi les cretonnes bleues avec la chaude nuit de juin. Il mime et concentre tout ce qui, jusqu'alors, me semblait intraduisible d'un triste et superbe assaut d'arôme. Orgueilleux de sa rouge turbulence il tournoie en suaves remous, imprègne les rideaux de mousseline et enveloppe la dormeuse d'un voile tenace. Rien de plus extraordinaire ! La magie est telle qu'il recommence la fête, peuple un sommeil enfantin de douces voltiges et tout à coup, après un adieu final à sa chère victime, par la fenêtre béante, il s'évapore d'un bond si pathétique, si contraire à toutes les lois d'équilibre, si courbe et si haut, que jamais plus la fuite et le retour d'un parfum de rose ne pourront m'assaillir sans que mon odorat s'augmente d'un fantôme ineffaçable.

J'éprouve à voir Nijinsky le plaisir illimité de l'art et l'allégresse précise des mathématiques. Il fait sans cesse *la preuve* de son génial problème, et son prestige émane de cet équilibre.

---

* « Vaslav Nijinsky », *Comœdia illustré*, n° 17, 15 juin 1911, p. 569. Texte figurant sous la reproduction de l'affiche de Cocteau pour *Le Spectre de la rose*, l'ensemble étant placé en vis-à-vis de l'affiche et du texte sur « Tamara Karsavina ».

61. Ce tableau chorégraphique du *Spectre de la rose* est conçu tout spécialement pour mettre en valeur les sauts et les envols extraordinaires de Nijinsky. L'immense succès vaudra à ce ballet de rester longtemps inscrit au répertoire.

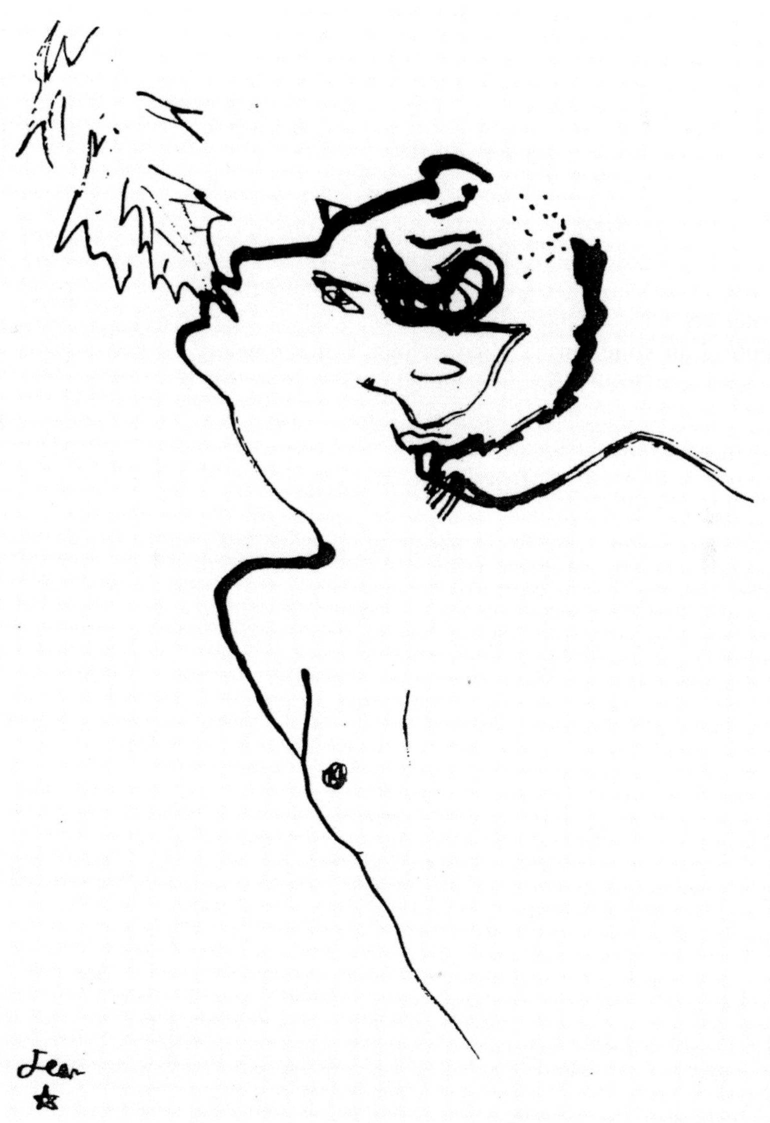

5. Faune, s.d., collection privée.

7

UNE RÉPÉTITION DU *PRÉLUDE À L'APRÈS-MIDI D'UN FAUNE* * [62]

Le visible et serein souffle artificiel
De l'inspiration, qui regagne le ciel.
S.M. [63]

« *Êtes-vous bien ? Il est trois heures. Conservez votre chapeau ; la salle vide n'est pas chaude.* » Ô Mallarmé que je n'ai jamais vu, dans ce théâtre sombre au centre du Printemps qui commence, combien je vous imagine ! Tout vous amuse ; et cela vous amuse d'abord parce qu'on répète. Le prestige de la solitude vous enchante. On donne des ordres en russe. Des couturières circulent. Une danseuse présente son costume incomplet ; le flûtiste s'essaye [64]. Nul fauteuil défendu. Votre impatience respectueuse interroge la belle dame qui vous accompagne. C'est pour elle que vous inventiez sans doute votre casque d'impératrice enfant… [65] vous l'aimiez et je ne la connaissais pas, je l'aime et vous n'êtes plus ; mais je vous connais par elle.

« *Il faudrait danser mon églogue au milieu d'une forêt dont les arbres seraient en zinc.* » Votre voix est basse, peu autoritaire, et je pense au signet noir de la brochure célèbre, à votre distique sur Manet :

« *Ce riant, ce blond Manet*
De qui la grâce émanait »

à votre âme secrète, odorante et compacte : « *Une rose* [66] *dans les ténèbres.* »

---

* « Une Répétition du *Prélude à l'après-midi d'un faune* », *Comœdia*, n° 1702, le 28 mai 1912. Signalons que Cocteau consacre un autre texte à ce ballet, voir texte 17.

62. *L'Après-midi d'un faune*, tableau chorégraphique des Ballets russes dont la répétition générale a lieu au Théâtre du Châtelet le 28 mai 1912 et la création le lendemain. La musique de Claude Debussy est celle du *Prélude à l'après-midi d'un faune*, créée par la Société Nationale le 22 décembre 1894 à la Salle d'Harcourt sous la direction de Gustave Doret. Selon le programme de la création rédigé très probablement par Debussy lui-même, la musique s'inspire très librement de l'églogue de Stéphane Mallarmé, « L'Après-midi d'un faune », sans même prétendre à en faire une synthèse. Ce poème avait été publié en seize pages luxueuses destinées aux bibliophiles, avec frontispice, ex-libris, fleurons et cul-de-lampe d'Édouard Manet chez l'éditeur Alphonse Derenne en 1876. La version chorégraphique de 1912 ne se fonde donc pas sur le poème de Mallarmé, mais sur le *Prélude* du compositeur. La chorégraphie est de Nijinsky, le décor et les costumes de Léon Bakst. Pierre Monteux dirige l'orchestre. Les principaux interprètes sont Vaslav Nijinsky (le faune) et Lydia Nelidova (la grande nymphe).

63. Vers extraits de « L'Après-midi d'un faune » de Stéphane Mallarmé (voir *Œuvres complètes*, éd. Bertrand Marchal, Paris, Gallimard, Bibliothèque de la Pléiade, 1998, t. 1, p. 163). Alors que le programme précise bien que le ballet n'est pas inspiré des vers de Mallarmé, Cocteau va accorder une place prépondérante au poète dans cet article en citant plusieurs de ses vers (non seulement ceux du poème éponyme, mais d'autres également) et en imaginant même sa présence dans la salle. Debussy n'a jamais pourtant rencontré Mallarmé (1842-1898).

64. La flûte traversière joue un rôle essentiel dans cette œuvre symphonique de Debussy : elle interprète en solo le thème initial.

65. Citation libre de Cocteau d'après le vers « Comme un casque guerrier d'impératrice enfant » figurant dans le dernier tercet du sonnet de Mallarmé « *Victorieusement fui le suicide beau…* ». Voir Mallarmé, *Œuvres complètes*, t. 1, p. 37.

66. Clausule du sonnet de Mallarmé « *Surgi de la croupe et du bond…* ». Voir *ibid.*, p. 42.

« Êtes-vous bien? Il est trois heures. Conservez votre chapeau ; la salle vide n'est pas chaude. » La rampe s'allume. Le rideau ne touche pas tout à fait les planches et c'est par cette large fente horizontale que notre enthousiasme neuf cherchait à reconnaître les babouches du prince de *La Biche au bois* et les vagues du *Tour du monde*[67]. Le rideau monte un peu, hésite, retombe, se pose. Cette fois plus de fente ; la boîte perpendiculaire est close : sur le rouge et les franges peintes, la molle lumière égale qui sait être le climat d'*Igor* et le crépuscule de *Pétrouchka*[68]. On frappe. Les violons frémissent. La scène déploie son rectangle.

Ce n'est pas *L'Après-midi d'un faune.* C'est, sur le prélude musical à l'églogue, une courte scène qui la précède. Un faune sommeille, joue de la flûte, regarde le soleil à travers une grappe. Des nymphes l'attirent et le délaissent. Une écharpe oubliée satisfait son rêve[69]. Ce n'est pas *L'Après-midi d'un faune* puisque c'en est le prélude, mais ici l'ordre idéal se désagrège. C'est tout de même, à tout prendre, l'après-midi d'un Faune. Non par une faute ni par une feinte, mais par le prodige d'une rencontre nécessaire. Le génie du jeune Slave danseur, metteur en scène, génie fruste et net, rejoint, ô Mallarmé, votre savant et puéril génie par-dessus la ligne orchestrale, par-dessus des latitudes, des coutumes, des atavismes. La candide érudition vous apparente. Peut-on vous oublier en face de ces ébauches définitives, de cette sécheresse harmonieuse, de ces riantes synthèses ?

Voici le Faune.

J'ai vu le Faune. Je louche de l'œil son pelage pie[70]. Un malaise de résurrection accompagne ses gestes. Lenteur de Lazare ! Il sort des siècles. Il est grave, il est attentif, il inspecte ; il est le faune ; il ne sait rien d'autre. Ses lourdes cornes l'obligent à pencher son profil de chèvre. Il possède sa flûte, sa corbeille, sa mousse et ses raisins violets. Nous avons vu le Faune. Jamais encore ce spectacle, et jamais cette stupeur sacrée !

Voici les nymphes.

---

67. *La Biche au bois*, adaptation pour le théâtre d'un conte de Marie-Catherine d'Aulnoy réalisée par les frères Cogniard et créée au Théâtre de la Porte-Saint-Martin le 29 mars 1845. *Le Tour du monde en quatre-vingts jours*, roman de Jules Verne adapté pour le théâtre par l'auteur et Adolphe d'Ennery et créé au Théâtre de la Porte Saint-Martin sur une musique de Jean-Jacques Debillemont le 7 novembre 1874. Ces œuvres qui ont connu un immense succès et ont été reprises jusqu'au début du XXe siècle sur les scènes parisiennes ont fortement marqué l'imagination du jeune Cocteau. Notons aussi que le poète se lancera en 1936 dans un tour du monde en quatre-vingts jours en compagnie de son secrétaire Marcel Khill, pour en faire le récit pour le quotidien *Paris-soir* (1er août - 3 septembre), récit publié l'année suivante chez Gallimard sous le titre *Mon Premier Voyage*.

68. Bien que le sujet de cet article porte sur la répétition de *L'Après-midi d'un faune*, Cocteau ne peut s'empêcher de citer deux ballets dont cinq représentations (les 20, 22, 24 et 25 mai 1912) ont suffi pour être gravées à jamais dans la mémoire d'un public enthousiaste : les *Danses polovtsiennes du Prince Igor* créées sur une musique de Borodine le 18 mai 1909 et *Pétrouchka* créée sur une musique de Stravinski le 13 juin 1911, tous deux dans une chorégraphie de Michel Fokine.

69. Ni le poème ni la musique ne sont narratifs. Le thème consiste à évoquer les rêves d'un faune, figure mythologique romaine aux oreilles et cornes pointues et aux sabots de bouc, au moment où il est emporté par le sommeil. Correspondant au dieu grec Pan, le faune est un être hybride qui poursuit les nymphes et les jeunes garçons afin d'assouvir sa sexualité débordante. Considéré aussi comme le protecteur des troupeaux et des bergers, il a pour attribut une flûte.

70. Le costume dessiné par Léon Bakst se compose d'un long justaucorps blanc avec de grandes taches noires. Un artifice en forme de petite queue est attaché au dos, deux petites cornes sont fixées sur la perruque.

Les Grecs arrêtaient leurs jeux pour l'avenir dans l'immobile bas-relief, et voilà, route inverse, que le bas-relief mobile nous en révèle ici la raison d'être initiale[71]. Plates petites nymphes délicieuses ! Leurs longues mains aux phalanges jointes et leurs pieds étroits se meuvent parallèlement. Leur visage ne s'intéresse pas à leurs décisions corporelles. Une indifférence mathématique préside à leurs inquiétudes et leurs cheveux sont des lanières d'or.

Aucune gêne par le factice. C'est le privilège du tact génial. L'entreprise y trouve son excuse, et sa perfection dans un art artificiel le restitue à la nature. Il nous l'évoque en raison inverse du principe niais par quoi certains artistes cherchent le réalisme sans transposition initiale. La peur panique, la terreur panique, la terreur sans drame, sans transposition préalable, la peur panique nous immobilise.

Les nymphes déshabillent la Nymphe pour le bain. Sur son tertre le Faune s'intéresse. Il contemple. Sa présence n'est-elle pas nécessaire ? Ne fût-ce qu'au poème ? Il se mêle à la troupe virginale. Peu à peu, d'un œil qui ne saurait voir de face, une à une, les compagnes découvrent sa présence. C'est encore la panique ; et quel autre terme serait exact. Elles s'échappent de droite et de gauche, (« *Ce vol de cygnes, non ! de naïades se sauve* »[72]), les jambes ployées, les mains vers leur fuite, à deux dimensions, courtes, allongées, sveltes pourtant et rapides, avec l'aspect que donnent certains miroirs inégaux, ou mieux, une eau mouvante.

Le Faune et la Nymphe se trouvent seuls, face à face. Entre eux la chaleur vacille. Ils se considèrent. La belle agreste et la bête charmante se mesurent.

Ô Mallarmé ! Mallarmé si ému que vos mâchoires se crispent, voyez ce sublime point d'orgue à travers l'espace et le temps !

Il faut bien que cela cesse. « *Lys ! et l'un de vous tous* »[73] le jeune faune retrouve l'orgueil de sa force animale. Son attitude le reflète. La nymphe comprend, déplie ses longues jambes et court vers d'autres histoires. (Lente course, blanche algèbre de l'effroi naïf ! Duo inoubliable !) Une écharpe, son écharpe demeure sur l'herbe. En vain les petites personnes anguleuses essayent de venir la reprendre. Elle est sa proie. Il la serre, la renifle, l'emporte sur son praticable et se vautre en elle.

Couple, adieu. La Syrinx[74] mineure termine son thème. Le rideau tombe. Les musiciens remuent, bousculent les chaises. On s'interpelle. *Il était là pourtant ?* On se félicite ; on se penche les uns vers les autres. Des groupes s'approchent. À mesure que chacun de nous se lève, un ressort applique le siège au dossier de cuir. *De lui, plus rien.* Mais (qui le remarque ?) à droite, au bord du couloir central, certain fauteuil

---

71. Cocteau décrit la gestuelle des nymphes qui s'inspire des bas-reliefs antiques conservés dans les musées européens. Les attitudes et les évolutions chorégraphiques résultent d'une observation stricte des gestes et des mouvements gravés dans la pierre ancienne. Ainsi les fresques immobiles des musées se transforment-elles en tableaux vivants.

72. Vers extrait de « L'Après-midi d'un faune » de Mallarmé.Voir *Œuvres complètes*, t. 1, p. 164.

73. Extrait du vers de « L'Après-midi d'un faune » de Mallarmé : « Lys ! et de l'un de vous tous pour l'ingénuité ». Voir *ibid.*, p. 164.

74. La syrinx ou flûte de Pan est un instrument de musique composé de plusieurs tuyaux. Dans l'œuvre orchestrale de Debussy, c'est la flûte traversière qui joue un rôle essentiel de soliste et incarne le faune. Cocteau fait ici allusion à la réexposition du thème à la tierce mineure, rappelant le thème initial. En 1913, le compositeur a écrit une pièce pour flûte seule intitulée *Syrinx*, aujourd'hui encore inscrite au répertoire.

vide, baissé, malgré le mécanisme, et dans l'atmosphère, certaine présence ! « *Couple, adieu*[75] *; je vais voir l'ombre que* tu devins. »

Ô Mallarmé, étiez-vous donc là jadis comme vous n'êtes plus là maintenant, pour entendre la voix du nautonier remplir le monde ?

8

ARGUMENT DU *DIEU BLEU* *

J'imagine leurs yeux retroussés vers les tempes,
Lorsqu'au centre d'un chaud bassin,
Ils sortent du lotus qu'on voit sur les estampes
Arrondir son pâle coussin[76].
J.C.

Un soir chaud de l'Inde fabuleuse. Première salle à ciel libre d'un temple taillé dans le roc. Bassin au centre duquel règne le Lotus. À gauche, large porte, ou mieux, trappe d'or en demi-cercle. Au fond, derrière une grille qui ferme le sanctuaire, la plaine du Gange. Floraison sauvage qui monte aux colonnes et croule des corniches en lourdes masses. Des serpents sacrés pendent le long des murailles. Des tortues géantes aux carapaces peintes sommeillent autour de l'eau.

Un jeune homme va devenir prêtre. Foule, offrandes, cérémonie rituelle. Trois femmes apportent des paons sur leurs épaules, d'autres des fruits informes, des roses et des coucous sur des disques de métal. On ôte au jeune homme ses vêtements profanes et on lui passe la robe safran des prêtres, au milieu des danses de bayadères haletantes et de vieux yogis borgnes. Brusque tumulte ; une jeune fille bouscule les gardes, se précipite aux genoux de l'adepte et le supplie de ne pas la quitter pour le culte divin. Il la repousse avec douceur et reste en extase. Les prêtres la narguent, l'insultent, prétendent la chasser. Indifférente à leurs menaces, elle danse pour reconquérir sa joie amoureuse. Indignation des prêtres contre la folle qui désordonne leurs mystères. Ils la bousculent, mais elle leur échappe et invente, avec mélancolie, une danse des souvenirs. Elle lui rappelle leur double course au bord du Gange, dans des nuages d'odeur et de poussière. Peu à peu, le jeune homme la regarde et se trouble. Elle s'en aperçoit et sa mimique s'acharne. Tout à coup, il s'élance vers elle. Scandale, colère des prêtres. On emporte le jeune homme. Menaces terribles du grand prêtre à la jeune fille ; il lui fait comprendre qu'elle va subir un supplice.

Tandis que la foule se disperse, on enchaîne, l'un à l'autre, les poignets de la jeune femme. On ferme les grilles entre les colonnes. Solitude. Silence. Des serpents se dénouent, des tortues boivent – la voie lactée inonde le ciel. La jeune femme se glisse, se traîne, cherche une issue. Les grilles résistent. Espoir ! Une nette fente lumineuse

75. Clausule du poème de « L'Après-midi d'un faune » de Mallarmé. Voir *Œuvres complètes*, p. 166.

* Jean Cocteau et Frédéric de Madrazo, « Argument du *Dieu bleu* », *Programme officiel des Ballets russes*, Septième Saison des Ballets russes, Théâtre du Châtelet, mai-juin 1912, s. p. Bien que les arguments de ballets ou de spectacles de Cocteau ne fassent pas partie de ce corpus, nous publions cet argument parce qu'il ne figure pas dans *TC*.

76. Mêmes vers mis en exergue dans le texte 2.

raye les ténèbres au bas de la trappe d'or. Elle s'arc-boute, la soulève, mais recule, ivre d'horreur. C'est le repaire des monstres du temple. Ils sortent ; leur cortège flasque l'entoure. Les uns rampent, d'autres sautillent, bondissent ou volent. Ils cherchent à la pousser dans leur antre. Alors, elle se souvient du Lotus. Elle s'effondre et l'implore.

Malaise. Les monstres inquiets s'arrêtent. Lentement le bassin s'éclaire ; le Lotus s'ouvre. La Déesse paraît. Souriante, grave, immobile, elle est accroupie au milieu d'un jet d'étamines éblouissantes. L'index de sa main droite est tourné vers l'eau ; touchant presque la sienne, une main inverse, une autre main, dont l'index est levé, sort de l'eau ; puis un bras. Cette main et ce bras sont bleus, et, suivant cette lente montée, le Dieu émerge. Il est complètement de couleur bleue, avec des lèvres et des ongles d'argent.

La Déesse lui montre la martyre. Il marche sur l'eau, saute sur les dalles, se dirige vers les monstres, les dénombre et s'apprête à les charmer.

Les gestes du Dieu bleu sont tour à tour doux et frénétiques. Il disperse leurs groupes et s'impose et se joue parmi leur hostilité grouillante. Il les évite ; il rampe lorsqu'ils sautent, et saute lorsqu'ils rampent. Sur son ordre, les branches des fleurs sauvages s'inclinent, s'enroulent à leurs écailles et les immobilisent. Quelques-uns respirent les calices et tombent pâmés contre les dalles.

Il désigne à la Déesse les monstres inoffensifs. Il court de l'un à l'autre, fascine un dernier rebelle et constate sa puissance définitive. Alors, radieux, il tournoie sur lui-même avec une ivresse décroissante et s'accroupit.

Torches. – Tumulte. – Les prêtres viennent constater l'effet de leur vengeance. À la vue du miracle, ils tombent la face près du sol.

La Déesse ordonne aux prêtres de délier la jeune fille. Ils tremblent et obéissent. Une atmosphère de félicité bouddhique inonde le temple. Les amants s'étreignent.

Un geste plus somptueux de la Déesse déploie un gigantesque escalier d'or dont les paliers et les marches s'évanouissent dans les nuages. Et comme elle s'enfonce au cœur du Lotus, le Dieu bleu s'élance vers le ciel.

Jean Cocteau
et
Frédéric de Madrazo

9
[ÉVENTAIL DE MISIA] *

[*Étui de l'éventail portant les prénoms :*]
Misia [77] –.Jean.

[*Recto de l'éventail :*]
On dore, on ripoline, on laque !
(ça vaut mieux que d'aller au café)

★

Sous l'œil de Montesquiou [78] (la mâche qui les mène)
On voit fraterniser la Russe et la Romaine

★

On devient tout à coup sourd, aveugle et aphone
Lorsqu'on entend Aimée au fil du téléphone

★

L'humeur d'Aimée ainsi que les brises du soir
(La constatation n'étant point un reproche)
Tourne de son costume noir
Au rose tendre de sa broche.

★

Mavrocordato [79]
Part tard et vient tôt

★

Derrière son pince-nez
Bakst rêve à de gros nénés

★

* Éventail de Misia Sert acquis par la BHVP en 2012.

77. Misia Godebska (1872-1950), plus connue sous son seul prénom ou sous celui de Misia Sert – du nom de son troisième mari, le peintre catalan José-Maria Sert –, est née en Russie d'un père franco-polonais, le sculpteur Cyprien Godebski, et d'une mère belge, Sophie Servais, la fille du célèbre violoncelliste François-Adrien Servais. Mécène des Ballets russes, elle fait partie du cercle étroit des intimes de Diaghilev, fréquente le tout-Paris artistique et est même surnommée « la reine de Paris ». Par son premier mariage avec Thadée Natanson, le rédacteur en chef de la *Revue blanche*, elle côtoie Stéphane Mallarmé, Paul Verlaine, Paul Claudel, Pierre Reverdy, Octave Mirbeau, etc. Cocteau la dépeint sous les traits de la princesse de Bormes dans *Thomas l'Imposteur*, tandis que Marcel Proust la prend pour modèle de la princesse Yourbeletieff dans sa *Recherche*. Son salon mondain accueille aussi des compositeurs et des peintres qui réaliseront d'elle plusieurs portraits. En octobre 1904, son deuxième mariage avec Alfred Edwards, propriétaire du quotidien *Le Matin*, lui assure une aisance financière. Pour un dessin de Misia dans sa loge par Cocteau, voir illustration 6.

78. Le comte Robert de Montesquiou (1855-1921), homme de lettres et homme du monde, apparaît sous les traits du baron Charlus dans la *Recherche* de Proust.

79. Mavrocordato : allusion à l'un des enfants Bibesco de la princesse Zoé Mavrocordato (1805-1892).

Sarah [80] nous quitte on pensait : qui ?
Et Dieu nous offre Nijinsky !

⋆

J'offre à Misses Moore [81] en 1912
Une crotte de chien sur, de vache, une bouse

⋆

Mon cœur en deux se scia
Pour Sert et pour Misia

⋆

.J.

[*Verso de l'éventail :*]
1912
Au vide aérien de ton vol je me fie
Fleur japonaise, aux doigts qui renaît et se fane,
Pour prolonger ce frère où l'immortel *Stéphane* [82]
Présageait sur de l'or « les bonheurs de *Sophie* [83] »

.JC.

6. José-Maria Sert, Jean Cocteau, Misia Godebska (bientôt Misia Sert en 1920) et Serge de Diaghilev pendant la représentation de *La Légende de Joseph* (1914), musique de Richard Strauss, chorégraphie de Michel Fokine, s.d., collection privée.

80. Cocteau fait-il allusion à une annonce dans la presse des adieux à la scène de la célèbre tragédienne Sarah Bernhardt (1844-1923) ?

81. Cocteau rappelle ici la relation de l'écrivain irlandais George Moore (1852-1933) avec la richissime Lady Cunard (1872-1948) qui était connue pour son mécénat musical.

82. Renvoi à Stéphane Mallarmé que Misia fréquentait lorsqu'ils habitaient tous deux à Valvins.

83. Allusion au roman pour enfants *Les Malheurs de Sophie* (1858) de la Comtesse de Ségur.

10

Cléopâtre *

Bel ermite ! Bel ermite !
G. Flaubert [84].

Cléopâtre [85] reste, il me semble, un des plus beaux drames de la troupe russe. Ici nul égoïsme ne déséquilibre l'ordonnance des rôles. On pourrait dire que le décor, les mimes et les danseurs « éclatent de modestie ». Le miracle de chacun naît de l'ensemble et y concorde. Depuis la juvénile pyrrhique de l'arc jusqu'au muet passage de la galère, tout se développe avec une cruauté implacable, et on se demande si le silence de l'action ne provient pas simplement de ce que l'oreille ignore le dialecte des personnages. Le choix des musiques chaudes, flottantes, âpres, limoneuses, comme les nuages de sauterelles, les entrelacs de pythons et le cours du Nil, prédispose à cette gêne si spéciale de se sentir désaxé dans le temps et l'espace ; on est comme ce héros de Wells qui exulte d'avoir réussi le voyage dans le passé, mais fort mal à l'aise de ne savoir s'il lui sera possible de revenir [86].

Le ballet est trop célèbre et les peintures de M. Bakst trop significatives pour que mon commentaire y puisse ajouter rien ; mais il s'impose qu'on fixe à jamais l'inoubliable entrée en scène (qui était aussi l'arrivée en France) de Mme Ida Rubinstein. Je me contente de transcrire quelques notes prises sur le vif aux premières représentations. Que cette saveur d'immédiat dont la mémoire est incapable en excuse le désordre.

Alors on vit paraître tout un cortège rituel. Il y avait à la file des musiciens qui tiraient de hautes cithares ovales d'amples accords, mous comme des respirations de reptiles, et des flûtistes au geste anguleux qui soufflaient hors de leurs tubes sonores des vrilles si volubiles, si aiguës, si ascendantes et descendantes tour à tour, qu'elles devenaient à peine supportables pour les nerfs. Il y avait des faunes couleur de terre cuite avec de longues crinières blanches et des jeunes filles étroites avec des coudes

* « *Cléopâtre* », dans Arsène Alexandre, *L'Art décoratif de Léon Bakst*, suivi de *Notes sur les ballets* par Jean Cocteau, Paris, Maurice de Brunoff, 1913, p. 23-26.

84. « Ah ! bel ermite ! bel ermite ! mon cœur défaille ! », réplique adressée par la reine de Saba à saint Antoine dans *La Tentation de saint Antoine* de Gustave Flaubert. Voir Flaubert, *Œuvres*, éd. Albert Thibaudet et René Dumesnil, Paris, Gallimard, Bibliothèque de la Pléiade, 1977, t. 1, p. 47.

85. *Cléopâtre*, drame chorégraphique en un acte inspiré de la nouvelle *Une nuit de Cléopâtre* de Théophile Gautier et dont la première parisienne par les Ballets russes a lieu au Théâtre du Châtelet le 4 juin 1909 (répétition générale le 2 juin). Ce ballet est une version transformée des *Nuits égyptiennes* (sur un poème de Pouchkine) créées au Théâtre Marinski le 16 janvier 1908 dans une chorégraphie de Michel Fokine et sur une musique d'Anton Arenski. À Paris sont reprises à la fois la chorégraphie et la musique originale, mais y sont ajoutées des musiques additionnelles de Sergueï Taneïev, Nicolas Rimski-Korsakov, Mikhaïl Glinka, Modeste Moussorgski, Alexandre Glazounov et Nikolaï Tchérepnine, qui dirige d'ailleurs l'orchestre. Les principaux interprètes sont Ida Rubinstein (Cléopâtre), Anna Pavlova (Ta-Hor), Tamara Karsavina (une esclave), Michel Fokine (Amoûn) et Vaslav Nijinsky (un esclave). Les décors et costumes de Léon Bakst disparaîtront dans un incendie lors de la tournée en Amérique latine en 1917 ; ils seront remplacés par ceux de Robert et Sonia Delaunay lors de la reprise du ballet l'année suivante.

86. Il s'agit de *La Machine à explorer le temps (The Time Machine)* de l'écrivain anglais Herbert George Wells, dont la première traduction française réalisée par Henry-D. Davray est publiée dans deux livraisons successives de la revue *Le Mercure de France*, en décembre 1898 (n° 28, p. 583-647) et en janvier 1899 (n° 29, p. 90-150).

maigres et des yeux sans profil, et toutes les personnes qui composent l'équipage d'une galère royale. Enfin parut, porté, balancé entre les épaules de six colosses, une sorte de coffre d'ébène et d'or autour duquel un jeune nègre déployait une hâte diligente, le touchant, lui faisant place, stimulant les porteurs.

7. Léon Bakst, dans *Comœdia*, n° 1694, 20 mai 1912.

On déposa le coffre au centre du temple, on ouvrit ses battants, et on en tira une manière de momie, de paquet de voiles, qu'on plaça debout sur des patins d'ivoire. Alors quatre esclaves commencèrent une étonnante manœuvre. Ils déroulèrent le premier voile qui était rouge avec des lotus et des crocodiles d'argent, le second voile qui était vert avec toute l'histoire des dynasties en filigrane d'or, le troisième voile qui était orange avec les rayures du prisme, et ainsi de suite jusqu'à un douzième voile qui était bleu sombre et sous lequel on devinait une femme. Chacun des voiles se déroulait d'une manière différente, car l'un demanda tout un manège de passes, un autre l'astuce qu'il faut pour éplucher une noix mûre, un autre l'indifférence avec laquelle on déshabille une rose, et le onzième surtout, qui semblait le plus difficile, se détacha d'une pièce comme une écorce d'eucalyptus. Le douzième voile bleu sombre libéra Mme Rubinstein qui le fit choir, elle-même, d'un geste circulaire.

Mme Ida Rubinstein était debout, penchée en avant, avec un peu la bosse des ailes de l'ibis, bouleversée d'attente, ayant de son coffre obscur subi comme nous l'intolérable et sublime musique de son cortège, instable sur ses hauts patins. Elle portait une petite perruque bleue avec à droite et à gauche du visage une courte natte d'or. Elle était là démaillotée, l'œil vide, les pommettes pâles, la bouche entrouverte, les clavicules inscrites, en face du public stupéfait, trop belle, à la manière d'une essence orientale qui sent trop fort.

Voir emmailloter sur scène Mme Rubinstein avant que le rideau ne se lève est un spectacle incomparable. Un cercle de respect et de silence des figurants et des machinistes se forme autour d'elle et diminue à mesure qu'elle disparaît sous les voiles.

J'eus un soir l'honneur de conduire Mme Rubinstein en scène pour l'emmaillotage, car elle ne peut marcher seule à cause de ses patins, et sentant sur mon épaule le poids mal assuré de sa paume, je pensais à la Cléopâtre de Flaubert[87], toute pareille avec ses cheveux bleus, sa respiration courte et son inconfort délicat.

J'admirais ce passage musical de Rimski-Korsakov ; mais Mme Rubinstein me l'a fixé au cœur comme une longue épingle à tête bleue immobilisant une phalène.

11

Le Carnaval *
OU LE STÉRÉOSCOPE ENCHANTÉ [88]

On soupirait chez ce vice-roi.
Meilhac et Halévy [89].

Pour la première fois, grâce à la savoureuse opulence de M. Bakst, du « rétrospectif » ne m'incommode en rien. C'est un tel sourire au milieu de tous les masques du drame [90], un si vif coup d'œil par-dessus l'épaule, que nous ne saurions, en face du pantalon nankin de ces messieurs et du saute-en-barque de ces dames, éprouver l'agacement que nous procurent toujours les mornes reconstitutions de nos « délicats ». Rien ici de ces myopes qui ne sachant voir ni les nobles ruines du passé, ni les certitudes du présent, ni les nébuleuses de l'avenir, pillent les tiroirs d'un hier maussade. Rien du rêve de ces poètes sans Apollon, mais, entre une image du Nil et une autre de l'Eurotas, un de ces rapides daguerréotypes de stéréoscope [91] où l'on regardait jadis des dames à crinolines et des cavaliers à breloques deviser sur des poufs dans un salon d'Eugène Lami [92].

---

87. Cocteau fait sans doute allusion à *Hérodias*, le dernier des *Trois Contes* de Gustave Flaubert, où l'héroïne ressemble à Cléopâtre.

* « *Le Carnaval* ou le stéréoscope enchanté », dans Arsène Alexandre, *L'Art décoratif de Léon Bakst*, suivi de *Notes sur les ballets* par Jean Cocteau, 1913, p. 45-46.

88. *Le Carnaval*, ballet pantomime en un acte créé à la Salle Pavlov de Saint-Pétersbourg le 20 février 1910. Diaghilev le programme pour sa première saison des Ballets russes à Berlin, au Theater des Westens le 20 mai 1910, puis à l'Opéra de Paris le 4 juin suivant. L'argument est de Léon Bakst et Michel Fokine, le décor et les costumes également de Bakst, la chorégraphie de Fokine. Les principaux interprètes du ballet sont Vaslav Nijinsky et Michel Fokine (Arlequin), Tamara Karsavina (Colombine), ainsi que de Lydia Lopokova, Vera Fokina, Adolph Bolm et Bronislava Nijinska. La musique empruntée au *Carnaval* de Schumann est orchestrée par Rimski-Korsakov, à laquelle s'ajoutent des œuvres de Liadov, Glazounov, Tchérepnine et Arenski. Gabriel Pierné assure la direction de l'orchestre à Paris. *Le Carnaval* est considéré comme l'une des meilleures chorégraphies de Fokine.

89. Cet exergue est extrait de l'opéra-bouffe *La Périchole* créé au Théâtre des Variétés à Paris en 1868. Le livret de Ludovic Halévy et Henri Meilhac est basé sur la nouvelle de Prosper Mérimée, *Le Carrosse du Saint-Sacrement*. Jacques Offenbach en a composé la musique.

90. Pour synopsis, *Le Carnaval* évoque une suite d'épisodes amoureux durant un bal masqué. On voit tour à tour Pierrot trompé, Pantalon dupé, Eusebius le romantique, Florestan l'impétueux, puis Chiarina la sentimentale et Estrella la turbulente.

91. Issus pour la plupart de la *commedia dell'arte*, les personnages du *Carnaval* sont transférés dans le Paris des années 1830 où ils côtoient bourgeois, étudiants et grisettes. Cette transposition incite Cocteau à considérer le ballet comme transformé par les effets enchanteurs d'un stéréoscope, de là le sous-titre de son article : « … ou le stéréoscope enchanté ».

92. Eugène Lami (1880-1890), peintre français de la vie mondaine et élégante de la société parisienne.

8. Nijinsky dans *Le Carnaval*, dans *Comœdia*, n° 1392, 23 juillet 1911.

Inutile de décrire, au fil d'une musique célèbre de pastiches crépusculaires et d'improvisations scintillantes, des personnages et des danses qui sont juste celles, et point d'autres, d'une époque de poussière et de libertinage. Les mains des dames avec leurs gants courts, serrés d'un ruban aux poignets, les bandeaux et les boucles sous les capotes à camélias, les chevilles lacées de losanges, les crinolines ballantes, les jaquettes en peluche des messieurs, leurs hauts tubes, leurs bottines étroites et leurs linges.

Ce qu'il importe de dire c'est l'Arlequin de M. Nijinsky. Une sorte d'Hermès de la bourgeoisie, un chat acrobate farci de luxure candide et d'indifférence sournoise, un écolier (voyez le col et la cravate de l'aquarelle) patelin, voleur, véloce, totalement libéré des contraintes de la gravitation et d'une parfaite désinvolture mathématique.

Désir, farces, contentement de soi, dodelinements rapides de la tête, arrogance, d'autres choses encore, et surtout une manière de regarder sous le cirage, avec les cils en visière, une épaule plus haute que l'autre, la joue appuyée contre elle, la main gauche à la cuisse, la droite franc offerte, et la jambe prête à se détendre, tel (ce qui ne m'avait jamais été donné de voir ni d'entendre au théâtre) Vaslav Nijinsky dans *Le Carnaval* au milieu du vacarme ininterrompu des applaudissements.

12
SCHÉHÉRAZADE *
OU L'HISTOIRE D'UNE SULTANE IMPRUDENTE ET D'UN PETIT NÈGRE GRIS [93]

Tu ne me trompes jamais ô mon inquiétude.
Hafiz [94].

Comment ne se préparerait-il pas un drame, et le plus fourbe, et le plus immédiat, dans cette molle chaleur insoutenable du harem ? Toutes ces jeunes fleurs multicolores, leur naissance de l'aube aux creux des coussins ne les destinait-elle pas à une mort du soir ? L'ozone des grands orages secrets s'accumule, électrise les épidermes, couve l'imprudence, précipite l'inévitable. Lorsque le rideau se lève, le harem, de toute sa touffeur, de tout son vert opaque, de toute son opulente claustration, nous annonce la catastrophe. Elle est suspendue. C'est à coup sûr le jour de la catastrophe. Il faut l'attendre à la manière d'une délivrance ; et malgré que rien ne nous révèle sa courbe, nous sommes avertis d'une tension trop forte et d'un éclatement prochain.

Le sultan tout harnaché par ses eunuques, comme un beau faisan au centre des poules suppliantes qui s'accrochent à ses plumes, quitte ses épouses pour la guerre. Les trompettes l'appellent, se répercutent. Zobéide, sa favorite, supporte mal un si dur veuvage et tombe en larmes sur le sol.

Le harem reste sans maître. Aussitôt les petites dames courent de droite et de gauche, inspectent les moindres niches, assurent leurs babouches, rajustent leurs bandoulières de mousseline, se poudrent, se mettent du khôl aux cils, et supplient le chef des eunuques d'ouvrir trois portes bleues dont il garde l'immense clef d'or à sa ceinture. Il refuse, il repousse, il a peur ; mais si les caresses ne le décident pas les cadeaux le corrompent.

Quelle est la chambre mystérieuse d'où sortent ces nègres un à un avec leurs perles, leurs aigrettes et leurs caleçons roses ? et cette autre d'où sortent ceux-là qui portent aussi des perles et des aigrettes, mais des caleçons jaunes ? et cette troisième au seuil de laquelle pâme Zobéide ? Chacun des nègres retrouve sa sultane et Zobéide reste seule. Ici le vieil eunuque hésite davantage ; la responsabilité l'étouffe ; mais le geste

---

* « *Schéhérazade* ou l'histoire d'une sultane imprudente et d'un petit nègre gris », dans Arsène Alexandre, *L'Art décoratif de Léon Bakst*, suivi de *Notes sur les ballets* par Jean Cocteau, 1913, p. 27-30.

93. *Schéhérazade*, drame chorégraphique en un acte créé par les Ballets russes au Théâtre de l'Opéra le 4 juin 1910. Le livret de Michel Fokine et de Léon Bakst est inspiré du premier récit des *Contes des Mille et une nuits*. La musique est empruntée à la suite symphonique éponyme composée par Rimski-Korsakov en 1888. La chorégraphie est de Michel Fokine, le décor et les costumes de Léon Bakst, l'orchestre étant placé sous la direction de Nikolaï Tchérepnine. Les principaux interprètes sont Ida Rubinstein (la sultane Zobéide) et Vaslav Nijinsky (le nègre favori).

94. Hafiz, poète iranien du XIVe siècle.

L'entrée d'Hélène me demeure inoubliable. C'était l'image de l'amour et de la mort ; à chaque femme du cortège on se disait : « Est-ce elle ? » Et tout à coup elle apparaissait, non bien différente des autres, avec des tresses noires contraires à la légende, mais on était prévenu de sa présence par la sublime déception des réalités. Moins pompeuse certes, mais plus suave mille fois, et bien celle dont Athénée raconte : « Chez Ménélas, le jeune Télémaque et le jeune Pisistrate furent tellement intimidés d'être à la droite et à la gauche d'une personne aussi célèbre qu'ils ne parlèrent ni ne mangèrent du repas. »

Donc, si je suis tout prêt à maudire un illustrateur maladroit qui désorganise les imaginations de mon enfance [106] en précisant les traits d'un héros nimbé de chère incertitude, je sais gré par contre à M. Bakst d'avoir fait pour moi ce voyage dans le vague, et d'en avoir rapporté trois images si différentes de celles qu'on pouvait prévoir, et si conformes au rude lyrisme de Lacédémone.

16

Le Dieu bleu *

J'imagine leurs yeux retroussés vers les tempes,
Lorsqu'au centre d'un chaud bassin,
Ils sortent du lotus qu'on voit sur les estampes
Arrondir son pâle coussin.
J. Cocteau [107]

Ce que devint un peu d'azur entre l'heure où la nuit le retira de l'eau jusqu'à celle où l'aube le rendit aux cieux, voilà ce que le poète nous raconte.

Il était une fois un jeune homme qui voulait devenir prêtre. Après les sept jours de prière et de solitude, on le mena dans le temple parmi la foule et les danses rituelles pour lui passer la robe safran des serviteurs du Lotus. Mais au moment de retirer sa belle veste cramoisie et sa haute aigrette blanche, la jeune fille qui l'aimait bouscula les gardes et vint le supplier de reprendre leurs courses amoureuses au bord du Gange où boivent les ibis.

Si tu veux rompre avec les attaches mortelles, affermis ton cœur, songe au Bouddha luttant contre les quarante-sept flèches du désir, pense au jet d'eau qui retombe vers la vasque après un inutile élan pour rejoindre les fraîcheurs paradisiaques.

---

106. Convaincu que les monuments grecs étaient polychromes, Bakst a doté les statues et les colonnes de couleurs vives, ce qui déconcerte les spectateurs. Alors qu'il est unanimement applaudi pour ses décors destinés aux Ballets russes, il est pour la première fois vivement critiqué pour sa vision d'une « Grèce russifiée ». Cocteau est sans doute lui aussi désemparé par ces riches couleurs, très éloignées du dépouillement habituel des paysages grecs et de la blancheur de ses colonnades.

* « *Le Dieu bleu* », dans Arsène Alexandre, *L'Art décoratif de Léon Bakst*, suivi de *Notes sur les ballets* par Jean Cocteau, Paris, 1913, p. 17-19. Deux ans auparavant, Cocteau avait déjà consacré quelques propos au ballet *Le Dieu bleu* : voir texte 2.

107. Ces vers proviennent du poème « *Ma paresse au jardin...* » (*OPC*, p. 1419), paru le 5 août 1910 dans *Comœdia* sous le titre « Vais-je aller retrouver l'ami qui me fait signe ? ». Ils figurent également en exergue de l'interview du poète par Charles Tenroc, « Avant que Nijinsky ne danse *Le Dieu bleu*, M. Jean Cocteau nous dit des vers », voir texte 2.

Or, la jeune fille tenta le jeune homme et il se laissa tenter. Mais les prêtres les séparèrent, saisirent la malheureuse et la laissèrent seule avec les tortues géantes, les reptiles sacrés et les singes.

Elle essaya de fuir et voyant de la lumière aux interstices d'une trappe d'or, elle voulut atteindre l'issue. À sa grande stupeur la trappe cédait pour ainsi dire d'elle-même. C'était une ruse des vieillards et justement la chambre où grouillaient les monstres du temple, nourris de miel, d'agneaux et de rossignols. Ils sortirent en glissant sur leurs ventres flasques.

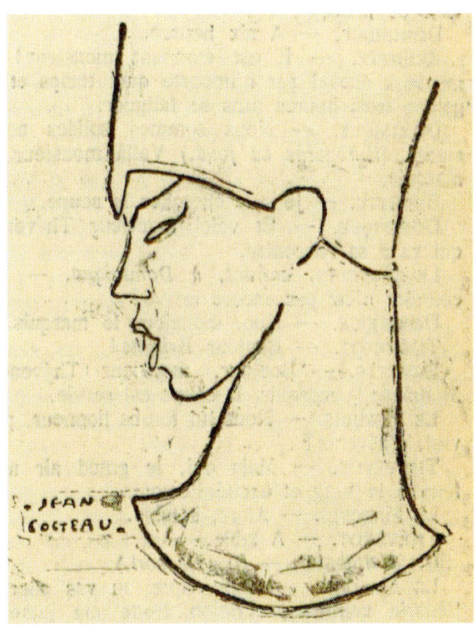

11. Nijinsky dans *Le Dieu bleu*, dans *Comœdia*, n° 1694, 20 mai 1912.

Sais-tu la faiblesse de la plus noble rose attachée au sol par sa tige, au milieu de rampantes limaces ?

La jeune fille se souvint de la déesse et implora le Lotus. Alors une grande gêne se répandit sur toutes choses, une sorte de malaise crépusculaire et par lequel les monstres semblèrent subjugués.

Une phosphorescence monta de l'eau, le Lotus s'ouvrit et la Déesse parut, assise sous un dais d'étamines.

L'index de sa main droite était tourné vers la surface du bassin ; touchant presque la sienne, une main inverse dont l'index était levé sortit de l'eau, puis le bras. Cette main et ce bras étaient bleus. C'est ainsi qu'elle fit apparaître le jeune Dieu à sa suite. Jamais tu n'invoques en vain les Dieux. La Déesse et le Dieu étaient translucides et riches comme les éléments ; elle semblable à l'eau ruisselante et lui pareil au plus torride azur.

Sur un geste de la Déesse, le Dieu bleu quitta le bassin et charma les monstres. Il s'amusait à ce tournoi comme un enfant grave, et lorsque la dernière bête fut bien inoffensive, il s'accroupit au centre de leur troupe avec une béatitude puérile.

Qui s'effraya d'un spectacle si suave ? Ce furent les prêtres, lorsqu'ils revinrent armés de torches, car ce ne sont pas toujours ceux-là qui servent le plus les Dieux qui sont le plus proches de leurs mystères.

Après avoir joint les deux amants, la Déesse descendit dans le pistil du Lotus et le Dieu bleu s'élança vers le ciel sur un escalier d'or dont les marches se composaient peu à peu sous ses pas.

Sait-on jamais ce que désirent les immortels ?

17

L'APRÈS-MIDI D'UN FAUNE * [108]

Lys ! et l'un de vous tous pour l'ingénuité.
S. Mallarmé [109]

Il faut y prendre garde, ce n'est là ni de l'audace, ni de l'archéologie, ni rien de ce que les personnes trop revêches ou trop enthousiastes ont bien voulu y reconnaître. C'est la tentative plastique d'un jeune barbare génial, ému par de récentes promenades à travers les musées, avide aussi d'être de son époque et de réduire la danse à l'expression schématique de l'état d'âme. Un faune joue de la flûte, boit du lait, regarde le soleil à travers une grappe, renifle l'air, devine de l'anormal, se penche, aperçoit des nymphes pour la première fois, se montre, propage la peur panique, la fuite générale, se vexe, se demande pourquoi, rumine, essaye de contraindre avec maladresse la plus grande nymphe, qui demeure et le brave, et laissé seul, se contente d'une écharpe oubliée qu'il emporte sur son tertre et dans laquelle il se vautre.

Le thème est fort simple, je dirai même fort ingénu. Ce faune qui sommeille entre l'homme et l'animal ne sait rien d'autre que ses figues, son miel, son raisin, sa flûte. Il lisse avec sa langue son pelage pie de jeune marron d'Inde ; sa charmante figure bourrue penche un peu sous la charge des cornes. Il doit ensemble rire comme un gamin et bêler comme une chèvre ; son air grave atteste de son inquiétude, de son effort à fuir l'instinct pour l'intelligence. Il y a plus que la nébuleuse et moins que le noyau dont parle M. Bergson [110]. Qu'on ne m'accuse pas « d'ajouter en poète » à l'œuvre de Nijinsky ; quinze pages ne sauraient suffire à mettre en place tout ce qui entre dans la composition d'un de ses rôles et surtout de celui-là pour lequel il a travaillé seul. Suivre de près la mimique de Nijinsky dans le faune est miraculeux. La manière dont il écoute, dont il regarde, dont il s'énerve, dont il s'amuse, dont il se courrouce, est à la limite exacte entre l'adolescent et la bête. L'oreille, le sourcil, le menton, la lèvre, les genoux, ici le moindre détail concourt à la réussite de l'ensemble. Le décor, ou plutôt la toile décorative de M. Bakst [111], n'est certes pas ce que je préfère de son œuvre ; elle m'oblige à lui appliquer la sotte épithète de « stylisation », laquelle m'arme tout de suite d'humeur détestable.

Il n'en va pas de même des costumes. Les tuniques fluides, les tresses d'or des nymphes et les sandales du faune, me plaisent parce que leur arbitraire s'agrémente de vie.

---

* « *L'Après-midi d'un faune* », dans Arsène Alexandre, *L'Art décoratif de Léon Bakst*, suivi de *Notes sur les ballets* par Jean Cocteau, 1913, p. 21-22. Cocteau prend ici ouvertement la défense du ballet *L'Après-midi d'un faune* qui, lors de sa création, avait essuyé de nombreuses critiques et donné lieu à un scandale retentissant. L'originalité de la chorégraphie, mais surtout l'audace de la scène finale d'un érotisme trop explicite pour l'époque avaient suscité les réactions des adversaires, comme celles des partisans, parmi lesquels Auguste Rodin qui avait pris la plume pour défendre Nijinsky.

108. Pour l'article paru dans *Comœdia* en 1912 où Cocteau plaide davantage en faveur de Mallarmé que du ballet *L'Après-midi d'un faune*, voir texte 7.

109. Vers extrait de « L'Après-midi d'un faune » de Mallarmé. Voir *Œuvres complètes*, t. 1, p. 164.

110. Cocteau évoque ici un passage de *L'Évolution créatrice* (1907) où le philosophe Henri Bergson (1859-1941) rapporte la nébuleuse à la Terre avant l'avènement de toute forme d'existence, et le noyau à l'intelligence humaine.

111. Léon Bakst a dessiné une toile de fond dont Henri Gauthier-Villars livre la description suivante : « Un bois fantaisiste, d'une perspective quelque peu arbitraire, dont le garde forestier doit fréquenter les œuvres de Cézanne, et qui unit, aux tendres verts de printemps, l'ardeur colorée de l'été, avec un bigarrure du salon d'automne. » (*Comœdia illustré*, n° 18, 18 juin 1912, p. 761.)

12. Léon Bakst en compagnie d'une danseuse, s.d., dans Jean Cocteau, *Dessins*, Paris, Stock, 1923.

18

DAPHNIS ET CHLOÉ * [112]

Daphni, tuum Poenos etiam ingemuisse leones
Interitum montesque feri silvaeque loquuntur.
Virgile [113].

Nul n'ignore une si célèbre et si bocagère aventure, et toutes les images nous en rafraîchissent, depuis l'indécente pudeur du bain de Daphnis, lorsque Chloé, sournoise, le contemple, jusqu'à l'enchevêtrement significatif des quatre pieds qui dépassent le seuil de la grotte, libertinage où se complurent les illustrateurs du XVIIIe siècle [114].

* « Daphnis et Chloé », dans Arsène Alexandre, *L'Art décoratif de Léon Bakst*, suivi de *Notes sur les ballets par Jean Cocteau*, 1913, p. 43-44.

112. *Daphnis et Chloé*, symphonie chorégraphique en trois tableaux de Maurice Ravel créée par les Ballets russes au Théâtre du Châtelet le 8 juin 1912. Fokine est l'auteur non seulement de l'argument inspiré du roman éponyme du sophiste grec Longus (Longos), mais aussi de la chorégraphie dont les interprètes sont Tamara Karsavina (Chloé), Vaslav Nijinsky (Daphnis) et Adolf Bolm (Darkon). Les décors et costumes sont de Léon Bakst. La direction des chœurs et de l'orchestre est assurée par Pierre Monteux. Maurice Ravel est le premier compositeur français auquel Diaghilev passe une commande spécifique pour l'un de ses ballets. Il s'attelle au travail dès juin 1909, mais ne termine qu'en avril 1912. Signalons toutefois qu'une première version pour piano, avec un final plus restreint, était prête en mai 1910.

113. Extrait de « Daphnis », Églogue V (vers 27-28) des *Bucoliques* de Virgile. Traduction : « Les lions mêmes de la Libye, ô Daphnis, ont gémi de ta mort ; / Les sauvages monts, les forêts nous le redisent encore. »

114. Rappelons brièvement l'argument. Dans une prairie, à la lisière d'un bois consacré au dieu Pan et aux nymphes, Daphnis, Chloé et leurs amis dansent en l'honneur des dieux. Soudain des brigands surgissent, enlèvent Chloé et l'emmènent dans une crique. Pan surgit, la sauve et la ramène auprès de Daphnis. À ce moment précis, celui-ci se rend compte que le récit n'a pas eu lieu et qu'il le rêvait. Devenus conscients de leur passion réciproque, les deux amoureux se lient pour la vie.

Tant de soupirs au milieu des moutons, interrompus brutalement par les pirates, cet orage bénin suivi d'un suave arc-en-ciel, voilà-t-il pas le thème de décors attendris et rudes tour à tour, de costumes d'Ovide et de haillons mordus par l'iode marin ?

M. Bakst a désiré comme un rapide cauchemar, entre une clairière d'églogue et une clairière d'églogue, la crique abrupte où les pirates enchaînent Chloé parmi leurs jeux farouches. Rien ne pouvait offrir un si tendre cadre à cette grondante frénésie que la danse de Daphnis, toute ruisselante de rosée sonore et que la guirlande rompue de la plus latine des farandoles.

Sait-on même si les pirates existent ou s'ils ne sont pas que les bonshommes d'un cauchemar ? Et les trois déesses métalliques ? Et le dieu Pan ? Toute cette aventure n'est-elle pas l'amalgame des légendes à la faveur du rêve de Daphnis ?

Ma première impression du Ballet russe fut, s'il me souvient, *Le Pavillon d'Armide* [115]. Notre belle troupe bondissante m'avait donné mieux que nul poème de Heine, nul conte de Poe, nul réveil fiévreux, ce regret des choses entrevues, impondérables, lancinantes. Dans la suite, quel que soit le drame, j'ai toujours conservé cette délectable gêne de mi-conscience et je crois que cela provient d'une précision nébuleuse et muette.

Le rideau final de *Daphnis* est un réveil, avec tout ce que certains réveils comportent de malaise ébloui.

19

Salomé [*] [116]

Depuis une lecture d'enfance, lorsque le prestige désuet de l'étrange agit encore sur « Unharden'd Youth » [117], jamais je n'avais relu ni vu la pièce d'Oscar Wilde [118].

---

115. Cocteau a assisté à la toute première représentation des Ballets russes à Paris, le 19 mai 1909, au Théâtre du Châtelet. Au programme figuraient *Le Pavillon d'Armide*, les *Danses polovtsiennes du prince Igor* et *Le Festin*.

* « *Salomé* », dans Arsène Alexandre, *L'Art décoratif de Léon Bakst*, suivi de *Notes sur les ballets* par Jean Cocteau, 1913, p. 47-49.

116. Ida Rubinstein reprend le rôle de *Salomé*, spectacle monté à Saint-Pétersbourg en 1909, mais cette fois dans une mise en scène d'Alexandre Sanine qui y ajoute par ailleurs une partie dansée. Ce drame en un acte est représenté au Théâtre du Châtelet le 13 juin 1912 pour clore la « Grande Saison de Paris » de Gabriel Astruc. Déjà à l'œuvre pour la *Salomé* pétersbourgeoise, Léon Bakst prend à nouveau en charge les décors et costumes de cette *Salomé* parisienne. La musique initiale de Glazounov est réduite au Prélude et à la « Danse des sept voiles », pour se voir complétée par un curieux mélange de divers morceaux : des extraits de *La Grande Pâque russe* et du *Coq d'Or* de Rimski-Korsakov, ainsi que l'Ouverture, la « Fileuse » et l'Adagio de la suite *Pelléas et Mélisande* de Gabriel Fauré. Louis Hasselmans dirige l'orchestre. Malgré une distribution entourant Ida Rubinstein (Salomé) de grands acteurs comme Édouard de Max (Hérode), Roger Karl (Iokanaan) et Odette De Fehl (Hérodias) — sans oublier le jeune Georges Colin (le Syrien) —, l'accueil parisien est ponctué de rires sarcastiques, à tel point que l'acteur de Max doit intervenir en cours de représentation pour s'exclamer : « Je me verrai dans l'impossibilité de continuer si les quelques imbéciles qui sont dans la salle continuent de rire. » L'œuvre n'aura droit qu'à six représentations.

117. Littéralement traduite « Jeunesse non endurcie », l'expression figure dans l'acte 1, scène 1 de la pièce de William Shakespeare, *A Midsummer Night's Dream*. Pour l'adaptation par Cocteau du *Rêve d'une nuit d'été* et son projet de mise en scène abandonné en 1915, voir note 154 du texte 25.

118. Oscar Wilde (1854-1900) rédige sa pièce *Salomé* en français en 1891. Publiée deux ans plus tard, *Salomé* devait être interprétée par Sarah Bernhardt, avant qu'elle ne se désiste. La pièce est montée par Lugné-Poe au Théâtre de l'Œuvre le 11 février 1896, avec Suzanne Munte dans le rôle principal. Le sujet

J'étais armé contre elle par un souvenir de fatras symbolique et de verbiages malsains, pouvant tout juste servir à l'histoire de cet « âge de la pierre fausse » où fleurissent Wilde en Angleterre et Huysmans [119] chez nous. Aussi bien des peintres et des poètes contribuèrent-ils à nous faire de la princesse dansante une sorte de sainte Hystérie dont le diadème en « chrysoprases » affadit les prismes secrets de Mallarmé, la charmante rudesse de Flaubert et même la farce multicolore de Jules Laforgue [120].

On se souvient du bas-relief de la cathédrale de Rouen [121].

La Salomé de la cathédrale de Rouen propose un des thèmes les plus excitants pour une imagination lucide.

La petite personne têtue qui marche sur les mains comme un voyou semble fort bien connaître les rois malades et le reste des hommes. Elle n'ignore pas que les extrêmes seuls peuvent obtenir une récompense immédiate, et, négligeant le lascif hasardeux, innove une gymnastique.

Or on nous raconte l'anecdote de Wilde très ému par une acrobate des Folies Bergère, parce qu'elle dansait sur les mains, et confiant à Meredith [122] : « Il faut que je l'engage, il faut que ma Salomé danse sur les mains, comme celle de Flaubert. »

Déjà une influence, et non la plus mauvaise. D'un autre côté la charmante sœur d'Aubrey Beardsley [123] me dit une fois que « Oscar » considérait cette pièce comme une manière de pastiche bouffon et que du reste les célèbres images de son frère où grimace Verlaine et où la figure de Wilde se cache dans la lune en étaient une preuve flagrante.

---

s'inspire du thème biblique. Hérode, tétrarque de Galilée, fait arrêter le prophète Jean le Baptiste qui a avoué entretenir une relation adultère avec Hérodiade, belle-sœur d'Hérode. Salomé, fille d'Hérodiade, réclame la tête de Jean le Baptiste pour venger sa mère. Remarquons que cette part du récit s'est progressivement transformée en mythe par l'adaptation qu'en ont proposée de nombreux poètes et romanciers. C'est à Oscar Wilde que l'on doit par exemple l'introduction de la « Danse des sept voiles ». Pour un portrait-charge par Cocteau de la représentation théâtrale, voir illustration 7 du cahier couleur.

119. Joris-Karl Huysmans (1848-1907), écrivain français et critique d'art, représentant de l'école symboliste et figure centrale de l'esprit « fin de siècle » au travers de son roman *À rebours* (1884).

120. Avant Oscar Wilde, d'autres poètes et romanciers ont été inspirés par le mythe de Salomé, notamment Stéphane Mallarmé (*Hérodiade*, 1864-1867), Théodore de Banville (*Hérodiade*, 1874), Gustave Flaubert (*Hérodias*, un de ses *Trois Contes* 1877), Joris-Karl Huysmans dont le héros d'À *rebours*, Des Esseintes, est obsédé par Salomé (1884), Jules Laforgue (« Salomé » dans *Les Moralités légendaires*, 1886). Il en est de même des peintres symbolistes, comme par exemple Henri Regnault (*Salomé*, 1870), Gustave Moreau (plusieurs tableaux dont le *Salomé dansant devant Hérode* de 1876) ou Gustave Adolf Mossa (*Salomé ou Prologue au Christianisme*, 1901 ; *Christus, Salomon et Salomé*, 1908).

Outre des peintres et des poètes auxquels Cocteau fait allusion, citons aussi quelques musiciens inspirés par le type de la femme fatale : Jules Massenet (*Hérodiade*, 1881), Richard Strauss (*Salomé*, 1905), Florent Schmitt (*La Tragédie de Salomé*, 1907) – dont la musique est utilisée par Diaghilev pour le ballet éponyme en 1913 –, Antoine Mariotte (*Salomé*, 1908).

121. Cocteau fait allusion à l'épisode du *Madame Bovary* de Flaubert (1856) où Léon entre dans la cathédrale de Rouen pour un rendez-vous avec Emma. En empruntant le portail de gauche, il passe sous le bas-relief de *Marianne dansant* qui évoque la danse de Salomé, détail significatif présageant de la liaison future des deux protagonistes du roman.

122. George Meredith (1828-1909), romancier britannique.

123. Aubrey Beardsley (1872-1898), illustrateur britannique, a réalisé les dessins de style art nouveau caractérisés par un mélange d'orientalisme et d'érotisme pour la pièce *Salomé* d'Oscar Wilde lors de sa publication en anglais en 1894. Suite au scandale de l'ouvrage, il perd son poste de directeur artistique au magazine *Yellow Book*. Sa sœur aînée, l'actrice Mabel Beardsley (1871-1916), a sans doute connu Cocteau par l'intermédiaire du peintre Jacques-Émile Blanche qui a réalisé son portrait en 1895.

Toujours est-il que le rideau se lève sur un acte fort habile, avec des ridicules d'époque, d'autres voulus, et sans cesse l'humour, en somme, de *Troïlus and Cressida* [124].

Ce qui frappe en premier lieu c'est la satire mondaine. Le poète est un snob et qui n'ignore rien du snobisme, un gentleman à la mode qui se joue de la mode, mais qu'elle impressionne beaucoup. La pièce pourrait porter en épigraphe la terrible phrase prophétique de Dorian Gray [125] : « Être dans le monde est un ennui, être hors du monde est un drame. » Le Tétrarque est impayable lorsqu'il parle de César, la princesse lorsqu'elle organise son numéro, Hérodias quand elle conserve une clairvoyance rassurante de maîtresse de maison. On imagine le récit du jeune ambassadeur lors de son retour à Rome.

Le décor est à mon sens un des plus adaptés de l'œuvre de M. Bakst. Cette cour ceinte de ruelles inégales, ce mur couvert de roses cramoisies, cette chaleur molle d'une nuit célèbre, cette lune excessive à laquelle tous ces lunatiques attachent une importance maniaque, ce velum à larges rayures orageuses, ce sordide luxe de Judée où le soleil du palais voisine avec le ruisseau, et cette fête dont les hôtes de la salle et de la terrasse titubent de chaleur en chaleur et passent du fumet des viandes au parfum des roses corrompues, voilà qui excuse un peu cette famille d'offrir à ses convives un si peu banal intermède.

Je me préparais un régal de voir Mme Rubinstein danser sur les mains. Mme Rubinstein fut une des nerveuses sauterelles dont se nourrissait Jean, une antilope à crinière drue, une flèche hagarde qui n'ignore pas la cible, mais elle ne dansa pas sur les mains. Il est juste de dire qu'elle obtint tout de même la tête de Baptiste.

20

Vaslav Nijinsky * [126]

Un vaste Phénix s'abat sur les capitales du monde et sous ses ailes multicolores il couve l'enthousiasme. Le jeune Nijinsky s'élance. Il a l'âge d'Alcibiade et de Septentrion [127]. Grâce à lui le théâtre secoue ses poussières. Voici les trirèmes les unes

124. La pièce de Shakespeare *Troïlus and Cressida* (1602) a pour thème la passion violente du jeune Troïlus pour Cressida. Après avoir conquis sa belle, le héros la perd aussitôt suite à un échange d'otages. Il la retrouve plus tard, mais constate qu'elle a trahi son serment de fidélité. Troïlus réchappe à la folie, mais est frappé de désespoir.

125. *Le Portrait de Dorian Gray*, roman d'Oscar Wilde publié en 1890.

* « Vaslav Nijinsky », dans *Le Prélude à l'après-midi d'un faune*, avec, Jacques-Émile Blanche et Jean Cocteau (Paris, Éditions Paul Iribe et Cie, 1914). Ce texte fait partie à l'origine de l'ouvrage intitulé *Trois Essais lyriques*, annoncé en mai 1913 dans la *Revue hebdomadaire* comme devant paraître chez Paul Iribe sous le titre *Deux Vivants et une morte*, mais resté à l'état d'épreuves et donc jamais publié

126. Les épreuves de ce texte (collection particulière) livrent une épigraphe biffée : « Parfois il restait comme invisible, / Vitesse en route vers une cible, / Si lointaine, elle-même invisible… / Paul Verlaine. » Cette épigraphe est remplacée par les textes suivants : « Le Philistin vit David et le méprisa, car il était très jeune, blond et beau de visage. / 1er livre de Samuel » ; « La vertu des ailes est de porter ce qui est pesant vers les régions supérieures où habite la race des Dieux. / Platon » ; « Un tourment délicieux des yeux. / Paul Verlaine ».

127. Alcibiade, général athénien de la Guerre du Péloponnèse. Pour Septentrion, voir note 44 du texte 4.

contre les autres dans le port athénien, la plage d'Antibes scintillante de sel, les saines odeurs de varech, d'iode et de mandarines, que l'Antiquité souffle jusqu'à nous, par les haleines d'Homère et de Platon.

Ces rudesses, ces tumultes, ces larges peintures, nourrissent le cœur comme l'azur, les marbres tièdes, les chlamydes neuves, et les vagues de la Méditerranée.

Quel matin hostile de Saint-Pétersbourg, lorsqu'un peuple incolore et muet se hâte dans un climat incisif, quel soleil rose sur les coupoles, quelle révolte orientale contre une si maussade contrainte, vous fit choisir votre route aérienne ? Au milieu de l'opulence des palais et des paysages, inscrivant dans l'espace votre propre histoire en

13. Nijinsky dans *Le Spectre de la rose*, dans *Comœdia*, n° 1694, 20 mai 1912.

nobles majuscules, peignant votre charmante image sur des plafonds qui s'évanouissent avec vos chutes, suspendu sous l'aigle de Ganymède [128], vous servez Terpsichore comme Philippidès servit Pallas à Marathon [129], et mourut en soupirant la victoire ; et toujours vous mourez pour renaître sous une autre forme, et c'est votre propre triomphe que votre fatigue offre à la déesse.

Tout ce que nous aimions d'insaisissable, ces parfums répandus au crépuscule, ces courbes vaporeuses des collines de l'aube, ces nuages qui semblent les dieux travestis pour surprendre les hommes, ces jets d'eau, ces fumées, ces vibrations de l'éther captif de tout un réseau d'ailes, votre ingénieux fanatisme le résume et le livre à notre

128. Adolescent renommé pour sa beauté et prince légendaire de Troie, Ganymède est aimé du dieu Zeus qui, sous l'aspect d'un aigle, le capture et l'emporte sur l'Olympe.

129. Terpsichore, muse de la danse. Philippidès, héros que l'on honore lors des jeux olympiques en mémoire de son exploit d'avoir couru de Marathon à Athènes pour annoncer la victoire des Grecs sur les Perses en 490 avant notre ère. Appelée également « Pallas Athéna », Athéna est la déesse grecque de la guerre, de la sagesse et des arts et la patronne de la ville d'Athènes.

inquiétude, comme on réunit sur une seule bouche humaine l'immense désir épars des choses qu'on ne peut atteindre.

Ah ! si la nature, comme prétend Nietzsche, plaît aux hommes parce qu'elle n'a pas d'opinion sur eux, de quelle amertume peut aussi nous remplir son indifférence ! Quel objet à notre gratitude lorsqu'un des nôtres l'absorbe et nous la transpose, comme ce célèbre oiseau qui semble une bouche de l'arbre, et par lequel jaillissent vers les étoiles, en une seule source mélodieuse, toutes les confuses aspirations du sol.

Et à cette déesse qui vous aime, et à ce Dieu porteur de lyre qui vous prête un char sans cesse bondissant et renversé, votre courage offre un si beau sacrifice qu'on ne saurait y assister avec calme, car si l'adolescence d'Alcibiade s'effrayait d'apprendre la flûte parce qu'en jouer déforme le galbe des joues [130], la vôtre se dévore et se disperse, et ne cherche son fragile appui que dans la gratitude des immortels et dans la mémoire des hommes.

Vous dansez ! voici votre lot.

Le secret prestige de l'éphémère auréole votre gloire. Votre œuvre est circonscrite en vous et rien d'elle ne vous autorise à disparaître. Que de puérils génies s'effacent au milieu du cortège de leurs œuvres ! Sodoma, Mozart et Shelley reposent [131] ; mais toujours les martyrs de Sodoma s'évanouissent de béatitude sensuelle, toujours Mozart échafaude ses menuets de cristal, toujours Shelley parfume comme ces jacinthes humides et frisées qui semblent la chevelure des archanges.

Hélas vous ne danserez plus !

Je me souviens d'une terrible danse. C'était dans une arène d'Espagne [132]. Un orchestre secouait des marches brillantes et mornes ; un jeune matador, plus doré, plus aigu, plus lancinant qu'une guêpe, harcelait un taureau laqué de sang dont la noire encolure était fleurie d'une cruelle gerbe de roses trémières. Il faisait chaud. Le jeune homme très pâle, olivâtre, ayant peut-être peur, se dressait sur la pointe de ses escarpins, touchait la bête entre les cornes, cachait son aiguillon sous la cape, dansait avec la mort.

Et bien, lorsque je vous regarde, dispersant plus vite que les autres votre sillage de passé, brûlant votre avenir dont la cendre légère s'accumule en vous et peu à peu vous pèse, il m'apparaît qu'aussi vous dansez, en somme, avec la mort, tandis que nous nous promenons, nous nous hâtons, nous dormons sans bravoure avec elle.

---

130. Allusion non pas à la flûte antique, mais à l'aulos. L'anche de cet instrument se trouve dans la bouche du musicien et non entre ses lèvres. Afin d'éviter la déformation des joues, le musicien porte souvent une phorbeia, sorte de muselière entourant les joues et la tête et favorisant ainsi la production continue du souffle.

131. Cocteau cite trois artistes, de siècles, de nationalités et de domaines artistiques différents et dont les chefs-d'œuvre continuent à l'émouvoir : le peintre italien Giovanni Antonio Bazzi, dit Sodoma (1477-1549), le compositeur autrichien Wolfgang Amadeus Mozart (1756-1791) et le poète britannique Percy Bysshe Shelley (1792-1822). Cocteau déplore qu'à la disparition de Nijinsky seul son souvenir évanescent restera dans la mémoire collective.

132. Voir Jean Cocteau, « Marseille espagnole », dans *PJ*, p. 114-116.

21

SHAKESPEARE *

Notre public, même snob, même incompréhensif, a bon flair. Il se ruait aux Spectacles russes, désertait la lourdeur allemande du *Sumurûn* [133] de Max Reinhardt. À Berlin, le genre « Tentative Artistike » continue. On ouvre en pleine guerre un théâtre Shakespeare [134]. Voilà, me direz-vous, de la belle intransigeance ! Oui, mais les affiches n'annoncent-elles pas que c'est un « refuge pour Shakespeare » que sa patrie dégoûte et qui retrouve enfin des interprètes dignes de lui !

Poor Will ! Ariel [135] chez les Boches ! Verront-ils dans la forêt qui épouvante Macbeth, le frais kaki des troupes du roi George [136] ?

22

NOUS VOUDRIONS VOUS DIRE UN MOT * : RÉPONSE À DE JEUNES MUSICIENS [137]

Notre public me pardonnera de toucher à une question un peu particulière, mais bien grave et qui rentre trop dans l'architecture du *Mot* pour qu'il l'écarte.

---

* « Shakespeare », *Le Mot*, n° 3, 19 décembre 1914. La revue *Le Mot*, « journal politique et satirique », est fondée par Paul Iribe en collaboration avec Cocteau. Comptant vingt livraisons, la revue sort son premier numéro le 28 novembre 1914, son dernier le 1er juillet 1915. Cocteau signe des caricatures du nom de Jim. Il écrit aussi la plupart des articles, soit sous son nom soit sous divers pseudonymes. Nous sommes en temps de guerre, en pleine offensive de la Champagne. Les textes adoptent un ton patriotique, anti-allemand très virulent, accentué par des dessins de mutilés de guerre.

133. *Sumurûn*, drame mimique de Friedrich Freksa inspiré des *Mille et une nuits* et mis en scène par Max Reinhardt sur une musique de Victor Holländer au Deutsches Theater de Berlin en 1912. Les Parisiens en ont pris connaissance à partir du 23 mai 1912 au cours d'une série de vingt-et-une représentations proposées durant la saison d'été au Théâtre du Vaudeville. La distribution comprend : Paul Wegener (le scheikh de Bagdad), Alexander Moissi (Nur-al-Din), Paul Biensfeld (le bossu), Ernst Matray (le jeune esclave), Wilhelm Diegelmann (le chef des eunuques), Mmes Maria Carmi (Sumurûn), Charlotte Fedake (la femme de chambre), Gertrud Eysoldt (la javanaise), Lydia Solmonova (la négresse), Lia Rosen (le nain favori) et la danseuse Léopoldine Konstantin. Les costumes et les décors sont d'Ernst Stern. Le compositeur Holländer s'est déplacé de Chicago pour diriger l'orchestre à l'occasion de la première parisienne.

134. Le metteur en scène autrichien Max Reinhardt (1873-1943) dirige à l'époque le Deutsches Theater de Berlin où il monte diverses pièces de Shakespeare, dont *Le Songe d'une nuit d'été*.

135. Ariel, esprit aérien, est un des personnages de *La Tempête* de Shakespeare.

136. L'annexion de Shakespeare à la cause allemande suscitera une réaction française, comme en témoigne l'article « Allié », dans *Le Mot*, n° 15, 27 mars 1915.

* « Nous voudrions vous dire un mot : Réponse à de jeunes musiciens », *Le Mot*, n° 12, 27 février 1915.

137. Cocteau ne s'adresse pas encore au Groupe des Six, non encore constitué, mais dans l'ensemble aux jeunes compositeurs français, voire à quelques-uns d'entre eux, la génération née entre 1875 et 1895 : Maurice Ravel (1875), Henry Février (1875), Louis Aubert (1877), Jean Huré (1877), Paul Ladmirault (1877), André Caplet (1878), Gabriel Dupont (1878), Émile Vuillermoz (1878), Jean Cras (1879), Maurice Delage (1879), Joseph Canteloupe (1879), Paul Le Flem (1881), Henri Collet (1885), Marcel Dupré (1886), Louis Durey (1888), Claude Delvincourt (1888), Pierre Vellones (1889), Jacques Ibert (1890), Roland-Manuel (1891), Georges Migot (1891), Arthur Honegger (1892), Darius Milhaud (1892), Germaine Tailleferre (1892), Lili Boulanger (1893), Henri Cliquet-Pleyel (1894), André Marchal (1894), Georges Dandelot (1895). Quatre ans plus tard, dans une étude sur la jeune école française qui paraît dans le

À des lettres de jeunes musiciens qui nous font l'honneur de nous confier leurs inquiétudes, je devine que leur rancune contre l'Allemagne militaire s'augmente de ceci qu'elle entraîne dans sa ruine des compositeurs, des virtuoses, et tout un public attentif, plus préoccupé de pianos que de canons.

Arnold Schoenberg [138], le maître de la jeune école berlinoise [139], revient souvent au cours de ces lettres. Je souhaite répondre bref, en journaliste, avec un coloris d'Épinal.

En musique ç'avait été l'époque des entrelacs du fil mélodique;
puis des ondulations et des nœuds de fil mélodique;
puis Debussy vint, décomposant, dénervant, déchiquetant doucement le fil;
puis Ravel jouant avec la charpie sonore.
Et il fallut refaire du chanvre.

C'est la rude époque où nous sommes, l'amer labeur de toute une jeunesse qui creuse le tuf et qui écoute l'ordre profond des Muses.

Deux figures parmi les musiciens se haussent : un Russe, Igor Stravinski; un « Autrichien-Allemand », Schoenberg.

Le chef-d'œuvre de Stravinski : *Le Sacre du printemps* [140], apparaît maintenant à ceux qui en furent bouleversés sans snobisme ni contre-snobisme, comme un préambule de la guerre.

Chesterian en octobre 1919, Albert Roussel regroupera Auric, Cliquet, Durey, Honegger, Pierre Menu, Milhaud, Poulenc, Roland-Manuel et Tailleferre.

138. Dès 1910, le nom d'Arnold Schoenberg (1874-1951) commence à circuler dans la presse musicale française. Les comptes rendus de ses concerts à Vienne, qui suscitent l'enthousiasme et provoquent le scandale, éveillent la curiosité des mélomanes avertis, tout comme les conférences avec auditions données par Dimitri-Michel Calvocoressi. Les premières auditions publiques de ses œuvres ont pour cadre les sociétés avant-gardistes de l'époque : *La Nuit transfigurée* pour sextuor à cordes est la première œuvre à être entendue à Paris au printemps 1912. Suivent les *Drei Klavierstücke* op. 11 que Robert Schmitz fait découvrir à un public désorienté le 22 novembre de la même année. Un an auparavant, le 15 mars 1912, *La Revue musicale S.I.M* avait publié un article théorique, traduit de l'allemand, du critique musicologue autrichien Egon Wellesz présentant « Schoenberg et la Jeune École viennoise ». Le Suisse William Ritter propageait aussi les théories de Schoenberg dans les revues musicales françaises. C'est également à cette époque que l'éditeur parisien Rouart-Lerolle propose les œuvres du compositeur autrichien éditées par Universal Edition. En 1915, Arthur Honegger achète son *Traité d'Harmonie*, en allemand, et en fait part à ses jeunes condisciples. (Sur l'introduction de la musique de Schoenberg en France, voir les travaux de Danick Trottier.)

139. À l'automne 1911, Schoenberg quitte Vienne pour s'installer à Berlin, où il demeure jusqu'en octobre 1915. Son *Pierrot lunaire* pour voix et cinq instruments (piano, flûte & piccolo, clarinette & clarinette-basse, violon, violoncelle) y est créé le 16 octobre 1912. Schoenberg y expérimente l'atonalité et le *Sprechgesang*, ce chanté-parlé si novateur. L'œuvre suscite l'enthousiasme et génère de nombreux commentaires dont les échos parviennent évidemment en France, d'autant plus que le compositeur la fait écouter dans une dizaine de villes allemandes et autrichiennes. *Pierrot lunaire* ne sera présenté à Paris qu'en décembre 1922 sous la direction de Darius Milhaud. Notons qu'à cette époque, Schoenberg s'illustre également comme peintre.

140. *Le Sacre du printemps*, tableaux de la Russie païenne en deux parties, est créé au Théâtre des Champs-Élysées le 29 mai 1913. Stravinski est l'auteur de la musique et le coauteur de l'argument avec Nicolas Roerich, qui conçoit les décors et les costumes. Vaslav Nijinsky réalise la chorégraphie, tandis que Pierre Monteux assure la direction musicale. Les principaux interprètes sont Maria Piltz (la Vierge élue), Ludmilla Gouluk (la vieille Femme de 300 ans), Wladimir Worontsow (le vieux Sage). Ce ballet sera repris le 15 décembre en 1920 au Théâtre des Champs-Élysées dans une chorégraphie de Léonide Massine, avec Lydia Sokolova dans le rôle de la Vierge élue. Si Cocteau reconnaît en Stravinski et en Schoenberg les deux maîtres de l'avant-garde, il considère Stravinski comme le véritable chef de file de la musique moderne.

14. « Igor Stravinski à Garches chez Coco Chanel – elle chante mal dans (heureusement) la pièce d'à côté », 1930, collection Séverin Wunderman – Musée Jean Cocteau à Menton

On ne sait quel malaise sublime se dégageait de cette églogue féroce, de ce piétinement foncier, de ces groupes démocratiques réunis dans l'amour du sol et pour ainsi dire nourris par sa prévoyance d'ogre.

Ceux qui assistèrent à ce spectacle, et que l'émotion isolait d'un tapage incompréhensif et fort naturel, n'oublieront pas cette dernière scène, ce polyphonisme d'usine qui se détraque, où la jeune victime offerte à la terre s'épuise avec horreur et résignation.

Chez ce jeune Russe, déjà, fermentait le drame actuel, comme l'orage, avant d'apparaître, s'enregistre dans la toison du bétail.

Schoenberg n'a pas de chance d'être d'Allemagne ; et voilà bien où je voulais en venir. Il ne se dégage pas. Il s'empêtre dans la glu allemande. Il se veut « d'avant-garde » ! Ignore-t-il donc qu'il n'existe pas de précurseurs, que l'avenir n'est ouvert à personne, qu'une belle œuvre est toujours l'œuvre de son jour et qu'il n'y a jamais que des retardataires.

Schoenberg se cogne contre les vieilles notes et, alors que le froid lucide aide Stravinski à se délivrer d'une poésie orientale, il calcule, il disloque, il se limite, il s'en veut d'aimer *Tristan et Yseult*, il compose à la machine, il ajuste les lunettes de l'intellectuel et du *Herr Professor* !

L'Allemagne donne un Schoenberg ou un Strauss. Strauss [141], par facilité, après les nobles pages d'*Elektra*, tombe dans le poncif vulgaire ; Schoenberg, par peur du poncif, crée un poncif nouveau. Pour être libre, dans quelle formule il s'emprisonne ! et que de disciples naïfs il condamne à la captivité !

Vive la musique saine, riche et juvénile de Stravinski ! Voilà du chanvre.

Ces quelques lignes pour établir que *Le Mot* ne déteste pas l'Allemagne par ignorance de ce qui s'y passe, mais à cause de ce qui s'y passe, justement.

Quant à l'accueil que nos jeunes trouvèrent à Berlin [142], qu'ils s'en consolent. Une salle allemande, avide de culture, accueille le neuf avec respect mais sans enthousiasme. Une salle française manifeste sans doute, mais c'est chez nous qu'on aime le mieux.

La Prusse puise sa force dans la haine et la France dans l'amour.

La France amoureuse est inégalable.

23

NOUS VOUDRIONS VOUS DIRE UN MOT : OU LES EMBUSQUÉS DE LA PAIX *

Je débute encore par *Le Sacre du printemps*, œuvre alliée, bonne pierre de touche.

J'avais eu la chance de suivre son travail avec Stravinski et Nijinsky, l'un attentif à créer un nouveau climat orchestral, l'autre, après des voltiges, soucieux de rajeunir la syntaxe du geste.

141. Cocteau rejette tout ce qui est allemand (et autrichien), autant Schoenberg, représentant de l'avant-garde, que Richard Strauss (1864-1949), compositeur d'un langage moins révolutionnaire. Les salles de concert et les scènes de théâtres sont pourtant toutes dévolues aux œuvres de Strauss : son *Quatuor* op. 13 est donné à la Salle Pleyel le 6 mars 1897 par le quatuor Parent qui le reprend le 8 janvier 1898. Deux de ses opéras sont connus du public francophone : *Salomé*, créé à Dresde en 1905, monté ensuite en français au Théâtre de la Monnaie à Bruxelles le 25 mars 1907, puis en allemand au Théâtre du Châtelet le 8 mai 1907, et *Elektra*, opéra en un acte sur un livret de Hugo von Hoffmannsthal d'après Sophocle, créé au Hofoper de Dresde le 25 janvier 1909 et monté en français à Bruxelles le 26 mai 1910. Signalons qu'à cette époque de nombreuses personnalités musicales françaises se rendent à Bruxelles pour y écouter les opéras créés bien souvent avant Paris. Il faudra par exemple attendre 1932 pour que la capitale française programme *Elektra*.

142. Les textes de Wellesz et de Ritter sur l'avant-garde musicale allemande favorisent des échanges culturels entre Paris, Vienne et Berlin. Un festival de musique française s'est tenu à Munich en septembre 1910, tandis que six concerts de musique française ont eu lieu à Berlin de novembre 1912 à février 1913.

* « Nous voudrions vous dire un mot : ou les Embusqués de la paix », *Le Mot*, n° 14, 13 mars 1915.

On pouvait peut-être reprocher plus de parallélisme que de mariage à cette collaboration, mais suspecter sa bonne foi eût semblé naïf aux témoins de ce double labeur.

Or, le fameux soir de la représentation (quel tumulte ! quelle émeute !), j'entendis une vieille dame qui criait : « C'est la première fois depuis soixante-seize ans qu'on se paie ma tête ! » La pauvre ! Elle croyait, je vous jure, être le centre d'une brimade, le Jourdain d'un Mamamouchi [143].

Deux heures après, je marchais au Bois de Boulogne avec les chefs de la troupe russe. C'était la petite aube. Ils ne parlèrent pas de l'accueil du public ; ils se récitaient du Pouchkine… Ils se rappelaient des promenades en barque sur la Volga.

La bonne dame était une « Embusquée de la paix » avec toutes les excuses de l'âge, un de ces étranges refus humains à tout ce qui profite, pour fleurir, du fumier des guirlandes, au lieu de s'assoupir dessus.

Avant la guerre, que de guerres ! Que de tranchées ! Que de mines ! Que de malaises, de jeûnes, d'alliances, de provinces envahies, d'atrocités, de frontières qui bougent ! Mais peu de personnes enregistrent un cataclysme d'ondes, où le dégoût marque les défaites et l'enthousiasme les victoires. Soit par bêtise, soit par inculture, soit par lassitude, soit par amertume, les hommes se refusent à combattre pour l'une ou l'autre de ces patries de l'intelligence. Éclate la guerre ; aussitôt un canon qui tonne et une cathédrale qui flambe révèlent à chacun son oreille et son œil. Il entend ! Il voit ! Il est désabusé ! Son amorphe se métamorphose en passion et c'est ce qui étonne dans l'attitude surprenante de tel endormi, car l'évidence concrète du drame lui révélant l'intérêt relatif de vivre, l'embusqué de la paix devient quelquefois le héros de la guerre.

Gare à l'après-guerre ! Tout retombe dans le silence. La lanterne est éteinte. La musique chante moins haut et moins simple que l'obus, la peinture n'ouvre plus de routes pour la marche. Celui qui aura vu la guerre, ce sera « le monsieur qui a entendu Rachel » [144].

Ah ! sauvegardons le trésor de la France. Qu'on n'abîme pas par hâte et par erreur toute une lente architecture ; qu'on prenne garde de ne pas jeter le bon grain avec le mauvais grain. Déjà, des confusions se dessinent. On pousse dans le même sac la pacotille de Munich et des chefs-d'œuvre de pure tradition française, et on reproche à de jeunes peintres [145] l'influence berlinoise, alors que *Simplicissimus* (*) [146], qui me

143. Allusion à une scène du *Bourgeois gentilhomme* de Molière, où Monsieur Jourdain croit accéder à la plus haute noblesse après avoir été proclamé « Mamamouchi » lors d'une cérémonie burlesque.

144. Mademoiselle Rachel, pseudonyme d'Élisabeth-Rachel Félix (1821-1858), l'une des grandes tragédiennes de son époque.

145. Cocteau fait allusion aux deux expositions du « Blaue Reiter » qui se sont tenues à Munich en 1911 et en 1912 et qui réunissaient des peintres de l'avant-garde européenne dont la préoccupation majeure consistait à affirmer la primauté des couleurs et à rejeter les lignes descriptives. Y ont participé, du côté allemand, les peintres du « Blaue Reiter » de Munich, notamment Vassily Kandinsky, Franz Marc et August Macke, ainsi que les peintres expressionnismes du groupe « Die Brücke » de Berlin, comprenant, entre autres, Ernst Ludwig Kirchner, Erich Heckel, Karl Schmidt-Rottluff, Fritz Bleyel, Max Pechstein et Otto Müller. Du côté français étaient également présents Robert Delaunay, Henri Le Fauconnier, André Derain, Le Douanier Rousseau, et du côté russe, Kasimir Malevitch, Vladimir Tatline, Arnold Schoenberg, ainsi que Michel Larionov et Natalia Gontcharova (bien que vivant à Paris).

146. *Simplicissimus*, revue satirique allemande, abondamment illustrée, fondée en 1896 à Munich par Albert Langen et Thomas Theodor Heine.

tombe sous les yeux, demande « que les diplomates n'oublient pas de restituer à la France toutes les jeunes toiles contemporaines ! »

Un artiste m'écrit : « Nul doute que cette guerre ne déclenche un vif mouvement de réaction. Les esprits lucides seront considérés comme des égoïstes et l'œuvre d'art ne sera plus jugée que sous l'angle sentimental. »

Plus loin : « On nous parlera aussi d'art Français [*sic*]. Bien entendu, on ira prendre des exemples dans le XVIIIe siècle, au lieu de puiser aux sources primitives. »

Le Mot demande à ses fidèles de le suivre, de le croire, d'avoir confiance en lui. Il souhaite devenir peu à peu l'organe de la bonne parole, de l'équilibre et de l'ordre intellectuels.

(*) Du 2 février 1915.

24
Les imprécations de Camille *

Monsieur Saint-Saëns[147] se porte bien. Les guerres de l'intellect, dont parle Rimbaud[148], ne le troublent pas. Il traverse en zozotant, avec des mines et des grâces, la grande période confuse où les arts se refondent. Voici l'étrange carte qu'il nous décoche[149]. Que de tohu-bohu sous un seul crâne ! On s'étonne de cette dame où le pauvre homme croit réunir avec une écrasante perspicacité Gauguin, Cézanne, Matisse et Picasso.

« Quatre-cent-vingt-cent[150] d'Indy et cent-cinquante-cinq Saëns », disions-nous un jour au sujet d'un duel wagnérien ; or, il manque au maître Saint-Saëns un sixième sens que serait le bon sens, et, pour lui prouver le nôtre, il faut qu'il sache deux choses :

1° Que Wagner, admirable, nous assomme ;

---

* « Les Imprécations de Camille », *Le Mot*, n° 14, 13 mars 1915.

147. Camille Saint-Saëns (1835-1921) est alors l'une des personnalités musicales françaises les plus respectées, non seulement pour son grand âge (il a alors 80 ans), mais aussi pour ses nombreuses prises de positions. Après avoir longtemps défendu la musique de Wagner, il s'évertue soudain, sans pour autant modifier sa position, à soutenir et à mettre en avant les musiciens français. En cette période de guerre, sa position patriotique s'est renforcée. Ayant sans doute pris connaissance de l'article de Saint-Saëns paru sous le titre « Germanophilie » dans *L'Écho de Paris*, le 11 janvier 1915, Cocteau se moque de ce changement d'attitude.

148. Allusion à la formule de Rimbaud : « Je songe à une Guerre, de droit ou de force, de logique bien imprévue » extraite du poème « Guerre » des *Illuminations* (Rimbaud, *Œuvres complètes*, éd. Antoine Adam, Paris, Gallimard, Bibliothèque de la Pléiade, 1979, p. 146), formule par laquelle Cocteau, comme son illustre prédécesseur, oppose les individus qu'il affectionne parce qu'ils ne sont pas comme les autres, aux communs des mortels ou aux bourgeois, du genre de « Monsieur Saint-Saëns ».

149. Ce texte entoure une carte manuscrite du compositeur reproduite en fac-similé. Y figurent un croquis absurde et enfantin représentant une femme sans bras et se moquant de l'art moderne, ainsi que le commentaire suivant : « Ci-joint un croquis pour la prochaine exposition du Salon d'automne. Les mains sont "suggérées". / Mes compliments, / Camille Saint-Saëns. »

150. Au travers du jeu de mots sur Vincent (« vingt-cent ») d'Indy et sur Saint-Saëns (cinq cents) combiné à des additions de nombres – 420+100 et 150+500 –, Cocteau s'amuse à mesurer qui des deux compositeurs est le plus pro-wagnérien.

2° Que si les *Barbares* sont à peu près la seule atrocité Française [*sic*] comparable aux atrocités Allemandes [*sic*], on écoute la romance de *Blidah* [*sic*] [151] sans déplaisir.

Justice est faite. *Le Mot* vous félicite, maître Camille, d'être oint, tel contre l'eau le canard, d'une graisse où glissent les inquiétudes contemporaines. Votre griffonnage ne « suggère » rien. C'est la grimace de l'enfant qui tire la langue, et, selon un pléonasme célèbre de Madame de Créquy [152], une « saloperie dégoûtante ».

25

ALLIÉ *

À Berlin on monte Shakespeare [153]. « C'est chez nous, explique l'affiche, qu'il déserte une patrie indigne. » Pour ce, Max Reinhardt se sert mal de capitaux énormes et du respect amorphe d'un public enrégimenté.

À Paris, en pleine guerre, un groupe [154] se propose de répondre à Reinhardt et à ceux qui confondent notre jeune effort avec les balourdises de Munich [155]. On nous annonce un clair tapage de mise en scène neuve et de musiques Françaises [156] [*sic*] autour du *Midsummer Night's Dream* de notre allié Shakespeare. Ce serait une belle œuvre au profit des blessés et des valides [*sic*] !

---

151. Cocteau fait allusion à deux œuvres de Saint-Saëns qu'il apprécie différemment. Il rejette totalement la tragédie lyrique *Les Barbares*, qui avait pourtant récolté un grand succès à sa création à l'Opéra de Paris le 20 octobre 1901, et se montre un peu plus favorable à l'égard de la *Rêverie de soir à Blida*, qui constitue le troisième numéro de sa *Suite algérienne*, op. 60.

152. La marquise de Créquy (1704-1803), femme de lettres, est connue pour avoir consigné en huit volumes ses *Souvenirs* sur la noblesse au temps de Louis XV et pour avoir tenu un salon qui s'est maintenu durant plusieurs régimes politiques successifs.

* « Allié », *Le Mot*, n° 15, 27 mars 1915.

153. Voir « Shakespeare », *Le Mot*, n° 3, 19 décembre 1914, texte 21.

154. En août 1913, Cocteau annonce vouloir monter *A Midsummer Night's Dream* de Shakespeare sous le titre *Rêve d'une nuit d'été* dans le tout nouveau Théâtre des Champs-Élysées de Gabriel Astruc, mais la faillite de ce théâtre le contraint à émigrer vers le Cirque Medrano. En réalité, Astruc, Cocteau et Firmin Gémier entendent, en pleine guerre, se réapproprier Shakespeare, ou plus exactement en dessaisir l'ennemi qu'ils identifient à Max Reinhardt, de là le titre de cet article : « Allié ». Pour les décors et les costumes, Cocteau fait appel à André Lhote, puis à Albert Gleizes. Pour la mise en scène, il mélange les genres : le théâtre, le cirque, le jazz et le music-hall, et de fait les interprètes : les acteurs et les clowns. La musique est confiée à Edgard Varèse, censée rassembler les *Cinq Grimaces* de Satie et des morceaux de Ravel, Florent Schmitt et Stravinski. Les répétitions commencent, mais le projet sera finalement abandonné. Cocteau s'inspirera du concept du spectacle pour *Parade* en 1917. Voir Brigitte Borsaro, « Cocteau, le cirque et le music-hall », dans *CJCns*, n° 2, 2003, p. 12-21.

155. Voir note 145 du texte 23.

156. Voir note 157 du texte 26.

26

Saint-Saëns *

Le Mot s'étonne de recevoir des lettres de lecteurs qui demandent si la carte reproduite de M. Saint-Saëns est authentique [157]. *Le Mot* n'imite pas les écritures ; de plus, il serait inepte de réveiller pour rien M. Saint-Saëns ; de plus, si on inventait les choses, on inventerait mieux, mais ce serait moins bien. De même que la carte Caillaux [158] nous est parvenue, de même la carte de M. Saint-Saëns est tout à fait de lui, texte et images, bien que cela semble fou.

D'ailleurs, le maître Saint-Saëns, soucieux de déplaire à tout le monde et qui ne manque pas une gaffe, trouve maintenant habile de répondre à Firmin Gémier [159] qui se propose de monter *Midsummer Night's Dream* avec des musiques nouvelles : « On ne donne pas le *Songe d'une nuit d'été* sans les musiques de Mendelssohn. » Maître Saint-Saëns ! deviendrez-vous généreux ou vous croiriez-vous habile ?

Écoutez, écoutez, tremblantes jeunes filles,
Plus haut que l'ouragan des grandes nations
Monter les malédictions
Du vieux musicien Camille.

27

Avant *Parade* *

C'est aujourd'hui, à 3 heures 45, que sera donnée, sur la scène du théâtre du Châtelet, la seconde des deux grandes matinées de bienfaisance en faveur des œuvres de guerre. Elle sera composée du nouveau spectacle des Ballets russes et, notamment, du plus attendu, Parade [160]*, dont nous avons déjà parlé. L'auteur de l'argument, M. Jean Cocteau, a bien voulu en expliquer le mouvement et l'idée pour les lecteurs d'*Excelsior.

---

* « Saint-Saëns », *Le Mot*, n° 18, 1er juin 1915.

157. Pour la carte manuscrite du musicien reproduite en fac-similé dans *Le Mot*, n° 14, 13 mars 1915, voir note 149 du texte 24.

158. Joseph Caillaux (1863-1944), homme politique, ancien ministre des Finances (de décembre 1913 à mars 1914) contraint à la démission après le meurtre de Gaston Calmette, directeur du *Figaro*, par sa propre épouse Henriette, excédée par une violente campagne menée par le quotidien contre son mari. Dans le n° 9 du 6 février 1915, *Le Mot* reproduit en fac-similé une carte manuscrite où Caillaux proteste contre les critiques formulées précédemment dans le périodique.

159. De 1906 à 1919, le metteur en scène Firmin Gémier (1865-1933) dirige le Théâtre Antoine, où il renouvelle la mise en scène théâtrale en employant, entre autres, des effets de lumière, de la musique et en prolongeant la scène dans la salle du public. Signalons aussi qu'il fonde la Société Shakespeare en 1917.

* « Avant Parade », *Excelsior*, n° 2376, 18 mai 1917, p. 5

160. *Parade*, « ballet réaliste » en un tableau, est créé par les Ballets russes au Théâtre du Châtelet le 18 mai 1917. L'argument est de Jean Cocteau, la musique d'Erik Satie, le rideau, le décor et les costumes de Pablo Picasso. L'orchestre est placé sous la direction d'Ernest Ansermet. La chorégraphie est signée Léonide Massine qui danse également le rôle du prestidigitateur aux côtés de Marie Chabelska (la petite fille américaine), de Lidia Lopokova et de Nicolas Zverev (les acrobates). La musique de *Parade* avait déjà été présentée dans une version pour piano à quatre mains par Juliette Meerovitch et Erik Satie, le 19 novembre 1916 dans l'Atelier Huyghens à Paris. La création de *Parade* provoque un scandale qui divise le public et les critiques.

En même temps que Firmin Gémier s'efforce de secouer le théâtre endormi dans de vieilles routines, M. Serge de Diaghilev n'hésite pas à soutenir ce que Guillaume Apollinaire appelait ici même « l'esprit nouveau » [161]. La force de la France éclate de toutes parts sous le tonnerre d'Avril [162]. Impossible d'interrompre ce besoin de créer, ce jaillissement, cette écume de verdure irrésistible qui s'opposent au lourd esthétisme germain.

Nous souhaitons que le public considère *Parade* comme une œuvre qui cache des poésies sous la grosse enveloppe du guignol. Le rire est de chez nous ; il importe qu'on s'en souvienne et qu'on le ressuscite même aux heures les plus graves. C'est une arme trop latine pour qu'on la néglige.

Parade groupe le premier orchestre d'Erik Satie [163], le premier décor de Pablo Picasso [164], les premières chorégraphies cubistes de Léonide Massine [165] et le premier essai pour un poète de s'exprimer sans paroles.

15. Léonide Massine, dans *Comœdia*, n° 2927, 21 décembre 1920.

161. L'expression « esprit nouveau » provient d'un article de Guillaume Apollinaire publié sous le titre « Les Spectacles modernistes des Ballets russes – *Parade* et l'Esprit nouveau » dans *Excelsior* le 11 mai 1917. Ce texte servira aussi de présentation pour le programme du spectacle.

162. Le 6 avril 1917, un mois avant la publication de ce texte par Cocteau, les États-Unis se sont rangés du côté des alliés pour déclarer la guerre à l'Allemagne.

163. Cocteau rencontre Erik Satie (1866-1925) pour la première fois le 21 mars 1915 dans le salon décontracté de Cipa Godebski, le demi-frère de Misia Sert. Satie y chante ses *Poèmes d'amour*, accompagné du pianiste Ricardo Viñès. Cocteau retrouve le compositeur lors d'un concert où celui-ci joue à quatre mains, également avec Viñes, les *Trois Morceaux en forme de poire*. Les liens se resserrent par l'intermédiaire de Valentine Gross (1887-1968) qui épousera Jean Hugo (1894-1984) en août 1919 et dont les témoins du mariage seront précisément Cocteau et Satie.

164. Pablo Picasso (1881-1973) signe, avec *Parade*, sa première contribution aux arts du spectacle. Son rideau passéiste de style figuratif, faussement naïf, est en totale opposition avec ses décors et ses costumes cubistes. Rappelons qu'il a été engagé par Diaghilev qui a étendu sa collaboration des artistes russes à ceux de l'avant-garde parisienne.

165. De 1915 à 1920, Léonide Massine (1896-1979) est le principal chorégraphe des Ballets russes.

La collaboration a été si étroite que le rôle de chacun épouse celui de l'autre sans empiéter sur lui. J'aurais aimé que le public ne se trouvât pas brutalement en contact avec nous, mais qu'il eût pu suivre le travail de mes collaborateurs. Satie, composant l'étrange orphéon chargé de rêve que sera son orchestre; Massine, transposant et prolongeant ma pensée avec le rythme d'une *machine pensante*. Ceux qui ont vu Picasso dans un atelier des Buttes-Chaumont peindre seul le rideau qui représente une halte de funambules en demeurent émerveillés. Il se promenait sur l'immense toile, faisant fleurir sous sa brosse des figures géantes, fraîches comme des bouquets [166].

Parade, c'est l'histoire du public qui n'entre pas voir le spectacle intérieur malgré la réclame et sans doute *à cause de la réclame* qu'on organise à la porte.

Trois Managers, dont un à cheval (ce cheval sort des haras de Medrano [167]), représentent les divinités vulgaires de la réclame. Ils étonneront peut-être par leur taille géante. Tumulte des villes, maisons qui bougent autour de notre marche, affiches arrogantes, machines, autant de thèmes qui nous ont servi à établir les mœurs de ces personnages inhumains.

Il convenait non seulement de rendre sa place au réalisme, mais encore de lui attribuer pour la première fois son véritable sens théâtral. Ce qu'on baptise jusqu'ici « art réaliste » est en quelque sorte un art de pléonasmes, et surtout au théâtre où le réalisme consiste à mettre en scène des objets réels qui perdent leur réalité du moment même qu'on les introduit dans un milieu factice.

Les trompe-l'œil et les trompe-l'oreille de *Parade* suscitent la réalité qui, seule, même bien recouverte, possède la vertu d'émouvoir.

166. Pour une reproduction de Picasso préparant le rideau de *Parade* dans son atelier, ainsi que les costumes et décors, voir Deborah Menaker Rothschild, *Picasso's Parade : from Street to Stage* (New York, The Drawing Center, 1991). Derrière les personnages représentés sur ce rideau en saltimbanques figurent les collaborateurs qui ont préparé l'œuvre en Italie, à savoir Diaghilev, Cocteau, Massine, Picasso, Stravinski et trois danseuses. Cocteau y est représenté sous les traits du Pierrot.

167. Cheval en carton emprunté au cirque Medrano.

28

[Programme Satie] *

Satie se cache derrière son binocle, derrière sa main, derrière ses farces.

Pour la musique de notre *Parade* Satie semble avoir découvert une dimension inconnue grâce à laquelle on écoute simultanément la parade
et le spectacle intérieur.

Cocteau

Satie se cache derrière
son binocle, derrière sa
main, derrière ses farces.
Pour la musique de
notre "Parade" Satie semble
avoir découvert une
dimension inconnue
grâce à laquelle
on écoute simultanément
la parade
et le spectacle intérieur
Cocteau

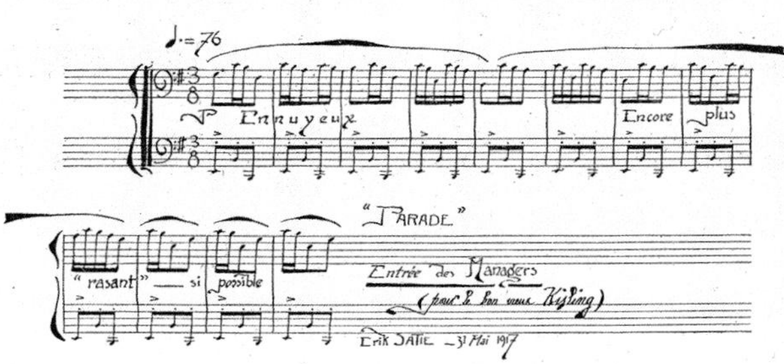

16. Texte manuscrit reproduit en fac-similé au dos de la couverture du programme du concert du 6 juin 1917 dans l'atelier Huyghens à Paris. Suivi de la reproduction en fac-similé de la partition manuscrite de Satie de l'« Entrée des Managers » de *Parade*.

* « [Sans titre] », texte manuscrit reproduit en fac-similé au dos de la couverture du programme d'un concert réunissant Erik Satie, Georges Auric, Louis Durey et Arthur Honegger le 6 juin 1917 dans l'atelier Huyghens. Voir illustration ci-dessus.

29
LA COLLABORATION DE *PARADE* *

Mon Cher Ami [168],

Vous me demandez quelques détails sur *Parade*. Les voici trop en hâte. Excusez le style et le désordre [a].

Chaque matin m'arrivent de nouvelles injures, quelques-unes de fort loin, car des critiques s'acharnent contre nous sans avoir vu ni entendu l'œuvre ; et comme on ne comble pas des abîmes [b], comme il faudrait reprendre à partir d'Adam et Ève, j'ai trouvé plus digne de ne jamais répondre. Je consulte donc du même œil surpris l'article où on nous insulte, l'article où on nous méprise, l'article où l'indulgence le dispute au sourire, l'article où on nous félicite tout de travers [169].

En face de cette pile de malentendus, de myopies, d'incultures, d'insensibilités, je pense aux mois admirables où nous avons, Satie, Picasso et moi, aimé, cherché, ébauché, combiné peu à peu cette petite chose si pleine et dont la pudeur consiste justement à n'être pas agressive [170].

L'idée m'en est venue pendant une permission d'avril 1915 (j'étais alors aux armées [171]), en écoutant Satie jouer à quatre mains avec Viñes [172] ses *Morceaux en forme*

* « La Collaboration de *Parade* », *Nord-Sud*, n°s 4-5, juin-juillet 1917, p. 29-31 ; texte repris sous le même titre, d'abord, avec adjonction de la date « Printemps 1917 » dans *Le Coq et l'Arlequin. Notes autour de la musique* (Paris, Éditions de la Sirène, 1918, p. 70-74) ; ensuite, avec adjonction de la même date, mais surtout de la précision : « Lettre à Paul Dermée, directeur de la revue *Nord-Sud* » [*sic*] dans *Le Rappel à l'ordre* (Paris, Stock, 1926, p. 54-58). Les épreuves de l'article intitulées « Petite chronique » sont conservées à JD. Version choisie : celle du périodique, la plus riche sur le plan textuel, mais corrigée sur le plan de la ponctuation et de la typographie à l'aide des *Épreuves* et des versions de *1918* et de *1926*.

168. Parti de Paris pour plusieurs mois, le directeur de la revue *Nord-Sud*, Pierre Reverdy, avait confié la mise au point de cette livraison à Paul Dermée. Cocteau doit donc la parution de son article à Dermée – ce qu'il souligne dans le sous-titre en 1926 –, et non à Reverdy qui, à cette époque, ne tenait pas le poète en haute estime et n'aurait en aucun cas accepté de faire figurer sa contribution dans la revue.

169. *Parade* est considéré comme le premier ballet moderne pour avoir bénéficié de l'introduction d'éléments provenant du cirque, de la foire, du music-hall et du cinéma muet. En tant que genre, le ballet classique s'en trouve bouleversé de fond en comble. Une telle modernité provoque évidemment des réactions diverses, voire de vives critiques. Théodore Fraenkel se moque ainsi de *Parade* dans la revue *Sic* (n° 17, mai 1917) en y faisant publier un poème signé Cocteau ; ce faux sera désavoué dans le numéro suivant.

170. C'est le 17 février 1917 que Picasso et Cocteau quittent Paris par la gare de Lyon pour rejoindre Diaghilev et Léonide Massine en Italie, où les Ballets russes sont attendus pour diverses représentations à Rome, Naples et Florence. Ensemble, ils vont élaborer *Parade*, mais Satie est resté à Paris, parce que sa partition est terminée et qu'il désire travailler à *Socrate*. Tous seront de retour à Paris au début du mois de mai.

171. Réformé en 1909, Cocteau souhaite cependant se rendre utile lorsqu'éclate le conflit. En août 1914, il est engagé dans la Croix-Rouge. En septembre, il prend part au convoi de camions que de grandes maisons de couture ont transformés en ambulances afin d'évacuer les blessés en Champagne. En décembre de l'année suivante, il rejoint le front comme ambulancier chez les fusiliers marins à Nieuport. En septembre 1916, il est affecté au service de propagande du ministère des Affaires étrangères à Paris.

172. Le pianiste espagnol Ricardo Viñes (1875-1943), installé à Paris, est l'ami de Maurice Ravel et se crée une réputation en créant les œuvres des compositeurs d'avant-garde. Les *Trois Morceaux en forme de poire*, écrites pour deux pianos, comprennent sept pièces aux titres facétieux comme seul Satie sait les intituler avec malice : « Manière de commencement » ; « Prolongation du même » ; « Morceau I » ; « Morceau II » ; « Morceau III » ; « En plus » ; « Redite ».

de poire. Le titre déroute. Une attitude d'humoriste, qui date de Montmartre, empêche le public distrait d'entendre comme il faut la musique du bon maître d'Arcueil [c]. Alors que les compositeurs de l'époque coupaient la poire en douze et affublaient chaque morceau d'un titre avantageux, promenant Mallarmé dans le *Jardin de l'Infante* [173] (!), Satie inventait des mélodies profondes et baptisait le tout : *Morceaux en forme de poire* [d].

17. Un des deux acrobates de *Parade*, [1917], collection privée.

Une sorte de télépathie nous inspira ensemble un désir de collaboration. Une semaine plus tard je rejoignais le front, laissant à Satie une liasse de notes, d'ébauches, qui devaient lui fournir le thème du Chinois, de la Petite Américaine et de l'Acrobate (l'Acrobate était alors seul). Ces indications n'avaient rien d'humoristique. Elles insistaient au contraire sur le côté occulte [e], sur le prolongement des personnages, sur le verso de notre baraque foraine. Le Chinois y était capable de torturer des missionnaires, la Petite Fille de sombrer sur le Titanic, l'Acrobate d'être en confidence avec les astres [f].

Peu à peu vint au monde une partition sobre, nette [g], où Satie semble avoir découvert une dimension inconnue grâce à laquelle on écoute simultanément la parade et le spectacle intérieur.

Dans la première version les Managers n'existaient pas. Après chaque numéro de music-hall, une voix anonyme, sortant d'un trou amplificateur (imitation théâtrale du gramophone forain, masque antique à la mode moderne [h]), chantait une phrase type, résumant les perspectives du personnage, ouvrant une brèche sur le rêve [i].

Lorsque Picasso nous montra ses esquisses, nous comprîmes l'intérêt d'opposer à trois personnages réels comme des chromos collés sur une toile [j] des personnages

173. Cocteau reproche aux compositeurs de l'époque – comme par exemple Claude Debussy (voir précisément la même formule employée dans *Le Coq et l'Arlequin*) – d'intituler leurs morceaux en s'inspirant indistinctement des textes poétiques soit de Mallarmé soit du recueil *Au jardin de l'Infante* d'Albert Samain, sans se soucier de la veine d'écriture foncièrement différente de ces deux poètes.

inhumains, surhumains, d'une transposition plus grave[k], qui deviendraient en somme la fausse réalité scénique jusqu'à réduire les danseurs réels à des mesures de fantoches.

J'imaginai donc les « Managers » féroces, incultes, vulgaires, tapageurs, nuisant à ce qu'ils louent et déchaînant (ce qui eut lieu) la haine, le rire, les haussements d'épaule de la foule, par l'étrangeté de leur aspect et de leurs mœurs.

18. « Massine dans le Chinois de *Parade* », s.d., collection privée

À cette phase de *Parade*, trois acteurs, assis à l'orchestre, criaient, dans des porte-voix, des réclames grosses comme l'affiche KUB[174], pendant les pauses d'orchestre.

Dans la suite, à Rome, où nous allâmes avec Picasso rejoindre Léonide Massine pour marier décor, costumes et chorégraphie, je constatai qu'une seule voix, même amplifiée, au service d'un des Managers de Picasso, choquait, constituait une *faute d'équilibre* insupportable. Il eût fallu trois timbres par Manager ce qui nous éloignait singulièrement de notre principe de simplicité.

C'est alors que nous substituâmes[l] aux voix le rythme des pieds dans le silence.

Rien ne me contenta mieux que ce silence et que ces trépignements[m]. Nos bonshommes ressemblèrent vite aux insectes dont le film dénonce les habitudes féroces. Leur danse était un accident organisé, des faux pas qui se prolongent et s'alternent avec une discipline de fugue. Les gênes pour se mouvoir sous ces charpentes, loin

174. La marque « KUB » appartient à la Société des Boissons Hygiéniques implantée Place de l'Opéra à Paris. Ce logo se découvre indifféremment sur tous leurs produits, que ce soient des boissons, des appareils de physique et de chimie, des instruments de mathématiques ou des instruments de musique. Un des produits les plus populaires de la société est leur bouillon en forme de cube concentré. C'est là un moyen de ridiculiser *Parade*, tout comme certains critiques essaient de discréditer Picasso en parlant de costumes « Kubistes », voulant ainsi attiser l'antigermanisme encore très présent dans l'immédiat après-guerre.

d'appauvrir le chorégraphe, l'obligèrent à rompre avec d'anciennes formules, à chercher son inspiration, non dans ce qui bouge mais dans ce autour de quoi on bouge, dans ce qui remue selon les rythmes de notre marche.

Aux dernières répétitions, le cheval tonnant et langoureux, lorsque les cartonniers livrèrent sa carcasse mal faite, se métamorphosa en cheval du fiacre de Fantômas[175], en monture de Charlie Chaplin[n]. Notre fou rire et celui des machinistes décidèrent Picasso à lui laisser cette silhouette fortuite. Nous ne pouvions pas supposer que le public prendrait si mal une des seules concessions qui lui fussent faites.

Restent les trois personnages de la parade, ou plus exactement les quatre, puisque je transformai l'Acrobate en un couple d'Acrobates permettant à Massine de tendre la parodie d'un *Pas de deux* italien derrière nos recherches d'ordre réaliste[o].

Contrairement à ce que le public imagine, ces personnages relèvent plus de l'école cubiste que nos Managers. Les Managers sont des hommes-décor, des portraits de Picasso qui se meuvent, et leur structure même impose un certain mode chorégraphique. Pour les quatre personnages, il s'agissait de prendre une suite de gestes réels et de les métamorphoser en danse sans qu'ils perdissent leur force réaliste, comme le peintre moderne s'inspire d'objets réels pour les métamorphoser en peinture pure sans pourtant perdre de vue la puissance de leurs volumes, de leurs matières, de leurs couleurs et de leurs ombres.

Car seule la réalité, même bien recouverte, possède la vertu d'émouvoir[p].

Le Chinois tire un œuf de sa natte, le mange, le digère, le retrouve au bout de sa sandale, crache le feu, se brûle, piétine pour éteindre les étincelles, etc…

La Petite Fille monte en course, se promène à bicyclette, trépide comme l'imagerie des films, imite Charlot, chasse un pickpocket au revolver, boxe, danse un ragtime, s'endort, fait naufrage, se roule sur l'herbe un matin d'avril, prend un Kodak, etc…

Les Acrobates (avouerai-je que le cheval portait un Manager et que ce Manager tombant de sa selle nous le supprimâmes bel et bien la veille du spectacle?), les Acrobates benêts, agiles et pauvres, nous avons essayé de les revêtir de cette mélancolie du cirque du dimanche soir, de la retraite qui oblige les enfants à enfiler une manche de pardessus en jetant un dernier regard vers la piste.

L'orchestre de Erik Satie balaye le fondu et le flou. Il donne[q] toute sa grâce sans pédales. C'est un orphéon chargé de science[r]. Il ouvrira une porte aux jeunes musiciens un peu fatigués de la belle polyphonie impressionniste. Écoutez-le sortir d'une fugue et la rejoindre avec une liberté classique. J'estime que la partition de *Parade* est un des chefs-d'œuvre de la musique latine[s].

« J'ai composé, disait modestement Satie, un fond pour certains bruits que le librettiste[t] juge indispensables à préciser l'atmosphère de ses personnages. » Satie exagère, mais les bruits jouaient en effet un grand rôle dans *Parade*. Des difficultés matérielles (suppression de l'air comprimé entre autres) nous ont privés de ces « trompe-l'oreille », *dynamo – appareil Morse – sirènes – express – aéroplane*, que j'employais

175. Le personnage maléfique de Fantômas est le protagoniste d'une série de trente-deux romans policiers conçus par Marcel Allain et Pierre Souvestre et d'une adaptation au cinéma réalisée par Louis Feuillade en 1913.

au même titre que les trompe-l'œil, *journal – corniche – faux bois*, dont les peintres se servent pour localiser les transfigurations voisines [u].

À peine pûmes-nous faire entendre les machines à écrire.

Voici, bien informe, le récit superficiel d'une collaboration désintéressée que couronne le succès malgré la colère unanime, tant il est vrai que depuis des siècles les générations se passent un flambeau par-dessus la tête du public sans que son souffle parvienne à l'éteindre.

Variantes

a. Excusez le style [et le désordre *supprimé en 1926*].

b. […] on ne comble pas des [abîmes *1917-1918* ; gouffres *1926*], comme il faudrait […]

c. *Séquence supprimée en 1926* : Le titre déroute [*jusqu'à*] du bon maître d'Arcueil.

d. *Phrase supprimée en 1918-1926.*

e. Elles insistaient au contraire [sur le côté occulte, *supprimé en 1918-1926*] sur le prolongement […]

f. […] en confidence avec les [astres *1917* ; anges *1918-1926*].

g. […] vint au monde une partition [sobre, nette, *supprimé en 1918-1926*] où Satie semble […]

h. […] une voix anonyme, sortant d'un trou amplificateur [(imitation théâtrale du gramophone forain, masque antique à la mode moderne) *supprimé en 1926*], chantait […]

i. […] résumant les perspectives du personnage [, ouvrant une brèche sur le rêve *supprimé en 1926*].

j. […] l'intérêt d'opposer à trois [personnages réels comme des chromos collés sur une toile *1917* ; chromos *1918-1926*] des personnages inhumains […]

k […] des personnages inhumains, surhumains, [d'une transposition plus grave, *supprimé en 1926*] qui deviendraient […]

l. C'est alors que [nous substituâmes *1917-1918* ; je substituai *1926*] aux voix […]

m. *Autre fin de la phrase en Épreuves* : […] et que ces trépignements inspirés par les claquettes américaines.

n. […] se métamorphosa en cheval du fiacre de Fantômas[, en monture de Charlie Chaplin *supprimé en 1918-1926*]. Notre fou rire […]

o. […] je transformai l'Acrobate en un couple d'Acrobates [permettant à Massine de tendre la parodie d'un *Pas de deux* italien derrière nos recherches d'ordre réaliste *supprimé en 1926*].

p. *Phrase figurant en capitales en 1918-1926.*

q. L'orchestre de Erik Satie [balaye le fondu et le flou. Il *supprimé en 1926*] donne toute sa grâce […]

r. C'est un orphéon chargé de [science *1917* ; rêve *1918-1926*].

s. *Phrase supprimée en 1918-1926.*

t. […] pour certains bruits que [le librettiste *1917* ; Cocteau *1918-1926*] juge indispensables […]

u. […] dont les peintres se servent [pour localiser les transfigurations voisines *supprimé en 1918-1926*].

30

PARADE : "BALLET RÉALISTE" IN WHICH FOUR MODERNIST ARTISTS HAD A HAND *

No ballet of recent years has created the discussion – not to say fury – that was aroused by the first production of Parade, a ballet by Jean Cocteau, the French poet, and editor of Le Mot. *The music for the ballet was composed by Eric Satie, the leader of the futurist musicians in Paris ; the curtains and costumes were designed by Pablo Picasso, the leader of the cubist school of painting in Europe ; the choreography was by Leonid Massine, and the entire production was under the direction of M. Diaghileff. This brief article by the poet-author of the ballet will convey to our readers a slight idea of the artistic aims which inspired the artists in the production of* Parade.

M. Diaghileff's Ballet Russe company has at last produced our ballet entitled *Parade*. This work was the result of several months of close collaboration between Pablo Picasso, Eric Satie, M. Diaghileff and myself. It was produced at the Chatelet Theatre, in June, under the vivid rays of a newly discovered artificial light. Picasso painted the curtain and scenery and designed the costumes ; Satie wrote the music ; and I contributed the story. It was quite impossible for us to foresee the tumult which transformed this entertainment into a *scandale* which turned one half of the artistic public of Paris against the other. I listened to the storm from behind the scenes, on the first night, and I raged so fiercely that the players actually had difficulty in following the music. At certain times they were unable to hear the music at all and were obliged to dance by counting the measures of the conductor's baton.

The plot of *Parade* is supposed to take place on a street in Paris, on a Sunday. Certain music hall artists show themselves in the street, outside of a music hall, in order to draw a crowd. This is always called a "parade" among the travelling circuses in France. The headliners are a Chinese magician, a little American girl, and two acrobats. The managers, in their atrocious language, try awkwardly to attract the crowd, but are unable to convince the people sufficiently to draw them into the theatre. The Chinaman, the American girl, and the two acrobats come out onto the street from the empty theatre, and, seeing the failure of the managers, they try the power of their charms ; but all their efforts are to no avail. In short, the story of *Parade* is the tragedy of an unsuccessful theatrical venture. Simple – innocent enough.

---

* « *Parade* : Ballet Réaliste in which four Modernist Artists had a Hand », *Vanity Fair*, September 1917, p. 37 et 106. Nous ne connaissons aucune version française de ce texte. Magazine mensuel américain de luxe, *Vanity Fair* traite en une ou deux pages de nombreux sujets de culture générale et d'actualités (littérature, danse, music-hall, théâtre, peinture, sculpture, sports, mode, événements politiques, etc.). Imprimé sur papier glacé et agrémenté de nombreuses illustrations (photographies, caricatures, dessins, etc.), il est destiné à un public aisé et offre une large place aux événements culturels en Europe, et plus particulièrement à Paris. Au début de l'année 1917, ce magazine consacre des comptes rendus aux Ballets russes et publie une photographie pleine page de l'une de leurs danseuses, Lydia Lopokova. L'année précédente, entre mi-janvier et fin avril, les Ballets russes se sont produits dans diverses villes américaines à l'occasion d'une grande tournée

Picasso's curtain aroused no protest. By its irreproachable calm and grace it astonished those who came to hoot and hiss it. His scenery had the same effect. It was calm and beautiful where an unnamable extravagance had been expected of it.

The entrance of the first gigantic "manager" passed without any remark, – probably because he danced beautifully to the music ; but, after a while the audience whistled and clapped and hooted, and their clapping and hooting drowned the orchestra.

Massine, who played the Chinaman, had a great ovation. Few people realized with what care the role of this ferocious Chinese magician had been written. Among his minor accomplishments, he could produce an egg from his pigtail, spit fire and put out the eyes of missionaries. Everyone applauded the marvelous technical skill of the great comic dancer, and his brilliant costume caused enthusiastic comment.

The little American girl was played by Marie Chabelska. Of her role, I had aimed to make a union of grace and agility, – a sort of uniting of the outdoor world with the music hall. The little girl mimicked one thing after another, jumped on a moving automobile, flew in it over a road, swam a river, trembled like the flickering of a "movie", chased a robber with a revolver, and imitated Charlie Chaplin. These are but a few of the feats she performed. Her performance charmed many but revolted others. Many people thought her really a small girl – Marie Chabelska is twenty years old – and they accused some of the actors of maliciously bruising her knees when she swam.

When Picasso's horse made its entrance, I feared that the hall would collapse. I have heard the cries of a bayonet charge in Flanders, but it was nothing compared to what happened that night at the Chatelet Theatre.

Zverev and Lapokova, the acrobats, so sad and awkward, delighted almost every one. The public did not, however, appreciate that we had combined in their act the accidental art of the circus with the happy remembrances of childhood.

The Finale in which the whole company breaks loose and collapses, resulted in a renewed and prolonged tumult. Seven enthusiastic calls drowned the hissing and the protestations. Through a hole in the drop curtain I watched the audience, which for a long time continued its arguing and disputations.

We expected the unusual hilarity, but not the bad humor, which Abel Hermant has so cleverly explained is the result of the habitual seriousness peculiar to adults who dislike being entertained by a "Punch and Judy" show. For *Parade* is really a "Punch and Judy" show, with all its traditions and perspectives. No symbolism is hidden in it. The sub-title of *Parade* – "Ballet réaliste", is no impertinent fantasy. I long considered the selection of this sub-title. I wanted to give true realism its place in the ballet. What has been known, until now, as realistic theatrical art is a sort of absurdity, as that sort of realism consists in putting on the stage real objects which lose their reality as soon as they are introduced into artificial environments. The theatre is the art of illusion and should always remain so.

In all of Picasso's work there is true realism : that is to say, the world is weighed, measured, verified and felt, with a love and respect for its volumes, its material aspects, its movements, its shadows. He often declares that he goes along the street armed with a foot-rule, measuring objects before putting them on canvas.

In *Parade* the dances are not the result of an effort to achieve decorative effects, but of a desire to amplify the real, to introduce the detail of daily truths and rhythms into the vocabulary of dancing for truth can always arouse the highest emotions.

Leonid Massine saved the dances. Without his marvelous technique and the amplitude which he always gives to the slightest suggestions of a poet, it would have been impossible for us to produce many of the ideas which inspired us all.

19. Cocteau, autoportrait pendant les répétitions de *Parade*, s.d., collection privée.

To show that it was not our intention to surprise the public but, on the contrary, to follow in the path of the masters, Picasso and Satie opened the spectacle with a curtain and a fugue of a classic nature, from which all the scenery and all the music that followed seemed to flow as a natural development. Satie's orchestration was wholly free. The utter absence, in his music, of slurring of pedals, of all evidences of the melted and the hazy, resulted in the unfettering of the purest rhythms and frankest melodies.

Certain motifs of a serious character, in Satie's music give to *Parade* its ambiguous charm. In it two melodic planes are superimposed. Without causing the slightest dissonances, his music seems to marry the racket of a cheap music hall with the dreams of children, and the poetry and murmur of the ocean.

"I only composed", says Satie, modestly, "a background to throw in relief the noises which the playwright considers indispensable to the surrounding of each character with his own atmosphere. These imitated noises of waves, typewriters, revolvers, sirens or aeroplanes, are, in music, of the same character as the bits of newspapers, painted wood-grain, and other every-day objects that the cubist painters employ frequently in their pictures, in order to localize object and masses in nature."

[*Retraduction en français de la version américaine*[176] *:*]

PARADE : « BALLET REALISTE » AUQUEL QUATRE ARTISTES MODERNISTES ONT CONTRIBUÉ

Aucun ballet de ces dernières années n'a engendré la polémique - pour ne pas dire la furie – comme celle qui est née de la première représentation de Parade, *un ballet de Jean Cocteau, le poète français, et éditeur du journal* Le Mot[177]. *La musique du ballet est due à Erik Satie, le chef de file des musiciens futuristes à Paris ; le rideau de scène et les costumes ont été dessinés par Pablo Picasso, le chef de l'école des peintres cubistes en Europe ; la chorégraphie était signée Léonide Massine, et toute la production relevait de la direction de M. Diaghilev. Ce bref article du poète-auteur du ballet devrait permettre à nos lecteurs de se faire une petite idée des visées artistiques qui ont inspiré les artistes lors de la production de* Parade.

La compagnie des Ballets russes de M. Diaghilev a enfin produit notre ballet intitulé *Parade*. Cette œuvre résulte de plusieurs mois d'étroite collaboration entre Pablo Picasso, Erik Satie, M. Diaghilev et moi-même. Elle a été produite au Théâtre du Chatelet, sous les rayons éclatants d'une lumière artificielle récemment découverte. Picasso en a peint le rideau de scène et les décors, et il en a dessiné les costumes. Satie en a écrit la musique et j'en ai imaginé le scenario. Il nous était quasi impossible de prévoir le tumulte qui a transformé ce divertissement en un *scandale* qui a dressé une moitié du public artistique de Paris contre l'autre. Le premier soir, j'ai perçu cette tempête des coulisses ; elle faisait rage si violemment qu'en réalité les danseurs éprouvaient des difficultés à suivre la musique. À certains moments, ils ne parvenaient plus du tout à entendre la musique et étaient obligés de danser en comptant les mesures depuis la baguette du chef d'orchestre.

L'intrigue de *Parade* est censée se dérouler dans une rue de Paris, un dimanche. Quelques artistes du music-hall s'exhibent dans la rue, sur le parvis, afin d'attirer la foule. Dans les cirques ambulants de France, ce procédé s'appelle la « parade ». Les vedettes sont un magicien chinois, une petite fille américaine et deux acrobates. Les gérants, usant d'expressions grossières essaient maladroitement d'attirer le public, mais ils sont incapables de le convaincre de pénétrer dans le théâtre. Le Chinois, la petite fille américaine et les deux acrobates sortent alors du théâtre vide et, constatant l'échec des gérants, testent la puissance de leurs charmes ; mais tous leurs efforts sont vains. Bref, l'histoire de *Parade*, c'est la tragédie d'une entreprise théâtrale infructueuse. C'est simple, voir simplet.

Le rideau de scène de Picasso n'a soulevé aucune protestation. Par sa sérénité et sa grâce irréprochables, il a stupéfié ceux qui étaient venus pour le siffler et le huer. Ses décors ont eu le même effet. C'était serein et magnifique, là où l'on aurait attendu de l'extravagance innommable.

L'entrée d'un premier « gérant » de taille gigantesque s'est passée sans la moindre remarque, probablement parce qu'il dansait magnifiquement sur la musique ; mais peu

176. Traduction par nos soins.

177. Pour la revue *Le Mot*, voir note d'entrée du texte 22.

après, l'assistance s'est mise à siffler, à frapper des mains et à huer, et clameurs et sifflets ont étouffé l'orchestre.

Massine, qui jouait le Chinois, a reçu une grande ovation. Peu de gens ont réalisé avec quel soin le rôle de ce Chinois féroce avait été composé. Parmi ses moindres prouesses, il pouvait pondre un œuf à partir de sa natte, cracher du feu et arracher les yeux de missionnaires. Tout le monde a applaudi la merveilleuse habileté technique du grand danseur comique, et son costume étincelant a suscité des commentaires enthousiastes.

La petite fille américaine était jouée par Marie Chabelska [178]. En ce personnage, je souhaitais réaliser l'union de la grâce et de l'agilité – une sorte de fusion du monde extérieur et du music-hall. La petite fille mimait une chose après l'autre, montait en course dans une automobile, puis prenait la route à toute vitesse, nageait dans une rivière, trépidait comme les images d'un film, poursuivait un voleur avec un révolver et imitait Charlie Chaplin. Ce n'étaient là que quelques-unes de ses prouesses. Sa prestation en a charmé plus d'un, mais en a révulsé d'autres. Beaucoup de gens ont pensé qu'elle était vraiment douée – Marie Chabelska a vingt ans – et ils ont accusé quelques-uns des acteurs de lui écraser méchamment les genoux pendant qu'elle nageait.

Quand le cheval de Picasso a fait son entrée, j'ai cru que la salle allait s'effondrer. J'ai entendu les cris d'une charge à la baïonnette dans les Flandres [179], mais ce n'était rien comparé à ce qui est arrivé ce soir-là au théâtre du Chatelet.

Zverev et Lapokova [180], les acrobates, si tristes et si maladroits, ont séduit presque tout le monde. Le public n'a pas apprécié cependant que nous ayons combiné, dans leur jeu, l'art burlesque du cirque avec les doux souvenirs de l'enfance.

Le finale, dans lequel toute la compagnie se disloque et s'effondre, a provoqué un nouveau et long tumulte. Sept rappels enthousiastes ont noyé les huées et les protestations. Par le trou du rideau de scène, je surveillais le public, qui, longtemps encore, a continué à se chicaner et à débattre.

Nous nous attendions à une hilarité inhabituelle, mais pas à de la mauvaise humeur, celle que Abel Hermant [181] a si intelligemment expliquée comme étant la réaction d'adultes habitués au sérieux qui rechignent à s'amuser d'un spectacle de marionnettes [« Punch et Judy » [182]]. Car, *Parade* est vraiment un spectacle de marionnettes, avec toutes ses traditions et ses perspectives. Aucun symbole ne s'y cache. Le sous-titre de *Parade* – « Ballet réaliste » – n'est pas un phantasme incongru. J'ai longtemps réfléchi au choix de ce sous-titre. Je voulais donner au réalisme authentique sa place dans le ballet. Ce que l'on entendait, jusqu'à présent, par art réaliste au théâtre est une sorte d'absurdité, comme ce genre de réalisme qui consiste à mettre sur la scène des objets

178. Marie Chabelska (1899-1980) est d'origine russe. Elle entre aux Ballets russes en 1915 qu'elle quitte trois ans plus tard pour le Théâtre Colón de Buenos Aires où elle danse avec son mari Alexander Yakovlev. En 1921, elle se fixera définitivement aux États-Unis où elle ouvrira une école de danse.

179. Allusion du poète à son expérience de la guerre en tant qu'ambulancier dans les tranchées (voir note 171 du texte 29).

180. Nicolas Zverev (1888-1965) et Lydia Lopokova (1892-1981), tous deux d'origine russe.

181. Abel Hermant (1862-1950), écrivain et critique. Il donne un compte rendu de *Parade* intitulé « La vie à Paris » dans *Le Temps* du 25 mai 1917.

182. Punch et sa femme Judy sont deux personnages de marionnettes populaires en Grande-Bretagne.

les bateaux et les maisons d'Amérique sont trop grands. On raconte même que les ascenseurs vous ouvrent le ventre et vous le recousent vide. Et puis elle avait peur des nègres qui s'approchent la nuit sans être vus [b].

Parade jouet mécanique d'un modèle qui ne marche pas tout seul. Il fallait encore du courage.

Les arbres du printemps sont à l'envers et avant de sauter dans la bouche d'ogre en or et en obscurité qui siffle, elle me pince de toutes ses forces.

C'est moi qui fais le bruit des vagues.

Allons Marie.

21. « Jean Cocteau et Marie Chabelska à Rome », s.d., collection privée

Variantes

a. Le tout coûtait trente francs [chez Williams *Ms. BHVP*; au bazar *Ms. Syracuse-1920*].

b. *Autre fin en Ms. BHVP* : [...]. Et puis elle avait peur des nègres qui s'approchent la nuit sans être vus.

Parade est un mécanisme qui ne marche pas tout seul. Il faut encore être sifflé. Elle dormira sage son bras nu autour du cou du cheval, grand cygne à gestes fous, comme dit le poète.

32

Récit de la collaboration de *Parade* *

Prenez une ficelle. Nouez-la en faisant deux tours dans le sens de la largeur. Passez la boucle ainsi obtenue autour du doigt de Diaghilev. Passez mon doigt dans l'intervalle et tournez en respectant le sens du premier tour. Accrochez cette seconde boucle au doigt de Picasso. Prenez une paire de ciseaux. Demandez à Erik Satie de tenir solidement la troisième boucle entre le pouce et l'index. Coupez le côté gauche de la ficelle. Attachez le bout coupé à l'autre après l'avoir passé dans la première boucle. Donnez un coup sec. Tous les doigts se retrouvent libres et il me reste à la main deux anneaux en ficelle, entrés l'un dans l'autre [186].

* « Récit de la collaboration de *Parade* », manuscrit inédit conservé à JD.

186. Cocteau utilise une métaphore filée pour décrire la collaboration des protagonistes de *Parade*. Il décrit un tour de passe-passe tel qu'aurait pu le réaliser le prestidigitateur chinois du spectacle.

33

Le Coq et l'Arlequin *
Notes autour de la musique – 1918

Dédicace à Georges Auric

Mon cher ami,

J'admire les Arlequins de Cézanne et de Picasso mais je n'aime pas Arlequin. Il porte un loup et un costume *de toutes les couleurs*. Après avoir renié au chant du coq, il se cache. C'est un coq de la nuit.

Par contre j'aime le vrai coq, *profondément bariolé*. Le coq dit Cocteau deux fois et habite [l'Île de France *Épreuves*; *sa* ferme *1918*].

[La confrontation de ces personnages donne du relief aux vertus de l'un et aux vices de l'autre. L'autre ne manque pas de flair, il n'est pas sans comprendre *la faillite du vice*. Je les force donc à jouer de la caisse et de la trompette ensemble devant *un livre d'amour*. *Paragraphe biffé en Épreuves*].

Si je n'eusse dédié *Le Cap de Bonne-Espérance* à Garros [187] captif, je dédierais ces notes à Garros évadé d'Allemagne. Mais vous êtes mon second ami *évadé d'Allemagne* [188]. Je vous les offre parce qu'un musicien de votre âge annonce la richesse, la grâce d'une génération qui ne cligne plus de l'œil, qui ne se masque pas, ne renie pas, ne se cache pas, ne craint ni d'aimer ni de défendre ce qu'elle aime.

Le paradoxe et l'éclectisme lui sont choses haïssables. Elle méprise leur *sourire*, leur élégance flétrie. Elle redoute aussi l'énorme. C'est ce que j'appelle *s'évader d'Allemagne*.

Vive le Coq ! à bas l'Arlequin !

J.C.

19 mars 1918

Arlequin signifie encore : mets composé de restes divers [189] (Larousse).

---

* *Le Coq et l'Arlequin. Notes autour de la musique*, avec un *Portrait de l'auteur* et *Deux Monogrammes* par Pablo Picasso, Paris, Éditions de la Sirène, collection des Tracts, n° 1, 1918 [en réalité janvier 1919]. L'ouvrage a fait l'objet d'une « Nouvelle édition » en 1918 [en réalité septembre 1919] et diffère de la version précédente par la suppression d'un aphorisme (voir note 194 de ce texte). Il est réédité également dans *Le Rappel à l'ordre* (Paris, Stock, 1926) avec de nombreuses suppressions et corrections. On dispose également des épreuves (43 ff.) conservées à la BHVP et datées, pour l'envoi, du 27 juillet 1918, pour la réception, du 5 septembre 1918. Sans aucun doute, au vu des différences encore existantes avec 1918, Cocteau a reçu une seconde série d'épreuves. Version choisie : celle de la première édition, un peu plus complète que la « Nouvelle édition » et certainement plus riche que la réédition du *Rappel à l'ordre*. Entre crochets, nous avons signalé les variantes les plus significatives provenant des épreuves (*Épreuves*), de l'édition originale (*1918*), de la « Nouvelle édition » (*Nouvelle édition*) et de la réédition du *Rappel à l'ordre* (*1926*). Pour la disposition très particulière des variantes de ce texte, voir notre introduction.

187. Roland Garros (1888-1918), premier aviateur à traverser la Méditerranée en 1913, s'engage comme pilote de guerre durant la Première Guerre mondiale. Capturé par les Allemands le 18 avril 1915, il réussit, après maintes tentatives, à s'évader pour rejoindre la France le 15 février 1918. Il périt lors d'un combat aérien le 5 octobre 1918.

188. Georges Auric n'est pas un évadé d'Allemagne au sens propre, mais au sens figuré du terme : il n'a pas « subi » l'influence de la musique de Wagner en tant que jeune compositeur.

189. Cocteau fait ici allusion aux nombreuses conversations sur la musique qu'il a eues avec Erik Satie et les nouveaux jeunes et dont il a bénéficié pour générer le texte du *Coq et l'Arlequin*.

22. Georges Auric, s.d., collection Séverin Wunderman – Musée Jean Cocteau à Menton.

En tête des livres il conviendrait d'établir un lexique spécial grâce auquel, assignant sa valeur à chaque terme, on éviterait bien des [malentendus de vocabulaire *1918*; méprises *1926*].

[Presque tous les malentendus viennent des quiproquos de vocabulaire. *Paragraphe biffé en 1926*].

Le mot SIMPLICITÉ qui se rencontre souvent au cours de ces notes mérite qu'on le détermine un peu.

Il ne faut pas prendre *simplicité* pour le synonyme de *pauvreté*, ni pour un recul [190]. La simplicité progresse au même titre que le raffinement et la simplicité de nos musiciens modernes n'est plus celle de nos clavecinistes.

La simplicité qui arrive en réaction d'un raffinement relève de ce raffinement [191]; elle dégage, elle condense la richesse acquise.

[Elle déblaye la route et marche dessus sans faire d'ombre, comme un homme à midi. *Paragraphe présent en Épreuves, non retenu en 1918*].

[Satie nous semble, parfois méthodiquement, parfois inconsciemment, mettre en œuvre une parcelle de vérité latine. Il nous plaît donc d'étendre son rôle au-delà des limites que lui imposent son âge, son registre, ses défauts. *Paragraphe biffé en Épreuves*].

Ce livre [aura contre lui tous les musiciens, car il *supprimé en Épreuves*] ne parle d'aucune école existante, mais d'une école que rien ne fait pressentir, sinon les prémices de quelques jeunes, l'effort des peintres, et la fatigue de nos oreilles *.

* J'ajoute *Socrate* [192] de Satie, que je ne connaissais pas encore au moment où j'écrivais ces lignes.

---

190. Cocteau décrit ici la musique de Satie en des termes qu'il utilisera également dans ses autres textes sur le compositeur.

191. Cocteau ne cesse d'opposer ici la musique de Satie à celle de Debussy.

192. Pour *Socrate*, voir texte 34.

JEAN COCTEAU

LE COQ ET L'ARLEQUIN. — *NOTES AUTOUR DE LA MUSIQUE*

Avec un Portrait de l'Auteur et Deux Monogrammes

par

P. PICASSO

ÉDITIONS de la SIRÈNE

12 bis, Rue La Boëtie. - PARIS

MCMXVIII

COLLECTION des TRACTS. — N° 1

23. Couverture de l'édition originale de Jean Cocteau, *Le Coq et l'Arlequin*, Paris, Éditions de la Sirène, 1918.

★ L'art c'est la science faite chair.

★ Le musicien ouvre la cage aux chiffres, le dessinateur émancipe la géométrie.

★ Une œuvre d'art doit satisfaire toutes les muses – c'est ce que j'appelle : Preuve par 9.

★ Un chef-d'œuvre est une partie d'échecs gagnée échec et mat.

★ UN JEUNE HOMME NE DOIT PAS ACHETER DE VALEURS SÛRES.

★ [Ces univers inconnus que nous visitons sans cesse sur des pieds inconnus, ne les confondez pas avec le domaine du rêve. Nous ne sommes pas des rêveurs. Nous sommes des explorateurs réalistes. *Aphorisme supprimé en 1926*].

★ LE TACT DANS L'AUDACE, C'EST DE SAVOIR *jusqu'où on peut aller trop loin.*

★ Il faut perdre un préjugé baudelairien ; Baudelaire est un bourgeois. La bourgeoisie est la grande souche de France ; tous nos artistes en sortent. Fils de familles émancipés. Peut-être qu'ils s'en affranchissent, mais elle leur permet de construire dangereusement sur une base [cossue *supprimé en 1926*].

★ Il y a une maison, une lampe, une soupe, du feu, du vin, des pipes, derrière toute œuvre importante de chez nous.

★ L'instinct demande à être dressé par la méthode, mais l'instinct seul nous aide à découvrir une méthode qui nous soit propre et grâce à laquelle nous pouvons dresser notre instinct.

★ Le rossignol *chante mal.*

★ Parmi les comédiens, il y a des prestidigitateurs et cela nous amuse, mais on ne leur pardonne que si le tour a lieu. Mettre un lapin dans un chapeau et sortir des cages, voilà qui est bon ; mais mettre un lapin et sortir un lapin, … ce mauvais prestidigitateur voudrait-il se faire prendre pour un [artiste *1918* ; poète *1926*] ?

★ [*Familles royales.* – Le sens de la hiérarchie permet seul de juger sainement. Il y a parmi les œuvres qui ne nous touchent pas des œuvres qui comptent ; on peut sourire du *Faust* de Gounod, c'est un chef-d'œuvre ; on peut être rebelle à l'esthétique de Picasso, mais reconnaître sa valeur intrinsèque. Ce sens de la qualité apparente les artistes les plus contradictoires. *Aphorisme supprimé en 1926*].

★ [Cent ans après, tout fraternise, mais il faut d'abord s'être beaucoup battu pour gagner sa place au paradis des créateurs. *Aphorisme supprimé en 1926*].

★ [Le créateur doit vaincre. Quoi ? la routine. Or, la routine est faite d'une récente victoire ; c'est ainsi que le créateur devient la routine et qu'il sera vaincu à son tour. *Aphorisme supprimé en Épreuves*].

★ Un artiste peut ouvrir, en tâtonnant, une porte secrète et ne jamais comprendre que cette porte cachait un monde.

★ C'est ainsi que si l'homme qui passe pour le [pontife *Épreuves* ; père *1918*] d'une école parce qu'il la décida, hausse un jour les épaules et la renie [avec un clin d'œil *supprimé en 1926*], cela ne discrédite en rien cette école.

★ La source désapprouve presque toujours l'itinéraire du fleuve.

★ L'artiste, c'est le vrai riche. Il roule en automobile. Le public suit en omnibus. Comment s'étonnerait-on qu'il suive à distance ?

★ LA VITESSE [D'UNE VOITURE EMBALLÉE *Épreuves* ; D'UN CHEVAL EMBALLÉ *1918*] NE COMPTE PAS.

★ Méfiez-vous de Monsieur Prudhomme qui marche sur les mains.

★ LORSQU'UNE ŒUVRE SEMBLE EN AVANCE SUR SON ÉPOQUE, C'EST SIMPLEMENT QUE SON ÉPOQUE EST EN RETARD SUR ELLE.

★ Un artiste ne saute pas de marches ; s'il en saute, c'est du temps perdu, car il faut les remonter après.

★ Un artiste qui recule ne trahit pas. Il *se* trahit.

★ L'émotion qui résulte d'une œuvre d'art ne compte vraiment que si elle n'est pas obtenue par un chantage sentimental.

★ En art, toute valeur qui se prouve est vulgaire.

★ [Méprise l'homme qui veut qu'on l'applaudisse, et méprise l'homme qui souhaite qu'on le siffle. *Aphorisme supprimé en 1926*].

★ IL FAUT ÊTRE UN HOMME VIVANT ET UN ARTISTE POSTHUME.

★ La vérité est *trop nue* ; elle n'excite pas les hommes.

★ Un scrupule sentimental qui nous empêche de dire toute la vérité en fait une Vénus qui se cache le sexe avec la main. Or la vérité montre son sexe avec sa main.

★ [Ce qui semblait mille trahisons, un va-et-vient versatile, n'est autre chose que le désir de rejoindre la ligne profonde, le rythme continu de la tradition dont l'audace nous écarte et nous rapproche sans cesse. *Aphorisme supprimé en Épreuves*].

★ Satie disait : « Je veux faire une pièce pour chiens et j'ai mon décor. *Le rideau se lève sur un os.* »

Pauvres chiens ! c'est leur première pièce. Ensuite on leur donnera des spectacles plus difficiles, *mais on reviendra toujours à l'os.*

★ Tout « Vive Un Tel ! » comporte un : « À bas Un Tel ! » Il faut avoir le courage de cet « À bas Un Tel ! » sous peine d'éclectisme.

★ L'éclectisme, c'est la mort de l'amour et de l'injustice. Or en art, la justice, c'est *une certaine* injustice.

★ Il est dur de nier, surtout des œuvres nobles. Mais toute affirmation profonde nécessite une négation profonde.

★ Beethoven est fastidieux lorsqu'il développe, Bach pas, parce que Beethoven fait du développement de forme, et Bach du développement d'idée. [La plupart des gens croient le contraire *ajouté en 1926*].

Beethoven dit : « Ce porte-plume a une plume neuve – il y a une plume neuve à ce porte-plume – neuve est la plume de ce porte-plume » ou « Marquise, vos beaux yeux… »

Bach dit : « Ce porte-plume a une plume neuve pour que je la trempe dans l'encre et que j'écrive, etc… » ou « Marquise, vos beaux yeux me font mourir d'amour, et cet amour, etc… »

Voilà toute la différence.

★ On est quelquefois tenu de soutenir qui on réprouve. Comment ne pas défendre Strauss, par exemple, contre ceux qui l'attaquent par [simple *supprimé en 1926*] germanophobisme, ou en faveur de Puccini ?

★ [La génération de guerre sauvée de l'école, est inculte, fraîche, ouverte à l'esprit nouveau. *Aphorisme supprimé en Épreuves*].

★ Un certain retour à [l'éleusisme[193] *1918*; Éleusis *1926*] dégage l'art de la prostitution. Le pire drame pour un [artiste *1918*; poète *1926*], c'est d'être admiré par malentendu.

★ Il y a le moment où toute œuvre en route profite du prestige de l'ébauche. « N'y touchez plus ! » s'écrie l'amateur. C'EST ALORS QUE LE VRAI ARTISTE ESSAIE SA CHANCE.

★ Nous avons tous un épiderme sensible aux tziganes et aux marches militaires.

★ *Sens.* – L'oreille *réprouve* mais *supporte* certaines musiques ; transportons-les dans le domaine du nez, elles nous obligeraient à fuir.

★ La mauvaise musique méprisée par les beaux esprits est bien agréable. Ce qui est désagréable, c'est leur bonne musique.

★ Prenez garde à la peinture, disent certaines pancartes. J'ajoute : Prenez garde à *la musique*.

★ Attention ! soyez bien sur vos gardes, car seule parmi tous les arts, la musique vous tourne autour.

★ Il faut que le musicien guérisse la musique de ses enlacements, de ses ruses, de ses tours de cartes, qu'il l'oblige le plus possible à *rester en face de l'auditeur*.

★ UN POÈTE A TOUJOURS TROP DE MOTS DANS SON VOCABULAIRE, UN PEINTRE TROP DE COULEURS SUR SA PALETTE, UN MUSICIEN TROP DE NOTES SUR SON CLAVIER.

★ IL FAUT S'ASSEOIR D'ABORD, ON PENSE APRÈS.

★ Que cet axiome ne serve pas d'excuse aux *assis*. Un vrai artiste est toujours en rumeur.

193. Éleusis, héros mythologique, à l'origine d'un culte à mystères accompli par les prêtres de Déméter.

★ [L'abus de pédales n'existe pas qu'en musique. Presque tous les idiomes ont des pédales, mais la langue française est un piano sans pédales. *Aphorisme supprimé dans la « Nouvelle édition »*] [194].

★ Un handicap de pittoresque dispose mal envers les musiciens et l'exotisme principalement.

★ La sculpture si négligée à cause du mépris de la forme et de la masse en faveur du flou, est sans doute un des arts les plus nobles. D'abord, c'est le seul qui nous oblige à lui tourner autour.

★ [Il y aurait bien des choses à dire sur les peintres et sur les poètes, mais je tourne ici autour de la musique. *Aphorisme présent en Épreuves, non retenu en 1918*].

★ Cet oiseleur et cet épouvantail, c'est un chef d'orchestre.

★ Dans le créateur, il y a nécessairement un homme et une femme, et la femme est presque toujours insupportable.

★ [Le public interroge. Il faut répondre par des œuvres, non par des manifestes. *Aphorisme supprimé en 1926*].

★ LE BEAU A L'AIR FACILE. C'EST CE QUE LE PUBLIC MÉPRISE.

★ Même quand tu blâmes, ne t'occupe que de la première qualité.

★ Une opinion saine est toujours prise pour une opinion littéraire.

★ [Méfiez-vous des éponges qui veulent se faire prendre pour des ruches. *Aphorisme supprimé en Épreuves*].

★ Ce qui fait l'optimisme de pessimistes tels que nous, c'est l'intuition que l'œuvre d'art collabore à des équilibres [surnaturels *ajouté en 1926*].

★ Je travaille à ma table de bois, sur ma chaise de bois, avec mon porte-plume de bois, ce qui ne m'empêche pas d'être responsable, dans une certaine mesure, du cours des astres.

★ [Ne faites pas loucher vos étoiles. *Aphorisme supprimé en Épreuves*].

★ Un rêveur est toujours [un *supprimé en 1926*] mauvais poète.

★ Si tu te rases [la tête *1918*; le crâne *1926*], ne garde pas une mèche pour le dimanche.

★ Tu me dis venir de droite à gauche par amour, et tu n'as changé que de costume. Il fallait aussi changer de peau.

★ L'important n'est pas de surnager légèrement, c'est de disparaître lourdement en propageant des ondes légères.

194. Comme Cocteau s'est inspiré apparemment d'André Gide pour cet aphorisme, il le reconnaîtra en joignant à la première édition de son ouvrage un « papillon » – avec pour texte : « Un oubli de guillemets m'enrichissant d'une phrase dite par André Gide : “La langue française est un piano sans pédales”, je me fais un scrupule de signaler au lecteur cette interpolation involontaire. / J.C. » – et en écartant l'aphorisme de la « Nouvelle édition » ainsi que de toutes les autres rééditions.

★ On ferme les yeux des morts avec douceur; c'est aussi avec douceur qu'il faut ouvrir les yeux des vivants.

★ [Nietzsche, dans *Le Cas Wagner*[195], a montré la vérité « ses pieds nus jusqu'à la racine de ses cheveux ». Qui l'écoute? Malgré la guerre, le wagnérisme règne sur le monde. La masse la plus délicate est encore une masse, un monstre lourd qui aime les monstres lourds. Un des pires malentendus de cette guerre, c'est l'attitude intelligente qui consiste à mettre Wagner au-dessus des haines nationales. Or, Wagner, c'est pire que Krupp, pire que le militarisme prussien, parce que Wagner, c'est le vague, l'ennemi du net latin, et les nerfs, la faculté de jouir des malades, Wag-ner calembour qui résume tout. *Aphorisme supprimé en Épreuves*].

★ Relisons [ce pamphlet *Épreuves*; *Le Cas Wagner 1918*] de Nietzsche. Jamais des choses plus légères et plus profondes n'ont été dites. Quand Nietzsche loue *Carmen*, il loue la franchise que notre génération cherche au music-hall. Il est regrettable qu'il oppose à Wagner une œuvre artiste et inférieure à l'œuvre de Wagner sur le plan artiste. Ce qui balaye la musique impressionniste c'est, par exemple, une certaine danse américaine que j'ai vue au Casino de Paris[a].

a. Voilà comment était cette danse :

Le band américain l'accompagnait sur les banjos et dans de grosses pipes de nickel. À droite de la petite troupe en habit noir il y avait un barman de bruits sous une pergola dorée, chargée de grelots, de tringles, de planches, de trompes de motocyclette. Il en fabriquait des cocktails, mettant parfois un zeste de cymbale, se levant, se dandinant et souriant aux anges.

M. Pilcer, en frac, maigre et maquillé de rouge, et mademoiselle Gaby Deslys[196], grande poupée de ventriloque, la figure de porcelaine, les cheveux de maïs, la robe en plumes d'autruche, dansaient sur cet ouragan de rythmes et de tambour une sorte de catastrophe apprivoisée qui les laissait tout ivres et myopes sous une douche de six projecteurs contre avions.

La salle applaudissait debout, déracinée de sa mollesse par cet extraordinaire numéro qui est à la folie d'Offenbach ce que le tank peut être à une calèche de 70.

★ À Londres, on donne Wagner; à Paris, *on regrette secrètement Wagner*. [Wagner, c'est la vague de gaz qui traverse les blindages du patriotisme le plus élevé. *Phrase supprimée en Épreuves*].

195. Cette citation de Friedrich Nietzsche ne figure pas dans *Le Cas Wagner*, mais dans *Ainsi parlait Zarathoustra*. Cocteau la formule également d'une façon différente : « C'est pour approfondir ce secret que j'ai passé la mer : et j'ai vu la vérité nue, en vérité! pieds nus jusqu'au cou. » Voir Nietzsche, *Ainsi parlait Zarathoustra*, traduction par Henri Albert, Paris, Société du Mercure de France, 1898, p. 93.

196. Cocteau évoque la revue en deux actes et cinquante tableaux de Georges Arnould et Jacques Charles, intitulée *Laissez-les tomber!* En collaboration avec Jacques Bousquet, Jacques Charles en assure la mise en scène. La première représentation a lieu le 12 décembre 1917 au Casino de Paris et marque un tournant dans l'histoire du music-hall parisien. Ce spectacle inaugure en effet la mode des revues somptueuses et extravagantes avec déluge de plumes, de strass et de « girls ». L'affiche annonce d'ailleurs pas moins de 300 artistes et de 800 costumes. Ce spectacle sonne aussi le triomphe des rythmes américains avec les frères Pilcer : Harry pour la danse, et Murray dirigeant le jazz-band intitulé American Sherbo Band. Le clou du spectacle était composé de ragtimes dansés par l'Américain Harry (1885-1961) et la Française Gaby Deslys, pseudonyme de Gabrielle Claire (1881-1920), chanteuse et meneuse de revue à succès. Durant le vingtième tableau tout comme pendant l'entracte se produit l'orchestre de jazz dirigé par Murray Pilcer.

★ Défendre Wagner parce que Saint-Saëns l'attaque est trop simple. Il faut crier : « À bas Wagner ! » avec Saint-Saëns. C'est la véritable bravoure.

★ Nietzsche redoutait certains « ET » : Goethe *et* Schiller par exemple, ou Schiller *et* Goethe, pire encore. Que dirait-il de voir répandu le culte Nietzsche *et* Wagner... Wagner *et* Nietzsche plutôt !

★ Il y a des œuvres longues qui sont courtes. L'œuvre de Wagner est une œuvre longue qui est longue, *une œuvre en étendue*, parce que l'ennui semble à ce vieux dieu une drogue utile pour obtenir l'hébétement des fidèles.

Il en est ainsi des magnétiseurs qui hypnotisent en public. La bonne passe qui endort est généralement très courte et très simple, mais ils l'accompagnent de vingt passes postiches qui frappent la foule.

La foule est séduite par le mensonge ; elle est déçue par la vérité trop simple, trop nue, trop peu *inconvenante*.

★ [*Madrigal*. – À Bayreuth, une jeune femme française, trouvant la *Walkyrie* trop longue, le confiait à sa voisine de gauche. « C'est peut-être vous qui êtes trop courte », lui dit un vieillard allemand, son voisin de droite. *Aphorisme supprimé en Épreuves*].

★ [La tradition coule, rectiligne et cachée ; l'artiste se promène, son coudrier à la main. Si le coudrier la découvre et qu'il la fasse jaillir à sa façon, béni soit-il, *même s'il n'en délivre qu'une goutte*, car ce sont ces gouttes-là qui nous désaltèrent, nous autres. Les sources chaudes de Babylone ne nous guérissent pas ; elles excitent les malades d'Europe qui allaient s'y refaire l'âme au Carlsbad spirituel des snobs. *Aphorisme supprimé en Épreuves*].

★ [Strauss prenant au tragique la spirituelle *Salomé* d'Oscar Wilde, voilà un exemple-type de la balourdise allemande. *Aphorisme présent en Épreuves, non retenu en 1918*].

★ [Je ne me dresse pas contre la musique moderne allemande. *Phrase supprimée en 1926*]. Schoenberg est un maître ; tous nos musiciens et Stravinski lui doivent quelque chose, mais Schoenberg est surtout un musicien de tableau noir.

★ [Le public allemand a un estomac [d'autruche *corrigé en Épreuves par* solide]. Il y entasse des nourritures hétérogènes qu'il absorbe respectueusement et qu'il ne digère pas.

En France, on rejette la nourriture, mais il y a quatre ou cinq estomacs qui choisissent et qui digèrent mieux que nulle part au monde. *Aphorisme supprimé en 1926*].

★ Socrate disait : « Quel est cet homme qui mange du pain comme si c'était de la bonne chère, et la bonne chère comme si c'était du pain ? »

Réponse : le mélomane allemand.

★ L'opposition de la masse aux élites stimule le génie individuel. C'est le cas en France. L'Allemagne moderne meurt d'approbation, d'attention, d'application, d'une vulgarisation scolaire de la culture aristocratique.

★ [L'Allemagne offre le type d'une démocratie intellectuelle, la France d'une monarchie. *Aphorisme supprimé en 1926*].

★ Chez nous un jeune musicien rencontre tout de suite la lutte, c'est-à-dire le stimulant. En Allemagne, il trouve des oreilles. Plus elles sont longues, plus elles écoutent. On l'adopte, on l'académise. Il est coulé.

★ [Il faut s'entendre sur le malentendu de « l'influence allemande ».

La France, insouciante, avait ses poches remplies de graines et en laissait tomber autour d'elle ; l'Allemand ramassait les graines, les emportait en Allemagne, les plantait dans un terrain chimique d'où poussait un monstre fleur sans odeur. Quoi d'étonnant à ce que l'instinct maternel nous fît reconnaître la pauvre fleur abîmée et nous conseillât de lui rendre sa forme et son parfum véritables. *Aphorisme supprimé en 1926*].

★ [L'Allemagne, qui ne connaît pas l'indigestion, répandait, éclairait les recherches obscures de nos jeunes artistes puisque, disait-elle, la France conservatrice les laisse mourir de faim. Outre que cela est exact et normal, puisqu'il faut le temps qu'une patrie digère la nourriture nouvelle, la tentation allemande était dangereuse pour des jeunes hommes sans public. Leurs théories arrivaient donc chez nous par l'entremise allemande, et de plus, camouflées comme tout ce que l'Allemagne emprunte. Quoi de plus suspect au premier abord, avouons-le. *Aphorisme supprimé en 1926*].

[Dans l'édition originale de 1918 du Coq et l'Arlequin *figure à cet endroit, plus précisément à la page 25, le dessin du coq par Picasso.]*

★ *Satie contre Satie.* – Le culte de Satie est difficile, parce qu'un des charmes de Satie, c'est justement le peu de prise qu'il offre à la déification. [On lui a reproché d'avoir envoyé à un critique des cartes grossières [197] ; je lui reproche aussi. Avouerai-je que j'ai reçu de Satie des cartes analogues en pleine collaboration, au plus fort de notre amitié ?

24. Erik Satie, 1916, collection privée.

197. Au critique musical Jean Poueigh qui a désapprouvé la musique de *Parade* dans *Le Carnet de la semaine*, Satie envoie plusieurs cartes injurieuses, dont la suivante : « Monsieur et cher ami, vous n'êtes qu'un cul, mais un cul sans musique. » À la suite d'une plainte pour diffamation déposée par le critique, Satie est condamné à « huit jours de prison, une peine d'amende et des dommages et intérêts », avant d'être « relaxé en appel », suite à l'intervention de Misia Edwards (prochainement Misia Sert). (Voir *Parade*, catalogue d'exposition, Metz, Éditions du Centre Pompidou-Metz, 2013, p. 42.) L'histoire raconte que Cocteau aurait giflé Poueigh à la sortie de l'audience du tribunal.

Le parfum de la rose est obtenu par quelques-unes des essences qui sentent le plus mauvais du monde. J'ai pensé que le ton de ces cartes entrait dans la combinaison chimique de Satie et je les ai brûlées sans rien dire. « Mais, pour cela, me direz-vous, il faut reconnaître le parfum de la rose. » *Passage présent en Épreuves, non retenu en 1918*].

★ On se demande souvent pourquoi Satie affuble ses plus belles œuvres de titres [bouffons *Épreuves*; drôles *1918*] qui déroutent le public le moins hostile. Outre que ces titres protègent son œuvre des personnes en proie au « sublime » et autorisent à rire [ceux *1918*; celles *1926*] qui n'en ressentent pas la valeur, ils s'expliquent par l'abus debussyste des titres précieux. Sans doute faut-il voir là une mauvaise humeur de bonne humeur, une malice contre les *Lunes descendant sur le temple qui fut*, les *Terrasses des audiences du Clair de lune* et les *Cathédrales englouties* [198].

★ Le public est choqué par le charmant ridicule des titres et des notations de Satie, mais il respecte le formidable ridicule du livret de *Parsifal*.

★ Le même public accueille les titres les plus cocasses de François Couperin : le *Tic-toc choc ou les Maillotins, Les Culbutes Ixcxbxnxs, Les Coucous bénévoles, Les Calotins et Calotines ou la Pièce à trétous, Les Vieux Galants et les Trésorières surannées* [199].

★ Les musiciens impressionnistes coupèrent la poire en douze et donnèrent à chacun des douze morceaux un titre de poème [200]. Alors, Satie composa douze poèmes et intitula le tout : *Morceaux en forme de poire*.

★ Satie a connu le dégoût de Wagner en pleine Wagnérie, au cœur même de la Rose-Croix [201]. Il prévint Debussy contre Wagner. « Attention, lui disait-il, un arbre du décor ne se convulse pas parce qu'un personnage entre en scène. » C'est l'esthétique de *Pelléas*.

★ Debussy a dévié, parce que de l'embûche allemande, il est tombé dans le piège russe. De nouveau, la pédale fond le rythme, crée une sorte de climat flou, propice aux *oreilles myopes*. Satie reste intact. Écoutez les *Gymnopédies*, d'une ligne et d'une mélancolie si nettes. Debussy les orchestre, les brouille, enveloppe d'un nuage l'architecture exquise [202]. De plus en plus, Debussy s'écarte du point de départ posé par Satie et entraîne tout le monde à sa suite. La grosse brume trouée d'éclairs de Bayreuth

198. Titres de pièces pour piano de Claude Debussy : « Et la lune descend sur le temple qui fut », numéro 2 du recueil *Images II*; « Terrasses des audiences du Clair de lune », numéro 7 des *Préludes II*; « La Cathédrale engloutie », numéro 10 des *Préludes I*. Remarquons que Cocteau cite souvent cette dernière œuvre au pluriel, « Cathédrales englouties ».

199. Tous ces titres sont extraits des *Pièces de clavecin*, troisième et quatrième livres de François Couperin datant respectivement de 1722 et 1730.

200. Allusion non voilée aux deux cahiers des *Préludes* de Debussy, comprenant chacun douze numéros dont certains portent des titres de poèmes.

201. Pour les œuvres composées par Satie pour le mouvement ésotérique de la Rose-Croix catholique, voir note 390 du texte 50.

202. Les *Trois Gymnopédies* pour piano de Satie datent de 1888. Debussy réalise l'orchestration de la troisième, dont la création sous la direction de Gustave Doret a lieu à la Salle Érard le 20 février 1897.

devient le léger brouillard neigeux taché du soleil impressionniste. Satie parle d'Ingres ; Debussy transpose Claude Monet à la russe.

Or, tandis que Debussy épanouissait délicatement sa grâce féminine, promenant Stéphane Mallarmé dans *Le Jardin de l'Infante*, Satie continuait sa petite route classique. Il nous arrive aujourd'hui, jeune entre les jeunes, trouvant enfin sa place, après vingt ans de travail modeste.

⋆ Quand je dis « le piège russe », « l'influence russe », je ne veux pas dire par là que je dédaigne la musique russe[203]. La musique russe est admirable parce qu'elle est la musique russe. La musique française russe ou la musique française allemande est forcément bâtarde, même si elle s'inspire d'un Moussorgski, d'un Stravinski, d'un Wagner, d'un Schoenberg. Je demande une musique française de France.

⋆ [Satie dépasse son œuvre. Il me représente le soleil de chez nous en lutte contre les nuages de Wagner et la neige russe. Il est juste qu'on le moque, le siffle et le condamne à la prison. La masse aime le mensonge et l'exotisme. Satie renoue avec Rameau ; c'est la douceur, la farce et la gentillesse françaises. *Aphorisme supprimé en Épreuves*].

**Petite œuvre*. – IL Y A DES ŒUVRES DONT TOUTE L'IMPORTANCE EST EN PROFONDEUR – PEU IMPORTE LEUR *ORIFICE*.

⋆ [La plus petite œuvre de Satie est petite *comme un trou de serrure*. Tout change si on approche son œil. *Aphorisme présent en Épreuves, non retenu en 1918*].

⋆ [Les journaux, pour qui le cubisme est une simple mystification et qui mettent la musique de Satie dans le même sac, disent volontiers que Satie est un musicien cubiste. C'est, à la fois très inexact, parce que Satie n'a rien à voir avec le cubisme, et très exact, parce que les peintres qui renouent audacieusement la grande tradition classique reconnaissent en Satie une pureté analogue à la leur. *Aphorisme supprimé en Épreuves*].

⋆ En musique la ligne c'est la mélodie. Le retour au dessin entraînera nécessairement un retour à la mélodie.

⋆ La profonde originalité d'un Satie donne aux jeunes musiciens un enseignement qui n'implique pas l'abandon de leur originalité propre. Wagner, Stravinski et même Debussy, sont de belles pieuvres. Qui s'approche d'eux a du mal [pour *1918* ; à *1926*] se dépêtrer de leurs tentacules ; Satie montre une route blanche où chacun marque librement *ses* empreintes.

⋆ Satie regarde peu les peintres et ne lit pas les poètes, mais il aime à vivre où la vie grouille ; il a l'instinct de la bonne auberge ; il profite d'une température.

⋆ Debussy intronise le climat Debussy une fois pour toutes. Satie se transforme. Chaque œuvre intimement liée à l'œuvre précédente se détache pourtant d'elle et vit d'une vie propre. C'est une pâte originale, une surprise, – une déception pour ceux qui veulent qu'on piétine sur place.

---

203. La musique russe, et plus particulièrement celle du Groupe des Cinq, est introduite dans les salles de concerts durant le dernier tiers du XIXe siècle et influence nombre de compositeurs français qui la considèrent comme une alternative à la musique wagnérienne.

★ Satie est le contraire d'un improvisateur. On dirait que son œuvre est toute faite d'avance et qu'il la dégage note par note, méticuleusement.

★ Satie enseigne la plus grande audace à notre époque : être simple. N'a-t-il pas donné la preuve qu'il pourrait raffiner plus que personne ? Or, il déblaie, il dégage, il dépouille le rythme. Est-ce de nouveau la musique sur qui, disait Nietzsche[204], « l'esprit danse », après la musique « dans quoi l'esprit nage » ?

★ Ni la musique dans quoi on nage, ni la musique sur qui on danse : DE LA MUSIQUE SUR LAQUELLE ON MARCHE.

★ De la musique avant toute chose… Et pour cela préfère le pair… Plus lourd et moins soluble dans l'air… Avec tout en lui qui pèse et qui pose.
Il faut surtout que tu n'ailles point… Choisir tes mots avec quelque méprise… Rien de moins cher que la chanson grise… Où l'imprécis au précis se joint[205].

★ L'impressionniste redoutait le plan nu, le vide, le silence. [Le musicien doit bâtir avec des blocs de rythme et de silence. *Passage présent en Épreuves, non retenu en 1918*]. Le silence n'est pas nécessairement un trou ; il faut employer le silence et non un bouche-trou de murmures.

★ *L'ombre noire.* – Le silence noir. Pas le silence *violet*, succédané des *ombres violettes*.

★ *Jouvence.* – Rien n'anémie plus que de se laisser flotter longuement dans un bain tiède. Assez de musiques où on se laisse flotter longuement.

★ Assez de nuages, de vagues, d'aquariums, d'ondines et de parfums la nuit[206] ; il nous faut une musique sur la terre, UNE MUSIQUE DE TOUS LES JOURS.

★ Assez de hamacs, de guirlandes, de gondoles ; je veux qu'on me bâtisse une musique où j'habite comme dans une maison.

---

204. Reprise de l'argument donné par Nietzsche dans *Nietzsche contre Wagner*, plus précisément au début du chapitre « Wagner considéré comme un danger » : « Le but que poursuit la musique moderne dans ce que l'on appelle aujourd'hui, avec un terme très fort, mais obscur, la "mélodie infinie" peut s'exprimer ainsi : on entre dans la mer, on perd pied peu à peu jusqu'à ce que l'on s'abandonne à la merci de l'élément : il faut *nager*. Dans la cadence légère, solennelle et ardente de la musique ancienne, dans son mouvement tour à tour vif et lent, il fallait chercher tout autre chose — il fallait *danser*. » Voir Friedrich Nietzsche, *Le Cas Wagner, suivi de Nietzsche contre Wagner*, traduit par Henri Albert, Paris, Société du Mercure de France, 1914, p. 74.

205. Variation sur les deux premières strophes du poème « Art poétique » de Paul Verlaine : « De la musique avant toute chose, / Et pour cela préfère l'Impair / Plus vague et plus soluble dans l'air, / Sans rien en lui qui pèse ou qui pose. // Il faut aussi que tu n'ailles point / Choisir tes mots sans quelque méprise : / Rien de plus cher que la chanson grise / Où l'Indécis au Précis se joint. » Voir Verlaine, *Œuvres poétiques complètes*, éd. Jacques Borel, Paris, Gallimard, Bibliothèque de la Pléiade, 1981, p. 326.

206. En parlant « de nuages, de vagues, d'aquariums, d'ondines et de parfums la nuit », Cocteau fait référence à des œuvres de Debussy qui comprennent ces mots dans leurs titres ou qui les évoquent : « Nuages », nº 1 des *Nocturnes ; La Mer* et son nº 2 : « Jeux de vagues » ; « Poissons d'or », nº 3 des *Images II* ; « Ondine », nº 8 des *Préludes II* et « Les sons et les parfums tournent dans l'air du soir », nº 4 des *Préludes I*.

★ Un ami me raconte qu'au retour de New York les maisons de Paris peuvent se prendre dans la main. Votre Paris, ajoutait-il, est beau parce qu'il est construit *à mesure d'homme*.

Notre musique doit être construite à mesure d'homme.

★ La musique n'est pas toujours gondole, coursier, corde raide. Elle est aussi quelquefois chaise.

★ Une Sainte Famille n'est pas nécessairement une Sainte Famille ; c'est aussi une pipe, un litre, un jeu de cartes, un paquet de tabac.

★ Au milieu des perturbations du goût français et de l'exotisme, le café-concert reste assez intact malgré l'influence anglo-américaine. On y conserve une certaine tradition qui, pour être crapuleuse, n'en est pas moins de race. C'est sans doute là qu'un jeune musicien pourrait reprendre le fil perdu [dans le labyrinthe germano-slave *supprimé en 1926*].

★ LE CAFÉ-CONCERT EST SOUVENT PUR ; LE THÉÂTRE TOUJOURS CORROMPU.

★ Certains chefs-d'œuvre du théâtre ne sont pas du « théâtre » au sens propre du mot, mais bien des symphonies scéniques sans aucune concession décorative.

Citons l'exemple de *Boris Godounov*[207].

★ Écartons-nous du théâtre. Je regrette d'en avoir subi la tentation et d'y avoir entraîné deux maîtres.

(Il est bien entendu que je ne le regrette pas à cause du scandale ; la pleine réalisation de mon idée eût suscité le même scandale. Mais nous évoluons ici dans une atmosphère où le public en retard de cent ans ne saurait entrer en ligne de compte). « Alors, pourquoi faites-vous des œuvres de théâtre ? » C'est justement l'infériorité du théâtre d'être tenu, pour vivre, à des réussites immédiates.

★ Lorsque je dis de certains spectacles de cirque ou de music-hall que je les préfère à tout ce qui se donne au théâtre, je ne veux pas dire que je les préfère à tout ce qui pourrait se donner au théâtre.

★ Le music-hall, le cirque, les orchestres américains de nègres, tout cela féconde un artiste au même titre que la vie. Se servir des émotions que de tels spectacles éveillent ne revient pas à faire de l'art d'après l'art. Ces spectacles ne sont pas de l'art. Ils excitent comme les machines, les animaux, les paysages, le danger.

★ Cette force de vie qui s'exprime sur une scène de music-hall démode au premier coup d'œil toutes nos audaces. Cela vient de ce que l'art est lent, circonspect dans ses plus aveugles révolutions. Ici, pas de scrupule, on saute les marches. [Mais ne

207. Au début du XXe siècle, l'opéra *Boris Godounov* de Modeste Moussorgski n'est pas connu en Occident. On doit à Diaghilev d'en avoir donné divers extraits lors de concerts historiques de musique russe qu'il a organisés en mai 1907, puis d'avoir monté l'œuvre à l'Opéra de Paris l'année suivante, du 19 mai au 4 juin. Les sept représentations, données en russe, remportent un véritable triomphe : les costumes et les décors sont d'un faste inouï, et les chanteurs Fedor Chaliapine et Dimitri Smironov font sensation.

vous y trompez pas : « c'est une pile », ne dites pas « c'est une lampe ». Tout juste un quinquina. *Passage supprimé en Épreuves*].

★ [Stravinski possède la force brute et son exploitation. Il est la mine et l'entrepreneur. C'est un dangereux narcissisme. *Aphorisme supprimé en Épreuves*].

★ *Grosse nourriture qui rend la marche légère.* – On s'est beaucoup moqué d'un aphorisme de moi, cité dans un article du *Mercure de France* : « L'artiste doit avaler une locomotive et rendre une pipe. » Je voulais dire par là que ni le peintre ni le musicien ne doivent se servir du spectacle des machines pour mécaniser leur art, mais de l'exaltation mesurée que provoque en eux le spectacle des machines pour exprimer tout autre objet plus intime.

★ Les machines et les bâtisses américaines ressemblent à l'art grec, en ce sens que l'utilité leur confère une sécheresse et une grandeur dépouillées de superflu. Mais ce n'est pas de l'art. Le rôle de l'art consiste à saisir le sens de l'époque et à puiser dans le spectacle de cette sécheresse pratique un antidote contre la beauté de l'inutile qui encourage le superflu.

★ On peut espérer bientôt un orchestre sans la caresse des cordes. Un riche orphéon de bois, de cuivres et de batterie.

★ Il ne nous déplairait pas de substituer au culte de sainte Cécile celui de saint Polycarpe[208].

★ Il serait beau qu'un musicien composât pour un orgue mécanique, véritable usine à sons. On entendrait *bien employées* les richesses que cet appareil prodigue accidentellement *autour* des rengaines.

★ J'aimerais que ce musicien pensât aux manèges à vapeur où des Pégase Louis XIV en ripolin se cabrent dans un berlingot royal de lumières, de miroirs, de velours et d'or.

★ *D'une certaine recherche acrobatique.* – Nos musiciens ont évité le torrent Wagner sur une corde raide mais, pas plus que le torrent, la corde raide ne peut être considérée comme un moyen de locomotion honnête. ON RÉCLAME DU PAIN MUSICAL.

★ Depuis dix ans, Chardin, Ingres, Manet, Cézanne dirigent la peinture d'Europe et l'étranger vient mettre chez nous ses dons ethniques à leur école. Or, je vous l'annonce, la musique française va influencer le monde.

★ Avec *Parade*, j'ai essayé de faire une *bonne œuvre*, mais tout ce qui touche au théâtre devient corrompu. Le luxe du cadre familier au seul directeur d'Europe ayant eu l'audace [intéressée *supprimé en 1926*] de nous prendre, les circonstances et la fatigue me rendirent irréalisable un spectacle qui, tel quel, n'en reste pas moins, à mes yeux, une lucarne ouverte sur ce que devrait être le théâtre contemporain.

★ La partition de *Parade* devait servir de fond musical à des bruits suggestifs, tels que sirènes, machines à écrire, aéroplanes, dynamos, mis là comme ce que Georges

208. Même si sainte Cécile et saint Polycarpe ont pour point commun d'être des martyrs chrétiens, Cocteau entend bien davantage accentuer la nécessité de remplacer la musique traditionnelle sous l'égide de la patronne des musiciens par de la musique révolutionnaire, voire anarchiste, du genre « raffut de Saint-Polycarpe » (voir note 305 du texte 42).

Braque appelle si justement des « faits ». Difficultés matérielles et hâte des répétitions empêchèrent la mise au point de ces bruits. Nous les supprimâmes presque tous. C'est dire que l'œuvre fut jouée incomplète et *sans son bouquet*. Notre *Parade* était si loin de ce que j'eusse souhaité, que je n'allai jamais la voir dans la salle, m'astreignant à tendre moi-même, de la coulisse, les pancartes portant le numéro de chaque Tour. Le « Pas des Managers », entre autres, répété sans les carcasses de Picasso, perdait toute sa force lyrique une fois les carcasses mises sur les danseurs.

⋆ [Le cheval, sorte de Pégase tonnant, répété par les deux danseurs sans costume, devint le canasson de Charlot une fois revêtu de la housse absurde faite en hâte par le cartonnier la veille du spectacle. Nous la laissâmes parce qu'il était trop tard et que nous pensions naïvement qu'elle provoquerait un bon rire, *le rire du Guignol. Aphorisme supprimé en 1926*].

⋆ Un jour que je regardais le guignol Anatole [209] aux Champs-Élysées, un chien entre en scène, une tête de chien grosse à elle seule comme deux personnages. « Regarde le monstre », dit une mère. « Ce n'est pas un monstre, c'est un chien », dit le petit garçon.

⋆ Au théâtre, les hommes retrouvent la férocité des enfants, mais ils ont perdu leur clairvoyance.

⋆ Écœuré de flou, de fondu, de superflu, des garnitures, des passe-passe modernes, et souvent tenté par une technique dont il connaît les moindres ressources, Satie se privait volontairement pour « tailler en plein bois », demeurer simple, net, lumineux. Mais le public exècre la franchise.

⋆ Chaque nouvelle œuvre de Satie est un exemple de renoncement.

⋆ L'opposition que fait Erik Satie consiste en un retour à la simplicité. C'est, du reste, la seule opposition possible à une époque de raffinement extrême. La bonne foi des critiques de *Parade* qui ont cru que l'orchestre en était un charivari ne peut donc s'expliquer que par un phénomène de suggestion. Le mot « cubisme », prononcé à tort (pour ne pas en perdre l'habitude), leur a *suggéré* un orchestre. Sinon, la partition toute simple de *Parade* rend inexplicable une colère que l'audace polyphonique du *Sacre du printemps* par exemple, légitimait en quelque sorte. [*Autre fin de l'aphorisme en 1926* : [...] par un phénomène de suggestion. Le mot « cubisme », prononcé à tort, leur a suggéré un orchestre.]

⋆ Les musiciens impressionnistes ont cru que l'orchestre de *Parade* était pauvre parce qu'il était sans sauce.

⋆ La partition à quatre mains de *Parade* [210] est, d'un bout à l'autre, un chef-d'œuvre d'architecture; c'est ce que ne peuvent comprendre les oreilles habituées au vague et aux frissons. Une fugue se déhanche et donne naissance au rythme même de la tristesse des foires. Puis, viennent les trois danses. Leurs nombreux motifs, distincts les uns des autres, comme des objets, se suivent sans développement et ne s'enchevêtrent pas.

209. Le Théâtre de marionnettes du Guignol Anatole s'est établi aux Champs-Élysées en 1836. Ce théâtre existe encore de nos jours aux Buttes-Chaumont.

210. La version à quatre mains de *Parade* est donnée par Marcelle Meyer et Satie à la « Première séance de poésie et de musique » organisée par Pierre Bertin à la galerie de Paul Guillaume le 13 novembre 1917.

25. Maria Chabelska, la Petite Fille américaine de *Parade*, photographie, [1917], collection particulière.

Une unité métronomique préside à chacune de ces énumérations qui superposent la simple silhouette du rôle et les rêveries qu'il suscite. Il y a dans le Chinois, la petite Américaine et les Acrobates, des nostalgies inconnues jusqu'à ce jour avec des moyens d'expression d'une si grosse loyauté. Jamais de sortilèges, de reprises, de caresses louches, de fièvres, de miasmes. Jamais Satie ne « remue le marais »[211]. C'est la poésie de l'enfance rejointe par un maître technicien.

211. Expression empruntée à Nietzsche : « L'adhésion à Wagner se paye cher. J'observe les jeunes gens qui furent longtemps exposés à son infection. [...] Le wagnérien finit par appeler rythmique ce que moi-même, avec un proverbe grec, j'appelle "remuer le marais". » Voir Nietzsche, *Le Cas Wagner suivi de Nietzsche contre Wagner*, p. 53.

★ À *Parade*, le public prenait la transposition du music-hall pour du mauvais music-hall.

★ Tellement habitué aux grâces incongrues des ballets d'opéra, le public a pris pour des grimaces des danses motivées par la gesticulation familière de la vie.

[Dans *Parade* j'ai essayé de hausser jusqu'au style de la danse les gestes d'un illusionniste de music-hall, des petites filles d'une race qui nous émerveille dans les films américains, et des gymnastes de cirque. Chaque danse représente deux mois de travail. « Une farce d'atelier », dirent les journaux les moins sévères. *Paragraphe supprimé en 1926*].

★ [On ne voudra pas croire, un jour, ce que fut la presse de *Parade*. Un journal m'a même accusé « d'hystérie érotique ». En général, on prenait la scène du naufrage et du tremblement cinématographique de la danse américaine pour des spasmes de *delirium tremens*. *Aphorisme supprimé en 1926*].

★ [*Parade* est un chef-d'œuvre de chez nous, mais un chef-d'œuvre au piano. Son orchestre, sans demi-teintes, sans mélange de couleurs, d'un principe si heureux, n'est pas pleinement réalisé[212]. *Aphorisme supprimé en Épreuves*].

★ Rien n'est plus drôle que le préjugé du sublime. On pense au tableau de Balestrieri[213].

Pour la plupart des artistes, une œuvre ne saurait être belle sans une intrigue de mysticisme, d'amour ou d'ennui. Le bref, le gai, le triste sans idylle, sont suspects. L'élégance hypocrite du Chinois, la mélancolie des paquebots de la Petite Fille, la niaiserie touchante des Acrobates, tout cela, qui est resté lettre morte pour le public de *Parade*, lui aurait plu, si l'Acrobate avait aimé la Petite Fille et avait été tué par le Chinois jaloux, tué à son tour par la femme de l'Acrobate, ou toute autre des trente-six combinaisons dramatiques.

★ LA TRADITION SE TRAVESTIT D'ÉPOQUE EN ÉPOQUE, MAIS LE PUBLIC CONNAÎT MAL SON REGARD ET NE LA RETROUVE JAMAIS SOUS SES MASQUES.

★ Il y a un *utile* et un *inutile* en art. La majorité du public ne ressent pas cela, envisageant l'art comme une distraction.

★ Ce n'est pas *panem et circenses* qu'il faudrait dire, mais *circenses panis sunt* ou plutôt *quidam circenses panis sunt*[214].

★ Ce qui excite le rire de foule n'est pas fatalement beau ni neuf, mais ce qui est beau et neuf excite fatalement le rire de foule.

---

212. Cocteau regrette sans doute que Satie et Diaghilev aient refusé d'intégrer, lors de la création de *Parade*, les bruits mécaniques qu'il désirait lui-même introduire dans la partition. Même si les quatre machines à écrire Remington figuraient dans l'orchestre, les sirènes d'usine et roues de loterie avaient été irrémédiablement supprimées. C'est pour cette raison que le poète préfère la version pour piano à quatre mains.

213. Lionello Balestrieri (1872-1958), peintre italien célèbre à Paris au tournant du siècle pour ses tableaux ayant pour sujet le monde de la musique et les compositeurs.

214. Cocteau se fonde sur l'expression célèbre « du pain et des jeux » pour proposer des formules plus appropriées comme « les jeux sont du pain », voire « certains jeux sont du pain ».

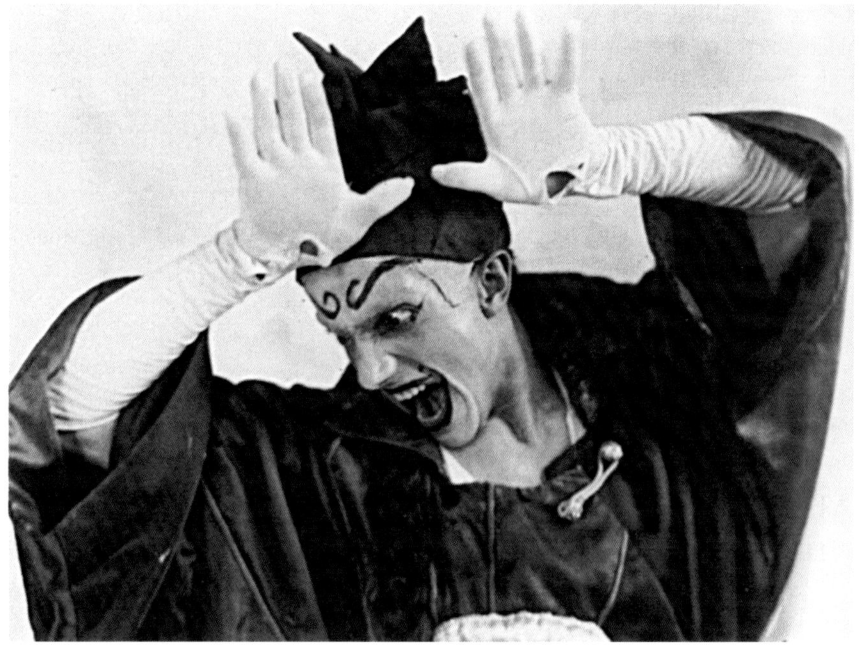

26. Léonide Massine, le Chinois de *Parade*, photographie, [1917], collection privée.

⋆ « Ce que le public [215] te reproche, cultive-le, c'est Toi. »

Enfoncez-vous bien cette idée dans la tête. Il faudrait écrire ce conseil comme une réclame [du Jubol [216] *supprimé en 1926*].

En effet le public aime à « reconnaître ». Il déteste qu'on le dérange. La surprise le choque. Le pire sort d'une œuvre c'est qu'on ne lui reproche rien – qu'on n'oblige pas son auteur à une attitude d'opposition.

⋆ Lorsque Baudelaire a défendu Wagner [217], il faisait de l'*opposition aristocratique*. Il n'y avait pas d'autre attitude possible. La seule chose qu'on puisse dire, c'est qu'il est dommage que certaines époques puissent mettre leurs grands hommes en mauvaise posture.

⋆ *Maldonne.* – Ingres, le révolutionnaire par excellence – Delacroix, le rapin type. Ingres, la main, Delacroix, la patte [218].

---

215. Formule également présente dans *Le Potomak* (1919). Voir *ORC*, p. 27.

216. Jubol, laxatif de l'époque très médiatisé par des campagnes de publicité.

217. À l'instar de Jules Champfleury, Auguste de Gaspérini, Charles de Lorbac et Léon Leroy, Charles Baudelaire (1821-1867) fait partie des premiers admirateurs et défenseurs de Wagner en France. À la suite de la première représentation de *Tannhäuser* à l'Opéra de Paris le 13 mars 1861, représentation sabotée par le Jockey-Club, Baudelaire n'avait pas hésité pas à prendre la défense de l'œuvre en publiant un article remarqué dans *La Revue européenne* du 1 er avril 1861. Voir Baudelaire, « Richard Wagner et *Tannhäuser* à Paris », dans *Œuvres complètes*, éd. Claude Pichois, Paris, Gallimard, Bibliothèque de la Pléiade, 1976, t. 2, p. 779-808.

218. Cocteau argumente que la peinture de Dominique Ingres (1780-1867) est, à l'instar de la musique de Satie, plus audacieuse et révolutionnaire, malgré son inspiration néoclassique, que celle de son cadet, Eugène Delacroix (1798-1863), visiblement plus enlevée et lyrique.

Le recul accuse de plus en plus le riche bazar Delacroix, l'architecture de Ingres. La grimace de certains jeunes devant le classicisme de Satie et son respect pour la Schola [219] me fait penser à cette maldonne étrange. Prendre garde à une musique Delacroix ; ne jamais oublier que Ingres n'avait pas *son* public. Il voyait *son* public chez Delacroix et restait en pleine gloire un grand audacieux méconnu.

★ Le public, rompu aux surcharges, méconnaît les œuvres dépouillées.

★ Auprès du public musicien, le dépouillement passe pour du vide, et le bouche-trou pour de la prodigalité.

★ Plus un art est à l'origine d'une longue période, plus il est plein, dense, clos comme l'œuf, et plus il facilite les supercheries de surface.

★ Le public n'aime pas les profondeurs dangereuses ; il [aime mieux *1918* ; préfère *1926*] les surfaces. C'est pourquoi dans une expression d'art qui lui demeure encore suspecte il [inclinerait *1918* ; incline *1926*] plutôt en faveur des supercheries.

★ LE PUBLIC N'ADOPTE HIER QUE COMME UNE ARME POUR FRAPPER SUR MAINTENANT.

★ Indolence du public. Fauteuil et ventre du public. Le public. Le public est prêt à adopter n'importe quel nouveau jeu pourvu qu'on ne change plus une fois qu'il en connaît les règles. La haine contre le créateur c'est la haine contre *celui qui change les règles du jeu.*

★ *Publics.* – Ceux qui défendent aujourd'hui en se servant d'hier, et qui pressentent demain (1 pour cent).

Ceux qui défendent aujourd'hui en détruisant hier et qui nieront demain (4 pour cent).

Ceux qui nient aujourd'hui pour défendre hier, leur aujourd'hui (10 pour cent).

Ceux qui s'imaginent qu'aujourd'hui est une erreur et donnent rendez-vous pour après-demain (12 pour cent).

Ceux d'avant-hier qui adoptent hier pour prouver qu'aujourd'hui sort des limites permises (20 pour cent).

Ceux qui n'ont pas encore compris que l'art est continu et s'imaginent que l'art s'est arrêté hier pour reprendre peut-être demain (60 pour cent).

Ceux qui ne constatent ni avant-hier, ni hier, ni aujourd'hui (100 pour cent).

★ Il y a des gens qui passent pour très intelligents, mais qui ne font que s'incliner vers les bonnes choses. La tête s'en approche, et ils restent enracinés ailleurs.

★ L'œuvre ébauchée flatte le public parce qu'il y trouve de quoi faire. Il déteste une œuvre achevée contre laquelle il se cogne et dont il se sent piteusement exclu.

★ Les beaux esprits ont découvert le mot « stylisation » pour désigner tout ce qui manque de style.

★ L'EXTRÊME LIMITE DE LA SAGESSE, VOILÀ CE QUE LE PUBLIC BAPTISE FOLIE.

219. En octobre 1905, à l'âge de 39 ans, Erik Satie s'inscrit à la Schola Cantorum, école dirigée par Vincent d'Indy, afin d'étudier le contrepoint dont il lui manque les fondements. Pendant trois ans, il suit les cours d'Albert Roussel et en sort diplômé en juin 1908.

★ À Paris, tout le monde veut être acteur; personne ne se résigne à être spectateur. On se bouscule sur la scène et la salle reste vide.

★ « Pourquoi faites-vous ainsi ? » demande le public. « Parce que vous ne feriez pas ainsi », répond le créateur.

★ *Plaire et valoir.* – Si un artiste cède aux propositions de paix du public, il est vaincu.

★ [Le public parle : « Me voici arrivé au goût de la complication après bien de la révolte, et vous prétendez m'en sortir? Halte-là! je barbote dans ce marécage. » *Aphorisme supprimé en Épreuves*].

★ Le danger du *Cas Wagner*, c'est qu'un imbécile vous le brandisse[220]. Il y a des vérités qu'on ne peut dire qu'après avoir obtenu le droit de les dire.

★ « Regarde », disait une dame à son mari, devant une des cathédrales de Claude Monet, « c'est du futurisme. » Et elle ajouta : « On dirait une glace en train de fondre. » Ici, cette dame avait raison, mais elle n'avait pas obtenu le droit de le dire. [*Suppression au sein de l'aphorisme en 1926* : [...] de Claude Monet, « on dirait une glace en train de fondre. » Cette dame [...]]

★ Il existe une mode [profonde *1918*; sévère *1926*] comme il en existe une frivole. Un musicien doit subir cette mode ou la créer selon son souffle. Tout chef-d'œuvre étant *une mode se démode* et retrouve longtemps après un équilibre éternel. C'est en général à sa période démodée que le chef-d'œuvre touche le public.

★ En art, l'anecdote n'est rien, *sauf pour l'artiste.* « Achèterons-nous un Venise ou un pot de fleurs ? » se demandait un couple. Cette anecdote vous fait rire, mais presque tout le monde pense ainsi.

★ Une phrase du public : « Je ne vois pas ce que cela représente. »

★ Le public veut comprendre d'abord, sentir ensuite.

★ Montrez-moi une belle œuvre de votre école, et je serai convaincu. Ainsi parle M. de La Palice.

★ Une chute fait rire. Le mécanisme de la chute entre pour beaucoup dans le rire qui accueille une œuvre nouvelle. Le public n'ayant pas suivi la courbe qui mène à cette œuvre trébuche d'où il en était resté à ce qu'il regarde, écoute. Il y a donc chute et rire.

★ [Avant la guerre la France était en train de perdre le sourire; elle était terriblement sérieuse. Elle demandait aux artistes *le sérieux*. Mais tout ce qui ne rit pas n'est pas nécessairement sérieux. *Aphorisme supprimé en Épreuves*].

★ [Une petite phrase bien rapide et bien pleine traverse les cerveaux en séton. Dix minutes après, il n'y paraît plus. *Aphorisme supprimé en 1926*].

★ S'il faut choisir un crucifié, la foule sauve toujours Barabbas.

★ Écouter avec toute sa peau c'est la façon des biches craintives; je préfère écouter *de toutes mes oreilles*.

---

220. Même si Nietzsche critique Richard Wagner dans *Le Cas Wagner* et s'il dénonce en même temps la décadence de son temps, il est le seul en mesure, selon Cocteau, d'adopter cette position de censeur.

★ *Bien sensible.* – La musique jetait sainte Douceline[221] dans des extases extraordinaires. Un jour, à la promenade : « Comme ce bouvreuil chante bien ! » dit-elle, et elle s'évanouit.

[*Dans l'édition originale du* Coq et l'Arlequin *figure à cet endroit, plus précisément à la page 49, le dessin de l'arlequin par Picasso.*

★ La ressemblance est une force objective qui résiste à toutes les transmutations subjectives. Ne pas confondre la ressemblance et l'analogie.

★ L'artiste qui a le sentiment de la réalité ne doit jamais avoir peur d'être lyrique. Le monde objectif conserve sa puissance dans son œuvre quelles que soient les métamorphoses que le lyrisme lui fasse subir.

★ Notre esprit digère bien. L'objet profondément assimilé se mue en force et provoque un réalisme supérieur à la simple copie infidèle. Ne pas confondre une toile de Picasso avec un arrangement décoratif. Ne pas confondre *Parade* avec une improvisation.

★ [LA RÉALITÉ SEULE MOTIVE L'ŒUVRE D'ART IMPORTANTE. *Aphorisme supprimé en 1926*].

★ Un artiste original ne *peut pas* copier. Il n'a donc qu'à copier pour être original.

★ Si les oiseaux reconnaissent le raisin, il y a deux grappes de raisin. Une bonne qui se mange et une mauvaise qui ne se mange pas.

★ [*Mésaventure de Pygmalion.* – Un peintre avait passé sa vie à copier un tigre. Lorsqu'il posa la dernière touche, le tigre sortit de la toile et mangea le peintre[222]. *Aphorisme présent en Épreuves, non retenu en 1918*].

★ Un art qui pousse la qualité pure au détriment de l'anecdote ne chatouille jamais les grosses cordes sensibles. [*Aphorisme supprimé en 1926*].

★ NE FAITES PAS DE L'ART D'APRÈS L'ART.

★ La musique est le seul art dont la foule admette qu'il ne représente pas quelque chose. Et pourtant, la belle musique est la musique ressemblante.

★ Toute bonne musique est *ressemblante*. La bonne musique émeut par cette ressemblance mystérieuse avec les objets et les sentiments qui l'ont motivée.

★ [Si le musicien ne part pas *d'une idée*, sa musique est nulle. Mais qu'il parte d'une certaine idée et que son plus sérieux admirateur y trouve une *autre idée*, cela ne retire rien à la valeur de l'œuvre ni au prix de l'admiration. *Aphorisme supprimé en 1926*].

★ La ressemblance, en musique, ne consiste pas en une représentation, mais en une puissance de vérité masquée.

★ *Architecte.* – On peut blâmer la couleur des chambres, peu importe si ta maison est solidement construite, sans rien qui manque du haut en bas.

---

221. Sainte Douceline, béguine ayant vécu au XIIIe siècle est connue pour les pénitences douloureuses qu'elle s'infligeait.

222. Préfiguration de la scène des *Mariés de la tour Eiffel* où le lion mange le Général après être sorti de l'appareil photographique.

★ On s'est trop longtemps habitué au charme du seul échafaudage. Nous autres, architectes, nous démolissons l'échafaudage une fois la maison construite.

★ L'impressionnisme vient de tirer son joli feu d'artifice à la fin d'une longue fête. C'est à nous de bourrer les pétards d'une autre fête.

★ On ne blâme pas une époque, on se félicite de n'en avoir pas été.

★ Mettre en garde contre une décadence n'est pas nier la valeur individuelle de ses artistes.

★ L'impressionnisme est un contrecoup de Wagner. Les derniers roucoulements de l'orage.

★ L'école impressionniste substitue le soleil à la lumière et la sonorité au rythme.

★ Debussy a joué en français, mais il a mis la pédale russe.

★ [Le jeu latin se joue sans mettre les pédales ; le romantisme enfonce les pédales. Pédale Wagner ; Debussy pédale. *Aphorisme présent en Épreuves, non retenu en 1918*].

★ [Naturellement Wagner, c'est très bien, Debussy, c'est très bien ; on ne parle que des choses très bien. Il est inutile de dire que Saint-Saëns, Bruneau, Charpentier[223], c'est très mal. *Aphorisme supprimé en 1926*].

★ « Autour d'un Picasso et d'un Braque, autour d'un Stravinski et d'un Satie, que de farceurs qui les discréditent ! » Ainsi juge l'impressionniste. Sans doute oublie-t-il le Salon d'automne, et le cheveu en quatre de Mélisande.

★ *Pelléas*[224], c'est encore de la musique à écouter la figure dans les mains[225]. Toute musique à écouter dans les mains est suspecte. Wagner, c'est le type de la musique qui s'écoute dans les mains.

★ On ne peut pas se perdre dans le brouillard Debussy comme dans la brume Wagner, mais on y attrape du mal.

★ Le théâtre corrompt tout et même un Stravinski. Je voudrais que ce paragraphe n'atteignît en rien notre amitié [fidèle *supprimé en 1926*] ; mais il est utile de mettre nos jeunes compatriotes en garde contre les cariatides d'Opéra, ces grosses sirènes d'or déviant même un si formidable équipage. Je considère *Le Sacre du printemps* comme un chef-d'œuvre, mais je découvre dans l'atmosphère créée par son exécution une complicité religieuse entre adeptes, cet hypnotisme de Bayreuth. Wagner a voulu le théâtre ; Stravinski s'y trouve entraîné par les circonstances. Il y a une marge. Mais s'il compose *malgré* le théâtre, le théâtre ne lui en donne pas moins des microbes. Stravinski

223. Outre Saint-Saëns précédemment évoqué, Cocteau cite deux compositeurs peu audacieux, Alfred Bruneau (1857-1934) et Gustave Charpentier (1860-1956).

224. Pour *Pelléas et Mélisande*, voir note 397 du texte 50. Cocteau ne cessera de justifier sa position sévère à l'encontre du chef-d'œuvre de Debussy dans ses écrits ultérieurs. Voir Malou Haine, « Claude Debussy vu par Jean Cocteau », *La Revue musicale OICRM*, vol. 2, nº 1, janvier 2014, http : // revuemusicaleoicrm.org/claude-debussy-vu-par-jean-cocteau

225. Cocteau fait allusion au tableau de Fernand Khnopff intitulé *En écoutant du Schumann* (1883), l'une des premières œuvres symbolistes où le peintre représente une femme assise dans un fauteuil dans un intérieur bourgeois, la tête posée sur la main droite en écoutant avec recueillement la musique d'une pianiste dont on n'aperçoit qu'une seule main posée sur un piano droit.

27. « 1913. Stravinski – Nijinsky se maquille pour *Le Carnaval* », collection privée

nous empoigne par d'autres moyens que Wagner; il ne nous fait pas de passes; il ne nous plonge pas dans la pénombre; il nous cogne en mesure sur la tête et dans le cœur. Comment nous défendre? Nous serrons les mâchoires. Nous ressentons les crampes d'un arbre qui pousse par saccades *avec toutes ses branches*. Il y a dans la hâte même de cette [sublime *supprimé en 1926*] croissance quelque chose de théâtral. Je ne sais pas si je me fais bien comprendre : Wagner nous cuisine à la longue; Stravinski ne nous laisse pas le temps de dire « ouf! », mais l'un et l'autre agissent sur nos nerfs. Ce sont des musiques d'entrailles; des pieuvres qu'il faut fuir ou qui vous mangent. C'est la faute du théâtre. Il y a du mysticisme théâtral dans *Le Sacre*. Ne serait-ce pas de la musique qui s'écoute dans les mains?

★ Quand j'ai écrit *Le Potomak* je n'y voyais goutte dans mes malaises; Stravinski m'a aidé à en sortir comme une boîte de cheddite dégage le minerai[226]. Sorti de mon noir, je le regarde avec le reste.

★ Stravinski vous désenlise un homme; mais il n'est pas encore de la race des architectes. Son œuvre ne s'échafaude pas – elle pousse *.

[★ Cette phrase injuste se trouve naturellement annulée par l'*Histoire du soldat*[227] que je ne connaissais pas encore et par toutes les œuvres actuelles de Stravinski. Voir l'appendice : « Stravinski dernière heure. » *Note ajoutée en 1926*].

226. Cocteau termine son « roman » *Le Potomak* durant son séjour à Leysin chez Stravinski de janvier à mars 1914. Cet ouvrage hybride rassemble divers types de textes en prose et en vers, ainsi que des dessins.

227. L'*Histoire du soldat*, mimodrame pour trois récitants et sept instrumentistes – dont une batterie de jazz – composé par Igor Stravinski à partir d'un texte de Charles-Ferdinand Ramuz en 1917 et créé sous la direction musicale d'Ernest Ansermet au Théâtre municipal de Lausanne le 28 septembre 1918. L'œuvre sera reprise au Théâtre des Champs-Élysées à Paris le 24 avril 1924, également sous la direction d'Ansermet, mais dans une mise en scène de Georges Pitoëff – mime et danse composent le spectacle – et avec des décors originaux de René Auberjonois. À deux reprises, Cocteau interprétera lui-même le rôle du récitant dans l'*Histoire du soldat* : au Grand Théâtre de Genève le 15 novembre 1934 et lors du 17e Festival international de musique de Montreux-Vevey au Théâtre de Vevey en octobre 1962 (enregistrement sur disque Philips L 02.306L).

28. « Picasso en 1917 » avec Jean Cocteau, illustration pour *Parade*, dans Jean Cocteau, *Nouveau Théâtre de poche*, Monaco, Éditions du Rocher, 1960.

★ *D'une certaine attitude frivole.* – Si tu te sens la vocation de missionnaire, ne te cache pas la tête comme l'autruche ; *va chez les nègres* et remplis tes poches de pacotille.

★ *Nègres.* – C'est en distribuant beaucoup de pacotille et en imitant beaucoup le phonographe, que tu apprivoiseras les nègres et que tu pourras te faire entendre.

En substituant peu à peu ta voix au phonographe, le métal brut aux verroteries bariolées.

★ On nous demande trop de miracles ; je m'estime déjà bien heureux si j'ai fait entendre un aveugle.

★ NOUS ABRITONS UN ANGE QUE NOUS CHOQUONS SANS CESSE. NOUS DEVONS ÊTRE GARDIENS DE CET ANGE.

[*Fin du texte en 1918 :*]

★ Abrite bien ta vertu de faire des miracles car « s'ils savaient que tu es missionnaire, ils t'arracheraient la langue et les ongles ». ([Secteur 131 *Épreuves* ; Secteur calme *1918*] [228])

Et l'ange du [Secteur 131 *Épreuves* ; Secteur calme *1918*] dit :

Car si jamais *ton* regard *me* dénonce
il y aura un grand malaise dans la chambre.
Ils se pousseront du coude
et se feront des signes
par-dessus les cartes
et les journaux du soir.
Prétexte une migraine, un vertige
un mal d'homme
fournis une excuse *ayant cours*
et non qui donne
à sentir ma présence
car il ne faut jamais qu'on te prenne
en flagrant délit
avec moi [229].

[*Fin du texte en 1926 :*]

★ Abrite bien ta vertu de faire des miracles car « s'ils savaient que tu es missionnaire, ils t'arracheraient la langue et les ongles ».

★ Que pense la toile sur laquelle on est en train de peindre un chef-d'œuvre ? « On me salit. On me brutalise. On me cache. » Ainsi l'homme boude son beau destin.

---

228. *Secteur 131* et *Secteur calme* sont les titres primitifs du recueil *Discours du grand sommeil* que Cocteau fera paraître en 1925 dans *Poésie 1916-1923*.

229. Version préoriginale d'un extrait du *Discours du grand sommeil*, non mentionnée dans *OPC*, p. 1644-1645.

Appendice

Fragments de « Igor Stravinski et le ballet russe ».

(*La Noce massacrée*) [230].

....

Je préfère l'enfance douée qui se développe dans un mauvais milieu, se trompe de route, se dépense tout de travers, et découvre enfin soudain son erreur pour s'en affranchir, à l'enfance qui fait ses premiers faux pas sur de bonnes routes, qui progresse normalement, sans un espoir de surprise sauvage. J'excepte le feu de paille qui retombe si le prodige, joignant la sagesse au génie, ne se retire à temps sous un prétexte quelconque. [Non. *Supprimé en 1926*] L'indiscipline, le mauvais goût, propres au jeune âge, préservent le don qui préexiste et qu'on délivre dans la suite, péniblement, délicatement, peu à peu, à coups de bêche, comme une Vénus enfouie.

C'est pourquoi ne regrettez pas vos erreurs, même [publiques et *supprimé en 1926*] notoires ; rude boulet qui n'allège pas les fatigues du voyage vers la gauche. On se retourne, on s'éponge ; on regarde d'où on arrive et on s'émerveille. Le principal grief que les gens opposent à ce travail d'Hercule, c'est l'ingratitude. On traverse bien des milieux pour atteindre la solitude relative, et ces milieux nous reprochent d'avoir partagé leur table, d'avoir déménagé à la cloche de bois. Il arrive que le cœur souffre beaucoup d'un itinéraire que le monde met ordinairement sur le compte de l'égoïsme, du désordre et de la versatilité.

....

Et les filles fleurs ! Parmi les filles fleurs les plus récentes, les plus filles et les plus fleurs, je classe le Ballet russe.

....

.... j'avais *pressenti* qu'il convenait de chercher une excuse à mon enthousiasme [pour ce Barnum *supprimé en 1926*], dernier scrupule avant le déménagement à la cloche de bois.

C'était en 1910. Nijinsky dansait *Le Spectre de la rose*. Au lieu d'assister au spectacle, j'allais l'attendre dans la coulisse. *Là, c'était vraiment très bien.* Après le baiser à la jeune fille, le spectre de la rose s'élance par la fenêtre… et retombe parmi des aides qui lui crachent de l'eau à la figure, et le bouchonnent avec des serviettes éponge, comme un boxeur. Que de grâce et de brutalité jointes ! J'entendrai toujours ce tonnerre d'applaudissements ; toujours je reverrai ce jeune homme barbouillé de fard, râlant, suant, comprimant d'une main son cœur, et se retenant de l'autre au décor, ou bien évanoui sur une chaise. Après, giflé, inondé, secoué, il rentrait en scène, saluait d'un sourire.

....

230. Dans l'édition du *Rappel à l'ordre* (1926), Cocteau spécifie en note qu'il s'agit de « textes détruits » se rapportant à son ouvrage *La Noce massacrée (souvenirs). Visites à Maurice Barrès*, publié aux éditions de la Sirène en 1921. Les lignes en pointillé soulignent l'aspect fragmentaire des propos.

C'est dans cette pénombre, entre les projecteurs du clair de lune, que je rencontrai Stravinski.

....

Stravinski terminait alors *Pétrouchka*. Il me le racontait dans la salle de jeu de Monte-Carlo[231] [, étonnant ce monde que rien n'étonne par sa gesticulation, ses grimaces et ses bijoux de roi nègre *supprimé en 1926*].

....

Pétrouchka fut joué à Paris, le 13 juin 1911. Je me souviens de la répétition intime au Châtelet. L'œuvre, qui donne aujourd'hui tout son bouquet, le tenait alors si serré qu'elle dépita. Les dilettantes, habitués aux redites, ne purent suivre une synthèse d'âme populaire russe dont la mélancolie ne pleurniche pas et qui marche, d'un bout à l'autre, d'une seule traite, comme un roulement de tambour.

Certains spécialistes reconnurent le maître, et, insensiblement, les salles consacrèrent *Pétrouchka*.

Pétrouchka prit donc sa place : premièrement pour ce qu'il contenait de folklore; deuxièmement comme arme contre du plus neuf. C'est, en effet, la façon du public de clopiner d'œuvre en œuvre, toujours en retard d'une, adoptant ce qui précède pour le blâme de ce qui va suivre, et, comme on dit « jamais à la page ». Nous nous vîmes fort peu avec Stravinski, jusqu'à la fameuse première du *Sacre du printemps*.

LE SACRE DU PRINTEMPS

Le Sacre du printemps fut joué en mai 1913, dans une salle neuve[232], sans patine, trop confortable et trop froide pour le public accoutumé aux émotions coude à coude, dans une chaleur de velours rouge et d'or. Je ne pense point que le *Sacre* eût rencontré accueil plus correct sur une scène moins prétentieuse; mais cette salle de luxe symbolisait au premier coup d'œil [le malentendu *1918*; l'erreur *1926*] mettant aux prises une œuvre de force et de jeunesse et un public décadent. Public épuisé, couché dans les guirlandes de Louis XVI, les gondoles de Venise, les divans moelleux et les coussins d'un orientalisme dont il convient de garder rancune aux Ballets russes.

À ce régime, on digère dans un hamac, on somnole; on chasse le vrai neuf comme une mouche; il dérange.

....

231. Entre 1912 et 1924, les Ballets russes ont à plusieurs reprises programmé *Pétrouchka* à l'Opéra de Monte-Carlo.

232. Conçu par les architectes Auguste et Gustave Perret dans un style art déco, le Théâtre des Champs-Élysées est inauguré le 31 mars 1913 avec le *Benvenuto Cellini* de Berlioz. Antoine Bourdelle en réalise les sculptures extérieures, Maurice Denis la décoration de la coupole (voir note 92 du texte 72). Le théâtre accueillera en mai et juin de la même année la quatrième saison des Ballets russes avec trois créations à l'affiche : *Jeux* de Debussy, *Le Sacre du printemps* de Stravinski et *La Tragédie de Salomé* de Florent Schmitt. Après une saison pourtant faste et brillante, le directeur Gabriel Astruc doit déposer son bilan suite à des difficultés financières.

russes. Et, si je n'insiste pas, c'est qu'il faudrait signaler mille nuances de snobisme, sur-snobisme, contre-snobisme, nécessitant à eux seuls un chapitre.

Il convient de [signaler *1918*; noter *1926*] ici une particularité de notre salle : l'absence, sauf deux ou trois exceptions, des jeunes peintres et de leurs maîtres. Absence motivée, je le sus beaucoup après, pour les uns par leur ignorance de ces pompes où Diaghilev[, ne les flairant pas encore, *supprimé en 1926*] ne les invitait pas, pour les autres, par le préjugé mondain. Ce blâme du luxe, que Picasso professe comme un culte, a du mauvais et du bon. Je saute sur ce culte comme sur un antidote, mais peut-être rétrécit-il l'horizon de certains artistes qui évitent plus le contact du luxe par haine envieuse que par apostolat. Toujours est-il que Montparnasse ignore *Le Sacre du printemps* ; que *Le Sacre du printemps*, joué à l'orchestre aux Concerts Monteux[233], pâtit de la mauvaise presse gauche des Ballets russes, et que Picasso entendit du Stravinski pour la première fois, à Rome, avec moi, en 1917.

....

Revenons dans la salle de l'avenue Montaigne[234], attendant que le chef d'orchestre frappe son pupitre et que le rideau se lève sur un des plus nobles événements des annales de l'art.

La salle joua le rôle qu'elle devait jouer; elle se révolta tout de suite. On rit, conspua, siffla, imita les cris d'animaux, et peut-être se serait-on lassé, à la longue, si la foule des esthètes et quelques musiciens, emportés par leur zèle excessif, n'eussent insulté, bousculé même, le public des loges. Le vacarme dégénéra en lutte.

Debout dans sa loge, son diadème de travers, la vieille comtesse de [P.[235] *1918*; Pourtalès *1926*] brandissait son éventail, et criait toute rouge : « C'est la première fois depuis soixante ans qu'on ose se moquer de moi. » La brave dame était sincère; elle croyait à une mystification.

....

À deux heures du matin, Stravinski, Nijinsky, Diaghilev et moi, nous nous empilâmes dans un fiacre et nous nous fîmes conduire au bois de Boulogne. On gardait le silence; la nuit était fraîche et bonne. À une odeur d'acacia nous reconnûmes les premiers arbres. Arrivés aux lacs, Diaghilev, matelassé d'opossum, se mit à marmotter en russe; je sentais Stravinski et Nijinsky attentifs, et comme le cocher allumait sa lanterne, je vis des larmes sur la figure de l'impresario. Il marmottait toujours, lentement, infatigablement.

– Qu'est-ce? demandai-je.

– Du Pouchkine.

Il y eut un long silence, puis Diaghilev bredouilla encore une courte phrase, et l'émotion de mes deux voisins me parut si vive que je ne résistai pas à l'interrompre pour en connaître la cause.

233. Créé en 1913 sous la direction musicale de Pierre Monteux, *Le Sacre du printemps* sera repris l'année suivante au Casino de Paris dans une version concert, à l'époque où le maestro crée sa propre société de concerts sous le nom de Concerts populaires, qualifiés rapidement de Concerts Monteux.

234. Le Théâtre des Champs-Élysées est implanté avenue Montaigne à Paris.

235. La comtesse Edmond de Pourtalès (1836-1914) est âgée de 77 ans lors de la représentation du *Sacre* en 1913. Elle avait connu son heure de gloire à la cour de Napoléon III.

– C'est difficile à traduire, dit Stravinski, difficile en vérité ; trop russe… trop russe… C'est à peu près : « Veux-tu faire un tour aux îles ? » Oui, c'est cela ; c'est très russe, parce que, comprends-tu, chez nous, on va aux îles comme nous allons au bois de Boulogne ce soir, et c'est en allant aux îles que nous avons imaginé *Le Sacre du printemps*.

Pour la première fois, on faisait allusion au scandale. Nous revînmes à l'aube. Vous n'imaginez pas la douceur et la nostalgie de ces hommes, et, quoi que Diaghilev [m'ait *corrigé en Épreuves en* ait] pu faire dans la suite, je n'oublierai jamais, dans ce fiacre, sa grosse figure mouillée, récitant du Pouchkine au bois de Boulogne.

C'est de ce fiacre que date notre véritable amitié avec Stravinski. Il retournait en Suisse. Nous correspondîmes. J'eus l'idée de *David* et j'allai le rejoindre à Leysin [236].

....

Un acrobate ferait la parade du *David*, grand spectacle supposé donné à l'intérieur ; un clown qui devînt ensuite une boîte, pastiche théâtral du phonographe forain, formule moderne du masque antique, chanterait par un porte-voix les prouesses de David et supplierait le public de pénétrer pour voir le spectacle intérieur.

C'était, en quelque sorte, la première ébauche de *Parade*, mais compliquée inutilement de bible et d'un texte.

Cela contenait de bonnes et de mauvaises choses ; idée trop fraîche, trop réactive, et je me félicite que des événements nous aient évité une demi-erreur, plus grave qu'une erreur.

C'était pour moi époque de transformations. Je muais, j'étais en pleine croissance. Il était naturel qu'à la frivolité, la dispersion, le bavardage, succédât un besoin *excessif* de sobriété, de méthode et de silence. De plus, sans connaître l'opinion des peintres, je sentais bien ce que pouvait avoir de détestable pour le génie d'Igor, l'atmosphère chèvre et chou des Ballets russes, et la difficulté, pour un artiste, de se concentrer dans un cadre si vaste et d'aussi formidables apparats.

Mais l'idée n'était pas mûre.

....

Printemps 1917.

LA COLLABORATION DE *PARADE* [voir texte 29]

236. En janvier 1914, Cocteau soumet à Stravinski son projet de ballet *David*, dont la mise en scène devait être assurée par Paul Thévenaz. Le projet n'aboutira pas, parce que le compositeur préfère se consacrer à la préparation du ballet *Rossignol* que Diaghilev lui a commandé. Cocteau reprendra divers éléments du projet de *David* dans *Parade*.

34
Préface de *Socrate* *
[version finale]

Socrate [237] et sa préface sont respectueusement dédiés
à la princesse E[dmond] de Polignac [238]
et à la mémoire du prince E[dmond] de Polignac.

L'honneur de notre génération sera d'avoir évité la pénombre où on écoute les musiques la figure dans ses mains, d'avoir compris qu'une Sainte Famille peut aussi bien être une pipe [a] un litre un paquet de tabac et que tout dépend de la qualité du peintre pour en dégager le lyrisme.

Grâce à cette attitude l'élévation des sujets ne donne pas le change sur la valeur de l'individu.

Le peintre pense avant tout à peindre et si ce qui motive son tableau contient une grandeur elle se dégage tout seule.

C'est ainsi, par exemple, que Picasso se trouve être le véritable peintre de la Victoire de la Marne, car, sur son parcours de village en village toutes les maisons désertes contenaient son décor et ses motifs familiers. Papiers à fleurs, carafes, verre, dominos, cartes, pipes, vieux journaux, guitares, couvertures de romances, photographies de messieurs aux belles moustaches, réclame de Byrrh, de Dubonnet [239], calendriers, chaises, vases de loterie, chromos, suppléments du *Petit Journal* [240], fauteuils de peluche rouge, pampilles, faux bois, faux marbre, zinc, tôle, toiles cirées, trompe-l'œil, autant

* « Préface de Socrate », manuscrit (3 ff.) conservé dans le fonds Erik Satie de l'Institut Mémoires de l'édition contemporaine et fournissant l'état final du texte. Première édition : Ornella Volta, *Satie / Cocteau : les malentendus d'une entente* (Paris, Le Castor Astral, 1993, p. 133-134), édition comportant toutefois une série d'erreurs de transcription (voir les variantes sous le texte). La présente édition rétablit la ponctuation, la disposition spatiale et la version textuelle d'origine du manuscrit, tout en indiquant les variantes les plus significatives.

237. *Socrate*, drame symphonique en trois parties d'Erik Satie pour soprano et petit orchestre sur des textes extraits des *Dialogues de Platon* traduits par Victor Cousin. Notons que l'œuvre a été conçue initialement pour quatre sopranos et qu'il en existe également une version pour voix et piano. La partition paraît aux Éditions de La Sirène en 1919, avec une préface de René Chalupt.

238. La partition de *Socrate* parue aux Éditions de la Sirène porte la dédicace suivante : « à Madame la Princesse de Polignac et à la mémoire du Prince Edmond de Polignac ». Par son mariage avec le prince Edmond de Polignac (1834-1901) en 1893, la riche Américaine Winnaretta Singer (1865-1943), fille de l'industriel inventeur de la machine à coudre, est devenue princesse de Polignac. Mélomane avertie, elle tient un salon d'avant-garde musicale qui jouera un rôle important de 1888 à 1939 en permettant la création de nombre d'œuvres dont elle est souvent la commanditaire. C'est donc chez elle que des extraits du *Socrate* de Satie sont présentés pour la première fois, le 3 avril 1918, par le compositeur lui-même et Jane Bathori. Satie s'oppose catégoriquement à ce que Cocteau participe à la conception de *Socrate*, autant sur le plan de la mise en scène que de la publication d'une préface à la partition, dont le poète avait déjà conçu la page de titre pour les éditions de la Sirène (voir illustration 29). Cocteau n'assure finalement que la présentation de l'œuvre lors de l'audition de sa première partie, « Portrait de Socrate », interprétée par Satie et Suzanne Balguerie dans la librairie d'Adrienne Monnier le 21 mars 1919. L'œuvre complète sera créée par Jane Bathori et Suzanne Balguerie (voix), et André Salomon (piano) dans le cadre d'un programme de la Société nationale de musique dans la salle de l'ancien Conservatoire le 14 février 1920.

239. Byrrh et Dubonnet sont deux vins apéritifs très connus à l'époque.

240. *Le Petit Journal* est l'un des quotidiens français les plus importants de ce début du siècle. Bon marché et d'un format commode, il offre un contenu distrayant et abondamment illustré. Son engagement lors de l'affaire Dreyfus dans le parti antidreyfusard génère son déclin progressif au profit du *Petit Parisien*.

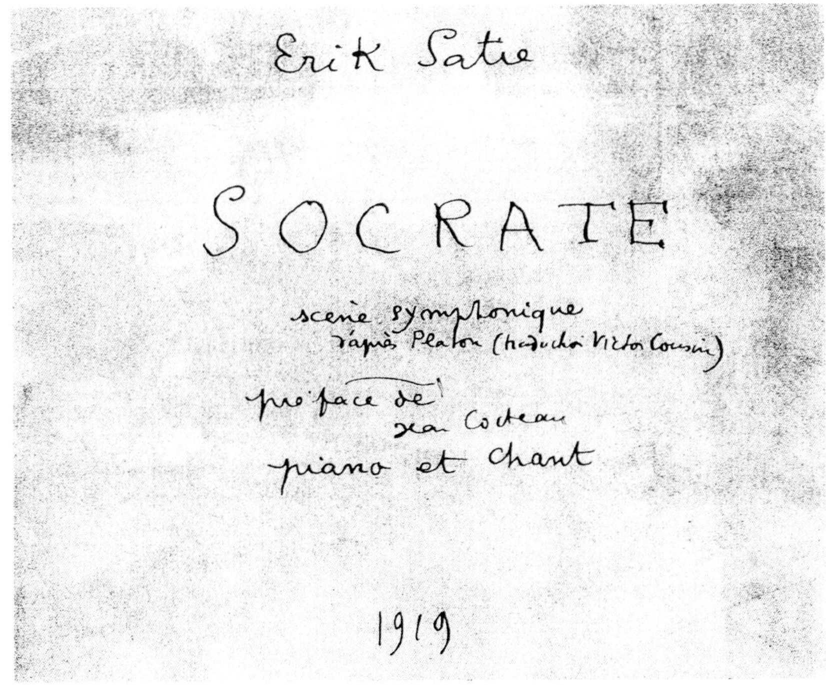

29. *Socrate*, projet de couverture de l'ouvrage, 1919, BHVP.

d'objets dont un piano mécanique[241] chanterait l'âme et qui suivent Picasso comme un Orphée jusqu'où il veut.

Il y a deux sortes de politesses des artistes vis-à-vis du public[b]. La première consiste à faire crédit de compréhension et de n'expliquer rien. La seconde à expliquer à éclairer à entrouvrir une œuvre lentement mûrie dont la représentation trop courte peut faire prendre le dépouillement pour du dénuement, l'originalité pour de l'excentricité. *Parade* a souffert d'un malentendu de silence. Malentendu qui se dissipe à la longue mais qui, sur le moment, forme un cercle de haine pénible autour d'une œuvre de bonne humeur.

Que la leçon nous serve.

Ici ma tâche était scabreuse. *Socrate* avait été demandé à Satie par la princesse de Polignac « pour le théâtre » et Satie me demandait lui d'imaginer un spectacle qui accompagnât une œuvre symphonique[c].

Ce qui frappe en écoutant *Socrate*[d], c'est qu'il semble que le texte pourrait être écrit de ce matin et la musique il y a deux mille ans. Leurs fraîcheurs et leurs éternités s'entrebaisent. Je pensai tout de suite à en profiter, à éviter ainsi l'archaïsme ou le style Premier Empire, à rester classique selon la mode introduite par Agostino di Duccio

241. Les pianos mécaniques suscitent l'engouement jusqu'environ 1930. Ils seront peu à peu supplantés par les machines parlantes, phonographes et radios.

et Mantegna[242] de traiter l'antiquité à la moderne. D'autre part il eût été grossier de distraire par les yeux l'attention qu'une œuvre si sobre réclame de l'oreille. Je décidai donc Satie, vu l'exceptionnel d'une commande si peu soumise aux exigences du théâtre contemporaïn, de garder la symphonie[243].

C'était pour Satie le seul moyen d'attaquer son sujet en dessous[e] et de le rejoindre, de le surpasser peut-être.

La traduction Cousin est une traduction de classe[244][f]. Mais Satie la touche d'une baguette d'enchanteur et vous en voyez sortir tout l'Été qu'on imagine en marge des dialogues plus encore qu'il ne s'y trouve.

Des femmes chantent. On écoute le texte pur sans intention scénique. Le *Stabat Mater* de Palestrina et la *Messe du Pape Marcel*[245] patronnent ce *Socrate*[g]. Satie aimerait mieux que je parle du *Joseph* de Méhul[246] car vous savez maintenant qu'il vise l'œuf du tir et qu'il décroche la lune.

Il y aura certainement des grincheux pour dire que *Socrate* est un recul, le goût des bariolages, des surcharges, des bizarreries étrangères[h], du pittoresque de surface l'emportant aujourd'hui sur l'originalité profonde. Or la simplicité de *Socrate* n'est pas un retour à une ancienne simplicité mais bien la mise en œuvre d'une simplicité nouvelle enrichie de tous les raffinements de notre époque.

Du reste[i], *Socrate* ne prétend innover rien, bouleverser rien. Mais la première fois que j'eus l'honneur d'entendre l'œuvre à moitié[247] faite, tant de babillage et de tact de *mot illisible*[j] me firent pleurer et sourire. Je pensais, debout près du piano à la belle phrase de Nietzsche[248] : « Les idées qui changent la face du monde viennent à pas de colombe. »

Variantes :

a. *L'édition Volta (1993) donne* : [...] qu'une sainte famille peut aussi être une pipe [...].

b. *L'édition Volta (1993) donne* : Il y a deux sortes de politesses vis-à-vis du public.

c. [...] un spectacle qui accompagnât [un oratorio[249] *corrigé en* une œuvre symphonique].

d. Ce qui frappe en écoutant [cet oratorio *corrigé en Socrate*], [...]

---

242. Agostino di Duccio (1418-*ca* 1481), sculpteur, et Andrea Mantegna (*ca* 1431-1506), peintre, ont introduit le goût pour l'Antiquité dans la Renaissance italienne.

243. Cocteau tente de s'attribuer un rôle dans l'élaboration de *Socrate*, sans doute à tort. N'oublions pas toutefois qu'il s'est évertué à obtenir pour Satie l'appui financier de la princesse de Polignac.

244. Victor Cousin (1792-1867), philosophe français dont les traductions (1822-1840) de l'œuvre de Platon ont contribué au renouveau des études sur la philosophie grecque.

245. Cocteau énumère des musiciens de l'art polyphonique qui ont inspiré Satie : Josquin des Près (*ca* 1440-1521), Giovanni Pierluigi Palestrina (1525-1594) et Giovanni Battista Pergolèse (1710-1736). Dans sa correction, il focalise l'attention sur le *Stabat Mater* (1590) et la *Messe du Pape Marcel* (1567) de Palestrina. Notons que chacun des trois compositeurs mentionnés ont écrit un *Stabat Mater*.

246. *Joseph en Égypte*, drame en prose composé par Étienne Méhul (1763-1817) sur un livret d'Alexandre-Vincent Duval et créé au Théâtre Feydeau en 1807.

247. Cocteau fait allusion à l'audition d'extraits de *Socrate* qui est donnée chez Jane Bathori le 3 avril 1918 (voir note 238 ci-dessus).

248. Cette citation très fréquente chez Cocteau trouve son origine dans *Ainsi parlait Zarathoustra* de Friedrich Nietzsche. Le poète s'inspire en réalité de la formulation suivante : « Ce sont les paroles les plus silencieuses qui apportent la tempête. Ce sont les pensées qui viennent avec des pieds de colombes qui dirigent le monde. » Voir Nietzsche, *Ainsi parlait Zarathoustra*, p. 209.

249. *Socrate* se rapproche certes d'un oratorio, car il s'agit d'un drame lyrique représenté sans décors ni costumes, mais il s'en différencie par l'absence de chœurs et par le caractère non religieux du sujet.

e. *L'édition Volta (1993) donne* : C'était pour Satie le seul moyen de prendre son sujet en dessous. *Or le manuscrit donne trois leçons successives de cette séquence, dont la première est biffée et les deux autres juxtaposées en tant que solutions de correction* : C'était pour Satie le seul moyen [d'être en dessous de son sujet *biffé*; de prendre son sujet en dessous; d'attaquer son sujet en dessous]. *Nous avons privilégié la dernière leçon du texte.*

f. *Phrase suivante biffée* : C'est son charme d'être moins près de Platon que de Socrate.

g. [Josquin, Palestrina, Pergolèse *corrigé en* Le *Stabat Mater* de Palestrina et la *Messe du Pape Marcel*] patronnent ce *Socrate*.

h. *L'édition Volta (1993) donne* : [...] des bizarreries étranges [...].

i. [Encore une fois *corrigé en* Du reste], *Socrate* ne prétend [...]

j. [...] tant de babillage [et de puissance masquée *corrigé en* de tact de *mot illisible*] me firent pleurer et sourire. *L'édition Volta (1993) donne* : [...] tant de babillage et de puissance masquée me firent pleurer et sourire. *Or il s'agit d'une leçon du texte biffée et corrigée, donc récusée.*

35

PRÉFACE DE *SOCRATE* *

[VERSION PRÉLIMINAIRE]

Satie est le type de l'artiste que jamais son thème ne « handicape »[a]. Il en a traversé les miasmes du sublime[b] sans s'y perdre ne craignant pas de se diminuer en luttant contre eux par l'humour[c].

Car[d] Henri Rousseau Le Douanier[250] avait montré la route, portraiturant le dimanche populaire de telle sorte que *La Carriole de M. Juniet*, *Les Pêcheurs à la ligne*, *La Noce*, *La Fête de la liberté*[e 251], nuisent à toute peinture environnante et même à Cézanne sur qui elles l'emportent par l'innocence. À côté d'une toile de Rousseau les autres mollissent, s'éteignent. C'est une rosière[f] qui entre et qui désavantage toutes les femmes.

Socrate ressemble à un Rousseau pour son savoir et son innocence.

Je cherche en vain dans la musique française une œuvre que *Socrate* de Satie n'empâterait, ne ternirait pas.

Le texte de Platon lui évite en musique la faute commise par les musiciens qui cherchent une Grèce en tunique Liberty[g]. Il prend pour base une fraîcheur à toute épreuve[h]. Mais là encore il prouve sa délicatesse[i]. Il adopte la traduction Victor Cousin.

---

* « Préface de Socrate », manuscrit (3 ff.) conservé dans le fonds Erik Satie de l'Institut Mémoires de l'édition contemporaine et fournissant un état préliminaire du texte. Première édition : Ornella Volta, *Satie / Cocteau : les malentendus d'une entente* (1993, p. 157-158), comportant toutefois une série d'erreurs de transcription. La présente édition rétablit la ponctuation, la disposition spatiale et la version textuelle d'origine du manuscrit, tout en indiquant les variantes les plus significatives.

250. Henri Rousseau (1844-1910), dit Le Douanier Rousseau, peintre français considéré comme le chef de file des peintres naïfs et dont Cocteau mentionne quatre tableaux : *La Carriole du Père Juniet* (1908), *Les Pêcheurs à la ligne* (1908), *La Noce* (1905) et *Le Centenaire de l'indépendance* (1892).

251. *La Fête de la liberté* est le sujet du tableau *Le Centenaire de l'indépendance* (1892) du douanier Rousseau. Conçue comme une grande fête nationale et organisée pour la première fois en avril 1792, elle sera reprise annuellement durant la période révolutionnaire. Jean-François Gossec en a écrit la musique sur deux poèmes de Marie-Joseph Chénier.

Le sublime, l'énorme ne l'impressionnent pas. On pense à ce Siegfried de caricature qui, saisi de compassion en face de Fafner[252] crachant du feu, lui demande : « Vous ne pensez[j] rien pour ça ? »

Œuvre si fraîche et si construite, fontaine de marbre crachant l'eau des paysages. Des femmes chantent, lisent. C'est le texte pur, sans intention scénique. D'abord le portrait de Socrate par Alcibiade. Ensuite Phèdre, sa promenade avec Socrate au bord de l'Illyssus. Enfin Phédon, le récit de la mort de Socrate. [k]

P.S.

Socrate avait été commandé par la princesse de Polignac pour le théâtre et Socrate était venu au monde antithéâtral[l]. Satie me demanda de le métamorphoser en spectacle[m]. La tâche était scabreuse. Il eût été grossier de distraire par l'œil l'attention qu'une œuvre si sobre réclame de l'oreille. Donc après avoir imaginé entre chaque morceau antique un intermède violemment actuel sur quoi monter pantomime, [*deux mots illisibles*[n]] ou danse, selon la place et le décorateur, nous arrivâmes à conclure qu'il valait mieux laisser la symphonie intacte, l'offrir à la princesse de Polignac et écrire, pour le théâtre, à son intention une œuvre toute nouvelle[o].

Socrate reste donc ce qu'il est, quelque chose comme l'évangile selon saint Phédon[p 253].

Variantes

a. Satie est le type [du musicien simple *corrigé en* de l'artiste] que jamais [son sujet *corrigé en* son thème] ne « handicape ».

b. [A-t-il évité la pénombre du sublime. Des pénombres… *corrigé en* Il en a traversé les [[crises *corrigé en* miasmes]] du sublime sans s'y perdre] ne craignant pas […]

c. […] en luttant contre [Fafner *corrigé en* l'esthétisme *corrigé en* eux] par [la farce *corrigé en* la gaudriole *corrigé en* l'humour].

d. *Paragraphe précédent entièrement biffé* : Satie vise toujours au dessous de lui-même et [vise *corrigé en* tire *corrigé en* touche] toujours au dessus. Il vise l'œuf du tir en dessous et il décroche la lune. Où il cherche par exemple à dépeindre un ivrogne on entend l'air du charmeur [nègre *corrigé en* noir] de Yadwigha[254].

e. […] de telle sorte que *La Carriole de M. Juniet*, *Les Pêcheurs à la ligne*, *La Noce*, [la carmagnole[255] *corrigé en* la fête de la liberté], nuisent à toute peinture environnante […]

f. C'est une rosière [de 17 ans *biffé* ; de 16 ans *biffé*] qui entre […]

g. Le texte de Platon lui évite en musique la faute commise [par Claude Debussy avec la pauvre Bilitis[256] *corrigé en* par les musiciens] qui [*deux mots illisibles* musique des archaïsmes *corrigé en* cherchent une Grèce en tunique Liberty].

h. Il prend pour base une fraîcheur [de tout repos *corrigé en* à toute épreuve].

i. Mais là encore il prouve [son goût et sa modestie *corrigé en* sa délicatesse].

j. « Vous ne [faites *corrigé en* pensez] rien pour ça ? »

---

252. Dans le *Siegfried* de Wagner, la basse Fafner est un géant déguisé en dragon.

253. *Phédon*, dialogue où Platon évoque la mort de Socrate et livre ses dernières paroles.

254. Yadwigha, nom par lequel Le Douanier Rousseau désigne une femme dans le poème – « Yadwigha dans un beau rêve / s'étant endormie doucement / entendait les sons d'une musette /… » – qui accompagnait son tableau *Le Rêve* lors de sa présentation au public en 1910.

255. La chanson populaire *La Carmagnole* date de la chute de la monarchie en 1792.

256. Les *Chansons de Bilitis* pour voix et piano composées par Claude Debussy sur trois poèmes de Pierre Louÿs et créées par Blanche Marot et le compositeur à la Salle Pleyel le 17 mars 1900.

k. *Dernier paragraphe d'une seule phrase biffée* : Dans le *Socrate* de Satie, la Grèce est un prétexte.

l. [...] et Socrate était venu au monde [aussi antithéâtral que possible *corrigé en* antithéâtral].

m. Satie me demanda [de le rendre scénique au moyen de quelque stratagème *corrigé en* de le métamorphoser en spectacle].

n. *Lecture très hypothétique de cette séquence dans l'édition Volta (1993)* : théâtre musical.

o. [...] à la princesse de Polignac [et la dédommager par un spectacle nouveau, un *Paul et Virginie*[257] sans doute, une œuvre nouvelle, un spectacle nouveau *corrigé en* et [[composer *corrigé en* faire *corrigé en* écrire]], pour le théâtre, à son intention une œuvre toute nouvelle.

p. [...] quelque chose comme [la Passion selon saint Phédon – drame symphonique *corrigé en* l'évangile selon saint Phédon].

36

[Carte blanche. I] *

Carte Blanche[258] devait être le titre d'une jeune revue qui vient de paraître. Pierre Reverdy le proposa. Paul Valéry l'emporte avec *Littérature*[259] pris dans un sens un peu subtil. « Et tout le reste est littérature », dit Verlaine[260]. Paul Valéry déclarant que la poésie est un exercice a raison de choisir ce titre ; mais, sans vouloir que la jeunesse saute toutes les marches, prenne un cheval emballé pour un cheval qui court vite[a] et coupe les ponts derrière et devant elle, on pouvait attendre des jeunes gens doués[b] qui dirigent *Littérature* un titre moins triste[c]. J'emprunte *Carte Blanche* à Reverdy[d]. Sous ce titre, je me propose de mettre chaque semaine le lecteur au courant des valeurs

257. *Paul et Virginie*, projet inabouti d'un opéra-comique en trois actes d'Erik Satie sur un texte de Cocteau et de Raymond Radiguet d'après le roman de Bernardin de Saint-Pierre. Le texte est mis en chantier et terminé à la fin de l'été 1920, mais Satie ne fournira jamais sa partition, si ce n'est un *Chœur des marins*. André Derain est pressenti pour dessiner les décors et les costumes pour une création au Théâtre des Champs-Élysées qui devait avoir lieu en novembre 1922, avec Pierre Bertin dans le rôle titre. Par la suite, Cocteau transmettra ce projet à Francis Poulenc (1924), Henri Sauguet (1931) et Nicolas Nabokov (1933), mais à nouveau sans aboutissement.

* Carte Blanche. I », *Paris-Midi*, n° 2934, 31 mars 1919, p. 3 et, à l'identique, dans *Le Siècle*, n° 2404, 1er avril 1919, p. 3 ; texte repris avec des suppressions et des variantes dans *Carte Blanche* (Paris, La Sirène, 1920) et dans *Le Rappel à l'ordre* (Paris, Stock, 1926). Manuscrit autographe (8 ff.) conservé dans la collection Kontaxopoulos-Prokopchuk, qui fournit une version préliminaire mais partielle du paragraphe sur *Socrate* présent dans l'article. Version choisie : celle de la revue (*PM*), plus originale et plus développée, tout en indiquant les variantes significatives de *Carte Blanche* (*1920*) et du *Rappel à l'ordre* (*1926*).

258. Pour la rubrique « Carte blanche » du journal *Paris-Midi* tenue du 31 mars au 11 août 1919, Cocteau livre au total vingt feuilletons journalistiques sur l'actualité artistique de l'avant-garde parisienne, numérotés en chiffres romains de I à XX. Notre corpus n'en comprend que treize, car seuls ont été retenus ceux qui traitent de musique dans le sens large du terme.

259. Pierre Reverdy (1889-1960), poète, critique et fondateur de la revue *Nord-Sud* en 1917. Après une quinzaine de numéros sur l'avant-garde littéraire et artistique, *Nord-Sud* cesse de paraître. André Breton, Louis Aragon et Philippe Soupault forment alors le projet de lancer une nouvelle revue pour prendre la relève. Sur la suggestion de Paul Valéry, le périodique est intitulé *Littérature* et son premier numéro paraît en février 1919. Comme Reverdy a lui-même proposé *Carte Blanche* et qu'il publie l'un de ses poèmes portant ce titre dans la livraison de *Littérature* du 19 mars 1919, Cocteau attire à lui les foudres des surréalistes qui l'accuseront désormais de plagiat pour avoir nommé sa rubrique « Carte Blanche ».

260. Clausule du poème « Art poétique » de Verlaine extrait du recueil *Jadis et naguère*. Voir *Œuvres poétiques complètes*, p. 326.

nouvelles. Entre l'Académie et le Boulevard, le public ignore tout. Ce vide est la cause de graves malentendus [e]. Je ne demande pas qu'on amène le public français à la bonne volonté allemande qui accueille l'audace sans résistance et ne stimule jamais les artistes. Certes, il est prudent que la beauté naisse cachée. Il vaut mieux ne pas prévenir Hérode et il y a toujours une étoile qui dirige quelques personnes. Mais s'il est juste que le public se fâche en face d'œuvres contre lesquelles il se cogne parce qu'on les lui montre en supprimant [f] sous ses pieds toutes les marches qui y conduisent, peut-être pourrait-on éclairer un peu les marches afin qu'il sente qu'on ne se moque pas, qu'on ne le brime [g] pas, que le travail des jeunes n'est pas dirigé contre lui.

[...]

Socrate appartient à la princesse Edmond de Polignac au même titre que *Renard*, de Stravinski [261]. Elle a commandé ces œuvres pour les monter sur un théâtre. Nous connaissons mal *Renard*, difficile à entendre sans l'orchestre, le cymbalum, les voix de basse criant les rôles animaux de cette fable russe traduite par Ramuz. *Socrate* formera contraste. Après la franchise bariolée de Stravinski, autre franchise toute blanche. Satie invente une simplicité neuve. Sa musique marche, cause, raconte [h]. L'air transparent déshabille les lignes. La douleur ne grimace pas.

Signalons une des lectures intimes de *Socrate*, rue de l'Odéon, chez M [lle] Monnier [262], à la maison des Amis du Livre, où les poètes se rencontrent. M [me] Balguerie accompagnée par l'auteur. Dans l'assistance, Paul Claudel, André Gide, Francis Jammes.

Concerts Delgrange [263]. En vue, salle Gaveau, séance où Delgrange permettra enfin d'entendre l'orchestre de *Parade* [264], comme Monteux fit connaître *Le Sacre du printemps* au Casino de Paris. Le même programme réunira les noms des jeunes pour lesquels il était impossible de faire exécuter des partitions d'orchestre. Georges Auric, Louis Durey, Honegger, Darius Milhaud, Poulenc, etc., etc. [i] [265]

---

261. La princesse de Polignac a passé commande à Stravinski de *Renard* en janvier 1916. Elle envisageait de réunir dans son salon en une seule soirée la création de *Renard* et celle de *Socrate*. Pour diverses raisons, ce ne fut pas possible. La princesse acceptera que Diaghilev monte *Renard* avec les Ballets russes. Ce ballet burlesque sur un conte d'enfant adapté par Ramuz sera créé à l'Opéra de Paris le 18 mai 1922, avec l'orchestre placé sous la direction musicale d'Ernest Ansermet, dans une chorégraphie de Bronislava Nijinska et avec des décors de Michel Larionov.

262. En novembre 1915, Adrienne Monnier (1892-1955) ouvre une librairie au 7, rue de l'Odéon à Paris. La Maison des Amis du Livre devient rapidement un lieu de rencontres littéraires et musicales.

263. Le violoncelliste Félix Delgrange (1885-?), devenu chef d'orchestre, dirige des concerts d'avant-garde où l'on retrouve les Nouveaux Jeunes groupés autour de Satie. Ces concerts se donnent dans diverses salles, notamment l'Atelier Huyghens, la Salle des Agriculteurs, la Salle Pleyel, la Salle Gaveau, le Théâtre du Vieux-Colombier, etc.

264. La version concert de *Parade* sera donnée le 18 mai 1919, à la Salle Gaveau à 15 heures, sous la direction de Félix Delgrange.

265. Le concert des « jeunes » musiciens n'aura pas lieu en même temps que *Parade*, mais dans l'atelier Huyghens le 5 avril 1919. Voir détail du programme et commentaires Cocteau dans texte 38.

L'esprit nouveau [266] agite toutes les branches de l'art. De jeunes acteurs se mettent au service de la poésie moderne. Marcel Herrand [267] (qui créa *Les Mamelles de Tirésias* et différents rôles masqués du *Dit des jeux du monde* [j]) fut le premier à nous surprendre par son rythme, sa voix droite et son mépris de l'effet. Gestes, intentions, bêlements, cris, sourires, nuances sous chaque syllabe, jeux du timbre, disparaissent ici pour faire place à une lecture typographique. Un relief [k] d'encre. Les mots nets se détachent de la page l'un après l'autre. L'acteur ne substitue pas son émotion à celle du poète. Il *le sert* au lieu de *s'en servir.*

[…]

Il est dommage que les organes de gauche politique prennent toujours fait et cause contre la gauche artistique ou défendent des œuvres que personne de sérieux ne conteste plus. Cézanne, Renoir, Debussy, de moins grands même, sont assez grands pour sortir seuls. L'impressionnisme a tiré son bouquet et alimente aujourd'hui les Beaux-Arts et le décor de théâtre. Regardez donc autour de vous.

Variantes

a. […] pour un cheval [qui court vite *PM*; de courses *1920*] et […]

b. […] des jeunes gens [doués *supprimé en 1920*] qui dirigent […]

c. […] un titre moins [triste *PM*; sec *1920*].

d. *Adjonction d'une phrase et variante en 1920* : […] un titre moins sec. « Je vous donne carte blanche », me disait le directeur de *Paris-Midi.* J'emprunte donc *Carte Blanche. Puis réduction du début du texte en 1926* : *Carte Blanche* devait être le titre d'une jeune revue qui vient de paraître. Pierre Reverdy le proposa. Paul Valéry l'emporte avec *Littérature* pris dans un sens un peu subtil. « Je vous donne carte blanche », me disait le directeur de *Paris-Midi.* J'emprunte donc *Carte Blanche.*

e. Ce vide est la cause de graves [malentendus *PM-1920*; divorces *1926*].

f. […] on les lui montre en [supprimant *PM-1920*; escamotant *1926*] sous ses pieds […]

g. […] on ne le [brime *PM*; méprise *1920-1926*] pas […]

h. *Phrase supprimée en 1920-1926.*

i. *Deux dernières phrases entièrement supprimées en 1920-1926.*

j. […] Marcel Herrand (qui créa *Les Mamelles de Tirésias* et différents rôles masqués du *Dit des jeux du monde* [, ensuite *Les Mariés de la tour Eiffel*, *Roméo* et *Mouchoir de nuages* de *Tzara ajouté en 1926*]) fut le premier […]

k. Un [relief *PM*; noir *1920-1926*] d'encre.

266. Pour l'origine du concept d'« Esprit nouveau » lancé par Apollinaire, voir note 161 du texte 27. Appliquée d'abord à la poésie, cette notion caractérise la période intense de création de la décennie 1910 et s'étend à tous les domaines artistiques. À titre d'exemple, le peintre Amédée Ozenfant, le poète Paul Dermée et l'architecte Le Corbusier créeront en 1920 la revue *Esprit nouveau : Revue internationale d'esthétique* qui traitera de peinture, littérature, cinéma et architecture.

267. En 1919, Marcel Herrand (1897-1953) est un tout jeune comédien de 22 ans qui vient de commencer sa carrière deux ans auparavant dans *Les Mamelles de Tirésias* de Guillaume Apollinaire (1917) et dans *Le Dit des jeux du monde* d'Arthur Honegger (1918).

37

[CARTE BLANCHE. II] *

[...]

Tout le monde s'occupe de théâtre, cherche une salle. AURONS-NOUS ENFIN UN THÉÂTRE ?

Le public français a besoin d'être mal assis, serré dans un petit espace pour se divertir. C'est une faute de lui vouloir des salles trop vastes et trop confortables. Le théâtre doit être bâti comme guignol pour un jour et alors il reste [a] cent ans. Si on élève un temple de marbre pour cent ans, il fait faillite au bout de trois [b] jours.

Le théâtre, c'est le carton, le trompe-l'œil, une sorte de mauvais goût délicieux [c]. Le théâtre, c'est un orchestre qui « prélude », la flûte qui s'essaye, les violons qui donnent le la [d]. (En Allemagne on lit dans les fosses d'orchestre : DÉFENSE DE PRÉLUDER.) J'approuve aussi les *caramels mous, pastilles de menthe, bonbons acidulés*, etc. Le proscénium, la rampe sont utiles. Souvenez-vous de votre émotion d'enfant, au Châtelet, quand un machiniste dessinait des huit avec un arrosoir sur le proscénium [e] et que la rampe embrasait l'or du rideau rouge.

Rappelons-nous la foire, la baraque, le bastringue. C'est là qu'on respire (avec la poussière, hélas [f] !) *une odeur de réussite.*

Pour le spectacle, problème plus grave [g]. Il faudrait comprendre que tout objet vrai, tout « *naturel* » présenté sur une scène, deviennent absurdes et s'effacent au même titre qu'une tête sans maquillage. Encore le maquillage est-il trop timide, et les costumes, chapeaux, meubles, non grandis, non *transposés*, font-ils piteuse figure.

Quelquefois des ensembles de music-hall ou de cirque nous plaisent. (Je vous recommande *La Farce du billard* jouée à Medrano par M. Lionel et Paul, François, Albert Fratellini [268].) Mais le public, mis au régime du fade, ne supporterait pas au théâtre un relief qui l'égaye au cirque et au music-hall.

Tristan Tzara va venir publier à Paris deux numéros de la revue *Dada* qu'il dirige en Suisse et qui fait scandale [269]. J'y trouve simplement l'atmosphère excitante de

---

* « Carte Blanche. II », *Paris-Midi*, n° 2941, 7 avril 1919, p. 3 et, à l'identique, dans *Le Siècle*, n° 2411, 8 avril 1919, p. 3 ; texte repris avec des suppressions et des variantes dans *Carte Blanche* (Paris, La Sirène, 1920) et dans *Le Rappel à l'ordre* (Paris, Stock, 1926). Version choisie : celle de la revue (*PM*), plus originale et plus développée, tout en indiquant les variantes significatives de *Carte Blanche* (1920) et du *Rappel à l'ordre* (1926).

268. Comme Cocteau l'indique, les frères Fratellini comptent à l'origine quatre membres : Louis (1868-1909) — et non Lionel, comme le suggère le poète —, Paul (1877-1940), François (1879-1951) et Albert (1885-1961). Au décès du frère aîné en 1909, ils forment un trio de clowns qui débute à Berlin, puis en Russie, avant de se produire régulièrement au Cirque Medrano entre 1915 et 1924. Les frères Fratellini parcourront toute l'Europe avec leurs spectacles très appréciés et marqueront leur époque de 1909 à 1940. Des peintres tels que Picasso, Fernand Léger ou Georges Rouault les prendront pour modèles, des hommes de théâtre imiteront leurs jeux – intégrant déjà des éléments du cirque dans ses premiers spectacles, Cocteau les fera même jouer dans *Le Bœuf sur le toit* – et de nombreux dessinateurs et caricaturistes croqueront leurs numéros. Issus d'une famille de clowns italiens, leurs descendants perpétueront cette même tradition du cirque. *La Farce du billard* était l'un de leurs numéros les plus célèbres.

269. En février 1916, le Cabaret Voltaire de Zurich se transforme en lieu de rendez-vous littéraire et artistique. Le poète roumain Tristan Tzara (1896-1963) y lance le mouvement d'avant-garde Dada qui s'étend progressivement à plusieurs villes européennes. Le premier numéro de la revue *Dada* paraît à

l'entr'acte au casino de Paris où une foule cosmopolite se pressait pour entendre le jazz-band. Si on accepte le jazz-band (dont l'ancêtre est notre brave homme-orchestre), il faut accueillir aussi une littérature que l'esprit goûte comme un cocktail [h].

[...]

Variantes

a. [...] et alors il [reste *PM*; dure *1920-1926*] cent ans.
b. [...] il fait faillite au bout de [trois *PM-1920*; quinze *1926*] jours.
c. [...] une sorte de [mauvais goût délicieux *PM*; belle camelote *1920-1926*].
d. Le théâtre, c'est un orchestre qui « prélude » [, la flûte qui s'essaye, les violons qui donnent le la *supprimé en 1920-1926*].
e. [...] quand un machiniste [dessinait des huit avec un arrosoir sur le proscénium *PM*; arrosait les planches *1920-1926*] et que la rampe [...]
f. C'est là qu'on respire [(avec la poussière, hélas !) *supprimé en 1926*] *une odeur de réussite.*
g. *Autre version du paragraphe en 1920-1926* : Pour le spectacle, problème plus grave. Les [vrais scandales *1920*; vraies larmes *1926*], les vrais fauteuils, les vrais costumes sur la scène ont habitué l'esprit du public à ne plus pouvoir parcourir la distance entre un objet, un sentiment et leur figuration. Le public les exige tout crus, simplement séparés de lui par une rampe.
h. *Paragraphe supprimé en 1920-1926.*

38

[CARTE BLANCHE. III] *

La salle Huyghens (un atelier au rez-de-chaussée, au fond d'une cour obscure, 6, rue Huyghens [270]) est une de ces salles mascotte où le public retourne. On y gèle ou on y étouffe, écrasés, assis et debout, les uns contre les autres, comme dans le Nord-Sud [271]. Mais on y trouve cette atmosphère riche qui ne se commande pas et qu'on risque de perdre en voulant la transporter dans un local plus vaste et plus confortable [a].

Le contact des artistes et du public donnant même un coup de main pour changer le piano de place, la lampe à pétrole qu'on se dispute pour voir les notes [b], le poêle qui refuse de prendre en hiver et qui chauffe en été, tout cela constitue un ensemble conseillant de prendre la fuite [c] et grâce auquel on revient toujours.

Zurich le 1er juillet 1917. Deux ans plus tard, Tzara cherche à publier sa revue à Paris, ce qui sera chose faite avec le numéro 6 du 5 février 1920. Deux autres numéros suivront, avant que la revue ne disparaisse.

* « Carte Blanche. III », *Paris-Midi*, nº 2948, 14 avril 1919, p. 3 et, à l'identique, dans *Le Siècle*, nº 2418, 15 avril 1919, p. 3 ; texte repris avec des suppressions et des variantes dans *Carte Blanche* (Paris, La Sirène, 1920) et dans *Le Rappel à l'ordre* (Paris, Stock, 1926). Version choisie : celle de la revue (*PM*), plus originale et plus développée, tout en indiquant les variantes significatives de *Carte Blanche* (*1920*) et du *Rappel à l'ordre* (*1926*).

270. Il s'agit de l'atelier du peintre suisse Émile Lejeune (1885-1964) où l'on organise des séances littéraires et des expositions de peinture d'avant-garde, ainsi que des concerts placés sous la direction, à partir de l'automne 1916, du Suédois Henrik Melchers et, en 1917, sous celle de Félix Delgrange. Ces manifestations sont financées par Pierre Bertin et par Blaise Cendrars. L'appellation « Lyre et Palette » se transformera en « Peinture et Musique ». C'est en ce lieu que Cocteau découvre les jeunes musiciens dont il deviendra le porte-parole.

271. Nord-Sud, ligne de métro parisien ouverte en 1910 qui relie Montmartre à Montparnasse.

« Irez-vous rue Huyghens, samedi soir ? » – « Oh ! non, c'est impossible. On y est trop mal pour entendre la musique. » Le samedi soir, à 9 heures, le bougon arrive et se casse le nez contre une porte que les dos empêchent d'entrouvrir.

Bien des choses qui grandissent vite prirent naissance dans cette crèche, pendant la guerre. On y exposa, déclama, chanta, joua. Les artistes du café « La Rotonde », sis à l'angle du boulevard Raspail et du boulevard du Montparnasse, y fumaient leur pipe, en chandail et en casquette, auprès des Belles Dames.

Que ne fîmes-nous pas (par maladresse d'organisation) pour décourager le public ? Séances trop courtes, manque de chaises, froid aux pieds, etc., etc. Mais la salle Huyghens fut construite sous une bonne étoile (notre ami Conrad Moricand, peintre et horoscopiste[272], dirait laquelle) et jamais le public ne montra de mauvaise humeur.

Le secret de cette indulgence vient de ce que la sécurité dessèche les audaces. Ce qui nous navrait et ce à quoi nous étions obligés, faute de mieux, mettait autour des œuvres un cadre sans la moindre prétention, très sympathique.

Depuis le succès de cette catacombe, des églises s'ébauchent. Mais, s'il faut se résoudre à récolter, récoltons le plus tard possible, car fauteuils et silences religieux ne vaudront jamais, chargée de jeunesse, l'échelle menant à une sorte de galerie, où[d] le chien de Kisling[273], enfermé[e], accompagnait nos poèmes de ses sanglots.

Samedi 5 eut lieu, dans l'atelier comble et torride[f], le premier concert du groupe, donné par Delgrange, depuis l'armistice[274].

Peu à peu, la musique se dépouille, se dégage du flou et du rare[g]. Les dissonances précieuses, les surcharges, les enlacements retombent[h]. Il en reste bien encore par-ci par-là, mais on distingue un effort pour déblayer la route[i]. Cette tendance récente à construire, à simplifier, à *maintenir la musique en face de l'auditeur au lieu de la lui faire tourner autour*[j], s'arrangera mal des chanteuses qui récitent, murmurent, ne chantent pas. Seule, une CANTATRICE rompue aux vocalises permettrait d'écrire des œuvres nettes à une époque où les acrobates l'emportent sur Loïe Fuller[k][275]. Pierre Bertin[276] rend service avec brio, mais c'est un comédien qui chante. On le fatigue et

272. Conrad Moricand (1887-1954), astrologue, auteur de l'ouvrage *Les Interprètes. Essai de classement psychologique d'après les correspondances planétaires*, avec une préface de Max Jacob (Paris, La Sirène, 1919). Il signe aussi des articles sous le pseudonyme de « L'Ésotérique ».

273. La première exposition de peinture inaugurée à l'Atelier Huyghens le 19 novembre 1916 rassemble des tableaux de Moïse Kisling, Émile Lejeune, Henri Matisse, Amedeo Modigliani, Manuel Ortiz de Zárate et Pablo Picasso.

274. Il s'agit du concert du 5 avril 1919 où sept jeunes musiciens sont rassemblés sous la direction de Félix Delgrange. Ce sont les futurs membres du Groupe des Six non encore constitué (Georges Auric, Louis Durey, Arthur Honegger, Darius Milhaud, Francis Poulenc, Germaine Tailleferre) et Roland-Manuel. C'est la première fois qu'ils sont réunis dans un même concert, même s'ils se sont déjà côtoyés dans d'autres concerts et dans des géométries variables à partir de 1916. Le premier concert exclusivement réservé aux Six aura lieu le 8 juin 1919. Soulignons l'appellation donnée par Cocteau de « concert du groupe ».

275. Loïe Fuller (1862-1928), danseuse américaine installée à Paris depuis 1892. Elle se rend célèbre en évoluant sur scène entourée de voiles vaporeux de très grandes dimensions.

276. Pierre Bertin (1891-1984), comédien qui a pris part au concert du 5 avril 1919 en interprétant les œuvres de Georges Auric (extraits des *Huit Poèmes de Jean Cocteau* et *La Fête du duc*, également sur un texte de Cocteau) et de Louis Durey (*Images à Crusoé*). Également chanteur et metteur en scène, il organisera de nombreuses séances littéraires et musicales d'avant-garde dans des théâtres et des galeries d'art et prêtera son concours à plusieurs spectacles de Cocteau.

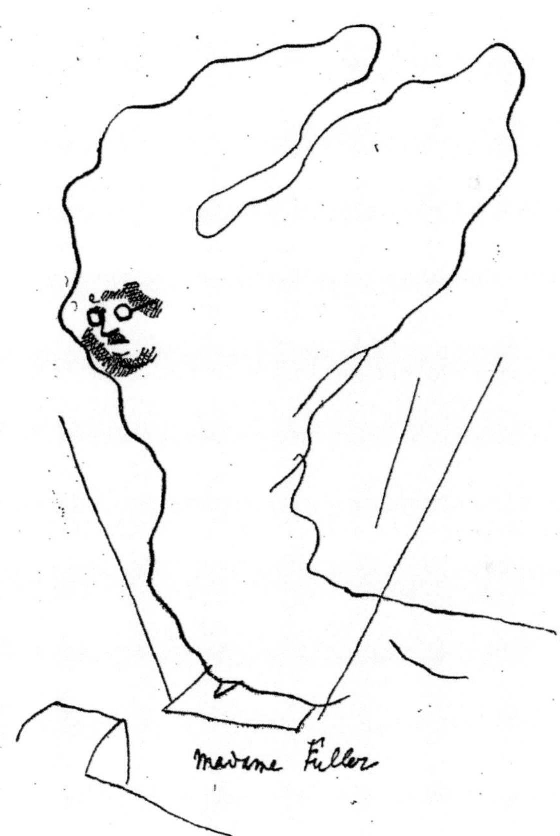

30. « Madame Fuller », dans Jean Cocteau, *Portraits-souvenir*, Paris, Grasset, 1935.

l'oblige à souligner le texte au détriment de la mélodie. Félicitons-le pour avoir fait bisser *La Fête du duc*, de Georges Auric, qu'il jette joyeusement sur quelques mesures du petit orchestre, brillantes et précises [l] comme un saut périlleux de clown, et d'avoir imposé au public trop friand d'ouvrages brefs, la belle suite de Louis Durey, sur les *Images à Crusoé* de Saint Leger [277].

Les petites pièces de Honegger [278] furent écrites pour la « MUSIQUE D'AMEUBLEMENT », inventée par Satie, et sur laquelle il voulait qu'on causât et se promenât sans gêne [m].

277. Alexis Leger (1887-1975) adopte plusieurs noms de plume : Saint Leger, Saint Leger Leger, … avant de signer Saint-John Perse à partir de 1924. Ces « Images à Crusoé » publiées dans *La Nouvelle Revue française* (n° 7, 1er août 1909) sont ses tout premiers écrits. Leger estime que Durey est « le meilleur musicien des six » dont il apprécie hautement l'« attitude intransigeante » lorsque le jeune compositeur décide d'échapper aux « maléfices » de Cocteau et de quitter le Groupe des Six. Inversement, Durey se déclare « fortement marqué et enthousiasmé » par l'œuvre du poète.

278. Ces trois petites pièces d'Arthur Honegger, *Entrée*, *Nocturne* et *Berceuse*, rebaptisées ensuite *Musiques d'ameublement*, datent de mars 1919. Écrites pour quatuor à cordes, flûte, clarinette, trompette et piano, elles ont pour caractéristique d'être d'une durée aléatoire et sont destinées à être répétées indéfiniment au cours d'un entracte. On doit la notion de « musique d'ameublement », rappelons-le, à Erik Satie.

Le solide quatuor à cordes de Darius Milhaud, exécuté par le quatuor Capelle[279], dédaigne le pittoresque et son second mouvement « FUNÈBRE » émeut beaucoup. Germaine Tailleferre[280] nous promet une Marie Laurencin[281] pour l'oreille. Viñes-aux-mains-de-fée joua une valse gracieuse de Roland-Manuel[282], et les *Mouvements perpétuels* de Francis Poulenc[n]. Les *Mouvements perpétuels* de Francis Poulenc confirment[o] un retour à une forme naïve (sans enfantillage ni pastiche) et sa *Sonate pour deux clarinettes* est ingénieuse comme un pigeon mécanique[p 283].

Après des années de clignements d'yeux au soleil et de « rapports de tons », les peintres retournent à la lumière et aux lignes. Il est fatal que le rythme et la mélodie réapparaissent chez les musiciens.

[…]

Variantes

a. […] dans un local plus [vaste et plus confortable *PM*; agréable *1920-1926*].

b. […] la lampe à pétrole qu'on se dispute [pour voir les notes *supprimé en 1920-1926*], le poêle […]

c. […] un ensemble [conseillant de prendre la fuite *PM*; conseillant de fuir *1920*; hargneux *1926*] et grâce auquel […]

d. […] où [Kouski, *ajouté en 1926*] le chien de Kisling […]

e. […] où le chien de Kisling, [enfermé, *supprimé en 1920-1926*] accompagnait nos poèmes […]

f. […] eut lieu, dans l'atelier [comble et torride *PM*; plein *1920-1926*], le premier concert […]

g. Peu à peu, la musique se dépouille[, se dégage du flou et du rare *supprimé en 1926*].

h. […] un effort pour déblayer [la route *supprimé en 1920-1926*].

i. *Variantes successives de la phrase* : Les dissonances précieuses, les surcharges s'effritent. (*1920*) ; Les dissonances précieuses s'effritent. (*1926*).

j. *Séquence supprimée en 1926* : Cette tendance récente à construire[, à simplifier, à *maintenir la musique en face de l'auditeur au lieu de la lui faire tourner autour*], s'arrangera mal des chanteuses […]

k. […] permettrait d'écrire des œuvres nettes [à une époque où les acrobates l'emportent sur Loïe Fuller *supprimé en 1920-1926*].

l. […] sur quelques mesures du petit orchestre, brillantes [et précises *supprimé en 1920-1926*] comme […]

m. […] et se promenât [sans gêne *supprimé en 1920-1926*].

279. À l'époque, le Quatuor Capelle vient de se former à l'initiative de Fernande Capelle (violon), sortie du Conservatoire en 1915, qui s'entoure de jeunes femmes interprètes, toutes âgées d'une vingtaine d'années : Germaine Dill (violon), Marguerite Lutz (alto) et Jacqueline de Carné (violoncelle). Les membres de ce quatuor varieront au cours des années suivantes. Elles donnent en première audition le *Quatuor à cordes n° 4* de Darius Milhaud, dont les mouvements sont : Vif, Funèbre, Très animé.

280. L'œuvre inédite de Germaine Tailleferre qui est au programme est *Pastorale* pour quatuor à cordes, flûte, clarinette et célesta. Elle prendra ensuite *Image* pour titre.

281. Marie Laurencin (1883-1958), dessinateur, peintre et graveur, inspire plusieurs textes à Apollinaire avec qui elle entretient une liaison pendant quatre ans. Ses toiles et ses dessins se caractérisent par des tons pastel et tendres tout en douceur.

282. Ricardo Viñes crée deux pièces pour piano de Roland-Manuel : *Hommage à La Fontaine* et *Clarisse ou l'Hommage indiscret* (qui constituent les deux parties des *Idylles*) et *Hommage funèbre*. La présence de Roland-Manuel (voir note 357 du texte 48) à ce concert, comme à d'autres concerts du futur Groupe de Six, le fera souvent considérer comme son septième membre.

283. Deux œuvres de Francis Poulenc sont au programme : Les *Mouvements perpétuels* interprétés par Ricardo Viñes et la *Sonate pour deux clarinettes* créée par Augustin Duquès et Georges Pigassou.

n. *Réduction progressive de la phrase* : Viñes-aux-mains-de-fée joua *Les Mouvements perpétuels* de Francis Poulenc. (*1920*) ; Viñes joua *Les Mouvements perpétuels* de Francis Poulenc. (*1926*).
o. Les *Mouvements perpétuels* de Francis Poulenc [confirment *PM* ; annoncent *1920-1926*] un retour [...]
p. [...] comme un [gros *ajouté en 1920-1926*] pigeon mécanique.

39

[CARTE BLANCHE. IV] *

[a]

Deux figures se détachent aujourd'hui sur le fond un peu terne du théâtre. L'une fantôme, l'autre en chair et en os, l'une sans couleurs, l'autre bariolée, l'une célèbre pour sa moustache, l'autre pour ses jambes. Vous avez reconnu Charlie Chaplin et Mistinguett.

Charlie Chaplin ou Charles Chaplin, ou Charlot, ou Karl ou Chap, selon les pays et les classes, mérite à lui seul une longue étude que je me réserve d'écrire [284]. Ce comédien, tragédien, mime, acrobate, joue partout à la fois. On annonce souvent sa mort. Il est peut-être mort. Est-il Anglais, Américain [b], Français, Russe ? Les peuples se disputent sa naissance. C'est, dirait Georges Courteline, « un type dans le genre d'Homère » [c].

Mistinguett, elle, est bien à nous, Française, Parisienne de race [285]. Il faut être de Paris pour comprendre ce visage de petite fille qui a reçu beaucoup de gifles [d], cette voix traînante. Mistinguett chante-t-elle faux ? Je ne trouve pas. Toujours est-il, qu'exilé, le souvenir de cette voix me ferait du mal, comme à un Écossais la cornemuse [ef].

Avez-vous été voir la scène des crinolines au casino de Paris ? Voilà une de ces choses qui échappent à l'analyse, et qui, aux moments de doute, de malaise, de fatigue, prouvent que la France demeure intacte [g]. Mistinguett sort du peuple. Elle nous donne dans ce numéro l'image de la grâce [h], de la mesure, de l'élégance mêmes. On pense aux jouets qui coûtent trois sous et que nos camelots inventent, à cette phrase du front notée par Jean Le Roy [286] : « Titine, c'est le type de l'avant, le mec de la tranchée. Avec rien,

* « Carte Blanche. IV », *Paris-Midi*, n° 2955, 21 avril 1919, p. 3 et, à l'identique, dans *Le Siècle*, n° 2425, 22 avril 1919, p. 3 ; texte repris avec des suppressions et des variantes dans *Carte Blanche* (Paris, La Sirène, 1920), dans *Le Rappel à l'ordre* (Paris, Stock, 1926) et sous la forme d'un article intitulé « Quand j'étais au collège, j'allais jeter des fleurs à Mistinguett... » dans *Le Journal du dimanche*, 8 janvier 1956. Version choisie : celle de la revue (*PM*), plus originale et plus développée, tout en indiquant les variantes significatives de *Carte Blanche* (*1920*), du *Rappel à l'ordre* (*1926*) et du périodique (*1956*).

284. Charlie Chaplin (1889-1977) est déjà célèbre à l'époque pour avoir créé en 1914 le personnage de Charlot. Dans la livraison suivante de « Carte Blanche », celle qui paraît dans *Paris-Midi* le 28 avril 1919, Cocteau encourage à exploiter les possibilités d'expression artistique nouvelles du cinématographe et célèbre Charlie Chaplin pour avoir fourni les meilleures illustrations, à l'époque, de cette innovation, en particulier dans le film *Sous les armes*. Voir *RO*, p. 92-94.

285. Mistinguett, pseudonyme de Jeanne-Florentine Bourgeois (1875-1956), chanteuse et danseuse de revue, débute au Casino de Paris en 1885, puis chante et danse à l'Eldorado, au Moulin rouge et aux Folies Bergère. En 1918, elle revient au Casino de Paris dont elle restera la vedette jusqu'en 1925.

286. Jean Le Roy (1894-1918), poète et ami de Cocteau qui périt au front vers la fin de la guerre et dont Cocteau publiera à titre posthume les textes poétiques : Jean Le Roy, *Le Cavalier de Frise*, poèmes inédits trouvés dans sa cantine, avec une préface de Jean Cocteau, Paris, Bernouard, 1924.

31. Mistinguett, dans *Comœdia*, n° 1127, 31 octobre 1910.

il te fait quelque chose. Avec quoi qu'il a fait la croûte à Minaucourt ? Il a pris des tôles ondulées au parc du génie et il a fait des tuyaux avec. »

IDYLLE en 1830 [i] [287]. Ce spectacle groupe les anachronismes, la synthèse et le grossissement indispensables au théâtre [j]. Sur une ritournelle de marche militaire anglaise inlassablement reprise, Mistinguett entre, sort, revient [k], se promène. Je regrette le décor. Il fallait un simple rideau. Le décor est ici un pléonasme, car Mistinguett transporte *son* décor, elle est son propre décor et elle en change selon les aspects de cette crinoline rouge dessus et blanche dessous qui la montre soudain assise dans un meuble à linge avec des pantalons de poupée en broderie raide [l].

287. *Idylle* est aussi le titre d'une chanson de Christopher Gunning chantée par Mistinguett.

Imaginez-la, maniant l'ombrelle de l'Impératrice, les cheveux tirés, un chasse-mouches vert sur sa toque, des boucles d'oreilles en jais, un *saute en barque* noir et blanc et une robe cerise qui couvre la moitié du plateau. Cette robe est tout un bal : orchestre, corbeilles, chaises, buffet, lustre. Mais voici la limite délicate où l'artiste s'arrête juste au bord de la caricature. Ce costume pourrait évoquer le chien savant, le singe d'orgue. Mistinguett le porte, le *manœuvre*, et ce n'est plus ni la charge d'une mode ni une mode, mais LA MODE si émouvante parce qu'il n'existe pas de mode légère sans la réponse d'une mode profonde.

En regardant ce spectacle, je me souvins d'une belle [m] histoire. En 1913, à une reprise de *La Belle Hélène* [288], des amis à moi virent dans une loge voisine de la leur, une dame d'âge, qui pleurait. Ils reconnurent Cosima Wagner. *Siegfried*, *L'Or du Rhin*, *Les Maîtres Chanteurs*, voilà qui prolonge un homme, l'empêche de mourir. Mais Offenbach, c'était la mode, la jeunesse, le souvenir de Tribschen [289], des heures joyeuses, Nietzsche écrivant à Rée [290] « *nous irons voir danser le cancan* à Paris ».

Madame Wagner aurait pu entendre *Le Crépuscule des dieux* sans trouble. Elle pleurait à *La Marche des rois* [291].

Tout à coup, le cœur serré par cet ensemble [n] fait pour le plaisir des soldats américains, je vis un morceau de la robe si vaste qui se balançait encore en scène, alors que Mistinguett avait déjà disparu dans la coulisse.

Quand j'étais au collège, j'allais le dimanche à l'Eldorado avec des camarades. Nous réunissions nos économies pour louer l'avant-scène et pour jeter des bouquets à Mistinguett. Elle chantait : « Je suis la femme torpille, pille, pille », secouait ses boucles et les bouillons en mousseline [o] de sa jupe de gommeuse. Ensuite, nous allions l'attendre à la porte des artistes, rue Saint-Martin [p].

L'autre soir, je n'ai pas été lui rendre visite. Je désirais et je craignais à la fois qu'elle ne sentît pas le chef-d'œuvre qu'elle venait de réussir, ni plus ni moins, comme un rosier sa rose [q].

Variantes

a. *Envoi ajouté en 1926* : À Léopold Lima da Silva [292].

b. […] Américain, [Espagnol *ajouté en 1920-1926*], Français, […]

c. *Phrase supprimée en 1926.*

d. […] ce visage de petite fille [qui a reçu beaucoup de *PM-1920-1926* ; sculpté par les *1956*] gifles […]

e. […] me ferait du mal [, comme à un Écossais la cornemuse *supprimé en 1920-1926*].

f. *Phrase ajoutée en 1956* : C'est celle des petits métiers de la rue.

g. *Phrase supprimée en 1920-1926.*

h. […] l'image [de la grâce, *supprimé en 1920-1926*] de la mesure […]

i. IDYLLE en [1830 *PM*; 1868 *1920-1926*].

288. *La Belle Hélène*, opéra-bouffe de Jacques Offenbach créé en 1864 est sans doute l'une des œuvres les plus populaires du compositeur.

289. Tribschen, résidence de Richard Wagner de 1866 à 1872. En 1867, Cosima non encore divorcée de Hans von Bülow y donne naissance à Eva, seconde fille après Isolde, qu'elle a avec le compositeur.

290. Friedrich Nietzsche (1844-1900) se lie d'amitié avec Paul Rée (1849-1901) en 1873. Trois ans plus tard, ils se rendent ensemble au premier Festival de Bayreuth

291. « La Marche des rois » fait partie du premier acte de *La Belle Hélène*.

292. Léopold Bourgeois (1901-1971), fils de Jeanne-Florentine Bourgeois, dite Mistinguett, est reconnu par son père, le parolier Léopold De Lima, en 1903.

j. *Phrase supprimée en 1920-1926.*
k. Mistinguett [entre, sort, revient, *supprimé en 1920-1926*] se promène.
l. [...] assise dans un meuble à linge [avec des pantalons de poupée en broderie raide *supprimé en 1926*].
m. [...] je me souvins d'une [belle *PM*; touchante *1920-1926*] histoire.
n. Tout à coup, le cœur serré par [cet ensemble *PM*; ce spectacle *1920-1926*] fait pour le plaisir des soldats américains, [...]
o. [...] les bouillons [en mousseline *supprimé en 1920-1926*] de sa jupe [...]
p. [...] à la porte des artistes, [rue Saint-Martin *PM-1920-1926* ; rue du Faubourg Saint-Martin *1956*].
q. *Épilogue ajouté en 1956*

Je retrouve ces notes écrites en 1919 et je n'hésite pas à les contresigner : « Elle était de la race animale qui ne doit rien à l'intellectualisme. »

C'est à ce titre que je l'aimais et que je la salue.

À l'entracte du casino de Paris [293], j'emmenais jadis dans la loge de Mistinguett une des plus belles jeunes femmes de notre époque.

À peine les présentations faites et la jeune femme assise, il se produisit ce phénomène : la beauté, la jeunesse, éteintes par cette femme qui, tout à l'heure, rentrera dans un décor de neige, la longue robe feu éclipsant les gigolos fort jeunes qui l'écoutent.

« Allons, me dit une lectrice, vous parlez de Mistinguett comme de la Duse [294]. Quel rôle peut-elle jouer ? Quel dramaturge est-elle capable de servir ? Quelles sont ses héroïnes ? »

Je ne sais pas. Mais elle s'incarne elle-même. Elle flatte un patriotisme dont je n'ai pas honte. Je respecte, en outre, cet acharnement à scintiller, l'emploi immédiat de cette lumière si longue à parvenir aux hommes et qui est le propre des étoiles.

Mistinguett était la vie même, une force instinctive plus lumineuse que l'intelligence et que le savoir, la voix traînante du peuple de Paris.

Elle exprimait une poésie involontaire, et il est normal qu'elle s'écroule avec les autres cariatides de cette grande époque merveilleuse qui fut la nôtre.

40

[CARTE BLANCHE. VI] *

[...]

Un bal

Il y a encore deux semaines on entrait à « Tabarin » [295] dans le bruit d'océan du roller-skating et d'un orgue mécanique. On voyait des couples et des somnambules solitaires

---

293. Ce paragraphe et les trois suivants – jusqu'à « [...] le propre des étoiles. » – reprennent, avec quelques variantes, le dernier paragraphe du chapitre IX des *PS*, p. 133, (voir texte 230).

294. Eleonora Duse (1858-1924), comédienne italienne qui remporta un vif succès en Italie et en France.

* « Carte Blanche. VI », *Paris-Midi*, n° 2968, 5 mai 1919, p. 3 et, à l'identique, dans *Le Siècle*, n° 2438, 6 mai 1919, p. 3 ; texte repris avec des suppressions et des variantes dans *Carte Blanche* (Paris, La Sirène, 1920) et dans *Le Rappel à l'ordre* (Paris, Stock, 1926). Version choisie : celle de la revue (*PM*), plus originale et plus développée, tout en indiquant les variantes significatives de *Carte Blanche* (*1920*) et du *Rappel à l'ordre* (*1926*).

295. Le Tabarin, salle de bal située rue Victor Massé, s'est ouvert le 20 février 1904. La grande salle est pourvue d'un éclairage aux mille éclats, d'escaliers, de balcons, de galeries et de loges décorés. Le fondateur et compositeur Auguste Bosc (1868-1945) y dirige l'orchestre de quadrilles et de ragtimes. Chaque samedi soir, c'est la grande fête de la nuit avec des demi-mondaines et des couples illégitimes, tandis que les après-midi sont réservés à des attractions moins coquines. Le sous-sol du Tabarin ressemble

évoluer autour d'un personnage étrange. Ce personnage, attaché à l'établissement, portait un boléro, des pattes de lapin [a] et des cheveux noirs de virtuose. Il était glabre, maigre, réglait une sorte de chorégraphie à contretemps sur le rythme des valses, et, comme il avait les orteils nus, il ressemblait pas mal à un automate de la réclame machinée du Coricide. Maintenant « Tabarin » n'est plus skating. C'est un bal. Un orchestre remplace l'orgue auprès duquel une dame [b], préposée aux cartons, faisait sa correspondance.

Le personnage étrange a changé de costume. Il porte un gilet fleuri, une redingote-jupe, il est ganté de blanc et dirige le bal.

Penchons-nous au bord du balcon comme Dante et Virgile.

L'hypnose de la danse, l'amour, la fatigue, la musique, isolent ces couples entassés, leur donnent l'illusion de l'espace [c].

Cette foule entre partout, déborde partout comme l'eau dans un bateau qui enfonce. On retire son pardessus, on monte les marches, on boit, on circule au travers.

Quand l'orchestre stoppe, un hurlement l'invite à reprendre. Il bisse la valse ou le fox-trot.

Ce qui frappe tout de suite c'est la décence de ce spectacle. On retrouve ici l'ahurissement des promenades bourgeoises sur le Boulevard, le dimanche. C'est un boulevard où la promenade s'enroule sur place au lieu de se dérouler en longueur, voilà tout. L'orchestre même est honnête. Nul jazz-band, nul cymbalum, nul violon sensuel. Trombones, pistons, grosse caisse et cymbales exécutent les ragtimes comme la marche d'*Aïda*.

Au sous-sol, dans une fraîcheur de cave, quelques soldats cassent des pipes au tir japonais. L'ardoise et les cibles rouges font de ce tir un charmant théâtre. Le bruit d'embauchoirs du bowling couvre la rumeur d'armée en marche du bal et de l'orchestre qui joue une chanson de route.

À onze heures et demie on danse encore sur la Retraite.

Conseil [d]

Dimanche 11 mai, allez Galerie de l'Effort Moderne [296], 19, rue de la Beaume, à la séance Max Jacob – Louis Durey [297], et descendez ensuite chez Gaveau [298] où Delgrange donne, pour la première fois, l'orchestre seul de *Parade*, d'Erik Satie.

Variantes

a. [...] portait un boléro, des [pattes de lapin *PM*; côtelettes *1920*; accroche-cœur *1926*] et des cheveux noirs [...]

b. [...] auprès duquel une dame [en deuil *ajouté en 1920-1926*], préposée aux cartons [...]

c. *Variante de la phrase en 1920-1926* : Une pâte de danse, d'amour, de fatigue, de musique, isole ces couples entassés, leur donne l'illusion de l'espace.

d. *Rubrique supprimée en 1920-1926.*

à une kermesse permanente avec un roller-skating, un bowling, des stands de tir, des casseurs d'assiettes ou des danseuses du ventre.

296. La Galerie de l'Effort moderne est dirigée par Léonce Rosenberg (1879-1947), défenseur de l'art abstrait et du cubisme, mais forme aussi un cadre pour des matinées littéraires et musicales, et ce jusqu'en 1941

297. Séance non identifiée.

298. Il s'agit de la Salle Gaveau. Voir note 300 du texte 42.

41

[CARTE BLANCHE. VII] *

[...]

Récital Koubitzky

Salle Gaveau, entre les *Enfantines* [299] et les *Chants et Danses de la mort* de Moussorgski, Koubitzky chanta *Pribaoutki* de Igor Stravinski [300]. Ce sont des petits contes burlesques [a], quatre petits ogres familiers de la maison. Le masque d'acteur japonais de Koubitzky accuse leur mystère oriental et chaque instrument du double quatuor de cordes et de bois vit seul, mais en bonne entente avec les autres, comme une race d'animaux [b] dans la basse-cour.

C'est la promesse que l'orchestre de *Renard* sera splendide [c].

Variantes

a. Ce sont [des petits contes burlesques, *supprimé en 1920-1926*] quatre petits ogres [...]

b. [...] comme [une race d'animaux *PM-1920* ; les animaux *1926*] dans la basse-cour.

c. *Phrase supprimée en 1920-1926.*

42

[CARTE BLANCHE. VIII] **

Le dimanche 11 mai 1919 [a], l'orchestre de *Parade*, hué le 18 mai 1917 au Châtelet, prenait sa place, salle Gaveau, conduit par Delgrange, entre l'ouverture de *Léonore* de Beethoven, la *Symphonie inachevée* de Schubert, le *Concerto* de Schumann, la *Procession* de César Franck, la *Ballade* de Fauré et *La Mer* de Claude Debussy.

La Mer et *Parade* terminaient un programme trop copieux [301].

* « Carte Blanche. VII », *Paris-Midi*, n° 2975, 12 mai 1919, p. 3 et, à l'identique, dans *Le Siècle*, n° 2445, 13 mai 1919, p. 3 ; texte repris avec des suppressions et des variantes dans *Carte Blanche* (Paris, La Sirène, 1920) et dans *Le Rappel à l'ordre* (Paris, Stock, 1926). Version choisie : celle de la revue (*PM*), plus originale et plus développée, tout en indiquant les variantes significatives de *Carte Blanche* (*1920*) et du *Rappel à l'ordre* (*1926*).

299. Modeste Moussorgski (1839-1881) a écrit plusieurs cycles de mélodies dont les *Enfantines* (1870) et les *Chants et Danses de la mort* (1877).

300. Lors de cette séance du 11 mai 1919, le ténor russe Alexandre Koubitzky crée les quatre chants de *Pribaoutki* de Stravinski composés en 1914. Ces chants très courts de quelques minutes sont accompagnés de huit instruments : un quatuor à cordes et un quatuor à vent (flûte, clarinette, cor anglais, basson). L'orchestre y donne aussi *Parade* en version concert.

** « Carte Blanche. VIII », *Paris-Midi*, n° 2982, 19 mai 1919, p. 3 et, à l'identique, dans *Le Siècle*, n° 2452, 20 mai 1919, p. 3 ; texte repris avec des suppressions et des variantes dans *Carte Blanche* (Paris, La Sirène, 1920) et dans *Le Rappel à l'ordre* (Paris, Stock, 1926). Premier jet manuscrit de l'article conservé à la Bibliothèque historique de la ville de Paris. Version choisie : celle de la revue (*PM*), plus originale et plus développée, tout en indiquant les variantes significatives du second manuscrit (*Ms.*), de *Carte blanche* (*1920*) et du *Rappel à l'ordre* (*1926*).

301. *La Mer* (1905) de Debussy et *Parade* (1917) de Satie sont les deux œuvres les plus modernes du programme.

La Mer ne scandalise plus. On y mène les jeunes filles qui achètent maintenant chez Durand la *Pavane pour une infante défunte* de Maurice Ravel [302] au lieu de *La Prière d'une vierge* [303]. Elles dodelinent de la tête et reconnaissent les vagues de Biarritz. Le coucou de Beethoven les fait sourire. Elles plongent avec l'audace de Pearl White [304] dans les arpèges mous, les éclats sourds des cuivres, parmi les algues, les tritons et les sirènes du maître de *Pelléas* [b].

« Il faut que le musicien guérisse la musique de ses enlacements, de ses ruses, de ses tours de cartes, qu'il l'oblige le plus possible à rester en face de l'auditeur » [c].

Nous voici loin de la musique « en face de l'auditeur » [d]. *On croirait voir la mer.* Elle saute de l'estrade, inonde les fauteuils, nous enveloppe, nous submerge.

Je ne juge plus. Je me laisse aller. Je nage, je fais la planche, j'avale [e]... ou bien je coule et pense à autre chose.

Soudain, après ces marines confuses dans le goût des *Nymphéas* et des *Cathédrales* de Claude Monet, voici *Parade*, solide sur le plancher des vaches [f].

Sans les danses ni le décor, *Parade* semble un joujou mécanique du Boulevard que le chef d'orchestre remonte et qui nous émeut par un certain nombre de gestes parfaits.

Car l'opposition d'Erik Satie [g] consiste en un retour à la simplicité. Non pas pastiche d'une vieille simplicité, mais mise en marche d'une simplicité neuve. La simplicité qui arrive en réaction d'un raffinement relève de ce raffinement ; elle dégage, elle condense la richesse acquise [h].

Au Châtelet [i], le mot cubisme prononcé à tort (pour ne pas en perdre l'habitude) *suggéra* un orchestre fantôme. Sinon la partition toute simple rend inexplicable un tumulte que l'audace polyphonique du *Sacre du printemps*, œuvre fauve, légitimait en 1913, au théâtre Astruc [j].

Salle Gaveau, dimanche, le public attendait le « raffut de Saint-Polycarpe [305] » et entendit une œuvre où on ne cogne pas sur des casseroles [k].

Cette sagesse provoqua des déceptions.

Même un tic-tac de baguettes remplace au concert le bruit des machines à écrire. Ces machines à écrire fâchèrent beaucoup. On décréta que l'orchestre de *Parade* était « un ridicule charivari de machines à écrire ». Peu après, les jazz-bands et les revues américaines familiarisèrent notre public avec des épices plus fortes.

---

302. *Pavane pour une infante défunte*, pièce pour piano seul de Ravel datant de 1899 et publiée chez Durand, était devenue une œuvre très appréciée.

303. *La Prière d'une vierge*, pièce de salon composée par la Polonaise Tekla Badarzewska en 1856 et diffusée en France trois ans plus tard dans la *Revue et Gazette musicale de Paris*. L'œuvre connaît un succès européen immédiat et très vaste, dans la mesure où elle a droit à plusieurs arrangements pour divers instruments, pour voix et piano, ou le plus courant pour quatre ou huit mains et où elle fait partie à l'époque du répertoire de toute jeune fille apprenant le piano.

304. Pearl White (1889-1938), actrice de cinéma américaine devenue célèbre pour avoir réalisé des exploits physiques sans doublure devant la caméra.

305. Georges Cochon (1879-1959), militant anarchiste, est avant la Première Guerre mondiale secrétaire et président de l'union syndicale des locataires. Il a l'idée de créer une fanfare, le fameux « raffut de Saint-Polycarpe », afin de soutenir par l'action directe et à grand renfort de bruit et de musique les pauvres qui étaient expulsés de leur logement et d'investir en leur faveur les logements libres et les lieux publics. *Le Raffut de Saint-Polycarpe* est également le titre d'un journal socialiste qu'il a fondé en 1908 et qui est publié à Saint-Polycarpe près de Limoux.

La partition piano quatre mains de *Parade* avait déjà rallié du monde. L'orchestre (où plusieurs détails d'architecture changent de plan) doit blesser les OREILLES MYOPES, mais la légende : « Satie orchestre mal » se trouve détruite. Partir d'un orchestre de Claude Debussy, de Maurice Ravel pour juger l'orchestre de *Parade*, c'est apprécier une lampe en se plaçant au point de vue chaise, et trouver la lampe incommode parce qu'on ne peut pas s'asseoir dessus [l]. L'orchestre de *Parade* est d'une autre sorte, d'une autre race [m]. Il n'est pas pauvre, il est sans surcharges, sans bouche-trous [n]. Certes, les types de guignol doivent paraître rudimentaires si on les compare aux personnages du roman russe.

Vive Guignol !

Une fugue d'ouverture se déhanche et donne naissance au rythme même des foires. Puis viennent trois danses. Leurs nombreux motifs, distincts les uns des autres comme des objets, se suivent sans développement et ne s'enchevêtrent pas. Une unité métronomique préside à chacune de ces énumérations qui superposent la simple silhouette du rôle et les rêveries qu'il suscite.

Il y a dans le Chinois, la Petite Fille américaine, les Acrobates, des nostalgies inconnues jusqu'à ce jour avec des moyens d'une si grande franchise. Jamais de pénombre, de sortilèges, de leitmotiv, de *tentacules*. Jamais Satie ne « remue le marais » [306] selon le mot de Nietzsche [o].

Donc, dimanche, la salle qui ovationnait [p] le bon compositeur Gabriel Fauré supporta sans révolte cette *Parade* si maudite que M. Paul Souday [307] fut le seul à prendre sur lui d'écrire en 1917 que nous n'étions, Satie, Picasso et moi, ni boches [q] ni criminels [r].

Comme le concert célèbre où Monteux donna l'orchestre du *Sacre* (la *Procession* de Franck [308] était aussi au programme), ce concert Delgrange marque une date. Satie joue le rôle de poteau indicateur [s]. La jeunesse consulte la flèche et trouve la bonne route [t].

Parade et *Socrate* que vous entendrez cet automne, préparent une ère nouvelle, UNE MUSIQUE DE CHEZ NOUS [u].

[...]

Variantes

a. *Adjonction en Ms.* : à 5 h ½

b. [...] les tritons et les sirènes [du maître de *Pelléas Ms.-PM*; de Debussy *1920-1926*].

c. *Phrase supprimée en 1920-1926.*

---

306. Dans *Ainsi parlait Zarathoustra*, Friedrich Nietzsche exprime symboliquement sa préférence de « vivre sur les montagnes » et de « respirer [leur] liberté », serait-ce tout seul, plutôt que de partager l'existence des êtres humains et de « remuer le marais » : « On désapprend les hommes quand on vit parmi les hommes. [...] Leurs sages rigides, je les ai appelés sages, non rigides, - c'est ainsi que j'ai appris à avaler les mots. Leurs fossoyeurs : je les ai appelés chercheurs et savants, - c'est ainsi que j'ai appris à changer les mots. Les fossoyeurs prennent les maladies à force de creuser des fosses. Sous de vieux décombres dorment des exhalaisons malsaines. Il ne faut pas remuer le marais. Il faut vivre sur les montagnes. C'est avec des narines heureuses que je respire de nouveau la liberté des montagnes ! Mon nez est enfin délivré de l'odeur de tous les êtres humains ! » Voir Nietzsche, *Ainsi parlait Zarathoustra*, p. 263-264.

307. Paul Souday (1869-1929), l'un des critiques littéraires et musicaux les plus influents de son époque, critiquant sévèrement les spectacles d'avant-garde et entrant régulièrement en polémique avec Cocteau à ce sujet. En témoigne le compte rendu intitulé « Un prétendu scandale » qu'il consacre à *Parade* dans sa chronique « La Vie intellectuelle » publiée par *Paris-Midi* le 8 juin 1917.

308. *La Procession* pour voix soliste et orchestre de César Franck date de 1889.

d. *Autre début du paragraphe en Ms.* : Plus que le *Prélude à l'après-midi d'un faune*, cet adorable chef d'œuvre, *La Mer* demeurera significative de l'école impressionniste. *On croirait voir* [...]

e. *Adjonction en Ms.* : [...] j'avale, je m'empêtre dans les algues pareilles aux cheveux de Mélisande, ou je coule [...]

f. *Version préliminaire de cette phrase en Ms.* : [Sans doute faut-il mettre le bon accueil fait à *Parade* sur le compte de la surprise. *Phrase biffée*]. Donné à la suite de cette symphonie [magistrale *corrigé en* opulente] qui fait penser à une série de « marines » de Monet dans le goût des *Nymphéas* ou des *Cathédrales*, peu à peu l'eau se retire comme au Nouveau Cirque et sur la piste remontée *Parade* commence, comme dirait-on, un numéro de clowns.

g. *Paragraphe précédé des deux paragraphes suivants en Ms.* : Écœuré de flou, de fondu, de superflu, des garnitures, des tours de carte modernes et souvent tenté par une technique dont il connaît les ressources, Satie se prive volontairement pour demeurer net. Jadis il avait senti le danger Wagner, mis Debussy en garde. Il faudrait, disait-il, un climat musical, un décor sonore où la phrase ne se grimace pas plus qu'arbre en carton. De cette phrase vint au monde *Pelléas* et toute la musique impressionniste. // Voyant sa pensée prendre forme et se déformer ensuite sous l'influence russe, Satie tourna bride, laissa les autres couper les cheveux de Mélisande en quatre, vint chercher un refuge classique à la Schola, « se perdre » dirent ses camarades. Il y reste des années, travaille la fugue, « s'élague », et lorsque l'école qu'il prophétisa chancelle sous une surenchère de raffinements, il reparaît et donne aux jeunes l'exemple d'un mystérieux renouveau.

h. *Paragraphe supprimé partiellement en 1920 et entièrement en 1926.*

i. *En Ms., ce paragraphe est précédé d'une phrase qui impute la « suggestion d'un orchestre fantôme » à la critique* : La bonne foi des critiques ayant cru que l'orchestre de *Parade* était un charivari ne peut donc s'expliquer que par un phénomène de suggestion. *De même que ce même paragraphe est suivi d'une phrase qui explique l'association erronée du spectacle au cubisme* : N'osant présenter notre œuvre nous-mêmes, nous avions prié le pauvre Apollinaire d'écrire un préambule et le public y trouva prétexte pour ne pas vouloir écouter une note.

j. *En 1926, réduction du paragraphe entier à la phrase unique* : Au Châtelet, le mot cubisme suggéra un orchestre fantôme.

k. [...] attendait le « raffut de Saint-Polycarpe » [et entendit une œuvre où on ne cogne pas sur des casseroles *supprimé en 1926*].

l. *Variante de la phrase en 1926* : [...] c'est apprécier une chaise en se plaçant au point de vue linge et trouver la chaise incommode parce qu'on ne peut pas s'essuyer avec.

m. L'orchestre de *Parade* est d'une autre sorte [, d'une autre race *supprimé en 1920-1926*].

n. *Phrase supprimée en 1926.*

o. *De la séquence placée entre crochets, Cocteau conserve en 1920 uniquement l'exclamation* : « Vive Guignol ! », *avant de la supprimer entièrement en 1926.*

p. [...] la salle qui [ovationnait *Ms.-PM-1920*; acclamait *1926*] le bon compositeur Gabriel Fauré [...]

q. [...] nous n'étions, Satie, Picasso et moi, ni [boches *Ms.-PM*; Allemands *1920-1926*] ni criminels.

r. *Suivent une série de phrases entièrement biffées en Ms.* : Paris est une ville où la justice marche vite. Elle creuse ses routes droites sous un grouillement inattentif. / Paris est une ville où le neuf vient au monde, où on s'y refuse, [...] / Paris est une ville admirable parce que l'ordre y règne dans le désordre. / À Paris on n'aime que le neuf mais Paris est le berceau du neuf et rien ne l'empêche d'y naître et d'y prendre sa place.

s. *Adjonction en Ms.* : C'est la seconde fois qu'il joue ce rôle.

t. La jeunesse consulte la flèche [et trouve la bonne route *supprimé en 1920-1926*].

u. *Phrase finale supprimée en 1926.*

43
[CARTE BLANCHE. IX] *

Les bals musette rouvrent. « Qu'est-ce qu'un bal musette ? » demande la Parisienne élégante qui danse toutes les nuits des ragtimes composés à New York par des Russes, d'après le rythme nègre.

Un bal musette, on n'y entend plus de musette, mais c'est Paris, chère madame.

Un piston, un trombone, une grosse caisse, un triangle jouent sur une petite estrade très haute.

Rien de moins lascif que les couples. Ils dansent pour la danse. Il arrive même, comme dans les peuples où la danse est encore un rite, que deux « messieurs » dansent ensemble, avec une précision, une gravité d'automates.

Les mauvais bougres deviennent timides. On évite le coude qui cogne, le pied qui écrase. Si la rixe éclate, elle dégénère en bataille. Les musiciens se couchent à plat ventre pour éviter les projectiles.

Le tango était une belle danse. Je l'ai vu venir de l'Amérique du sud avec quatre jeunes Argentins[309]. Ils l'apportèrent dans une boîte de gramophone comme le cèdre dans un chapeau[310].

Depuis, les cours de danse en firent une sorte de gavotte, lui enlevèrent sa tristesse de promenade, sa difficulté de jeu d'échecs, ses coups de pied de cheval sauvage.

De même les nègres du jazz-band blanchissent. Ils adoptent les refrains de Mayol[311] et le barman des bruits qui en composait des cocktails terribles ressemble maintenant au vieil homme-orchestre, au *chapeau chinois* de notre enfance[312].

---

* « Carte Blanche. IX », *Paris-Midi*, nº 2989, 26 mai 1919, p. 3 et, à l'identique, dans *Le Siècle*, nº 2459, 27 mai 1919, p. 3 ; texte repris avec des suppressions et des variantes dans *Carte Blanche* (Paris, La Sirène, 1920) et dans *Le Rappel à l'ordre* (Paris, Stock, 1926). Manuscrit conservé à la Bibliothèque historique de la Ville de Paris. Version choisie : celle de la revue (*PM*), plus originale et plus développée, tout en indiquant les variantes significatives du manuscrit (*Ms. BHVP*), de *Carte Blanche* (*1920*) et du *Rappel à l'ordre* (*1926*).

309. Importé d'Amérique latine (Argentine et Brésil) dès 1907, le tango ne suscite une véritable « tangomania » à Paris qu'à partir de 1913, époque où il envahit les music-halls, les cours et les pistes de danse. En témoignent autant les thé-tango de l'après-midi que les soirées au Magic-City du quai d'Orsay et au Tango Duque Cabaret du Luna Park. Parmi les premiers tangos enregistrés à cette époque, citons *Joaquina* (1907), *Tango brésilien* (1908), *El mamao* et *La pinchazo* (1909).

310. En 1734, le botaniste Bernard de Jussieu (1699-1777) ramène d'Angleterre deux cèdres du Liban, mais non, comme le veut la légende, sous son chapeau et après un voyage en terre sainte.

311. Félix Mayol (1872-1942), chanteur populaire, connaît son premier grand succès avec *La Paimpolaise* (1896), suivi de *Viens Poupoule* (1902) et *La Matchiche* (1905). En 1910, il rachète le Concert parisien qui prend pour nom Concerts Mayol et dont il est la principale vedette.

312. Chapeau chinois, instrument de musique des fanfares et harmonies placé en-tête des cortèges. Composé d'un bâton surmonté d'un montage métallique en forme de chapeau chinois dont le pourtour est cerné de petites cymbales qui s'entrechoquent, il donne le rythme à l'orchestre lorsque le musicien le frappe sur le sol.

C'est aux bals musette qu'il faudrait chercher une jeunesse. Déjà ses polkas, ses quadrilles excitaient les compositeurs modernes au cirque Medrano lorsque le charmant Bastien exécute en « jockey d'Epsom » [313] ses exercices de Haute-École [314].

Il y a là une force naïve, une tradition intacte, une grâce sans mélanges [a].

Stravinski emploie les motifs et les timbres populaires russes. Auric, Durey, Milhaud, Poulenc doivent puiser à cette source [b].

[...]

Juger le bolchévisme [c] à distance est aussi absurde que juger un tableau sans l'avoir vu, d'après les théories du peintre.

La soi-disant peinture bolchéviste que nos dirigeants confondent avec notre Esprit Nouveau est le compromis décoratif entre l'*art populaire* et le *futurisme* d'un peuple riche en musiciens et en écrivains, mais pauvre en peintres [315].

Ce qui importe (pour nous autres) c'est, par exemple, que le gouvernement bolchevick verse une rente à la mère d'Igor Stravinski, que Chaliapine [316] voyage en train spécial et que dans la répartition des vivres l'artiste passe en tête avec le laboureur.

[...]

Variantes

a. *Phrase supprimée en 1920-1926.*

b. *Variante en ms. BHVP* : Auric, Durey, Milhaud, Poulenc doivent puiser à cette source et, en marge de leurs œuvres, nous inventer une danse nouvelle. *Variante en 1920-1926* : Auric, Durey, Milhaud, Poulenc doivent puiser à cette source, chez nous.

c. *Rubrique entièrement supprimée en 1920-1926. En ms. BHVP, elle débute par la phrase* : Le bolchévisme n'est pas neuf. Lénine ressemble à Mithridate [317]. Mais juger le bolchévisme [...]

313. Le « Jockey d'Epsom » demeure aujourd'hui encore l'une des grandes attractions du cirque : un cavalier exécutant des numéros de voltige. Le peintre Jean-Émile Laboureur l'a immortalisé dans des dessins de style Art Déco et un tableau conservé au Musée des Beaux-Arts de Nantes.

314. Dans l'article suivant de « Carte Blanche », paru le 2 juin 1919, Cocteau revient sur l'artiste Bastien dans un « P.S. » : « Dans mon dernier article un *lapsus calami* m'a fait écrire "Le charmant Bastien exécute ses exercices de Haute-École", alors que Bastien travaille sur panneau. »

315. Cocteau fait probablement allusion aux futuristes russes, également nommés « imaginistes » ou « aveniristes ». Leur enthousiasme pour la révolution bolcheviste rejoint en effet leur sensibilité pour l'art populaire, mais ils ne sont pas « pauvres en peintres », comme Cocteau le prétend. Citons, parmi eux, le peintre Georges Yakoulov (1884-1928) qui vit à Paris en 1912 et 1913 et fréquente les Delaunay, ou encore Nadejda Oudaltsova (1886-1961) et Lioubov Popova (1889-1924) qui, elles aussi, séjournent dans la capitale à la même époque.

316. Pour sa première apparition dans la capitale française en 1907, la basse Feodor Chaliapine (1873-1938) a suscité l'étonnement du public par son interprétation dans *Boris Godounov.*

317. Lénine (1870-1924) et son prédécesseur lointain Mithridate (132-63 avant notre ère) se ressemblent-ils aux yeux du poète, pour s'être tous deux révoltés, l'un contre le régime autoritaire du Tzar, l'autre contre l'impérialisme de Rome ?

44
[Carte blanche. X] *

M. Bosc continue à entretenir au Bal Tabarin une atmosphère classique[318]. Entre un fox-trot et un one-step, voici de nouveau LE QUADRILLE. Les étrangers le regardent comme la tour Eiffel, souvenir de 89. L'orchestre attaque *La Mascotte*[a 319]. Hélas ! nous ne verrons jamais Grille d'Égout, La Goulue[b], Nini-Patte-en-l'Air, Rayon d'Or, Jane Avril[320], ces grandes filles intimidantes qui portaient des noms de chevaux de course et traînaient derrière elles un cortège d'amoureux, de marlous, de crevés, de peintres.

Des « nouvelles » les remplacent. Leurs toques et leurs tuniques modernes, leurs épaules plates ne sont plus en proportion avec les *dessous*, les jupons, les pantalons, où gigotent les jambes, toute une literie d'adultère au Palais-Royal. Vénus naissant n'agitait pas plus d'écume que ces danseuses au visage enluminé[c].

Un projecteur les enveloppe[d]. Les unes se promènent auprès de leur ombre et découvrent leurs jambes noires, les autres frottent leurs semelles dans la résine, brandissent leur pied à pleine main ou s'écartèlent sur l'accord final.

Mais on regrette les panaches, les canotiers, les cols, vestes « cycliste », les corsets clinquants que peignirent mal Rops et bien Toulouse-Lautrec[321].

Cependant, les professionnelles de 1919, Mirette, Mistral, Gaby, Liane, ont du style. Un cœur de Parisien palpite dès que ce poulailler secoue ses plumes sur un air de franchise épique[e]. Nous sommes loin de l'exotisme, de l'ironie. Ce spectacle me touche à la manière dont les corridas touchent un Espagnol. Mille souvenirs d'enfance s'échappent des bouillonnements du linge. On dirait les drapeaux, les bouquets, les lapins, les coups de feu, les colombes des frères Isola[f 322].

---

* « Carte Blanche. X », *Paris-Midi*, n° 2996, 2 juin 1919, p. 3 et, à l'identique, dans *Le Siècle*, n° 2466, 3 juin 1919, p. 3 ; texte repris avec des suppressions et des variantes dans *Carte Blanche* (Paris, La Sirène, 1920) et dans *Le Rappel à l'ordre* (Paris, Stock, 1926). Premier jet manuscrit conservé au Musée des Lettres et des Manuscrits à Paris. Second état manuscrit conservé à la Bibliothèque historique de la Ville de Paris. Version choisie : celle de la revue (*PM*), plus originale et plus développée, tout en indiquant les variantes significatives des manuscrits (*Ms. MLM et Ms. BHVP*), de *Carte Blanche* (*1920*) et du *Rappel à l'ordre* (*1926*).

318. Auguste Bosc (1868-1945), chef d'orchestre, dirige le Bal Tabarin, cabaret situé 36 rue Victor-Massé. Le Quadrille cité est une danse du French cancan.

319. *La Mascotte*, opérette à succès d'Edmond Audran créée au Théâtre des Bouffes-Parisiens le 29 décembre 1880.

320. Cocteau cite plusieurs danseuses de french cancan qui font les beaux jours du Moulin-Rouge au tournant du siècle : La Goulue, pseudonyme de Louise Weber (1866-1929), rendue immortelle par une affiche dessinée par Toulouse-Lautrec; Jane Avril, pseudonyme de Jeanne Louis Beaudon (1868-1943) et sa comparse Grille d'Égout. Quant à Rayon d'or ou Casque d'Or, pseudonyme d'Amélie Elie (1878-1933), elle n'appartient pas au même milieu : elle fréquente les voyous, plus précisément la bande des Apaches qui défraient la chronique des faits divers.

321. Il est vrai que les dessins et les tableaux de Toulouse-Lautrec ont davantage immortalisé les danseuses du Moulin-Rouge que ceux de Félicien Rops.

322. Les frères Émile Isola (1862-1945) et Vincent Isola (1862-1947), prestidigitateurs célèbres à la fin du XIXe siècle qui offrent des spectacles de féerie et d'illusion au Théâtre Isola du boulevard des Capucines.

L'orchestre s'arrête. Les belles-de-nuit se ferment. Leurs jupes étroites retombent de travers sur les pétales blancs. Elles sortent. On ne les aborde pas. La foule s'écarte en silence avec le respect qu'on porte aux aïeules.

Le chef d'orchestre accroche la pancarte : ONE STEP [323]. C'est : « Tu reverras Paname, Pana-me, Pana-me » [324], le refrain désespérant des gares, des routes, des nuits atroces de la guerre. Maintenant, on danse dessus. Les couples envahissent le plancher comme l'eau quand la piste du Nouveau Cirque s'enfonce. À la façon dont chaque homme, chaque femme s'emboîtent, tiennent leur main, leur tête, on devine leurs habitudes pour manger, dormir, faire l'amour.

« Tu reverras Pana-me, Pana-me, Pana-me ! »

Les grandes *poules* se sauvent, emportant toute une mode qui évolua sous l'influence du vers de Charles Baudelaire :

Le charme inattendu d'un bijou rose et noir [325].

... éventails de Chantilly contre une gorge, bas à jours sur une cuisse, cochons et chats, cordonnets de l'édition de luxe de *L'Après-midi d'un faune*, négresse au coquillage, et autres allusions secrètes.

[...]

Variantes

a. *Variante en Ms. MLM et Ms. BHVP* : L'orchestre entonne *Madame Angot* [326].

b. *Variante en Ms. MLM et Ms. BHVP* : [...] Grille d'Égout, Rigolboche, La Goulue [...]

c. *Phrase supprimée partiellement en 1920 et entièrement en 1926.*

d. Un projecteur les [enveloppe *PM*; frappe *1920-1926*].

e. [...] ce poulailler secoue ses plumes [sur un air de franchise épique *supprimé en 1920-1926*].

f. *Variante de la phrase en 1920-1926* : On dirait les drapeaux, les bouquets, les lanternes, les coups de feu, les bouteilles de champagne, les colombes de Robert-Houdin.

---

323. One-step, danse des bals populaire au début du XXe siècle.

324. *Tu l'reverras Paname*, chanson composée par Albert Chantrier sur des paroles de Robert Dieudonné et Roger Myra, dédiée aux soldats de la Première Guerre mondiale et créée par Suzanne Valroger en 1917.

325. Dernier vers d'une épigraphe destinée à accompagner un portrait de « Lola de Valence », ballerine espagnole, réalisé par Édouard Manet. Voir Baudelaire, *Œuvres complètes*, éd. Claude Pichois, Paris, Gallimard, Bibliothèque de la Pléiade, 1983, t. 1, p. 168.

326. *La Fille de Madame Angot*, opérette à succès de Charles Lecocq créée au théâtre des Fantaisies-Parisiennes à Bruxelles le 4 décembre 1872, puis aux Folies-Dramatiques à Paris le 21 février 1873.

45
[Carte blanche. XII] *

[...]

P.-S. – Je voudrais vous rendre compte des *Choéphores* de Darius Milhaud, traduites par Paul Claudel, d'après Eschyle (hier, salle Gaveau, chez Delgrange)[327]. Mais Milhaud m'avait demandé de tenir le tambour dans sa batterie. Comme je ne sais pas jouer du tambour et que j'essayais de compter les mesures, j'ai mal entendu le curieux passage où le chœur chuinte et où la cantatrice déclame le texte, accompagnée par des rythmes. (Milhaud n'a fait emploi que des accessoires de batterie du traité d'orchestration de Berlioz.) Le reste est un tissu riche d'où les cuivres arrachent des lambeaux écarlates. L'orchestre des *Choéphores* est SEC comme du bon champagne. On peut préférer le goût du sucre, mais le champagne sec est supérieur[a].

Variantes

a. *Les deux dernières phrases sont supprimées en 1926.*

46
[Carte blanche. XIII] **

Demain soir 24 juin, dans la galerie Barbazanges, 109, rue du Faubourg-Saint-Honoré, Pierre Bertin organise une séance dite « *d'avant-garde* », parmi les maquettes des costumes et des décors bariolés de Gontcharova et de Larionov[328].

Outre des musiques de Stravinski, Darius Milhaud, Roland-Manuel, Georges Auric, Louis Durey, Lord Berners[329], Erik Satie, Francis Poulenc, Germaine Tailleferre,

---

* « Carte Blanche. XII », *Paris-Midi*, nº 2310, 16 juin 1919, p. 3 et, à l'identique, dans *Le Siècle*, nº 2481, 17 juin 1919, p. 3 ; texte repris avec des suppressions et des variantes dans *Carte Blanche* (Paris, La Sirène, 1920) et dans *Le Rappel à l'ordre* (Paris, Stock, 1926). Version choisie : celle de la revue (*PM*), plus originale et plus développée, tout en indiquant les variantes significatives de *Carte Blanche* (*1920*) et du *Rappel à l'ordre* (*1926*)

327. *Les Choéphores*, musique de scène pour soprano, baryton, récitant, chœur mixte et orchestre composée par Darius Milhaud en 1915 sur le second volet de *L'Orestie* d'Eschyle dont Claudel a réalisé la traduction. L'œuvre vient d'être créée à la Salle Gaveau le 15 juin 1919, sous la direction de Félix Delgrange, avec, entre autres, Jane Bathori, mais également Cocteau en tant qu'instrumentiste. Voir la lettre du 16 août 1919 dans Jean Cocteau – Darius Milhaud, *Correspondance*, établie par Pierre Caizergues et Josiane Mas, Valence, Novetlé-Massalia, 1999, p. 19-20.

** « Carte Blanche. XIII », *Paris-Midi*, nº 2317, 23 juin 1919, p. 3 et, à l'identique, dans *Le Siècle*, nº 2488, 24 juin 1919, p. 3 ; texte repris avec des suppressions et des variantes dans *Carte Blanche* (Paris, La Sirène, 1920) et dans *Le Rappel à l'ordre* (Paris, Stock, 1926). Version choisie : celle de la revue (*PM*), plus originale et plus développée, tout en indiquant les variantes significatives de *Carte Blanche* (*1920*) et du *Rappel à l'ordre* (*1926*).

328. Cette manifestation à la Galerie Barbazanges organisée par Pierre Bertin prend place dans le cadre une exposition de décors et costumes dessinés par les Russes Natalia Gontcharova (1881-1962) et Michel Larionov (1881-1964). Depuis 1912, tous deux travaillent pour les Ballets russes de Diaghilev.

329. Gerald Hugh Tyrwitt-Wilson, baron Berners (1882-1950), compositeur, écrivain et peintre anglais. Ce mondain, excentrique et homosexuel faisant partie du Tout-Paris de l'époque se trouve alors à l'aube

interprétées par Marcelle et Germaine Meyer[330], Koubitzky, Auric, Mme Bathori et Mlle Caryathis[331], le programme annonce une *Nouvelle dialoguée en un acte*, de Max Jacob : *TROIS NOUVEAUX FIGURANTS AU THÉÂTRE DE NANTES*[332].

[...]

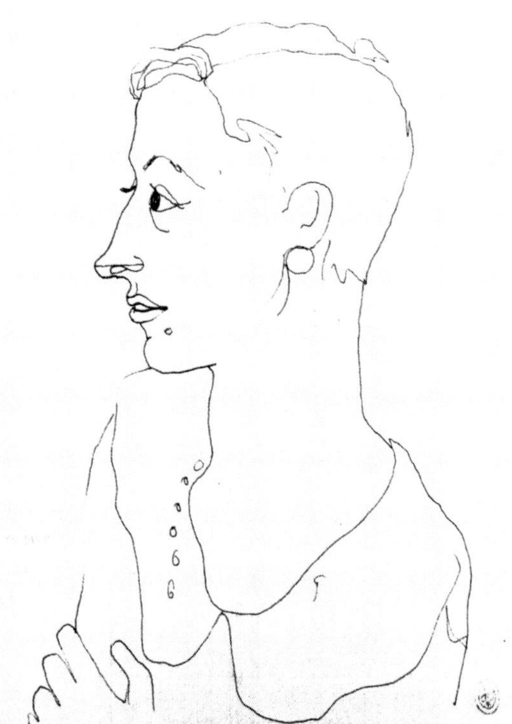

32. Marcelle Meyer, s.d., collection privée.

d'une carrière protéiforme. Comme musicien, il compose des œuvres pour orchestre, notamment : *Trois Morceaux* (1918), *Fantaisie espagnole* (1919) et pour piano : *Le Poisson d'or* et *Valses bourgeoises* (1919).

330. Marcelle (1897-1958) et Germaine Meyer (1891-?) sont toutes deux pianistes. Marcelle Meyer se marie avec Pierre Bertin en 1917 (ils divorceront dix ans plus tard) : elle s'introduit ainsi dans le cercle de Cocteau et de Satie et devient l'une des pianistes attitrées du groupe. Quant à Germaine, elle épouse le peintre Léopold Survage en 1921.

331. Caryathis, pseudonyme de Élisabeth Toulemont (1888-1971), danse ici sur la musique des *Jongleurs* de Francis Poulenc et sur une chorégraphie élaborée sur les conseils de Cocteau. Elle portera ensuite le surnom de « Belle Excentrique », nom issu du ballet de Satie qu'elle dansera le 15 juin 1921. Elle se mariera avec Marcel Jouhandeau en 1929.

332. Max Jacob (1876-1944), écrivain et aquarelliste. Figure majeure de l'avant-garde parisienne, il se lie avec, entre autres, Picasso, Maurice Utrillo, Fernand Léger, Pierre Reverdy, Jean Cocteau, Raymond Radiguet, Francis Poulenc. En 1916, Paul Dermée donne une conférence sur ses œuvres à l'Atelier Huyghens. En avril 1919, il expose ses gouaches dans la Galerie de Georges Terrisse. Pierre Bertin interprète ici sa première pièce, *Les Trois Nouveaux Figurants au Théâtre de Nantes*.

47

RÉPONSE À ANDRÉ GIDE *

Gide me dit un jour : « Je viens de vous écrire une lettre à propos du *Coq et l'Arlequin*. Comme je n'ose vous l'envoyer, je vais la publier dans *La Nouvelle Revue Française*. » Rien de plus Gide. Je souris et j'approuvai cette pudeur étrange, me réservant toutefois de répondre en même place, si je l'estimais utile. « Je l'espère bien », s'écria Gide, « ce qui donne de l'intérêt à une rubrique de Lettres Ouvertes, c'est justement qu'elle excite, qu'elle est vivante, qu'elle comporte des réponses. »

Un matin, Gide me montra sa lettre. On l'a lue dans le numéro du 1er juin de *La Nouvelle Revue Française*[333]. Elle était alors un peu autre. Au lieu de me tendre un morceau de sucre (de restrictions) avant la drogue, il me le tendait après.

Cette lecture se passait à Auteuil.

Gide s'y est fait construire une maison symbolique. Les fenêtres ne regardent pas en face. À l'intérieur, des couloirs, des escaliers d'entrecroisent, *se contredisent.*

Serait-ce un état d'âme de Dostoïevski ou le véritable chalet NORMAND?

Gide, se rendant compte du ridicule d'envoyer, ouverte, à un ami, sans que personne le demande[334], une lettre pareille, m'avait laissé seul avec les feuillets de machine à écrire.

Enfin il rentra. Du premier coup d'œil, il m'était apparu que sa lettre n'avait pas cet air de nécessité qui excuse tout : trop courte ou trop longue, trop venimeuse ou trop sirupeuse, sans le moindre intérêt général.

Je répugne à y chercher la manœuvre que certains y virent. Je ne trouve qu'une incompréhension fort excusable chez un écrivain mal renseigné sur le travail des jeunes compositeurs.

Mes reproches étonnèrent Gide. Il croyait m'avoir souvent dit ce que contenait sa lettre.

Outre que c'est inexact et qu'il « n'osait me parler du livre », sauf pour m'en réclamer une phrase et me remercier passionnément de la lui rendre[335], Gide, s'il se sent ours en ma présence, porte tant de miel à ses pattes que je distingue peu les griffes.

Non, la vérité me frappait pour la première fois.

---

* « Réponse à André Gide », *Les Écrits nouveaux*, t. III, nos 18-19, Paris, juin-juillet 1919, p. 153-160 ; texte repris dans Jean Cocteau, *Lettres à André Gide avec quelques réponses d'André Gide*, éditées par Jean-Jacques Kihm (Paris, La Table ronde, 1970, p. 85-96). Manuscrit conservé à JD. Version choisie : celle de la revue, corrigée à l'aide du manuscrit sur le plan de la disposition du texte et livrant des corrections par rapport à l'édition de Kihm.

333. André Gide, « Lettre ouverte à Jean Cocteau », dans *La Nouvelle Revue française*, no 69, 1er juin 1919.

334. À raison, Jean-Jacques Kihm rectifie que la « lettre ouverte » est un genre littéraire et remarque que la même livraison de *La Nouvelle Revue française* contenait une seconde lettre ouverte de Gide adressée à Jacques Rivière. Voir Jean Cocteau, *Lettres à André Gide avec quelques réponses d'André Gide*, Paris, La Table ronde, 1970, p. 94, n. 1.

335. Il s'agit d'un aphorisme présent dans la première édition du *Coq et l'Arlequin*, apparemment emprunté à Gide, mais restitué à son auteur par Cocteau à l'aide d'un « papillon » et finalement écarté des versions postérieures de l'ouvrage (voir note 194 du texte 33).

Mon livre vise Arlequin. Et voici que sous les losanges et le loup, je reconnaissais un regard, une démarche. Arlequin répondait à mon livre une lettre aigre-douce et me retournait mes propres griefs avec agilité.

« Cette lettre », disait-il, prenant la voix de Cassandre, « je la dois au public. » (! ?) Ou bien encore : « La véritable amitié ne se nourrit pas de réticences. »

Je n'avais donc pas à essayer de convaincre. J'étais puni d'une paresse qui nous cache trop souvent les mésententes profondes.

Le surlendemain, Jacques Rivière [336] me demanda un rendez-vous. J'allai le voir à la Revue et nous eûmes un long entretien. Rivière croyait devoir me convaincre que la lettre de Gide n'était pas inamicale.

Je l'arrêtai, portant tout de suite la dispute plus haut. La lettre de Gide devenait pour moi une occasion de marquer certaines distances.

Rivière se déclara enchanté à l'idée d'une discussion « sur un point qu'il considère comme d'un intérêt palpitant pour ses lecteurs ».

J'emportai de cette rencontre une sympathie qui sort intacte de nos entêtements mutuels.

Je déjeunai avec Gide et lui annonçai que j'écrivais ma réponse. « Les seules choses », dis-je, « que votre lettre puisse atteindre sont en dehors de moi, et si chères, si délicates, que je dois les défendre avec un peu d'escrime et beaucoup de fermeté. »

Gide se félicita encore d'une forme de duel *réinstituant*, s'écriait-il, *une chevalerie littéraire.*

J'envoyai donc ma réponse. J'évitais l'article, le manifeste. Je voulais répondre à une lettre par une lettre.

Rivière m'écrivit que cette lettre était trop une lettre, qu'elle rétrécissait le débat au lieu de l'élargir et, oubliant que Gide s'en prenait à ma nature même, m'accusa de « franchir les bornes du plan littéraire ». Bref, il refusait d'insérer [337].

Ici je m'étonne. Une réponse ne se refuse pas, ne se discute pas. Si on contrôle le moindre texte d'une revue, on n'y laisse rien publier qui entraîne une réponse hasardeuse. Un groupe *fermé* n'accueille pas de lettres *ouvertes.*

Gide « très généreusement voulait que je laisse paraître votre lettre », ajoute Rivière. « Généreusement » n'est pas de mise. Le droit de réponse est un droit légal.

Je respecte les scrupules de Rivière. Je n'avais qu'un moyen de le couvrir vis-à-vis de Gide et d'éviter à Gide une fausse attitude. Je l'employai.

Toutefois je m'appliquai à rendre mon EXPLOIT le moins grave possible. J'eusse voulu amuser Gaston Gallimard [338] en le fui faisant lire par un comédien du Théâtre-Français.

Dans ce texte, selon le mot d'un ami, la cuiller tient debout.

---

336. Jacques Rivière (1886-1925), directeur de *La Nouvelle Revue française.*

337. Devant le refus de Rivière d'insérer la lettre de Cocteau dans la revue et le refus de Gide d'intervenir auprès de Rivière pour le faire changer d'avis, Cocteau se verra obligé de faire procéder à l'exploit d'huissier et de publier sa lettre accompagnée d'un préambule et d'un postambule dans *Les Écrits nouveaux*. Voir *Lettres à André Gide avec quelques réponses d'André Gide*, éd. Kihm, p. 94-96, n. 2.

338. Gaston Gallimard (1881-1975) est l'éditeur de *La Nouvelle Revue française.*

Exploit [339]

Lettre à André Gide
Destinée au numéro du 1er juillet de *La Nouvelle Revue française*

Mon cher Gide,

Vous connaissez la baraque foraine où le bon tireur déclenche un mécanisme. Une trappe s'ouvre et une silhouette se montre. Je sentais bien que mon petit livre avait fait mouche et qu'une silhouette allait paraître, mais je ne songeais pas à la vôtre.

Le premier mouvement de surprise passé, je m'approche et je cherche à démêler pourquoi c'est vous que mon « livre dans le mille » a fait sortir.

Vous avez, Gide, tout un système de mystères, de réserves, d'imparfaits du subjonctif, d'alibis et d'imbroglios.

La nécessité de publier ces lignes ailleurs que dans la revue où Gide m'a interpellé, m'autorise à rétablir ici un paragraphe d'ordre critique et à en supprimer un autre d'ordre plus personnel.

C'est mon tour, si j'y pense, de m'avouer ours aux pattes lourdes et de suivre, dans l'arbre, vos cache-cache d'écureuil.

Gide aime-t-il X… ? Admire-t-il Y… ? On l'interroge. Il renifle, se penche, hausse les épaules. Son genou dit que oui, son coude que non [340]. Et n'ai-je pas, le premier, mis cette attitude sur le compte de votre sensibilité ? Elle vous empêche de hasarder vos préférences fragiles dans les dialectiques sans restrictions.

J'admets donc ce système et ces tours de cartes. J'eusse trouvé inamical un pressant besoin de dire en public combien ils m'incommodent.

Je ne compte pas entreprendre ici l'éloge du *Coq et l'Arlequin*. Il a été lu, relu et approuvé en épreuves par le groupe des jeunes musiciens. Il les exprime. C'est un manuel de poche où je ne parle de moi qu'à cause de *Parade*, et de *Parade* qu'à titre d'exemple et aussi comme du *Sacre* pour fixer des points d'histoire.

Vous vous êtes récemment approché de nos semailles avec un intérêt louable chez un homme qui récolte.

Vous ne regardiez pas certaines audaces. Vous les regardez. Mais vous regardez *du dehors*.

Vous vous êtes même rendu acquéreur d'une toile de Georges Braque [341]. Lorsque je vous demandai ce qu'elle représentait, si c'était sa « grappe de raisin », vous me répondîtes avec impatience que vous ne saviez pas, et que, du reste, cela vous était égal. Or, tout est là. Car si Braque ne partait pas d'une base solide, s'il n'emmenait pas une grappe, en libre logicien, où bon lui semble, vous ne goûteriez pas cette toile légère.

---

339. Signifié le 20 juin 1919 par Maître Savreux, huissier, à la requête de Jean Cocteau et adressé à Gaston Gallimard, gérant de *La Nouvelle Revue française*, l'exploit précise que le droit de réponse de Cocteau a été remis à la revue le 7 juin et s'appuie sur l'article 13 de la loi du 29 juillet 1881 pour exiger qu'il soit publié dans la livraison suivante. Voir *Lettres à André Gide avec quelques réponses d'André Gide*, éd. Kihm, p. 89.

340. Phrase absente dans l'édition de Kihm.

341. *Nature morte aux raisins* peinte dans un format ovale par Georges Braque en 1918 a été mise en vente par Catherine Gide chez Christie's en décembre 2006.

Le raisin d'Apelle[342] était un « trompe-l'œil d'oiseaux », le raisin de Braque est un « trompe-l'esprit d'hommes »[343], non un décor.

Ce qui vous attire, c'est un décor, un tumulte, une marche sur les mains, qui sont l'écume du mouvement moderne.

Dans toute révolution, il existe une période aiguë de sauvagerie, une « terreur », où l'influence exotique se présente sous forme de bariolages (Michelet cite des anecdotes cannibales[344]). Un instinct de réagir contre ces excès décide l'ordre nouveau. C'EST CET ORDRE QUI IMPORTE.

Vous vous êtes approché d'un *spectacle*. Si vous étiez à *l'intérieur*, vous vous rendriez compte qu'il était urgent et brave de mettre de l'ordre, de passer outre le blâme des agents provocateurs, des surenchères, d'un état d'esprit nègre qui consiste à déifier la machine.

Après ce coup d'œil moins superficiel, vous ressentiriez la gêne d'encourir certaines approbations.

Vous reprochez aussi, tacitement, au *Coq* d'être en désaccord avec *Le Cap de Bonne-Espérance*[345]. C'est possible. Un écrivain doit-il camoufler ses fautes en méthode? Nous ne l'admettons plus. *Le Coq* a été écrit après *Le Cap*[346]. Je n'ai pas pensé au *Cap* en écrivant *Le Coq*. Si *Le Coq et l'Arlequin* corrige certains passages du *Cap de Bonne-Espérance*, il a raison parce qu'il arrive après. Je m'estimerais peu si j'avais renoncé à écrire l'un parce qu'il pourrait fournir une arme contre l'autre.

Du reste, mon cher Gide, l'incertitude n'est-elle pas le charme de vos œuvres et de votre style? On pense à une baigneuse qui n'ose se jeter à l'eau et qui se mouille les seins en poussant de petits cris.

Il y a en vous du pasteur et de la bacchante. Il arrive que ce mélange déconcerte à force qu'on le sente concerté. Ce n'est point que je ne reconnaisse la grâce de vos ivresses prudentes, mais certaines d'entre elle me semblent bien moins en rapport avec celui que vous êtes qu'avec celui que vous voudriez qu'on vous crût.

Pour le reproche de sauter les marches, je montais depuis l'enfance un escalier absurde. Vous êtes de ceux m'ayant fait voir qu'il en existait un autre. Bondir de celui-ci sur celui-là, au risque de se rompre le cou, n'est pas ce que j'appelle : sauter des marches. Ensuite il ne faut pas confondre « sauter des marches » avec monter marche à marche un escalier où la lumière n'éclaire les marches que par intervalles.

Bien des nuances, mon cher Gide, que vous négligez et qui comptent lorsqu'on entame une controverse si impérieuse qu'elle dépasse les scrupules du cœur.

Dans *Le Coq et l'Arlequin*, j'avais, sans m'en rendre compte, emprunté une phrase à votre conversation et vous la restituai, sur votre prière instante, par l'entremise d'un

---

342. Apelle, peintre grec du IVe siècle avant J.C., dont les raisins étaient peints, d'après la légende, de façon si réaliste qu'ils attiraient les oiseaux.

343. Dans son édition du texte, Kihm donne erronément « trompe-l'œil d'hommes ».

344. Dans le tome IV de son *Histoire de France*, l'historien Jules Michelet (1798-1874) décrit des scènes de cannibalisme autour de l'an 1000.

345. Dans sa « Lettre ouverte à Jean Cocteau » publiée le 1er juin 1919 dans la *Nouvelle Revue française*, André Gide déclare ouvertement que *Le Coq et l'Arlequin* ne rejoint pas la qualité esthétique du *Cap de Bonne-Espérance*. Voir *Lettres à André Gide avec quelques réponses d'André Gide*, éd. Kihm, p. 78-82.

346. Phrase absente dans l'édition de Kihm.

papillon. Ce papillon était une preuve de mon amitié. Ne voyez pas autre chose dans cette réponse qu'un papillon aux ailes un peu plus lourdes.

P.S. Je ne vais pas ratiociner sur *Parade*, notre grand jouet mécanique. Vous suivez une mode qui était d'en dire du mal sans l'avoir vu. Ce spectacle proposait, comme tout spectacle, des perspectives de mystère, mais ne cherchait pas le moins du monde à les mettre en valeur au détriment du plaisir des yeux.

Mon droit était formel.

La Nouvelle Revue Française passe outre et m'oblige à poursuivre sur un terrain désagréable. Je le regrette, car je suis forcé de rendre Gide seul responsable.

Je sais fort bien que Gide se réfugiera derrière la phrase où « généreusement » sonne si faux, mais il suffisait qu'il insiste. Il devait exiger que ma réponse paraisse.

Gide parle de duel. Il vient de se battre dans un costume blindé.

Pourquoi voulez-vous que je m'en prenne aux amis qui lui jouèrent cette farce par sollicitude, ou même au fabricant de blindages ? Je constate. Je lève le pouce. Les témoins s'approchent. On découvre la cotte de maille, et chacun rentre chez soi.

48

[Carte blanche. XVIII] *

Voici la fin de l'année active. Année de germes. Le grouillement des arts s'ordonne un peu. On distingue les familles. Je ne résiste pas à faire le bilan musical 1919, des jeunes. Travail que j'ai pu suivre de près. La place dont je dispose m'oblige à ne grouper que les « premières auditions ».

Malgré quelques erreurs de date, M. Marnold consacre à nos amis une étude intéressante dans le *Mercure*[347]. Sa compétence est hors de doute. Mais deux choses l'empêchent de bien voir ce qui se passe : 1° ce qu'il nomme « poésie de potache », « théories fumistes », dont il souhaite que nos musiciens se dégagent et qui sont justement l'esprit même qui les anime ; 2° son injustice pour Satie, d'une empreinte si saine[a].

Je l'approuve lorsqu'il reproche aux œuvres la brièveté. J'ai dit de la séance Barbazanges qu'elle était *un repas de hors-d'œuvre*. Mais la réaction contre « l'interminable » se faisait sentir, et toute réaction pèche par excès. J'ajoute que les organisateurs de séances choisissent toujours les œuvres courtes pour amuser le public.

Igor Stravinski. L'homme orchestre. Salle des agriculteurs : *Berceuses du chat. Pribaoutki*. J'ai déjà parlé de ces petites pièces lointaines comme l'enfance et

* « Carte Blanche. XVIII », *Paris-Midi*, n° 2351, 28 juillet 1919, p. 3 et, à l'identique, dans *Le Siècle*, n° 2522, 29 juillet 1919, p. 3 ; texte repris avec des suppressions et des variantes dans *Carte Blanche* (Paris, La Sirène, 1920) et dans *Le Rappel à l'ordre* (Paris, Stock, 1926). Version choisie : celle de la revue (*PM*), plus originale et plus développée, tout en indiquant les variantes significatives de *Carte Blanche* (*1920*) et du *Rappel à l'ordre* (*1926*).

347. Le critique Jean Marnold (1859-1935) n'est pas particulièrement favorable aux idées de Cocteau, car c'est un proche de Maurice Ravel. Cofondateur avec Louis Laloy du *Mercure musical*, il y livre ses critiques de 1905 à 1907, avant de collaborer à d'autres périodiques dont le *Mercure de France*.

l'Orient. La dernière des *Pribaoutki* me bouleverse. Les violons boitent, le cor anglais nasille, la voix envoûte. Le texte russe et le texte de Ramuz diffèrent beaucoup [b].

GEORGES AURIC. Enfant prodige. Pas un monstre. À quatorze ans, il compose *L'Œuf de Pâques* et *Le Canard.* C'est extraordinaire, mais il progresse depuis. Il donne en première audition cette année *Chandelles romaines* et *La Fête du duc* [348].

Chandelles romaines n'est pas un « court ballet », comme le pense M. Marnold. C'est un fragment (piano) d'un ballet (orchestre) qui dure trente-cinq minutes, et dont *Chandelles romaines* est un épisode [c]. *Chandelles romaines* est vulgaire pour l'oreille habituée aux raffinements. Auric n'aime pas la foire de Petrograd à travers les musiciens russes, mais la foire de Montmartre [d]. Pas de bazar, d'orientalisme, de mélancolie sous la neige. Une autre mélancolie des carrousels, « vagues de la mer [e] », « ballons » de notre enfance, « automobiles » et « aéroplanes » modernes. Orgue mécanique, dynamos haletantes, salons de velours et d'or qui s'enfoncent à toute vitesse dans les miroirs. Feu d'artifice à la campagne. Pompiers. Retraite. Le lendemain on ramasse les pétards dans l'herbe.

La Fête du duc n'est pas, comme croit M. Marnold, une ancienne mélodie d'Auric. C'est sa plus récente. Tirez un coup de carabine Flobert [349] au milieu d'une toile du Douanier et voilà le décor qui bouge [350]. Les vaches paissent, le dirigeable avance, le tigre saute sur l'Arabe, M. Juniet fouette son cheval.

Le tireur Auric déclenche un défilé de bêtes en tôle.

LOUIS DUREY travaille dans la solitude. Il évite les contacts durs, les jungles. Il développe laborieusement ses dons au service d'une belle âme. *Inscriptions sur un oranger* et *Les Poèmes de Pétrone* sont deux cailloux blancs qui marquent la naissance d'une école sans tumulte, sans pittoresque [f 351]. *Bestiaire* : là où Poulenc saute avec des pattes de jeune chien, Durey pose délicatement ses pieds de biche [352]. L'un et

---

348. En 1919, Georges Auric (1899-1983) a vingt ans. Il commence à composer dès l'âge de 11 ans. Cocteau ne cite que quatre mélodies, alors qu'Auric, à l'époque, en a déjà une bonne trentaine à son actif. Ainsi « L'œuf de Pâques » et « Le Canard » sont deux mélodies extraites des *Chansons de l'escarpolette* composées sur des poèmes de Tristan Klingsor et interprétées en public par Paule de Lestang et Alfredo Casella à la Société nationale de musique, Salle Pleyel, le 28 mars 1914. « Les Chandelles romaines » appartiennent aux *Noces de Gamache*, musique de ballet d'après Miguel de Cervantes. Auric en écrit deux versions : l'une pour orchestre, l'autre pour deux pianos. *La Fête du duc* composée sur un poème de Cocteau a été créée par Pierre Bertin à l'Atelier Huyghens le 5 avril 1919.

349. La carabine de la marque Flobert est en usage depuis la fin du XIXe siècle.

350. Cocteau s'exprime par métaphores. Il prête le même pouvoir innovateur et dynamique à la mélodie d'Auric (*La Fête du Duc*) que l'animation dont pourrait bénéficier le tableau du Douanier Rousseau (*La Carriole du père Juniet)* au retentissement d'un coup de fusil.

351. En 1919, Louis Durey (1888-1979) a déjà composé une quarantaine de mélodies. *Inscriptions sur un oranger* sur deux poèmes d'Évariste Alvar ont été publiées dans le premier numéro de la revue *Aujourd'hui* du 2 juin 1919. Les *Trois Poèmes de Pétrone* (« La Boule de neige », « La Métempsychose », « La Grenade ») pour voix et piano ont été créés par Pierre Bertin et Marcelle Meyer à l'Atelier Huyghens le 21 décembre 1918.

352. En 1919, Francis Poulenc (1899-1963) et Louis Durey composent tous deux, sans s'être concertés, des mélodies sur des poèmes extraits du *Bestiaire* de Guillaume Apollinaire. Poulenc choisit d'abord douze poèmes, pour n'en retenir que six, tandis que Durey met en musique l'ensemble du recueil, au total vingt-six poèmes. Poulenc dédie son cycle à Durey, tandis que celui-ci dédie le sien à Jane Bathori. Les mélodies du *Bestiaire* de Poulenc sont créées par Suzanne Peignot accompagnée au piano par le compositeur à la Galerie de l'Effort moderne le 8 juin 1919, à l'occasion d'un hommage rendu à Apollinaire décédé l'année précédente. En 1922, Poulenc orchestrera ces mélodies pour quatuor à cordes, flûte, clarinette et basson.

l'autre naturels. C'est pourquoi on les considère avec le même plaisir. Je reproche aux *Épigrammes de Théocrite*[353] l'influence trop directe de *Socrate*. L'ombre du marbre. Mais le *Quatuor*[354] est une œuvre libre. Le souci de ne pas développer les motifs amène un morcellement que l'émotion corrige. *Images à Crusoé*[355] : le petit orchestre et la voix font une température de Paul et Virginie. Le thème de Crusoé revenait d'office à Durey le solitaire. Suite sans exotisme. Il ne chante pas l'île, mais le désir et le regret de l'île. Le bruit de la mer qu'on écoute dans un coquillage n'est pas le *vrai* bruit de la mer.

Entrée, *Nocturne*, *Berceuse* de ARTHUR HONEGGER sont des pièces agréables mais pas en progrès sur *Le Dit des jeux du monde*[356] comme l'affirme M. Marnold, car elles le précèdent. *Le Dit des jeux*, où se retrouvent les influences de Wagner, Schoenberg et Stravinski (*Oiseau de Feu*), est une partition pleine de hardiesse. La bonne de Honegger qui assistait à une représentation du Vieux-Colombier, écrivit à ses parents qu'il les trompait, ne travaillait pas et tapait sur des casseroles. Que les parents de Honegger se rassurent. Il travaille et possède des qualités dramatiques évidentes[g].

Je n'ai pas entendu le *Trio* de ROLAND-MANUEL[357] à la *S.M.I.* Chez Barbazanges, mélodie sur un texte de Max Jacob[358]. Kakémono breton[h].

On ne saurait reprocher à DARIUS MILHAUD d'écrire trop bref. Le catalogue de ses œuvres est considérable. Il ne redoute jamais d'aborder un texte long, grave, et, semble-t-il, peu musical avant qu'il nous prouve le contraire. Premières auditions : *Deux Petites Symphonies*[359]. Lumière profonde que l'oreille scrute sans fatigue. *Les Choéphores*,

La première audition du *Bestiaire* de Durey est partiellement donnée par Jane Bathori et Marcelle Meyer à la Galerie Barbazanges le 24 juin 1919. L'intégrale du cycle ne sera créée qu'en 1922.

353. Les quatre poèmes des *Épigrammes de Théocrite* composés par Durey sur une traduction de François Barbier datent d'octobre 1918 et sont dédiés à Misia Godebska. Ils sont créés par Pierre Bertin et Marcelle Meyer à la Galerie Rosenberg le 11 mai 1919.

354. Le *Quatuor à cordes n° 1* de Durey, composé en 1917, est dédié à Francis Poulenc. La création par Hélène Jourdan-Morhange (violon), Fernande Capelle (violon), Sigismond Jarecki (alto) et Lucienne Radisse (violoncelle) a eu lieu à l'Atelier Huyghens le 21 décembre 1918.

355. *Images à Crusoé*, cycle de sept mélodies, est composé par Durey sur des poèmes de Saint-Leger Leger, futur Saint-John Perse. Il en existe deux versions, l'une pour voix et piano, l'autre pour voix et petit ensemble instrumental (quatuor à cordes, flûte, clarinette, célesta ou harpe). Ces deux versions ont été créées à l'Atelier Huyghens en 1918, la première par Pierre Bertin et Marcelle Meyer (dédicataires de l'œuvre), la seconde sous la direction de Félix Delgrange.

356. Spectacle appartenant à la fois au ballet et au théâtre musical, *Le Dit des jeux du monde* composé par Arthur Honegger sur un poème de Paul Méral comprend dix danses, deux interludes et un épilogue pour orchestre de chambre, chœurs et percussions. Il est créé au Théâtre du Vieux-Colombier le 2 décembre 1918, dans des décors et costumes de Guy-Pierre Fauconnet et sous la direction musicale de Walther Straram. La danseuse Jeanne Ronsay et l'acteur Marcel Herrand font partie de la distribution.

357. Roland-Manuel, pseudonyme de Roland Alexis Manuel Levy (1891-1966), est souvent considéré comme le septième membre du Groupe des Six pour avoir participé à plusieurs reprises à des concerts communs. Son *Trio pour violon, alto et violoncelle* est créé par Hélène Jourdan-Morhange (violon), Sigismond Jarecki (alto) et Félix Delgrange (violoncelle) à la Société musicale indépendante le 11 avril 1919.

358. Nous ignorons de quel texte de Max Jacob il s'agit.

359. Cocteau évoque les deux premières symphonies de chambre de Darius Milhaud (1892-1974) : la *Première Symphonie*, dite « Le Printemps », op. 4, et la *Deuxième Symphonie*, dite « La Pastorale » op. 49, qui durent chacune à peine quatre minutes. Toutes deux ont été composées à Rio, respectivement en 1917 et 1918. La première a été créée par l'Orchestre symphonique de Rio sous la direction de Dominique Braga le 11 août 1918, la deuxième au concert Delgrange le 9 mars 1919.

œuvre déjà ancienne, pourpre, avec récitatif accompagné par les rythmes de batterie. *Le Quatuor*[360], végétal et architectural comme les bananiers de Rio dont il nous arrive[i].

On aurait pu craindre que la petite taille des *Chansons bas*[361], de S. Mallarmé, gênât un compositeur qui n'hésite pas à mettre en musique toute *La Brebis égarée*[362] de Jammes et toutes *Les Euménides*[363] traduites par Claudel. Mais n'avez-vous pas, mon cher Darius, de charmantes badines en corne de rhinocéros? Le rhinocéros devenu rondelles de jade. Vos *Chansons bas* contrepointent la musique de Mallarmé. La mélodie ne glisse pas sur les vers, elle les étaye. On écoute sans confondre les notes et les mots.

FRANCIS POULENC. *Sonate à quatre mains*[364]. L'influence de Satie, toute blanche, écarte peu à peu l'influence bigarrée de Stravinski. Poulenc peut justifier la brièveté de ces sonates par l'exemple de Scarlatti et de Haydn. Il nous donne *La Sonate pour deux clarinettes*[365]. Cette sonate sort du silence et y rentre comme un coucou de pendule. Je l'ai déjà comparée à un gros pigeon mécanique[j]. Andante ému. L'oiseau qui bavardait se plaint dans sa boîte, bocage moderne.

Les *Mouvements perpétuels*[366] plaisent au public et nous plaisent. Tour de force. Des douze mélodies du *Bestiaire*, Poulenc en conserve six. Il a raison. Les autres un peu molles.

GERMAINE TAILLEFERRE. *Pastorale*[367]. J'ai mal entendu cette œuvre fraîche. Je tournais les pages près du piano. *Jeux de plein air*[368] fait penser à un cheval d'Irène Lagut[369], voisine de Tailleferre, boulevard Raspail. Campagne. Fenêtre ouverte. On ratisse. Les gammes vont et viennent. C'est un devoir de vacances.

Trop souvent les virtuoses *se servent* des œuvres au lieu de *les servir*. Impossible de faire ce grief à Mmes Jane Bathori, Hélène Jourdan-Morhange, Marcelle et Germaine

---

360. Le quatuor Capelle crée le *Quatrième Quatuor*, op. 46, de Milhaud le 5 avril 1919 au Concert Delgrange, Félix Delgrange étant par ailleurs le dédicataire de l'œuvre. Celle-ci a été composée à Rio l'année précédente.

361. L'ensemble des *Chansons bas*, op. 44, pour voix et piano composé par Milhaud sur huit poèmes de Stéphane Mallarmé durent seulement quatre minutes. Elles sont créées par Jane Bathori et le compositeur au Théâtre du Vieux-Colombier le 30 mars 1919.

362. *La Brebis égarée*, op. 4, opéra en trois actes composé par Milhaud sur un texte de Francis Jammes, est terminé depuis 1914. L'œuvre sera créée sous la direction d'Albert Wolff à l'Opéra-Comique de Paris en décembre 1923.

363. Cocteau aurait dû écrire « toute *L'Orestie* » d'Eschyle, car *Les Euménides*, op. 41, constituent la troisième partie, après *Agamemnon*, op. 14, et *Les Choéphores*, op. 24.

364. La *Sonate pour piano à quatre mains* composée par Francis Poulenc en juin 1918 est créée par Marcelle Meyer et le compositeur à l'Atelier Huyghens le 21 décembre 1918.

365. La *Sonate pour deux clarinettes* de Poulenc connaît sa première audition par Augustin Marius Duquès et Georges Pigassou à l'Atelier Huyghens le 5 avril 1919.

366. Composés en 1918, les trois *Mouvements perpétuels* pour piano de Poulenc sont créés par Ricardo Viñes à l'occasion d'un hommage à Apollinaire organisé à l'Atelier Huyghens le 8 juin 1919.

367. Dédiée à Milhaud, *Pastorale* pour piano de Germaine Tailleferre (1892-1983) sera créée en privé par la compositrice à Goasmelquin en Bretagne le 4 septembre 1919.

368. *Jeux de plein air* pour deux pianos de Tailleferre comprend deux parties : « La Tirelitentaine » et « Cache-cache mitoula » qui datent de juin 1917. L'œuvre est créée par Ricardo Viñes et la compositrice à la Société internationale de musique le 15 août 1918.

369. Irène Lagut (1893-1994), peintre, amie d'Apollinaire, de Cocteau et d'Auric, fréquente les milieux d'avant-garde dès 1913.

Meyer, à Viñes, Koubitzky, Pierre Bertin, Félix Delgrange, au quatuor Capelle, interprètes désintéressés des œuvres dont la liste précède [370].

La maladie nous a privés de Juliette Meerovitch, dompteuse de pianos, toujours au service des bonnes causes [k].

Variantes

a. [...] son injustice pour Satie [, d'une empreinte si saine *supprimé en 1920-1926*].
b. *Paragraphe entièrement supprimé en 1920-1926.*
c. [...] qui dure trente-cinq minutes [, et dont *Chandelles romaines* est un épisode *supprimé en 1926*].
d. [...] mais la foire de Montmartre [à travers lui-même *ajouté en 1920-1926*].
e. [...] « vagues de [la mer » *PM*; l'océan » *1920-1926*], « ballons » de l'enfance [...]
f. [...] sans tumulte [, sans pittoresque *supprimé en 1920-1926*].
g. *Phrase supprimée en 1926.*
h. *Paragraphe entièrement supprimé en 1920-1926.*
i. [...] comme les bananiers de Rio [dont il nous arrive *supprimé en 1920-1926*].
j. Phrase supprimée en 1920-1926.
k. [...] Juliette Meerovitch, dompteuse de pianos [, toujours au service des bonnes causes *supprimé en 1920-1926*].

49

[Carte blanche. XIX] *

Le 12 octobre 1492, Christophe Colomb découvre l'Amérique. Cette enfant trouvée a fait son chemin. Depuis quelques années, même nos artistes travaillent sous son influence. Les musiciens emploient ses ragtimes, les peintres ses paysages de fer et de pierre, les poètes ses affiches, ses réclames, ses films.

Blaise Cendrars [371] est de nous tous celui qui réalise le mieux un nouvel exotisme. Mélange de moteurs et de fétiches noirs. Il ne suit pas une mode, il se rencontre avec elle. L'emploi de ce matériel est légitime dans son œuvre. Il a voyagé. Il a vu. Il témoigne. Il rentre des Amériques et de la guerre avec une démarche de chercheur d'or et jette ses grosses pépites sur notre table. Il plante son couteau près de lui. Un seul bras lui reste, le gauche. L'autre arraché par un obus [372]. Il semble que la guerre l'a émondé

370. Cocteau cite ici les interprètes dévoués aux œuvres d'avant-garde des jeunes musiciens. La violoniste Hélène Jourdan-Morhange (1888-1961) est une amie proche de Maurice Ravel. La pianiste Juliette Meerovitch (1896-1920), dédicataire de la *Sonatine bureaucratique* de Satie en 1917, meurt prématurément à l'âge de 24 ans.`

* « Carte Blanche. XIX », *Paris-Midi*, n° 2358, 4 août 1919, p. 3 et, à l'identique, dans *Le Siècle*, n° 2529, 5 août 1919, p. 3 ; texte repris avec des suppressions et des variantes dans *Carte Blanche* (Paris, La Sirène, 1920) et dans *Le Rappel à l'ordre* (Paris, Stock, 1926). Version choisie : celle de la revue (*PM*), plus originale et plus développée, tout en indiquant les variantes significatives de *Carte Blanche* (*1920*) et du *Rappel à l'ordre* (*1926*).

371. Blaise Cendrars, pseudonyme de Frédéric Louis Sauser (1887-1961), poète, romancier, critique et éditeur, ayant produit quelques-unes des œuvres fondatrices de la littérature d'avant-garde, notamment *Les Pâques à New York* (1912), *La Prose du transsibérien et de la petite Jeanne de France* (1913), ou encore *Le Panama ou les Aventures de mes sept oncles* (1918). Inspirés de ses voyages autour du monde, ses textes ouvrent la littérature française au monde et à la modernité qui l'entourent.

372. Engagé dans la légion étrangère pendant la Première Guerre mondiale, Blaise Cendrars perd le bras droit lors de l'offensive de Champagne en septembre 1915.

de ce bras par où les mots descendent pour que les poèmes fleurissent avec des couleurs plus éclatantes. Nous avions *La Prose du transsibérien*, véritable *Train saoul* après le *Bateau ivre*. Cette fois, en pleine mer, en pleine chaleur, une boîte à conserves bariolée flotte. On la repêche. On l'ouvre. Elle contenait un poème : *Le Panama ou les aventures de mes sept oncles*.

Jazz-band. *Mais il y avait encore quelque chose*, le saxophone qui pousse un long soupir humain.

Chaque ligne de Cendrars est un tatouage indélébile.

Je ne suis pas de ceux qui adorent les machines. Le mot « moderne » me semble toujours naïf. On pense au nègre prosterné devant un téléphone.

Outre que la machine est une bête idiote et dangereuse sans cornac, je ne peux m'empêcher de la voir avec le recul du perfectionnement. Sous cet angle, la Rolls-Royce est un teuf-teuf, le Spad [373] un sale oiseau mécanique.

Plus le progrès marche, plus notre esprit entraîné galope, le précède, se retourne déçu. Garros, évadé d'Allemagne, me disait : « Ce qui m'étonne, c'est de comparer le point où je retrouve l'aviation et ce qu'elle était devenue dans ma solitude. »

Être étonné, enthousiasmé par une machine est d'un lyrisme aussi fade que d'être en proie aux dieux. Gabriele D'Annunzio, regardant une locomotive, pense à *La Victoire de Samothrace*. Marinetti [374] regardant *La Victoire de Samothrace* pense à une locomotive [375]. État d'esprit pareil.

Mais ne pas comprendre la beauté d'une machine est une faiblesse. La faute consiste à dépeindre les machines au lieu d'y prendre une leçon de rythme, de dépouillement. Encore le progrès nous montre-t-il, par exemple, pleines de surcharges, des constructions qui nous parurent élémentaires.

La tour Eiffel était reine des machines. Comme une reine, elle ne travaillait pas. Maintenant elle est demoiselle du télégraphe [376]. Elle enchevêtre mille ferrailles inutiles. On la construirait aujourd'hui tout autre. Elle ressemble à un de ces pauvres pendentifs que Lalique [377] vendait à l'époque de la pyrogravure, du modern-style, de la *Valse bleue* [378] et du vélo.

Les gens qui se veulent « modernes » sont dignes du fameux « *nous autres chevaliers du moyen âge* ». Des artistes comme Derain, Picasso, Braque, ne songent pas à être « modernes » et leur attitude dérange beaucoup les nouveaux riches de l'audace. Ils ne

373. S.P.A.D., acronyme de la Société des Aéroplanes Deperdussin créée en 1912 et ayant développé plusieurs prototypes d'avions monoplans. Son fondateur, Armand Deperdussin, connaît un succès rapide, mais très bref, devant faire face à des démêlés judiciaires pour détournements de fonds. En 1914, l'aviateur Louis Blériot – le premier à avoir traversé la Manche en 1909 – reprend les actifs de la société.

374. Filippo Tommaso Marinetti (1876-1944), écrivain italien, fondateur du mouvement futuriste par son célèbre *Manifeste du futurisme* (1909).

375. Pour Marinetti, les objets et produits du monde moderne constituent des œuvres d'art au même que titre que les chefs-d'œuvre du passé, comme la célèbre sculpture grecque *La Victoire de Samothrace*.

376. Construite pour l'Exposition universelle de 1889, la Tour Eiffel est utilisée dès 1903 comme centre de diffusion des dépêches télégraphiques.

377. René Lalique (1860-1945), maître verrier et bijoutier dont les créations reflètent le style Art nouveau de l'époque. Ses bijoux sont portés tout autant par les femmes de la noblesse et de la bourgeoisie que par les comédiennes et les actrices.

378. *Valse bleue*, chanson populaire composée en 1900 par Alfred Margis sur des paroles d'Eugène Héros et créée par Paulette Darty dans la salle du music-hall La Scala, située boulevard de Strasbourg à Paris.

sentent pas qu'une nymphe de Derain, qu'une pipe de Picasso, qu'une carte à jouer [a] de Braque sont aussi modernes qu'une machine à écrire. Les machines de Léger valent par sa manière de les peindre. Picabia aime les boulons comme Gustave Moreau aimait les pierres précieuses [379]. La machine ne *l'étonne pas*.

L'admiration de l'homme pour la machine, sa fille, était devenue si niaise, qu'elle avait gâché la main-d'œuvre. J'ai vu, dans les imprimeries, combien on avait de peine à reformer des conducteurs qui ne s'en remissent pas au détestable travail mécanique.

Cette mode nous arrive des États-Unis. Mais les États-Unis évoquent une jeune fille chez qui le plaisir d'aller bien l'emporte sur le sentiment de sa beauté. Elle nage, boxe, danse, saute sur des trains en marche, sans se savoir belle. C'est nous qui admirons sa figure au cinématographe, grande comme une figure de déesse [380].

Nos actrices coiffent des perruques blondes et embrassent des chiens. C'est très mal. N'imitons pas. Cherchons à faire aussi bien dans notre genre. Le rire des amazones d'Amérique sonne faux chez nous.

Imaginez un gratte-ciel place Vendôme.

Depuis des années, l'art se développait sous le signe féminin, anti-grec. La « Parisienne » des deux expositions (89 et 1900) [381] tenait la France sous ses jupes. L'art subit cette pénombre, ces mousselines, ces charmes, ces parfums énervants.

De charpentés, musclés, nets, les musiques, les poèmes, les tableaux devinrent onduleux, moelleux, vaporeux. Wagner et Dostoïevski furent les chefs d'orchestre de cette période*. Un Wagner, un Dostoïevski, chacun dans son genre, résument les forces confuses de leurs races. Chez nous, rien ne compte sans « contour ». J'emprunte le terme à Gide qui écrivit justement que notre rôle serait *d'apprendre le dessin au monde* [382].

Sans contour, il nous reste une grâce féminine.

Une mauvaise époque n'empêche pas les bons artistes. Renoir domine l'impressionnisme. Debussy ne le domine pas mais en développe toutes les chances. D'autres bavardent, s'alanguissent, opposent des « rapports de tons », raffinent, brouillent les sonorités, clignent des yeux au soleil, cherchent la pire ressemblance. Bouquets de fausses notes savantes, de mots rares, de mille couleurs. (Il est même drôle de voir toujours reprocher la petite bête à nos jeunes, qui s'en dégagent, par le public de Jules Renard [b] [383].)

Machines, gratte-ciel, paquebots, nègres, furent certainement l'origine d'une direction neuve, excellente. Ils marchèrent sur Capoue [384] comme une armée d'éléphants.

379. Les pierres précieuses sont des motifs récurrents dans les tableaux de Gustave Moreau (1826-1898).

380. Pour l'image de cette jeune fille sportive diffusée au cinéma, Cocteau s'inspire de l'actrice Pearl White.

381. Expositions universelles de 1889 et 1900 tenues à Paris.

382. Citation non retrouvée.

383. Jules Renard (1864-1910), écrivain, critique, dont l'œuvre la plus célèbre demeure le roman *Poil de carotte* (1894).

384. « Marcher sur Capoue » signifie entamer un combat gagné d'avance. C'est une allusion au Carthaginois Hannibal qui, au IIIe siècle avant notre ère, est entré à Capoue sans aucune difficulté, dans l'attente de renforts qui lui permettraient de marcher ensuite sur Rome.

La courbe, la guirlande, le rébus, les dissonances précieuses, cédèrent la place à un désordre plus brutal.

Contacts sauvages. L'art se virilise. Nous eûmes l'époque FAUVE, encore si peu faite pour nous.

Le jazz-band peut être considéré comme l'âme de ces forces. Elles y aboutissent, y chantent leur cruauté, leur mélancolie.

J'écoute un jazz-band au Casino de Paris [385].

Les braves nègres en l'air, dans une sorte de cage, se démènent, se dandinent, jettent à la foule des morceaux de viande crue à coups de trompette et de crécelle. L'air de danse cassé, boxé, contre-pointé, remonte de temps en temps à la surface.

Le hall chaud, plein de filles peintes et de troupe américaine, est un vrai bar des films du Far-West [c].

Ce bruit nous douche, nous réveille POUR QUE NOUS EN FASSIONS UN AUTRE. Il nous désigne une trace perdue. Inutile de pasticher mal des fox-trot. La leçon de rythme nous met le nez dans nos mollesses. Mais si nous nous laissons enlever par ce cyclone, c'est une autre forme de mollesse.

Ne faisons jamais ce que les spécialistes peuvent faire mieux. Cherchons notre spécialité. Ne nous désespérons pas si notre spécialité se dessine plus délicate, plus petite. On retrouve en finesse ce qui est perdu en force.

Du reste, le jazz-bandisme ne date pas d'hier. Athénée rapporte que « les Romains, lassés par la douceur des flûtes, inventent les crymbales » [386]. « Des crymbales ! Des crymbales ! » écrit-il. « On frottait des coquilles d'huître les unes contre les autres. On crymbalisait avec n'importe quoi. »

Or, ce qui m'intéresse, serait de connaître la réaction contre les crymbales. Car, de ces tumultes, un ordre neuf se dégage toujours.

* Ni Wagner, ni Dostoïevski ne sont moelleux, vaporeux. Mais c'était chez nous l'écho affaibli des légendes de l'un et des cauchemars de l'autre.

Variantes

a. [...] qu'une pipe de Picasso, [qu'une carte à jouer *PM-1920*; qu'un compotier *1926*] de Braque [...]

b. *Phrase supprimée en 1920-1926.*

385. Cocteau évoque une soirée de jazz-band français inspiré du véritable jazz américain découvert au Casino de Paris à la fin de l'année 1917 (voir note 196 du texte 33). On a trop souvent affirmé que le batteur Louis Mitchell et son orchestre des Jazz Kings échauffaient ces revues aux rythmes exubérants et syncopés, très neufs pour l'époque. Or c'était l'American Sherbo Band dirigé par le batteur Murray Pilcer, frère de Harry Pilcer.

386. Athénée, écrivain grec du IIIe siècle après notre ère, parle de « crembales » – et non de « crymbales » – pour désigner un « instrument de musique » consistant à frotter ou à entrechoquer les deux parties d'un coquillage – appelé *lepa* – comme des castagnettes. En témoigne l'extrait suivant dont Cocteau s'est assez librement inspiré : « Ermippe s'est servi du mot *crembaliser* dans ses Dieux, pour *agiter les crembales*. Voici le passage : "Ils *crembalisent* avec des *lepas* qu'ils ont arrachés des roches." Didyme dit que quelques-uns ont coutume de faire à ceux qui la dansent certain bruit mesuré, en agitant l'un contre l'autre des coquillages de moules ou d'huitres, au lieu de jouer de la lyre, comme le rapporte aussi Aristophane dans ses *Grenouilles*. » Voir Athénée, *Banquet des savants*, traduit par M. Lefebvre de Villebrune, Paris, Lamy, 1791, t. V, livre 14, chapitre 9 : p. 261-262.

On ne composait plus que des « wagnéries ». « Wagner eût-il écrit cet accord ? » demandait Péladan sévèrement à Satie qui lui livrait une sonnerie de trompes pour la Rose-Croix. « Certes », répondait-il, sachant bien que non et riant derrière son binocle.

C'est en 1891 que Satie compose la musique d'une « wagnérie » de Péladan et ouvre sans que personne [ne] s'en doute la porte par laquelle Debussy va marcher vers la gloire.

Debussy fréquentait alors l'auberge du Clou, mal vu des artistes de gauche parce qu'il venait d'avoir le Prix de Rome [395]. On l'évitait. Un soir, Debussy et Satie se trouvent à la même table. Ils s'accrochent. Satie renifle tout de suite la valeur et demande à Debussy ce qu'il prépare. Debussy composait comme tout le monde une « wagnérie » avec Catulle Mendès [396]. Satie fit la grimace. « Croyez-moi, murmura-t-il, assez de Wagner. C'est beau, mais ce n'est pas de chez nous. Il faudrait... »

Ici, Mesdames et Messieurs, je vous demande la plus grande attention. Je vais citer une phrase de Satie qui m'a été dite par Debussy et qui décida l'esthétique de *Pelléas et Mélisande* [397].

« Il faudrait, dit-il... que l'orchestre ne se convulse pas quand un personnage entre en scène. Regardez. Est-ce que les arbres du décor se convulsent ? Il faudrait faire un décor musical, créer un climat musical où les personnages bougent et causent. Pas de couplets, pas de leitmotiv, se servir d'une certaine atmosphère de Puvis de Chavannes. »

Pensez à l'époque dont je parle. Puvis de Chavannes [398] était un audacieux et il était moqué par la droite.

« Et vous, Satie, que préparez-vous ? » demanda Debussy.

« Moi, dit Satie, je pense à *La Princesse Maleine* [399], mais je ne sais pas comment obtenir l'autorisation de Maeterlinck. »

Quelques jours après, Debussy, ayant obtenu l'autorisation de Maeterlinck, commençait *Pelléas et Mélisande.*

Ne croyez pas que je vais blâmer Debussy, plaindre Satie. Tant mieux. Le chef-d'œuvre est à qui le décroche.

Un chef-d'œuvre n'ouvre rien, n'annonce rien. Il ferme une période. Point à la ligne. Voilà le chef-d'œuvre. Il faut passer à la ligne. C'est dans le chef-d'œuvre que viennent se cristalliser mille recherches confuses, mille plasmas, mille ébauches, mille tâtonnements. Le coup de génie de Satie fut de comprendre tout de suite, dès 1896, que

---

395. Debussy obtient le premier prix de Rome en 1884.

396. *Rodrigue et Chimène*, opéra en trois actes composé par Debussy de 1890 à 1893 sur un livret de Catulle-Mendès, est resté inachevé.

397. Le drame lyrique en cinq actes et douze tableaux *Pelléas et Mélisande* est composé par Debussy de 1893 à 1902 d'après la pièce de théâtre éponyme de Maurice Maeterlinck. La première a lieu à l'Opéra-Comique le 30 avril 1902, sous la direction d'André Messager, dans une mise en scène d'Albert Carré, avec des décors de Lucien Jusseaume et Eugène Ronsin, et des costumes de Charles Bianchini.

398. À côté de ses grandes fresques murales décoratives de style antiquisant, Pierre Puvis de Chavannes (1824-1898) a réalisé des tableaux de chevalet empreints d'un certain symbolisme qui lui ont valu d'être reconnu comme l'un des précurseurs de l'avant-garde.

399. Satie a envisagé de mettre en musique la pièce de théâtre de Maeterlinck *La Princesse Maleine* (1889), mais le dramaturge avait déjà donné son accord à Vincent d'Indy. C'est à la suite d'une conversation à ce sujet avec Satie que Debussy envisage de composer un opéra sur *Pelléas et Mélisande.*

Pelléas était un chef-d'œuvre, de reconnaître généreusement et astucieusement que son ami Claude avait tiré dans le mille.

« Plus rien à faire de ce côté-là, écrivait-il après la représentation en 1905 [*sic*] [400], il faut chercher autre chose ou je suis perdu. » Il savait bien que les chefs-d'œuvre donnent naissance à une suite de petits maîtres qui raffinent la découverte (après Renoir et Monet : Vuillard-Bonnard [401], etc..., après Debussy : Ravel, etc...), mais que le vrai créateur doit contredire et que le prochain chef-d'œuvre ne peut qu'être la contradiction violente du chef-d'œuvre précédent.

Satie avait imaginé la musique impressionniste [402]. La voyant résolue, il laisse ses camarades en combiner les ressources et se retourne ailleurs. Il se condamne au silence. Il s'enferme à la Schola [403]. Il ne voit qu'un seul moyen de contredire le raffinement harmonique, c'est l'écriture.

Ses camarades méprisent la fugue comme un exercice d'école. Satie la travaille.

« Prenez garde, lui disait Debussy. Vous jouez un jeu dangereux. À votre âge on ne change pas de peau. » Et Satie répondait : « Si je rate, tant pis pour moi. C'est que je n'avais rien dans le ventre. »

Nous sommes en 1909. Satie regarde ses camarades déchiqueter, tresser de plus en plus les chanvres d'une corde avec laquelle il ne restera bientôt plus rien à faire. De temps à autre, il apporte à Viñes une petite pièce, un petit morceau de piano. En manière d'excuse, il l'habille d'un titre farce, d'un texte ridicule. Comment « ces Messieurs » [404], comme il les appelle, pourraient-ils prendre au sérieux de petites gaudrioles si simples, si bébêtes, sans la moindre science harmonique. Il donne peu à peu corps à l'idée que ces petites pièces éveillent chez les autres. Grâce à ce subterfuge on le supporte. « Un prélude flasque » [405] est une bonne amusette entre des « Cathédrales englouties », des « Clairs de lune sur le temple qui fut », des « Pavanes pour une infante défunte » [406].

---

400. Dans « Fragments d'une conférence sur Erik Satie » (voir texte 87), Cocteau corrigera son erreur et rétablira l'année exacte de 1902.

401. Cocteau est quelque peu sévère en qualifiant certains artistes du groupe des Nabis, tels qu'Édouard Vuillard (1868-1940) et Pierre Bonnard (1867-1947), de « petits maîtres », simplement parce qu'ils ont succédé aux deux maîtres incontestés de l'impressionnisme, Auguste Renoir (1841-1919) et Claude Monet (1840-1926). La remarque vaut aussi pour Maurice Ravel (1875-1937) que Cocteau n'évoque pas de façon positive dans ses écrits.

402. Dans « Fragments d'une conférence sur Erik Satie », Cocteau ajoutera ici un passage sur *Paul et Virginie*. Il modifiera également la paternité de cette invention en sa faveur.

403. Cocteau amalgame plusieurs éléments de la vie de Satie qu'il réorganise dans un ordre peu conforme à la réalité pour le besoin de sa démonstration : c'est seulement en 1905, à l'âge de 39 ans, que Satie s'inscrit à la Schola Cantorum et non en réaction à *Pelléas et Mélisande*.

404. « Danse maigre (à la manière de ces messieurs) », deuxième des trois pièces pour piano de *Croquis et Agaceries d'un gros bonhomme en bois*, composées par Satie de juin à août 1913. Ces pièces sont créées par Viñes lors d'un concert de la Société nationale à la Salle Pleyel le 28 mars 1914. Ce « bonhomme en bois » fait allusion à la rue de l'Homme de bois à Honfleur, ville dans laquelle Satie a passé son enfance.

405. Les trois *Véritables Préludes flasques pour un chien* pour piano sont composés par Satie en août 1912. Ils sont créés par Viñes lors d'un concert de la Société nationale à la Salle Pleyel le 5 avril 1913.

406. Cocteau montre ici que les titres des œuvres de Satie ne sont pas moins mystérieux ou comiques que ceux utilisés par Debussy ou Ravel : « La Cathédrale engloutie », nº 10 du premier livre des *Préludes* (1910), « Et la lune descend sur le temple qui fut », nº 2 de la deuxième série d'*Images* pour piano (1907) de Debussy, ainsi que *Pavane pour une infante défunte* de Ravel, dont il existe deux versions, celle pour piano (1899) et celle pour orchestre (1910).

Un jour même, Satie, ayant composé la musique la plus exquise, l'intitule : *Airs à faire fuir*[407].

Les admirateurs de Satie déplorent ces farces. Ils s'imaginent qu'elles nuisent à sa gloire. Ils ne se rendent pas compte qu'elles lui ont permis de vivre, qu'elle l'ont préservé contre la haine et aussi contre les personnes en proie au sublime qui jugent un morceau d'après son titre.

Maintenant Satie n'a plus besoin des farces et il n'y a plus recours. Vous ne trouverez aucune farce ni dans *Parade*, ni dans *Socrate*, ni dans les *Nocturnes*[408]. Figurez-vous que cela consterne ses éditeurs. Ils refusaient de l'éditer jadis à cause de ses farces, – mais ils ne voudraient pas qu'il y renonce, aujourd'hui que ces farces se vendent.

Donc, Satie était le blagueur modeste, – en marge des petits maîtres. Imagine-t-on semblable patience, coup préparé de plus longue main ?

Un beau jour, le chef-d'œuvre destiné à contredire *Pelléas et Mélisande* éclate comme une bombe. Il arrive du pays des bombes. Il est russe. Il est de Stravinski. C'est *Le Sacre du printemps*

Nous n'oublierons jamais ce scandale, cet enthousiasme, cette première représentation historique au théâtre des Champs-Élysées. Les jeunes de chez nous se détachent des petits maîtres impressionnistes pour se tourner vers cette œuvre fauve. *Le Sacre*, avec toute la violence slave en plus, arrivait après Ravel, Dukas, Schmitt[409], comme les premiers Matisse, après Vuillard et Bonnard. Ce n'était pas encore du reste la contradiction formelle. Plutôt de l'impressionnisme, élargi, brutalisé.

Après les frissons, les caresses, les pénombres, les enlacements, les dissonances précieuses, les nuages, les ondines, les guirlandes, les parfums, les vagues, les ironies de la musique impressionniste, *Le Sacre*, et plus tard le Jazz band, arrivèrent comme une troupe d'éléphants bariolés marchant sur Capoue.

Voici le même écueil. Le chef-d'œuvre, point final. Après le Debussysme où se retrouvent encore un peu les brumes de Wagner et la neige de Moussorgski, le Strawinskysme va-t-il pousser la jeunesse vers des bariolages, des sauvageries, des cruautés qui ne sont pas faits pour chez nous ? Nos jeunes se laissent prendre à ce rythme qui balaye le flou et le fondu. Ils échappent à une complication aimable et retombent dans une complication farouche.

Cependant, au royaume des peintres, depuis quelques années déjà, un artiste prodigieux changeait la face des choses. Il renonçait aux joies du hasard, du bariolage, de l'enfantillage, du décor et inventait des disciplines nouvelles. Il anoblissait l'art de peindre en le débarrassant des charmes secondaires de l'anecdote. Il inventait des métaphores pour les yeux. Les objets, les formes, les couleurs, les perspectives le suivent docilement comme un Orphée. Il les emmène dans un univers spécial où il les réorganise à sa façon. Les jeunes peintres, autour de lui, retrouvent le puissant travail du classicisme.

Cet artiste était Picasso.

---

407. « Airs à faire fuir », titre donné aux trois premières pièces pour piano, dédiées à Ricardo Viñes, des *Pièces froides* (1897) de Satie.

408. Les cinq *Nocturnes* de Satie datent de 1919. Cocteau est donc bien au courant des dernières œuvres du compositeur.

409. Paul Dukas (1865-1935), Florent Schmitt (1870-1958).

Alors le Vieux au bois dormant[410] s'éveille. Il apporte la plus grande audace : être simple.

C'était l'œuf de Colomb. Il fallait y penser, voilà tout. À une époque de raffinement, une seule opposition est possible : la simplicité. Entendons-nous. Pas un recul. Pas un retour à de vieilles simplicités. Pas un pastiche de clavecinistes. Ni *do*, *ré*, *mi*, *fa*, *sol*, *do*, ni *Au clair de la lune*.

INSTITUT DES HAUTES ÉTUDES DE BELGIQUE

67, RUE DE LA CONCORDE, BRUXELLES

VENDREDI 19 DÉCEMBRE 1919, à 8 h. 1/2 du soir

Conférence de M. JEAN COCTEAU, homme de lettres :

Présentation d'œuvres de musiciens nouveaux

Audition musicale sous la direction de M. LOUIS DELUNE, *compositeur*

PROGRAMME

1) PARADE, pour piano à quatre mains . . . . ERIK SATIE.
(MM. Georges Auric et Darius Milhaud.)

2) QUATUOR A CORDES. . . . . LOUIS DUREY.
Modéré sans lenteur. — Vif. — Lent et calme. — Très animé.
(MM. Guller, Flaschoen, Philippe et Mme Jeanne Fromont.)

3) CHANDELLES ROMAINES, pour piano à quatre mains. . . GEORGES AURIC.
(L'Auteur et M. Darius Milhaud.)

4) QUATRE MÉLODIES . . . . ARTHUR HONNEGER.
a) *A la « Santé »*. — b) *Les Saltimbanques*. — c) *Automne*. — d) *Les Cloches*.
(M. Bracony.)

5) DEUXIÈME SONATE POUR PIANO & VIOLON (1917). DARIUS MILHAUD.
I. Pastorale. — II. Vif. — III. Très lent. — IV. Très vif.
(M. Georges Auric et l'Auteur.)

6) RAPSODIE NÈGRE, pour piano, quatuor à cordes, flûte, clarinette et voix . . . . FRANCIS POULENC.
I. Prélude. — II. Ronde. — III. Honoloulou (Intermède vocal.) — IV. Pastorale. — V. Final.
(MM. Delune, Guller, Flaschoen, Philippe, Mme Jeanne Fromont, MM. Demont, Bageard, Bracony.)

7) PASTORALE, pour piano, quatuor à cordes, flûte, clarinette et célesta . . . . GERMAINE TAILLEFERRE.
(MM. Delune, Guller, Flaschoen, Philippe, Mme Jeanne Fromont, MM. Demont, Bageard et Moulaert.)

PIANO PLEYEL

Vve F. Larcier, 26-28, rue des Minimes

33. Programme de la Conférence de Cocteau sur des « musiciens nouveaux » (futur Groupe des Six) à l'Institut des Hautes Études, Bruxelles, 19 décembre 1919.

410. Cocteau compare Satie à la Belle au bois dormant qui se réveille plus belle que lorsqu'elle s'était endormie.

Satie apporte une simplicité neuve, enrichie de tous les raffinements qui la précèdent.

Sa musique est enfin une musique française, – une musique si blanche, si délicate, qu'on pense en l'écoutant à la phrase de Nietzsche [411] : « Les idées qui changent la face des choses viennent à pas de colombe. »

C'est autour du bon maître d'Arcueil que les jeunes se groupent. Ils ne l'imitent pas, mais il leur a montré une route et maintenant il leur dit : « Allez, mes enfants, allez tous seuls. Trouvez surtout ce que je compose très mal et faites le contraire. »

51

[Satie et les nouveaux jeunes musiciens] * [412]

Après vous avoir tant parlé de Satie, tant et si peu, car il y aurait bien autre chose de plus complet à en dire, je vais céder la place à MM. Milhaud et Auric qui vont vous jouer la réduction à 4 mains de l'orchestre de *Parade*. J'ai composé *Parade* pour les danseurs de M. de Diaghilev avec Satie et Picasso. Peut-être savez-vous déjà comme on nous a hués en 1917. Les défenseurs et les détracteurs s'entrexcitant, le tumulte dégénéra en bataille. Il était impossible d'entendre une note, ce qui n'empêcha pas des critiques sérieux comme M. Lalo [413] d'écrire de longs articles d'injures. Je suppose que cette colère dut venir du mot cubisme prononcé d'avance et tout de travers comme d'habitude.

[... [414]]

J'ai souvent dit que je n'aime pas la musique qui s'écoute la figure dans les mains. La musique d'Auric est le type de la musique qui réveille, qui touche le cerveau, qui ne crée pas une atmosphère de pénombre, choque par sa franchise les oreilles habituées aux raffinements impressionnistes. Vous allez entendre le fragment d'une œuvre écrite pour la danse. Fête des Invalides. Chevaux de bois à vapeur. Tristesse après les feux d'artifice [415].

---

411. Pour cette citation de Nietzsche, voir note 248 du texte 34.

* Texte repris de la transcription que Pierre Caizergues en a fournie d'après le manuscrit conservé au HRC et qu'il a publiée dans « Jean Cocteau, la musique et les musiciens », *Centenaire Auric-Poulenc*, Montpellier, Centre d'étude du XXe siècle- Université Paul Valéry, 2001, p. 10-11. Nous n'avons pas pu vérifier le manuscrit. La transcription est incomplète, car elle ne concerne que certains morceaux du programme.

412. Pour les causeries de Cocteau à Bruxelles, voir note 388 du texte 50. La conférence sur les musiciens comprend deux parties consacrées l'une à Satie (voir texte 50), l'autre aux jeunes musiciens regroupés autour de lui et faisant l'objet du présent texte. Pour le détail du programme, voir illustration 33.

413. Pierre Lalo (1866-1943), fils du compositeur Édouard Lalo, fournit des critiques musicales à divers journaux et revues musicales, dont le *Journal des débats*, la *Revue de Paris*, *Le Temps*, le *Courrier musical* et *Comœdia*. Hostile à Cocteau, il égratigne *Parade* dans *Le Temps* du 28 mai 1917.

414. Au programme figure le *Quatuor à cordes* de Louis Durey dédié à Georges Auric et composé durant l'hiver 1917. La création s'est tenue à l'Atelier Huyghens le 21 décembre 1918.

415. Les *Chandelles romaines* pour piano à quatre mains de Georges Auric annoncées sur le programme ont vraisemblablement été remplacées par ces extraits d'une œuvre de jeunesse non identifiée.

[...[416]]

Sonate écrite en 1917 à Rio[417]. Elle est belle comme la feuille de bananier. Vous allez entendre comme c'est cossu, solide, végétal.

Ce que vous allez entendre de Poulenc est une de ses premières œuvres[418]. Il est encore sous le charme indigène, le charme de Stravinski, mais on entend déjà apparaître une originalité bien nette, bien claire, bien française.

Comme chez les peintres, chez les musiciens il y a souvent une femme – une jeune fille qui chante[419]. Tailleferre a remporté tous les prix au conservatoire. Elle a même eu le prix de contrepoint. Après, elle a oublié tout ce que l'école a d'ennuyeux[a]. Écoutez-la, elle ne fait plus que des devoirs de vacances[420].

Variantes

a. Après, elle a oublié [qu'elle était une bonne élève *corrigé en* tout ce que l'école a d'ennuyeux].

416. Au programme figurent quatre mélodies de Honegger extraites des *Six Poèmes d'Apollinaire : À La Santé, Les Saltimbanques, Automne et les Cloches*, composées entre 1915 et 1917.

417. La *Deuxième Sonate pour piano et violon*, op. 40 de Darius Milhaud fut composée à Rio en 1917.

418. La *Rapsodie nègre* de Francis Poulenc est dédiée à Erik Satie. Composée à Paris au printemps 1917, elle est créée au Théâtre du Vieux-Colombier lors d'un concert organisé par Jane Bathori.

419. La *Pastorale* de Germaine Tailleferre est dédiée à Darius Milhaud. Elle date de 1919.

420. Allusion aux *Devoirs de vacances*, recueil de poèmes de Raymond Radiguet qui paraîtra, avec trois dessins d'Irène Lagut, aux Éditions de la Sirène en 1921.

ANNÉES 1920 À 1929

34. « Au temps des 6 », s.d., collection privée.
De gauche à droite : Germaine Tailleferre, Francis Poulenc, Arthur Honegger, Darius Milhaud, Georges Auric. Notons l'absence de Louis Durey. Cocteau s'est représenté en photographe.

52

ALLOCUTION AVANT *COCARDES* * [1]

Mesdames, Messieurs

Les *Cocardes* [2] sont de fausses chansons populaires, comme notre cirque était un faux cirque et le théâtre un trompe-l'œil. Nous avons voulu puiser à des sources parisiennes qu'on néglige comme les musiciens russes puisent aux sources populaires russes [a].

Francis Poulenc souligne les petites phrases que j'enchaîne à la manière du « Miel de Narbonne » – « Bonne d'enfant » – « Enfant de troupe » de notre enfance, par une musique où il exploite les timbres et la poésie des charmants orchestres que nous entendons le soir du 14 juillet.

Je tenais à vous expliquer notre dessein parce que le trombone, le piston, la grosse caisse prêtent à rire, mais que je les estime inséparables d'une certaine mélancolie de chez nous.

Variante

a. *Variante ajoutée au-dessus de « russes » et non biffée* : de Petrograd.

---

* « Allocution avant *Cocardes* », manuscrit (2 ff.) conservé à JD

1. Cocteau présente ici *Cocardes*, l'une des cinq pièces inédites au programme du premier « Spectacle-concert » organisé par Cocteau à la Comédie des Champs-Élysées le 21 février 1920. À l'affiche de cette soirée figurent en première partie : L'*Ouverture* de Francis Poulenc, suivie d'*Adieu, New York !* de Georges Auric (voir note 5 du texte 53) et de *Cocardes* de Francis Poulenc (voir note suivante) et en seconde partie : *Trois Petites Pièces montées* d'Erik Satie (voir note 6 du texte 53) suivies du *Bœuf sur le toit ou The Nothing-Happens Bar* (voir note 3 du texte 53). Cocteau est l'unique responsable artistique et metteur en scène de ce spectacle. Il l'élabore entièrement lui-même, engageant les interprètes, imposant ses idées de décors et de costumes aux peintres qu'il choisit, réglant aussi la chorégraphie et optant pour un mélange des genres, à savoir le cirque, le music-hall, les rythmes sud-américains et le cinéma muet. Voir Malou Haine, « Jean Cocteau, impresario musical à la croisée des arts », dans Sylvain Caron, François de Médicis et Michel Duchesneau (dir.), *Musique et modernité en France 1900-1945*, Montréal, Presses de l'Université d Montréal, 2006, p. 69-134.

2. Dans *Cocardes*, Francis Poulenc a mis en musique trois poèmes de Cocteau issus du recueil *Poésies (1917-1920)* : « Miel de Narbonne », « Bonne d'enfant » et « Enfant de troupe ». La version originale donnée lors de cette création est interprétée par le ténor Alexandre Koubitzky, accompagné d'un petit orchestre de type big-band : violon (Debrun), cornet à pistons (Bailleul), trombone (Mandou), grosse caisse (Arnould) et triangle (Duhamel). Il en existe également une version pour voix et piano (voir d'autres détails du programme dans le texte 53).

PREMIER SPECTACLE — CONCERT
donné en Février 1920, par Jean Cocteau,
à la Comédie des Champs - Elysées.

I

1. OUVERTURE
Francis Poulenc (première audition)

2. Adieu, New-York!
Fox-trot (première audition) Georges Auric. MM. Tommy Foottit & Jackly. *Danse d'acrobates réglée par* Jean Cocteau. *Décor et costumes de* Raoul Dufy.

3. TOUR DE CHANT
KOUBITZKY
Cocardes
Francis Poulenc (première audition)
1. *Miel de Narbonne* — 2. *Bonne d'enfants* — 3. *Enfants de troupe*
Trois chansons populaires avec accompagnement de petit orchestre, paroles de Jean Cocteau.
Violon: M. Debrun. *Piston:* M. Bailleul. *Trombone:* M. Mondou. *Grosse caisse :* M. Arnould. *Triangle:* M. Duhamel.

ENTR'ACTE MUSICAL
BAR

II

1. ORCHESTRE
Erik Satie (première audition)
Trois Petites Pièces Montées
1. *De l'enfance de Pantagruel* (Rêverie)
2. *Marche de Cocagne* (Démarche)
3. *Jeux de Gargantua* (Coin de Polka)

2. Le bœuf sur le toit.
ou THE NOTHING-HAPPENS BAR
Darius Milhaud (première audition). Farce imaginée et réglée par Jean Cocteau. Costumes de G. P. Fauconnet. Décor et cartonnages de Raoul Dufy.
La dame décolletée : Albert Fratellini. — *La dame rousse :* François Fratellini. — *Le barman :* Paul Fratellini. — *Le policeman :* Bosby. — *Le boxeur nègre :* Cyrillo. — *Le jockey :* Roberts. — *Le monsieur en habit :* Pinocchio. - *Nègre qui joue au billard:* Boda.
Orchestre de 25 musiciens du Théâtre des Champs-Élysées, dirigé par M. Vladimir Golschmann.
Costumes exécutés par MUELLE — Cartonnages moulés par GAYMARD (Maison Berthelin). — Décors exécutés dans les ateliers de JULES MÉRIOT.

prochain spectacle - concert: festival Erik Satie
Imprimé par François Bernouard. Prix du programme : DEUX francs.

35. Programme du premier Spectacle-Concert de Jean Cocteau, Comédie des Champs-Élysées, 21 février 1920.

53

AVANT *LE BŒUF SUR LE TOIT* *

Mesdames, Messieurs [a],

« Le Bœuf sur le toit » [3] est l'enseigne du bar où se déroule notre scène. N'y cherchez pas plus de sens que dans les enseignes du « Chien qui fume » ou du « Cheval

---

* « Avant *Le Bœuf sur le toit* », *Comœdia*, n° 2623, 21 février 1920, p. 1 et 29; texte repris, avec la suppression d'un paragraphe et des variantes, dans la rubrique « Spectacle-concert » tenue par Maurice Boissard et consacrée en partie au *Bœuf sur le toit*, *Mercure de France*, 1er avril 1920, p. 179-180. Manuscrit conservé à JD qui livre la version intégrale de *Comœdia* (*Com*) et indique la version écourtée du *Mercure de France* (*MF*). Version choisie : celle du manuscrit (*Ms*) livrant la typographie originelle du texte

3. *Le Bœuf sur le toit ou The Nothing-Happens Bar*, farce-pantomime de Jean Cocteau sur une musique de Darius Milhaud, est créé à la Comédie des Champs-Élysées le 21 février 1920. Conçu pour être dansé au ralenti sur une projection d'un film muet de Charlie Chaplin d'une vingtaine de vingt minutes, le spectacle comprend huit parties interprétées par des clowns et acrobates du cirque Medrano : « La Dame décolletée » par Albert Fratellini; « La Dame rousse » par François Fratellini; « Le Barman » par Paul Fratellini; « Le Policeman » par Bosby; « Le Boxeur nègre » par Cyriollo; « Le Jockey », par Roberts; « Le Monsieur en habit » par Pinocchio; « Nègre qui joue au billard », par Boda. Les costumes sont dessinés par Guy-Pierre Fauconnet, le décor et cartonnages par Raoul Dufy. L'orchestre de vingt-cinq musiciens est dirigé

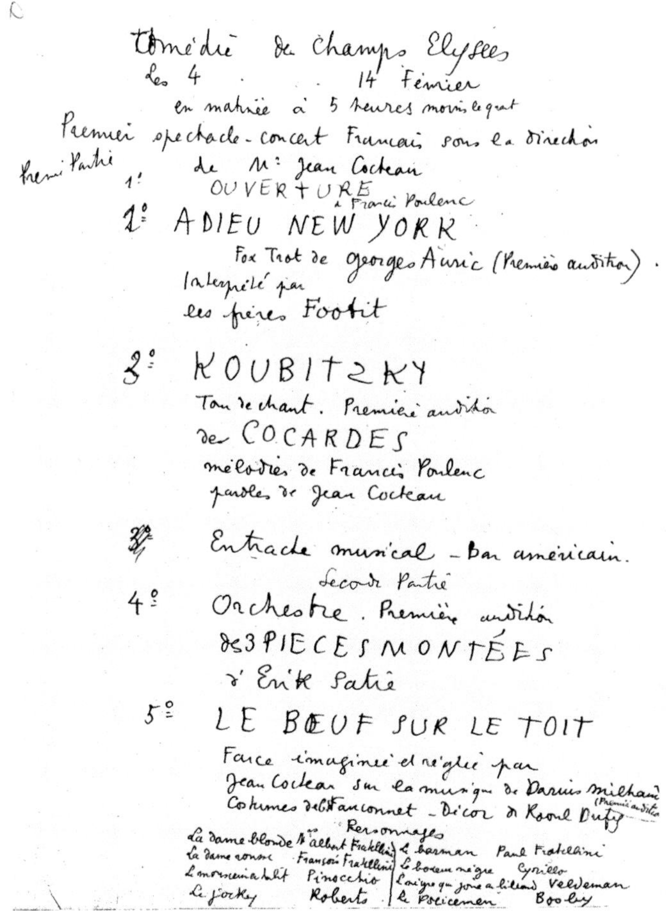
Comédie des Champs Elysées
les 4 . 14 Février
en matinée à 5 heures moins le quart
Premier spectacle-concert Français sous la direction
Première Partie de Mr Jean Cocteau
1° OUVERTURE de Francis Poulenc
1° ADIEU NEW YORK
Fox Trot de Georges Auric (Première audition).
Interprété par
les frères Footit
2° KOUBITZKY
Ton de chant. Première audition
de COCARDES
mélodies de Francis Poulenc
paroles de Jean Cocteau
3° Entracte musical – Bar américain.
Seconde Partie
4° Orchestre. Première audition
des 3 PIECES MONTÉES
d'Erik Satie
5° LE BŒUF SUR LE TOIT
Farce imaginée et réglée par
Jean Cocteau sur la musique de Darius Milhaud (Première audition)
Costumes de G. Fauconnet – Décor de Raoul Dufy
Personnages
La dame blonde Mrs Albert Fratellini | le barman Paul Fratellini
La dame rousse François Fratellini | le boxeur nègre Cyrillo
L'homme en habit Pinocchio | le nègre qui joue au billard Veldeman
Le jockey Roberts | le Policemen Booley

36. Esquisse du programme du Spectacle-Concert du 21 février 1920, BHVP.

borgne ». C'était le titre d'un tango[b] très populaire au Brésil[4]. Je l'emprunte pour les besoins de la cause.

Pendant que je composais, en 1916, le ballet *Parade* avec Erik Satie, Picasso et l'incomparable chorégraphe Léonide Massine, je ne me doutais pas que notre travail méticuleux sur une musique où se résume la tristesse des foires, des paquebots en pleine mer, apparaîtrait au public parisien comme une simple farce.

C'est en voyant souvent ce mot de « farce » employé à tort pour *Parade* que l'idée me vint de faire une Farce, une vraie Farce du Moyen Âge, avec les masques, les hommes jouant les rôles de femmes, la pantomime et la danse. Il s'agissait de la régler

par Vladimir Golschmann. Une version pour piano à quatre mains sera donnée en première audition par Milhaud et André Salmon dans un concert réservé aux « Œuvres du Groupe des Six » à la Galerie de la Boétie le 22 décembre 1920.

4. *O Boi no Telhado*, air brésilien composé par José Monteiro, pseudonyme de Zé Boiadeiro, pour le carnaval de Rio de 1918. Darius Milhaud, alors secrétaire du ministre plénipotentiaire Paul Claudel à Rio-de-Janeiro de janvier 1917 à novembre 1918, s'inspire de cet air de carnaval pour composer *Le Bœuf sur le toit*, mais aussi de certains thèmes du *Galhofeira* (1894) d'Alberto Nepomuceno pour y rendre hommage à l'un de ses amis compositeurs brésiliens.

de telle sorte qu'on pût croire au désordre, à l'improvisation, mais sans le moindre hasard. Charlie Chaplin nous donne l'exemple de ces Farces modernes où il peut atteindre une véritable grandeur.

Je désirais donc faire une Farce mais je manquais d'idée précise. Un soir, en écoutant pour la première fois Milhaud et Auric jouer *Le Bœuf* qu'ils réduisaient à quatre mains d'après la partition d'orchestre, j'ai vu ma Farce, et c'est ce que j'ai vu que je vais essayer de vous faire voir.

Depuis des siècles notre Farce vit sur les personnages de la Comédie italienne. Or le cinématographe impose peu à peu des nouveaux types de Farce. Ils méritent qu'on les emploie au théâtre.

Parade contenait encore de la littérature, de l'intention. Ici, j'évite le sujet, le symbole. Il ne se passe rien [c] ou ce qui se passe est si gros, si ridicule, que c'est comme s'il ne se passait rien.

Ne cherchez ni double sens, ni anachronismes dans *Le Bœuf*. C'est, je vous le répète, une Farce américaine faite par un Parisien qui n'a jamais été en Amérique.

Rien ne me gêne plus au théâtre que le manque de transposition. Une fausse réalité d'objets réels, d'étoffes réelles, de visages réels, de larmes réelles, simplement séparés de nous par la rampe. Mais je sais aussi que l'habitude est trop prise pour qu'on en change. L'esprit du spectateur, devenu paresseux, refuse de parcourir le chemin entre un objet, un sentiment et leur figuration. Il les demande tout crus.

Ici, j'étais libre, d'une liberté de Carnaval, et je me suis offert grâce à Fauconnet et à Dufy un rajeunissement du masque antique, de cette immobilité du visage agrandi qui donne une noblesse mystérieuse aux moindres gestes.

Une figure se distingue mal en scène, ou bien elle supplée aux bras, aux jambes qui deviennent gauches. Si la figure est cachée, le corps de l'acteur devient toute une figure qu'exprime pour être vue de loin ce que la figure réelle exprime pour être vue de près.

Sachant qu'il est impossible d'entendre et de voir bien du même [d] coup un spectacle qu'on écoute et qu'on regarde simultanément pour la première fois et que j'aurais peur que ma Farce vous distraie de la musique, l'orchestre va d'abord vous la faire entendre sous forme d'ouverture et réentendre ensuite accompagnant notre tableau mobile [e].

Comme le *Fox-trot* d'Auric [5], les *Cocardes* de Poulenc et les *Pièces montées* de Satie [6], *Le Bœuf sur le toit* est un merveilleux exemple de la musique nouvelle qui arrive après la musique à l'estompe : *La musique à l'emporte-pièce.*

Dans *Parade* la danse s'adaptait encore trop étroitement à la musique. C'est, selon moi, une erreur. Cela crée entre l'œil et l'oreille une sorte de pléonasme qui empêche de bien voir et de bien entendre à la fois. Ici, je m'efforce d'avancer *à contre-courant*, de mettre une gesticulation lente sur une musique rapide. C'est un travail difficile, du même ordre de difficulté que la vieille amusette qui consiste à tourner le bras gauche [f].

---

5. *Adieu, New York !* de Georges Auric se compose d'un « Fox-trot » et d'une « Danse d'acrobates » réglée par Jean Cocteau et interprétée par Tommy Footit & Jackly dans un décor et des costumes de Raoul Dufy. Le « Fox-trot » d'*Adieu, New York !* provient du ballet *USA Ange de New York*, un projet initié par Cocteau, puis abandonné. Pour la musique, Auric s'inspire des rythmes syncopés de danses américaines, comme le fox-trot ou le rag-time.

6. Les *Trois Petites Pièces montées* pour deux pianos et orchestre composées par Erik Satie à partir de *Pantagruel* de François Rabelais comprennent « De l'enfance de Pantagruel (Rêverie) », « Marche de Cocagne (Démarche) » et « Jeux de Gargantua (Coin de Polka) ».

Du reste, cette gesticulation lente exprime bien l'espèce d'engourdissement d'un bar où les noctambules bougent comme des scaphandriers au fond de la mer.

Pour ce travail difficile, il me fallait les pantins les mieux machinés du monde, c'est-à-dire les clowns.

Nous ne prétendons rien innover, rien imposer de subversif. Nous avons voulu vous amuser en nous amusant, et nous espérons tous que vous prendrez à la Farce du *Bœuf sur le toit* le même plaisir que nous avons pris à la monter pour vous la soumettre.

Variantes

a. *Chapeau rédactionnel précédant le texte en Com* : M. Jean Cocteau et un groupe de jeunes artistes de ses amis, préparent pour les 25 et 28 février[7] en matinée, à la comédie des Champs-Élysées, un « spectacle-concert »[8] composé avec le plus attrayant éclectisme. / Nous ne saurions mieux présenter ce spectacle qu'en laissant la parole à M. Jean Cocteau, dont nous sommes heureux d'offrir en primeur à nos lecteurs, le préambule qui sera le début du spectacle.

b. C'était le titre [d'un tango *Ms. et MF* ; d'une maxixe[9] *Com*] très populaire au Brésil.

c. *Adjonction uniquement en Com* : Il ne se passe rien (*Nothing happens Bar*) ou ce qui [...]

d. [...] et de voir bien du [même *Ms* ; premier *Com*] coup un spectacle [...]

e. *Paragraphe biffé en Ms, retenu en Com et supprimé en MF.*

f. *Phrase supprimée en Com et en MF.*

54

[Mes idées en musique] *

Au cours de cette interview, M. Jean Cocteau, auteur du livret du Bœuf sur le toit, *nous explique pourquoi il serait fou de vouloir imiter ces deux chefs-d'œuvre musicaux* : L'Après-midi d'un faune *et* Le Sacre du printemps.

M. Jean Cocteau a bien voulu résumer
ses idées sur la musique pour les
lecteurs de La Vogue musicale.

Mes idées en musique ? La première séance de mes spectacles-concerts[10] les exprime mieux que je ne pourrais le faire. Peu à peu je vois se répandre, dans la presse et le public, l'esprit de mon livre : *Le Coq et l'Arlequin*.

---

7. Le comte Étienne de Beaumont (1883-1956) est le mécène du spectacle. Il a récolté des fonds avec l'aide de l'Association franco-américaine présidée par Walter Berry et a loué la salle pour quatre soirées. Celles des 21 et 23 février 1920 sont réservées aux représentations privées : le 21 pour les membres fondateurs, le 23 au bénéfice de l'œuvre de la marquise de Noailles pour les hôpitaux militaires, section des mutilés des régions libérées. Celles des 25 et 28 février sont ouvertes au public.

8. Pour le « spectacle concert », voir note 1 du texte 52.

9. La maxixe ou matchitche, danse brésilienne, tient à la fois du tango et de la samba avec des rythmes syncopés. En 1908, elle fait fureur au Théâtre Marigny grâce aux danseurs brésiliens Geraldo Magalhães et Nina Teixeira.

* « [Sans titre] », accompagné d'une photo représentant Cocteau et du dessin « La Dame rousse », *La Vogue musicale*, n° 1, mars 1920, p. 2. Manuscrit conservé au Musée des Lettres et des Manuscrits à Paris. Comme ce document le révèle, Cocteau a préparé son texte entièrement par écrit et a demandé de le publier comme s'il s'agissait d'une « interview parlée ».

10. Pour le « spectacle-concert » de Cocteau, voir note 1 du texte 52.

J'étais alors seul à formuler le désir d'une musique plus rythmée, plus nette de contour, plus française que la musique impressionniste et moins sauvage que la musique « fauve ». J'étais alors seul à dire l'importance de Satie[11], sa simplicité riche de raffinements qui la précèdent; seul à entendre le bruit nouveau du groupe des « Six » qui éclate au soleil et dissipe les brumes allemandes, la neige russe.

Spectacle - Concert

donné sous la direction de Jean Cocteau

A LA COMÉDIE DES CHAMPS-ÉLYSÉES

en Matinée, à 16 heures 30

les Samedi 21, Lundi 23

(Répétitions Générales A & B)

Mercredi 25 et Samedi 28 Février

(Bureaux ouverts)

***OUVERTURE de* Francis Poulenc**

***Première Partie* : 1° *FOX-TROT* de Georges Auric interprété par MM. Tommy FOOTTIT et JACKLY : décor et costumes de Raoul Dufy. 2° KOUBITZKY : mélodies de Francis Poulenc et Jean Cocteau avec accompagnement de petit orchestre.**

ENTR'ACTE MUSICAL — BAR

***Deuxième Partie* : 1° *ORCHESTRE*. Erik Satie (Trois petites Pièces Montées.) 2° *LE BOEUF SUR LE TOIT*, de Darius Milhaud, farce imaginée et réglée par Jean Cocteau. Costumes de G. P. Fauconnet. Décor et cartonnages de Raoul Dufy. Les FRATELLINI, MM. Bosby, Cyrillo, Roberts, Pinocchio, Boda, *clowns et augustes*.**

Orchestre de 25 musiciens du Théâtre des Champs-Élysées, dirigé par Félix Delagrange.

Toutes les musiques jouées et représentées à ce spectacle sont en première audition.

37. Affiche du Spectacle-Concert des 21-28 février 1920, collection privée.

Ce bruit puise sa force à des sources populaires parisiennes : bal du quatorze juillet, manèges à vapeur, romances des rues. Il met en fuite « l'ange du bizarre »[12] qui se bouche les oreilles et le trouve de mauvais goût.

11. Comme souvent, Cocteau exagère l'importance de son rôle. En 1919, Satie n'est plus du tout un inconnu. Les deux sociétés musicales d'avant-garde de Paris programment ses œuvres depuis quelques années déjà. La Société nationale de musique a donné ses *Gymnopédies* orchestrées par Debussy en 1897, mais c'est seulement à partir de 1911 que Satie commence à intéresser le monde musical parisien grâce à l'intervention en sa faveur de Maurice Ravel. À la même époque, la Société musicale indépendante propose elle aussi, au moins une fois par an, ses œuvres interprétées par le pianiste Ricardo Viñes. Enfin, à partir de 1916, Satie groupe autour de lui les Nouveaux Jeunes et participe à nombre de leurs concerts.

12. « L'Ange du bizarre » est le titre de l'une des *Histoires grotesques et sérieuses* d'Edgar Allan Poe, traduites et publiées par Charles Baudelaire en 1865. Le récit met en scène les effets de la rencontre avec un « génie qui présid[e] aux *contre-temps* dans l'humanité » et dont la fonction est « d'amener ces *accidents bizarres*, qui étonnent continuellement les sceptiques ». De fait, une fois cette rencontre faite, le protagoniste du récit se voit contraint de remettre en question son incrédulité et sa raison, en vivant une aventure tout à fait invraisemblable et grotesque.

Maintenant le groupe des « Six » [13] – Auric, Durey, Milhaud, Poulenc, Honegger et Tailleferre – est chose admise. La salle de ma répétition fit un triomphe à Satie et bissa chacune de ses petites pièces d'orchestre [14].

La mauvaise humeur des grincheux est étouffée sous la bonne humeur des cuivres, et je garde une vive reconnaissance envers ceux qui nous aident à contredire les formes d'art précédentes, comme il sera sain que l'on contredise les nôtres, et ainsi de suite.

C'est à ce prix cruel que l'art se métamorphose et ne stagne pas.

L'Après-midi d'un faune et *Le Sacre du printemps* sont des chefs-d'œuvre et mettent le point final à une formule. Il serait fou de les imiter.

Imitaient-ils quelque chose ? …

55

[Vive la france] *

Notre « vive la France » soulève également la rage du faux patriote et de l'antipatriote. Cette rage est douce à nos oreilles. En essayant de nous désunir [15], un Bernier, un Braga [16] se démasquent. La réclame dont ils parlent, c'est eux qui nous

13. C'est la première fois que Cocteau utilise dans ses propres écrits l'expression « Groupe des Six », expression que le critique Henri Collet (1885-1951) a lancée deux mois auparavant dans deux articles de *Comœdia* parus les 16 et 23 janvier 1920 pour désigner les musiciens réunis en sa présence chez Darius Milhaud le 8 janvier 1920.

14. Cocteau évoque sans doute la réunion privée chez Milhaud.

* [Sans titre], *Le Coq / SAM*, n° 1, 1er avril 1920 [numéro d'essai] ; reprise d'une partie du texte avec une seule variante significative dans *Le Coq*, n° 1, mai 1920 (voir texte 56). Les revues littéraires d'avant-garde prolifèrent à l'époque. En 1916 paraissent *Sic* de Pierre Albert-Birot et *391* de Francis Picabia, l'année suivante *Nord-Sud* de Pierre Reverdy. En 1919, André Breton, Louis Aragon et Philippe Soupault fondent *Littérature*, mais en excluent Cocteau. Désirant lui aussi se mettre en valeur, répondre aux attaques dont il fait l'objet dans ces revues et promouvoir ses amis musiciens et ses collaborateurs, le poète est contraint de créer d'abord *Le Mot* qui tourne court, ensuite en collaboration avec Raymond Radiguet *Le Coq* dont les deux derniers numéros s'intituleront *Le Coq parisien*. Cette feuille imprimée sur du papier d'affiche, au format et à la typographie fantaisistes, ressemble toutefois davantage à un tract de type dadaïste qu'à une revue. Elle n'aura pas grand succès et cessera de paraître, après un numéro d'essai et quatre numéros officiels, en novembre 1920.

15. Suite à l'appellation « Groupe des Six », divers critiques s'efforcent de démontrer qu'il n'y a pas d'esthétique musicale commune aux six musiciens. Il est vrai que chacun des Six défend également ce point de vue. À la fin de l'été 1920, le critique musical Paul Landormy (1869-1943) fait paraître six articles dans *La Victoire*, intitulés respectivement « *Le Coq et l'Arlequin* » (24 août), « Les idées de M. Jean Cocteau » (31 août), « M. Louis Durey » (7 septembre), « M. Darius Milhaud » (21 septembre), « MM. Honegger et Georges Auric » (28 septembre), « M. Francis Poulenc et Mlle Germaine Tailleferre » (5 octobre). Il y reprend systématiquement les propos recueillis auprès de chacun des protagonistes. Honegger déclare notamment qu'il ne vise point « un retour à la simplicité harmonique » et qu'il n'a point « le culte de la Foire et du music-hall ». Ces affirmations sont interprétées comme une déclaration de rupture d'avec le groupe. Or Honegger a simplement voulu préciser son esthétique, rien de plus. En 1921, Landormy opposera encore Debussy et les Nouveaux jeunes dans un article intitulé « Le déclin de l'impressionnisme » (*La Revue musicale*, n° 4, 1er février 1921, p. 97-113). Voir également les textes 73, 75, 76 et 77 dans lesquels Landormy et Cocteau poursuivent la polémique sur l'appartenance de Honegger au Groupe des Six.

16. Les critiques littéraires Jean Bernier (1894-1975) et Dominique Braga attaquent le spectacle de Cocteau. Voir Jean Bernier, « Le Bœuf sur le Toit », *Comœdia illustré*, n° 5, 15 mars 1920, p. 220-222. Bernier et Braga écrivent dans *Le Crapouillot* et *La Nouvelle Revue française*.

la font. Quant à Henri Collet[17], nous le connaissons à peine. Ses articles furent une surprise, et nous le remercions de sa clairvoyance, ainsi que *L'Opinion*, *Les Débats*, *L'Humanité*. [*Signé :*] G.T., L.D., G.A., A.H., F.P., D.M., J.C.[18]

56

[Bernier-Braga-Collet] *

En essayant de nous désunir, un Bernier, un Braga nous unissent davantage. La réclame dont ils parlent, c'est eux qui nous la font. Quant à Henri Collet, nous le connaissons à peine. Ses articles furent une surprise et nous le remercions de sa clairvoyance.

Tailleferre, Durey, Auric, Honegger,
Poulenc, Milhaud, Cocteau.

57

Dernières nouvelles **

Les 6 musiciens ne s'intéressent plus au contrepoint harmonique.

Fondation de la Ligue Anti-Moderne[19].

Retour à la poésie. Disparition du gratte-ciel. Réapparition de la rose.

17. Rappelons que Henri Collet vient de lancer en janvier 1920 l'expression du « Groupe des Six » (voir note 13 du texte 54), à l'instar des Cinq Russes qui ont marqué leur époque dans le dernier tiers du XIXe siècle. Alors que Jean Bernier qualifie Henri Collet de « critique docile », Cocteau s'en défend en prétendant qu'il ne le connaît guère. Or, un an auparavant, à la sortie de presse du *Coq et l'Arlequin*, le poète lui a envoyé un exemplaire avec cet envoi : « à Henri Collet / Souvenir / du chef d'orchestre / Jean Cocteau / Janvier 1919 ». La preuve en est dès lors fournie non seulement que les deux hommes se connaissaient bel et bien, mais peut-être aussi que Cocteau a « orchestré » dans son ouvrage la réception des idées émises par les Nouveaux Jeunes, voire le lancement des Six par Collet.

18. Initiales des noms des Six et de Cocteau.

* [Sans titre], *Le Coq*, n° 1, mai 1920.

** « Dernières nouvelles », *Le Coq*, n° 1, mai 1920.

19. En affirmant vouloir fonder la Ligue Anti-Moderne, Cocteau préconise le refus d'une esthétique moderniste ou citadine qui est symbolisée par le « gratte-ciel » et le retour vers une esthétique classique ou naturelle qui est représentée par la « rose ».

58

POINT SUR L'I *

Monsieur Paul Souday, dans *Le Temps* du 27 mai, présente amicalement *Le Coq* comme un organe officiel du cubisme. Notre premier fascicule n'était-il pas assez clair ? Nous avions pourtant pris soin de l'écrire en caractères d'images d'Épinal.

Le Coq n'est l'organe d'aucune école.

C'est une feuille où s'expriment six musiciens de goûts différents unis par l'amitié.

Que cette amitié trouve sa force dans une même tendance différemment comprise, cela va sans dire.

À ces musiciens se joignent des poètes, des peintres qui les aiment.

Rien de moins chapelle ; la porte est grande ouverte. Mais, en France, on se passe mal de registres. Il est difficile d'échapper à une étiquette. On vous l'accroche de force. Or, nous n'avons pas d'étiquette. À vous de reconnaître l'air de famille.

Si l'un de nous imprime une phrase et que l'autre la désapprouve, nous connaissons trop que ces charmantes discordes entretiennent le jeu pour nous désunir.

Ne pas confondre cheval emballé avec cheval de course. Les amis qui, nous suivant, blâment notre salut à Schoenberg comme un manque de tact, nous suivent mal. Ce témoignage d'admiration montre la qualité de notre nationalisme.

CHACUN CHEZ SOI, LE MIEUX POSSIBLE. À l'artiste international, il manque un espéranto. Pour ma part, je ne refuse pas la main au jeune Allemand excédé de Wagner.

L'expression « les six Français » ne vient pas de nous, car Honegger est suisse.

59

PRÉFACE [AU *GENDARME INCOMPRIS* ET À *UNE SOIRÉE MÉMORABLE*] **

Nous serions tenus à faire ici des excuses d'une « Gendarmerie »[20] imaginée au bord de la mer, à 8 heures du soir, et achevée à 11[21], si le considérable retentissement de la chose ne nous obligeait à prendre une attitude nouvelle. Personne n'a oublié ce scandale. Le public debout, tout de suite partagé en cléricaux et républicains. Une guerre civile ne commence pas autrement, constate Monsieur Souday, dans son

* « Point sur l'i », *Le Coq*, n° 2, juin 1920.

** Préface à un projet d'édition non abouti du *Gendarme incompris* et d'*Une soirée mémorable*, deux saynètes de Jean Cocteau et de Raymond Radiguet. Alors que la seconde œuvre n'a eu droit à aucune représentation, la première est créée au cours d'un « Spectacle de théâtre bouffe » au Théâtre Michel les 24, 25 et 26 mai 1921, avec une musique de Francis Poulenc et dans une mise en scène de Pierre Bertin. La transcription de la préface, réalisée par Pierre Chanel d'après le manuscrit ayant appartenu à Francis Poulenc, a paru dans *CJC* (n° 2, 1971, p. 45-46).

20. *Le Gendarme incompris* clôt le « Spectacle de théâtre bouffe ». Pour le détail du programme, voir texte 65.

21. *Le Gendarme incompris* est rédigé en une soirée de septembre 1920 au Piquey, station balnéaire du bassin d'Arcachon où Cocteau, Radiguet et Louis Durey sont en villégiature. L'œuvre est éditée à la Galerie Simon en mai 1921.

Les termes : « Groupe des six », « Orchestre polytonal » ne sont pas de moi[28]. « Musique à l'emporte-pièce » est de moi. Mais emporte-pièce signifiant netteté, sûreté du contour. Ce contour peut prendre toutes les formes. De même, l'emporte-pièce peut se faire dans du papier ou dans l'étoffe la plus riche.

Rue Huyghens, le public aidait à déplacer le piano, à recharger le poêle. Il écoutait la musique debout. Pas par respect, mais faute de chaises.

Avenue Montaigne vous pouvez vous asseoir.

Si la musique vous égaye, riez. Si elle vous choque, riez. Surtout ne l'écoutez pas avec la figure dans vos mains.

À la mémoire
de
Claude DEBUSSY[29]

Les vagues, les feuilles, le vent
Et autres bêtes sans visage
T'aiment, charmeur de paysages,
Et te savent toujours vivant.

Une Reine-Claude se tue
Sa blessure saigne de l'or
Marbre n'écrase pas ce mort
Dont un nuage est la statue.

28. En cette fin d'année 1920, nombreuses sont les polémiques autour du Groupe des Six. C'est Henri Collet qui applique pour la première fois le concept de polytonalité au groupe des Six dans son second article de *Comœdia* du 23 janvier 1920. Il ne parle pas toutefois d'« orchestre polytonal », mais de polytonie. À la question de savoir quelle est l'esthétique commune des Six, il répond : « Ils partent de la complexité polytonique pour trouver la simplicité. [...] La polytonie, destituée de ce flou ensorceleur de sa période de recherche, peut dans sa nudité actuelle, sembler un peu fruste. » Or, même si Honegger et plus particulièrement encore Milhaud écrivent des œuvres où la polytonalité (écriture musicale qui superpose plusieurs tonalités) forme l'une de leurs caractéristiques, celle-ci est quasi absente des œuvres des autres membres du groupe. Rappelons aussi que les recherches de Milhaud sur la polytonalité commencent en 1915 et se développent systématiquement à partir des *Choéphores* en 1917, alors que le débat sur la superposition des tonalités entre Vincent d'Indy et Charles Koechlin débute en 1917. Voir François de Médicis, « Darius Milhaud and the Debate on Polytonatity in the French Press of the 1920s », *Music & Letters*, vol. 86 n° 4, November 2005, p. 573-591.

29. Disparu en mars 1918, Claude Debussy fait l'objet de divers hommages, dont celui de *La Revue musicale* qui lui consacre son numéro du 1er décembre 1920. Cette publication contrarie quelque peu le projet de Cocteau de faire paraître aux Éditions de La Sirène un hommage au compositeur émanant du Groupe des Six (lettre inédite de Cocteau à Louis Durey du 24 octobre 1920). Contraint d'y renoncer, il place ce poème à la fin de sa présentation.

61

PARADE *

Le cheval de *Parade* va réapparaître sur la scène du théâtre des Champs-Élysées [30]. Ce brave cheval qui nous amusait et faisait rire les machinistes aux âmes simples, fâcha beaucoup le public de 1917. Car le public est un enfant qui veut qu'on le traite comme une grande personne et qui se fâche si on le mène à guignol.

Quand nous avons donné *Parade* le dadaïsme était inconnu [31]. Nous n'en avions jamais entendu parler. Maintenant, nul doute que le public reconnaisse DADA dans notre cheval sans malice.

Or j'aime mes amis Picabia et Tzara [32]. Au besoin je leur prête main forte [33], MAIS JE NE SUIS PAS DADAÏSTE. Sans doute est-ce encore la meilleure façon de l'être.

NON, *Parade* n'est ni dadaïste, ni cubiste, ni futuriste, ni d'aucune école. *Parade* est *Parade*. C'est-à-dire un gros jouet.

Aussi Serge de Diaghilev le pose-t-il dans votre soulier de Noël.

Trois managers féroces, vulgaires, surhumains, inhumains, font la réclame d'un spectacle auquel un prestidigitateur chinois, une girl américaine et deux acrobates servent de parade. N'entrons pas. Les managers furieux, les quatre petits personnages trop modestes nous suffisent.

Dedans, doivent sévir la richesse, le grand jeu. Wagner and Co, le sublime, ce lion couché dans l'L majuscule des magasins du Louvre. Plus de pénombre, de poudre aux yeux. *Parade* peut se voir sans pleurer ni rire – s'entendre sans mettre la figure dans les mains.

---

* « *Parade* », *Comœdia*, n° 2927, 21 décembre 1920.

30. *Parade* est de nouveau à l'affiche des Ballets russes au Théâtre des Champs-Élysées de l'avenue Montaigne durant la période de Noël, les 21, 24 et 26 décembre 1920.

31. Lancé au cabaret Voltaire à Zurich en février 1916, le mouvement dada se développe plus amplement en France à la venue dans la capitale de Tristan Tzara (1896-1963) en janvier 1920. Contrairement à ce que Cocteau prétend, il était pourtant bien présent à Paris lors de la création de *Parade*. Dès 1917, Tzara s'emploie en effet à tisser des liens avec diverses personnalités artistiques françaises par l'échange de poèmes et de revues ; Cocteau fait partie des poètes sollicités par lettre circulaire. C'est Picabia, alors en Suisse, qui se charge de renforcer les liens entre les deux pays. Cocteau leur envoie d'ailleurs des poèmes, comme « Cocardes » et « Louange de l'olivier » qui paraissent respectivement dans l'*Anthologie Dada* en mai 1919 et dans *Dadaphone* en mars 1920. L'année 1920 marque cependant à la fois l'apogée et le déclin du mouvement dada à Paris. Voir Michel Sanouillet, *Dada à Paris*, Paris, Flammarion, 1993.

32. Cocteau fréquente le salon de Francis Picabia (1879-1953), mais est respectueusement tenu à l'écart des dadaïstes. Cela ne l'empêche pas de participer à certaines de leurs manifestations, notamment le 23 janvier 1920 où il lit certains de ses poèmes, ni de fonder la revue *Le Coq* qui se présente d'ailleurs comme une authentique revue dadaïste, non seulement par sa présentation, mais surtout par l'autocritique qui consiste à attaquer sans retenue le mouvement Dada.

33. Le 9 décembre 1920, dix jours avant la parution du présent article, Cocteau, Poulenc et Auric font les pitres lors d'une exposition consacrée aux tableaux de Picabia à la Galerie de la Cible, rue Bonaparte. Lors de la lecture par Tzara de son *Dada manifeste sur l'amour faible et l'amour amer*, ils animent les pauses à eux trois par un jazz-band parisien. Habillés en smoking et coiffés de tuyaux de poêle, ils jouent d'une batterie loufoque composée d'objets et d'instruments divers (klaxon, grosse caisse, cymbales, castagnettes, etc.).

En 1917, le public du Châtelet PRIT SON PROPRE TAPAGE POUR LA MUSIQUE DE *PARADE*. Le concert Félix Delgrange, salle Gaveau (11 mai 1919), dissipa ce malentendu[34].

L'audace de Satie consiste à être simple, d'une simplicité neuve, savante, linéaire, après une période interminable de musique diffuse et compliquée.

Les oreilles « myopes » rompues aux raffinements harmoniques de l'impressionnisme musical, aux masses somptueuses de la musique fauve, prennent l'économie de *Parade* pour de la pauvreté. Elles ne peuvent comprendre cet orchestre mince comme un boxeur, comme un cheval de course.

Les motifs se succèdent, distincts les uns des autres comme des objets. Rien ne les brouille, ne les enchevêtre, ne les développe. Satie dessine sans estompe. Il travaille à l'emporte-pièce. Voici rejointe la franchise du contour, la grande qualité de chez nous.

Puissent les clefs et les quolibets ne pas transformer tout cela en jazz-band. Un orchestre si discret, couvert par des rires, devient vite un charivari. Après, on le juge comme tel sans l'avoir entendu.

Le public croit toujours qu'on cherche à se moquer de lui. Pourquoi ? Quel avantage y trouveraient les artistes ?

Imaginez la dépense, le travail que nécessitent la mise en scène d'une pièce comme *Parade*, les quatre-vingts musiciens qui l'exécutent, mon voyage à Rome avec Picasso pour rejoindre la troupe russe, la fatigue de Massine auquel je racontais le rôles et qui transformait mes gestes en danse comme Picasso transforme un groupe d'objets en peinture, le dévouement des interprètes qui portent les lourdes carcasses des managers, Picasso peuplant l'immense rideau devant lequel on joue la fugue qui ouvre et ferme la partition – tant de recherches, d'ébauches, de nuits blanches au théâtre, de disputes et d'amitié… à seule fin de mystifier une spectatrice des fauteuils d'orchestre.

On pense à un petit chien qui croirait que sa maîtresse donne un bal pour qu'on lui marche sur les pattes.

Cependant, malgré le succès de *Parade* à Londres[35], je persiste à croire que le public parisien est le seul qui vaille, qui réagisse, qui vive, qui ne refuse pas de reconnaître ses erreurs. Depuis la première en 1917, il a réfléchi. J'ai publié *Le Coq et l'Arlequin*, *Socrate* a consacré Satie, Picasso honore la France, *Le Bœuf sur le toit* a remporté un succès cordial et le Groupe des Six commence l'œuvre collective à quoi *Parade* pourrait servir de préface.

J'espère, du reste, en ce qui me concerne, pouvoir mieux mettre au point quelques détails rendus impossibles à la création, par les circonstances[36].

C'est ainsi que Satie, pendant la danse de la petite fille, évoque une certaine atmosphère américaine par le bruit des machines à écrire, léger tic-tac légitime à la batterie. L'orchestre le souligne avec les cordes.

À l'époque, ces machines firent scandale. Depuis, les nègres ont habitué le public à plus d'épices.

Or, au théâtre, toute chose doit être fausse pour paraître vraie, en tenant compte de l'optique et de l'acoustique théâtrales. J'employais à regret de véritables machines

34. Dans *Le Gaulois* du 18 mai 1919, Georges Auric avait fait paraître un article élogieux sur l'orchestration de *Parade* où il la comparait à un dessin de Dominique Ingres.

35. La première londonienne de *Parade* par les Ballets russes date du 14 novembre 1919. Les articles dans *The Observer* et le *Sunday Times* sont élogieux.

36. Suite aux pressions de Satie lors de la création de *Parade*, Cocteau avait dû renoncer à utiliser les « machines à bruits » comme des klaxons et des hélices et se contenter de machines à écrire.

Remington trop maigres et tristes comme les vrais fauteuils et les vrais tableaux placés actuellement sur nos scènes.

Heureusement qu'on plaisanta *Parade*. Je viens de trouver d'excellentes fausses machines fabriquées pour une revue où le revuiste montrait Satie substituant les machines à écrire aux violons [37].

Ces machines faites pour la parodie serviront cette fois dans l'œuvre.

De même, au Châtelet, le dialogue des managers que rythme le bruit des pieds, semblait un peu vide. J'avais supprimé le texte et les porte-voix, mais je voulais qu'on entendît au-dessus de cette danse mécanique une sorte de chant d'usine. Au théâtre de l'avenue Montaigne, je peux l'obtenir, grâce à l'orgue – Dieu me pardonne – en combinant le bourdon et un do dièse.

Vous voyez que je vous livre mes secrets. Le reste ne m'appartient pas et je vous en laisse la surprise.

62

LA REPRISE DE *PARADE* *

Paris est un enfant terrible. Il croit toujours qu'on lui tire la langue. Il trépigne et casse les jouets qu'on lui donne. Mais *Parade* est un jouet incassable. Nous le déposons même, perfectionné, dans le soulier de Noël de Paris.

Perfectionné, ou, pour être plus exact, moins éloigné de son véritable aspect. Car, en 1917, la hâte, les circonstances, le vacarme, l'éclairage défectueux, nous empêchèrent d'offrir au public un spectacle conforme à notre désir.

Si, cette fois, l'enfant terrible écoute, regarde, tourne le jouet entre ses mains et accepte de jouer avec, il y aura une surprise.

En effet, le public de *Parade* nous jugea d'après un malentendu consistant à prendre le scandale pour l'œuvre et les manifestations pour la musique. C'est ainsi que des critiques de bonne foi parlèrent de charivari pour un orchestre dont l'audace consiste à être simple, à rompre avec les bouche-trou, les surcharges, les divisions, les dentelles harmoniques, l'estompe, toute la poussière d'or de l'impressionnisme.

L'ORCHESTRE DE SATIE EST UN FAUX MAIGRE.

Sur la scène deux Managers qui, pour peu qu'on craigne le monde recréé par Picasso, ne doivent pas choquer plus que des hommes-sandwichs à la mi-carême. L'autre Manager sur un cheval sans vergogne, qui a les jambes de Charlot. Un Prestidigitateur chinois, une Petite Fille américaine et deux pauvres Acrobates, machinés comme seuls le sont les pantins chez Serge Coppélius [38] de Diaghilev.

Pourquoi chercher du crime, du mystère, de l'intention secrète dans ce divertissement qui nous a coûté tant de travail et de plaisir à Satie, Picasso, Massine et moi ?

---

37. Ni la revue ni le « revuiste » n'ont pu être identifiés.

* « La Reprise de *Parade* », *Paris-Midi*, n° 3252, 21 décembre 1920, p. 2. Manuscrit conservé dans une collection privée. Version choisie : celle, plus riche, du périodique.

38. Dans ce contexte, Coppélius renvoie à l'un des protagonistes des *Contes d'Hoffmann*, opéra fantastique de Jacques Offenbach créé à l'Opéra-Comique de Paris le 10 février 1881. Après avoir donné la vue à Olympia, la « fille » du scientifique Spalanzani qui est en réalité une poupée mécanique, Coppélius la brisera pour se venger d'avoir été dupé et éconduit par le père.

M'interrogerez-vous sur *Parade* ? Je suis tenté de répondre : Ne cassez pas *Parade* pour voir ce qu'il y a dedans. Il n'y a rien. *Parade* ne cache rien. *Parade* n'a aucun sens. *Parade* est une parade. *Parade* est sans symbole. *Parade*, un point c'est tout. *Parade* n'est pas cubiste. *Parade* n'est pas futuriste. *Parade* n'est pas dadaïste. *Parade* n'est pas un « *curieux ballet* ». *Parade* ne cligne pas de l'œil. *Parade* n'est pas malin. *Parade* n'est pas sublime. *Parade* est simple comme bonjour [39].

Parade est :

Bête comme chou. Franc comme l'or. Frais comme une rose. Libre comme l'air.

Un soir, au Châtelet, passant dans le couloir après *Parade* (la salle continuait à se battre), j'entendis un monsieur qui disait à un autre : « Si j'avais su que c'était si c..., j'aurais amené les enfants. »

Brave homme ! Voilà le plus bel éloge.

Dans l'orchestre de *Parade*, il y avait le bruit des machines à écrire américaines. Les critiques en conclurent que Satie substituait les machines à écrire aux violons. Or, ce tic-tac légitime accompagné par les cordes se fait à la « batterie » qui est un endroit de l'orchestre où prennent toujours place les fantaisies de percussion.

Cette fois, je compléterai les bruits de *Parade* (sirène de paquebot, moteur d'aéroplane, vague) pour lesquels Satie, trop modeste, voudrait n'avoir écrit qu'un fond, comme ces ragtimes que les Américains garnissent avec le jazz.

Au moment de *Parade* nous ignorions encore les jazz-bands dont la première troupe nous laisse un souvenir inoubliable [40].

Le public parisien, rompu maintenant aux rythmes nègres, trouvera, sans doute, *Parade* bien inoffensif. Je le souhaite, car nous ne cherchons jamais le scandale [a].

Depuis, Satie a composé *Socrate*, *Les Nocturnes*, *Les Pièces montées*, *La Belle Excentrique*. Sans cesse il travaille, se dépasse, cherche, trouve une inspiration et des moyens nouveaux, alors que la plupart des hommes de génie sont des souteneurs, richement entretenus par une idée.

Pour nous *Parade* est déjà loin.

Variantes

a. *Leçon du manuscrit* : Je l'espère beaucoup, car je ne cherche jamais le scandale.

---

39. En réalité, ce paragraphe est construit par antiphrases : *Parade* peut être considéré au premier abord comme n'ayant aucune signification, alors qu'il est en réalité riche en allusions diverses, autant sur la mutation des arts de l'époque que sur divers aspects de la vie contemporaine, avec des rapprochements intéressants entre l'Amérique et l'Europe des années 1920.

40. Dans *Le Coq et l'Arlequin* (voir note 196 du texte 33), Cocteau dit avoir découvert le jazz américain en décembre 1917. Or le jazz s'est fait entendre pour la première fois à Paris durant l'été 1917, lors de l'entrée des « Sammies ».

63

LES BALLETS RUSSES *

Vous me demandez quelques lignes sur *Parade*[41]. Ces lignes seront pour en finir avec *Parade*, poème gesticulé. Après le succès de *Parade* je ne vais pas vous dire : « Voyez comme j'avais raison. » Si on aime, si on cherche à faire partager son sentiment, on rabâche; mais si on insiste après avoir obtenu gain de cause, on radote. Je ne radoterai pas sur *Parade*.

J'ai vu, debout, applaudissant et nous appelant, la même salle qui nous huait en 1917.

Parade appartenait à Satie, Picasso et moi. *Parade* ne nous appartient plus depuis le 21 décembre. Il appartient aux spectateurs. Nous-mêmes, devenus spectateurs, le regardons et l'écoutons d'une loge.

Parade reste une date. Les dates se suivent et ne se ressemblent pas. *Pelléas et Mélisande*, *Le Sacre du printemps*, *Parade*. *Pelléas* nous caressait profondément. *Le Sacre* nous battit profondément (nous en avions besoin). *Parade* nous parle. Les trois meilleures façons de convaincre.

Adieu *Parade* ! Adieu *Bœuf sur le toit* ! Vous êtes de vieux spectacles.

L'artiste qu'on estime est un souteneur, entretenu par une idée. Ne soyons pas cet artiste. Compromettons-nous. Ne créons pas une routine. Changeons souvent d'idées et ruinons-nous chaque fois pour elles.

64

ALLOCUTION POUR *CARAMEL MOU* **

Mesdames, Messieurs,

Je ne devrais pas vous présenter ce numéro[42]. Si le numéro est bon, il se présente tout seul, mais Johnnie Gratton[43] m'a prié d'être son introducteur auprès de vous.

---

* « Les Ballets russes », texte accompagné d'un portrait de Cocteau par Picasso, *Comœdia illustré*, nº 4, 20 janvier 1921, p. 170.

41. Par l'emploi de cet *incipit*, Cocteau renvoie au texte programmatique sur *Parade* publié en 1917 et débutant de la façon suivante : « Vous me demandez quelques détails sur *Parade*. Les voici trop en hâte [...] ». Voir texte 29.

** Allocution pour *Caramel mou*. Manuscrit conservé à la BHVP.

42. *Caramel mou*, shimmy pour jazz-band (clarinette, trombone, trompette, jazz, chant ou saxophone ou violon à défaut, et piano) composé par Milhaud sur un texte de Cocteau et représenté au cours d'un « Spectacle de théâtre-bouffe » au Théâtre Michel les 24, 25 et 26 mai 1921 (voir détails du spectacle : note 50 du texte 61). Un mois auparavant, Marcelle Meyer en donne une version pour piano à la Galerie Georges Giroux à Bruxelles lors d'un concert du Groupe des Six précédé d'une conférence de Satie sur les jeunes compositeurs. Sans doute Pierre Bertin, qui organise ce concert avec Paul Collaer, chante-t-il la partie pour voix, bien que le programme ne le précise pas.

43. Johnnie Gratton, danseur noir américain faisant partie de la troupe de Harry Pilcer. L'affiche imprimée du spectacle orthographie son nom « Grattoy » (voir Pierre Chanel, *Album Cocteau*, Paris, Tchou, 1970, p. 47). Georges Auric rappelle toutefois que cet artiste n'était « qu'un assez pitoyable

Le shimmy[44] que vous allez entendre n'est pas un vrai shimmy. Les vrais shimmy s'entendent mieux dans les dancings. Non. Darius Milhaud a fait le portrait d'un shimmy – comme Chopin faisait le portrait des danses de son époque, comme nous avons de Claude Debussy le portrait d'un cake-walk, de Stravinski le portrait d'un ragtime, d'Auric le portrait d'un fox-trot[45] etc., etc.

39. Affiche du Spectacle de Théâtre-Bouffe au Théâtre Michel, mai 1921, collection privée.

imposteur. Nulle révélation fabuleuse. Où nous attendions un danseur, nous ne trouvâmes qu'un raté ». Voir Georges Auric, *Quand j'étais là* , Paris, Grasset, 1979, p. 177-178.

44. Shimmy, danse noire américaine devenue populaire au début du XXe siècle par l'interprétation de la chanson *Everybody shimmies now* qu'en donne l'actrice américaine Mae West.

45. Cocteau fait allusion à des compositions dont le titre désigne le nom même des danses : « Colliwogg's cake-walk » (1908), dernier numéro de *Children's Corner* de Debussy, *Ragtime pour 11 instruments* (1918) de Stravinski et le « Fox-trot » d'*Adieu, New York !* (1920) de Georges Auric.

Ces portraits de danses à la mode leur ressemblent dans la mesure où par exemple une pomme peinte ressemble à une pomme qui se mange. Rien d'improvisé, d'accidentel, de trop momentané, dans le shimmy de Milhaud. Il résume l'atmosphère des dancings actuels, il concentre volontairement et tranquillement la verve excentrique des orchestres noirs [46].

J'ai composé dans le même sens pour ce shimmy des paroles complètement absurdes [47].

Nous nous demandions sous quelle forme présenter notre fausse danse lorsque je vis danser Gratton chez Pilcer. Il avait moins de succès que ses collègues. Il nous apparut à nous comme un dieu de la danse. En réalité, on l'appelait à New York le diable de la danse. Vous voyez que je n'étais pas si loin.

Gratton a composé sur la fausse danse moderne une fausse danse moderne [48].

Je n'aime pas l'exotisme et le pittoresque me déplaît beaucoup. Avec Gratton il n'est plus question de bamboula [49] ni d'anthropophagie ni de palace hôtel. Vous verrez il me semble que quand on a cette noblesse de style, Espagne, Russie, France, Indes, Afrique ne comptent plus. C'est l'art classique.

65

Excuses aux critiques *

Le spectacle organisé généreusement par Pierre Bertin au théâtre Michel [50] (je dis généreusement, car à l'encontre de ce qu'imaginent certains chroniqueurs naïfs, il doit y être de sa poche) lui vaut toute notre gratitude. Il a, en effet, choisi et monté des ouvrages dont la valeur ne peut apparaître qu'à un petit nombre de personnes. Sa récompense est d'avoir réuni tous les suffrages comme interprète.

Ce n'est pas à moi de parler de *La Femme fatale*, de Max Jacob, où la poésie parodique et la poésie véritable s'enchevêtrent, de la profonde vérité cocasse du *Piège de Méduse*, de Satie, du portrait musical de shimmy fait par Darius Milhaud, de la pièce de Raymond Radiguet [51], *Les Pélican*, fraîche comme une rose et si *importante*, non.

---

46. Shimmy, cake-walk, ragtime et fox-trot trouvent leurs origines dans les sociétés noires américaines de la fin du XIXe siècle et influenceront le jazz. Les morceaux sont introduits en Europe au début du siècle suivant.

47. Pour le texte de *Caramel mou*, voir Jean Cocteau-Darius Milhaud, *Correspondance*, éd. Pierre Caizergues et Josiane Mas, Marseille, Novetlé, 1999, p. 101-102.

48. Cette phrase est à comprendre, selon Pierre Chanel, dans le sens où sur une fausse musique de shimmy est venue se greffer une fausse chorégraphie de shimmy.

49. Bamboula, danse haïtienne devenue célèbre par une pièce pour piano portant ce titre et composée par Louis Moreau Gottschalk vers 1850.

* « Excuses aux critiques », texte de Cocteau inséré dans le compte rendu du spectacle par Asté d'Esparbes, l'ensemble ayant été publié dans *Comœdia*, n° 3085, 28 mai 1921.

50. Le « Spectacle de théâtre bouffe » donné en matinée au Théâtre Michel les 24, 25 et 26 mai 1921 comprend : *La Femme fatale*, drame lyrique en un acte de Max Jacob, *Le Piège de Méduse*, comédie lyrique en un acte d'Erik Satie, *Caramel mou* de Darius Milhaud, *Les Pélican*, pièce en deux actes de Raymond Radiguet avec une musique de Georges Auric et *Le Gendarme incompris*.

51. Raymond Radiguet (1903-1923), jeune écrivain au talent précoce mais décédé prématurément, rencontre Cocteau en juin 1919. Les deux hommes deviennent inséparables et élaborent des projets en

J'arrive au *Gendarme incompris*, de Radiguet, de Poulenc et de moi. Les auteurs ne savaient pas, en l'écrivant (ils l'écrivirent, si je ne me trompe, sauf le musicien, en deux heures), qu'ils tendaient un piège. Ils l'ont tendu sans la moindre malice. Car j'ai le regret d'apprendre à M. Nozière, entre autres, que *Le Gendarme* est une critique, en ce sens que le style Stéphane Mallarmé le motive, que cette critique est bouffe parce qu'elle se moque en même temps de la critique et que sa nouveauté vient de ce qu'au lieu de commenter un texte, on le montre simplement sous un aspect inattendu. Le gendarme La Pénultième (son nom n'était-il pas un indice ?) ne prononce pas un mot qui ne sorte, sans la moindre retouche, du célèbre « Ecclésiastique » [52] des *Divagations* de Stéphane Mallarmé. Le sonnet du commissaire est le non moins célèbre « Placet futile » [53], première version citée par Verlaine, dans *Les Poètes maudits* [54]. Les auteurs ont, du reste, pris soin de faire dire par le commissaire : « J'ai de ce sonnet une version bien meilleure. » Toute la pièce, idiote en soi, tourne autour de cet axe. *L'Homme libre*, qui cite l'article de M. Nozière [55] et me trouve illettré, sera sans doute surpris d'apprendre que *Le Gendarme* n'est qu'un jeu de lettrés, sans aucune prétention théâtrale, que plusieurs personnages y portent des noms mallarméens, et que l'intrigue n'y est conduite que par des allusions à une œuvre que tout homme qui s'occupe de littérature doit reconnaître au premier abord. Comment résisterons-nous à citer la phrase suivante de M. Antoine Banès, dans *Le Figaro* : « Les palinodies alambiquées de ce pandore stupide sont encore trop compréhensibles pour ma pudeur de vieux Parisien. » Pauvre Mallarmé ! s'en relèvera-t-il ? Mais ne soyons pas cruels. Même si j'ouvre vite le piège c'est pour que d'autres aveugles n'y tombent pas. La presse théâtrale risquerait vite de ressembler au tableau de Breughel. Une farce si laide n'était pas notre but. Nous avions même pris soin de prévenir par un préambule. Mais, à Paris, qui juge beaucoup, écoute peu.

---

commun : la revue *Le Coq*, les pièces de théâtre *Paul et Virginie* (1920), *Le Gendarme incompris* (1921). Radiguet écrit également des poèmes et la pièce de théâtre *Les Pélican* (1921), mais remporte ses plus grands succès dans le genre romanesque. En 1923, il publie son premier roman, *Le Diable au corps*, pour lequel il obtient le prix du Nouveau Monde, suivi l'année suivante du second, *Le Bal du comte d'Orgel*, qui paraîtra toutefois à titre posthume.

52. « L'Ecclésiastique », poème en prose de Mallarmé, est extrait de *Divagations*. Voir Mallarmé, *Œuvres complètes*, éd. Bertrand Marchal, Paris, Gallimard, Bibliothèque de la Pléiade, 2003, t. 2, p. 101-102.

53. « Placet futile » est un sonnet de Mallarmé dont il existe plusieurs versions (voir note suivante). Ajoutons qu'autant Debussy que Ravel ont mis ce texte en musique dans un cycle au titre identique, *Trois Poèmes de Stéphane Mallarmé*, et que les deux pièces ont été créées en 1914.

54. En réalité, Cocteau désigne non pas la première version du sonnet « Placet futile » mais celle reprise par Paul Verlaine, soit dans la rubrique « Les Poètes maudits » de la revue *Lutèce* du 17-24 novembre 1883, soit dans le volume *Les Poètes maudits* publié chez Vanier en 1884. Voir Mallarmé, *Œuvres complètes*, éd. Bertrand Marchal, Paris, Gallimard, Bibliothèque de la Pléiade, 1998, t. 1, p. 111 et 1142.

55. Fernand Nozière, pseudonyme de Fernand Weyl (1874-1931), auteur dramatique, metteur en scène et critique dramatique aux périodiques *Le Temps*, *Gil Blas* et *L'Homme libre*.

66

À VOL D'OISEAU SUR *LES MARIÉS DE LA TOUR EIFFEL* *

J'ai peine à vous parler des *Mariés de la tour Eiffel* [56] parce que j'y travaille encore. Je n'ai jamais compris les poètes qui *cherchent des musiciens* ou des musiciens qui cherchent un décorateur, ou des costumes exécutés à la dernière minute pour une œuvre très répétée [a].

Mes amis et moi avons l'air de vivre en voyage. Nous ne nous quittons pas, nous dînons ensemble, nous nous téléphonons, nous nous promenons, il nous arrive mille aventures comme dans le *Chapeau de Paille d'Italie* [57], ou le *Tour du monde en quatre-vingts jours* [58].

Cette entente est naturellement faite de brouilles, de disputes, de drames, qui finissent bien.

Une œuvre de théâtre devrait être écrite, décorée, costumée, accompagnée de musique, jouée, dansée, par un seul homme. Cet homme-orchestre, n'existant pas [b], il importe de remplacer l'individu par ce qui ressemble le plus à un individu, c'est-à-dire par un groupe amical.

Il existe beaucoup de chapelles, mais peu de ces groupes. J'ai la chance d'en former un qui intéresse, intrigue, ou exaspère, avec quelques jeunes musiciens, poètes et peintres. La particularité de notre groupe c'est qu'il passe pour une dangereuse bande d'extrême gauche artistique, alors qu'en réalité je lui voudrais une étiquette d'extrême droite (lieu vierge où personne ne se trouve), tellement il évite les avant-gardes, et met de sagesse dans son audace. Donc *Les Mariés de la tour Eiffel* sont l'image d'un état d'esprit poétique auquel je suis fier d'avoir déjà longuement contribué. Mon premier sous-titre *comédie ballet* était commode mais faux. Ce spectacle n'est-il pas au sens propre du terme « innommable » comme ne manqueront pas de le trouver, usant du terme dans un autre sens, les amateurs de poésie nébuleuse.

La poésie est plus vraie que le vrai. Il ne s'agit pas d'envelopper les objets et les sentiments d'un voile, mais au contraire de les montrer si nus, si vite, que l'homme a peine à les reconnaître. Il lui semble voir et entendre pour la première fois.

---

* « À vol d'oiseau sur *Les Mariés de la tour Eiffel* », *La Danse*, n° 9, juin 1921, s. p. Manuscrit conservé à la BHVP (*Ms. BHVP*). Certains paragraphes de cet article seront repris dans la préface des *Mariés* : voir note d'entrée du texte 84.

56. *Les Mariés de la tour Eiffel*, spectacle basé sur un texte de Jean Cocteau et créé par les Ballets suédois au Théâtre des Champs-Élysées le 18 juin 1921. La musique de ce « ballet satirique en un acte » est la seule œuvre collective dont chaque numéro est composé par un des membres du Groupe des Six, à l'exception de Louis Durey qui vient de le quitter. La chorégraphie résulte d'une collaboration entre Jean Cocteau et Jean Börlin. Irène Lagut réalise le décor, Jean Hugo les costumes et masques. Les quatre-vingt cinq musiciens sont placés sous la direction musicale de Désiré-Émile Inghelbrecht. Les principaux interprètes sont Marcel Herrand (Phono Un), Pierre Bertin (Phono Deux) et la troupe des Ballets suédois.

57. *Un Chapeau de paille d'Italie*, comédie en cinq actes d'Eugène Labiche créée au Théâtre du Palais-Royal le 14 août 1851.

58. *Le Tour du monde en quatre-vingt jours*, roman d'aventure de Jules Verne publié en feuilleton dans *Le Temps* en 1872 et dont le succès est amplifié par son adaptation au théâtre en 1874 (voir note 67 du texte 7).

Ballet ? Non. Pièce ? Non. Revue ? Non. Tragédie ? Non. Plutôt une sorte de mariage secret entre la tragédie antique et la revue de fin d'année, le chœur et le numéro de music-hall. Le tout déjà vu de loin, avec recul, antiquité moderne, personnages de notre enfance, noces qui tendent à disparaître, épisode sur la Tour Eiffel qui après avoir été découverte par les peintres, redevient ce qu'elle n'aurait jamais dû cesser d'être : une charmante personne en mitaines, jadis régnant sur Paris et sans autre emploi, aujourd'hui simple demoiselle du télégraphe.

Que se passe t-il ? Rien qui se décrive. Des personnages comme on en rencontre le dimanche évoluent pendant que des phonographes humains, à droite et à gauche de la scène, commentent leurs actes. Grâce à Jean Hugo [59], ces personnages au lieu d'être, comme il arrive toujours au théâtre, trop petits, trop pauvrement réels pour supporter les masses lumineuses et décoratives, sont construits, rembourrés, rectifiés, repeints, amenés à force d'artifice à une ressemblance et à une échelle qui ne flambent pas comme paille, dans le brasier de la rampe et des projecteurs.

40. *Les Mariés de la tour Eiffel*, photos de la mise en scène, 1921, BHVP. De haut en bas : les Mariés et le Lion.

59. Avec *Les Mariés de la tour Eiffel*, le peintre Jean Hugo (1894-1984) débute son activité de création pour le théâtre. Il conçoit les costumes et les masques qui couvrent non seulement la tête, mais aussi le torse des acteurs. Peints en trompe-l'œil, ces masques soulignent, sous la forme d'images-clichés, l'aspect figé et stéréotypé des personnages, d'autant plus accentué par leurs costumes rembourrés.

Grâce à Irène Lagut[60], notre Tour Eiffel évoque les cartes postales parisiennes devant quoi j'ai vu soupirer jusqu'à de petites Arabes en Afrique. On me demande si le texte est une satire. Dès qu'il y a réalité, il y a satire, et je ne supporte pas une œuvre, même transportée très loin dans la réalité subjective, qui ne prenne pas racine profonde dans la réalité de tous.

Le théâtre doit être direct. Un chef-d'œuvre est un lieu commun déguisé. Le péril du lieu commun tout simple, c'est que les yeux et les oreilles ne l'entendent plus ni ne le voient à force de le voir et de l'entendre. Mais, un lieu commun a fait ses preuves et doit réunir tous les suffrages. Qui s'en écarte systématiquement tombe dans le bizarre et l'inhumain. Dans *Les Mariés* je montre et j'émets des lieux communs, mais je les accouple et je les présente de telle sorte qu'ils surprennent, qu'ils nous frappent avec leur jeunesse, comme s'ils n'étaient jamais devenus des vieillards officiels.

Je me suis appliqué à éviter les recherches de style, à ne pas être original, à *écrire lisiblement*[c].

L'ouverture de Georges Auric, intitulée *Le Quatorze Juillet*, évoque le charme puissant de la rue, de la fête populaire, des petites estrades d'andrinoples semblables à la guillotine, autour desquelles tambours et pistons font danser les demoiselles, les marins et les commis. Ses ritournelles accompagnent bas la pantomime comme l'orchestre du cirque répète sans cesse un motif pendant le numéro d'acrobates[61].

La même atmosphère circule dans la *Marche nuptiale*, la *Marche funèbre*, la *Danse des dépêches*, la *Baigneuse de Trouville*, le *Quadrille* de Germaine Tailleferre, Arthur Honegger, Francis Poulenc, Darius Milhaud. La maladie a empêché notre ami Durey[62] de se joindre à nous. Pendant que le petit garçon né tout armé d'ingratitude de l'appareil du photographe, massacre les siens à coups de balles, les cris de sa famille se mêlent à une fugue de Darius Milhaud, véritables imprécations antiques traduites pour l'orchestre. En quels termes remercierai-je M.M. Rolf de Maré[63] et Börlin[64] qui, le premier, par sa clairvoyance et sa largesse, le second, par son talent de chorégraphe,

60. Pressentie d'abord pour concevoir les costumes puis remplacée par Jean Hugo, Irène Lagut (1893-1894) réalise le décor du pied de la tour Eiffel et de son premier étage, une vue du ciel de Paris avec des maisons rangées de façon fantaisiste.

61. Voici en détail la succession des morceaux des *Mariés de la tour Eiffel* : 1. *Ouverture « Le 14 Juillet »* (Auric) ; 2. *Marche nuptiale* (entrée) (Milhaud) ; 3. *Discours du général* (polka) (Poulenc) ; 4. *Le Baigneur de Trouville* (Poulenc) ; 5. *Le Massacre* (fugue) (Milhaud) ; 6. *Danse des dépêches* (Tailleferre) ; 7. *Marche funèbre* (Honegger) ; 8. *Chanson idiote* (Poulenc) ; 9. *Quadrille* (Tailleferre)) ; 10. *Marche nuptiale* (sortie) (Milhaud), et pendant l'action : *Trois Ritournelles* (Auric).

62. Louis Durey accepte d'écrire la *Danse des dépêches*, puis se désiste et se désolidarise du Groupe des Six, le caractère anticonformiste des spectacles proposés par Cocteau ne lui convenant pas.

63. Rolf de Maré (1888-1964), collectionneur d'art suédois et mécène, créateur en 1920 à Paris des Ballets suédois dont il est le conseiller artistique et le directeur financier. Voir Erik Näslund, *Rolf de Maré, fondateur des Ballets suédois, collectionneur d'art, créateur de musée*, traduit du suédois par Étienne Clotuche, Arles, Actes Sud, 2008.

64. Jean Börlin (1893-1930), chorégraphe suédois. Ancien élève de Fokine, il devient le chorégraphe attitré des Ballets suédois qui entre en concurrence avec les Ballets russes de Diaghilev par la modernité et la plasticité des mises en scène. Certains artistes n'hésitent pas néanmoins à collaborer aux deux troupes. Les Ballets suédois créeront une vingtaine de ballets originaux en l'espace de cinq saisons s'étendant d'octobre 1920 à décembre 1924. Après de vifs succès remportés à Paris et dans d'importantes tournées en France, en Europe, aux États-Unis et en Amérique latine, ils disparaîtront suite à des difficultés financières et des discordes internes.

m'ont permis de mettre au point une formule[65] que j'avais essayée dans *Parade* et dans *Le Bœuf sur le toit*.

Variantes

a. *Paragraphe intermédiaire biffé en Ms. BHVP* : Pour moi une pièce est une usine où les plus petits rouages et les plus gros pistons marchent ensemble. Comme mon autre ouvrage *Les Mariés de la tour Eiffel* sont le résultat de vie en commun, d'idées familières à un groupe, de dîners.

b. *Variante en Ms. BHVP* : Cet homme-orchestre, ce jazz cérébral n'existant pas, [...]

c. *Variante en Ms. BHVP* : Je me suis appliqué à ne jamais écrire dans un style recherché, à ne jamais employer un mot reconnu poétique, mais simplement à bien écrire, à écrire lisiblement.

67

LES BALLETS SUÉDOIS ET LES JEUNES *

Nous voyons peu à peu naître en France une sorte de théâtre qui n'est pas le ballet proprement dit et qui ne trouve sa place ni à l'Opéra, ni à l'Opéra Comique, ni sur aucune de nos scènes du Boulevard.

Ce genre nouveau[66], plus conforme à l'esprit moderne, et qui s'ébauche jusque dans le music-hall, reste encore un monde inconnu, riche en découvertes.

L'entreprise de M. Rolf de Maré, le travail infatigable de Jean Börlin, viennent d'ouvrir toute grande une porte aux explorateurs. Grâce aux Ballets suédois, les jeunes[67] pourront mettre en œuvre des recherches où la féerie, la danse, l'acrobatie, la pantomime, le drame, la satire, l'orchestre, la parole se combinant[a], réapparaissent sous une forme inédite ; ils réaliseront sans « moyens de fortune » ce que les artistes officiels prennent pour des farces d'atelier et qui n'en est pas moins l'expression plastique de la poésie contemporaine.

S'ils remplissent leur programme, MM. de Maré et Jean Börlin rendront le plus grand service à la France. Ils l'accoucheront. Ils corrigeront sa lenteur à sortir des routines, ne rechercheront ni ne craindront le scandale, et nous montreront étonnés à nous-mêmes dans un miroir aussi pur que la glace du Nord.

Variantes

a. *Erreur de transcription en 1922* : « se combinent ».

---

65. La formule dont parle Cocteau consiste à mettre en scène des lieux communs de la vie quotidienne en leur conférant un aspect plus réel, provoquant chez le spectateur une distanciation à la fois comique et poétique.

* « Les Ballets suédois et les jeunes », *La Danse*, n° 9, juin 1921, s. p. ; texte repris à l'identique dans *L'Intransigeant* (17 juin 1921, n° 14926, p. 2), et dans l'ouvrage collectif *Les Ballets suédois dans l'art contemporain* (Paris, Éditions du Trianon, 1931, p. 54-55) ; texte repris avec une erreur de transcription (voir la *variante a*), dans *Der Querschnitt* (1922, 2e année, n° 1, p. 19). Version choisie : celle de la publication originale de 1921.

66. La formule « genre nouveau » préfigure le titre d'un article de Cocteau (voir texte 72).

67. Durant la première saison des Ballets suédois qui s'étend du 15 octobre 1920 au 15 février 1921, dix nouveaux ballets sont présentés au public parisien. De jeunes musiciens en écrivent la musique. À côté de trois compositeurs suédois : Hugo Alfvén pour *Nuit de la saint Jean*, Viking Dahl pour *Maison de fous* et Kurt Atterberg pour *Les Vierges folles*, cette première saison rassemble les noms d'Isaac Albéniz pour *Ibéria*, de Ravel pour *Le Tombeau de Couperin*, de Désiré-Émile Inghelbrecht pour *El Greco*, et de Debussy orchestré par André Caplet pour *La Boîte à joujoux*.

68

LES MARIÉS DE LA TOUR EIFFEL * AU THÉÂTRE DES CHAMPS-ÉLYSÉES

Les Ballets suédois de Rolf de Maré vont donner, comme deuxième[68] nouveauté de leur saison, une œuvre de M. Jean Cocteau, *Les Mariés de la tour Eiffel* dont la musique est due au groupe des Six.

« Le mot « spectacle », nous a dit M. Jean Cocteau, est le seul qui me paraisse définir exactement cet ouvrage fait par un groupe d'amis. Cela devait d'abord s'intituler *La Noce*, puis *La Noce massacrée*, mais Stravinski qui a déjà écrit, pour Diaghilev un oratorio intitulé *Les Noces villageoises*[69], m'a demandé de ne pas adopter un titre aussi proche du sien. Je me suis alors décidé pour *Les Mariés de la tour Eiffel*, titre dans le style des vieux vaudevilles, afin de marquer le côté très français d'un ouvrage qui met en scène des *types* essentiellement « de chez nous ».

Au premier abord le public pourrait s'étonner de voir ces caractères nationaux interprétés par des étrangers[70]. Mais la mise au point de la chorégraphie a été l'objet d'une étroite collaboration entre M. Jean Börlin et moi. On assistera aux aventures d'une noce lâchée à travers Paris un jour de 14 juillet.

Les personnages sont conçus comme des types généraux dont chacun représente toute une catégorie d'individus. On obtient ainsi une vérité plus « vraie » en ce sens qu'elle est dépouillée des particularités qui l'obscurcissent et la diminuent.

– Est-ce une pièce à symboles ?

– Pas le moins du monde. Je n'ai recherché aucun symbole mais seulement des images qui prennent forme d'une façon aussi absurde que dans la vie. Mais comme il n'y a pas d'images sans symboles, ceux-ci se dégagent d'eux-mêmes. On en peut dire autant de la satire qui naît spontanément de la peinture exacte du réel. Or la réalité demeure le point de départ de cette féerie moderne, qui n'est féerique qu'en apparence.

Des personnages placés à droite et à gauche de la scène parleront, tandis que d'autres, au milieu danseront et mimeront, selon un procédé déjà employé dans l'antiquité. Le texte sera constitué par des « lieux communs », ces bonnes vieilles phrases bien françaises qui ont perdu, à force de redites, leur valeur expressive et auxquelles je me suis efforcé de donner une fraîcheur nouvelle en les situant d'une façon imprévue. Le tout est présenté avec bonne humeur, (du moins à la surface), sans amertume et dans un

* « *Les Mariés de la tour Eiffel* au Théâtre des Champs-Élysées », texte de Jean Cocteau entouré de brefs propos liminaires de Marcel Rieu, *Comœdia*, nº 3107, 19 juin 1921.

68. La saison des Ballets suédois 1921-1922 débute en juin 1921 avec deux nouveaux spectacles : *L'Homme et son désir*, « poème plastique » de Milhaud créé dans un décor et des costumes d'Audrey Parr le 6 juin 1921, suivi des *Mariés de la tour Eiffel* créés le 18 juin.

69. *Les Noces* (ou *Noces villageoises* du russe *Svadebka*), scènes chorégraphiques russes pour voix, chœur mixte, quatre pianos et percussion composées par Stravinski entre 1914 et 1917, mais achevées sur le plan de l'instrumentation en 1923. L'œuvre sera créée par les Ballets russes le 13 juin 1923, dans une chorégraphie de Bronislava Nijinska, des décors et des costumes de Natalia Gontcharova.

70. La plupart des danseurs sont d'origine suédoise ou danoise : Margit Wählander (La Mariée), Paul Eltorp (Le Marié), Carina Ari (La Baigneuse de Trouville), Axel Witzansky (Le Photographe), Irma Calson (La Belle-Mère), Kristian Dahl (Le Beau-Père), Jolanda Figoni (L'Enfant), Holger Mehnen (Le Directeur de la tour Eiffel), Paul Witzansky (Le Général), Tor Stettler (Le Marchand d'art), Robert Ford (Le Collectionneur), Eric Viber (Le Lion).

style « guinguette » et « carte postale ». À un seul moment l'action s'assombrit, c'est lorsque l'enfant qui, de par son importance morale, est physiquement plus gros que tout le monde, apparaît à la famille le jour même du mariage et massacre « les gens de la noce » à coups de balles, pour gagner des macarons !

– Bonne humeur, de surface, disiez-vous ?

– Oui, car ce vin joyeux laisse, au fond, un dépôt de tristesse : mélancolie d'un dimanche, d'une fête, d'un mariage et de tout l'inconscient qui enveloppe nos existences.

Enfin je vous signale ce que mes camarades du groupe des Six ne manqueront pas de vous confirmer, à savoir l'excellence et la probité artistique du chef d'orchestre M. Inghelbrecht. Que ce soit du Ravel, du Debussy ou du Darius Milhaud, il préside à l'exécution des œuvres les plus différentes, – et parfois très éloignées de son tempérament – avec un scrupule, une compréhension, une maîtrise qui le classent au premier rang. »

M. Jean Cocteau, qui a connu de délicats succès avec *Parade. Le Bœuf sur le toit* et *Les Eugènes*[71], a donné tout son esprit à ces curieux *Mariés de la tour Eiffel.*

Nous pouvons donc nous attendre à un très intéressant spectacle.

MARCEL RIEU

69

APRÈS *LES MARIÉS DE LA TOUR EIFFEL* *

À Jean Börlin

Toute œuvre d'ordre poétique renferme ce que Gide appelle si justement, dans sa préface de *Paludes*[72] : « La part de Dieu. » Cette part qui échappe à l'auteur même, lui réserve des surprises, comme au public. Telle phrase, tel geste qui n'avaient pour lui qu'une place comparable à celle du volume chez les peintres, contiennent un sens secret que chacun interprétera ensuite. Le véritable symbole n'est jamais prévu par l'auteur. Il se dégage tout seul, pour peu que le bizarre ou l'irréel n'entrent pas en ligne de compte. Le plancher des vaches, un certain plancher des vaches, est donc de première importance. Dans un lieu féerique, les fées n'apparaissent pas. Elles s'y promènent sans

---

71. *Les Eugènes*, allusion à l'« Album des Eugènes » et aux « Eugènes de la guerre », deux séries de dessins parues dans la première édition du roman de Cocteau, *Le Potomak 1913-1914.*

* « Après *Les Mariés de la tour Eiffel* », *Comœdia*, n° 3110, 22 juin 1921 ; texte repris à l'identique, mais avec quelques erreurs de transcription dans l'ouvrage collectif *Les Ballets suédois dans l'art contemporain* (Paris, Éditions du Trianon, 1931, p. 58-61). Manuscrit intitulé successivement « Avant *Les Mariés de la tour Eiffel* », puis « *Les Mariés de la tour Eiffel* » et conservé dans une collection privée (*Ms*). Ce texte livre un état préliminaire d'une partie de la préface des *Mariés* (voir note d'entrée du texte 84). Version choisie : celle de la revue, tout en rétablissant à partir du manuscrit la mise en page originelle de Cocteau qui n'a pas été respectée lors des publications

72. Dans sa préface pour *Paludes* (1895), André Gide souligne l'existence d'un sens qui émane de l'ouvrage sans que son auteur n'en soit conscient et qu'il estime être, par ce qui le dépasse, d'origine bien plus divine qu'humaine : « On dit toujours plus que CELA. – Et ce qui surtout m'y intéresse, c'est ce que j'y ai mis sans le savoir, – cette part d'inconscient, que je voudrais appeler la part de Dieu. » Voir André Gide, *Romans. Récits et soties. Œuvres lyriques*, éd. Yvonne Davet et Jean-Jacques Thierry, Paris, Gallimard, Bibliothèque de la Pléiade, 1980, p. 89.

être vues. Elles ne peuvent apparaître aux mortels que dans un endroit où leur présence semblait impossible : une cuisine, un vestibule, une chambre à coucher. Les esprits simples voient les fées beaucoup plus facilement que les autres, car ils n'opposent pas au prodige la résistance des esprits forts.

Il y a dans *Les Mariés de la tour Eiffel* un enfant plus gros que les autres personnages. Je l'ai toujours vu [a] plus gros. Le public, qui prend les choses au pied de la lettre, se demande peut-être pour quelle raison. Je me le serais sans doute demandé aussi, sans un machiniste qui le montrait à un de ses camarades en disant : « Regarde le môme ! Il n'est pas un peu encombrant ! C'est bien les mômes. » Je me contente de cet admirable commentaire. Plus d'une fois l'expérience s'est reproduite, et je pourrais dire que le chef électricien, entre autres, m'a souvent éclairé la pièce, mieux qu'avec des lampes. Une phrase du photographe bossu pourrait me servir d'épigraphe : « Puisque ces mystères me dépassent, feignons d'en être l'organisateur. »

Dans *Les Mariés*, la *part de Dieu* est grande. Les phonographes humains, à droite et à gauche de la scène, comme le chœur antique, comme le compère et la commère, soulignent sans la moindre littérature, l'action ridicule qui se déroule, se mime et se danse au milieu. Je dis ridicule parce qu'au lieu de chercher à me tenir en dessous du ridicule de la vie, de l'atténuer, de l'arranger, comme nous arrangeons, en la racontant, une aventure où nous jouons un rôle défavorable, je l'accentue au contraire et je cherche à peindre, en quelque sorte, plus vrai que le vrai. N'est-ce pas une bonne définition de la poésie, malgré ce que pensent les amateurs de voiles et de brumes ? Le poète doit sortir objets et sentiments de leurs voiles et de leurs brumes, les montrer soudain, si nus et si vite que l'homme a peine à les reconnaître. Ils le frappent alors avec leur jeunesse, comme s'ils n'étaient jamais devenus des vieillards officiels. C'est le cas des lieux communs, vieux, puissants et universellement admis à la façon des chefs-d'œuvre, mais dont la beauté, l'originalité ne nous surprennent plus à force d'usage.

Dans notre spectacle, je réhabilite le lieu commun. À moi de le placer, de le présenter de telle sorte qu'il retrouve ses vingt ans.

Une génération d'obscurité, de mystère, ne se rejette pas d'un coup d'épaule. Je sais que mon texte semble bien trop simple, bien trop *lisiblement écrit* comme les alphabets d'école. La musique qui l'accompagne provoque un malentendu analogue. Il se crée de toutes pièces une clarté, une franchise, une bonne humeur nouvelles. Un naïf s'y trompe. Il croit entendre un orchestre de café-concert. Son oreille commet l'erreur d'un œil qui ne ferait aucune différence entre une étoffe laide et la même étoffe copiée par Ingres.

Dans *Les Mariés de la tour Eiffel* nous employons toutes les ressources populaires parisiennes que la France méprise mais trouve légitimes si elles sont étrangères et qu'un musicien étranger ou de chez nous les emploie. Je n'ai jamais été à la « Chauve-souris » [73] mais [b] croyez bien, par exemple, qu'un Russe ne saurait entendre *Pétrouchka*

73. Cocteau évoque les spectacles que Nikita Balieff (1876-1936) et sa compagnie de « La Chauve-souris » donnent au Théâtre Femina à Paris à partir de 1921. Exilés en France suite à la Révolution russe de 1917, Balieff et sa compagnie remportent un grand succès avec leurs spectacles de cabaret qui allient chansons, danses et sketches, succès qui les conduiront en tournées dans toute l'Europe et aux États-Unis. Cocteau revient sur Balieff dans le texte 105.

de la même manière que nous. Outre les merveilles de ce chef-d'œuvre musical, il y retrouve son enfance, les dimanches de Pétrograd, les chansons des nourrices.

Pourquoi n'aurions-nous pas droit au même double plaisir ? Je vous affirme que le Quadrille de Germaine Tailleferre, le « chromo » de Poulenc, l'Ouverture d'Auric, la Marche nuptiale de Milhaud, la Marche funèbre d'Honegger, m'émeuvent [c] davantage que bien des évocations russes ou espagnoles. Il n'est pas question ici de valeur musicale, ni d'établir de préséances. Je crois avoir assez exalté les musiciens russes, allemands, espagnols, les orchestres nègres, pour me permettre une opinion qui n'a rien à voir avec le chauvinisme. Il est curieux d'entendre les patriotes, d'une part, et les internationalistes, de l'autre, repousser avec colère tout ce qui est propre à la France et accueillir l'esprit local étranger sans le moindre contrôle. Il est curieux aussi que dans *Les Mariés de la tour Eiffel* un public averti [d] se soit scandalisé d'un type de ganache classique, placé dans le cortège de la noce au même titre que les lieux communs dans le texte.

Du reste, à Paris, bonne et mauvaise humeur d'une salle composent l'atmosphère la plus riche, la plus excitante, la plus vivante du monde. Serge de Diaghilev me disait un jour qu'on ne la trouve dans aucune autre capitale.

Sifflets et ovations – Presse terrible. Quelques articles-surprise. Trois ans après, les détracteurs applaudissent et ne se souviennent plus d'avoir sifflé. C'est l'histoire de *Parade* et de toutes les pièces qui, changeant les règles du jeu, dérangent les vieux joueurs du cercle.

Lorsque l'ouverture d'Auric : régiments qui se croisent le 14 juillet, troupes en marche dont la musique éclate au coin d'une rue et s'éloigne, s'achève dans un roulement de tambour et découvre le décor d'Irène Lagut, joli comme le myosotis et le papier-dentelle des cartes postales ; lorsque les costumes sculptés, bâtis, peints par Jean Hugo avec un atavisme du réel et du monstrueux, apparaissent ; lorsque les phonographes parlent avec des voix plus grosses que nature ; ne vous cabrez pas, spectateurs ! ne cherchez pas de double sens. Ne croyez pas qu'on vous insulte. On a, depuis des semaines et des semaines, travaillé jour et nuit pour votre plaisir.

Variantes

a. *Dans l'état postérieur du texte (texte 84), Cocteau précise* : Je l'ai toujours voulu plus gros.

b. *Dans l'état postérieur du texte (texte 84), Cocteau écourte son propos* : « […] les emploie. Croyez bien […] » *et supprime ainsi l'allusion aux représentations de la compagnie théâtrale de la Chauve-souris de Nikita Balieff (voir note 73 de ce texte).*

c. *Dans l'état postérieur du texte (texte 84), l'énumération des morceaux fait place à un résumé* : Je vous affirme que l'orchestre des *Mariés de la tour Eiffel* me touche […]

d. *Variante en Ms* : « Il est curieux aussi que dans *Les Mariés de la tour Eiffel* un public averti de première se soit scandalisé […]

70

« Les six » *

Causerie précédant un concert du « Groupe des Six » [74]

Je voudrais vous présenter en bloc six musiciens dont on a fait le groupe des six, mais, somme toute, bien différents les uns des autres.

Ces six musiciens se sont rencontrés par hasard et par goût. Ils ne se sont pas dit : nous serons six, mais le public aime les étiquettes et, du reste, elles sont utiles.

Le groupe a pris naissance rue Huyghens, pendant la guerre, dans un vieil atelier, au fond d'une cour. À cette époque il n'y avait aucune des salles luxueuses qui nous accueillent aujourd'hui. On accrochait les toiles de Matisse, de Picasso, des jeunes peintres, on récitait des poèmes d'Apollinaire, de Max Jacob, de Reverdy, de Cendrars et de moi. On exécutait toutes fraîches les œuvres de Ravel, de Satie, de Durey, d'Auric, d'Honegger, de Tailleferre, de Poulenc. Darius Milhaud était au Brésil avec Claudel et rien ne laissait encore prévoir qu'il serait des nôtres.

Je déteste l'attendrissement des souvenirs pauvres, mais la salle Huyghens avait du charme. On y écoutait musique et poèmes debout, pas par respect, faute de chaises. Le poêle tirait bien au printemps, mais refusait de prendre l'hiver. On voyait, côte à côte, les belles dames en fourrures, les chandails de Montmartre et de Montparnasse. Ces miracles durent peu, mais pendant que les poètes et les peintres apprenaient à s'entre-haïr, nos musiciens se rapprochèrent, s'appuyèrent l'un sur l'autre, formèrent sous le titre « Nouveaux Jeunes », donné par Satie [75], l'embryon du groupe actuel.

Mon livre *Le Coq et l'Arlequin* précisa certains périls et certaines promesses. Milhaud revint d'Amérique, réveillé par les nègres. Le reste est connu de tous.

---

* « Les Six. Causerie précédant un concert du "Groupe des Six" », *Signaux de France et de Belgique. Revue mensuelle de littérature*, n° 3, 1er juillet 1921, p. 133-135. Article traduit en anglais et publié dans le magazine anglais *Fanfare*, n° 6, 15 décembre 1921, p. 103-104.

74. L'historique de cette causerie est quelque peu cocasse. Les 11 et 12 avril 1921, deux concerts sont prévus à la Galerie Giroux de Bruxelles, le premier consacré au Groupe des Six, avec une présentation de Satie, le second dédié aux œuvres de Satie, avec une présentation de Cocteau. Les affiches sont imprimées avec les noms respectifs de chacun des intervenants et des compositeurs. Cocteau se désiste toutefois en dernière minute, prétextant une maladie et la nécessité de se ressourcer dans le Midi de la France. Or il est tout simplement en villégiature avec Raymond Radiguet à Carqueiranne, entre Hyères et Toulon, ce qui rend Satie furieux. Même si Cocteau est remplacé par Auric pour la présentation de Satie, il est curieux de constater qu'il tient à publier ce texte. Faire précéder le texte de l'appellation « causerie », alors qu'elle n'a pas eu lieu, tient de l'ironie. Ajoutons que Cocteau se contente d'une présentation générale des Six et qu'il ne mentionne aucun des morceaux exécutés. Parmi les vingt-six morceaux répartis en huit numéros mis au programme avaient figuré plusieurs mélodies sur des poèmes de Cocteau. Voir Malou Haine, « Jean Cocteau et ses compositeurs en Belgique », dans *Bulletin de l'Académie royale de langue et de littérature française de Belgique*, t. LXXXII, 2004, n° 1-2, p. 123-156.

75. Satie crée l'appellation des « Nouveaux Jeunes » pour désigner les jeunes musiciens groupés autour de lui à partir de 1916. Alors que le groupe varie en nombre et en membres selon les concerts, il comprend déjà en germe les futurs membres du Groupe des Six. Le premier concert de ce type se tient à la Galerie Poiret le 18 juillet 1916 et rassemble autour de Satie Milhaud, Auric, Stravinski et Cliquet-Pleyel. Le deuxième a lieu dans l'atelier de la rue Huyghens le 16 novembre 1916, lors d'une exposition de tableaux agrémentée d'œuvres musicales de Satie, Tailleferre, Durey, Auric, Poulenc et Honegger. Mais c'est le 6 juin 1917 qu'est annoncé explicitement le premier « Concert des Nouveaux Jeunes », avec Honegger, Auric, Durey et Satie.

Ce qui m'amuse, c'est la colère des gens qui entendent comparer nos jeunes aux Cinq Russes[76]. Quel sacrilège ! Ils ne se rendent pas compte que les Cinq Russes furent jeunes et scandaleux[77]. Ainsi, des enfants ne peuvent croire que leur grand-père vénérable a été un petit enfant qu'on punissait et qui tirait la langue.

Deux choses nous soudent ; d'abord l'amitié, force qui déplace les villes et faisait dire à une voisine de Poulenc, le soir où Honegger remporta le prix Verley[78], attribué par vote : « Il n'y a rien à faire contre eux, c'est une franc-maçonnerie. » Ensuite un besoin naturel de rebâtir sur les décombres charmants de l'impressionnisme. Éclairons vite un malentendu. Le public, les critiques, entendent ce qu'ils veulent entendre. Le préjugement est très humain, la bonne foi très rare. Exemple : *Parade* en 1917. La salle prenait son propre tapage pour la musique, elle ne distinguait pas une note, elle maudissait de confiance.

Attendre un charivari, et entendre une sonate, fâche le public. Il pense : ce n'était donc que cela, et il boude. C'est qu'hélas ! le public préfère souvent les grimaces, qui l'amusent, à l'expression, qui le déçoit. Non la vieille expression qu'il aime, et qu'il n'analyse plus, comme un visage de la famille, mais l'expression neuve, ce que Baudelaire appelait « l'expression la plus récente de la beauté »[79].

Le public méprise ce qui a l'air facile, il veut du neuf qui marche sur la tête, il croit que le neuf marche nécessairement sur la tête, parce qu'il le regarde et l'écoute à l'envers. Or, le vrai neuf marche bel et bien sur ses pieds. L'art est toujours en marche. C'est une même personne qui suivrait une longue route et changerait de temps en temps son pas et son costume, pour se désennuyer.

Donc, une nouveauté peu agressive devrait plaire au public, mais lui déplaît. Il ne remarque pas l'audace incluse, et l'extérieur anodin l'empêche soit de rire ou de siffler, soit de prouver son intelligence, car la plupart des gens qui applaudissent, s'applaudissent eux-mêmes.

Or, nos musiciens, révolutionnaires parce que jeunes et animés de cet esprit de contradiction supérieur, qui est l'esprit de création, apportent moins de trouble que les premiers impressionnistes. Les impressionnistes, avec leur estompe, brouillèrent notre vieille ligne droite. Ici la ligne se reforme, autrement, certes, mais elle se reforme.

---

76. En 1867, le critique russe Vladimir Stassov qualifie un groupe de jeunes musiciens russes d'une expression qui deviendra célèbre : « *moguchaia kuchka* », littéralement « le puissant petit groupe », traduit en anglais par « The Mighty Five » et en français par « Le Groupe des Cinq ». Ces musiciens sont Alexandre Borodine (1833-1887), César Cui (1835-1918), Milij Balakirev (1837-1910), Nicolaï Rimski-Korsakov (1844-1908) et Modeste Moussorgski (1839-1981). La musique de ces jeunes Russes est introduite en France dans le dernier tiers du XIXe siècle et provoque l'engouement.

77. À l'époque, la musique du Groupe des Cinq s'oppose à celle de Piotr Tchaïkovski et d'Anton Rubinstein, considérés comme des compositeurs plus cosmopolites.

78. Le prix Verley a été institué par le chimiste des parfums Albert Verley (1867-1959), fondateur en 1889 de la Société anglo-française des parfums fabriqués à Courbevoie. Arthur Honegger se voit décerner le prix par le public pour la création de sa *Pastorale d'été* sous la direction de Vladimir Golschmann à la Salle Gaveau à Paris le 17 février 1921. Il était alors en concurrence avec *Âmes d'enfants* de Jean Cras, *Montluçon* de Roger Désormière et *Prélude* d'Andrée Vaurabourg.

79. Voici la citation complète de Baudelaire extraite du *Salon de 1846* : « Chaque siècle, chaque peuple ayant possédé l'expression de sa beauté et de sa morale, – si l'on veut entendre par romantisme l'expression la plus récente et la plus moderne de la beauté, – le grand artiste sera donc, – pour le critique raisonnable et passionné, – celui qui unira à la condition demandée ci-dessus, la naïveté, – le plus de romantisme possible. » Voir Baudelaire, *Œuvres complètes*, éd. Claude Pichois, Paris, Gallimard, Bibliothèque de la Pléiade, 1976, t. 2, p. 419.

En dehors de ce public dont je vous parle, un public choisi, averti, comme celui devant lequel je me trouve, distingue la robe nouvelle, mais que c'est la tradition qui la porte, devine son regard amical sous le masque. Le masque est dur, la robe sans mousseline. Il avait fallu bien des efforts pour adopter un masque flou et une robe nuageuse. À peine commence-t-on de s'y habituer, que la mode change. Excusons certaine mauvaise humeur. Remercions ceux qui l'adoptent de bonne grâce, même si le plaisir qu'ils y trouvent vient de ce qu'ils y retrouvent l'écho des modes de jadis. La mode nouvelle est terrible, elle est simple, elle montre le corps, elle n'avantage pas.

Fugue, contrepoint, mélodie, habillés de neuf, sortent de l'armoire où les avait relégués l'impressionniste.

Si on pouvait accélérer la marche de l'art à travers les siècles, on verrait de vertigineuses montagnes russes. Ces montagnes russes n'en suivent pas moins un seul itinéraire sans le moindre désordre. Après la descente de Richard Wagner à Claude Debussy, qui donne un si profond et si agréable vertige, la pente est raide. Il faut remonter, l'accélération se calme, le cœur bat moins vite, nous distinguons mieux ce qui défile à droite et à gauche.

Suarès [80] parlerait de cœur dur, prenant le cœur mou du vertige pour le sentiment, à la manière d'un naïf qui prendrait pour de l'amitié l'attendrissement des ivrognes, ou pour du patriotisme l'espèce d'exaltation inséparable des marches militaires.

Le cirque, le music-hall, la brièveté, la farce, qu'on reproche à la jeune école furent autant de remèdes contre l'état de sublime, les cathédrales et le clair de lune [81]. Histoire de changer un peu. Mais l'anecdote, « le motif », comme disent les peintres, n'a rien à voir avec la valeur sentimentale de l'artiste. Il peut mettre autant de cœur dans une pipe que dans une Sainte Vierge et pour ce qui est des fox-trot et des tangos mondains, nul n'a jamais songé à faire à Chopin un grief d'écrire des valses et de les dédier à la baronne de Rothschild [82]. Selon moi, c'est à cause d'une pareille dédicace, que la baronne de Rothschild me semble riche.

Auric Durey, Honegger, Milhaud, Poulenc, Germaine Tailleferre, vous montreront sans phrases qu'ils savent réunir l'audace à la sagesse, deux divinités qui s'entendent mieux qu'on ne pense.

80. André Suarès (1868-1948), poète et critique musical.

81. Allusion aux titres des œuvres de Debussy, voir note 198 du texte 33.

82. La baronne Charlotte de Rothschild (1825-1899) appartient à la branche des banquiers français. Élève de Chopin, elle est la dédicataire de deux œuvres éditées du compositeur : en 1843, la 4e *Ballade en fa mineur*, op. 52, et en 1847, la *Valse en ut dièse mineur*, op. 64 nº 2. Elle patronnera de nombreux artistes, qu'ils soient musiciens, romanciers ou peintres, notamment Rossini, Chopin, Balzac, Heine, Corot, Henri Rousseau ou Manet.

71
LE BŒUF SUR LE TOIT À BA-TA-CLAN *

Le Bœuf sur le toit *va être représenté devant le public du boulevard Voltaire*[83]*; nous avons demandé à M. Jean Cocteau quelques renseignements au sujet des représentations de cette pièce dans son nouveau cadre. Voici sa réponse* :

« Il y a, si je ne me trompe, dans *L'Oiseau bleu*, de Maeterlinck[84], une petite fille qui prétend ne pouvoir donner son jouet à personne. Lorsqu'on lui en demande le motif, elle répond : « Parce qu'il est à moi. »

C'est un gros effort de donner son jouet. Avec *Les Mariés de la tour Eiffel*, j'ai donné mon plus beau jouet au public. Mais le public est un enfant qui se croit une grande personne, et se vexe beaucoup si on lui offre des jouets. Il n'accepte que ces fameux cadeaux utiles qui désespèrent les vrais enfants, à juste titre, dans leur soulier de Noël. Au bout d'une semaine, le cadeau utile, toujours incommode, se détraque. On le range. On le respecte.

Mais le jouet ! Plus il s'use, plus il se casse, plus on l'aime.

Pauvres pièces à thèse, que devenez-vous auprès des joujoux magnifiques de Shakespeare et de Molière, usés, abîmés, adorés, merveilleux !

Chaque fois que j'ai mis un de mes jouets entre les mains du public, j'ai entendu : « C'est du music-hall. »

Cette erreur naïve vient de ce que le public, incapable de sentir certaines nuances, trouve, grosso modo, à *Parade*, au *Bœuf*, aux *Mariés*, une atmosphère divertissante qu'il juge incompatible avec le sérieux et qu'il n'ose admettre que sur une scène de music-hall, ou bien à la Comédie-Française, au *musée*, lorsque le jouet y trouve enfin sa place après plusieurs siècles de patine.

La farce du *Bœuf sur le toit*, à Ba-Ta-Clan, change de cadre mais ne trouve pas son mur, contrairement à ce que croient les dilettantes.

Imaginez, au beau milieu d'un dialogue écrit d'une petite plume alerte, un poème écrit lentement, avec de grosses lettres majuscules sur du papier à musique.

Mais, outre que les auteurs furent flattés par l'insistance de la directrice[85], il leur plaît de montrer leur farce, à une salle de quartier, qui ne préjuge pas.

Le public snob préjuge et n'a pas la force de revenir sur son préjugement. Le public artiste préjuge et revient parfois sur son préjugement. Seul, le public populaire ne préjuge pas et se laisse aller sans calcul.

Or, comme, selon moi, un spectacle doit atteindre simultanément plusieurs publics, pour des raisons différentes, j'accepte de présenter le nôtre au public le plus spontané, dût-il n'en apercevoir que la surface. Toute œuvre un peu solide comporte sa propre parade. Cette parade amuse ceux qui n'entrent pas.

---

* « Le Bœuf sur le toit à Ba-Ta-Clan », *Comœdia*, n° 3227, 16 octobre 1921.

83. Inauguré en 1865, le Ba-Ta-Clan est un café-concert construit par l'architecte Charles Duval dans le style d'une pagode chinoise. Le bâtiment est restauré en 1909.

84. La pièce de théâtre *L'Oiseau bleu* de Maurice Maeterlinck est créée au Théâtre d'Art de Moscou le 30 septembre 1908 et présentée en première parisienne au Théâtre Réjane le 2 mars 1911.

85. Bénédicte Rasimi, directrice du Ba-Ta-Clan à partir de 1910.

Je devais ces quelques lignes aux jeunes gens qui veulent bien suivre notre travail et qui pourraient croire que *Le Bœuf attendait* le music-hall.

J'ajoute qu'il nous faut remercier la directrice de Ba-Ta-Clan, sa troupe et son entourage pour le tact merveilleux avec lequel ils comprirent le caractère exceptionnel de cette collaboration. »

72

Genre nouveau *

Stéphane Mallarmé pensait au théâtre et le théâtre se présentait à lui sous forme de ballet[86]. On en déduit, avec un peu de hâte, que là encore il donnait une direction et prévoyait ce genre si vaste et si mal défini qu'on nomme « ballet » faute de mieux et parce que les seules entreprises où il soit possible de le réaliser portent l'étiquette, soit du « Ballet russe », soit du « Ballet suédois ». Déjà, Monsieur de Diaghilev, barnum de tant de monstres sacrés ou délicieux et par lequel nous connûmes un garçon-oiseau : Nijinsky, et Stravinski, sans conteste le plus grand compositeur du siècle, cherche à se débarrasser de l'étiquette accrochée sur lui par le succès. Il voudrait élargir son programme, remplacer le terme « Ballet russe » par une sorte de « Plastic-hall »[87] où les jeunes trouveraient enfin l'occasion de réunir leurs efforts.

Mallarmé imaginait un ensemble de ballerines en tutu ayant chacune la valeur d'un signe mystérieux, d'un chiffre, et formant avec la musique le même mariage secret que les mots et le vide sur une page. Fort bien, mais Mallarmé rêvait ce spectacle en fumant la pipe, assis près de son poêle. Il se rendait mal compte que la réalisation d'un rêve oblige à le transformer beaucoup et que le seul moyen de n'en pas tout perdre sera de voir dans la difficulté mille richesses nouvelles au lieu d'y perdre courage et de retourner au coin de son feu.

En effet, si un poète comme Mallarmé pense : « ballerine », il ne voit pas la ballerine ordinaire. S'il pense : « tutu », c'est un autre tutu qu'il invente et ainsi de suite. Mais une fois sur scène, aux prises avec le musicien, le directeur, les interprètes, les électriciens, les machinistes, que reste-t-il de ce rêve s'il s'écarte du rêve de tous par des nuances trop subtiles que le théâtre, toujours grossier, ne permet pas ?

---

* « Genre nouveau », premier jet manuscrit conservé au HCR, second jet manuscrit conservé dans une collection particulière et dactylogramme conservé à la BHVP. Manuscrit publié par Pierre Caizergues dans *Un Rêve de Mallarmé*, Montpellier, Fata Morgana, 2005. Version choisie : celle du dactylogramme, la plus riche sur le plan du texte.

86. Lire à ce sujet la série de textes de Mallarmé regroupés dans *Divagations* sous le titre « Crayonné au théâtre ». Voir Mallarmé, *Œuvres complètes*, t. 2, p. 160-203.

87. Précisément en 1922, Cocteau élabore avec Diaghilev un spectacle d'avant-garde intitulé *Plastic-Hall* pour illustrer sur fond de gratte-ciel new-yorkais la vie trépignante et violente des États-Unis. Il imagine un scénario mêlant ballets, music-hall et films d'avant-garde sur une musique de John Alden Carpenter et diverses musiques préexistantes de compositeurs français (Ravel, Debussy, Offenbach et Léo Delibes). La création est prévue à Monte-Carlo en mars 1925, mais Diaghilev abandonne le projet, car la partition du compositeur américain comprend trop d'allusions au jazz qu'il n'apprécie pas. Le projet impliquait également les peintres Picasso, Braque, Gris, Derain, Matisse et Delaunay, ainsi que le sculpteur Henri Laurens.

Il est, à mon avis, impossible de créer pour le théâtre, sans le connaître à fond, sans travailler sur les planches, sans courir mille fois de la scène dans la salle et de la salle sur la scène. Les auteurs qui écrivent chez eux et donnent leur œuvre à un autre qui la monte, cet autre confiant à son tour à un troisième, à un quatrième, à un cinquième, le soin de la décorer, de la costumer, de l'accompagner de musique, ces auteurs éloignent peu à peu le théâtre de sa force véritable.

Il y a, dans le théâtre, quelque chose d'immédiat, d'ingénieux, de prestigieux, « d'en carton » qui exige qu'on travaille dans la pâte et qu'on sache transformer les accidents en trouvailles, tirer profit des embûches qui ne cessent de surgir. En ce qui me concerne, je peux dire que j'habite réellement le théâtre où l'on doit représenter un de mes ouvrages.

Pendant le mois qui précédait *Les Mariés de la tour Eiffel*[88], ma vie se partageait entre le studio sous la coupole où Börlin et moi étudiions la manière de mouvoir les personnages en silence et d'accorder les moindres gestes de la troupe suédoise avec le texte français qu'ils ne comprenaient pas – véritable travail d'horlogerie -, une loge du quatrième étage où Jean Hugo, aidé de sa femme[89], peignait lui-même les masques et les costumes, un atelier de banlieue[90] où on moulait costumes et masques sur des statues de glaise que nous sculptions, la fosse d'orchestre où il fallait régler silences, numéros et ritournelles, la salle où il s'agissait de s'assurer si la voix et la masse des personnages correspondaient, s'entendaient et se distinguaient bien de partout. J'en passe. Je couvrirais des pages et vous donnerais une petite idée de la fatigue et de la tension d'esprit que les directeurs et les machinistes, peu habitués au zèle, prennent infailliblement pour une fièvre de novice.

Le jour du spectacle, tout marche de travers et lorsque le dixième soir[91], il semble qu'on puisse dormir sur les oreilles, le mécanisme se détraque de nouveau. Il m'est arrivé de tenir moi-même le rôle d'un des phonographes qui se trompait, après avoir rampé sous le rayon des projecteurs jusqu'à sa cabine.

Ce sont ces spectacles que public et critiques prennent pour des improvisations, pour des farces d'atelier. S'ils pouvaient comprendre ce que ces spectacles, auxquels ils accordent une attention distraite et qu'ils ne prennent pas au sérieux, contiennent de sève, de lutte, de plénitude, de mystère, ils tomberaient des nues. Ils oublient en outre ce que coûte une mise au point pareille. Sans doute, s'imaginent-ils que des acteurs affublés de ce qu'ils trouvent à droite et à gauche dans les coulisses exécutent n'importe quels mouvements, l'orchestre n'importe quelle musique et que les paroles changent tous les soirs.

Pour vous donner une idée de l'attention que le public d'Élite nous accorde, je citerai le cas d'une dame laquelle se plaignait que *Les Mariés* passassent mal la rampe. Comme

88. Créés le 18 juin 1921 (voir note 56 du texte 66), *Les Mariés de la tour Eiffel* ont droit à cinquante représentations durant les cinq saisons de la compagnie, dont dix au cours de la première saison, et huit durant la deuxième. Le spectacle est repris du 10 au 29 janvier 1922 au Théâtre des Champs-Élysées, ce qui permet de supposer que le texte date de cette époque.

89. C'est avec l'aide de sa femme Valentine Gross (1887-1968) que Jean Hugo (1894-1984) réalise les costumes et les masques des *Mariés de la tour Eiffel*. Hugo collaborera encore avec Cocteau, pour les décors et les costumes de *Roméo et Juliette* en 1924 et pour le décor d'*Orphée* en 1926.

90. L'atelier du cartonnier Berthelin était responsable pour la réalisation des décors.

91. Il s'agit de la dixième et dernière représentation des *Mariés* au cours de la première saison des Ballets suédois.

le grief naturel était qu'ils la passaient trop à cause des masques et des mégaphones, je lui demandai sa raison. « C'est que, me répondit-elle, j'aime tellement le plafond de Maurice Denis [92] qui orne le théâtre que je prends toujours les places les plus hautes, ce qui m'empêche de bien voir et de bien entendre ce qui se passe sur la scène. »

La mode actuelle du théâtre pourrait se résumer ainsi : salle pleine, scène vide.

Or c'est la scène qu'il s'agit de remplir, même si la salle boude. Mais il est naturel que les directeurs ne le comprennent pas. Plus une pièce est creuse, plus le public accourt. Il semble que ce vide l'attire, le pompe, lui donne le vertige. Il se penche dessus avec délice, ferme les yeux et se laisse tomber. Hâtons-nous de dire que des entreprises comme celles de Lugné-Poe ou de Copeau [93] résistent et font école. Mais il s'agit là de théâtre-théâtre et il y a encore dans un certain public une fausse honte qui le pousse à s'ennuyer un soir sur quinze, à se purifier en quelque sorte. Ce sentiment pousse le snobisme et aide des entreprises que la jeunesse ne suffirait pas à soutenir.

J'arrive au vif de mon sujet. Le public aime les étiquettes. Même à L'Œuvre, au Vieux-Colombier il sait où il va. Il va voir des œuvres, des mises en scène qui le sortent de l'habitude [94]. Il prouve son intelligence en les admettant. Il s'applaudit en les applaudissant. Bref, il achète avec sa place un brevet de supériorité.

Mais là encore on déclame, on marche, on lui montre quelque chose qui ressemble, en plus pauvre, pense-t-il, à ses divertissements habituels, et ce « plus pauvre » ajoute à son orgueil celui de faire une bonne action, de visiter, par exemple, une famille d'ouvriers au 5 e étage d'un hôtel borgne, et de la visiter aux yeux de tous. S'il va voir un ballet, même si ce ballet est russe (*Schéhérazade* ou *Spectre de la rose*), il peut clamer son plaisir ou son déplaisir. Il aime ou n'aime pas un ballet. Mais prenez garde ! Où situera-t-il cette œuvre où la musique, la pantomime, le texte, la peinture, la vie, le rêve se mélangent ? Que fait cette œuvre dans une soirée de danse ? Comment *Le Cygne* [95] de M lle Anna Pavlova [96] a-t-il pu couver cet œuf de canard ? Il se fâche. Il siffle. Il

92. Maurice Denis (1870-1943) décore la coupole de la grande salle du Théâtre des Champs-Élysées d'une frise intitulée *Histoire de la musique*. Il prend pour inspiration les thèmes de la musique, la danse et le théâtre et y intègre des personnalités musicales, compositeurs, interprètes, ainsi que des personnages d'opéra. Le bandeau circulaire est divisé par les contraintes architecturales en quatre grands panneaux alternant avec quatre plus petits. Les grands panneaux ont pour sujet *L'Orchestique grecque*, *L'Opéra*, *Le Drame lyrique* et *La Symphonie*, tandis que les petits médaillons représentent *L'Orchestre*, *Le Chœur*, *La Sonate* et *L'Orgue*.

93. Aurélien Lugné-Poe (1869-1940), fondateur en 1893 du Théâtre de l'Œuvre, et Jacques Copeau (1879-1949), fondateur en 1913 du Théâtre du Vieux-Colombier, ont considérablement renouvelé le répertoire du théâtre et sa mise en scène.

94. Lugné-Poe fait connaître en France les dramaturges étrangers comme Henrik Ibsen et August Strindberg, tout en programmant de jeunes Français tels que Henry Bataille, Alfred Jarry ou Paul Claudel. Quant à Copeau, il contribue de façon essentielle au renouveau de la technique dramatique et de la mise en scène.

95. *Le Lac des cygnes*, ballet de Tchaïkovski sur un livret de Vladimir Pétrovitch Begichev, est créé dans une chorégraphie de Julius Reisinger au Théâtre du Bolchoï le 4 mars 1877. Une nouvelle chorégraphie, datant de 1894 et dont Marius Petipa est l'auteur, confère au ballet une nouvelle dimension et une diffusion internationale, au point d'en faire un des grands classiques du répertoire. Les Ballets russes mettent pour la première fois cette œuvre à leur répertoire le 30 novembre 1911, au London Royal Opera de Londres, dans la chorégraphie de Petipa revue par Michel Fokine. Mathilda Kschessinska et Vaslav Nijinsky en sont les principaux interprètes.

96. Cocteau semble commettre une erreur : Anna Pavlova (1881-1931) vient d'interpréter à Paris pour la première fois, le 18 mai 1922, le dernier tableau de *La Belle au bois dormant*, présenté sous le titre *Le Mariage d'Aurore*. Elle avait créé le rôle à New York en 1916 lors de la tournée américaine des Ballets russes.

s'indigne. *Dans un sens* il a raison. Le malentendu vient de ce fait que je signalais tout à l'heure. Le cadre destiné à recevoir ce genre d'œuvre n'existe pas, pour la bonne raison que ce genre n'existe pas encore lui-même et se forme, grâce à l'exemple des tragédies classiques, des fêtes du XVIIIe siècle, du cirque, du music-hall, du cinéma. Ne croyez pas que le public adoptait sans mauvaise humeur l'admirable *Bourgeois gentilhomme*. Ce texte coupé de danses[97] et de grimaces ne lui semblait pas un texte. « Le vicomte indigné sortait au second acte » dit Boileau et lui-même[98] : « Dans ce sac ridicule où Scapin s'enveloppe / Je ne reconnais plus l'auteur du *Misanthrope*. » Or, selon nous, Molière se montre bien plus poète, bien plus spécial et fort dans des œuvres comme *Les Fourberies* [*de Scapin*] ou comme [*Monsieur de*] *Pourceaugnac* ou comme *Le Bourgeois gentilhomme* que dans *Le Misanthrope* ou *L'Avare*[99].

Comment définir notre genre nouveau. J'appelais *Parade* « ballet réaliste », comptant sur le public avec lequel on se demande toujours si la politesse consiste à lui souligner les choses ou à feindre de croire qu'il les comprend plus vite que nous. Ce « réaliste » accolé au mot « ballet » et appliqué à une œuvre qui ne paraît pas réaliste impliquait le sens de réalité supérieure qu'Apollinaire nomma par la suite « surréalisme » à propos des *Mamelles de Tirésias*[100].

Le réalisme consistait à prendre des personnages et des gestes de la réalité, puis à les mêler, à les changer, à les grossir, jusqu'à les rendre méconnaissables, à les transformer en danse. Ainsi le geste de la danseuse des bas-reliefs antiques[101] vient-il de quelque coutume familière dont le sens nous échappe et copier cette attitude, la déformer peu à peu revient à copier l'art au lieu de s'inspirer de la nature, ce qui est une grande faiblesse. De même je ne blâmerai jamais assez les « ballets » composés d'après un peintre ancien ou moderne. L'art d'après l'art étant toujours un signe de dégénérescence et une resucée dangereuse.

J'appelais *Le Bœuf sur le toit* « farce » aussi par une sorte de pudeur, parce que *Le Bœuf* n'étant pas drôle, son sujet importait peu et toute ma recherche s'étant dirigée vers la mise à l'échelle de gestes humains ralentis par rapport à ces grosses têtes, je pensais restituer au terme « farce » un sens modeste qu'il a perdu.

J'appelais « spectacle » *Les Mariés de la tour Eiffel*. Faute de mieux. Un jour on nommera ce genre. Ce n'est pas notre rôle. Écrivons d'abord les œuvres. Le titre se trouve après.

Je vous parlais, à propos du rêve mallarméen, des incroyables gouffres qui se creusent entre le désir d'un poète qui ne connaît pas le théâtre et la réalisation de ce désir.

---

97. *Le Bourgeois gentilhomme* (1670), comédie-ballet, de Molière est conçu avec une musique de Jean-Baptiste Lully et des ballets de Pierre Beauchamp.

98. Nicolas Boileau, *Art poétique*, chant III, vers 399-400.

99. Cocteau établit une distinction entre les pièces de Molière : d'une part, *Monsieur de Pourceaugnac* (1669) et *Le Bourgeois gentilhomme* (1670), qui sont des comédies-ballets et auxquelles il rapporte *Les Fourberies de Scapin* (1671) empreintes de comédie italienne; d'autre part, *Le Misanthrope* (1665) et *L'Avare* (1668), qui sont à proprement parler des comédies de théâtre.

100. Quelques semaines après *Parade*, *Les Mamelles de Tirésias*, « drame sur-réaliste » de Guillaume Apollinaire, sont créées dans la petite salle du Conservatoire René Maubel le 24 juin 1917, dans une mise en scène d'Albert-Birot et un décor de Serge Férat, avec des costumes d'Irène Lagut et une musique de scène de Germaine Albert-Birot, l'épouse du metteur en scène.

101. Cocteau fait allusion au ballet *L'Après-midi d'un faune* dans lequel la gestuelle des nymphes s'inspire des bas-reliefs archéologiques conservés dans les musées européens.

Voilà où la pièce commence. Si le chef machiniste ou quelqu'un dans le théâtre objecte à votre demande : « C'est impossible », inclinez-vous et cherchez plus simple. Il est rare que votre correction ne porte pas d'avantage. Ce continuel refus stimule et donne des idées. On finit par connaître à merveille cette grosse boîte encombrée d'échelles, de pylônes, de fils – si vous dites ficelle ou corde, vous êtes mis à l'amende et payez à boire aux machinistes [102]. Après quelque temps de cette lutte, l'œuvre se resserre, se tasse, prend du style et du contour. Il ne s'agit pas de jeter son œuvre dans la boîte à lettres du théâtre – peut-être un jour cela suffira-t-il –, il s'agit de collaborer, de gagner du terrain pouce par pouce. Car, comme je l'expliquais dans un précédent article [103], la poésie de théâtre n'est pas de mettre des tirades dans la bouche d'une actrice et d'allumer un clair de la lune. La poésie de théâtre est de la poésie faite exprès pour le théâtre. Je ne vous parle pas de supprimer les nuances, mais de les grossir à la loupe. C'est justement là que le spécialiste entre en jeu et quelque prestige qu'ait l'ennui sur les planches, fuyez-le à toutes jambes quitte à être pris pour un mystificateur.

Comme ce genre d'œuvre exige des acrobates, des mimes habiles, des acteurs rompus au rythme, il était naturel, outre que les directeurs étrangers sont plus accueillants à l'audace que les directeurs français, de s'adresser à des troupes disciplinées et qui obéissent aux exigences de mise en scène (masques, costumes encombrants, etc.). Je signale ici la parfaite bonne grâce de la troupe de Monsieur Rolf de Maré, de Madame Rasimi où je n'ai jamais entendu personne se plaindre et de Monsieur de Diaghilev lorsque les managers de *Parade* mal exécutés à Rome écrasaient les interprètes.

Ces interprètes sont de véritables martyrs d'une ère nouvelle, car peu à peu comme les aéroplanes, les automobiles, etc., etc… ce matériel primitif s'allégera, se simplifiera et permettra des performances extraordinaires. Nous en sommes encore à l'époque où les automobiles font un bruit de vieille ferraille.

Alors on verra du théâtre. Non des spectacles montés sur les scènes et racontant leurs petites affaires intimes. Non des dames naïves exécutant des grâces qui ne couvrent qu'un charme de ridicule, mais dans une lumière splendide de féerie, la réalité grandie, comme les figures au cinématographe dans ces premiers plans qui permettent de suivre la moindre émotion intérieure.

Les scènes naîtront les unes des autres comme les objets les plus variés sortent des manches du prestidigitateur, et sur des scènes moins vastes, sur des estrades pareilles au ring de boxe [104] où chacun peut suivre les péripéties du drame, se joueront enfin des pièces où la puissance primitive du Moyen Âge, du théâtre grec, des représentations chinoises, de ces sketchs américains pour des jongleurs, des acrobates et un clown, sera rejointe avec la science et la volonté d'y voir, non des insuffisances qui prêtent à sourire, mais le vrai spectacle, *circenses* que le public exige comme du pain [105].

102. Cocteau rend hommage au métier des machinistes de théâtre où chaque instrument a son sens précis.

103. Article non retrouvé.

104. Durant l'été 1922, Cocteau compose la pièce *L'Épouse injustement soupçonnée* dont le décor se réduit précisément à un ring de boxe. Pour diverses raisons, la pièce ne sera montée qu'en 1950.

105. Allusion à l'expression *Panem et circenses*, littéralement du pain et des jeux. Les empereurs romains étaient censés donner au peuple nourriture et jeux de cirque afin de s'attirer sa bienveillance. Voir la variation qu'apporte Cocteau à cette formule dans le texte 33 (note 214).

d'ilang-ilang, si ses complets ne sont pas coupés dans des peaux de jeunes chamois et dans les manifestes de Dada, qui est-il ?

Assurément le plus artiste et le plus intelligent des écrivains de sa génération.

De sensibilité ou d'émotion, s'il en a, il ne le montre guère. Mais la qualité, la variété, la richesse de ses dons intellectuels est vraiment chose éblouissante. Il joue d'eux avec une virtuosité qui abuse les esprits superficiels. On crie au paradoxe. Quelle erreur ! Sa vertu profonde est, au contraire, le bon sens. Seulement, comme il est le premier séduit par ce que sa conversation a de savoureux et d'étincelant, il se divertit à voir habillées de neuf toutes ses impressions, sans distinction... De pensée, il est évidemment classique. Dans les groupes dits d'avant-garde, dans les marécages de la République des Lettres, les médiocres qui demandent un roi l'accueillent, quand il leur rend visite, avec des transports d'allégresse. Ils lui tendent le sceptre et la couronne, pressés d'être enfin dirigés. Il observe, écoute, s'amuse, les quitte, couvert d'insultes, se fait, en passant, acclamer par d'autres qui le croient déjà des leurs ; et, rentré chez lui, M. Jean Cocteau travaille seul. Un séduisant portrait qu'a fait de lui cette année Marie Laurencin[108] est posé sur sa cheminée. Sur sa table, une collection de pipes en terre, et, dans un plateau de cristal, quelques polyèdres de verre. Je vois bien que ces polyèdres translucides vous intriguent. Croyez-moi, ils ne doivent être là que pour éprouver la bonne éducation du visiteur. Laissez-moi me rendre cette justice que je n'ai pas demandé à quoi ils pouvaient bien servir ; et écoutez, maintenant, parler M. Jean Cocteau :

– La poésie moderne ? Le mot « moderne » est absurde. Dire : « Je suis moderne », c'est dire : « Nous autres, chevaliers du Moyen Âge. » Il n'y a pas de poésie moderne. Il y a la poésie qui est de toujours, comme l'électricité, qui, comme elle, agit sur les masses en dehors de l'art, et il y a les gens qui lui fabriquent de petits véhicules. Ce sont les artistes. Les véhicules fonctionnent ou ne fonctionnent pas. Un vrai poète ne se préoccupe pas de l'esprit de poésie. Pas plus qu'un horticulteur ne parfume ses roses... La poésie évite beaucoup de gens comme l'électricité évite la soie. La France, pays malin, ressent mal la poésie. Voltaire est un fil de soie. Il est chatoyant, mais la poésie le contourne toujours.

Les récents véhicules de poésie sont aux anciens ce qu'une petite automobile trapue est aux calèches. Même si les poètes reviennent aux poèmes fixes, ils y reviennent avec des qualités d'intelligence, de vitesse, de concision, de raccourci inconnues jusqu'à ce jour. Mais le « mauvais genre », sourit M. Cocteau, consiste à être étonné par son époque, à jouer le rôle de M. Jourdain, à étaler un orgueil de nouveau riche, à chanter les machines, les gratte-ciel et le jazz-band. Toutes ces choses doivent nous donner des leçons d'ordre et de *force bien distribuée*. Un poète n'est pas plus neuf parce qu'il en parle. Du reste, il n'y a pas plus de raison pour qu'il n'en parle pas, en temps et lieu.

– Que pensez-vous donc du dadaïsme ?

Tout en dessinant, à la plume, des dodécagones irréguliers, M. Cocteau, penché sur son papier, me répond ainsi :

– L'éclosion du dadaïsme après la guerre est une éclosion d'ordre romantique. Ruines et pessimisme. On y trouve de jeunes écrivains de haute valeur. J'ai été bien

108. En 1921, Marie Laurencin réalise un portrait de Cocteau, buste vu de face et représenté dans un cadre ovale. Les tons pastel habituels du peintre y sont présents : rose entourant l'ovale, bleu pour le veston et blanc pour l'écharpe.

surpris d'apprendre par votre enquête que les Tharaud [109] me croyaient dadaïste. C'est confondre le blanc et le noir. La manie des écoles est chez nous si grande que même des hommes libres comme les Tharaud ne peuvent imaginer un poète libre.

... Oui, *La Nouvelle Revue française* a accueilli les dadaïstes – comme une femme âgée se farde. Avez-vous lu l'article que Jacques Rivière a publié dans sa *Revue Rhénane* [110]? Cet article prouve que *La Nouvelle Revue française*, si intéressante en 1914, voit moins juste depuis la guerre. Sa grande force était en Allemagne [111]. Or, le change empêche l'Allemagne d'acheter des livres. L'intérêt que l'Allemagne portait aux jeunes écrivains de chez nous est momentanément remplacé par celui, très vif, que leur porte l'Amérique [112]. Mais l'Amérique aime de très vieilles choses ou de très récentes. L'esprit de *La Nouvelle Revue française* se trouve assis entre les deux. C'est cette posture qui fait croire à Gide que la littérature étrangère se détourne de nous [113].

– Vous avez parlé, tout à l'heure, de l'action exercée par la poésie sur les masses. Avec ou sans le consentement du poète?

– Un poète est le type de l'aristocrate. Souvent même, on lui coupe le cou. C'est la meilleure façon de lui élever un buste.

Ce désir d'être seul me pousse à changer d'aspect dès qu'on commence à me suivre. Il ne faut être ni gobe-mouches, ni papier à mouches. L'homme dit « arrivé » est un papier si couvert de mouches qu'on ne le voit plus. Il faut être un chasse-mouches.

Un poète ne doit pas *tenir ses promesses*. Un poète qui tient ses promesses est un poète-automne, et les gens trouvent l'automne poétique. Or, un vrai poète doit avoir plusieurs saisons. Quand les gens pensent que ses fruits sont mûrs, ou blets (ce qu'ils préfèrent), il doit les faire vite mordre dans de nouveaux fruits verts... L'artiste aimé du public mûrit lentement, blettit et tombe de l'arbre. Le premier indice est une toute petite tache rouge : la rosette de la Légion d'honneur.

– Vous méprisez la Légion d'honneur?

---

109. Jérôme Tharaud (1874-1953) et son frère Jean Tharaud (1877-1952) écrivent ensemble leurs romans. En 1955, Cocteau succédera au fauteuil de Jérôme Tharaud à l'Académie française.

110. Jacques Rivière, « Les lettres françaises et la guerre », *La Revue rhénane. Rheinischer Blätter*, 1er novembre 1921, p. 860-869. Rivière s'interroge sur l'avenir de la littérature française qui subit inévitablement les bouleversements provoqués par la guerre. *La Revue rhénane* est l'organe le plus actif des relations intellectuelles franco-allemandes; elle publie en français et en allemand des articles sur des questions esthétiques.

111. Avant la guerre, les écrivains allemands trouvaient un écho favorable dans *La Nouvelle Revue française*. Fin 1921, le périodique publie un long article d'André Gide sur « Les rapports intellectuels entre la France et l'Allemagne » (t. 17, juillet-décembre 1921, p. 513-522). Gide s'y interroge sur l'opportunité de reprendre les relations intellectuelles entre les deux pays suite à la rupture de la guerre. Faut-il adopter une attitude nationaliste de repli sur soi ou une attitude internationaliste de main tendue? Sa réponse s'inscrit davantage dans une position humaniste, au moment même où se précisent les demandes revanchardes de réparations pour dommages de guerre. L'article suscitera des réactions des lecteurs auxquelles Gide répond dans le numéro suivant de la revue (t. 18, p. 238-240 et p. 253-255).

112. Au début des années 1920, nombre d'écrivains américains viennent s'installer momentanément à Paris, notamment F. Scott Fitzgerald, Ernest Hemingway, Ezra Pound, Robert McAlmon, John Dos Passos, Sherwood Anderson. La plupart d'entre eux retourneront dans leur patrie lors de la crise financière de 1929.

113. Dans l'article déjà cité (note 111 du texte 74), Gide constate que les jeunes auteurs allemands se tournent à présent vers la littérature russe et celle de l'Extrême-Orient, alors qu'ils étaient principalement attirés avant la guerre par les valeurs intellectuelles françaises.

– Pas le moins du monde. Elle est presque fatale, comme les cheveux blancs. Je trouve les artistes qui cherchent le scandale aussi ridicules que ceux qui cherchent le succès.

– Mais parmi les poètes *officiels* vivants, vous ne goûtez sans doute personne ?

– Si. La comtesse de Noailles. Contrairement aux nymphes changées en arbres, on dirait que la comtesse de Noailles est un arbre changé en jeune femme. C'est ce malaise végétal, ce vague dégoût humain, ce désir et cette peur de retourner à sa substance qui lui donnent une intonation hors-ligne.

Je m'aperçois avec regret que je ne saurai, dans le cadre de cette interview, répéter tout ce que m'a dit M. Jean Cocteau. Je ne puis mieux comparer les idées de M. Cocteau qu'à des trapézistes, toujours prêtes, en costume de parade, et qui, au moindre signal, grimpent à l'échelle de corde, s'élancent, travaillent, et se retrouvent soudain sur la piste, un sourire aux lèvres, qu'on applaudisse ou non. Exemples :

Je commence une phrase : « La prose de... » L'*idée-prose* de M. Cocteau, immédiatement en mouvement, me coupe tranquillement la parole :

– J'aime qu'on cherche à faire mouche en visant n'importe comment. C'est le style Stendhal. Je n'aime pas qu'on épaule, gracieusement, majestueusement, sans se soucier de la cible. C'est ce que la plupart des gens appellent le style Flaubert. Si on épaule bien et tire juste, c'est encore mieux... Proust fait mille fois mouche pendant que vous croyez qu'il épaule interminablement.

Je commence une phrase : « Oui, mais, dans ces dernières époques... » L'*idée-dernières époques* de M. Cocteau, sans une hésitation, sort du rang et m'interrompt :

– Si on voulait faire un tableau très approximatif mais très sensible, de ce qui nous touche dans ces dernières époques, il faudrait mettre Rimbaud et Mallarmé en tête, comme Adam et Ève. La pomme sera la pomme de Cézanne. Nous supportons tous le poids de ce péché originel.

Après la grande époque impressionniste, Seurat, Monet, Renoir, Mallarmé, Debussy, etc., vint la période Denis, Bonnard, Vuillard, André Gide, Maurice Ravel, etc., puis le merveilleux épanouissement Apollinaire, Max Jacob, Salmon, Douanier Rousseau, Matisse, Derain, Marie Laurencin, Picasso et, un peu plus tard, Stravinski.

Nous sommes arrivés ensuite : Cendrars, Reverdy, etc. Ici, tout est trop près de moi pour que je déblaye. Je ne citerai que l'apparition miraculeuse d'Erik Satie, rafraîchissant, simplifiant et enrichissant toute la jeune musique après trente-cinq ans de réserve. Il semble que Satie, mécontent de l'impressionnisme musical dont il avait donné la formule et respectant le règne de son ami Debussy, ait attendu les prodromes d'une époque plus favorable au développement de ses idées d'ordre classique. J'ai été très touché d'apprendre comment Mme Mardrus avait soutenu Satie aux *Annales* [114].

La toute dernière tendance poétique, celle des très jeunes poètes – auprès desquels je prendrai toujours conseil –, serait un calme, une grâce, un ordre venant tout naturellement après les rudes secousses de leurs aînés.

L'*idée-musique* de M. Cocteau, à peine invitée, exécute cet adroit rétablissement :

– Les jeunes musiciens suivent la même route que les jeunes poètes. Retour à la ligne, au dessin, à une simplicité neuve enrichie par les complications précédentes.

114. Nous ignorons pour quelle raison la journaliste et romancière Lucie Delarue-Mardrus (1874-1945) a soutenu Satie aux *Annales*. Tout comme Satie, elle est originaire de Honfleur, ce qui explique probablement son intervention. Elle donne des conférences et signe des critiques littéraires et musicales.

L'impressionnisme musical était le règne du flou. L'esprit de création qui est l'esprit de contradiction sous sa plus haute forme pousse donc les jeunes compositeurs vers la netteté du contour. J'ai eu la bonne fortune de prévoir certaines tendances et de mettre en garde contre d'autres dans mon livre *Le Coq et l'Arlequin*. C'est pourquoi on m'a cru le théoricien de la jeune musique. Or, ce livre précédait le groupe nommé groupe des Six, qui n'est pas un groupe esthétique, mais un groupe amical de jeunes gens libres, souvent en contradiction les uns avec les autres et simplement réunis par l'âge, et par le nouvel esprit musical. Auric, Honegger, Milhaud, Poulenc, Germaine Tailleferre [115], savent unir à merveille l'audace et la raison. Le classicisme n'est pas d'imiter certains classiques. Le nouveau classicisme ne peut être pris pour tel. Je me suis souvent amusé à surnommer toutes ces audaces si sages : l'extrême-droite.

– Et le théâtre ?

– Antoine [116] a mis de vrais boutons de porte sur la scène et fait tourner le dos aux acteurs. Il avait sans doute raison à l'époque. Il fallait lutter contre les cartonnages et les tirades. Grâce à ce perfectionnement mal exploité, le théâtre est devenu un vieil album de photographies. Le vrai, en scène, devient faux. On ne peut obtenir l'apparence du vrai que par des artifices. De vrais meubles, une vraie porte, une vraie dame, un vrai monsieur avec un vrai costume, une vraie histoire d'amour, sont sinistres au théâtre. Le public amolli, endormi dans son fauteuil, n'est plus capable de parcourir la distance entre un objet, un sentiment et leur figuration. Il les demande tout crus, et il s'étonne de digérer mal, de ressentir un écœurement énorme. À ce régime, il se dégoûte de son repas de chaque jour, mais il ne supporte pas encore des nourritures cuites à point. Volumes, reliefs, grossissements, toutes choses propres à assurer le plus vrai que le vrai, le trompe-l'esprit qui doit remplacer le trompe-l'œil du théâtre, lui semblent autant d'insultes. Il ne les supporte que s'il les prend pour du music-hall, de la bouffonnerie. C'est pourquoi, bien que je ne pense jamais à faire drôle, je dirige mes spectacles dans un sens bouffe. Cette bouffonnerie de surface [117] m'aide à faire passer des recherches que le public repousserait s'il en comprenait le véritable sens. Je le fais rire et je lui donne du sucre pour qu'il avale la drogue fortifiante sans s'en apercevoir… Elle agit à la longue. Déjà, le public se détourne du Boulevard sans analyser son dégoût. N'en doutez pas. Il vient de ce que music-halls, cirques, cinémas, et entreprises comme celles de Lugné-Poe, de Copeau, dans un autre ordre, comme celles de Diaghilev, ou Rolf de Maré, grâce auxquels j'ai pu monter *Parade* et *Les Mariés de la tour Eiffel*, changent sa manière de voir. C'est la raison pour laquelle nos spectacles s'attirent la haine des milieux du Boulevard [118] sur le trafic desquels, de prime abord, ils semblent ne pas exercer la moindre concurrence. Le grand défaut de chez nous est de croire au sérieux, de se méfier du plaisir. On a trop dit à la France qu'elle était légère, frivole. Alors,

115. Soulignons que Cocteau omet volontairement le nom de Louis Durey.

116. André Antoine (1858-1943), acteur, metteur en scène et directeur de théâtre, crée le Théâtre Libre en 1887, avant de fonder le Théâtre Antoine en 1897. Adepte du naturalisme de Zola, il transpose sur scène l'évocation du milieu populaire ou social, préconise le jeu naturel des acteurs et prône le réalisme dans les costumes et les décors. Ses théories seront propagées par la suite sur la plupart des scènes européennes.

117. Voir l'article de Cocteau dans *Vanity Fair* et sa préface aux *Mariés de la tour Eiffel* pour une explication du sens de « bouffonnerie de surface » (voir textes 79 et 84).

118. Le théâtre moderne des Lugné-Poe, Copeau ou Antoine se détourne définitivement du théâtre de boulevard et du cabotinage des acteurs.

elle fronce les sourcils, prend au sérieux les pièces à thèse les plus absurdes et trouve absurdes les spectacles qui ne l'ennuient pas.

– Alors, l'humour ?

– Je le déteste. *Ubu roi* [119] est peut-être un chef-d'œuvre, mais il m'ennuie. C'est le « genre chef-d'œuvre ». Il faut se méfier des ouvrages trop soutenus à leur naissance par les groupes d'avant-garde. Une chose vraiment forte et neuve est très suspecte aux avant-gardes. Elle dérange leur jeu.

Et M. Cocteau ajoute, après un temps, ses dessins finis :

– On s'est trompé en voyant de l'humour dans mes œuvres. *Le Potomak* [120], *Le Bœuf, Les Mariés, Parade*, ne sont que drame, tristesse et poésie. Le drôle est en surface. C'est comme quand on chante dans le noir pour se donner du cœur.

Dans l'escalier, je l'avoue, je titubais un peu. Je suis assez sobre à mon ordinaire : le nombre d'images et de mots absorbés en si peu de temps (je n'en ai rapporté qu'une faible partie) me montait vraiment à la tête… Je le confesserai aussi très naïvement : la qualité des vins si généreux, servis par M. Jean Cocteau, ne m'est réellement apparue qu'après que je les aie eu cuvés. Je crois qu'il n'en faut pas boire fréquemment ni trop à la fois. Car ce sont de ces vins exquis mais perfides qui, le lendemain, font aimer l'eau.

ANDRÉ LANG

75

QUERELLE D'ÉCOLE ? *
UNE LETTRE DE JEAN COCTEAU

Nous publions le dernier et intéressant écho des récents incidents soulevés à propos du groupe dit des « Six ».

Depuis quelque temps on travaille de divers côtés à désagréger le groupe des « Six » et les « Six » semblent, sinon se prêter à la manœuvre, du moins n'y point apporter une suffisante résistance.

On a déjà détaché de ses compagnons Louis Durey.

Maintenant c'est Arthur Honegger qu'on veut séparer des autres. On l'isole, en le couvrant de fleurs. Lui, il a du talent : les autres n'en ont pas. Lui, il n'est pas un véritable révolutionnaire, il serait presque traditionaliste ; les autres sont de dangereux anarchistes. Lui seul a composé des « œuvres ».

Les « Six » ou plutôt les « Cinq » protestent. Ils sont amis, ils veulent rester amis. On ne brisera pas les liens d'affection qui les unissent si étroitement.

Mais ils insistent trop sur leur amitié. C'est mal se défendre. Ils prétendent que leur groupe, au point de vue artistique, n'en est pas un, qu'ils n'ont pas de théories

119. *Ubu roi*, pièce d'Alfred Jarry créée par les acteurs du Théâtre de l'Œuvre au Nouveau-Théâtre le 10 décembre 1896, avec dans les rôles principaux Firmin Gémier et Louise France. Nonobstant le scandale provoqué à la première, la pièce est soutenue par l'avant-garde de l'époque et notamment par *La Revue blanche* dirigée par les frères Natanson.

120. *Le Potomak (1913-1914)*, précédé d'un *Prospectus* (1916) et suivi des *Eugènes de la guerre* (1915), Paris, Société littéraire de France, 1919. Il s'agit d'un roman atypique mêlant prose, poésie et dessins.

*Paul Landormy, « Querelle d'école ? Une lettre de Jean Cocteau », *Le Courrier musical*, Paris, n° 4, 15 février 1922.

communes, qu'ils suivent chacun leur voie en toute liberté. Un même amour du Beau les aurait rapprochés et une bonne camaraderie née des circonstances et de l'affinité des caractères se serait établie entre eux. Mais ils ne formeraient pas une École. Ils n'obéiraient pas à un programme tracé d'avance. Ils semblent redouter par-dessus tout qu'on leur prête une doctrine esthétique définie.

Je recevais récemment une lettre de M. Jean Cocteau d'une intention analogue. Il n'admet d'aucune manière qu'on lui attribue le rôle de chef ou d'inspirateur du groupe et que l'on considère sa brochure *Le Coq et l'Arlequin* comme le manifeste de la nouvelle École.

Il m'écrit :

Monsieur,

Bien que je n'aime pas beaucoup répondre aux articles, les vôtres, sur le « Groupe des Six », me semblent si dépourvus de mauvaise grâce que je dois vous signaler une petite erreur. Elle fausse votre vision, quelquefois très juste.

C'est une erreur de date, de mise en place, une faute de perspective. Relisez *Le Coq et l'Arlequin* et notez cette phrase : « Ce livre ne parle d'aucune école existante, mais d'une école que rien ne fait pressentir, sinon les prémices de quelques jeunes, l'effort des peintres et la fatigue de nos oreilles. » Dans une brochure si condensée aucune ligne ne doit être omise : *Le Coq et l'Arlequin* manifeste, table de la loi, guide Joanne[121], manuel-du-parfait-musicien, serait ridicule. Sous l'angle musique, j'y parle de tout. Je l'ai publié avant que le groupe existe[122], avant même de savoir si Milhaud, alors au Brésil, deviendrait notre ami.

Du reste, ce groupe n'existe pas. C'est un groupe amical, non un groupe esthétique. Déjà les « Six » sont cinq. *L'odeur* d'une même époque est la seule ressemblance entre eux. Vous voyez donc qu'il est inutile de chercher en quoi nos jeunes musiciens m'obéissent ou s'insurgent. Ils m'aiment. Je les aime. Mon œuvre leur convient et les leurs me plaisent. Je sais pourquoi sont parfaites les *Cocardes* de Poulenc, pourquoi beau *Le Roi David* d'Honegger[123].

Une méthode naïve du monde musical que notre amitié dérange, consiste à nous montrer en lutte contre Debussy[124].

Ce joli monde se trompe. Il lit mal. Il écoute mal. Mais vous, Monsieur, qui êtes attentif, devriez comprendre que vénérer, agir, sont deux choses.

Je vous autorise à publier cette lettre, et vous prie de me croire, etc.

Jean Cocteau

121. Dans la seconde moitié du XIXe siècle apparaissent les premiers guides touristiques, les *Guides Joanne*, qui adopteront pour nom *Guides bleus* en 1919.

122. Cocteau joue ici sur la chronologie. Certes le groupe des jeunes musiciens n'a pas encore reçu son appellation du Groupe des Six, mais les réunions entre eux, Satie et Cocteau ont bien lieu. Les aphorismes du *Coq et l'Arlequin* font la synthèse des idées émises par Satie et les Nouveaux Jeunes rassemblés autour de lui. Il est vrai que Milhaud se trouve encore au Brésil à l'époque.

123. *Le Roi David*, oratorio d'Arthur Honegger, à l'action resserrée sur un texte de René Morax inspiré de l'Ancien Testament, est créé au Théâtre du Jorat à Mézières en Suisse le 11 juin 1921, mais des extraits pour voix et piano ont été présentés à Paris en juin 1921. C'est le succès de cette œuvre qui relance la polémique des critiques vis-à-vis du Groupe des Six (voir note 107 du texte 73).

124. Après avoir en effet favorisé les œuvres des jeunes compositeurs au détriment de Debussy, Cocteau commence peu à peu à atténuer son opposition à l'égard du maître de l'impressionnisme musical.

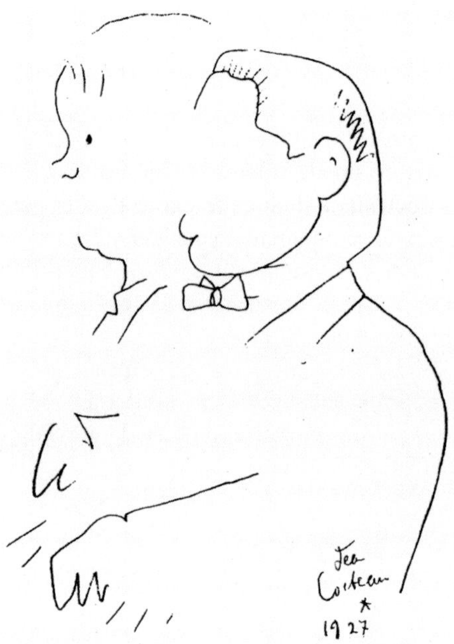

42. Darius Milhaud et Georges Auric jouant *Le Bœuf sur le toit*, 1927, collection privée.

Et bien ! Quoi qu'en disent les « Six » et quoi qu'en dise aussi Jean Cocteau, je ne puis imaginer que Durey, Honegger, Milhaud, Auric, Poulenc et Germaine Tailleferre soient six musiciens qu'un hasard – un hasard seul – aurait rapprochés sans qu'aucune communication d'idées, de goûts et de tendances [ne] se soit produite entre eux.

Est-ce possible ? Des artistes qui auraient des conceptions opposées de leur art pourraient-ils vivre ensemble ? Que de discussions ! Ce serait bientôt la brouille, surtout entre de si jeunes gens !

Ne suffit-il pas d'ailleurs, d'examiner leurs œuvres ? Elles témoignent, certes, d'une grande diversité de tempéraments et je suis le premier à le reconnaître. Je me suis appliqué justement, dans une récente étude [125], à marquer au mieux ces différences qui me semblent à certains égards capitales. J'ai distingué l'attique Durey du sévère et complexe Honegger, du fougueux Milhaud, de l'amusant Auric, du naïf Poulenc et de l'aimable Germaine Tailleferre [126].

Mais sous les oppositions de nature même les plus accusées, ne peut-on retrouver quelques traits communs, qui caractérisent le groupe, la famille ?

Poulenc m'écrivait il y a plus de deux ans : « Un mot sur le groupe des "Six", si vous le voulez bien. Ce groupe, créé pendant la guerre, n'avait à son origine d'autre but qu'un groupement d'amitiés et non de tendances. *Puis, peu à peu, des idées communes se sont établies qui nous ont très intimement liés*, à savoir la réaction contre le flou, le retour à la mélodie, le retour au contrepoint, la précision, la simplification, etc. »

Mais oui, il y a bien un programme des « Six » et je le préciserai davantage : il s'agit en somme de tourner le dos à tout romantisme et à tout impressionnisme. La nouvelle École prétend au réalisme et à l'esprit classique. Elle cherche la simplicité et même la nudité. Elle ne craint point la dureté. (Pour être vrai, il faut être dur). Elle use du contrepoint plus que de l'harmonie et veut inscrire ses œuvres dans des lignes bien dessinées. Elle risque les agrégats sonores les plus audacieux. Elle s'inspire de toutes les manifestations de la vie, même les plus vulgaires, célèbre volontiers la gaîté, la joie, le rire, et ne repousse rien tant que les mornes méditations d'un plaintif pessimisme.

125. Voir les six articles de Paul Landormy sur Cocteau et les différents membres des Six parus dans *La Victoire* en 1921 (voir note 15 du texte 55). Voir aussi son article intitulé « France : Le Groupe des Six » dans *La Revue de Genève*, n° 21, septembre 1921, p. 393-409.

126. Dans son ouvrage *La Musique française après Debussy* (Paris, Gallimard, 1943), Paul Landormy reprend ces propos pour considérablement les amplifier (p. 55-171).

Ce ne sont là il est vrai, que des idées générales. Chacun des « Six » les a entendues et appliquées à sa manière. Mais en est-il un seul qui n'en ait tenu grand compte ?

Et ces idées-là ne sont-elles donc point exactement celles qu'exprimait Jean Cocteau dans *Le Coq et l'Arlequin* ?

Que *Le Coq et l'Arlequin* soit ou non le manifeste d'une École nouvelle dans la pensée de l'auteur, peu m'importe. Il en a pris en fait le rôle et la signification. Par avance s'y trouvent déterminés les principes doctrinaux dont cette École s'est ensuite réclamée. Les « Six » n'ont-ils pas plus ou moins explicitement donné leur adhésion au moins théorique à la plupart de ces vues sur l'art, si, pratiquement, ils se sont ensuite plus ou moins écartés de cette première direction. Jean Cocteau est-il sûr de n'avoir pas agi sur ses amis plus qu'il ne l'aurait voulu lui-même ?

À bas Wagner et à bas Debussy ! tel fut le mot d'ordre. Ce qui n'empêche aucun des « Six » d'admirer à l'occasion Wagner et surtout Debussy, j'en suis certain. Mais il fallait aller de l'avant, marcher à la conquête d'un nouveau style et de nouvelles émotions. Les nécessités de l'action et de la création ne sont pas les mêmes que celles de la critique, et c'est bien ainsi que je l'ai compris, quoi qu'en dise Jean Cocteau.

Qu'ils aient donc plus de courage ! Qu'ils affirment effrontément leur audacieux projet ! Qu'ils ne s'excusent pas de savoir ce qu'ils veulent ! Qu'ils se reconnaissent, les uns et les autres, le mérite d'avoir senti le besoin de l'heure présente. Cette réaction devait avoir lieu : elle était inévitable. Ils en ont été les initiateurs. Qu'ils prennent leur parti d'avoir fondé une École, car c'est bien d'une École nouvelle qu'il est question et c'est de son opportunité qu'on discute.

Ce qui le prouve c'est que pour « sauver » Honegger, on cherche à le persuader que dans son fond il est traditionaliste et qu'il s'égare en s'associant à ces révolutionnaires.

Mais on aura beau faire, les « Six » mêmes séparés, resteront les « Six ». Leur place dans l'histoire de notre temps est désormais fixée, sinon encore leur valeur et le rang qu'ils tiendront.

De leurs ouvrages j'ai pensé du bien et du mal et j'ai toujours dit le bien et le mal que je pensais. Je crois n'avoir à leur égard aucun préjugé.

Mais quand je songe à l'avenir, c'est vers eux que je me tourne, c'est de l'un ou de l'autre d'entre eux que j'attends quelque chose.

Je vois avec quelle ardeur ils se sont mis à la tâche sans regarder en arrière. Je vois qu'en eux est la foi, le vouloir et la vie.

Et déjà voici des œuvres : *Horace victorieux* de Honegger[127], oui certes, mais aussi les *Poèmes juifs* de Milhaud[128], car je ne connais rien de plus fort, d'une émotion plus intense ni plus pénétrante dans toute la production de la jeunesse contemporaine.

PAUL LANDORMY

127. *Horace victorieux*, ballet-pantomime d'Arthur Honegger sur un argument de Guy-Pierre Fauconnet d'après Tite-Live, est créé par l'Orchestre de la Suisse romande sous la direction d'Ernest Ansermet à Lausanne le 31 octobre 1921 et au Victoria Hall de Genève le lendemain. La première française a lieu sous la direction de Serge Koussevitzky à l'Opéra de Paris le 1er décembre 1921.

128. Les *Poèmes juifs*, op. 34, de Darius Milhaud comprennent huit mélodies pour voix et piano. Ils sont créés par Jane Bathori et le compositeur à la Société nationale à Paris le 10 janvier 1920.

76

DEUX POST-SCRIPTUM *

— 1 —

Je pourrais encore répondre à M. Paul Souday [129] que lui non plus ne supporte pas qu'on le contredise, même avec courtoisie, et que le charme de notre échange consistait à discuter de dadaïsme et de Boileau en première page d'une des feuilles les plus graves du monde. Un peu d'air entre deux colonnes.

Mais je mentirais. L'affaire porte plus loin.

La réponse à ma réponse m'accuse d'être de l'école du bon sens. Je l'avoue. M. Paul Souday en reste au bariolage « moderniste » et à cette vieille conception du nouveau qui marche sur la tête. Or, j'aime le nouveau qui marche sur ses pieds. Le chemin seul importe.

Il est naturel que, partant de ce malentendu, M. Souday prenne pour des fantaisies plus ou moins drôles, du néo-classicisme inoffensif, des ouvrages qui ne relèvent en aucune sorte de l'humour ni du désordre, qui évitent la mode, et qui doivent donc déplaire aux uns par leur audace, aux autres par leur sobriété.

L'équilibre est chez moi pire qu'un équilibre. C'est une question de vie ou de mort : je marche sur une corde raide. Comme je suis sujet au vertige, l'exercice ne laisse pas d'être quelquefois périlleux. Chaque phrase écrite ou dite, le moindre de mes actes représentent un point de gagné sur la chute, car le vide pompe de toutes ses forces.

Rien de plus incompréhensible pour le spectateur ne voyant ni vide ni corde que ma gesticulation. Ajouterai-je : l'ombrelle que je bouge autour de moi.

Cette pantomime du milieu de la course (alias : du milieu de mon âge) nécessite des gestes moins larges et des arrêts à cause du ballant plus fort de la corde. Gestes et arrêts abusent même Epstein [130] lorsque son œil me cinématographie d'un bout à l'autre. Il se trompe sur les mobiles de ma prudence. Alors que je m'efforce vers le but, il croit que je l'évite.

Je ne demande pas à M. Paul Souday d'avoir les appareils d'un Epstein. Son objectif enregistre de temps en temps une image de moi floue et sautillante.

Si Epstein découvre la corde où il voyait la terre ferme, ce qu'il prend pour une petite danse lui deviendra beau.

M. Paul Souday se refuse à croire que je n'ouvre jamais un journal et que je ne m'abonne pas aux agences. C'est pourtant vrai. Mais certains articles s'imposent, on nous les apporte, on nous les affiche.

Après l'affichage, comment voulez-vous que comptent pour moi le respect de la critique, la politesse mondaine, la crainte que *Temps* ou *Nouvelle Revue Française* me houspillent. Vu ma posture, houspiller veut dire : pousser l'acrobate. Or je travaille sans filet. Je dois donc me défendre et, si possible, prendre les devants.

---

* « Deux post-scriptum », *Les Feuilles Libres*, n° 25, février 1922, p. 46-48.

129. S'agit-il des deux articles de Paul Souday publiés dans *Paris-Midi* de novembre 1921 dans lesquels il conforte la thèse de Gide de reprendre les relations intellectuelles avec l'Allemagne ?

130. Jean Epstein (1897-1953) publie deux ouvrages, *Bonjour, cinéma* et *La Poésie aujourd'hui*, aux éditions de La Sirène en 1921, avant de débuter sa brillante carrière de réalisateur de films avec *Les Vendanges* et *Pasteur* en 1922.

Sensible? Non. Notre cerveau est une figure de boxeur.

Plus que sensible? Oui. Un malaise mortel m'accompagne. Je disais plus haut : « Comme je suis sujet au vertige l'exercice ne laisse pas d'être périlleux. » Il fallait écrire : « ne laisse pas d'être atroce ». Le bon sens n'est pas toujours de tout repos. Laissez-moi vous répéter une phrase de Francis Picabia. Je la trouve magnifique [131] : « Voyez-vous, me disait-il, vous êtes comme moi de la catégorie des officiers de marine qui ne guérissent jamais du mal de mer. »

— 2 —

Ma lettre ouverte dans *Comœdia* du 10 janvier 1922 en réponse indirecte à certaine campagne de presse musicale, pouvant être mal comprise, j'y joins ce P.S.

Impossible de nous brouiller Honegger et moi. Les musicographes usent leur encre. Comme moi, Honegger déteste la politique. C'est le plus loyal, le plus modeste des hommes. Je l'admire, et il m'aime beaucoup. Je suis libre de désapprouver certaines de ses formules, il est libre de ne pas goûter toutes les miennes. Il nous reste assez de terrains d'entente, ne seraient-ce que nos mélodies [132] et l'*Antigone* que nous projetons d'écrire [133]. Je lui envoie mon amitié publiquement, et je le félicite de son attitude vis-à-vis de ceux qui se servent de son œuvre contre les nôtres.

77

La nouvelle musique en France *

Paris.

Je profite d'un article de M. Paul Landormy, publié dans *La Revue de Genève* [134], pour dissiper quelques malentendus. À force de dire : « Peu importe », de ne jamais

131. Citation non retrouvée.

132. De mai 1920 à juin 1923, Honegger met en musique pour voix et piano *Six Poèmes de Jean Cocteau : « Le Nègre », « Locutions », « Souvenirs d'enfance », « Ex-Voto », « Une danseuse », « Madame ».*

133. En cette année 1922, Cocteau écrit, entre autres, la pièce de théâtre *Antigone* pour laquelle Honegger composera une musique de scène. Cinq ans plus tard, le poète et le musicien reprendront le sujet (voir note 169 du texte 83). Il est intéressant de noter qu'au moment de la publication de cet article, en février 1922, il est déjà question d'une collaboration entre le poète et le compositeur au sujet d'*Antigone*, alors que les ouvrages de référence la reportent à l'automne de 1922.

* « La nouvelle Musique en France », *La Revue de Genève*, n° 21, mars 1922, p. 396-401.

134. Paul Landormy, « France : Le Groupe des Six », *La Revue de Genève*, septembre 1921, n° 21, p. 393-409. Une fois de plus, Landormy relance la polémique, comme il l'avait fait dans ses différents articles du journal *La Victoire* durant l'été 1920 et l'année suivante dans *La Revue musicale* (voir note 15 du texte 55). Il analyse d'abord les idées de Cocteau exprimées dans *Le Coq et l'Arlequin* qui invite la jeune musique française à tourner le dos à Wagner, à Debussy et à la musique russe; pour ce faire, il faut « retrouver le pur langage de France, le langage classique, simple et direct », en s'inspirant de « l'âme populaire, [...] de la musique des foires, des bals publics et des cafés-concerts ». Or, aux yeux de Landormy, seuls Auric et Poulenc s'inscrivent plus ou moins dans cet esprit. Par contre, les œuvres de Honegger sont marquées par des « polyphonies un peu chargées » et construites « sur de larges assises, fortement charpentées, d'un tissu contrapuntique très fourni et très serré ». Sa musique « ne répond en rien aux vœux formulés » par Cocteau. De même, Milhaud emploie un langage « plein de rudesse et de

répondre, de plaisanter entre nous des fables qui se forment, ces malentendus risquent de prendre racine.

D'abord, on ne se baptise pas soi-même. Mon dégoût des sectes, des chapelles, des casernes, m'a toujours empêché de réunir mes amis musiciens sous une étiquette. Mais le public exige des étiquettes pour simplifier le blâme. L'étiquette « Groupe des Six », assez heureuse du reste, puisqu'elle ne désigne aucune tendance, ne vient pas de moi. Elle est de Henri Collet, dans un article de *Comœdia* où il compare nos musiciens aux cinq Russes. Cette comparaison parut fort inconvenante [135]. Elle choque les personnes qui ne savent pas que les cinq Russes furent jeunes. Un petit garçon se représente mal son grand-père vénérable, tirant la langue.

« On ne fait rien de bon à six », écrivait sérieusement le critique de *La Liberté* [136]. Sans doute croit-il que Mlle Tailleferre, MM. Auric, Honegger, Milhaud, Poulenc, écrivent chacun une note d'un seul morceau. C'est la méthode du « Groupe des Quarante » [137], pour le Dictionnaire de la Langue Française.

Or, le Groupe des Six, ou des cinq, puisque Durey s'en écarte, est un groupe d'ordre amical qui fraye avec des peintres et des poètes, où chacun reste libre, respecte ce que bon lui semble et compose ce qu'il veut. Rien de plus simple. Mais une chose trop simple est mal admise. Tantôt on reproche à nos musiciens de travailler en bloc, tantôt de n'avoir pas assez d'ensemble et de trop différer les uns des autres.

La faute de M. Paul Landormy (par ailleurs très juste) vient de ce qu'il cherche toujours si le groupe se trouve d'accord ou en désaccord avec moi. C'est sans importance. *Le Coq et l'Arlequin* précède le groupe. Il suffisait de le lire pour trouver cette phrase [138] : « Ce livre ne parle d'aucune école existante, mais d'une école que rien ne fait pressentir, sinon les prémices de quelques jeunes, l'effort des peintres, et la fatigue de nos oreilles. » Mais, hélas ! les lecteurs les plus attentifs lisent vite, sautent des lignes, et leurs yeux se portent sur quelque détail qui les agace, qu'ils grossissent, auquel ils accordent une importance démesurée.

J'aime et je respecte Claude Debussy. Un livre comme *Le Coq et l'Arlequin* n'aurait pas de sens s'il n'attaquait pas le debussysme puisque j'y montre les symptômes de sa contradiction. Livre trop bref pour se payer le luxe des demi-teintes. J'y parle gros, je m'exprime en majuscules ; si je blâme, je blâme des choses de premier ordre. Or, avec la poussière du tapis, le nettoyage par le vide risque d'arracher un peu de laine.

---

violences », dans lequel les passions sont poussées « au paroxysme » et le comique se montre « grimaçant, guignolesque, à raides détentes, à gestes brusques de marionnettes ». S'il apprécie néanmoins l'une ou l'autre composition des uns et des autres, Landormy estime que chacun poursuit sa propre voie, sans adhérer aux « apophtegmes agressifs » du poète : « Ce fut peut-être un malentendu pour les Six d'avoir pour ami un littérateur, M. Jean Cocteau, en qui tous ont mis leur confiance et dont ils reçoivent des directives. Qu'ils restent donc entre musiciens [...]. ». Et de conclure que leur point commun c'est d'écrire une musique nouvelle qui se détache des traditions.

135. Voir notes du texte 55. Cocteau est d'une incroyable mauvaise foi. Non seulement, il semble bien être intervenu auprès de Henri Collet pour favoriser cette appellation, mais les Six ont bénéficié d'un piédestal inattendu pour se faire connaître.

136. Article non retrouvé.

137. Allusion aux travaux de l'Académie française.

138. Toute l'argumentation de ce paragraphe, jusqu'à la citation, est présente dans la lettre de Cocteau reprise au sein de l'article de Landormy dans *Le Courrier musical* (voir texte 75).

43. Francis Poulenc, dans Jean Cocteau, *Dessins*, Paris, Stock, 1923.

L'éclectisme est ennuyeux. Une vaste intelligence ne me touche pas. Elle se développe en étendue, à la surface. Elle veut tout goûter, tout marier, tout admettre. Seule me touche une intelligence étroite qui se spécialise profondément. Il faut savoir être injuste. Un homme juste n'aime pas. Que l'amour tombe dans ses balances et vous verrez son bel équilibre les quatre fers en l'air.

C'est pourquoi Gide avait raison d'attaquer mon livre dans une lettre ouverte de *La Nouvelle Revue Française*, pourquoi j'ai eu raison de répondre, pourquoi *La Nouvelle Revue Française* a eu raison de refuser d'insérer ma réponse malgré le Code, pourquoi j'ai eu raison de la publier aux *Écrits Nouveaux*[139], pourquoi Gide a eu raison de répondre à ma réponse, et pourquoi j'ai eu raison de ne jamais lire ce texte pour mettre un point final.

Gide a son étroitesse. J'ai la mienne. Nous ne sommes ni l'un ni l'autre de la race qui cède. *Le Coq et l'Arlequin* dérange un ordre de choses à quoi Gide participe. Il est naturel qu'il se cabre.

139. Voir les notes du texte 47.

Peu à peu, sans qu'ils m'envisagent le moins de monde comme un manuel de poche, l'œuvre des jeunes musiciens s'oriente d'une façon que j'avais prévue et ajoute à mon livre le poids des preuves.

Auric rencontre Durey et Honegger, Germaine Tailleferre se joint à eux, Francis Poulenc entre dans la ronde, Darius Milhaud revient du Brésil où il secondait Claudel, devient notre ami, apporte des tambours nègres, et nous apprend des cocktails inconnus. Toute cette jeunesse dîne ensemble, flâne ensemble, organise des concerts, se tourne les pages, *ne collabore pas*.

Impossible d'empêcher que l'apparente une odeur d'époque et un instinct commun de réagir contre l'impressionnisme musical. Le terme « impressionniste » n'existait pas musicalement. Je le trouvai [140] lorsqu'il fallut définir une période pour passer outre. Croyez-vous que passer outre veut dire brûler des idoles ? Même pas brûler des étapes. Debussy reste notre poète, il ne faudrait pas l'écraser sous un marbre car son buste est un nuage merveilleux. N'oublions pas le *Général Lavine* et *Minstrels* [141] où il invente le rythme caricatural.

Mais est-ce la peine de couper les cheveux de Mélisande en quatre ? Vagues, vents, frissons, parfums, brumes de soleil et d'eau, pluie sur les feuilles, suivent leur Orphée chez les morts.

Voilà le moment de faire volte-face. Après le règne du flou, soyons net. Après l'estompe, employons l'emporte-pièce. C'est le jeu nouveau. Je vous le conseille. L'esprit de création n'est-il pas la plus haute forme de l'esprit de contradiction ?

Debussy nous caressait. Stravinski nous bat profondément. Je voudrais qu'on me parle. C'est la troisième manière de convaincre. Ô surprise ! Je dresse l'oreille ; une musique me parle. Une musique de tous les jours. Une musique qui ne m'énerve pas ou ne me torture pas ; non qui rampe, qui danse ou qui saute, mais qui *marche*. Erik Satie caché derrière ses binocles, derrière ses farces, derrière un pupitre de la Schola, guettait patiemment, délicatement son tour.

« Il faudrait créer un climat musical, où les personnages se promènent », avait-il dit jadis à Debussy en lui déconseillant de collaborer avec Catulle Mendès. Debussy avait commencé *Pelléas* et Satie renoncé à *La Princesse Maleine*. Dès les premières notes

140. Cocteau exagère son rôle : il n'est pas l'auteur du terme « impressionnisme musical ». Le terme « impressionnisme » est lancé par le critique d'art Louis Leroy dans un article du *Charivari* paru en avril 1874 pour dénigrer la façon de peindre de Claude Monet dans la toile exposée *Impression, soleil levant*. Le terme s'introduit ensuite en littérature, puis en musique. En 1887, le rapport de l'Académie de France à Rome sur l'envoi du pensionnaire Debussy qualifie le morceau symphonique *Le Printemps* d'« impressionnisme vague qui est un des plus dangereux ennemis de la vérité dans les œuvres d'art ». Dès lors, la date de 1887 est généralement retenue comme la première attestation de l'application du terme impressionnisme à la musique, mais encore et toujours avec une connotation péjorative. Pourtant, le critique musical belge Maurice Kufferath avait utilisé cette expression l'année précédente pour évoquer les mélodies de Franz Servais, mais cette fois dans un sens tout à fait positif : « [...] C'est son rêve qu'il [Servais] nous conte. Mais écoutez-bien, car les rêves ne se disent pas en la langue vulgaire de tous les jours. Cela n'aura ni logique, ni bon sens, et cependant cela charmera. On se demande s'il s'agit ici d'une composition savamment combinée ou d'une improvisation désordonnée. Ce n'est ni tout à fait l'un, ni tout à fait l'autre. [...] C'est de l'impressionnisme musical. » Voir M. K. [Maurice Kufferath], « Le concert de M. Franz Servais », *Le Guide musical*, n° 48, 2 décembre 1886, p. 343-344.

141. Dans *Général Lavine-Excentric*, sixième pièce des *Préludes* du second Cahier et *Minstrels*, douzième pièce des *Préludes* du premier Cahier, Debussy présente des rythmes syncopés inusités à l'époque qui témoignent de l'influence du jazz naissant.

de *Pelléas* il avait salué le chef-d'œuvre, il avait respecté le règne de son ami Claude, il s'était effacé, il avait attendu.

Chacun son tour. Fugue et contrepoint réapparaissent sous un costume neuf. Une profonde poésie leur donne un charme d'initiales enlacées. Un artiste renonce au sublime, à la figure dans les mains, tire exprès trop bas et, comme l'arme redresse, atteint toujours le but. Aux *Cathédrales englouties* et aux *Infantes défuntes*, s'opposent *Morceaux en forme de poire* et *Préludes flasques pour un chien*[142]. L'ironie de ces titres qui ne correspondent pas aux morceaux ne trompe plus personne. Ensuite vinrent *Parade, Socrate.*

Nos maîtres choisissent une grimace et l'accusent jusqu'à en avoir des rides. Satie débute sans cesse. Chaque nouvelle œuvre lui sera prétexte à découvrir de nouveaux matériaux et une façon inédite de les employer. Il ne peut donc exercer une influence de détail, mais une influence d'âme. La musique de nos jeunes ne ressemble pas à la sienne, mais son âme est autour d'eux et leur donne un exemple de liberté, de santé, incomparables.

Ce renouvellement, ces renoncements, ce luxe, font accuser un artiste de n'être pas sérieux. Un artiste sérieux est un artiste qui se répète. À ce compte Satie n'est pas sérieux. Sa méthode écarte la vieillesse. Il reste jeune entre les jeunes, et la petite classe l'admire chaque jour davantage. Le parti que j'ai tiré de sa leçon me valut une récompense à Genève. Les étudiants voulaient que l'Université m'invite. Le Comité Central refusa sous prétexte que je n'étais *pas sérieux*. Mais les étudiants savent ce qu'ils veulent. Ils m'invitèrent donc de leur propre initiative à Genève et à Lausanne et me firent une réception inoubliable.

Le programme de Genève comportait, outre la lecture d'un petit ouvrage : *Le Secret professionnel*, quelques notes sur nos jeunes musiciens[143]. Après quoi on exécutait de leurs œuvres. Le choix de ces œuvres pour piano et chant était peu représentatif. Les unes trop anciennes, les autres, exercices en marges de leur travail. Aussi me semble-t-il naturel qu'on distingue mal les rapports entre ma présentation et le concert.

Du reste, les meilleurs exemples eussent sans doute également déçu les auditeurs qui attendent que la nouveauté saute sur la tête. En effet, la plupart des musiques récentes valent par leur simple démarche, et par une économie qui déroute l'oreille habituée aux surcharges.

Composez-nous donc un programme idéal, me demande le critique. En voici un où aucune des œuvres ne se ressemble et où une même atmosphère les accorde toutes entre elles[144] :

142. Cocteau oppose les titres de pièces de Debussy (*Cathédrale engloutie*, morceau souvent mentionné au plusieur par Cocteau) et de Ravel (*Pavane pour une infante défunte*) à ceux de Satie (*Trois Morceaux en forme de poire*, *Préludes flasques pour un chien*). Voir note 406 du texte 50.

143. Cocteau donne deux conférences : la première au Théâtre de l'Athénée à Genève le 8 décembre 1921, la seconde à la salle du Conservatoire à Lausanne le lendemain. À Genève, il lit en effet des extraits du *Secret professionnel* dont la première édition chez Stock en 1922 est dédiée précisément aux étudiants de Genève et de Lausanne qui l'y ont invité. La conférence est suivie d'une audition d'œuvres du Groupe des Six interprétées par Renée Viollier (voix) et Félix Pommier (piano).

144. Remarquons que Cocteau omet de citer Louis Durey, qui a été remplacé par Satie.

Georges AURIC
Ouverture des *Mariés de la tour Eiffel*

Arthur HONEGGER
L'Homme et la Mer (Dit des jeux du monde) [145]

Darius MILHAUD
Études pour piano et orchestre [146].

Francis POULENC
Suite du *Gendarme Incompris.*

Germaine TAILLEFERRE
Quatuor à cordes [147].

Erik SATIE
Trois Petites Pièces montées.

Sur le programme de ce concert idéal on verrait quelques lignes significatives :

AURIC : Enfant prodige qui se développe sans la moindre monstruosité. Champagne sec. Les gens qui aiment le champagne doux font la grimace.

A. HONEGGER : Dans une mansarde le violoniste de Balestrieri [148] épaule son violon. Mais, ciel ! que joue-t-il ? De la bonne musique. Les esthètes navrés relèvent leur visage qui pendait jusqu'à terre.

MILHAUD : Ce jeune éléphant a des forces et des langueurs étonnantes. Il danse, il berce les enfants, il écrase les clôtures.

POULENC : Jeune chien qui joue avec les gants et saccage joyeusement les plates-bandes. Le matin il chasse les oiseaux. Le soir il lèche la main de son maître. Il s'amuse beaucoup malgré ses yeux, sa bouche toujours graves.

TAILLEFERRE : Une petite fille rapporte de la campagne ses devoirs de vacances. Ô miracle ! c'est la campagne qu'elle rapporte. Nous lui donnons vingt et elle aura un zéro de son professeur.

SATIE : Ayant à diriger son inspiration pour le premier acte de *Paul et Virginie**, Satie note en marge : « Premier acte en Seine-et-Oise. » Ainsi enlève-t-il tout exotisme, tout pittoresque et concentre-t-il son effort sur l'intérieur du drame. Je cite ce trait comme un des plus représentatifs de sa mesure.

Et maintenant je vous fais mes excuses. Je viens d'écrire sur la musique sans employer un seul terme de technicien. Prétendre qu'on ne peut parler musique si on

145. « L'Homme et la Mer », douzième des treize tableaux du *Dit des jeux du monde* de Honegger, est écrit pour flûte, trompette, bouteillophone, cymbales, grosse caisse et cordes.

146. Les *Cinq Études* pour piano et orchestre composées par Milhaud en 1920 sont créées par la pianiste Marcelle Meyer aux concerts Golschmann en mai 1921.

147. Le *Quatuor à cordes* de Tailleferre, intitulé à l'origine *Sonatine à cordes* avec seulement deux mouvements, est créé par Hélène Jourdan-Morhange (violon), Marguerite Lutz (violon), Fernande Capelle (alto) et Felix Delgrange (violoncelle) le 1er décembre 1917.

148. Tomaso Balestrieri (1720-vers 1790), luthier italien de Crémone qui s'établit à Mantoue en 1750. Il compte parmi les maîtres luthiers du XVIIIe siècle, à l'instar d'Antonio Stradivarius et de Pietro Guarneri. Ses violons et ses violoncelles sont de nos jours encore très appréciés.

ne connaît pas ses algèbres, c'est prétendre qu'on ne peut goûter la bonne chère sans savoir la cuisine, savoir la cuisine sans savoir la chimie, et ainsi de suite.

Il me serait facile d'écrire avec Milhaud et Honegger un article qui en imposerait aux musicographes, mais hélas ma pudeur consiste à dire des choses lourdes le plus légèrement possible.

L'homme, s'il se retourne vers lui-même, se voit, comme les planètes, un côté dans l'ombre. La poésie habite cette nuit du corps humain. C'est pourquoi il importe de ne plus obscurcir exprès les choses qui habitent notre lumière, et plongent déjà suffisamment de racines dans nos ténèbres.

*Prochaine œuvre de Satie sur un livret de R. Radiguet et de moi.

78

LE BŒUF SUR LE TOIT ET L'AMITIÉ FRANCO-BRÉSILIENNE *

On sait que Mme Rasimi a emmené en Amérique du Sud [149], une tournée qui a joué dans les principales capitales de là-bas, quatre revues excellemment interprétées et montées avec le goût qui caractérise la directrice du Ba-Ta-Clan.

À Buenos Aires, à Montevideo, ces revues, signées Roger Ferréol [150] et José de Bérys [151], ont fait acclamer l'esprit et les élégances de Paris par un public nombreux, dans les plus grands théâtres. Les recettes dépassaient tout ce qu'on avait connu jusqu'à ce jour. Le 5 août, la troupe de Mme Rasimi débutait à Rio de Janeiro. Succès triomphal ! Mais, à la grande surprise de notre compatriote, certains comptes rendus de presse marquaient une réserve, d'autres, une certaine animosité. Les uns et les autres faisaient un grief à la directrice du Ba-Ta-Clan, d'avoir monté la saison dernière, dans la revue *Ah ! Oui !* la fameuse farce de MM. Jean Cocteau et Darius Milhaud, *Le Bœuf sur le toit*, considérée par eux comme offensante pour le Brésil.

Justement émue, par ces commentaires, Mme Rasimi s'inquiéta, câbla en Europe, et obtint des témoignages éclatants en faveur de l'innocence de ses intentions et… de celles du *Bœuf sur le toit*, farce sans prétentions qui n'est injurieuse pour personne !

Le compositeur du *Bœuf*, M. Darius Milhaud, déclara qu'il n'avait jamais eu d'autre intention que d'interpréter *à la moderne*, des tangos brésiliens, qu'il aime beaucoup. De son côté, Jean Cocteau, auteur du livret, écrivit spontanément à l'administrateur de Ba-Ta-Clan, la lettre suivante :

* [signé L.H.], « *Le Bœuf sur le toit* et l'amitié franco-brésilienne [avec une lettre de Cocteau] », *Comœdia*, n° 3539, 24 août 1922

149. À partir de 1919, Bénédicte Rasimi profite de la saison morte parisienne pour faire connaître les revues du Bataclan à l'étranger. Durant sa tournée en Amérique latine, elle y présente, entre autres, *Le Bœuf sur le toit.*

150. Roger Ferréol (1880-1959), comédien et chansonnier, est l'auteur de nombreuses revues et opérettes à succès. Homme de théâtre, il dirige notamment le Théâtre des deux ânes en 1922 et le Théâtre des Dix heures en 1925.

151. José de Bérys, pseudonyme de Joseph Bloch (1883-1957), écrivain prolifique de romans et de pièces de théâtres. Il monte plusieurs revues au Bataclan, au Théâtre des deux ânes, au Théâtre du grand guignol, etc.

Monsieur,

Je suis à la campagne et ne vois aucun journal, et ne connais le scandale de Rio que par vos dépêches. J'ai beaucoup de peine à comprendre comment un ouvrage qui ne concerne en rien le Brésil, sauf par son caractère « musical », peut indigner les Brésiliens ! Mon avant-propos des premières représentations avenue Montaigne (1920) expliquait le but purement chorégraphique de mes recherches et la complète fantaisie de leur américanisme. Je n'ai jamais été en Amérique et je n'ai cherché les modèles du monument agrandi et ralenti des personnages que chez nous.

Je ne répondrais même pas, si vos quatre télégrammes ne me prouvaient que mon silence peut desservir Mme Rasimi, digne de tous les éloges et de toutes les aides.

Lorsque Mme Rasimi nous demanda de lui confier *Le Bœuf*, elle ne le connaissait que de réputation, elle ne mérite donc aucun reproche, même injuste.

Croyez, cher Monsieur, etc.

Jean Cocteau

Depuis, le calme s'est fait dans les esprits de nos amis brésiliens, un instant surexcités ; ils ont compris que Mme Rasimi qui n'est qu'une artiste n'aspire qu'à créer de la beauté, et ne songe pas à faire de la politique. Ils ont acclamé ses spectacles et la vaillante troupe parisienne reviendra couverte de lauriers dont rien ne ternira l'éclat.

L.H. [152]

79

THE COMIC SPIRIT IN MODERN ART *
A NOTE ON THE PROFOUND REALISM OF EXAGGERATION AND CARICATURE

From the seaside, where I have come for a rest, Igor Stravinski's last adventure presents itself with a simplicity and relief which makes it easily comprehensible at once.

The critics and the Parisian public, having grown accustomed to *L'Oiseau de Feu*, received *Petruchka* very badly when it first appeared ; then, when they had got accustomed to *Petruchka*, they hissed *Le Sacre du Printemps*. Today, accustomed to *Le Sacre*, they are sulky about *Mavra*.

Stravinski has indeed, a well-planted mind. I mean by that, well-planted as well-brushed hair is well planted – with just the right amount of hair on each side of the part. There is no disorder in this Slavic genius. He sounds his organs, takes care of his muscles and never loses his head. He knows that an artist who spends his whole life in the same costume ceases to interest us. Consequently he transforms himself, changes

152. Journaliste non identifié.

* « The Comic Spirit in Modern Art », *Vanity Fair*, n° 1, septembre 1922, p. 66 et 102, accompagné d'un dessin de la main de Cocteau représentant Satie assis de profil dans un fauteuil. La première partie de cet article est reprise dans Merle Armitage (dir.), *Igor Stravinski* (New York, Schirmer, 1936, s. p.) et dans Edwin Corle (dir.), *Igor Stravinski* (New York, Duell, Sloan and Pearce, 1949, p. 21-24). Version choisie : celle, intégrale, du périodique. Nous ne connaissons aucune version française de ce texte. La luxueuse revue *Vanity Fair* a pour propriétaire Condé Nast et pour directeur Frank Crowninshield. Malgré son apparence très glamour américain, elle accorde beaucoup d'attention à l'avant-garde artistique française.

his skin and emerges new in the sun, unrecognizable by those who judge a work of art by its outside.

After *L'Oiseau de Feu*, in which one felt the influences of Rimsky and Wagner, came the mysterious, picturesque, highly coloured, profoundly disturbing *Petruchka*. After *Petruchka* came *Le Sacre du Printemps*, which shot up in the orchestra before our very eyes like a tree in one of those moving picture films that shows plants growing at such a terrific rate. *Le Sacre* is harsh, sad, stark, stubborn, like the beginning of the ages. But just as Bayreuth established a sort of extra-musical religious atmosphere, which brought to earth the reign of the paste-board sublime, just so does *Le Sacre* by its grandeur and its power bring a sort of simplicity among the initiated – quite different from the other, to be sure, but also dangerous for young musicians. However, a work like *Le Sacre*, a really monster work, is always dangerous. Dangerous for others and dangerous for the author. A disorderly genius, with a badly planted intelligence, happening to give birth to such a work, would be likely to stop there, to make capital of it his whole life, as if it were a gold mine.

See how Stravinski escapes from this situation. I have not heard *Mavra* but I get a very good idea of it from reading the unfavorable criticisms. A composition by Stravinski never gives the critics what they expect of it. What do they expect? A work which resembles the one before it or perhaps something so vague, so mediocre, that a great man would never be able to produce it. On this occasion, the *Noces* would perhaps have cajoled them, for the *Noces*, which precedes *Mavra* and *Renard* (another misunderstood and perfect work) is descended in a straight line from *Petruchka* and *Le Sacre*. But choral difficulties have transposed the chronological order of productions, and we shall hear the *Noces* later.

Our brave post-impressionists, who have already been disturbed by *Le Sacre* in the midst of their sonorous little musicale, on this occasion virtuously refused to allow themselves to be led into a resort of ill-fame, that is to say, into our camp. Think of it! Stravinski bringing the homage of his supreme contribution to the endeavors of Satie and our young musicians. Stravinski the traitor. Stravinski the deserter. It would never occur to any of them to think : Stravinski the Fountain of Jouvence [a]. For, no one ever gives the masters credit. It would be simple to say to one's self : "He is stronger than I. His instinct is surer. He must be right. It would be wise to follow him ! " No. Everybody thinks : "He is mistaken and I – clever fellow – am the only person who knows it." This downpour of drivel, of lava and ashes, is, however, a good thing for a work. Thus the critics think to destroy it but they only cover it up, they protect it and preserve it, and a long time afterwards an excavation brings the marble to light, intact.

Overleaping the Fashion

This is precisely what has happened to me, with my last book of poems : *Vocabulaire*. With each of my books I move, I change my skin. In this case, I wanted to express myself with a strict avoidance of " modernism " and all its grimaces, which the naïfs take for novelty. Now that our younger generation is walking in the footprints of writers who have been misunderstood and rejected in their period (Rimbaud, Lautréamont, Mallarmé), it is only natural that novelty should be misunderstood and rejected by young men who believe that they are making innovations when they are only conserving old anarchies.

In *Vocabulaire*, I have tried to avoid the fancy and the obscure. I simply draw. That is what the younger generation and the critics do not understand. They can see nothing but a retreat in this boldness which overleaps the fashion.

So I come to the title of this article : *The Comic Spirit in Modern Art.*

Here again a grave misunderstanding presents itself. There is comedy and comedy. Premeditated comedy and involuntary comedy. In a Chinese play the heroine becomes jealous and her terrible scene with her husband makes her so sick that she vomits. Be sure that the Chinese public does not find this scene funny but weeps over it. If it were played in France, it would disgust people or make them laugh. So it happens that certain abbreviations, certain poetic brutalities, certain powerful reliefs, excite laughter in an audience which is accustomed to the banalities of the contemporary theatre. The laziness of the public has gradually become so great that in order not to shock it, it has become customary to put on the stage real arm chairs, real doors, real costumes and real sentiments without changing their shapes or magnifying them at all, in the interest of special optical requirement which makes it necessary for the actors to put on make up and raise their voices. So imagine the wild laughter which greets any attempt to treat synthetically a setting or a dialogue.

Now just at present the poetic theatre, far from being poetry *of* the theatre is simply poetry *in* the theatre – which amounts to attempting to show a very delicate lace from a great distance and demanding that the eye should perceive its finest threads. In *Les Mariés de la tour Eiffel* I wanted to produce poetry *of* the theatre. That is to say to image the action and to remove images from the text ; to accompany this action more real than the real (and in this sense unreal) – with the simplest words and with the commonplaces which everybody has in his ears, as everybody has ordinary objects or the Venus de Milo in his eyes.

In *Vanity Fair*, Mr. Edmund Wilson, Jr., in the course of an extremely kind article on my dramatic works described them as being akin in spirit to Anglo-Saxon nonsense. It seems to me that he is mistaken, unless it is nonsense which imbues our smallest acts, the life of every day. The idea of nonsense occurs to him because he finds in my compositions, in which dialogue, choreography, music and settings all work together, an atmosphere of the absurd which is really produced by magnifying reality, by *putting it on stilts*. This realism – inordinate, selective, disorganized and reorganized, as it is – is for me the only one which counts. It is the realism of Shakespeare of Molière. Shall I dare to add that it is the realism of the great, of the tender Charlie Chaplin ? (I hope that this phrase may reach him and bring him the homage of our whole generation).

Taming the Public

Furthermore, I admit that in order that certain innovations may see the light at all, may neither terrify nor ruin the producer, they should be presented in a form which deceives the public, which tames it and makes it absorb the comforting drug, as it were, without knowing it. At the very moment when I am risking my most difficult feat, I am careful to amuse it, to throw it sugar. The same amount of relief which the public is willing to bear in buffoonery (that is, when buffoonery is used as a pretext) they would reject in serious drama. Since there would be no reason for them to laugh, their laughter would disturb the performance, would fatally interfere with it. In *Les Mariés* even more than in *Le Bœuf sur le Toit* or in *Parade, I am working under cover of this laughter*. In the same way, Charlie Chaplin, *protected* by his comic falls and accepted for their sake by our great public, is able to arouse in a few of his spectators an emotion comparable to that which one gets from Heinrich Heine.

It will take years and years and many victims to duty before it will be possible to vanquish the contemporary banalities – among others, the theatre of the boulevard, that veritable old photograph album, whose pages the yawning public turn over backward and forward and of which, none the less, it is beginning to tire without being aware of it. For our efforts are not blows in the void. Already there is a theatre taking shape – born of the music hall, the cinema, the circus, and the ballet – which, without filling up for the public the void that they feel about them, does not fail to make them conscious of it by rendering even more insipid than before the taste of the *panem et circenses* which fifth rate bakers and crapulous producers cook for them and offer them.

The False Humour of the New

People are deceived by this false humour also when they come for the first time to our poetry or our music. In 1900 *Pelléas* was *comic*. Open the dictionary and you will see that Rimbaud is a *"fantaisiste"*. Baudelaire answers this reproach of *"fantaisie"* very well by saying that all poetry is *"poésie fantaisiste"* because *"fantaisie"* is precisely each poet's peculiar way of feeling and seeing things. Every audacity in the arts (and every period has its own – contrary to the opinion of the naïfs who are vastly impressed by our *"modernism"* – an absolutely meaningless word), every audacity in the arts establishes between itself and the habitual manner of feeling of the time a displacement of equilibrium which excites laughter, exactly as a lady who falls down as she is getting off a street car excites laughter. Now a fall of this kind is not funny in itself. A new combination of rhythms and notes by a musician is for the audience only discord and charivari awakening the old laughter of college days. This false humour makes the critic conclude that the work in question is a humorous work which is a great failure as a piece of humour. " That's not funny ", they say. Of course it isn't funny. Because even if it is a question of humour, the humour is only a colour which is spread upon volume. The volume has no part in it. Thus I see Oedipus, Iphigenia or Macbeth in the relief, the *volume* of certain scenes in *Les Mariés* – where the public can see only nonsense and broad humour.

Why deceive the public? you ask me perhaps. For the sake of politeness and in order to be left in peace. They are amused, they pay for their seats and they applaud – that's the principle thing. It makes it possible for me to work as I please, and, I repeat, to tame them at the same time for more overt feats of audacity. Nothing is more difficult than to make certain people understand that there exists a world between caricature and, for example, the style of a Derain. All the strokes by which this painter asserts himself, corrects the objects he paints in his own image and makes the human face obey his own rhythm, seem caricatural to the public, who have long been accustomed to see figures, objects and landscapes either in the light of mediocre works of art or in the light of fine works of art in which they are impressed only by the mediocre aspect involved in every production.

The painter is a critic of nature. Now the criticism of M. X neither interests nor instructs us. Why should we listen to M. X.? The only criticism which has any value is that which is made by an artist whom we love, because, it constitutes another means of bringing him into relief to our eyes. The work which is criticized becomes nothing more than a pretext. It is the same as in the case of one of Derain's models. It is not the bottle, the napkin, the Italian lady, the tree which interests us, but the way in which Derain judges them and corrects them. Let us consider them as a foundation, a point of departure, a springboard, which concerns us no more than an audience is concerned with what goes on behind the scenes – and so let us forget them. Then, as soon as the picture stands alone, well detached from the ties which bound it to that which first gave rise to it, the rupture between nature and art no longer exists and the desire to laugh ceases.

I have seen people laughing less before the cubist canvasses of Picasso than before the paintings of Derain. In fact the work of Picasso, with all ties apparently cut between its model and itself, reached an altitude which prevented the eye from establishing any connection. The public did not laugh any more than in the presence of a carpet or a stained glass window. And yet what a difference between decorative work and work like this, whose persuasive force comes precisely from the fact that it extends a thousand deep roots down into reality, that it deceives the eye like those optical illusions which produce such striking effects of perspective.

If you should tell the spectator that this combination of strokes and lines represented a piece of still life or a seated woman, you would immediately produce the rupture, the fall and the laughter.

This subject deserves a long study enriched with details and examples. Alas I must confine myself here to the bare outline permitted by the limits of this article.

For the article or the study alike the conclusion would be the same. In *Le Coq et l'Arlequin* I wrote : " The laugher of the crowd does not prove that a given work is a masterpiece but a masterpiece always excites the laughter of the crowd. " The crowd laughs because it sees art perched suddenly on an altitude which we others see it reach little by little. It is the mechanism of laughter that Bergson describes. The critics are annoyed because their habits are disturbed and the artists because the rules have been changed in the game which they know so well how to play… and how to cheat in.

This tendency on the part of the public and the critic to see humour where there is none makes them tolerate more indulgently the unaccustomed methods of the new style. In fact, since they are looking only for farce and a way of amusing themselves, they find them in greater abundance among writers or musicians who take only the *tics* of a new physiognomy and transform its expression into a grimace. Even a fine intelligence like Mr. Matthew Josephson is deceived in this way, and takes the monkey who cuts his own throat for the barber.

Let no one suppose from this article that I am contemptuous of farce. Farce is an excellent genre. In it characters drawn in profile are clearly and sharply presented. But one must not confuse that which is *intended* to provoke laughter with that which provokes laughter by mistake.

Variante

a. Leçon du texte en 1949 : « Fountain of Youth ».

44. « Satie 1916 », 1918, collection privée.

[*Retraduction en français de la version américaine*[153] :]

L'ESPRIT COMIQUE DANS L'ART MODERNE

UNE NOTE SUR LE RÉALISME INHÉRENT À L'EXAGÉRATION ET À LA CARICATURE

Depuis le bord de mer où je suis venu prendre quelque repos[154], la dernière mésaventure d'Igor Stravinski se présente si simplement et si nettement qu'on se l'explique aussitôt.

La critique et le public parisien, habitués à *L'Oiseau de Feu*, ont très mal accueilli *Pétrouchka*[155] lors de sa création ; puis, quand ils se sont accoutumés à *Pétrouchka*, ils ont sifflé *Le Sacre du Printemps*. Aujourd'hui, habitués au *Sacre*, ils boudent *Mavra*[156].

---

153. Traduction par nos soins.

154. D'après les *Lettres à sa mère*, Cocteau rédige cet article lors d'un séjour estival au Lavandou vers la mi-juillet 1922. Voir *LM II*, p. 148 et 155.

155. *L'Oiseau de feu* est le premier ballet de Stravinski monté par les Ballets russes. À sa création à l'Opéra de Paris le 25 juin 1910, il remporte un vif succès. Figurant au programme de la saison suivante, *Pétrouchka* est créé au Théâtre du Chatelet le 13 juin 1911. Michel Fokine signe la chorégraphie de ces deux ballets.

156. *Mavra* de Stravinski clôture la saison des Ballets russes de l'année 1922. Cet opéra bouffe en un acte, sur un livret de Boris Kochno d'après Pouchkine, est créé dans la salle de bal de l'Hôtel

moindres actes, notre vie quotidienne. L'idée de non-sens lui vient parce qu'il trouve dans mes compositions, dans lesquelles le dialogue, la chorégraphie, la musique et les décors travaillent de concert, une atmosphère de l'absurde, qui est vraiment engendrée en magnifiant la réalité, en la *plaçant sur des échasses*. Ce réalisme – sans ordre, sélectif, désorganisé et réorganisé, tel qu'il est, — est pour moi le seul qui vaille. C'est le réalisme de Shakespeare ou de Molière. Oserais-je ajouter que c'est le réalisme du grand, du tendre Charlie Chaplin? (J'espère que cette phrase lui parviendra et lui apportera l'hommage de notre génération tout entière).

Apprivoiser le public

De plus, j'admets que, pour qu'elles puissent voir le jour, sans terrifier, ni ruiner le producteur, certaines innovations devraient être présentées sous une forme qui trompe le public et le conduit à les absorber comme une drogue apaisante, si ça se trouve, sans même le savoir. Au moment même où j'ose ma prouesse la plus difficile, je prends soin d'amuser mon public, de lui lancer du sucre. Le même degré de mise en relief, que le public est prêt à tolérer dans une bouffonnerie (c'est-à-dire quand la bouffonnerie n'est qu'un prétexte), il le rejettera par contre dans un drame sérieux. Comme, pour lui, il n'y aurait aucune raison de rire, ses rires perturberaient la séance, interférant fatalement avec elle. Dans *Les Mariés*, et plus encore que dans *Le Bœuf sur le toit* ou dans *Parade, je travaille sous le couvert de ce rire*. Dans la même veine, Charlie Chaplin, *protégé* par ses chutes, à la fois comiques et acceptées comme telles par notre grand public, est capable d'engendrer chez quelques-uns des spectateurs une émotion comparable à celle que provoque Heinrich Heine.

Cela prendra des années et des années de labeur avant qu'il ne soit possible de vaincre les banalités contemporaines – parmi d'autres, le théâtre de boulevard, cet authentique album de vieilles photographies, dont le public, en baillant, tourne les pages dans les deux sens, et dont il se fatigue néanmoins, sans même en être conscient. Nos efforts ne sont pas en effet des coups d'épée dans l'eau. Déjà, un théâtre prend forme – issu du music-hall, du cinéma, du cirque et du ballet – qui, bien qu'il ne comble pas, aux yeux du public, le vide qu'il éprouve en soi, ne laisse pas de le lui révéler, car il lui rend encore plus insipide qu'avant le goût du *panem et circences [du pain et des jeux]*, que des boulangers médiocres et des producteurs crapuleux leur ont concocté et leur offrent.

Le faux humour de la nouveauté

Les gens sont également trompés par ce faux humour lorsqu'ils entrent en contact pour la première fois avec notre poésie ou notre musique. En 1900, *Pelléas* était *comique*. Ouvrez votre dictionnaire et vous verrez que Rimbaud est qualifié de « *fantaisiste* » [159].

des *Mariés de la tour Eiffel* et du *Bœuf sur le toit* dans un article intitulé : « The Ballets of Jean Cocteau : The Theatrical Innovations of the 'Enfant Terrible' of French Art » (*Vanity Fair*, March 1922, p. 48 et 94).

159. Nous n'avons pas découvert de dictionnaire où Arthur Rimbaud est défini comme « fantaisiste ». Par contre, Steve Murphy, que nous avons consulté à ce sujet, estime que Rimbaud s'inscrit dans une grande tradition au XIXe siècle d'écritures capricieuses dans la lignée de Théodore de Banville. Or, comme le souligne Murphy, même si Banville emploie le terme « fantaisiste » dans la préface de ses *Odes funambulesques* pour souligner l'aspect politiquement inoffensif du volume, Rimbaud se départit de son

Baudelaire répond habilement à ce reproche de « *fantaisie* »[160] en disant que toute poésie est de la « *poésie fantaisiste* », parce que, précisément, la « *fantaisie* » reflète la manière propre à chaque poète de ressentir et de voir les choses. Dans les arts, chaque audace (et chaque époque a ses propres audaces – contrairement à l'opinion des naïfs, extrêmement impressionnés par notre « *modernisme* » – terme absolument vide de sens) –, chaque audace y établit, entre elle-même et la manière habituelle de percevoir l'époque, un déplacement d'équilibre qui suscite le rire, exactement comme lorsqu'une dame qui s'étale par terre en descendant du tramway fait rire. Or une chute de ce genre n'est pas amusante en elle-même. Quand un musicien propose une nouvelle combinaison de rythmes et de notes, le public les ressent comme de la discordance et du charivari qui réveillent d'anciens rires de collégiens. Ce faux humour fait dire à la critique que l'opus en question est une pièce humoristique ratée en tant que telle. « Ce n'est pas comique », disent-ils. Certes, ce n'est pas comique. Parce que, même s'il s'agit d'humour, l'humour n'est que de la peinture dont on a recouvert un objet. Le volume de l'objet n'y est pour rien. C'est ainsi que je vois Œdipe, Iphigénie ou Macbeth en relief, ou le *volume* propre de certaines scènes dans *Les Mariés* – là où le public ne peut voir que non-sens et humour facile.

Pourquoi donc tromper le public, me demanderez-vous peut-être ? Par politesse et pour qu'on me laisse tranquille. Ils se sont amusés, ils paient leur place et ils applaudissent – c'est la chose essentielle. Cela me permet à la fois de travailler comme il me plaît, et, je le répète, de les apprivoiser à plus de véritables prouesses. Rien n'est plus difficile que de faire comprendre à certaines personnes qu'il existe un monde entre la caricature et, par exemple, le style d'un Derain[161]. Toutes les touches par lesquelles le peintre s'affirme, corrige les objets qu'il peint selon sa propre image et communique au visage humain ses propres pulsions, semblent caricaturales aux yeux du public, qui est habitué de longue date à voir des formes, des objets et des paysages, soit à la lumière d'œuvres d'art médiocres, soit à la lumière d'œuvres d'art raffinées qui ne les impressionnent que par l'aspect médiocre que comporte toute production.

Le peintre est un critique de la nature. Dès lors, la critique de M. X ne nous intéresse pas et ne nous apprend rien non plus. Pourquoi devrions-nous écouter M. X. ? La seule critique qui ait la moindre valeur est celle d'un artiste que nous aimons, parce qu'elle constitue un autre moyen de nous le rendre présent en une vision en relief. L'œuvre critiquée ne devient rien d'autre qu'un prétexte. Il en va de même dans le cas de l'un des modèles de Derain. Ce n'est pas la bouteille, la serviette de table, la dame italienne ou l'arbre qui nous intéresse, mais la manière dont Derain les juge et les modifie.

aîné en dotant ses textes qu'il qualifie de « fantaisies », à savoir « Ma Bohême » et « Rêve de Bismarck », d'une portée politique et / ou obscène.

160. Michel Décaudin constate au milieu du XIXe siècle l'usage croissant du mot « fantaisie » dans le domaine de la théorie esthétique, notamment chez Baudelaire. Le poète-critique emploie cette notion dans ses *Salons* pour désigner une catégorie d'œuvres d'art où la recherche de la singularité, le recours au merveilleux et au fantastique dominent. Voir Décaudin, « "Fantaisie" chez Rimbaud », dans *Minute d'éveil. Rimbaud maintenant*, Paris, Sedes, 1984, p. 115-119.

161. Le peintre André Derain (1880-1954) est l'un des représentants majeurs du fauvisme. Dans l'un de ses articles de « Carte blanche », Cocteau le considère également comme l'un des précurseurs du cubisme, voire souligne la « parenté » de son art avec celui de Braque et de Picasso. Voir « Carte Blanche. VI », dans *Paris-Midi*, n° 2968, 5 mai 1919 ; texte repris avec des variantes dans *RO*, p. 95-96.

Considérons-les comme une base, un point de départ, un tremplin, qui ne nous concerne pas plus qu'un public n'est concerné par ce qui se passe derrière la scène – et, par conséquent, oublions-les. Alors, dès qu'une image s'isole, bien libérée des entraves qui la relient à ce qui lui a d'abord donné naissance, la rupture entre la nature et l'art n'existe plus et l'envie de rire disparaît.

J'ai vu des personnes rire moins fort devant les toiles de Picasso que face à des peintures de Derain. En fait, l'œuvre de Picasso, avec toutes les liaisons apparemment rompues entre elle et son modèle, a atteint une altitude qui empêche l'œil d'établir la moindre correspondance. Le public ne riait pas plus qu'en présence d'un tapis ou d'une fenêtre au verre étamé. Et pourtant, quelle différence n'y a-t-il pas entre une œuvre décorative et un travail comme celui-ci, dont la force persuasive provient précisément du fait qu'il étend mille racines au plus profond de la réalité, qu'il trompe l'œil, à la manière de ces illusions d'optique qui produisent de si frappants effets de perspective ?

Si vous disiez au spectateur que cette combinaison de coups de pinceau et de lignes représente un morceau de nature morte ou une femme assise, vous déclencheriez immédiatement la rupture, la chute et l'éclat de rire.

Ce sujet mériterait une longue étude, enrichie de détails et d'exemples. Hélas, je dois ici me borner à la simple esquisse que les limites de cet article m'autorisent.

Tant pour l'article que pour l'étude, la conclusion serait la même. Dans *Le Coq et l'Arlequin*, j'écrivais : « Ce qui excite le rire de foule n'est pas fatalement beau ni neuf, mais ce qui est beau et neuf excite fatalement le rire de foule. » Le peuple rit parce qu'il voit soudain un art perché à une altitude que, nous autres, nous le voyons atteindre petit à petit. C'est le mécanisme du rire que décrit Bergson [162]. On agace à la fois les critiques, parce qu'on bouscule leurs habitudes, et les artistes, parce qu'on a changé les règles du jeu suivant lesquelles ils savaient si bien jouer… et tricher.

Cette tendance du public et de la critique à voir de l'humour là où il n'y en a aucun leur fait accepter avec plus d'indulgence les méthodes inhabituelles du style nouveau. En fait, puisqu'ils ne cherchent que la farce et une manière de s'amuser eux-mêmes, ils les trouvent en grande abondance parmi les écrivains et les musiciens qui ne saisissent que les tics d'une nouvelle physionomie, et transforment l'expression de celle-ci en grimace. Même une fine intelligence comme M. Matthew Josephson [163] se fourvoie dans cette direction, et prend le singe qui se coupe lui-même la gorge pour le barbier.

Que personne n'imagine, à la lecture de cet article, que je méprise la farce ! La farce est un genre excellent. Dans celui-ci, les personnages esquissés en silhouettes sont clairement et finement présentés. Mais on ne doit pas confondre ce qui provoque intentionnellement le rire avec ce qui déclenche l'hilarité par erreur.

---

162. Henri Bergson, *Le Rire. Essai sur la signification du comique*, Paris, F. Alcan, 1900.

163. Matthew Josephson (1899-1978), journaliste américain vivant à Paris dans les années 1920 et travaillant pour divers périodiques, comme *The New Yorker* et le *Saturday Evening Post*.

80

ET STRAVINSKI PAR M. COCTEAU *

En réponse à l'enquête menée par la Revue hebdomadaire *(4 novembre) sur les « Maîtres de la Jeune Littérature », M. Cocteau, insistant sur ses « préoccupations d'ordre musical », décide* :

Stravinski n'est pas seulement génial, il possède une intelligence bien plantée. J'entends bien plantée comme les cheveux qui forment sur le front un nombre de pointes réglementaires. À chacune de ses œuvres, critiques, public et artistes, péniblement parvenus à l'œuvre précédente, se révoltent. Avec *Mavra*, Stravinski apporte sa contribution souveraine à l'effort de Satie et de nos jeunes compositeurs, il vient de chez nous. Les pauvres post-impressionnistes entraînés jadis par *Le Sacre du printemps* refusent de le suivre en si mauvais lieu. Ainsi Stravinski chasse-t-il les mouches. Un génie en désordre ayant accouché par chance d'une œuvre comme *Le Sacre*, l'exploiterait comme une mine, ne sortirait plus des pattes du monstre.

81

PETITS SOUVENIRS DE THÉÂTRE **

Ce qui est terrible, c'est d'avoir déjà les souvenirs de théâtre qu'on me demande. Mais rassurez-vous. Je ne saurais rapporter les mots de comédiens, puisque j'enferme presque toujours mes interprètes dans des masques et des carcasses qui m'empêchent de correspondre avec eux. Je donne donc mes ordres, comme un capitaine de sous-marin, à des scaphandriers.

Les souvenirs de théâtre qui me frappent le plus sont des souvenirs de scandales. Par exemple, je verrai toujours l'entracte de *Parade* au Châtelet. Les scandales aussi progressent. Le scandale de *Parade* était plus terrible que celui du *Sacre du printemps*, et j'imagine que le scandale d'*Hernani* devait être une bien petite chose. Demain on emploiera les explosifs.

Guillaume Apollinaire avait eu l'extrême gentillesse de préfacer *Parade* dans le programme. Il lança par le titre de cette notice le terme « Esprit nouveau » [164] qui devait connaître une si grande vogue. Apollinaire fit encore mieux. Grâce à son uniforme et à sa blessure qui l'obligeait à porter sur la tête une sorte de diadème en cuir, il me sauva d'un danger ridicule. Nous quittions les coulisses ensemble, après la pièce que le public venait de jouer dans la salle, et nous nous apprêtions à rejoindre la loge où nous

* « Et Stravinski par M. Cocteau », *La Revue musicale*, n° 2, 1er décembre 1922, p. 190.

** « Petits souvenirs de théâtre », *Der Querschnitt*, Weichnachtsheft [cahier de Noël] 1922, 2e année, p. 221-222. Sans doute Cocteau écrit-il dans cette revue allemande d'avant-garde qui vient d'être créée par le galeriste Alfred Flechtheim, pour rappeler la tournée des Ballets suédois qui venait d'avoir lieu au premier semestre de l'année 1922 et qui les avait conduits de Berlin (2 février), à Vienne (9 mars), à Budapest (23 mars) et à nouveau à Berlin (1er avril), avant de rejoindre également Cologne, Düsseldorf et Hambourg. Figuraient au programme les ballets de la première saison, dont *Les Mariés de la tour Eiffel*.

164. Voir note 161 du texte 27.

attendait Picasso, lorsqu'une chanteuse, Mme M..., véritable Gorgone, me reconnut, s'écria : « En voilà un ! » (un des auteurs), ameuta la foule et menaçait de me crever les yeux avec son épingle à chapeau, si Apollinaire ne se fût interposé et si le mari de la folle ne l'eût tirée par ses jupes. Le pauvre me lançait un regard complice qui signifiait : « Elles sont irresponsables. »

Pendant ce même entracte nous entendîmes, Picasso, Satie et moi, une parole fraîche, capable de nous rendre nos forces si jamais nous eussions faibli. Mais le scandale ne nous enorgueillissait ni ne nous abattait le moins du monde. Un monsieur disait à un autre : « Si j'avais su que c'était si bête, j'aurais amené les enfants. » Ce monsieur de l'orchestre nous donnait la plus secrète flatterie.

Un soir, en sortant du théâtre de Jacques Hébertot [165], après *Les Mariés de la tour Eiffel*, Raymond Radiguet entendit une dame dire à sa compagne : « Ma chère, comment vous demander pardon de cette soirée ? » et la compagne, fort polie, répondre : « Laissez donc ; ne vous troublez pas. On est toujours content de voir jusqu'où peut aller la bêtise humaine. » Certes.

Un autre soir, j'avais couru dans une loge amie pour assister à un changement de la scène finale des *Mariés* (ce qui m'arrive rarement, car je surveille toujours mes spectacles comme si c'était la première représentation, surveillance que les directeurs prennent pour une fièvre de novice). Après la pièce, un ami m'ayant nommé trop haut, une jeune femme très élégante et très jolie qui mettait sa fourrure dans la loge voisine, se pencha jusque dans la nôtre pour me siffler au visage. Une colère charmante l'étouffait, l'empêchait de siffler et ne lui laissait que répandre des larmes. Je fus obligé de la calmer et de lui dire qu'il ne fallait sous aucun prétexte se mettre dans des états pareils.

Je rapporte par ailleurs l'anecdote si drôle d'une spectatrice qui se plaignait que les *Mariés* passassent mal la rampe. Or, comme le grief naturel était qu'ils la passaient trop, à cause des masques, des costumes et des mégaphones, je lui demandai ses raisons. « C'est que, répondit-elle, j'aime tellement le plafond de Maurice Denis qui orne le théâtre, que je prends toujours les places les plus hautes, cela m'empêche de bien voir et de bien entendre ce qui se passe sur la scène. »

Anecdotes innombrables et qui évoquent certaines légendes de Gavarni [166].

Je saute les histoires classiques. Par exemple, la concierge du théâtre des Champs-Élysées, où *Quo vadis* [167] et *Le Bœuf sur le Toit* se jouaient aux deux étages, et à qui je me plaignais d'un vol de chaussures, criant : « Ce sont toujours ces voyous de chrétiens qui emportent ce qu'ils trouvent. »

---

165. Jacques Hébertot (1886-1970), journaliste et écrivain défenseur de l'avant garde artistique, devient l'impresario des premières représentations en solo du danseur Jean Börlin à Paris en mars 1920. Ces trois soirées remportent un véritable succès et constituent les prémices des Ballets suédois. Hébertot installe alors en août 1920 la nouvelle troupe au Théâtre des Champs-Élysées, qu'il dirige pendant quatre ans en y organisant des événements artistiques de premier plan.

166. Paul Gavarni, pseudonyme de Sulpice Guillaume Chevalier (1804-1866), illustrateur et caricaturiste connu pour ses dessins percutants de la vie parisienne.

167. *Quo vadis ?*, roman du Polonais Henryk Sienkiewicz, dont la traduction française est publiée dans *La Revue blanche* en 1896. La première adaptation théâtrale française est réalisée par Émile Moreau au Théâtre de la Porte-Saint-Martin en mars 1901, bien avant que son auteur ne remporte le prix Nobel de littérature en 1906. Cet ouvrage évoque, rappelons-le, la persécution des chrétiens sous Néron.

Aussi la belle histoire des chrétiens qui, disait le dompteur, « effrayent les lions et les empêchent de rugir ».

Je finirai sur un trait de Mme Rasimi, directrice du Ba-Ta-Clan, trait qui peint mieux les couples enlacés, extasiés, que n'importe quel tableau de genre. Comme je lui demandais pourquoi son public applaudissait assez peu des scènes de revue qui se donnent trois cents fois de suite, elle me répondit : « C'est parce qu'il n'a pas les mains libres. »

82

[Réponse à Marnold] *

M. Marnold, critique du *Mercure* [168], me reproche de ne parler que par métaphores de la musique. C'est pour moi le seul langage possible. Aidé par les musiciens, je pourrais éblouir les lecteurs crédules. Mais outre que les musiciens tiennent les articles de techniciens pour incompréhensibles, je ne suis pas technicien et cherche avant tout à me faire bien comprendre.

« On ne peut aimer une musique, me disait M. Marnold, sans savoir à fond le contrepoint et l'harmonie. » C'est prétendre qu'on ne peut jouir d'un arbre sans connaître la nature de ses fibres, d'un plat sans être cuisinier. Voilà notre terrain de dispute avec un homme bien sympathique, puisqu'il n'hésite pas à défendre les jeunes.

Mais s'il est néfaste que l'art s'imagine trouver des ressources dans la science, [...]

83

À propos d'*Antigone* ** [169]

Il fallait copier un chef-d'œuvre et retrouver avec un simple trait noir la puissance du détail et des couleurs.

La vitesse qui étonne et qu'on m'impute se trouve dans Sophocle mais notre vitesse n'est pas la vitesse de jadis. Ce qui semblait court à une époque attentive et calme paraît interminable à notre trépidation. C'est pourquoi je déblaye, je concentre et j'ôte à un drame immortel la matière morte qui recouvre sa matière vivante.

---

* « [Sans titre] », extrait de l'ouvrage *Le Secret professionnel*, Paris, Stock, 1922, p. 70-71 ; ces deux paragraphes ne figurent pas toutefois dans la réédition de l'ouvrage *Poésie critique I*, Paris, Gallimard, 1959, p. 60.

168. À l'époque, Jean Marnold écrit notamment pour le *Mercure de France*.

** « À propos d'*Antigone* », *Gazette des sept arts*, 1923, p. 9. Manuscrit et dactylogramme conservés à la BHVP (voir *TC*, p. 327-328). Version choisie : celle du périodique, plus achevée.

169. *Antigone*, pièce composée par Cocteau d'après Sophocle et créée au Théâtre de l'Atelier de Charles Dullin le 20 décembre 1922. Cocteau en assure aussi la mise en scène. Les décors sont de Picasso, les costumes de Gabrielle Chanel. Honegger en écrit la musique de scène. Parmi les interprètes figurent Génica Athanasiou (Antigone), Charles Dullin (Créon), Antonin Artaud (Tirésias) et Jean Cocteau (le chœur). Cocteau et Honegger reprendront cette œuvre pour la transformer en une tragédie musicale qui sera créée au Théâtre de la Monnaie à Bruxelles en 1927 (voir notes des textes 102, 144 et 145).

Les personnages d'*Antigone* ne « s'expliquent pas ». Ils agissent. Ils sont un exemple du théâtre qu'il faudra bien substituer encore au théâtre de bavardages. Le moindre mot, le moindre geste alimentent la machine.

Aussi, conseillé, raillé, lâché par le chœur dont le timbre de voix résume le jeu avec masque et mégaphone des tragédiens d'Athènes, le drame passe comme un express qui se hâte vers le déraillement final.

Le décor est une sorte de crèche de Noël en carton bleu outremer. Il exprime le beau temps. Chacun des masques accrochés autour de la voix du chœur est un chef-d'œuvre de Picasso. Les journalistes les confondent avec une vitrine de Mardi gras.

J'ai demandé les costumes à M lle Chanel [170], parce qu'elle est la plus grande couturière de notre époque et que je n'imagine pas les filles d'Œdipe mal vêtues.

Antigone a décidé d'agir. Elle porte un manteau de lainage superbe. Ismène n'agira pas. Elle garde sa petite robe de n'importe quel jour.

L'éclairage est pleins feux. Antigone se décide à l'aube et le soir elle se tue.

Mais les gammes de lumière se trouvent dans le dialogue.

Si j'ai monté la pièce comme une sorte de danse, si la jeune fille prend cet étrange élan à reculons pour toute sa journée illustre, si le chœur et le soldat se taisent soudain une longue minute entre leurs répliques, si un garde baisse sa lance devant Antigone qui, parce qu'elle y pose sa main et argumente, la transforme en barre de tribunal, etc., etc. ce n'est jamais par une recherche de pittoresque, mais pour obtenir le maximum de relief.

La musique d'Honegger, dure et modeste, ne se superpose pas à la parole. Elle joue le rôle d'un accessoire moral. C'est pourquoi j'ai demandé l'emploi d'un instrument seul [171].

J'ai, de la sorte, obtenu un résultat curieux : le drame « rafraîchi », rasé, coupé, peigné, dérange les critiques au même titre qu'une pièce neuve. Car, un chef-d'œuvre porte en soi une jeunesse que la patine recouvre, mais qui ne se fane jamais. Or, c'est seulement cette patine qu'on respecte, qu'on imite. J'ai ôté la patine d'*Antigone.* On a cru me reconnaître dessous. C'est bien de l'honneur.

P. S. – Réponse à quelques questions :

1° Pourquoi j'ai fait jouer, tous deux incomparables, M lle Athanasiou [172] *à froid* et Charles Dullin [173] *à sec* ? Pour que l'émotion naisse uniquement de ce qu'ils expriment.

---

170. Gabrielle Chanel, mieux connue sous le nom de Coco Chanel (1883-1971), modiste et styliste de haute couture. Mécène des Ballets russes de Diaghilev, elle fréquente le Tout-Paris artistique. Les costumes dessinés pour *Antigone* ne sont pas des drapés de l'Antiquité, mais des lainages écossais. Chanel collaborera à d'autres spectacles de Cocteau : *Le Train bleu* (1924), *Orphée* (1927), *La Machine infernale* (1934), *Œdipe Roi* (1937), *Les Chevaliers de la Table ronde* (1937) et *L'Impromptu au Palais royal* (1962).

171. En réalité, Honegger prévoit deux instruments pour la musique de scène : le hautbois (ou cor anglais) et la harpe.

172. Génica Athanasiou (1897-1966), comédienne d'origine roumaine, faisant partie du Théâtre de l'Atelier où elle débute en 1921 et où elle accomplira toute sa carrière. Elle est la compagne d'Antonin Arnaud de 1922 à 1927.

173. Charles Dullin (1885-1949), comédien, metteur en scène et directeur du théâtre avant de fonder, en 1921, sa propre troupe sous le nom de l'Atelier, donnant ainsi ce nom au théâtre qui l'héberge. Il monte principalement des auteurs contemporains français et étrangers.

2° Pourquoi peindre les femmes en blanc et les hommes en rouge ? Parce que le théâtre de l'Atelier n'a pas de rampe et qu'il me fallait retrouver les prestiges de la rampe sous une autre forme.

3° Pourquoi je m'occupe de Sophocle ? Parce qu'il existe des choses récentes très vieilles et des choses vieilles toutes fraîches. Peu m'importe de faire rire ou pleurer. Il s'agit de remplir une scène avec certaines masses vocales et plastiques. *Les Mariés de la tour Eiffel*, *Parade*, *Le Bœuf sur le toit*, *Antigone* sont le même prétexte.

84

Les Mariés de la tour Eiffel * Préface

Les polémiques suscitées par les premiers essais de M. Jean Cocteau lui ont valu certaines excommunications majeures et assuré du même coup une rapide notoriété dans certains cercles littéraires.

Les Œuvres *libres se devaient de mettre sous les yeux du public* Les Mariés de la tour Eiffel, *spécimen typique du genre de M. Jean Cocteau*[174].

Toute œuvre d'ordre poétique renferme ce que Gide appelle si justement, dans sa préface de *Paludes* : « La part de Dieu. » Cette part, qui échappe à l'auteur même, lui réserve des surprises, comme au public. Telle phrase, tel geste, qui n'avaient pour lui qu'une place[a] comparable à celle du volume chez les peintres, contiennent un sens secret que chacun interprétera ensuite. Le véritable symbole n'est jamais prévu par l'auteur. Il se dégage tout seul, pour peu que le bizarre, l'irréel, n'entrent pas en ligne de compte. Le plancher des vaches (un certain plancher des vaches) est donc de première importance.

Dans un lieu féerique, les fées n'apparaissent pas. Elles s'y promènent sans être vues[b]. Elles ne peuvent apparaître aux mortels que dans un endroit où leur présence semblait impossible : une cuisine, un vestibule, une chambre à coucher[c].

Les esprits simples voient les fées plus facilement que les autres, car ils n'opposent pas au prodige la résistance des esprits forts. Il y a, dans *Les Mariés de la tour Eiffel*, un enfant plus gros que le reste des personnages. Je l'ai toujours voulu plus gros. Le public, qui prend les choses au pied de la lettre, se demande peut-être pour quelle raison. Je me le serais demandé aussi, sans un machiniste qui le montrait à un de ses camarades en disant : « Regarde le môme ! Il n'est pas un peu encombrant ! C'est bien les mômes ! » Je me contente de cet admirable commentaire. Plus d'une fois l'expérience s'est

---

* « *Les Mariés de la tour Eiffel*. Préface », *Les Œuvres libres*, n° 21, mars 1923, p. 351-361. Le texte est composé à partir de deux articles précédemment parus en revue. Pour les variantes significatives avec ces versions préliminaires, voir textes 66 et 69. Par la suite, cette préface fournit le texte de base pour la version la plus connue, parue sous le titre « Préface de 1922 » dans toutes les éditions Gallimard de la pièce (*1924, 1928, 2003*) et celle de Grasset (*1957*), mais sensiblement élaguée et corrigée. Version choisie : celle des *Œuvres libres* (*1923*), plus rare et plus étendue, au sein de laquelle nous indiquons, non pas les mots et les passages écartés bien trop nombreux, mais uniquement les variantes les plus significatives des versions postérieures (toutes désignées ici par le sigle *1924*).

174. Chapeau rédactionnel précédant l'article de Cocteau.

reproduite, et je pourrais dire que le chef électricien, entre autres, m'a souvent éclairé la pièce mieux qu'avec des lampes.

Je lisais, dans les souvenirs d'Antoine [175], le scandale provoqué par la présence, sur scène, de véritables quartiers de viande et d'un véritable jet d'eau [176]. Nous voici maintenant à l'époque où le public, vaincu [d] par Antoine, se fâche si on ne place pas sur la scène de véritables objets, si on ne le jette pas dans une intrigue aussi compliquée, aussi longue, que celles dont le théâtre devrait servir à le distraire [e].

Les Mariés de la tour Eiffel, à cause de leur simplicité même, scandalisent [f] davantage qu'une pièce ésotérique. Le mystère inspire au public une sorte de crainte. Ici, je renonce au mystère. J'allume tout. Je mets une loupe devant certains types, certaines manières d'être de chez moi [g]. Vide du dimanche, bétail humain, expressions toutes faites, manque de suite dans les idées [h], férocité de l'enfance, poésie et miracle de la vie quotidienne : voilà ma pièce, si bien comprise par les jeunes musiciens qui l'accompagnent, par la troupe suédoise qui la mime et la danse.

Une phrase du photographe bossu pourrait me servir d'épigraphe [i] : « Puisque ces mystères me dépassent, feignons d'en être l'organisateur. » C'est notre phrase, par excellence. L'homme fat trouvant toujours un dernier refuge dans la responsabilité. Ainsi, par exemple, prolonge-t-il une guerre, après que le phénomène qui décide une guerre a pris fin.

Dans *Les Mariés*, la *part de Dieu* est grande. Les phonographes humains, à droite et à gauche de la scène, comme le chœur antique, comme le compère et la commère, soulignent [j], sans la moindre littérature, l'action ridicule qui se déroule, se danse, se mime au milieu. Je dis ridicule, parce qu'au lieu de chercher à me tenir en deçà du ridicule de la vie, de l'atténuer, de l'arranger, comme nous arrangeons, en la racontant, une aventure où nous jouons un rôle défavorable, je l'accentue au contraire, je pousse au-delà, et cherche à peindre *plus vrai que le vrai*. N'est-ce pas une bonne définition de la poésie, malgré ce qu'en pensent les amateurs de voiles et de brumes ?

Le poète doit sortir objets et sentiments de leurs voiles et de leurs brumes, les montrer soudain, si nus et si vite, que l'homme a peine à les reconnaître. Ils le frappent alors avec leur jeunesse, comme s'ils n'étaient jamais devenus des vieillards officiels.

C'est le cas des lieux communs, vieux, puissants et universellement admis à la façon des chefs-d'œuvre, mais dont la beauté, l'originalité, ne nous surprennent plus, à force d'usage.

Dans notre spectacle, je réhabilite le lieu commun. À moi de le placer, de le présenter de telle sorte [k] qu'il retrouve ses vingt ans.

Une génération d'obscurité, de mystère, de réalité fade, ne se rejette pas d'un coup d'épaule. On n'implante pas de force le « pessimisme dionysien », prévu par Nietzsche [177]. Je sais que mon texte semble bien trop simple, bien trop LISIBLEMENT

175. André Antoine, *Mes Souvenirs sur le Théâtre-Libre*, Paris Arthème Fayard & Cie, 1921.

176. André Antoine avait mis en scène de véritables quartiers de viande dans *Les Boucher*s de Fernand Icres et un jet d'eau sur une place de village dans *Chevalerie rustique* de Giovanni Verga, deux pièces créées en 1888.

177. Allusion à l'opposition entre l'art apollinien et l'art dionysien, telle que Nietzsche la postule dans *La Naissance de la tragédie* (1872).

ÉCRIT, comme les alphabets d'école. Mais, dites, ne sommes-nous pas à l'école? Ne déchiffrons-nous pas les premiers signes d'une ère *sans aveuglement ni amertume*?

La jeune musique provoque un quiproquo [l] analogue. Il se crée musicalement, de toutes pièces, une clarté, une franchise, une bonne humeur nouvelles. Le naïf s'y trompe, il croit entendre un orchestre de café-concert. Son oreille commet l'erreur d'un œil qui ne ferait aucune différence entre une étoffe criarde et la même étoffe copiée par Ingres.

Dans *Les Mariés de la tour Eiffel*, nous employons toutes les ressources populaires parisiennes que la France méprise, mais trouve légitimes si elles sont étrangères, et qu'un musicien étranger ou de chez nous les emploie [m].

Croyez bien, par exemple, qu'un Russe ne saurait entendre *Pétrouchka* de la même manière que nous. Outre les merveilles [n] de ce chef-d'œuvre musical, il y retrouve son enfance, les dimanches de Petrograd, les chansons des nourrices.

Pourquoi n'aurions-nous pas droit au même [o] double plaisir? Je vous affirme que l'orchestre des *Mariés de la tour Eiffel* me touche davantage que bien des évocations [p] russes ou espagnoles. Il n'est pas question, ici, de valeur musicale, ni d'établir de préséances [q]. Je crois avoir assez exalté les musiciens russes, allemands, espagnols, les orchestres nègres, pour me permettre une opinion qui n'a rien à voir avec le chauvinisme [r].

Il est curieux d'entendre les patriotes, d'une part, et les internationalistes, de l'autre [s], repousser avec colère tout ce qui est propre à la France, et accueillir l'esprit local étranger sans le moindre contrôle. Il est curieux aussi que, dans *Les Mariés de la tour Eiffel*, un public averti, un public de répétition générale, se soit scandalisé d'un type de ganache classique, placé dans le cortège de la noce, au même titre que les lieux communs dans le texte.

Toute œuvre de valeur [t] comporte sa propre parade. Cette parade seule est vue par ceux qui n'entrent pas. Or, la surface d'une œuvre nouvelle heurte trop, intrigue, agace trop le spectateur pour qu'il passe outre [u]. Il est pour ainsi dire détourné du cœur de l'œuvre par son visage, par une expression inédite qui le distrait comme grimace de clown à la porte. C'est ce phénomène qui trompe les critiques les moins esclaves de la routine. Ils ne se rendent pas compte qu'ils assistent à un ouvrage qu'il faut suivre attentivement au même titre qu'une pièce [v] du boulevard. Ils se croient à la foire du Trône. C'est ainsi qu'un critique consciencieux qui n'écrirait pas, racontant un de ces drames : « La duchesse embrasse le maître d'hôtel », au lieu de « Le maître d'hôtel remet une lettre à la duchesse », n'hésite pas, racontant *Les Mariés*, à faire sortir la cycliste ou le collectionneur de l'appareil de photographie, ce qui est aussi absurde. Non l'absurde organisé, construit [w], le bon absurde, mais l'absurde tout court. Il ne sait pas encore la différence. Seul parmi les critiques, M. Bidou [178], plus fin, plus au courant des recherches contemporaines, expliqua aux lecteurs des Débats, que ma pièce était une *construction de l'esprit* [x]. Je note le terme qui me semble juste. Il s'étonnait qu'on refusât au poète les privilèges qu'on accorde au savant et qui lui valent des récompenses.

178. Henry Bidou (1873-1943), écrivain et critique littéraire. Cocteau évoque son article sur *Les Mariés de la tour Eiffel* qui a paru dans la rubrique « Théâtres » du *Journal des débats* du 19 juin 1921 (p. 3).

J'insisterai surtout sur cette surprise que l'action de ma pièce est imagée tandis que le texte ne l'est pas. J'essaie donc de substituer une « poésie de théâtre » à la « poésie au théâtre ». La poésie au théâtre est une dentelle délicate impossible à voir de loin. La poésie de théâtre serait une dentelle en câbles[y].

Le tour de force au théâtre, condamné à des succès immédiats, est, selon moi, d'établir un malentendu, grâce auquel toute une salle s'amuse à la « parade » permettant à une poignée d'individus de se détacher du troupeau, de prendre place à l'intérieur. Shakespeare, Molière ont réussi ce tour à merveille[z].

Après les sifflets, le tumulte indescriptible, les ovations du premier jour[aa] où les Suédois représentèrent notre pièce au théâtre des Champs-Élysées, j'aurais pu croire mon coup manqué, si la salle de gens « avertis » (si mal, hélas !) n'avait fait place au vrai public. Ce public me donne pleinement raison par sa bonne grâce constante[bb].

Après *Les Mariés* une dame fort gentille[cc] me reprocha qu'ils ne « passassent pas assez la rampe ». Comme le grief m'étonnait, vu que masques et porte-voix passent mieux la rampe que visages et voix réels, la dame avoua aimer tellement le plafond de Maurice Denis qui décore le théâtre, qu'elle louait toujours les places les plus hautes, ce qui l'empêchait de bien voir la scène.

Je donne cet aveu comme exemple des réflexions faites par un petit monde sans tête ni cœur, qui forme ce que les journaux appellent : l'Élite. Du reste, nos sens sont si mal habitués à réagir ensemble, que les critiques, mes éditeurs même, crurent que *Les Mariés de la tour Eiffel* comportaient[dd], au plus, deux ou trois pages de texte. Il faut aussi mettre cette erreur de perspective, sur le compte du manque de développement des idées. Développement dont l'oreille a pris l'habitude[ee], depuis la pièce à thèse et le symbolisme. *Ubu*, de Jarry, et *Les Mamelles de Tirésias*, d'Apollinaire, sont à la fois des pièces symboliques et à thèse. Ubu symbolise la monstruosité bourgeoise, *Les Mamelles* développent une ennuyeuse thèse de repopulation.

Le débit de Pierre Bertin et de Marcel Herrand, mes phonographes[179], entre pour quelque chose dans l'erreur. Diction noire comme encre, aussi grosse et aussi nette que majuscules du caractère Didot[ff]. Ici, ô surprise ! les acteurs cherchent à servir le texte au lieu de se servir de lui. Encore une nouveauté lyrique dont une salle n'a pas l'habitude.

Abordons le reproche de bouffonnerie qui m'est souvent fait à notre époque éprise de faux sublime et, avouons-le, encore sous la coupe[gg] de Wagner.

Si le froid signifiait : nuit et le chaud : lumière, tiède signifierait : pénombre. Les fantômes aiment la pénombre. Le public aime le tiède. Or, outre que l'esprit de bouffonnerie comporte un éclairage peu propice aux fantômes (j'appelle ici fantômes, ce que le public appelle poésie), outre que Molière se montre plus poète dans [*Monsieur de*] *Pourceaugnac*, *Le Bourgeois gentilhomme*, que dans ses pièces en vers, l'esprit de bouffonnerie est le seul qui autorise certaines *audaces*.

À notre époque, où le public vient avant tout au théâtre pour se détendre, il est habile de l'amuser, de lui montrer les grimaces, les pantins et les sucreries qui permettent d'administrer une médecine aux enfants les plus rebelles. La médecine prise, nous passerons à d'autres exercices.

179. Pierre Bertin et Marcel Herrand interprètent les deux phonographes des *Mariés de la tour Eiffel*.

D'ailleurs, grâce à des Serge de Diaghilev, des Rolf de Maré, nous voyons peu à peu naître en France une sorte de théâtre [hh] qui n'est pas le ballet proprement dit, et qui ne trouve sa place ni à l'Opéra, ni à l'Opéra-Comique, ni sur aucune de nos scènes du boulevard [180]. C'est là, en marge, que se tourne [ii] l'avenir. Notre ami Lugné-Poe le constate et s'en effraye dans un de ses articles [181]. Ce genre nouveau [182], plus conforme à l'esprit moderne, et qui s'ébauche jusque dans le music-hall, reste encore un monde inconnu, riche en découvertes.

L'entreprise suédoise [jj] vient d'ouvrir, toute grande, une porte aux explorateurs. Grâce à ces étrangers vraiment nobles, les jeunes pourront mettre en œuvre des recherches, où la féerie, la danse, l'acrobatie, la pantomime, le drame, la satire, l'orchestre, la parole, se combinant, réapparaissent sous une forme inédite ; ils réaliseront sans moyens de fortune, ce que les artistes officiels prennent pour des farces d'atelier, et qui n'en est pas moins l'expression plastique de la poésie contemporaine.

Du reste, à Paris, bonne et mauvaise humeur d'une salle, composent l'atmosphère la plus riche, la plus excitante, la plus vivante du monde. Serge de Diaghilev me disait un jour qu'on ne la trouve dans aucune autre capitale.

Sifflets et ovations. Presse terrible [kk]. Quelques articles-surprises. Trois ans après, les détracteurs applaudissent et ne se souviennent plus d'avoir sifflé. C'est l'histoire de *Parade*, et de toutes les pièces qui, changeant les règles du jeu, dérangent les vieux joueurs du cercle.

Une œuvre [ll] de théâtre devrait être écrite, décorée, costumée, accompagnée de musique, jouée, dansée, par un seul homme. Cet homme-orchestre [mm] n'existant pas, il importe de remplacer l'individu par ce qui ressemble le plus à un individu ; c'est-à-dire par un groupe amical.

Il existe beaucoup de chapelles, mais peu de ces groupes. J'ai la chance d'en former un qui intéresse, intrigue, exaspère, avec quelques jeunes musiciens, poètes et peintres. La particularité de notre groupe est qu'il passe pour une dangereuse bande d'extrême gauche artistique, alors qu'en réalité je lui vote une étiquette d'extrême droite, tellement il évite les avant-gardes, et met de sagesse dans son audace. Donc, *Les Mariés de la tour Eiffel*, en bloc, sont l'image d'un état d'esprit poétique auquel je suis fier d'avoir déjà longtemps contribué [nn].

Grâce à Jean Hugo, mes personnages, au lieu d'être, comme il arrive toujours au théâtre, trop petits, trop pauvrement réels [oo], pour supporter les masses lumineuses et décoratives, sont construits, rectifiés, rembourrés, repeints, amenés à force d'artifice à une ressemblance et à une échelle qui ne flambe pas comme paille dans le brasier de la rampe et des projecteurs [pp]. Je retrouve dans Jean Hugo certain atavisme de réalité monstrueuse qui ne vous étonnera pas. Grâce à Irène Lagut, notre *Tour Eiffel* évoque les myosotis, les papiers guipure des cartes postales parisiennes devant quoi j'ai vu soupirer jusqu'à de petites Arabes, en Afrique [qq].

180. Ces spectacles nouveaux ont fait entrer le ballet dans l'ère moderne.
181. Article que nous ne sommes pas parvenu à identifier.
182. C'est également le titre d'un article de Cocteau, voir le texte 72.

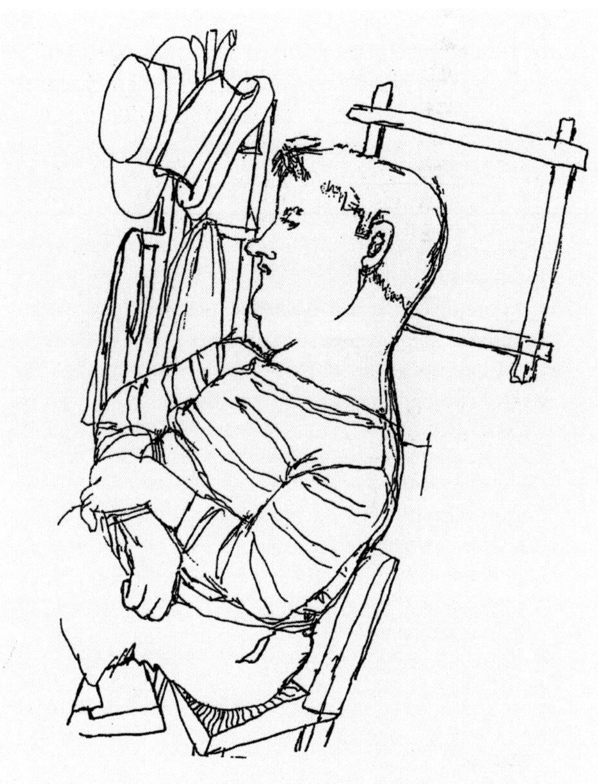

45. Georges Auric au Piquey, s.d., collection privée.

L'ouverture de Georges Auric, intitulée *Le Quatorze Juillet*, régiments qui se croisent, troupes en marche, dont la musique éclate au coin d'une rue et s'éloigne, évoque aussi le charme puissant du trottoir, de la fête populaire, des estrades d'andrinople semblables à la guillotine, autour desquelles tambours et pistons font danser les dactylographes, les marins et les commis. Ces ritournelles accompagnent bas la pantomime comme l'orchestre du cirque ressasse [rr] un motif pendant le numéro d'acrobates.

La même atmosphère circule dans la *Marche nuptiale* de Milhaud, le *Quadrille*, la *Valse des Dépêches*, de Germaine Tailleferre, la *Baigneuse de Trouville,* le *Discours du général*, de Poulenc. Dans la *Marche funèbre*, Arthur Honegger s'amuse à parodier la « grande musique » ou, mieux, ce que nos musicographes appellent gravement : *la Musique*. Inutile de dire que tous tombèrent dans le panneau. À peine les premiers motifs de la *Marche* se font-ils entendre, que les grandes [ss] oreilles se dressent, reconnaissent leur écurie. Nul ne s'avisa que cette marche était belle comme un sarcasme, écrite avec un goût, un sens de l'opportunité extraordinaire. Aucun des critiques, lesquels tous s'accordent à louer ce morceau, n'y reconnut, servant de basse, la valse de *Faust* [183] !

En quels termes remercierai-je MM. Rolf de Maré et Börlin qui, le premier par sa clairvoyance et sa largesse, le second, par son talent de chorégraphe [tt], m'ont permis de mettre au point une formule que j'avais essayée dans *Parade* et dans *Le Bœuf sur le toit*.

183. La célèbre « Valse » du *Faust* de Charles Gounod figure à la fin du premier acte.

Variantes

a. [...] qui n'avaient pour lui qu'une [place *1923* ; valeur *1924*] comparable [...]

b. Elles s'y promènent [sans être vues *1923* ; invisibles *1924*].

c. *Variante de la phrase en 1924* : Elles ne peuvent apparaître aux mortels que sur le plancher des vaches.

d. [...] où le public, [vaincu *1923* ; convaincu *1924*] par Antoine, se fâche si on ne [place *1923* ; pose *1924*] pas sur la scène de véritables objets [...]

e. *Note ajoutée par Cocteau en 1928* : Antoine écrivit d'*Orphée*, en 1926, que c'était « une farce d'atelier même pas drôle » (*sic*).

f. *Les Mariés de la tour Eiffel*, à cause de leur [simplicité *1923* ; franchise *1924*] même, [scandalisent *1923* ; déçoivent *1924*] davantage qu'une pièce ésotérique.

g. *Variante de la phrase en 1924* : J'allume tout, je souligne tout.

h. [...] expressions toutes faites, [manque de suite dans les idées *1923* ; dissociations d'idées en chair et en os *1924*], férocité de l'enfance, [...]

i. Une phrase du photographe bossu pourrait me servir [d'épigraphe *1923* ; de frontispice *1924*] [...]

j. Les phonographes humains, [...], [soulignent *1923* ; parlent *1924*], sans la moindre littérature, l'action ridicule [...]

k. [...] de le présenter [de telle sorte *1923* ; sous tel angle *1924*] qu'il retrouve [...]

l. La jeune musique [provoque un quiproquo *1923* ; se trouve dans une situation *1924*] analogue.

m. *Autre fin de la phrase en 1924* : [...] que la France méprise chez elle, mais qu'elle approuve dehors lorsqu'un musicien étranger ou français les exploite.

n. Outre les [merveilles *1923* ; prestiges *1924*] de ce chef-d'œuvre musical, [...]

o. Pourquoi [n'aurions-nous pas droit au même *1923* ; me refuserais-je ce *1924*] double plaisir ?

p. [...] me touche davantage que bien des [évocations *1923* ; danses *1924*] russes ou espagnoles.

q. *Variante de la phrase en 1924* : Il n'est pas question de palmarès.

r. [...] pour me permettre [une opinion qui n'a rien à voir avec le chauvinisme *1923* ; un cri du cœur *1924*].

s. Il est curieux d'entendre [les patriotes, d'une part, et les internationalistes, de l'autre, *1923* ; les Français de n'importe quel bord *1924*] repousser avec colère [...]

t. Toute œuvre [de valeur *1923* ; vivante *1924*] comporte sa propre parade.

u. [...] agace trop le spectateur pour qu'il [passe outre *1923* ; entre *1924*].

v. [...] au même titre qu'[une pièce *1923* ; un drame *1924*] du boulevard.

w. Non l'absurde organisé, [construit *1923* ; voulu *1924*], le bon absurde, mais l'absurde tout court.

x. *Note ajoutée par Cocteau en 1924* : Lui seul devait aussi écrire d'*Orphée* que c'était « une méditation sur la mort ».

y. *Variante du paragraphe en 1924* : L'action de ma pièce est imagée tandis que le texte ne l'est pas. J'essaie donc de substituer une « poésie de théâtre » à la « poésie au théâtre ». La poésie au théâtre est une dentelle délicate impossible à voir de loin. La poésie de théâtre serait une grosse dentelle ; une dentelle en cordages, un navire sur la mer. *Les Mariés* peuvent avoir l'aspect terrible d'une goutte de poésie au microscope. Les scènes s'emboîtent comme les mots d'un poème.

z. *Variante du paragraphe en 1924* : Le secret du théâtre, qui nécessite le succès rapide, est de tendre un piège, grâce auquel une partie de la salle s'amuse à la porte pour que l'autre partie puisse prendre place à l'intérieur. Shakespeare, Molière, le profond Chaplin, le savent bien.

aa. Après les sifflets, le tumulte indescriptible, les ovations du premier [jour *1923* ; soir *1924*], [...]

bb. *Variante de la phrase en 1924* : Ce public m'écoute toujours.

cc. Après *Les Mariés* une [dame fort gentille *1923* ; spectatrice *1924*] me reprocha [...]

dd. […] les critiques, mes éditeurs même, crurent que [*Les Mariés de la tour Eiffel* comportaient *1923* ; cette grande machine comportait *1924*], au plus, deux ou trois pages de texte.

ee. Développement [dont l'oreille a pris l'habitude *1923* ; que l'oreille a coutume d'entendre *1924*], depuis la pièce à thèse […]

ff. […] aussi grosse et aussi nette que majuscules [du caractère Didot *1923* ; d'une réclame *1924*].

gg. […] notre époque éprise de faux sublime et, avouons-le, encore [sous la coupe *1923* ; amoureuse *1924*] de Wagner.

hh. […] nous voyons peu à peu naître en France [une sorte de théâtre *1923* ; un genre théâtral *1924*] qui n'est pas le ballet proprement dit […]

ii. C'est là, en marge, que [se tourne *1923* ; s'ébauche *1924*] l'avenir.

jj. *Autre début du paragraphe en 1924* : Révolution qui ouvre toute grande, une porte aux explorateurs. Les jeunes peuvent poursuivre des recherches, où la féerie, […]

kk. Sifflets et ovations. Presse [terrible *1923* ; injurieuse *1924*].

ll. Une [œuvre *1923* ; pièce *1924*] de théâtre devrait être écrite […]

mm. Cet [homme-orchestre *1923* ; athlète complet *1924*] n'existant pas, […]

nn. *Note ajoutée par Cocteau en 1924* : Il s'agissait en somme de déniaiser la niaiserie. Tout reste à déniaiser, même le cœur. Le sublime aura son tour. Alors on nous entendra peut-être réhabiliter Wagner.

oo. […] il arrive toujours au théâtre, trop petits, [trop pauvrement réels *1923* ; trop vrais *1924*], pour supporter les masses lumineuses et […]

pp. […] à une ressemblance et à une échelle [qui ne flambe pas comme paille dans le brasier de la rampe et des projecteurs *1923* ; épiques *1924*].

qq. […] les papiers guipure [des cartes postales parisiennes devant quoi j'ai vu soupirer jusqu'à de petites Arabes, en Afrique *1923* ; des compliments *1924*].

rr. […] comme l'orchestre du cirque [ressasse *1923* ; répète *1924*] un motif pendant le numéro d'acrobates.

ss. […] que les [grandes *1923* ; longues *1924*] oreilles se dressent […]

tt. […] qui, le premier par sa clairvoyance et sa largesse, le second [Borlin], par [son talent de chorégraphe *1923* ; sa modestie *1924*], m'ont permis […]

85
STRAVINSKI DERNIÈRE HEURE *

Lors d'une entrevue récente que nous eûmes, le poète russe Maïakovski [184] et moi, notre interprète était Stravinski [a].

La conversation tourna mal. Non seulement il s'agissait de courir d'une langue à l'autre, mais encore d'un univers [b] à l'autre.

Dans un pays bouleversé de fond en comble, la littérature se mélange au reste. Les idées prédominent ; les poètes deviennent politiciens.

Chez nous, après une crise analogue, le rébus doit réagir contre le discours. À la longue le rébus disparaît et la lutte porte sur des points d'une délicatesse extrême que les personnes distraites ou étrangères n'aperçoivent pas.

Cette économie, cette réserve dynamique ressemblent à certaines machines qui retouchent les clichés de zinc : un monstre complexe actionne une petite fraise de rien du tout.

C'est pourquoi la puissance de nos meilleures époques laisse aux étrangers une impression de petitesse. Imaginez le regard que jette sur ma fronde le colosse Maïakovski !

Stravinski traduisait toujours. Le visage de Maïakovski ne pouvait rien m'apprendre ; c'était celui d'un formidable nourrisson. Le vrai spectacle était notre interprète ; il exécutait un curieux travail de contrebande, circulant seul d'idiome en idiome et ne passant que ce qu'il voulait passer.

Ici le Stravinski actuel se livre. En vain essayait-il de nouer les propos russes et de dénouer [c] les miens ; après le départ de Maïakovski nous nous retrouvâmes entre compatriotes.

Car pour la première fois j'assiste à ce miracle : un orage uniquement préoccupé des appareils qui lui donneront un contour. Le romantisme oriental (malaises, secousses sauvages) se met au service de l'ordre latin.

Le génie ne s'analyse pas mieux que l'électricité. On le possède ou on ne le possède pas. Stravinski le possède ; il ne s'en préoccupe donc jamais. Jamais il ne s'hypnotise dessus. Jamais il ne s'en fabrique du vertige. Il ne se livre pas au danger de s'émouvoir lui-même, de s'embellir ni de s'enlaidir. Il canalise une puissance brute et lui ménage, afin qu'elle y serve, des appareils qui vont de l'usine à la lampe de poche.

---

* « Stravinski dernière heure », *La Revue musicale*, n° 2, 1er décembre 1923, p. 142-144 [avec un portrait charge du compositeur par Cocteau : « Igor Stravinski jouant *Le Sacre du printemps* » (1913)] ; texte repris en annexe du *Coq et l'Arlequin*, dans *Le Rappel à l'ordre*, Paris, Stock, Delamain et Boutelleau, 1926, p. 59-62 (avec quelques variantes). Dactylogramme-manuscrit (daté : novembre 1923) conservé à la BnF, département Musique.

184. Vladimir Maïakovski (1893-1930), poète, dramaturge et futuriste russe. Dévoué au régime russe de Lénine, il voyage à Londres et à Paris. La rencontre entre Cocteau et le poète russe, en présence de Stravinski comme interprète, ne fut guère aisée, comme le précise ici Cocteau, Stravinski tentant en vain de trouver les mots exacts pour traduire leurs idées respectives.

Perfectionner, varier les appareils doit remplacer l'ancien problème de l'inspiration, du sublime volontaire, du mysticisme avec la figure dans les mains [d].

Voici Stravinski vu de face en 1923. Observons-le de profil.

Le charme exige un tact parfait. Il faut se tenir au bord du vide. Presque tous les artistes gracieux y tombent. Rossini, Tchaïkovski, Weber, Gounod, Chabrier (1), penchent mais ne tombent pas. Une racine profonde leur permet de pencher très loin.

Mavra exécute un équilibre au bord du vide. On songe à ces clowns qui jouent de la mandoline en haut d'une pile de chaises. La pile se balance. Elle hésite longuement au point mort.

Comment peindre Stravinski sans suivre cette dernière étape? Bagues, guêtres, foulards, martingales, cravates, épingles de cravate, bracelets-montres, cache-cols, fétiches, binocles, monocles, lunettes, gourmettes, le décriraient mal. Simplement ils prouvent en surface que Stravinski ne se dérange pour personne. Il compose, il s'habille, il parle comme il veut. S'il joue du piano, le piano et lui s'ajustent en une seule pièce; s'il dirige l'*Octuor* [185], il nous oppose un dos d'astronome pour résoudre ce magnifique calcul instrumental aux chiffres d'argent.

Il tient de N.A. Rimski-Korsakov [186] les méthodes d'ordre qu'il déforme à son usage. Sur la table de Rimski, les bouteilles d'encre, les porte-plume, les règles devaient dénoncer le bureaucrate. Chez Stravinski l'ordre effraye. C'est la trousse du chirurgien.

Ce compositeur mêlé à son travail, vêtu de lui, harnaché de son œuvre comme le vieil homme-orchestre, dépouillant, épaississant autour de lui des écorces de musique, ne fait plus qu'un avec sa chambre. Voir Stravinski à Morges, à Leysin [187], à Paris, chez Pleyel [188] où il demeure, c'est voir l'animal dans sa carapace. Pianos, tambours, métronomes, cymbalums, tire-portées, taille-mines américains, pupitres, caisses plates et grosses caisses le prolongent. Ils sont la carlingue du pilote, les armes qui hérissent l'insecte lorsque le cinématographe nous le présente, mille fois grandeur nature, à l'époque de l'accouplement.

---

185. L'*Octuor* est composé par Stravinski pour un petit ensemble d'instruments à vent : flûte, clarinette, deux bassons, deux trompettes, deux trombones. Il est créé par le compositeur lui-même aux concerts de Serge Koussevitzky à l'Opéra le 18 octobre 1923.

186. Durant les premières années du XXe siècle, Stravinski, alors âgé d'une vingtaine d'années, reçoit des leçons de Rimski-Korsakov.

187. Pour des raisons politiques et aussi pour soigner la santé défaillante de sa femme, Stravinski vit en Suisse de 1914 à 1920. Morges est l'une de ses résidences fixes. Lors d'un passage à Paris en 1914, Cocteau lui propose de mettre en musique un ballet intitulé *David*. Les deux artistes se rencontrent alors à plusieurs reprises en Suisse durant l'année 1914, mais le projet n'aboutira pas, du moins avec Stravinski. Cocteau reprendra en effet plusieurs idées du ballet *David* pour concevoir *Parade* avec Satie. Au début du mois de mars 1914, Stravinski séjourne à Leysin où il termine *Le Rossignol* pour Diaghilev. Cocteau vient l'y rejoindre accompagné de Paul Thévenaz.

188. En 1920, Stravinski et sa famille quittent la Suisse pour rejoindre Paris où le compositeur occupe un studio dans la manufacture de pianos Pleyel, rue Rochechouart, à partir de février 1921.

46. Igor Stravinski au piano jouant *Le Sacre du printemps*, dans Jean Cocteau, *Dessins*, Paris, Stock, 1923.

Certes, *Le Sacre du printemps* me déracine et *Noces*, voiture de course, m'emporte à toute vitesse ; mais même dans *Noces* où l'esprit du *Sacre* trouve sa formule d'orchestre définitive, la beauté s'adresse encore aux entrailles. Comment oublier que mes voisins de fauteuil, qui l'acclament, montrèrent de l'indifférence pour *Mavra*, écrit après ? Leur approbation me gêne. Il me semble que je regarde applaudir le musicien sur ses propres joues.

Est-il rien de plus admirable que cet homme dur auquel l'opinion amoureuse demande : « Brutalise-moi, frappe-moi encore », et qui lui offre des dentelles.

Un si joli cadeau la déconcerte. Elle comprenait mieux les coups.

(1) Aujourd'hui Francis Poulenc.

Variantes

a. *Variante en 1926* : [...] et moi, Stravinski était notre interprète.

b. Non seulement il s'agissait de courir d'une langue à l'autre, mais encore d'un [univers *1923* ; âge *1926*] à l'autre.

c. En vain essayait-il [de nouer *1923* ; d'enrichir *1926*] les propos russes et [de dénouer *1923* ; d'appauvrir *1926*] les miens ; [...]

d. [...] l'ancien problème de l'inspiration[, du sublime volontaire, du mysticisme avec la figure dans les mains *supprimé en 1926*].

47. Georges Auric, « Piquey 1923 », collection privée.

Le sublime – dirait Stendhal [196] – l'émotion poignante, résultent, non d'un calcul, mais de chiffres, non d'un sujet qui n'existe pas, mais seulement d'un canapé qu'on roule, d'une petite personne qui marche à grandes enjambées sur ses pointes comme sur des échasses, de trois lascars en costumes de bain qui se croisent les bras d'un air fat, de bonds sportifs, de gymkhanas, de guirlandes féminines peuplant et dépeuplant les planches à la manière d'un parc de Watteau.

Penser à Watteau [197] : la partie était perdue. C'est moi qui le cite. Les collaborateurs n'ont pensé à rien. Sans doute est-ce la raison d'une réussite unique au théâtre, réussite que couronne le rôle de Nijinska, toujours en équilibre au bord du music-hall, mais n'y tombant pas plus que sa robe ne tombe dans la caricature, la ravissante musique dans la facilité.

196. *La Chartreuse de Parme* (1838) de Stendhal met en évidence la notion du sublime. Le terme est abondamment utilisé par l'auteur pour désigner non seulement les paysages et les réalisations architecturales de l'Italie, mais aussi les actions remarquables de ses héros qui dévoilent leur grandeur d'âme. Sous la plume de Stendhal, la notion de sublime glisse vers une manière de ressentir la beauté extrême des choses et des êtres.

197. Poulenc s'est inspiré des *Fêtes galantes* du peintre Antoine Watteau pour la composition de son ballet.

Pour *Les Fâcheux*, Braque n'a pas commis la faute de peindre un tableau sur une scène[198]. Son rideau sombre, pompeux, d'où sort la naïade du prologue, découvre une place qui accomplira ce miracle de faire, par un tour de passe-passe entre le beige des façades, l'obscurité des verdures, le rose des maquillages, le bleu de ciel, le vert pâle, le jaune, le noir, le gris-perle des costumes – côté face –, une chorégraphie à quoi s'ajoute la surprise – côté pile – d'une teinte sournoise rendant les danseuses invisibles et pareilles à ces insectes qui savent prendre la forme et la couleur d'une feuille de marronnier.

Ici, Nijinska s'efface derrière Molière, prise entre les ruses du peintre et le grave brio d'un orchestre dont j'ai dit qu'il déniaisait le respect parce qu'il échafaude un catafalque d'ifs, de perruques, de miroirs, sans le moindre pastiche, et qu'il honore la France, sans recourir à rien de ce que les Français ont coutume de confondre avec le goût.

87

Fragments d'une conférence sur Erik Satie (1920)*

Imaginez[a] un charmant prologue. Un chapitre de Stevenson[199]. Nous sommes à Londres. Une vieille dame anglaise, Mrs Hanton[200], a une fille et un fils. Le fils ressemble aux oncles de Blaise Cendrars[201]. Par exemple, il dit à sa mère : « Ce soir je dîne à la maison. » Le soir il ne dîne pas, et, plusieurs semaines après, il s'excuse par une lettre écrite du Colorado. Un matin arrive un petit paquet. La mère l'ouvre et pleure d'émotion. C'est un vieux bout de pudding racorni envoyé par le fils prodige : sa part de Christmas.

---

198. Voir les vingt-trois dessins en couleurs des décors et des costumes réalisés par Georges Braque pour *Les Fâcheux* dans Boris Kochno (dir.), *Théâtre Serge de Diaghilev : Les Fâcheux* (Paris, Éditions des Quatre-Chemins, 1924, non paginé).

* « Fragments d'une conférence sur Erik Satie (1920) », *La Revue musicale*, n° 5, 1er mars 1924, p. 217-223 [accompagné du dessin « Silhouette [d'Erik Satie] »] ; texte repris en fac-similé dans *La Revue musicale*, nos 386-387, 1985, p. 32-38 ; repris également avec quelques variantes d'usage de temps (des imparfaits remplaçant des présents), mais surtout une suppression de texte, dans la plaquette *Erik Satie* (Liège, Éditions Dynamo, collection « Broutilles musicales », n° 3, 1957, 11 pages). Manuscrit autographe (4 ff.) conservé dans la collection Kontaxopoulos-Prokopchuk, qui fournit une version préliminaire mais partielle de l'article de 1924. Version choisie : l'authentique et la plus complète, celle de 1924. Toutefois, comme son titre l'indique, cet article reprend en partie le texte de la conférence publié en 1920 sous le titre « Erik Satie » (voir texte 50). Il livre dès lors non seulement une introduction et une conclusion différentes, mais aussi de très nombreuses variantes significatives. Pour le *modus operandi* descriptif de cette évolution, voir la note *a* des variantes.

199. Robert Louis Stevenson (1850-1894), écrivain écossais, célèbre pour avoir écrit le roman d'aventure *L'Île au trésor* (1883), ou encore *L'Étrange Cas du docteur Jekyll et M. Hyde* (1886), dont le récit a pour cadre précisément la ville de Londres.

200. Cocteau fait allusion à la grand-mère maternelle d'Erik Satie. Cette Mrs Anton (sans « h ») arrive en France comme dame de compagnie de sa sœur aînée, mariée à un anglican pratiquant le prosélytisme, un nommé Mac Combay. Sa fille, Jane Leslie Anton (mère d'Erik Satie) est mise en pension à Honfleur où elle rencontrera son futur mari, Alfred Satie.

201. Dans *Panama ou l'Aventure de mes sept oncles* (1918), Blaise Cendrars évoque le récit de ses oncles maternels disséminés aux quatre coins du monde. Notons que la sœur de Satie, Olga (1868-1948), a elle aussi opté avec son mari, Pierre-Joseph Lafosse, pour l'exil en Argentine, sans garder de contact avec son frère. À Buenos-Aires, elle était professeur de piano et dirigeait un conservatoire de musique.

Élevée dans une atmosphère romanesque, Miss Hanton débarque à Honfleur. Elle rencontre Monsieur Satie. Ils s'aiment, se fiancent, s'épousent et partent vite en voyage[202]. La jeune femme veut montrer l'Écosse à son époux. Elle est enceinte. L'enfant se forme sous une influence de joie, d'audace, de brouillards marins et de la cornemuse aux mélodies poignantes.

Le couple rentre à Honfleur. La belle dame accouche. Elle met au monde un fils. Ce fils est Erik Satie, Erik Leslie Satie.

Les fées françaises entourent son berceau. Une fée bien anglaise s'approche. « Et moi, dit-elle, je te préserve contre les feux de paille. Je te donne d'avoir tout cela *lentement* et *sûrement*. »

Donc Satie est né à Honfleur. Honfleur est un petit port où les capitaines descendent de leur bateau et racontent des histoires. Les enfants écoutent. Leur esprit se forme au contact des gaudrioles et du merveilleux. Car il existe un esprit de Honfleur, célèbre par Alphonse Allais[203] et Satie, mais spécial à chaque Honfleurois.

Le pâtissier, le pharmacien, l'organiste, ont un langage, cette façon pour le mystificateur d'avoir l'air plus bête que le mystifié.

La mer donne toujours une grande poésie. Déjà cette poésie se trouve dans certaines farces d'Alphonse Allais[204]. Elle les sauve de toute vulgarité, laissant le lecteur déçu.

Seulement avec Alphonse Allais nous sommes loin de compte. Sa valeur est de ne pas savoir jusqu'où il nous emporte. Mais, hélas, il ne développe pas son talent. Il traîne d'une table de café à l'autre. Ce qui nous reste après sa mort est peu de chose. Une porte de bar, entrouverte sur la mer.

Si Satie ne sait pas toujours non plus où il nous emporte – ce qui est le propre du génie – du moins travaille-t-il sans relâche à améliorer, à varier les moyens de transport.

J'ai souvent souhaité une musique française de France, dégagée des influences de Wagner ou de Moussorgski. On a mal compris ma pensée, prenant ce désir d'une musique française aussi française que celle de Wagner est allemande et celle de Moussorgski russe, pour du nationalisme.

Avec Satie on se trouve en face d'une musique de France. Et miss Hanton ? me direz-vous. Et l'Écosse ? Certes. Rien ne germe sans mélanges. Mais autant qu'il est possible, cette musique dessine au lieu de peindre et donne plus qu'elle ne propose : deux qualités françaises. Pensez que Satie est allé de Honfleur à Paris[205], qu'il n'a quitté Paris que pour faire une période militaire à Arras[206]. (1)

Satie a protégé sa musique comme du bon vin. Il n'a jamais remué la bouteille.

Il est arrivé à Erik Satie l'aventure de la Belle au bois dormant, avec cette différence qu'il était seul à dormir dans le château et qu'il se réveille jeune parmi les morts. J'ajoute, pour être juste, qu'il faisait semblant de dormir. Du reste, Satie n'est pas resté jeune que

202. Alfred Satie et Jane Leslie Anton se marient le 19 juillet 1865 à Londres et partent en voyage de noces en Écosse. Leur fils aîné, Erik, naîtra dix mois plus tard, le 17 mai 1866.

203. Tout comme Erik Satie, le poète et humoriste Alphonse Allais (1854-1905) est né à Honfleur.

204. Par « farces », Cocteau sous-entend probablement l'humour absurde émanant des calembours et des vers holorimes d'Alphonse Allais.

205. Les parents de Satie quittent Honfleur en 1870 et s'installent avec leurs enfants à Paris, où Jane Leslie Anton meurt deux ans plus tard.

206. Le 15 novembre 1886, le jeune Satie commence son service militaire à Arras au 33 e d'infanterie, mais le quitte aussitôt grâce à un subterfuge où il attrape une bronchite qui le rend inapte au service.

par son œuvre * [b]. Il habite aux environs de Paris [207] *, d'où il vient et où il rentre à pied, soutenu par ses anges *. Il a des plaisirs de collégien. « Quelle chance d'être vieux, dit-il. Quand j'étais jeune, on me harcelait * : " Vous verrez un jour ! attendez ! vous verrez ! ". Et bien j'y suis, je n'ai rien vu. Rien ! » N'est-ce pas admirable ?

Donc Satie vivait à Montmartre [208] dans la pire * bohême. On était alors sous le règne de Wagner. Wagner était Dieu. *Wagner über alles.* C'était l'époque du Sâr Péladan, des cérémonies pompeuses, obscures et absurdes de la Rose-Croix [209]. Celui que Nietzsche appelle le « vieux magicien » [210] nous envoûtait *, étouffait notre fraîcheur sous nos légendes déformées. Sa troupe de grosses femmes militaires envahissait nos provinces.

Dans un sens, hélas, imposer Wagner était la seule attitude possible. Il fallait à toute force le défendre contre les imbéciles. Peut-être la bonne attitude * eût-elle été de hurler avec les loups, *pour d'autres raisons* * (c'est ce qu'a fait Nietzsche en Allemagne), – mais enfin c'était une tâche ingrate ; on ne pouvait la demander à personne en France.

Satie fut le seul à sortir sans dommages de cette brume qui aveugle * même Chabrier.

Plus que *Carmen* [211], *España* aurait tout à coup fait entendre à Nietzsche le café-concert idéal. Une délivrance des catacombes en carton-pâte. Mais le pauvre Chabrier incompris de son milieu wagnérien, fatigué de voir sa grâce prise pour de la facilité, de la vulgarité, se laissa vaincre, composa *Gwendoline* [212]. Encore un oiseau mangé par Fafner [c 213] !

Pensez donc que Satie était en plein jardin de Klingsor *, en pleine crypte de Graal. Il était le musicien de la Rose-Croix, c'est-à-dire dans la gueule même de Fafner, – mais attention ! – aussi gouailleur que pourrait l'être un jeune machiniste de l'Opéra chargé d'allumer les yeux du monstre.

Sauvé par Montmartre ! Sauvé par la blague. Pour ma part, ce qu'on nomme blague me déplaît fort. Mais je n'aime pas non plus les médicaments *. Il fallait à gros mal un gros remède, et l'esprit de blague était le seul qui pouvait sortir un homme de l'esprit de sublime artificiel [d].

On ne composait plus que des « wagnéries ». « Wagner eût-il écrit cet accord ? » demandait Péladan sévèrement à Satie qui lui livrait une sonnerie de trompes pour la Rose-Croix. « Oui, oui », répondait-il, sachant bien que non, et riant derrière son binocle.

C'est en 1891 que Satie compose la musique d'une « wagnérie » de Péladan [214] et ouvre sans que personne [ne] s'en doute la porte par laquelle Debussy va marcher vers la gloire.

207. Depuis 1898, Satie habite Arcueil-Cachan, à deux kilomètres au sud de Paris.

208. À son retour du service militaire, Satie s'installe à Montmartre en 1887.

209. C'est en 1890 que Satie fait la connaissance du Sâr Péladan et que, l'année suivante, il compose pour la Rose+Croix. Voir note 390 du texte 50

210. Pour Wagner qualifié par Nietzsche de « vieux magicien », voir la note 391 du texte 50.

211. *Carmen*, opéra composé par Georges Bizet sur un livret de Henri Meilhac et Ludovic Halévy d'après une nouvelle de Mérimée, est créé à l'Opéra-Comique de Paris le 3 mars 1875.

212. *Gwendoline*, opéra composé par Emmanuel Chabrier sur un livret de Catulle Mendès, est créé au Théâtre royal de la Monnaie à Bruxelles le 10 avril 1886.

213. Cocteau identifie Wagner à Fafner, le géant terrassé par le héros de *Siegfried*.

214. Satie compose une musique de scène pour flûtes et harpes pour la pièce de théâtre de Péladan *Le Fils des étoiles. Pastorale Kaldéenne* en trois actes, qui sera publiée à l'Imprimerie professionnelle

Debussy fréquentait alors l'auberge du Clou[215], mal vu des artistes de gauche parce qu'il venait d'avoir le Prix de Rome. On l'évitait. Un soir, Debussy et Satie se trouvent à la même table. Ils se plaisent *. Satie * demande à Debussy ce qu'il prépare. Debussy composait, comme tout le monde, une « wagnérie » avec Catulle Mendès[216]. Satie fit la grimace. « Croyez-moi, murmura-t-il, assez de Wagner. C'est beau, mais ce n'est pas de chez nous. Il faudrait... »

Ici, je vais citer une phrase de Satie qui m'a été dite par Debussy et qui décida l'esthétique de *Pelléas et Mélisande.*

« Il faudrait, dit-il... que l'orchestre ne grimace * pas quand un personnage entre en scène. Regardez. Est-ce que les arbres du décor grimacent * ? Il faudrait faire un décor musical, créer un climat musical où les personnages bougent et causent. Pas de couplets, pas de leitmotiv – *se servir d'une certaine atmosphère de Puvis de Chavannes.* * »

Pensez à l'époque dont je parle. Puvis de Chavannes était un audacieux, moqué par la droite.

« Et vous, Satie, que préparez-vous ? » demanda Debussy.

« Moi, dit Satie, je pense à *La Princesse Maleine*, mais je ne sais pas comment obtenir l'autorisation de Maeterlinck. »

Quelques jours après, Debussy, ayant obtenu l'autorisation de Maeterlinck, commençait *Pelléas et Mélisande.*

Ne croyez pas que je vais blâmer Debussy, plaindre Satie. Tant mieux. Le chef-d'œuvre est à qui le décroche.

Un chef-d'œuvre n'ouvre rien, n'annonce rien. Il ferme une période. Point, à la ligne. Voilà le chef-d'œuvre. Il faut passer à la ligne. C'est dans le chef-d'œuvre que viennent se cristalliser mille recherches confuses, mille plasmas, mille ébauches, mille tâtonnements. Le coup de génie de Satie fut de comprendre tout de suite, dès 1896, que *Pelléas* était un chef-d'œuvre, de reconnaître généreusement et astucieusement que son ami Claude avait tiré dans le mille.

« Plus rien à faire de ce côté-là, écrivait-il après la représentation, en 1902 *, il faut chercher autre chose ou je suis perdu. » Il savait bien que les chefs-d'œuvre donnent naissance à une suite de petits maîtres qui raffinent la découverte *, mais que le vrai créateur doit contredire et que le prochain chef-d'œuvre ne peut qu'être la contradiction violente du chef-d'œuvre précédent.

Satie avait, sans le savoir *, imaginé la musique impressionniste.

Car c'est moi qui le premier employai le terme[217] en parlant de musique neuf ans après, au moment qu'il s'agissait de la définir pour passer outre[e].

La voyant résolue, Satie laisse ses camarades en combiner les ressources et se tourne ailleurs. Il se condamne au silence. Il s'enferme à la Schola. Il ne trouve qu'un seul moyen de contredire le raffinement harmonique, c'est l'écriture.

à Beauvais en 1895. Remarquons que l'appellation « Wagnérie Kaldéenne » ne figure que sur l'édition Rouart-Lerolle de la pièce en 1920.

215. Satie a commencé à gagner sa vie comme pianiste animateur dans des cabarets : le Chat noir où il rencontre son compatriote Alphonse Allais, puis l'auberge du Clou.

216. Debussy est alors occupé à mettre en musique *Rodrigue et Chimène.*

217. Pour la première utilisation du terme « impressionnisme », voir note 140 du texte 77.

Ses camarades méprisent la fugue comme un exercice d'école. Satie la travaille.

« Prenez garde, lui disait Debussy. Vous jouez un jeu dangereux. À votre âge on ne change pas de peau. » Et Satie répondait : « Si je rate, tant pis pour moi. C'est que je n'avais rien dans le ventre. »

Nous sommes en 1909. Satie regarde ses camarades déchiqueter, tresser les chanvres d'une corde avec laquelle il ne restera bientôt plus rien à faire. De temps à

48. « Satie », s.d., collection privée.

autre, il apporte à Ricardo Viñes un petit morceau de piano *. En manière d'excuse, il l'habille d'un titre farce, d'un texte ridicule. Comment « ces Messieurs »[218], comme il les appelle, pourraient-ils prendre au sérieux de petites pièces si naïves *, sans la moindre science harmonique ? Il donne peu à peu corps à l'idée que ces petites pièces éveillent chez les autres. Grâce à ce subterfuge on le supporte. Un *Prélude flasque* délasse les membres entre des « cathédrales englouties »[219], des « lunes qui descendent sur le temple qui fut »[220], des « pavanes pour une infante défunte »[221].

218. Pour la « Danse maigre (à la manière de ces messieurs) » de Satie, voir note 404 du texte 50.

219. Allusion à la *Cathédrale engloutie* de Debussy, dixième numéro des *Préludes* (Premier livre) pour piano de Claude Debussy composés en 1910.

220. Allusion à *Et la lune descend sur le temple qui fut*, deuxième numéro des *Images* (2ᵉ série) pour piano de Claude Debussy, composées en 1907.

221. Allusion à *Pavane pour une infante défunte* pour piano de Maurice Ravel, composée en 1899 et orchestrée en 1910.

Même un jour, Satie, ayant composé la musique la plus exquise, l'intitule : *Airs à faire fuir*[222]. Les admirateurs de Satie déplorent ces farces. Ils s'imaginent qu'elles nuisent à sa gloire. Ils ne se rendent pas compte qu'elles lui ont permis de vivre, qu'elle l'ont préservé contre la haine et aussi contre les personnes en proie au sublime, qui jugent un morceau d'après son titre.

Maintenant Satie n'a plus besoin de farces et n'y a plus recours. Vous ne trouverez aucune farce ni dans *Parade* ni dans *Socrate* ni dans les *Nocturnes* ni dans *Paul et Virginie*, qu'il compose en ce moment sur un livret de Raymond Radiguet et de moi[f].

Cela consterne ses éditeurs. Ils refusaient de l'éditer jadis à cause de ses farces, mais ils déplorent qu'il y renonce, aujourd'hui que ces farces se vendent.

Donc, Satie était le farceur * modeste, – en marge des petits maîtres.

Imagine-t-on semblable patience, coup préparé de plus longue main ? Reconnaissons ici le flegme de la fée anglaise[g][223].

Un beau jour, le chef-d'œuvre destiné à contredire *Pelléas et Mélisande* éclate comme une bombe. Il arrive du pays des bombes. Il est russe. Il est de Stravinski. C'est *Le Sacre du printemps*.

....

Alors le Vieux au bois dormant[224] s'éveille. Il apporte la plus grande audace : être simple.

C'était l'œuf de Colomb. Il fallait y penser, voilà tout. À une époque de raffinement, une seule opposition est possible : la simplicité. Entendons-nous. Pas un recul. Pas un retour à de vieilles simplicités. Pas un pastiche de clavecinistes. *

Satie apporte une simplicité neuve, enrichie de tous les raffinements qui précèdent.

Sa musique est enfin une musique française, – une musique si blanche, si délicate, qu'on pense en l'écoutant à la phrase de Nietzsche[225] : « Les idées qui changent la face des choses viennent à pas de colombe. »

Chacune de ses œuvres déroute. Il ne s'exploite pas. Il invente, change d'aspect, certain d'une ligne droite profonde. Un « maître » est presque toujours un papier à mouches. Satie chasse les mouches.

Les jeunes musiciens l'appellent « le bon maître ». Ils ne l'imitent pas. Il leur a montré une route et leur dit : « Marchez seuls. Faites le contraire de moi. N'écoutez personne. »

(1) Depuis nous le vîmes se rendre en Belgique et à Monte-Carlo.

Variantes

a. *Rappelons que cet article (1924) reprend en partie le texte de la conférence publié en 1920 sous le titre « Erik Satie » (1920). Au sein du texte cible (1924), les variantes ponctuelles par rapport au texte source (1920) sont signalées par des astérisques, alors que les variantes structurelles par rapport au texte source (1920) sont consignées dans les notes qui suivent.*

b. *Rappelons que les astérisques signalent des variantes ponctuelles avec la version de 1920.*

c. *Absence de ce paragraphe en 1920.*

---

222. « *Airs à faire fuir* » est la première pièce des *Pièces froides* d'Erik Satie, composées en 1897.

223. Cocteau fait allusion à la mère de Satie, d'origine écossaise et non anglaise.

224. Pour l'interprétation du « Vieux au bois dormant », voir note 410 du texte 50.

225. Pour la citation de Nietzsche, voir note 248 du texte 34.

d. *Suppression de la fin du paragraphe donné en 1920 et débutant par* : Je pense à une caricature du *Simplicissimus*[226] [...]
e. *Absence de ce paragraphe en 1920 et, par conséquent, l'attribution de cette invention à Satie.*
f. *Fin de paragraphe absent en 1920.*
g. *Fin de paragraphe ajoutée renvoyant à l'introduction de 1924.*

88

UN ANIMATEUR. MUSIQUE SANS NÈGRES *

Les écoles[a] ne comptent pas. Elles n'existent que pour ceux qui cherchent des places. L'homme qui compte est contagieux. L'école qui se forme autour de lui est un hôpital. Médecins-chefs, aides, secrétaires, radiographes et infirmières-majors pullulent. Fuyons. Attendons l'homme dont le microbe encore inconnu nécessitera la mise en marche d'un hôpital nouveau.

L'impressionnisme fatiguait nos yeux et nos oreilles. Au régime du flou et du mystère, nous souhaitâmes que succédassent la franchise, les projecteurs, les vitesses, les contours de la poésie véritable.

Depuis 1912, ce régime sauvait secrètement la peinture et les lettres[227]. Il fallait que la musique, à son tour, sautât du navire en train de sombrer. Il y avait urgence et personne pour donner des ordres. Je m'improvisai capitaine[b].

En 1918, j'agissais seul. Auric, Poulenc, Tailleferre faisaient leurs premiers pas; Milhaud, Honegger cherchaient leur veine sur d'autres routes. Les oreilles encombrées de dissonances chatoyantes ne savaient entendre *Parade*. La belle ligne nue de Satie les traversait sans laisser de traces. Les musicographes ne se rendaient pas compte que sa blancheur était une avance et non un recul et qu'il obtenait ce calme classique en faisant tourner les couleurs à toute vitesse. Stravinski les déracinait, les battait, les obligeait à se soulever de leurs fauteuils; mais la suite nous prouva qu'ils le subissaient plus qu'ils n'en goûtaient l'âme[c].

L'heure était grave. Un seul homme vint alors à notre aide et mit à notre disposition un véhicule prodigieux; j'ai nommé Serge de Diaghilev. Jamais nous ne le saluerons ni ne l'aimerons assez. Jamais nous ne lui marquerons assez de gratitude. C'est à cause de lui que je fais cet article. Pourquoi m'en cacherais-je? Sa troupe arrive. Elle joue, à partir du 26 juin, au théâtre des Champs-Élysées[228]. Nous lui devons une publicité qui vienne du cœur.

---

226. Pour la revue *Simplicissimus*, voir note 146 du texte 23.

* « Un animateur. Musique sans nègres », *L'Intransigeant*, n° 15997, 23 mai 1924, p. 1. Manuscrit intitulé « Hommage à Serge de Diaghilev », conservé à SUL. Version choisie : celle de la parution en revue (*Intr*), plus achevée sur le plan de la rédaction du texte, tout en signalant les variantes significatives du manuscrit (*Ms*).

227. Pour Cocteau, la création du *Sacre du printemps* à Paris en 1913 marque la fin de la domination de l'impressionnisme dans les arts et le début de l'avant-garde.

228. Le Théâtre des Champs-Élysées accueille en effet les Ballets russes à Paris du 24 mai au 26 juin 1924. À la publication de cet article, la troupe est en pleine répétition. Au programme de la répétition générale du 24 mai, la presse se voit proposer *Les Biches* et *Le Train bleu*. Jusqu'à la fin juin, *Les Biches*

Cet homme royal, infatigable, ne s'arrête jamais. Depuis mon enfance, je le vois se déplacer à travers le monde, noyau d'une entreprise qui se forme, se déforme et se reforme autour de sa puissante perspicacité. Seul il reste debout. Son regard fait naître des étoiles; dès qu'il le détourne, elles rentrent dans la nuit et il en allume [d] de nouvelles [e 229].

Vous connaissez son illustre tête à monocle, si grosse que les plus vastes couvre-chefs deviennent sur elle chapeaux de clown [f]. Ses cheveux sont noirs d'un côté, blancs de l'autre; ainsi, lorsqu'on croit que la vieillesse et la fatigue l'engourdissent, Diaghilev se réveille, toute sa figure amère se retourne [g], ses yeux miroitent, un sourire enfantin découvre une dentition de jeune crocodile. Ne vous y trompez pas; il se reposait. Il dormait son sommeil d'hiver, il changeait de peau.

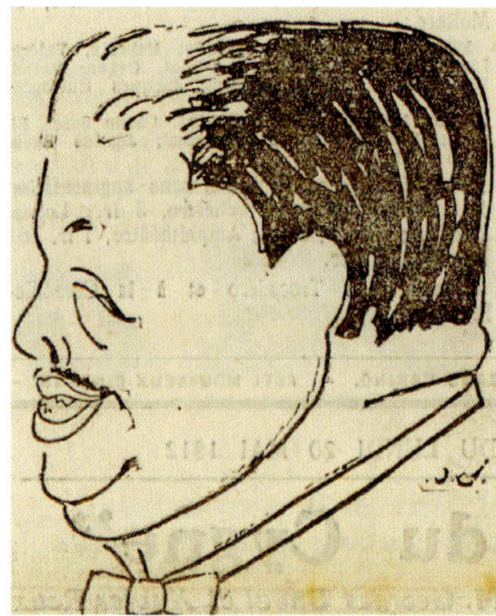

49. Serge de Diaghilev, dans *Comœdia*, n° 1694, 20 mai 1912.

Combien de fois l'ai-je vu secouer sa torpeur et mettre immédiatement la main sur la beauté neuve. Quel joueur! Nous avons été hués, applaudis ensemble. Il ne bronche pas. Ni les scandales, ni les succès ne le démoralisent [h]. Une fois l'œuvre répétée en scène, le décor planté, les éclairages au point, le rideau du peintre qu'il admire descendu des cintres, il peut arriver n'importe quoi. Diaghilev a fini de recevoir la récompense de ses efforts. *Il ne s'amuse plus.* Il devient mécanisme; un général en habit noir qui circule, pendant le spectacle, avec une lorgnette sévère, entre le plateau et la loge d'où il observe le moindre détail.

Cette fois, sa visite couronne mon petit livre, jadis malmené par Gide. Diaghilev apporte *Les Fâcheux* de Georges Auric, *Les Biches* de Francis Poulenc et *Le Train bleu* de Darius Milhaud, inventé par moi pour les débuts à Paris d'un nouvel élève de l'entreprise russe : Anton Dolin [i 230].

On sait l'étonnante courbe décrite par la musique depuis *Pelléas*, et que les rythmes nègres d'hier, indispensables après la pénombre impressionniste, obligent les jeunes à réagir contre eux par une grâce inflexible [j]. *Biches* de Poulenc enlace des initiales d'amour sur le sable, et *Fâcheux* d'Auric les grave rageusement, au canif, dans l'écorce. Chez l'un la beauté patine. Chez l'autre elle se cabre sur du verglas.

---

auront droit à six représentations, *Les Fâcheux* (dont la première parisienne a lieu le 4 juin) à trois représentations et *Le Train bleu* (proposé pour la première fois au public le 20 juin) à quatre représentations.

229. Cocteau fait allusion aux vedettes que Diaghilev répudie ou à celles qui le quittent, que ce soient des danseurs, des chorégraphes ou des décorateurs, tout en louant son incroyable perspicacité à en découvrir et à en engager de nouvelles.

230. Le danseur irlandais Anton Dolin (1904-1983), pseudonyme de Sydney Francis Patrick Chippendall Healey-Kay, interprète pour les Ballets russes le rôle d'un page de *La Belle au bois dormant* à Londres en 1921, mais n'entre dans la compagnie que deux ans plus tard, en novembre 1923. Il devient rapidement alors le protégé de Diaghilev. Il dansera le rôle du beau gosse dans *Le Train bleu* de Milhaud, avant de démissionner en 1925 et de réintégrer à nouveau la troupe trois ans plus tard.

Entre *Sacre* et *Noces*, Mme Nijinska[231] présentera et dansera elle-même ces œuvres récentes qui remportèrent des triomphes auxquels j'assistai à Monte-Carlo.

Elle y ajoute notre ouvrage dont j'eus l'idée en regardant le monde à la mode qui vit la vie au lieu de vivre *d'après la vie*, comme les artistes. La beauté aveuglante, décourageante de la mode, des jazz, des dancings, des réclames lumineuses, du music-hall, vient de ce que cet ordre de choses doit épuiser toute sa force en deux semaines, alors que celle d'un poète, d'un musicien, d'un peintre se répartissent sur un parcours de plusieurs siècles.

Nous ne prétendons, ni Chanel (notre costumière), ni Laurens[232] (notre décorateur), ni Milhaud, ni moi, ni notre grande traductrice en langage du corps humain, atteindre à cette étonnante *vie qui colle à la vie*; nous essayons plutôt d'en faire le portrait, d'en dégager le style et de réussir au lieu d'une œuvre frivole une sorte de statue de la frivolité.

C'est donc en même temps comme public et comme complice[k] que je dois une longue gratitude à celui grâce auquel Picasso, Derain, Braque, Survage, Marie Laurencin, Juan Gris, J.M. Sert, Laurens[233] peuvent s'exprimer sur les planches et qui n'hésite pas à donner aux débuts de nos plus jeunes compositeurs l'importance d'une apothéose.

Variantes

a. *Paragraphe initial du texte présent en Ms, mais non retenu en Intr* : André Gide vient de faire paraître, sous le titre *Incidences*[234], un nouveau livre; il y groupe des articles et des notes entre lesquels je retrouve une lettre ouverte[235] qu'il m'adressait en 1919 après avoir lu *Le Coq et l'Arlequin*. *Le Coq et l'Arlequin* proposait une direction à la jeune musique. Il la lui proposait d'accord avec elle; il serait donc plus juste d'écrire que l'auteur, très lié avec quelques jeunes musiciens, tirait un sens de leurs forces encore confuses et cherchait, non pas à leur mettre son uniforme comme on l'a cru, mais à dégager les profondes raisons d'une entente qui laisserait

231. Bronislava Nijinska (1891-1972), sœur de Vaslav Nijinsky, signe la chorégraphie de plusieurs ballets pour Diaghilev : *La Princesse endormie* et *Le Mariage d'Aurore de la Belle au bois dormant* (1921), *Renard* et *Mavra* (1922), *Les Noces* (1923), *Les Biches*, *Les Fâcheux*, *La Nuit sur le mont chauve*, *Les Tentations de la bergère ou l'Amour vainqueur* et *Le Train bleu* (1924). Elle danse également dans la plupart d'entre eux.

232. Le sculpteur cubiste Henri Laurens (1885-1954) dessine les décors pour *Le Train bleu*; c'est sa seule et unique collaboration aux Ballets russes.

233. Jusqu'en 1917, Diaghilev s'adresse uniquement à des artistes russes pour réaliser les décors et les costumes de ses ballets, à l'exception du Catalan José-Maria Sert en 1914 qui est alors, il est vrai, proche de Misia (mécène des Ballets russes) qu'il épousera en 1920. À partir de 1917, Diaghilev opte en faveur des peintres d'avant-garde français ou étrangers vivant en France. Pour les ballets réalisés jusqu'en 1924, mentionnons la collaboration de Pablo Picasso à *Parade* (1917), *Le Tricorne* (1919), *Pulcinella* (1920) et *Cuadro Flamenco* (1921); celle d'André Derain à *La Boutique fantasque* (1919); de Georges Braque aux *Fâcheux* (1924); de Léopold Survage à *Mavra* (1922); de Marie Laurencin aux *Biches* (1924); de Juan Gris au *Mariage d'Aurore* (1923), *La Colombe* (1924), *Une éducation manquée* (1924) et *Les Tentations de la bergère ou l'Amour vainqueur* (1924); de José-Maria Sert à *La Légende de Joseph* (1914), *L'Astuce féminine* (1920) et à sa reprise sous le titre *Cimarosiana* (1924); d'Henri Laurens au *Train bleu* (1924). Cocteau n'en oublie qu'un seul : Henri Matisse pour *Le Chant du rossignol* (1920).

234. L'achevé d'imprimer de ce recueil d'écrits critiques d'André Gide (1869-1951), intitulé *Incidences* et publié à la Nouvelle Revue française, porte la date du 8 avril 1924.

235. Rappelons que Gide critique *Parade* et *Le Coq et l'Arlequin* en 1919 et qu'il reproche à Cocteau de ne pas suffisamment connaître la technique musicale. La lettre ouverte de Gide a paru dans *La Nouvelle Revue française* du 1er juin 1919 (voir le texte 47).

J'avoue que je ne vois pas très bien ce que la critique va trouver à me reprocher. Dans mes œuvres précédentes, je savais sur quel terrain on allait m'attaquer, cette fois je ne prévois pas.

– Sans doute va-t-on vous accuser d'avoir osé toucher et déformer Shakespeare ?

– Oui, probablement cela, bien que les personnes les plus qualifiées pour en parler m'ont déclaré : « C'est la première fois que nous voyons réellement jouer du Shakespeare. » Et même, voici plus curieux : on m'a signalé un ouvrage sur la mise en scène des œuvres de Shakespeare [240]. Il paraît qu'on a joué *Roméo et Juliette* dans des rideaux noirs et que la musique était exécutée par des cornemuses, ainsi que cela aura lieu aux Soirées de Paris [241]. J'ignorais cela, sans doute ma conception n'était-elle pas si mauvaise ? J'attends en souriant les objections, car les interprètes ont vraiment réussi des choses très belles : Marcel Herrand en particulier a assoupli son jeu et sera remarquable en Roméo ; Mlle Andrée Pascal [242] comprend à merveille ce qu'on attend d'elle. Quant à Mlle Yvonne George [243], elle sera une nourrice excellente. Les autres interprètes, presque tous élèves du Conservatoire, ne se sont nullement montrés surpris de la façon assez nouvelle dont on les fait jouer. Ils s'expriment sans déclamer et accomplissent avec une sincérité parfaite des mouvements auxquels ils ne sont pas habitués.

Et M. Jean Cocteau de nous mimer plusieurs scènes, mais il est interrompu par un domestique qui lui apporte une dépêche.

– Encore une demande de places. J'en reçois sans cesse, ajoute-t-il en montrant un paquet de télégrammes. Je connais des personnes qui viennent spécialement d'Angleterre à cette occasion. Vous verrez qu'on commencera à s'intéresser à cette œuvre lorsque l'étranger l'aura approuvée.

D'ailleurs, tout ce qu'on peut dire pour ou contre n'est rien à comparer au plaisir que j'ai éprouvé à la monter.

Le téléphone résonne de nouveau. Il est tard, et nous ne voudrions pas priver de son dîner un poète qui ne prend pas le temps de déjeuner.

RAYMOND COGNIAT [244]

---

240. Nous n'avons pu identifier cet ouvrage.

241. Du 17 mai au 30 juin 1924, le comte Étienne de Beaumont (1883-1956) organise une série de spectacles au Théâtre de la Cigale à Montmartre. Sous le label des « Soirées de Paris », il monte des spectacles de théâtre, de music-hall, de ballets et des concerts de poésie. Marc Allégret en est l'administrateur, Roger Désormière l'animateur musical, et Léonide Massine le chorégraphe. Parmi les œuvres marquantes de ces « Soirées », signalons *Salade* de Milhaud créé le 17 mai 1924 (mise en scène de Marcel Herrand, costumes de Jeanne Lanvin sur des projections de la danseuse américaine Loïe Fuller) et *Mercure* de Satie créé le 15 juin 1924 (musique d'Erik Satie, chorégraphie de Leonide Massine, décors de Pablo Picasso). Mécène et créateur de décors, de costumes et de bijoux, le comte est un dandy mondain chez qui se presse le Tout-Paris d'avant-garde. Durant la guerre, il avait organisé des convois d'ambulances improvisés auxquels Cocteau avait participé. Rappelons aussi qu'il a prêté main forte au poète lors de l'organisation du spectacle-concert au Théâtre des Champs-Élysées du 21 février 1920, en plaçant des loges et des avant-scènes aux prix forts auprès de ses amis fortunés.

242. Andrée Pascal (1892-1982) comédienne et actrice de cinéma muet. De 1909 à 1923, elle a déjà joué dans une quarantaine de films et une dizaine de pièces de théâtre.

243. Yvonne George (1896-1930), pseudonyme de Yvonne de Knops, interprète de la chanson française réaliste très en vogue dans les années 1920. Elle fréquente des auteurs comme Cocteau, Robert Desnos, Maurice Maeterlinck ou Fernand Crommelynck.

244. Raymond Cogniat (1896-1977) se trouve à l'aube de sa brillante carrière de critique d'art. Il consacrera de très nombreux livres aux peintres de l'École de Paris.

90
[*Le Train bleu*] *

DÉCOR. Sable beige, pas de mer.

Cadre, carton-pâte.

Poissons sur lesquels la date : « mai 1924 » est écrite comme sur les cochons en pain d'épice.

Le Train bleu[245] ne doit pas être une œuvre légère, mais plutôt un monument de frivolité.

Les COSTUMES doivent être l'élégance même sans rien de théâtral.

Deux personnages seulement habillés, les autres soit en maillots noirs, soit avec des peignoirs de couleurs vives. Les figures et les corps très sombres.

Bonnets de caoutchouc. Pas de cheveux. Têtes toutes petites.

La championne de tennis en laine blanche.

Le joueur de golf un peu ridicule. Mais le comble du chic – cheveux collés qui brillent – (tenue Prince de Galles Magazine) beige sweater, chiné. Culottes qui retombent sur des bas. Merveilleux, gants.

Il faut que ce ballet se démode en un an, et reste une image de 1924. Viser le joli, le charmant, le succès, etc.

Le Train bleu doit être à la mode. C'est une balle à mettre dans le mille. On peut encore tromper des artistes sur ce qu'ils veulent ou ce qu'ils attendent, il est impossible de tromper les gens de mode sur la mode. [...]

Petite ouverture, genre Beethoven. Le rideau se lève sur la dernière note qui s'enchaîne avec le chœur de Gigolos et des Poules. Chœurs, valse, duos etc.... sont dansés, au lieu d'être chantés.

Quelques scènes doivent être réglées avec la musique, les autres sans elle ou, du moins, sans rapport visible entre la chorégraphie et le rythme musical. Les danses, gestes et poses de ces dernières scènes sont simplement « accompagnées » par l'orchestre (comme les films : *Coupe de bois en Norvège*[246] ou *Match de football à Chicago* qui se déroulent très lentement sur une musique alerte, ou très vite sur une valse lente...).

---

* « [Sans titre] », textes de provenance inconnue reproduits dans le programme de la représentation du *Train bleu* à l'Opéra National de Paris les 11-14 mars 1992. À cette reconstitution du ballet ont collaboré, en tant que consultants artistiques, Frank W. D. Ries et Irina Nijinska. La direction musicale de l'Orchestre des Concerts Lamoureux était confiée à David Coleman. Les interprètes de cette reconstitution étaient Clothilde Vayer (la championne de tennis), Élisabeth Maurin (Perlouse), Nicolas Le Riche (Beau Gosse), Laurent Queval (le joueur de golf) et le corps de ballet de l'Opéra National de Paris. Signalons également la présence du rideau de scène conçu par Picasso pour la création de 1924 (voir note suivante).

245. *Le Train bleu*, opérette dansée en un acte de Darius Milhaud sur un scénario de Cocteau, créé par les Ballets russes au Théâtre des Champs-Élysées le 20 juin 1924, sous la direction musicale d'André Messager. Bronislava Nijinska conçoit une chorégraphie basée sur des gestes sportifs très stylisés, Henri Laurens les décors, et Picasso un rideau de scène représentant de monumentales baigneuses au bord de mer. Gabrielle Chanel imagine pour l'occasion des costumes de plage et lancera ainsi la mode des vêtements de plage. Parmi les danseurs principaux figurent Bronislava Nijinska (la championne de tennis), Lydia Sokolova (Perlouse), Anton Dolin (Beau gosse) et Léon Woizikovsky (le joueur de golf).

246. Plus précisément *L'Exploitation du bois en Norvège*, court-métrage documentaire, produit par Pathé Frères en 1907. Nous n'avons pu identifier le *Match de football à Chicago*.

Le problème pour la chorégraphe sera de trouver le faux point de rencontre (Entrée d'un couple au restaurant. Fin de la musique). Ni le monsieur, ni la dame ne marchent en mesure, mais la gêne et l'atmosphère musicale changent tout de même leurs démarches, leurs attitudes respectives.

On obtiendra souvent un effet par le passage brusque de ce mode à l'autre. (Danse qui colle et danse qui ne colle pas)

Du reste, l'auteur serait heureux si la chorégraphe voulait aussi chercher une sorte de disparate entre la gesticulation des danses « qui collent » et l'air qui les accompagne.

Bain de soleil. Course (sur place) après le bain, des gigolos, et exercices physiques rapides, pendant que les poules disséminées ou en groupe, prennent les poses gracieuses des cartes postales en couleurs. Il faut bien donner par l'ensemble des gestes et leur ridicule, l'illusion d'un chœur d'opérette au lever du rideau.

(Ne pas craindre une certaine pompe qui fera le style).

91

[Deux ballets actuels] *

Prologue

Le hasard fait bien les choses. Les 6 et 19 janvier 1924, il invitait Francis Poulenc et Georges Auric à triompher dans sa propre maison [247]. En effet Serge de Diaghilev donne son festival français au casino de Monte-Carlo [248].

Il est entendu que Monte-Carlo est une ville très laide, Venise une ville très belle, Londres [249] une ville très émouvante. Mais Londres peut choquer, Venise décevoir et j'avoue que Monte-Carlo me plaît. On y voit le soleil sur de l'or, et le Café de Paris ressemble à Saint-Marc. Les chaises bleu de ciel sont exquises ; les pâtisseries blanches des façades excitent notre appétit de vivre ; les pigeons manqués par les tireurs cruels [a]

---

* « Deux ballets actuels », *La Revue de Paris*, n° 12, 15 juin 1924, p. 908-916. Le « Prologue » et le texte sur *Les Biches* sont repris dans Boris Kochno (dir.), *Théâtre Serge de Diaghilev : Les Biches*, Paris, Éditions des Quatre-Chemins, 1924, [p. 9-18]. Le texte sur *Les Fâcheux* est repris dans Boris Kochno (dir.), *Théâtre Serge de Diaghilev : Les Fâcheux* (Paris, Éditions des Quatre-Chemins, 1924, [p. 7-12]), accompagné d'un portrait de Georges Auric par Cocteau. Sous le titre « La beauté se compromet encore une fois avec nous », les textes paraissent à nouveau ensemble en annexe du *Coq et l'Arlequin*, dans *Le Rappel à l'ordre* (1926, p. 63-74). Version choisie : celle de la double publication en ouvrage (*1924*), en très grande partie conforme à la version du périodique (*RP*), mais plus achevée sur le plan de la disposition du texte et de la ponctuation, et surtout plus développée que la version du *Rappel à l'ordre* (*1926*).

247. Pour le texte composé par Cocteau à l'occasion de la création des deux ballets à Monte-Carlo, voir texte 86.

248. Du 17 janvier au 30 avril 1924, les Ballets russes présentent leurs spectacles à l'Opéra de Monte-Carlo, qui constitue une étape importante dans leurs tournées : de 1911 à 1929, la troupe de Diaghilev s'y produira durant quatorze saisons.

249. Dans le contexte musical, la leçon du texte : « Londres » qui figure dans *La Revue de Paris* est évidemment plus appropriée que sa « variante » : « Lourdes », présente dans les deux autres publications : l'édition des Quatre-Chemins et celle du *Rappel à l'ordre* chez Stock.

viennent se poser sur la tête de Massenet[250]. Par exemple, il manque au milieu de la terrasse un buste de Pascal à qui nous devons la roulette[251].

En Grèce, le touriste consulte Homère. Ici, Fantômas[252] me dirige de salle en salle. Je retrouve le silence, les voix, l'odeur attentive de l'Hôtel des Ventes[b].

Les martingales fonctionnent. Les pèlerins inscrivent leurs pertes sur des registres. Ils mouillent leur crayon pendant que, le coup fini, la roulette tourne encore avec la lenteur bariolée des chevaux de course qui reviennent au paddock. Quelques fées de la chance et de la malchance circulent entre les tables : charmantes vieilles folles anglaises qui dorment debout et se promènent sans se déshabiller depuis le règne de Victoria.

C'est dans ce local étrange que je devais gagner ma mise sur deux jeunes musiciens pour lesquels on connaît mon amitié.

Variantes

a. [...] les pigeons manqués par les tireurs [cruels *supprimé en 1926*] viennent se poser [...]

b. Ici, Fantômas me dirige [de salle en salle. Je retrouve le silence, les voix, l'odeur attentive de l'Hôtel des Ventes *supprimé en 1926*].

[I. Les Biches]

Je crois d'abord utile, pour donner toute sa force au texte qui va suivre, d'avouer que je n'aime pas la chorégraphie de *Noces*. Du moins je l'admire sans l'aimer, car si je blâme la forme du meuble, je m'incline devant l'ébéniste.

Peut-être ma sévérité vient-elle d'une trop complète admiration de l'œuvre musicale. Tout me dérangerait sur cet oratorio[253]. Mon œil et mon oreille combinent un pléonasme boiteux[a].

Dans la musique de *Noces* je découvre un événement significatif : comme vous allez entendre Poulenc déniaiser la grâce, Stravinski déniaise le sublime. L'esprit du *Sacre* trouve sa formule d'orchestre.

Le Sacre avait encore une pénombre. Avec *Noces* le mystère se passe en plein jour et à toute vitesse. J'estime que la recherche de grandeur et de mystère des danses s'accorde mal avec le mystère et la grandeur spontanés d'un orchestre tout[b] nu qui jamais ne se drape et ne lève jamais les yeux au ciel. La grandeur s'y porte dessous et c'est un peu la mettre dessus que la souligner sur des planches.

Mais, ceci dit, on doit partir de haut pour chicaner. Ce travail est en son genre un chef-d'œuvre. J'aimerais que la musique n'eût servi que de prétexte, et voir les têtes s'empiler, les groupes se bâtir et se démolir en silence.

---

250. Réalisé par le sculpteur russe Léopold Bernard Berstamm, le buste de Jules Massenet a été inauguré sur les terrasses du Casino de Monte-Carlo le 23 février 1914, pour commémorer l'ensemble de ses opéras qui y ont été représentés.

251. Auprès du grand public, il y a confusion entre le jeu de roulette du casino inventé au XIXe siècle et les recherches mathématiques de Blaise Pascal sur la courbe cycloïdale (trajectoire d'un point fixé à un cercle qui roule sur une ligne droite et appelé depuis « roulette de Pascal »), recherches consignées dans son *Traité de la roulette* (1659).

252. Pour Fantômas, voir note 175 du texte 29.

253. Cocteau se trompe : *Les Noces* de Stravinski n'appartiennent pas au genre de l'oratorio.

Dans *Les Biches*, Madame Nijinska vient d'atteindre la grandeur sans préméditation. Elle en fut préservée par l'absence de sujet et par l'apparente légèreté du style musical. Car la beauté, la mélancolie des *Biches* ne résultent d'aucun artifice. Je doute que cette musique sache qu'elle fait du mal. Je lui suppose le cœur dur de la jeunesse qui nous bouscule [c] avec un mépris impertinent. Ses rythmes possèdent un prestige sportif. Ils ressemblent aux filles superbes qui passent en sueur, une raquette sous le bras, et qui nous jettent de l'ombre. Après le spectacle je rentre humilié chez moi. Je voudrais émouvoir un corps dédaigneux. Je me rappelle ma solitude, à douze ans, au Palais de Glace. J'y mesurais les distances me séparant des grandes cocottes. Elles boitaient à l'ombre du pourtour chaud, et soudain, sur la piste, dans le froid du milieu pareil à la glace des « omelettes-surprise », s'inclinaient et glissaient comme des voiliers.

Oui, la musique de Poulenc est distante. Elle dédaigne, elle s'exhibe à moitié nue, elle arrive à force de ne pas se comprendre aux mêmes fins que la perversion.

Il manquait Marie Laurencin. Son décor et ses costumes tombent à pic[254]. Ils soulignent carrément les choses. Nous avions toujours ressenti devant les toiles de ce peintre la tristesse de comprendre que les plantes, que les animaux ne nous aiment pas et ne s'occupent pas de nous. Un baiser suffirait peut-être pour rompre ce charme. Qui l'oserait mettre sur des museaux ?

Imaginez ce que combinent de luxe naïf et de primeurs cruelles un tel peintre et un tel musicien. Quel bouquet, quels rubans chez le fleuriste ! On s'écrase le nez contre la vitrine. On n'ose même pas entrer demander le prix.

Avec un flair bien drôle chez une Slave, Madame Nijinska vient prendre sa place sans fausse note. À Poulenc, jeune animal qui mordille en essayant maladroitement de faire l'amour et à Laurencin fille-fleur ou fille-bête, il manquait cette espèce de sainte.

Madame Nijinska vit enfermée dans son travail. Elle n'arrête pas. À peine si elle se coiffe, si elle attache sa robe. À force de sauter, de tourner, de manier ses muscles, d'ouvrière elle est devenue outil. On regarde ses jambes robustes, ses mèches, ses yeux d'ange ; on l'admire à l'égal d'une pioche, d'un rabot.

Comment va-t-elle tenir un éventail fragile, tendre des cerceaux enrubannés à des caniches ? Mais le sang de son frère circule dans ses veines. Un sang ailé. Elle ne cherche pas à voir ce qu'il y a derrière Poulenc, derrière Laurencin. Une intuition la dirige. Sans le moindre calcul et par simple obéissance aux rythmes et au cadre qu'il faut remplir, elle va créer un chef-d'œuvre : les « Fêtes galantes »[255] de son temps.

Penser à des « Fêtes galantes », penser aux secrètes audaces que des spécialistes découvrent dans un arbre de Watteau, penser au nom d'Île de France des auteurs, penser à l'Art, enfin penser tout court, c'était perdre la partie.

La poésie de ces danses ne fut pas écrite exprès. Les danses de *Noces* nous obligent à reconnaître une poésie russe du sacrifice, de la maternité, de la naissance, du mariage, de la mort. Ici rien ne nous force. Nous sommes libres. La poésie ne vient que des chiffres et de la netteté du contour.

---

254. Les dessins en couleur des décors et des costumes de Marie Laurencin pour *Les Biches* sont reproduits dans la publication de Boris Kochno (voir note 195 du texte 86).

255. Les « Fêtes galantes » constituent un genre de tableaux que la tradition rattache généralement au peintre Antoine Watteau (1660-1720) et dont Poulenc s'est inspiré pour composer *Les Biches*.

Je ne raconterai pas *Les Biches*. Au lever du rideau on se croirait chez le photographe. Le dilettante [d] trouve les robes trop roses. C'est la fièvre que donne le jeu [e]. Un canapé tient le rôle de danseur étoile, de ténor. On devine sa voix céleste. On le roule, on saute dessus, on se cache derrière [f], on s'effondre morts de fatigue sur ses capitons. Les personnages entrent et sortent. Voici le parc moderne, le goûter de la Bibliothèque Rose, d'un rose très vif [g].

Je vous recommande :

Le rire des femmes au bord de la rampe, puis l'entrée des hommes qui descendent les marches. Quels sont ces fauves, ces maîtres nageurs, ces lauréats d'une société de gymnastique, ces trois marlous du ciel ? Ils parlent sur terre. Leurs voix sortent de l'orchestre. Leurs grosses jambes nues n'émeuvent pas les jeunes personnes. Elles sont de l'époque où les couples dansent sur la plage, en costume de bain. Leurs guirlandes se tressent parmi les bonds du football.

Voici nos gaillards noués pour un groupe d'apothéose : la Lutte. Ces dames les dénouent, les escortent, leur tiennent à l'oreille des propos moqueurs. Et je vous affirme qu'ils ne doutent pas d'eux ! Ils s'étalent avec un toupet inouï.

Ces garden-parties, ces cotillons, ces olympiades [h] nous préparent l'entrée de Mademoiselle Nemchinova.

Que Stendhal emploie bien le mot « sublime » [256] ! L'entrée de Nemchinova est proprement sublime (aucun wagnérien ne peut me comprendre). Lorsque cette petite dame sort de la coulisse sur ses pointes, avec de longues jambes, un justaucorps trop court, et la main droite, gantée de blanc, mise près de la joue, comme pour une espèce de salut militaire, mon cœur bat plus vite ou s'arrête de battre. Ensuite, un goût sans fléchissement combine les pas classiques et les gestes neufs. Les plus difficiles calculs se résolvent tout seuls sur l'ardoise avec les craies blanches, bleues et roses des écoliers.

Paraissent les deux pigeons. Deux jeunes filles en gris, côte à côte, de face. L'une tient l'autre par le cou. L'autre appuie la main de l'une sur son cœur. Une amitié singulière les machine profondément. Elles exécutent ensemble leur danse dédaigneuse. Sur un orage de tambour et de voix d'hirondelles, la danse s'exalte, les croise l'une derrière l'autre comme des ciseaux d'acier et elles se quittent non sans se lancer, avant de sortir par la gauche et par la droite, un regard bref, hautain, complice, inoubliable : le regard des jeunes filles de Proust [257].

Marie Laurencin. Vous cherchiez un cheval ; le voilà. C'est Madame Nijinska. Un cheval de cirque avec le plumet en avant, ou, si vous voulez, une personne couleur champagne qui a bu du champagne et qui s'élance seule en scène avec sa cigarette et ses perles, sur le rythme du rag-mazurka. La musique de Poulenc saute autour d'elle comme un chien savant [i].

Regardez de tous vos yeux, car ce spectacle vous ne le reverrez jamais. Madame Nijinska réussit un tour de force : elle échappe à la danse et à ses juges. Avec elle c'est le théâtre qui entre, et sa danse si facile, si ébauchée, si nonchalante, elle ne peut l'apprendre à personne. Car ici un coup d'œil, les dents qui mordent la lèvre inférieure,

256. Pour la notion de sublime chez Stendhal, voir note 196 du texte 86.

257. Allusion au titre du roman *À l'ombre des jeunes filles en fleur* (1918), l'un des volumes *d'À la recherche du temps perdu* de Marcel Proust (1913-1927).

un geste de l'épaule ou du coude ont l'importance d'un entrechat 5 et du saut fameux de son frère.

Regardez-la bien se tenir en équilibre au bord du dancing et de la grimace sans y tomber plus que le musicien, malgré son aisance, ne tombe dans la facilité. Regardez-la s'asseoir, tendre ses mains aux danseurs, les mener à coup de cils et d'épaules vers le paravent, et finir son œuvre sur un désordre à trois personnages surpris par la chute du rideau.

En somme, ce ballet, on croirait voir, vous savez quoi ?

De la maison d'en face, la main la plus espiègle, la plus méchante et la plus adroite, dirige sur un visage de femme du soleil découpé avec un miroir de poche.

Variantes

a. [...] sur cet oratorio. [Mon œil et mon oreille combinent un pléonasme boiteux *supprimé en 1926*].

b. [...] d'un orchestre [tout *supprimé en 1926*] nu qui jamais ne se drape et ne lève jamais les yeux au ciel.

c. [...] le cœur dur de la jeunesse qui [nous bouscule *1924*; éclabousse *1926*] avec un mépris impertinent.

d. Le [dilettante *1924*; grincheux *1926*] trouve les robes trop roses.

e. C'est la fièvre que donne [le jeu *1924*; cache-cache *1926*].

f. [...] on saute dessus, [on se cache derrière, *supprimé en 1926*] on s'effondre [...]

g. [...] de la Bibliothèque Rose, d'un rose [très vif *1924*; chair *1926*].

h. [...] ces cotillons, ces [olympiades *1924*; poses plastiques *1926*] nous préparent [...]

i. La musique de Poulenc saute autour d'elle comme un [chien savant *1924*; caniche *1926*].

[II. Les Fâcheux]

Douze jours après la première des *Biches* au casino de Monte-Carlo eut lieu la première de l'ouvrage d'Auric [a].

Chez Poulenc nous fûmes ivres d'un miel fort et ce miel, il fallait souvent le recueillir sur la patte d'un très jeune ours. L'orchestre des *Fâcheux* nous change. On jette des poignées de sel à toute volée sur le verglas, les carrosses s'accrochent, les fouets claquent, les chevaux se cabrent, des marches militaires tournent le coin d'une rue.

Est-ce la campagne ? La grêle trépigne, les grêlons rebondissent autour des fleurs, les guêpes couvrent l'espalier.

La bonne musique est ressemblante. Elle ressemble au compositeur. Ce n'est pas l'Espagne mais Chabrier que je cherche dans *España*. *Les Biches* sont un portrait de Francis Poulenc, *Les Fâcheux* un portrait de Georges Auric. L'œil de Poulenc chante une mélodie. La paupière tombante le recouvre un peu. Auric nous décharge son œil noir à bout portant.

Quelquefois l'influence d'un maître apparaît. Elle nous touche beaucoup au passage. Car, profondément assimilée, elle combine un mélange d'amour. C'est le timbre de voix, la démarche, le geste d'une mère chez son fils.

Nos mauvaises humeurs retombent trop vite sur Wagner. Il faut avoir le courage de remonter jusqu'à Beethoven. C'est là que commence le drame ou plutôt le mélodrame.

Pascal nous donne l'exemple du jeu stérile des *si* avec le nez de Cléopâtre[258]. Si Mozart avait vécu davantage, la face de la musique eût été changée. Depuis sa mort un cortège théâtral se déroule. Il m'empêche de traverser la rue et de rentrer chez moi.

L'administrateur général du casino[259], en me confiant une carte qui ouvre toutes[b] les portes, ne savait pas me remettre un coupe-file[c] enchanté. En effet, plusieurs fois déjà, Stravinski avait brutalement nettoyé la place ; mais, pour le coup, assis dans cette salle, je me retrouve, après un siècle d'attente, installé chez moi.

Depuis que je parle musique, j'évite ce qui ne me regarde pas. Je saute les détails. Je me refuse nuances et pédales. On me reproche mon indélicatesse. Mais, que voulez-vous, je n'ai pas une minute à perdre. Je dois aller vite, déblayer, fournir un gros travail. Je laisse donc aux musicographes le soin de compter les couleurs qui orientent la perle. Je passe vite d'une perle à l'autre, injuste et vrai.

Je ne vous ai pas dit que je brûle Wagner ni Beethoven ni aucun des compositeurs qui les inspirent ou qui en découlent. Je ne vous ai pas dit que *Les Biches* ressemblaient à *Cosi fan tutte* ni *Les Fâcheux* à *Don Juan*. J'ai dit grossièrement, et je le répète, que sauf Debussy et Stravinski dont les prodiges s'imposent, aucun musicien depuis Mozart n'avait su me satisfaire à l'orchestre autant que Georges Auric ou que Francis Poulenc.

Je sais que la plume d'oie de Poulenc enlace des initiales d'amour et que le stylographe d'Auric troue le papier, que les entrelacs, les pleins et les déliés de l'un sont différents de l'écriture presque rageuse avec laquelle l'autre note les choses les plus tendres ; mais en les associant je prouve encore combien notre groupe reste libre de dépenser ses forces à sa guise après le repas spirituel pris en commun.

L'orchestre des *Fâcheux* était hérissé de tessons de bouteilles, d'orties. Un obstacle difficile à franchir. Georges Braque s'essayait au théâtre. Il est un grand peintre. Serait-il décorateur[260] ? L'un gêne souvent l'autre.

Dès le lever du rideau Braque saute la rampe d'un bond, sans effort, la main dans la main de Molière. Son élégance beige de lion est dangereuse. La preuve en est qu'il mange la chorégraphie sans même remuer. On y bouge trop. Braque a raison d'elle comme un homme calme qui se dispute avec un bavard.

Vide, son décor nous intrigua. C'était la curieuse plantation des villes où on circule[d] la nuit. L'entrée d'un personnage le transfigure ; il remplace l'arrivée du jour. Les maisons grandissent, les fenêtres vivent, les arbres respirent. Un pareil décor est le comble du goût. Il rend sa valeur à ce mot démonétisé. Notre peintre pour son début évite un effet de cabotin. Il sait la faveur dont jouit actuellement le scandale et que certaines audaces correspondent en 1924 au désir de plaire. Il ne veut ni plaire ni déplaire. Il n'exploite même aucune des ressources offertes par le théâtre. Il entre nu,

---

258. Allusion à la célèbre formule : « Le nez de Cléopâtre, s'il eût été plus court, toute la face de la terre aurait changé », extraite des *Pensées* (1669) de Blaise Pascal.

259. Camille Blanc (1847-1927), administrateur du Casino de Monte-Carlo et maire de la ville voisine de Beausoleil.

260. Les dessins en couleur des décors et des costumes de Georges Braque pour *Les Fâcheux* sont reproduits dans la publication de Boris Kochno (voir note 198 du texte 86).

athlète sûr de sa beauté après douze ans de stade. Il cache ses calculs sous une chair fraîche. Il ne montre pas son squelette, ce qui chez un artiste doit être considéré comme le seul attentat contre la pudeur.

Je place le décor des *Fâcheux* sur le plan des décors exécutés par Picasso pour *Parade* et pour *Pulcinella*[261].

Nous ne remercierons jamais assez Serge de Diaghilev qui nous les offre[e].

J'ai écrit que Braque l'emportait sur le chorégraphe. J'aurais dû dire qu'il était le chorégraphe réel et que Madame Nijinska ne pouvait que le suivre. La vraie danse des *Fâcheux* se fait entre les beiges, les jaunes, les marrons, les gris. Les joueuses de volant, leur figure devenue, grâce à certains jaunes et à certains mauves, d'un rose surnaturel, occupent l'œil sans autre artifice que de ressortir soit sur le fond d'un mur, soit sur celui des arbres.

50. « à Georges Auric », 1921, collection privée.

Orphise[262], belle et plate, sous son chapeau trop large pour la fenêtre d'où elle observe Éraste, n'a besoin, lorsqu'elle s'exprime, que de se montrer de dos, pour disparaître comme certains insectes qui savent prendre la couleur et la forme d'une feuille morte. Si elle se retourne, pourquoi courir sur les pointes? qu'elle s'y dresse simplement. Son costume réserve une surprise qui équivaut à celle d'un pas ingénieux. Il suffit aux joueurs de balle d'entrer pour changer l'éclairage et mettre tout au clair de lune.

Lorsqu'ils se sauvent le décor chavire comme un bateau. Éraste grandit de moitié, les maisons s'approchent. Étranges jeux de scène combinant une pantomime qu'il fallait souligner discrètement. Sans doute la réserve que commande un tel collaborateur fera reprocher à Madame Nijinska le tact avec lequel ses personnages hésitent entre le Ballet russe et la Comédie-Française.

---

261. Lors de la création des *Fâcheux* à Monte-Carlo le 19 janvier 1924, deux autres ballets figurent au programme : *Une éducation manquée* sur une musique préexistante de Chabrier datant de 1879, avec des récitatifs de Milhaud et des décors de Juan Gris; et *Pulcinella*, ballet avec chants de Stravinski d'après Giovanni Battista Pergolèse, dont les rôles principaux sont tenus par Tamara Karsavina (Pimpinella) et Enrico Cecchetti (le docteur), dans une chorégraphie de Léonide Massine sous la direction musicale d'Ernest Ansermet. *Pulcinella* a été composé par Stravinski sur un livret de Diaghilev inspiré d'un manuscrit italien de Pergolèse et a été créé à l'Opéra de Paris le 15 mai 1920 avec un rideau de scène, des décors et des costumes de Picasso, avant d'être représenté pour la première fois à Monte-Carlo le 23 décembre 1923.

262. Dans *Les Fâcheux*, le personnage d'Éraste souhaite rejoindre la belle et tendre Orphise dont il est amoureux, mais des opportuns et des intrigants l'en empêchent sans cesse : les fâcheux parmi lesquels figurent un musicien, un danseur, un marquis, deux précieuses, un chasseur, un savant, etc.

Il existe, à mon gré, peu de spectacles plus[f] nobles que l'ensemble des couleurs fondues à la fin, comme dirait Renan[263], sur le cou de la colombe, lorsqu'un appel militaire de trompette s'arrache de l'orchestre et annonce le baisser du rideau.

Variantes

a. *Phrase introductrice absente en RP-1926.*
b. [...] une carte qui ouvre [toutes *supprimé en 1926*] les portes [...]
c. *Et non* « coupe-fil », *comme l'indique erronément 1926.*
d. [...] des villes où [on marche *RP*; on circule *1924*; l'on marche *1926*] la nuit.
e. *Passage entièrement supprimé en 1926* à partir de « Il ne montre pas son squelette, ce qui [...] »
f. Il existe, à mon gré, peu de spectacles [plus *1924*; aussi *1926*] nobles que [...]

92
L'exemple d'Erik Satie *

J'ai admiré, aimé, aidé[a] religieusement Erik Satie. Il allonge la liste des deuils qui me rendent la vie écœurante[264]. Le lendemain de sa mort, Le Douanier Rousseau entre au Louvre; on dirait pour fêter leur rencontre au ciel.

À une époque de hâte et de machines, combien me frappe la solide élégance de ces deux œuvres *entièrement faites à la main*. Un autre signe les rapproche : jamais notre compositeur, notre peintre ne s'exploitent, jamais ils n'abîment leur beauté naturelle par la funeste préoccupation de beauté qui maquille tant de grandes choses.

L'amour du reflet dans l'eau, voilà un vice de la France; il la détourne des formes authentiques. Or, par crainte de bénéficier d'un charme accidentel, propre au narcissisme, mon vieux maître se faisait des grimaces. Excellente méthode qui le protège contre les admirateurs inattentifs.

Je n'imagine rien de plus vrai, de plus noble que son âme[b].

Lorsque Satie me boudait, me jouait de ces tours qui le fâchèrent peu à peu avec ses camarades, je m'interrogeais et je découvrais en moi une mauvaise herbe à la base de son prétendu caprice. La mauvaise herbe arrachée, je voyais Satie revenir.

Il m'enseigna les perspectives du temps, le ridicule d'attacher la moindre importance aux éloges comme aux insultes. Plaire, déplaire exprès lui semblaient des attitudes incompréhensibles. Il adoptait d'emblée la position intenable[c]. Il avait une patience d'ange. Aussi eûmes-nous, entre 1917 et 1924, le spectacle de ce que les horticulteurs

263. Ernest Renan (1823-1892) emploie fréquemment l'expression des « couleurs fondues », entre autres pour évoquer l'atmosphère idéalisée qui préside à *1802. Dialogue des morts*, brève pièce où les « ombres » de Corneille, Racine, Boileau, Voltaire et Diderot se rencontrent fictivement en 1802 pour célébrer le génie à venir de Victor Hugo. De fait, la pièce a été représentée à la Comédie-Française le 26 avril 1886, jour de l'anniversaire du poète. Voir Ernest Renan, *1802. Dialogue des morts*, Paris, Calmann-Lévy, 1886.

* « L'exemple d'Erik Satie », *La Revue musicale*, n° 10, 1er août 1925, p. 97-98; texte repris en annexe du *Coq et l'Arlequin*, dans *Le Rappel à l'ordre* (1926, p. 74-75) (avec des suppressions de texte), ainsi que dans *La Revue musicale* nos 386-387, 1985, p. 48-49. Manuscrit conservé à la BHVP. Version choisie : la plus riche, celle de 1925.

264. Satie est décédé le 1er juillet 1925 des suites d'une cirrhose du foie.

appellent : Floraison tardive. Satie qu'on croyait sec se chargea de fleurs, de fruits ; ses branches candides embaumèrent, nourrirent la jeunesse fatiguée par trop d'artifices.

Raymond Radiguet, de quinze à vingt ans, Erik Satie, de cinquante-quatre à cinquante-neuf ans, eurent le même âge et firent route commune. Au reste, avec les *Contes* d'Andersen[265], les livres de Radiguet devinrent la seule lecture du solitaire d'Arcueil.

Puissé-je rejoindre vite mes collaborateurs où ils m'attendent.

P.-S. – Les journalistes ont salué la mort de Satie par quelques sourires. Il convient de prendre patience ; car c'est toujours en conserves que la France mange ses primeurs[d][266].

Variantes

a. *Dans le manuscrit, Cocteau est moins explicite sur ses mérites* : J'ai admiré, aimé religieusement Erik Satie.

b. *Phrase écartée en 1926.*

c. *La première partie du paragraphe, qui résume en quelque sorte ce que Satie a appris à Cocteau, est formulée de façon moins superficielle dans le manuscrit* : Il m'enseigna les perspectives du temps ; il savait que la sagesse ne peut avoir l'air sage, le beau avoir l'air beau, le sublime *avoir l'air* sublime, le délicieux *avoir l'air* délicieux, le classicisme *avoir l'air* classique, à moins de fraude. Ce serait trop facile. Il prenait toujours la position la plus difficile, la plus indéfendable.

d. *« Post-scriptum » écarté en 1926.*

93

Pour la tombe d'Erik Satie*

Il existe en France des gloires occultes qui agissent avec une force extraordinaire. Rimbaud reste le type d'un de ces grands hommes ne possédant aucun boulevard, aucune statue[267], et dont la figure profonde conserve du mystère, même lorsque tous les pays la connaissent. Il ne faudrait pas confondre ces hommes avec des gloires de chapelle. Ils répondent au besoin d'esprits et d'âmes qui groupent sur terre une famille immense, toujours renouvelée.

265. Le Danois Hans Christian Andersen (1805-1875), célèbre pour ses contes de fées, genre littéraire nouveau à l'époque.

266. La prophétie annoncée par Cocteau s'est révélée exacte. De son vivant, Satie était considéré comme un marginal, même si Maurice Ravel l'avait présenté dès 1911 comme le précurseur de l'art moderne. La musique de Satie était alors régulièrement jouée dans les salles de concert, tout en étant diversement appréciée par la presse. Après sa mort, elle tombera quelque peu dans l'oubli avant d'être « redécouverte » par John Cage à la fin des années 1930 et portée au pinacle par les Européens dans les années 1970.

* « Pour la tombe d'Erik Satie », *Comœdia*, n° 4891, 17 mai 1926 [avec un portrait du compositeur par Cocteau].

267. Aucune rue Rimbaud en effet à Paris, seul un passage privé portant son nom dans le XIXe arrondissement, ouvert en 1926 au 3-7 rue Miguel Hidalgo, et il faudra attendre 1984 pour que la capitale honore le poète en érigeant une statue commandée par François Mitterrand au sculpteur Robert Ipoustéguy et inaugurée Place du Père Teilhard-de-Chardin. En 1901, sa ville natale de Charleville avait pourtant érigé un buste réalisé par Paterne Berrichon et placé dans les jardins de la gare, pour commémorer le dixième anniversaire de son décès.

Cette sorte de gloire traverse les murs, déjoue les embûches que la presse et l'incompréhension lui opposent. Même une gloire officielle, comme la gloire de Claude Debussy, en conserve la marque, et l'empêche de se pétrifier. Chaque fois qu'un nuage passe, que l'air froisse les feuilles d'un arbre, Debussy compte une statue et un discours de plus ; l'amitié de la jeunesse élève à Erik Satie un monument charmant.

Darius Milhaud, qui revient de Russie[268] où les œuvres françaises pénètrent mal, me raconte que les jeunes Russes jouent sa musique par cœur. Mais, s'il est naturel que les poètes reconnaissent ces gloires à la source et les aident à se répandre, il est rare que la mode les adopte et les mette en relief.

C'est pourquoi le comte Étienne de Beaumont est un vrai grand seigneur, car il ne se contente pas de lancer les modes légères et d'organiser des bals audacieux[269], il pousse l'élégance jusqu'à une extrême limite[270] et, malgré la foule de faux artistes, le désordre moderne, reconnaît la grandeur secrète et lui décerne du premier coup ces titres qui composent l'aristocratie de l'art.

Beaumont aimait Satie et n'a pas attendu sa mort pour lui rendre hommage[271]. Satie ! Je rabâcherais en répétant le prodige de cet homme pur, qui inventa l'esthétique debussyste, s'inclina en silence devant *Pelléas*, resta plusieurs années dans l'ombre ; et, un beau jour, déjà vieux, par un phénomène de floraison tardive, devint notre maître, substitua la

51. Erik Satie, dans *Comœdia*, n° 2927, 21 décembre 1920.

268. La France et l'Union soviétique rétablissent leurs relations culturelles en 1926. Accompagné de sa femme et de Jean Wiéner, Milhaud dirige trois concerts à Moscou et trois autres à Leningrad en mars 1926.

269. Les célèbres bals masqués à thème que le comte de Beaumont donne dans son hôtel particulier de la rue Duroc rassemblent le Tout-Paris mondain et artistique. Qui plus est, comme ces bals sont conçus comme de véritables spectacles, le comte passe des commandes aux compositeurs, fait dessiner les costumes par de célèbres couturiers, met à contribution les peintres d'avant-garde pour les décors et demande à un chorégraphe d'imaginer une mise en scène.

270. Lorsque Satie tombe malade et que son état nécessite une hospitalisation, c'est le comte de Beaumont qui intervient pour le faire admettre à l'hôpital Saint-Joseph. Le comte organisera également un concert des œuvres de Satie pour honorer sa mémoire en 1926 (voir note 275 de ce texte).

271. Satie travaille à plusieurs reprises pour le comte de Beaumont. Pour le bal masqué du 30 mai 1923 illustrant l'Antiquité sous Louis XIV, il compose un divertissement joué à l'orgue intitulé *La Statue retrouvée*. Alors que Picasso, Jean Hugo et le comte lui-même se chargent de dessiner les costumes et les décors, Cocteau collabore au scénario, et Léonide Massine règle la chorégraphie. Ce divertissement a pour principaux danseurs le comte et la comtesse de Beaumont, Olga Picasso née Olga Khokhlova, la marquise de Medicis, Massine et Daisy Fellowes. L'année suivante, Satie répond à une nouvelle commande du comte pour la soirée du 15 juin au Théâtre de la Cigale et compose alors la musique du ballet *Mercure* – plus précisément « poses plastiques » en trois tableaux. Picasso ne se contente pas de dessiner les décors et les costumes, mais en écrit aussi le scénario. Quant à Massine, il signe à nouveau la chorégraphie et interprète le rôle de Mercure, tandis que Loïe Fuller se charge des éclairages et Roger Désormière de la direction musicale.

forme au reflet des formes, délivra les lignes de l'estompe, et nous enseigna le dégoût des tricheurs.

Le jour de son enterrement, lorsque nous descendîmes vers l'église à travers les rues d'Arcueil, nous crûmes descendre vers la mer, à Honfleur, sa ville natale. En bas, au lieu de la mer, s'étendait une banlieue lugubre. Nous vîmes sa maison ; il y habitait une pauvre chambre où jamais aucun de nous n'avait pénétré. Après sa mort, j'ai respecté cette pudeur. Hélas ! Milhaud et Wiéner durent se résoudre au pieux sacrilège. Inutile de dépeindre cette chambre. La surprise les cloua sur le seuil[272]. Sachez seulement que sous les couches de poussière, comme dans le sol des fouilles, ils découvrirent des trésors[273].

Satie n'exploitait jamais une œuvre ancienne ; une œuvre non jouée, il l'abandonnait. La lui réclamait-on, il refusait et offrait d'en composer une autre. C'est pourquoi, par l'entremise d'Étienne de Beaumont, vous n'entendrez pas de ces ébauches que les musiciens cachent et qu'on exhume après leur mort, mais des œuvres fraîches, inédites, égales en importance à celles que la jeunesse du monde entier exécute avec amour.

J'oubliais de dire que, non loin de l'étonnante maison d'Arcueil, Satie repose sous un peu d'herbe. En prenant des places au festival, vous aiderez Brancusi à orner sa tombe[274].

L'atelier de Brancusi ressemble à un paysage de préhistoire : des troncs d'arbre, des blocs de pierre, un four où le maître de maison, homme primitif, grille les viandes au bout d'une pointe de fer. Aux quatre coins, le Brontosaure a déposé des œufs, et des statues miroitantes attirent les belles Américaines comme des oiseaux.

Satie se plaisait dans ce décor. Il est juste que quelque chose rappelle sur sa tombe les journées détruites où, riant et plaisantant, il nous montrait notre route.

[Note de la rédaction en fin d'article :] *C'est cet après-midi, au Music-Hall des Champs-Élysées, qu'a lieu la matinée organisée au bénéfice de la tombe d'Erik Satie. On sait qu'au cours de cette matinée, dont nous avons donné le programme, seront entendues plusieurs œuvres inédites*[275].

---

272. Dans son livre *Ma vie heureuse* (Paris, Belfond, 1973, p. 146), Milhaud évoque le souvenir de la découverte de l'appartement d'Arcueil où Satie n'avait jamais laissé entrer un de ses amis : « Quel choc nous éprouvâmes en ouvrant la porte ! Il était inconcevable que Satie eût vécu dans un tel dénuement. Lui, dont la mise impeccable se rapprochait par sa correction et sa propreté de celle du plus rigoureux fonctionnaire, ne possédait pour ainsi dire *rien* : un misérable lit, une table recouverte d'objets disparates, une chaise, une armoire à moitié vide sur laquelle s'empilaient une douzaine de costumes de velours neuf et démodés, tous pareils ; dans tous les coins, des cannes, de vieux chapeaux, des journaux. »

273. Conrad Satie, le frère du compositeur, confie à Milhaud le soin de classer l'ensemble des papiers et des partitions. Derrière le piano de l'appartement, on retrouvera *Jack in the Box* et *Geneviève de Brabant* que Satie croyait avoir perdus.

274. Le sculpteur Constantin Brancusi (1876-1957) rencontre Satie en 1910. Les deux hommes deviennent amis et entretiennent une correspondance suivie. Après l'audition de *Socrate*, Brancusi réalise un *Platon*, un *Socrate* et diverses versions d'une *Coupe de Socrate*. Le sculpteur figure parmi les rares amis que Satie accepte de recevoir à son lit d'hôpital. Brancusi aurait souhaité ériger un monument funéraire en hommage à Satie dans le cimetière d'Arcueil, mais le projet n'aboutira pas à cause d'un malentendu avec Conrad Satie.

275. Le concert d'hommage à Satie organisé au Théâtre des Champs-Élysées le 17 mai 1926 est produit par le peintre Manuel Ortiz de Zárate grâce aux bons offices du comte Étienne de Beaumont qui se voit récompensé par la présence de 1800 auditeurs. Placé sous la direction musicale de Roger Désormière, le programme comprend des extraits de *Relâche*, *Mercure*, *Cinq Grimaces pour Le Songe d'une nuit d'été*.

94
Le numéro Barbette *

Voilà deux ans que je me refuse d'écrire quelques lignes sur le numéro Barbette [276]. J'ai trop suivi les cours du music-hall; j'y retrouve la Sorbonne. J'ajoute que le music-hall m'agace avec sa façon arrogante de mettre nos recherches au point et cet air d'aller plus vite que tout le monde dans une Rolls-Royce. Mais le numéro Barbette est exceptionnel.

Le génie est un cadeau du ciel [a]. Le soin seul nous incombe de lui fabriquer un véhicule, puisqu'il nous faut, jusqu'à nouvel ordre, jouer notre fluide par la bande et hypnotiser faiblement le monde par l'entremise de l'art. Cela limite le rôle d'artiste à celui de main d'œuvre. La vie et ses horreurs se chargent du reste. On a honte de savoir si mal son métier en face de certains spécialistes, et je n'ai cru pouvoir me permettre d'écrire une pièce (*Orphée* [277]) qu'après sept ans d'études, sous prétexte de pantomimes et d'adaptations [b]. Je me faisais la main. C'est vous dire ma reconnaissance au numéro Barbette, une extraordinaire leçon de métier théâtral.

Ce paragraphe expliquera un enthousiasme que les Parisiens spirituels et les dilettantes durent mettre sur le compte de la fantaisie avec laquelle ils confondent toujours nos entreprises de casse-cou [c].

Vander Clyde Esq. [278], alias Barbette, est un jeune Américain de vingt-quatre ans [279], d'aspect un peu bossu comme les oiseaux, de démarche un peu infirme (sans doute à

Ricardo Viñes joue les *Danses gothiques*, Jean Wiéner les *Préludes*, et Marcelle Meyer *Jack in the Box*. La troisième partie est consacrée à la création de l'opéra miniature *Geneviève de Brabant* composé sur un texte de Contamine de Latour et orchestré par Désormière. Ortiz conçoit des marionnettes pour ce spectacle qui sont instrumentées par les Walton. D'autres hommages seront rendus à Satie, notamment un gala organisé par Diaghilev au Théâtre Sarah-Bernhardt le 3 juin 1926, avec *Parade*, la création de *Jack in the Box* (avec décors et costumes de Derain) et les œuvres de Stravinski, *Noces* et *Pétrouchka*.

* « Le numéro Barbette », *La Nouvelle Revue française*, nº 154, 1er juillet 1926, p. 33-38; texte repris dans Cocteau, *Antigone – Les Mariés de la tour Eiffel*, Paris, Gallimard, 1927 (Impression) et 1928 (Copyright), ainsi que dans Cocteau, *Deux travestis*, Paris, Imprimerie Studium, [1947]. Manuscrit conservé à SUL (*Ms. Syracuse*). Dactylogramme conservé au HCR (*Dact. HRC*). *Dact. HRC* donne cependant un état du texte antérieur à celui présent en *Ms. Syracuse*. Version choisie : celle, plus achevée, du périodique, mais corrigée à l'aide du dactylogramme et du manuscrit.

276. Barbette, pseudonyme de Vander Clyde (né entre 1898 et 1904 - 1973), équilibriste américain qui, travesti en femme, exécute un numéro de trapèze sur une musique de Wagner. Après avoir débuté à l'Alhambra à l'automne 1923, il se produit, entre autres, au Casino de Paris, au Moulin rouge et au Cirque de Medrano, avant de retourner l'année suivante aux États-Unis. Cocteau lui fera interpréter le rôle de l'androgyne dans son film *Le Sang d'un poète* (1930).

277. *Orphée*, pièce de théâtre de Cocteau créée au Théâtre des Arts de Paris le 17 juin 1926, dans un décor de Jean Hugo et des costumes de Gabrielle Chanel. Parmi les acteurs figurent Georges Pitoëff (Orphée), Marcel Herrand (Heurtebise), Ludmilla Pitoëff (Eurydice) et Mireille Havet (La Mort). Francis Poulenc écrit une musique de scène qui semble ne pas avoir été utilisée.

278. Le terme anglais Esq., abréviation d'*Esquire*, sert à désigner un statut social supérieur à celui de *Gentleman*. Il semble que Cocteau accorde à Barbette ce titre d'excellence en reconnaissance de son travail, alors que ce dernier ne l'a jamais reçu en Angleterre où il a donné plusieurs représentations avant de venir en France.

279. Les notices biographiques consacrées à Barbette font remonter sa date de naissance entre 1898 et 1904. S'il a réellement 24 ans au moment de la rédaction de cet article, il est né en 1902; en revanche, si son âge se rapporte à la date de ses premiers spectacles parisiens, à savoir en 1923, il est né en 1899.

cause de mains et de pieds très petits). D'une chute de trapèze lui reste la cicatrice qui retrousse sa lèvre supérieure sur une dentition désordonnée. Seule l'étonnante arcade sourcilière qui surmonte des yeux inhumains signale à l'attention sa personne aussi anonyme que l'était, en ville, Nijinsky.

Partageons vers six heures le sandwich, l'œuf dur de notre acrobate, et accompagnons-le dans sa loge où il arrive à huit heures (il passe à onze) avec cette conscience, inconnue des comédiens de chez nous et propre aux clowns, aux mimes annamites, aux danseuses cambodgiennes qu'on coud chaque soir dans leur costume d'or.

Barbette déniaise la fable grecque des jeunes hommes changés en arbres, en fleurs. Il en supprime la féerie facile.

Nous allons suivre en pleine lumière, au ralenti, les phases d'une métamorphose dont Man Ray[280] voulut bien fixer pour moi quelques progrès significatifs ; entre autres lorsque Barbette, avec sa tête de femme contredite par son torse nu et sanglant des trousses de cuir, ressemble beaucoup aux Apollons des bandagistes[281].

Maintenant cette loge ne m'intimidait pas. Je fumais, je bavardais chez un camarade sportif qui se débarbouille, qui étale à pleines mains du gras sur sa figure. Des girls entrent, poussent un petit cri et disparaissent jusqu'à ce que Barbette, passant un peignoir éponge, aille entrouvrir la porte, échanger quelques mots. Même achevé son maquillage, aussi précieux qu'une boîte à pastels toute neuve, ses mâchoires recouvertes d'une gomme d'émail qui miroite, son corps frotté de plâtre irréel, ce drôle de jeune diable, de Saint-Just en rêve, de cocher de la mort, restera un homme, relié à son double par un cheveu. C'est seulement lorsqu'il coiffera sa perruque blonde, maintenue par un simple élastique autour des oreilles, qu'il prendra, un bouquet d'épingles neige dans la bouche, les moindres poses d'une femme qui se coiffe[282]. Il se lève, il marche, il met ses bagues[d]. La métamorphose est faite. Jekyll est Hyde. Oui Hyde ! Car j'ai peur. Je me détourne. J'écrase ma cigarette. J'ôte mon chapeau. C'est mon tour d'être intimidé. La porte s'ouvre ; les girls ne se gênent plus ; elles entrent et sortent comme chez elles, s'asseyent, se poudrent, parlent chiffons.

L'habilleuse passe la robe, frise les plumes, agrafe le corsage (des bretelles de tulle qui ne cachent même pas l'absence de seins) et le cortège : habilleuse, visiteurs, girls, prennent l'escalier où Barbette redevient un garçon déguisé pour faire une farce, empêtré dans ses jupes, et tenté de descendre sur la rampe à califourchon.

Homme il reste sur le plateau lorsqu'il visite ses appareils, s'exerce les jambes, grimace dans le feu des projecteurs, se pend aux fils, grimpe aux échelles. Aussitôt la question du danger réglée, la femme réapparaît. Une femme élégante qui jette un

280. Man Ray, pseudonyme d'Emmanuel Rudzitski (1890-1976), Américain d'origine russe installé à Paris en 1921, devient le photographe de toutes les personnalités artistiques et intellectuelles de l'entre-deux-guerres. Il fait partie du groupe des surréalistes et s'adonne également à la peinture. Il réalise une série de clichés de Barbette qui détaillent la métamorphose du jeune homme en femme lors de sa préparation dans sa loge, les différentes étapes du spectacle lui-même et la surprise finale au moment où Barbette enlève sa perruque et révèle qu'il est un homme.

281. Cocteau fait allusion à une statuette qui ornait la vitrine des pharmacies et des drogueries dès les années 1920. Voir Jean Cocteau, *L'Apollon des bandagistes*, Montpellier, Fata Morgana, 2006, p. 18-21.

282. D'après la *variante d* du texte, il s'agit de Gloria Swanson (1899-1983), actrice de cinéma américaine connue surtout pour sa carrière dans les films muets.

dernier coup d'œil sur son salon avant le bal, tapote les coussins, ordonne la place des lampes.

L'orchestre prélude. Allons prendre place et voir Barbette comme n'importe quel spectateur.

Le rideau s'écarte sur un décor utile : fil de fer entre deux supports, système de trapèze et d'anneaux pendus au cadre de la scène. Au fond, divan recouvert d'une peau d'ours blanche sur lequel, entre l'exercice de fil et l'exercice de trapèze, Barbette, enlevant sa robe gênante, jouera une petite scène scabreuse, véritable chef-d'œuvre de pantomime, où, parodiant, résumant toutes les femmes qu'il a étudiées, il devient la femme-type au point d'éteindre les plus jolies personnes qui le précèdent et le suivent sur l'affiche.

Car ne l'oubliez pas, nous sommes dans cette lumière magique du théâtre, dans cette boîte à malices où le vrai n'a plus cours, où le naturel n'a plus aucune valeur, où les petites tailles s'allongent, les hautes statures rapetissent, où des tours de cartes et de passe-passe, dont le public ne soupçonne pas la difficulté, parviennent seuls à tenir le coup. Ici Barbette sera *la Femme* comme Guitry était *le Général russe* [e 283]. Il me fera comprendre que les grands pays et les grandes civilisations ne confiaient pas seulement par décence les rôles de femmes à des hommes. Il nous rappellera François Fratellini m'expliquant, alors que je m'épuisais à ne pouvoir rien obtenir d'un clown anglais, dans le rôle du Bookmaker du *Bœuf sur le toit*, « qu'un Anglais ne pouvait pas faire l'Anglais » ; et ce mot de Réjane [284] : « Quand je joue une mère par exemple, il faut que j'oublie Jacques. Il faut quelquefois que je m'imagine être un homme jouant un rôle de femme, pour sauter la rampe. » Quel recul ! quels efforts ! quelles leçons de métier ! À les entendre, à voir Nijinsky ou Pavlova, râlant après une danse, comme des boxeurs à moitié morts, à connaître cette atmosphère de navire perdu des coulisses pendant qu'un aimable ballet se déroule, j'ai appris les secrets de la scène.

Lorsque Barbette entre, il jette sa poudre aux yeux. Il la jette d'un coup, d'une telle poigne, qu'il va pouvoir se permettre de ne plus penser qu'au travail d'équilibriste. Dès lors ses gestes d'homme le serviront au lieu de le vendre. Il aura l'air d'une de ces amazones qui nous éblouissent aux pages réclames des magazines américains. Pendant la scène du divan, il lance de nouveau une poignée de poudre, car il lui faudra ensuite sa liberté de gestes complète pour se balancer entre la scène et la salle, se pendre par un pied, imiter la chute, présenter à l'envers sa figure d'ange fou, rejoindre les deux ombres qui grandissent lorsque son trapèze l'emporte.

En entrant et là, au-dessus des têtes, et lorsqu'il retombe à terre, même lorsqu'il sautille, il aura l'air peu féminin. (Inutile de dire que Barbette en civil n'est pas efféminé, ce qui annulerait son numéro). On pense à ces peintres florentins qui firent

283. D'après la *variante e* du texte, il s'agit de Lucien Guitry (1860-1925), acteur de théâtre qui vient de décéder en 1925. Il tient le rôle du Grand-Duc Féodor dans *Le Grand-Duc*, pièce composée et mise en scène par son fils, Sacha Guitry (1885-1957), et créée au Théâtre Édouard VII le 13 avril 1921.

284. Réjane, pseudonyme de Gabrielle-Charlotte Réju (1865-1920), comédienne très populaire à partir de 1890. Avec Paul Porel, acteur et directeur de théâtre, elle a deux enfants, Jacques et Germaine. En 1905, elle rachète le Théâtre de Lugné-Poé auquel elle donne son nom et qu'elle dirige jusqu'en 1918.

poser des jeunes gens pour la tête des femmes et à Proust lorsqu'il brouille les sexes avec une ruse et une maladresse qui donnent à ses personnages un prestige mystérieux.

La raison du succès de Barbette vient de ce qu'il s'adresse à l'instinct de plusieurs salles en une et groupe obscurément des suffrages contradictoires. Car il plaît à ceux qui voient en lui la femme, à ceux qui devinent en lui l'homme, et à d'autres dont l'âme est émue par le sexe surnaturel de la beauté.

Barbette bouge en silence. Malgré l'orchestre [285] qui accompagne sa démarche, ses grâces et ses exercices périlleux, son numéro semble vu de très très loin, se faire dans les rues du rêve, dans un lieu dont les sons ne peuvent s'entendre, être amené là par un télescope ou par le sommeil.

Le cinématographe a détrôné la sculpture réaliste. Ses personnages de marbre, ses grandes têtes pâles, ses volumes aux ombres, aux éclairages superbes, toute cette humanité abstraite, cette inhumanité silencieuse, remplacent ce que l'œil demandait jadis aux statues. Barbette relève de ces statues qui bougent. Même lorsqu'on le connaît il ne peut perdre son mystère. Il demeure un modèle de plâtre, un mannequin de cire, le buste vivant qui chantait sur un socle drapé de velours chez Robert-Houdin [286].

Sa solitude est celle d'Œdipe, d'un œuf de Chirico [287] au premier plan d'une ville, un jour d'éclipse. D'ailleurs je laisse aux poètes le soin de comparer, d'imager la ravissante créature. En moi c'est l'ouvrier qui cherche son mécanisme et qui la démonte comme Edgar Poe le Turc joueur d'échecs de Maelzel [288].

Au bout de ce mensonge inoubliable, quelle ne serait pas la culbute de certains esprits, si Barbette ôtait purement et simplement sa perruque. Il l'ôte, me dites-vous, après cinq rappels, et la culbute a lieu. On entend même une rumeur. On voit des gênes, des figures rouges. C'est entendu. Car, après avoir récolté son succès de gymnaste et provoqué une légère syncope il faut bien qu'il récolte son succès de comédien. Mais voyez le dernier tour de force : redevenir homme, tourner le film à l'envers, ne suffit pas. Encore faut-il que la vérité soit traduite et garde un relief qui se puisse maintenir sur la même ligne que le mensonge. C'est pourquoi Barbette, sitôt sa perruque arrachée, *interprète un rôle d'homme*, roule des épaules, étale ses mains, gonfle ses muscles, exagère la démarche sportive d'un joueur de golf.

---

285. Nous n'avons pu identifier l'orchestre.

286. Jean-Eugène Robert-Houdin (1805-1871), illusionniste français, créateur d'un très grand nombre de tours de magie restés célèbres. Il invente également de nombreux automates. Dès ses débuts en 1845 dans son Théâtre du Palais-Royal, il remporte un succès immédiat.

287. L'Italien Giorgio De Chirico (1888-1978) peint de nombreux tableaux où les personnages sont affublés de têtes blanches en forme d'œuf, sans traits de visage ni cheveux. Les surréalistes français l'admirent en un premier temps jusqu'à l'aduler, puis le répudient pour son adhésion au groupe de la revue *Valori Plastici* et pour le retour qu'il préconise vers la tradition de la peinture et vers le néoclassicisme. C'est à cette occasion que Cocteau prend sa défense dans son ouvrage *Le Mystère laïc* (Paris, Éditions des Quatre-Chemins, 1928).

288. Edgar Allan Poe (1809-1849), poète et romancier américain. Censé jouer aux échecs avec un être humain, le Turc mécanique ou l'automate joueur d'échecs a connu comme attraction un immense succès de 1770 jusqu'au début des années 1840. Passé aux mains de Johann Maelzel en 1804, il aurait entamé des parties d'échecs avec des hommes célèbres, dont Napoléon Bonaparte au palais de Schönbrunn en 1809. Edgar Poe remarque le Turc mécanique lors d'une tournée à Richmond en Virginie et lui consacre un article dans le *Southern Literary Messenger* en avril 1836 où il émet plusieurs hypothèses pour en expliquer le fonctionnement. En réalité, l'illusion était totale : le soi-disant mannequin en tissus, de taille humaine, était actionné par d'excellents joueurs d'échecs.

Et quelle malice pour perfectionner cette machine de sortilèges, d'émotions, de trompe-l'âme et trompe-les-sens, lorsque, le rideau écarté pour la quinzième fois, l'ex-Barbette cligne de l'œil, saute d'une jambe sur l'autre, ébauche un geste d'excuse, exécute toute une petite danse de gamin des rues, afin d'effacer le souvenir de fable, d'obsèques du cygne, que laisse le numéro, qu'il connaît bien sans l'avoir prémédité, et qui semble une faute de goût à sa modestie parfaite de travailleur.

Toutes les âmes en désordre, malades, désespérées, épuisées par les forces qui nous menacent en deçà et au-delà de la mort, trouvent du repos dans un contour. Après des années d'américanisme vague où la capitale des États-Unis nous hypnotisait, les mains hautes, comme un revolver, le numéro Barbette me montre enfin la vraie New York, avec les plumes d'autruche de sa mer et de ses usines, ses immeubles en tulle, sa précision, sa voix de sirène, et ses parures, ses aigrettes d'électricité.

Variantes

a. *Version préliminaire du début du paragraphe en Ms. Syracuse* : Je partage avec Stravinski cette opinion que le génie importe peu. On l'a, ou on ne l'a pas. C'est un cadeau du ciel.

b. *En Ms. Syracuse, Cocteau fournit entre parenthèses quelques exemples* « de pantomimes et d'adaptations » : (*Le Bœuf sur le toit, Parade, Les Mariés, Antigone, Roméo*).

c. *Version préliminaire de ce paragraphe en Ms. Syracuse et Dact. HRC* : Ce paragraphe pour vous expliquer mon enthousiasme que les Parisiens durent prendre pour un plaisir de mauvais aloi et Drieu La Rochelle pour cette fantaisie avec laquelle il confond mes plus durs travaux.

d. *En Ms. Syracuse, le poète renvoie ici à Gloria Swanson.*

e. *En Dact. HRC, Cocteau spécifie qu'il s'agit de Lucien Guitry (voir la note en bas de page).*

95

Le rappel à l'ordre
Préface *

En quelques lignes j'indiquerai l'éclairage sous lequel ce livre doit être lu.

À dix-sept ans, chargé d'électricité, je veux dire de poésie informe, incapable de fabriquer un appareil de transmission, dérouté par des éloges suspects[289] et de mauvais livres, je me retournais sur place comme un malade qui essaye de s'endormir. Je traînai, j'étouffai d'orgueil absurde, je m'écœurai, je souhaitai la mort. La comtesse de Noailles me communiqua son goût de vivre[290]. Toute sa personne poussait le cri de Jeanne du

* « Préface », *Le Rappel à l'ordre. Le Coq et l'Arlequin - Carte Blanche – Visites à Maurice Barrès – Le Secret professionnel - D'un ordre considéré comme une anarchie – Autour de Thomas l'Imposteur – Picasso*, 1926. Notre édition ne considère que les chapitres du *Rappel à l'ordre* qui sont en rapport direct avec le sujet de la musique, à savoir la « Préface », *Le Coq et l'Arlequin* et son « Appendice 1924 », enfin *Carte Blanche*.

289. La première apparition en public de Cocteau remonte au 4 avril 1908, date où l'acteur Édouard de Max organise au Théâtre Fémina une matinée poétique consacrée à ses premiers poèmes.

290. Cocteau rencontre la comtesse Anna de Noailles, née de Brancovan (1876-1933) en février 1911. Attiré à la fois par son extravagance, sa beauté et son talent, il lui porte immédiatement amitié, affection et admiration. À cette époque, la poétesse jouit déjà d'une renommée importante, notamment par son premier recueil de poèmes *Le Cœur innombrable* (1901) et son roman *Le Visage émerveillé* (1904), mais

Barry [291] : « Encore un instant, monsieur le bourreau ! » Mais cette fois, c'était un cri de reine.

Peu à peu, je tombai dans un sommeil de somnambule. Il devint mon état normal et je le dormirai, sans doute, jusqu'au bout.

Je partis à ma recherche. (Voir *Le Potomak* [292]).

Ma première rencontre fut Gide [293]. Lui enviai-je assez une enfance protestante ! Je le voyais, une bible à la main, patiner singulièrement sur l'eau russe [294]. En belle anglaise [295] il y écrivait son nom. Notre amitié me donna des forces [296].

Encore cinq années de marches, et un jeune Parisien, mal dégourdi, arrive chez les muses sévères [297].

Il ne faut pas s'attendre à un accueil chaud. Ces muses ne vous offrent jamais de vous asseoir. Silencieuses, elles vous montrent la corde raide.

Sur le vide, ne pas se rompre le cou exige des soins qui devinrent ma seule politique. Heureux Barrès [298] ! Il ne se refuse aucun vertige, mais il les éprouve aux fenêtres de sa maison.

Hélas, mon trottoir natal, mon caveau du cimetière Montmartre, le vrai rôle qu'ils jouent, c'est quand ils me servent de balancier. Car où vais-je ? Au moins mon exemple prouve-t-il qu'un rigoureux équilibre est indispensable si l'on repousse l'équilibre conventionnel.

Ce que j'allais chercher au cirque, au music-hall, ce n'était pas, comme on l'a tant prétendu, le charme des clowns ou des nègres, mais une leçon d'équilibre. École de travail, de force discrète, de grâce utile, haute école qui m'aliéna beaucoup d'esprits inattentifs.

---

aussi par son salon qui rassemble intellectuels et artistes de l'époque. Les premiers recueils de Cocteau témoignent de son influence.

291. Dans *La Femme au collier de velours* (1850), Alexandre Dumas attribue ces paroles à la comtesse du Barry au moment d'être exécutée sur l'échafaud le 8 décembre 1793. C'est le premier événement auquel assiste le héros du roman, un dénommé Hoffman, à peine arrivé à Paris après son départ d'Allemagne. D'origine roturière, la comtesse du Barry (1743-1793), née Jeanne Bécu, a été la dernière favorite de Louis XV.

292. Pour Cocteau, son ouvrage *Le Potomak 1913-1914* marque le début d'une transformation esthétique où il quitte définitivement l'inspiration post-symboliste pour rejoindre l'avant-garde.

293. Même si Cocteau avait fréquenté auparavant d'autres écrivains, tels que Catulle Mendès, Jules Lemaître, Lucien Daudet ou Maurice Rostand, il entend souligner l'importance majeure de cette rencontre avec Gide qui lui a permis de développer, entre autres, le sens de l'autocritique.

294. André Gide est un fervent admirateur de la littérature russe et tout particulièrement de Dostoïevski dont il contribue à faire connaître l'œuvre, entre autres, à travers une série de conférences données au Théâtre du Vieux-Colombier en février-mars 1922 et publiées sous le titre *Dostoïevski* chez Plon en 1923.

295. « En belle anglaise », c'est-à-dire en écriture anglaise calligraphiée.

296. L'amitié entre Gide et Cocteau s'est maintenue jusqu'à la parution du *Coq et l'Arlequin*. Voir note 345 du texte 47.

297. En 1911, Cocteau rencontre Misia Sert, Diaghilev et Stravinski, personnalités qui vont exiger de lui un engagement et un effort plus consistants dans la création.

298. Maurice Barrès (1862-1923), homme politique et écrivain, représentant la droite nationaliste de l'entre-deux-guerres. Après avoir rendu deux visites à Barrès en septembre-octobre 1914, Cocteau rédige un texte où il bat en brèche l'esthétique et l'idéologie de l'écrivain et qu'il fera paraître après la guerre sous le titre *La Noce massacrée. Visites à Maurice Barrès* (Paris, Éditions de la Sirène, 1921).

Même je suppose que les gestes d'un homme qui marche sur la mort doivent paraître bien drôles. En 1923, l'Académie de l'Humour[299], de la meilleure foi du monde, me proposa un fauteuil.

J.C.
1923

Le Coq et l'Arlequin [Voir texte 33]

APPENDICE 1924

Stravinski dernière heure [Voir texte 85]

La Beauté se compromet encore une fois avec nous [Voir texte 91]

L'Exemple d'Erik Satie [Voir texte 92]

Carte blanche [Voir textes 36 à 46 ; 48 et 49]

96

L'ÉCOLE DU CIRQUE *

Pour monter mon mime du *Bœuf sur le toit* en 1921[300], il me fallait des clowns. Je voulais rompre avec la danse, éviter les danseurs et je redoutais les comédiens qui se dérobent aux obstacles d'un travail de recherche, d'un chemin encore inconnu. Comme il s'agissait d'enfermer les clowns dans des têtes de carton et de leur apprendre mon mécanisme, je n'osais prendre des vedettes ; je pensais aux *augustes*[301] très souples et très humbles qui occupent la piste du cirque entre les numéros et je demandai conseil aux Fratellini. Les Fratellini me répondirent que les *augustes* sauraient mal se plier à une discipline et qu'il valait mieux qu'ils s'en chargeassent eux-mêmes. Je leur avouai mes scrupules, j'insistai sur l'inconvenance d'exiger d'hommes qui inventent une obéissance passive et de cacher leurs trois silhouettes dans des scaphandriers de carton. Ils insistèrent et le firent. Sachant que l'entreprise était désintéressée, ils ne voulaient pas qu'on les paye. Voilà les clowns. J'ajoute qu'aujourd'hui on peut croire que cette collaboration valait le coup et mettre ce désintéressement sur le compte de la réclame, mais, à l'époque, il était impossible aux Fratellini de savoir que *Le Bœuf sur le toit* ferait date et serait pour eux l'origine d'une gloire égale à celle de Footit et de Chocolat[302].

---

299. L'Académie de l'Humour français est fondée en 1923. Nous ignorons à partir de quelle date Cocteau en est devenu membre. En revanche, cette dernière phrase au passé simple laisse apparaître que Cocteau a antidaté son texte ; c'est d'ailleurs une pratique courante de sa part à l'époque.

* « L'École du cirque », préface au catalogue *Les Peintres du cirque : Cirque d'Hiver mai 1927*, exposition des peintres au Cirque d'Hiver, Paris, E. Keller, 1927.

300. En réalité, en 1920. Pour *Le Bœuf sur le toit*, voir note 3 du texte 53.

301. Pour les augustes du cirque, voir note 237 du texte 88.

302. Dans *PS* (p. 62), Cocteau se souvient combien il était émerveillé, enfant, lorsqu'il allait voir les clowns Footit et son serviteur Chocolat au Nouveau-Cirque du Faubourg Saint-Honoré. Durant la dernière décennie du XIXe siècle, ce duo a fait rire tous les petits Parisiens. L'Anglais George (Géo) Footit est l'un des plus célèbres clowns de son époque pour avoir inventé le rôle du clown comique dans des situations grinçantes. Chocolat, pseudonyme de Raphael de Leïos (1864-1917), un ancien esclave cubain, est l'un des

Les clowns, les acrobates, les jongleurs travaillent ; ils vivent d'exercice et ne se reposent jamais. Grâce à eux le cirque conserve une jeunesse que le théâtre a perdue. Le théâtre manque d'exercice. Il vit enfermé, se lève tard et bouge le moins possible. Au contact des clowns, des acrobates, des jongleurs, j'ai appris ce que le théâtre était incapable de m'apprendre.

La modestie des artistes de cirque est incroyable. Elle donne prise à l'injustice. En 1915, je voulais monter *Le Songe d'une nuit d'été* à Medrano [303], remplacer les ballets par des exercices de trapèze, et, jouant sur les mots, distribuer les rôles des *Clowns* de Shakespeare [304] à des clowns. Ce genre de spectacle, devenu courant, n'existait pas encore. Nous louâmes la salle avec Gémier et dûmes interrompre les répétitions parce que les comédiens refusaient de se trouver en contact avec les clowns. Un d'eux, très célèbre, mort maintenant [305], refusait de les voir répéter, se mettait la figure dans les mains et tournait le dos à la piste.

Bref, malgré certaines réformes où nos efforts entrent peut-être pour quelque chose, l'« Art » méprise les clowns. Où commence, où cesse le pitre ? Grave problème, ma foi ! La France nous a donné une preuve de cette sottise en décorant Charles Chaplin des palmes le jour de la solennité du *Kid*, et l'Amérique ne s'est-elle pas couverte de honte en accablant ce grand poète [306] pour des motifs qui obligeraient à brûler vives les œuvres de Shakespeare, de Racine et de Rousseau.

Jamais je n'ai cherché au cirque ce que les peintres y cherchent. Il est naturel que cet univers maquillé, pailleté, bariolé, éclairé, tout prêt à devenir peinture, s'offre aux peintres comme les artistes de cinéma, tout prêts à devenir films, se présentent devant l'objectif. Pour moi, ce que je cherchais au cirque, c'était une discipline, une leçon de force, d'équilibre, de mise au point. Il est très rare qu'un artiste de cirque, combinant son numéro de longue date et le travaillant, le perfectionnant, sans relâche, se trompe dans ses calculs et nous déçoive. On cite le désespoir de Boum-Boum [307], étudiant cinq ans pour quitter ses escarpins, faire le saut périlleux et retomber dans ses escarpins, et

premiers artistes noirs à succès sur la scène parisienne. Leurs numéros sont si célèbres que l'expression « être chocolat » est passée dans le langage courant dans le sens d'« être le dindon de la farce ». Soulignons que pour son « Premier spectacle-concert » du 21 février 1920, Cocteau fait appel au fils et au gendre de Footit, Tommy Footit et Jackly, pour les danses des acrobates du fox-trot *Adieu, New York !* de Georges Auric, spectacle durant lequel est également créé *Le Bœuf sur le toit*.

303. Pour *Le Songe d'une nuit d'été*, voir la note 154 du texte 25.

304. Dans *Le Songe d'une nuit d'été – A Midsummer Night's Dream –*, Shakespeare met en scène des clowns à la scène IV et une danse des clowns à la scène VII. Notons qu'en 1909, le clown Footit a joué dans le film muet français adapté de cette pièce de théâtre.

305. Acteur non identifié.

306. *The Kid*, film muet américain de Charlie Chaplin (1889-1977) sorti en France en janvier 1921 et remportant un immense succès par le mélange très réussi de drame et de comédie avec, en toile de fond, la misère des bas quartiers et l'intransigeance des services sociaux. Durant le tournage du film, Chaplin est imbriqué dans un divorce (prononcé en novembre 1920) avec sa première femme, Mildred Harris, qui tente de faire saisir le film. Alors que l'Amérique puritaine se dresse contre le cinéaste, le Tout-Paris l'accueille le 20 septembre 1921 lors d'un gala de charité au Trocadéro avec une projection spéciale du *Kid* et l'y applaudit très chaleureusement. Ce n'est que lors de son deuxième voyage à Paris en 1931 qu'il recevra la Légion d'Honneur ; il deviendra Commandeur en 1971.

307. Geronimo Medrano (1848-1912), dit Boum-Boum, trapéziste espagnol dans la troupe de Léopold Salonne au Cirque des Champs-Élysées, devient clown en 1874. Au Nouveau Cirque, il joue en duo avec Chocolat. En 1897, il reprend le Cirque Fernando auquel il donne son nom. Après son décès, sa veuve engage les trois frères Fratellini.

s'apercevant le jour de sa réussite que le tour demeurait invisible, que la salle, distraite par le saut, ne le remarquait pas.

D'habitude, le moindre détail est prévu d'avance. Aucun flottement, aucun vague, aucun de ces vides ou de ces surcharges auxquels le nombre de pièces montées et la négligence avec laquelle on les répète condamnent le théâtre d'aujourd'hui.

52. « Footit et Chocolat », dans Jean Cocteau, *Portraits-souvenir*, Paris, Grasset, 1935.

Car ce n'était pas toujours pareil. En Grèce, les premiers théâtres furent des cirques, on l'oublie trop. Peu à peu la tente sous laquelle s'habillaient les acteurs devenant de plus en plus haute, on songea d'abord à la peindre, puis à la transformer en un véritable mur qui séparerait le cirque en deux, attribuant un côté à la salle et l'autre côté aux coulisses. C'est l'origine de l'amphithéâtre.

Le mystère du théâtre et le mystère du cirque diffèrent beaucoup. Le mystère du théâtre vient de la scène inaccessible, du rideau, des coulisses, de la rampe, d'un envers surnaturel où pénètrent les acteurs et d'où ils sortent comme de l'inconnu.

Au cirque, les enfants à l'entr'acte s'ébattent sur la piste où évoluent leurs idoles. On entre dans la loge des clowns, on visite les écuries ; on parle aux acrobates et on devine leur maillot sous le peignoir éponge ; on caresse les chiens savants et les augustes vous servent des grenadines. C'est le mystère en pleine lumière, le vrai, semble-t-il. Mais, ne vous y trompez pas ; un fluide plus dur qu'une vitre enveloppe ces dieux qui se promènent parmi les hommes. Connaissez-vous un personnage-réclame qui traverse les boulevards avec une démarche d'automate, dont la figure est recouverte d'émail et dont les yeux ne clignent pas ? Une foule curieuse, respectueuse, craintive, l'escorte.

Personne ne le touche. Il laisse une grande gêne sur son passage, un profond malaise. Voilà pourquoi nos clowns, nos acrobates, nos dresseurs, contrairement aux acteurs qui épuiseraient en se montrant leur principal élément de surprise, ne craignent pas de se montrer. Ils savent que toute surprise véritable commence après le costume, après le décor, et, d'autre part, ils connaissent le privilège d'un homme que le maquillage, le pailletage, la beauté, la célébrité, plongent dans un monde prestigieux où la foule, malgré les apparences, ne pénétrera jamais.

Songez aux forces qu'il faudra dépenser sur la piste pour devenir le centre d'une cuve bouillante de regards attentifs et cruels. À sa naissance, le théâtre nécessitait la même tension. Si le visage exprimait, le dos ne se reposait pas. Un comédien jouait avec tous ses membres, tous ses fluides, toute sa chair. Voilà sans doute pourquoi le cirque me ramène toujours aux tragiques Grecs et pourquoi les clowns m'exaltent. Eux seuls me donnent une idée de ce que pouvaient être les grandes scènes d'inceste, de pourpre et de cris. En voyant les Fratellini machiner leurs farces atroces, dresser leurs cheveux, pleurer, se battre à coups de marteau, se traîner par une jambe, déchirer leurs costumes et leurs corps, se tuer, s'enterrer, se ressusciter, se poursuivre sur des échasses, je pense aux tragédies grecques avant qu'elles ne s'affadissent, aux Atrides juchés sur de hauts patins et s'entretuant avec des gestes superbes, aux masques de Jocaste, d'Œdipe rugissants et dangereux comme des lions en cage.

Le cirque est le seul endroit où j'entende hurler de rire, où le rire amène des syncopes. On imagine que, jadis, le théâtre tragique devait avoir un relief aussi fort et qu'on y hurlait de peur, que les femmes s'y trouvaient mal.

Il est triste de se rendre compte que des reliefs de cet ordre, dans le domaine tragique, excitent maintenant le rire, et que nous sommes devenus incapables de supporter la grandeur dès qu'elle affecte les reliefs que nous exigeons de la drôlerie.

Peut-être un jour le théâtre se réveillera-t-il et sera-t-il sauvé par le cirque, par le cirque resté fort à cause de l'hygiène qu'il impose à son personnel. Pour cela, nous avons fait et ferons encore notre possible.

Excusez-moi de n'avoir pas parlé des peintres [308] que je préface, mais ils aiment le cirque ; ils le servent. Je l'aime et je le sers à ma façon. Pouvais-je mieux les préfacer qu'en jetant mon cœur sur ces pages ?

308. Ce catalogue d'exposition rassemble les œuvres d'une quarantaine de peintres qui ont pris le cirque pour sujet d'inspiration, notamment Georges Rouault, Robert Louis Antral, Marc Chagall, Serge Férat, Edmond Heuzé, Celso Lagar, Irène Lagut, Toulouse-Lautrec.

97
UNE LETTRE DE M. JEAN COCTEAU *

M. Jean Cocteau nous écrit, à propos du feuilleton de M. Gheusi[309], *cette intéressante réponse que nous avons communiquée à notre collaborateur.*

Cher monsieur et ami,

Vous savez combien je m'éloigne de la littérature et mon habitude n'est pas de répondre aux articles, mais depuis 1916[310] je revendique trop la responsabilité de mes actes pour ne pas rectifier une erreur capable de dérouter les esprits attentifs. M. Gheusi est libre de me prendre pour un *pince-sans-rire*; il se trompe lorsqu'il parle d'une mise en scène de moi. Je n'attache aucune importance au livret du *Pauvre Matelot*, fait divers médiocre[311] que Darius Milhaud a été bien aimable de mettre en musique; j'ai vu décor et mise en scène la *veille de la répétition générale* où je n'étais même pas. Cette mise en scène ingénieuse, faite dans le pur style de l'Opéra-Comique, est l'œuvre de MM. Masson et Ricou[312]. J'ignore le détail de l'article; on me le raconte. *Maisons de travers, plus petites que les personnages*. Je n'ai rien vu de semblable et je félicite nos directeurs de ne pas être tombés, sous prétexte de modernisme, dans ces fausses audaces qu'on est trop porté à confondre avec le théâtre nouveau. Publiez ces quelques lignes, et croyez, cher monsieur, à ma reconnaissance amicale.

Jean Cocteau

53. « Le Pauvre Matelot », dans Jean Cocteau, *Nouveau Théâtre de poche*, Monaco, Éditions du Rocher, 1960.

* « Une lettre de M. Jean Cocteau », *Le Figaro*, n° 352, 18 décembre 1927, p. 7.

309. Journaliste, écrivain et homme de théâtre, Pierre-Barthélemy Gheusi (1865-1943) vient de publier dans le feuilleton musical du *Figaro* du 14 décembre 1927 un compte rendu dénigrant au sujet du *Pauvre Matelot* créé la veille à l'Opéra-Comique de Paris sous la direction musicale de Georges Lauweryns. Darius Milhaud a composé à partir du livret de Cocteau la musique de cette « Complainte en trois actes ».

310. Dans son automythographie, Cocteau désigne 1916 comme la date où il a reçu la révélation de l'avant-garde. Voir *PD VII*, 2013, p. 494.

311. *Le Pauvre Matelot* a pour argument le retour d'un marin auprès des siens après de nombreuses années d'absence. Il se fait passer pour un ami du mari afin d'évaluer les qualités vertueuses de sa femme. Or celle-ci l'invite à dormir sous son toit pour le tuer et le voler.

312. La mise en scène du *Pauvre Matelot* est assurée par Louis Masson et Georges Ricou, directeurs de l'Opéra-Comique de 1925 à 1931. Cocteau s'occupera lui-même de la mise en scène lors des reprises du spectacle en 1938 dans ce même théâtre et, dans une autre version musicale, en 1934 à Genève.

98

La Musique retrouvée, par Louis Laloy (Plon) * [313]

Il convenait d'attendre pour parler de ce livre afin de marquer bien qu'il n'était pas de mode et qu'il témoigne de choses durables. Malgré les conseils de M. Taine et ceux d'Oscar Wilde à Gide [314], Louis Laloy adopte la seule forme vivante de critique et nous montre sa propre démarche au milieu du travail de musiciens disparates, unifiés dans son cœur par leur sincérité. Laloy était en 1922 mon ennemi et l'ennemi des musiciens jeunes car l'amitié exclusive de Claude Debussy lui présentait nos antidotes volontaires, injustes, expéditifs (il fallait aller vite en besogne) comme des insultes à l'œuvre que nous chérissions et dont la place permettait qu'on l'attaquât sans lui porter atteinte.

Or, non seulement Laloy devint l'allié de nos moindres entreprises, mais encore il sut reconnaître Satie qui l'accablait de griefs mystérieux et ne désarma point. Cette haine maniaque ne l'empêche pas de saluer l'homme inénarrable [315] dont l'œuvre plus légère que l'air s'élevait au-dessus du brouillard impressionniste, agaçait et ravissait Debussy. Autour du juste, le désordre s'étoile et rayonne. Une inspiration tendre emploie les deuils, les mésententes, les rencontres, les ruses, les coups de foudre de la vie pour composer, sous prétexte de souvenirs, un tableau orchestral de la musique française contemporaine. Il y a dans ce livre, et son titre le souligne, une qualité impalpable, sereine, une neige, un détachement sans rien de dilettante, un silence religieux qui m'induisent à conclure par la haute parole du maître de *Parade* et de *Socrate* : les vrais artistes sont tous des amateurs.

---

* « *La Musique retrouvée*, par Louis Laloy (Plon) », compte rendu, *La Nouvelle Revue Française*, nº 190, juillet 1929, p. 136-137 ; texte repris dans Jean Cocteau, *Œuvres complètes*, Lausanne, Marguerat, 1950, volume X, p. 332-333. Dactylogramme conservé à la BHVP. Version choisie : celle de *La Nouvelle Revue Française.*

313. Pour Louis Laloy, voir note 236 du texte 88. *La Musique retrouvée 1902-1927* (Plon, 1928) rassemble la majeure partie de ses critiques musicales.

314. Hippolyte Taine (1828-1893) préconisait une approche sociologique de la littérature entièrement dégagée de la biographie de l'écrivain. Quant à Wilde, il a conseillé à André Gide qui venait d'écrire ses *Nourritures terrestres* de ne jamais employer « *je* » pour écrire un roman. Voir Gide, *Journal 1889-1939*, Paris, Gallimard, Bibliothèque de la Pléiade, 1977, p. 847.

315. Dans *La Musique retrouvée*, Laloy consacre de belles pages à Satie, *Parade* et Cocteau, plus précisément au chapitre XXIX intitulé « Le précurseur ». Il y évoque comment il a appris à apprécier la musique de *Parade* et comment il a changé d'avis au sujet de Cocteau.

99

MAURICE RAVEL
SALUÉ PAR JEAN COCTEAU * [316]

Il est certain que Ravel amena à la finesse d'une pointe d'aiguille, en face du clair soleil, l'objectif large ouvert par d'autres à seule fin d'obtenir l'image confuse d'un monde nuageux ; certain aussi que nous ne fûmes pas loin de croire, avec l'injustice aveugle de la jeunesse, qu'il ponctuait le vide, plaçait des accents aigus et même des accents graves sans écrire dessous [317].

Maintenant l'injustice, les griefs, les mauvaises fois, les ruses, les esclandres, notre jeunesse hélas reposent. Tout ce joli monde a été conduit au dépôt. L'œuvre de Ravel nous enchante. L'aigu, le grave y prennent leur place significative, l'encre la plus sympathique sort du blanc et délivre une écriture nerveuse comme celle d'*Adolphe*, pétillante comme celle de *La Chartreuse de Parme* [318].

La plume de Mallarmé, celle de Jules Renard étaient des insectes. On devine aussi par quels secrets d'horloger notre musicien s'apparente aux poètes de *L'Après-midi d'un Faune* et des *Histoires naturelles* [319].

Mon cher Maurice, excusez ces quelques lignes. Je voulais simplement vous dire combien j'approuve une machine capable de porter loin vos sortilèges, que je n'oublie pas nos réunions de jadis où la musique me formait l'âme [320], et que je vous aime toujours.

---

* « Maurice Ravel. Salué par Jean Cocteau », dans *De la musique avant toute chose*, Paris, Éditions du Tambourinaire, 1929. Cette plaquette comprend des bois de Hermine David et sept dessins inédits de Roger Wild. Elle connaît une édition de luxe sur Japon impérial éditée par la Compagnie française Thomson-Houston (pour l'exploitation en France des brevets américains) afin de présenter au public les sept membres du Comité artistique « en charge de surveiller la mise au point de son électrophone ». Après un texte de Paul Valéry sur la « Conquête de l'ubiquité » et un autre, anonyme, sur l'« Alliance de l'ingénieur et du musicien », chaque membre du comité a droit à un ou deux hommages : Gabriel Pierné (par Henri Massis et par Camille Bellaigue) ; Arthur Honegger (par André George) ; Désiré-Émile Inghelbrecht (par Lucien Dubech) ; Maurice Ravel (par Cocteau et par Tristan Klingsor) ; Dominique Sordet (par André Levinson) ; Walter Stradam (par Édouard Schneider) ; Émile Vuillermoz (par Henri Béraud). L'ouvrage se clôt sur un article signé F. D. proposant « Quelques disques pour phonographe électrique » et accompagné d'une photographie de l'électrophone. Le texte de Cocteau est repris sous le titre « À Maurice Ravel » dans *La Revue musicale*, n° 100, janvier 1930. Version choisie : celle, plus complète, de l'édition originale.

316. Sous le même titre, Cocteau composera en 1946 un hommage à Ravel très différent de celui-ci. Voir texte 153.

317. Soulignons que Cocteau s'est très peu étendu sur Maurice Ravel qu'il considérait plutôt comme un petit maître gravitant autour de Debussy, lui-même qualifié ici de « clair soleil ». Au travers de ce texte, Cocteau fait donc amende honorable.

318. *Adolphe*, roman de Benjamin Constant (1816). *La Chartreuse de Parme*, roman de Stendhal (1839).

319. Tout comme le poème de Mallarmé *L'Après-midi d'un faune* (1876) a inspiré le *Prélude à l'après-midi d'un faune* de Debussy (1894), cinq poèmes extraits des *Histoires naturelles* (1894) de Jules Renard ont donné lieu à un cycle de mélodies composées par Ravel en 1906. Ces *Histoires naturelles* sont créées par la cantatrice Jane Bathori, avec Ravel au piano, à la Société nationale le 12 juin 1907.

320. La relation entre Cocteau et Ravel remonte aux années 1912, comme en témoigne un exemplaire du recueil *La Danse de Sophocle* portant l'envoi « à Ravel », suivi de la signature du poète et de la citation de deux vers de l'*Églogue V* des *Bucoliques* de Virgile : « *Daphnis ego in [silvis] hinc usque ad sidera notus / Formosi pecoris custos formosior ipse* » (Je fus Daphnis, habitant des bois et connu jusqu'aux étoiles / Gardien d'un beau troupeau et plus beau encore moi-même) faisant allusion à *Daphnis et Chloé* (voir texte 18).

100

Allocution pour le dixième anniversaire du Groupe des Six *

Mesdames, Messieurs,

Ne craignez pas un discours. On sait que je les redoute. Mais comme j'improvise mal je vous lirai quelques lignes propres à justifier ma présence parmi ces pupitres [321], sur une scène où je n'étais pas revenu depuis la reprise de *Parade* et *Les Mariés de la tour Eiffel*.

1930 va lever son rideau rouge sur une surprise. Enfin, après le règne des écoles, des cénacles, des systèmes, de la plastique, de jeunes artistes vont flamber devant vous avec un individualisme absolu, avec un feu, une plastique morale si vous voulez, qui répugne à l'étiquette.

Il est du reste naturel qu'une période sensible et d'une liberté fabuleuse, succède aux froides disciplines de ces dernières années, naturel qu'une jeunesse refuse de prendre la file sous quelque surveillance. N'oublions pas que, malgré le cubisme et sans doute à cause du cubisme, le plus bel exemple de solitude est Picasso.

Vraiment, j'évoque cette anarchie si jolie de 1913, l'espèce de bâtisse des Indépendants au bord de la Seine [322]. Delaunay exposait ses tours Eiffel [323]. On pouvait croire que chaque artiste brûlerait singulièrement en hauteur, sans souhaiter répandre d'incendie.

---

* Allocution pour le dixième anniversaire du Groupe des Six prononcée au Théâtre des Champs-Élysées, le 11 décembre 1929. Ce manuscrit conservé à la BnF, département de la Musique, appartenait à la collection d'André Meyer. Il est reproduit en fac-similé dans le catalogue de la *Collection musicale André Meyer* établi par Madame Fromrich-Bonéfant (Abbeville, Imprimerie F. Paillart, 1973). Pierre Chanel nous signale qu'il est de la main de Jean Desbordes.

321. Le dixième anniversaire du Groupe des Six est fêté le 11 décembre 1929 avec un concert orchestral. Le programme comprend *Les Fâcheux* (Auric), *Aubade* (Poulenc), *Deuxième Suite symphonique* (Milhaud), *Deux Pièces pour piano* transcrites pour orchestre (Durey), *Concerto pour piano nº 1* (Tailleferre), *Mort d'Hippolyte* [extrait de *Phaedre*] et *Rugby* (Honegger). Chaque œuvre est dirigée par son propre compositeur prenant la tête de l'orchestre des Concerts Walther Straram, sauf *Aubade* dirigé par Honegger, avec Poulenc au piano, et le *Concerto* dirigé par Milhaud, avec Tailleferre au piano. Notons que le dixième anniversaire du Groupe des Six aura droit à une seconde célébration une semaine plus tard, le 18 décembre 1929, avec un concert à la Salle Gaveau. Durant l'entracte sera diffusé l'enregistrement du poème « La Toison d'Or » par Cocteau accompagné de musique de jazz (voir note 204 du texte 101).

322. Le Salon des Indépendants de 1913 expose notamment les nouvelles recherches picturales de Sonia et Robert Delaunay, qualifiées par Guillaume Apollinaire d'« orphisme » pour l'épuration des formes, le retour à la couleur et la destruction des objets par la lumière.

323. Robert Delaunay (1881-1941) a pris la tour Eiffel pour sujet de ses tableaux à de nombreuses reprises et dans des styles différents, suivant qu'il évolue de la manière cubiste à la méthode des contrastes simultanés. Sa première *Tour Eiffel* date de 1910. En 1912, il expose dans diverses villes européennes, de Moscou à Zurich, en passant par Munich, Berlin et Paris, et en 1913, à nouveau à Berlin.

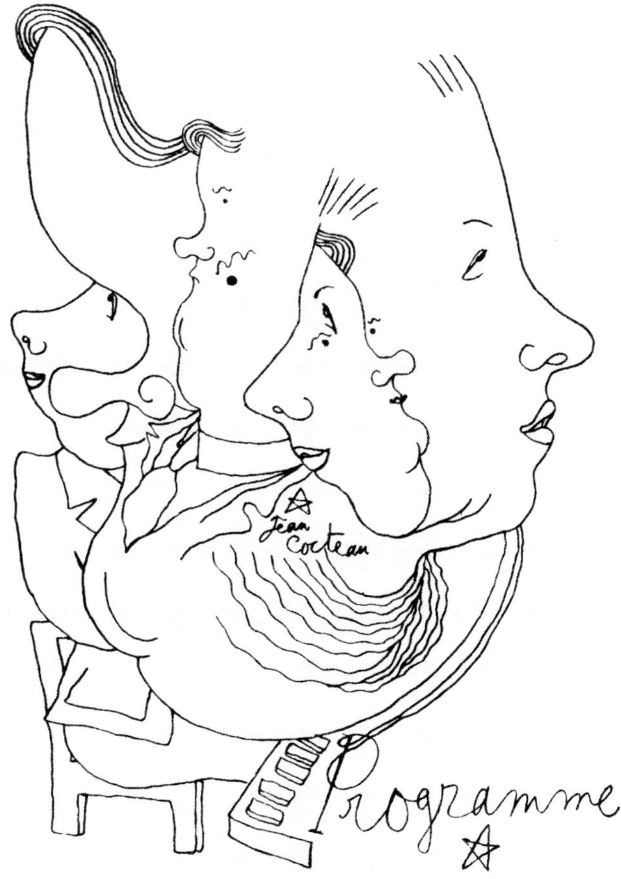

54. Le Groupe des six, s.d., couverture du programme de concert Auric-Poulenc du 10 juin 1928 à la Salle Pleyel à Paris.

Si vous exigez des noms, des preuves et si vous estimez que je prophétise dans le vide[324], je vous dirai, par exemple, qu'un poète comme Limbour[325], qu'un prosateur comme Jean Desbordes[326], qu'un peintre comme Christian Bérard[327], un sculpteur

324. Cocteau cite une série de jeunes artistes prometteurs qui n'ont pas trente ans et qui se feront un nom dans leur domaine respectif.

325. Georges Limbour (1900-1970), poète surréaliste, romancier et journaliste, connu à l'époque pour son recueil de poèmes *Soleils bas* illustré par le peintre André Masson. Il écrira ensuite une dizaine de romans et de pièces de théâtre, ainsi que des ouvrages de critique d'art.

326. Cocteau entretient à cette époque une relation avec Jean Desbordes (1906-1944). Il le soutiendra dans le lancement de son roman *J'adore* en 1928 et lui confiera un rôle dans *Le Sang d'un poète* en 1930.

327. Christian Bérard (1902-1949), peintre, illustrateur et décorateur, expose pour la première fois en 1925. Aux Ballets russes, il rencontre Boris Kochno avec qui il forme un couple à la ville. Il travaillera en

comme Giacometti[328], un danseur comme Lifar[329], un musicien comme Sauguet[330], un Buñuel[331] qui apporte soudainement le film admirable du *Chien andalou*, annoncent la plus grave liberté, ne se rattachant les uns aux autres que par du lyrisme et par de l'amour.

Car voici l'âge bouleversant où sur tous les points du monde de jeunes hommes torturés par la poésie se lèvent la nuit et appellent à l'aide – l'âge où le sublime déniaisé retrouve ses droits.

J'en arrive, ou plutôt je retourne, au groupe dit Groupe des Six. D'autres l'ont baptisé que nous[332]. Il n'a jamais été un groupe esthétique, il était un groupe amical; *amical*, la différence est énorme. On a voulu faire de moi un porte-parole, on a voulu lire un manifeste, lorsque j'entreprenais sans perdre une minute la plus ingrate des tâches car elle m'obligeait à combattre mes propres goûts et à me priver jusqu'à nouvel ordre d'une atmosphère de grandeur sans laquelle je ne peux pas vivre. Certes, *Le Coq et l'Arlequin* exprime des révoltes qui nous étaient communes. La jeunesse ne saurait vivre sans révolte, sans piétiner ce qu'elle aime. Il faut voir là des ruses d'amour, des suicides, des coquetteries effrayantes; mais la réponse esthétique à ma demande (demande qu'il ignorait) fut en fait *L'Histoire du soldat* de Stravinski; et la véritable beauté, la beauté pure, intacte, la beauté cachée du groupe dit Groupe des Six reste une manifestation du cœur beaucoup plus qu'une manifestation de l'intellect.

Pour employer le style de la mode féminine, l'amitié se portait alors très courte; elle est en train de se reporter très longue, et là nous innovions plus que par nos ouvrages, car envers et contre tous, la nôtre n'a jamais diminué d'un centimètre.

Voilà ce qui nous rassemble ce soir, ce qui singularise cet anniversaire, ce qui me paraît significatif, ce que je souligne avec une émotion que ce public comprendra et partagera j'en suis sûr.

étroite collaboration avec Cocteau pour les décors ou les costumes de pièces de théâtre, par exemple *La Machine infernale* (1934) et de films, comme *La Belle et la Bête* (1946). Cocteau le surnomme « Bébé ».

328. D'origine suisse, le sculpteur et peintre Alberto Giacometti (1901-1966) s'installe à Paris en 1922 et se rapproche des surréalistes. En 1928, il se fait remarquer par ses « sculptures ouvertes », où l'espace vide joue un rôle important : *Homme et Femme* (1928) illustre cette nouvelle conception.

329. D'origine russe, Serge Lifar (1904-1986) entre en 1923 aux Ballets russes de Diaghilev dont il devient le danseur étoile deux ans plus tard. Lifar sera l'une des vedettes principales du Tout-Paris artistique de 1930 à 1960.

330. Henri Sauguet (1901-1989) est l'un des quatre jeunes compositeurs groupés autour de Satie sous le nom d'École d'Arcueil, à côté de Henri Cliquet-Pleyel, Roger Désormière et Maxime Jacob. Dès 1920, il met en musique un poème de Cocteau, *Oceano Roof*, suivi de plusieurs autres autres. Il composera également la musique pour l'adaptation radiophonique des *Enfants terribles* (1947) et du *Grand Écart* (1956).

331. Le cinéaste Luis Buñuel (1900-1983) s'inscrit dans le mouvement surréaliste, comme en témoignent les films *Le Chien andalou* (1928), avec Salvador Dali pour scénariste, puis *L'Âge d'or* (1930), film financé tout comme *Le Sang d'un poète* de Cocteau, par Charles de Noailles (1930).

332. Inversion pour : « D'autres que nous l'ont baptisé. »

101

PRÉSENTATION D'UN ENREGISTREMENT DE DISQUE *

Mesdames, Messieurs,

Ce n'est pas moi que vous allez entendre, c'est un disque, mais il est plus convenable de vous avertir que ce disque Columbia est un disque d'essai et ne sera pas édité [333]. Il conviendrait donc d'employer ici dans son sens le plus exact le terme de cire perdue.

Les disques de poèmes que la maison Columbia m'a fait l'honneur de me demander ont été enregistrés – ils doivent sortir dans un ou deux mois [334] – d'après les fautes et les chances de ce disque.

Il s'agissait de ne pas s'en tenir à une photographie de la voix, de trouver un timbre spécial, une mise en place spéciale de la voix et des mots pour que le disque devienne un objet d'art et non le singe ou même le perroquet d'un poète.

D'autre part, j'ai toujours pensé qu'il serait curieux de confronter un texte grave avec la musique frivole d'un jazz, et de le confronter sans choix, sans préparatifs, ce qui serait impossible lorsqu'il s'agit de donner chaque soir de sa personne mais qui le devient lorsqu'il s'agit de fixer une certaine chance de mise en place des notes et des mots par l'entremise d'un appareil.

J'ai donc prié le Noir Dan Parrish [335] de jouer le premier air venu et j'ai dit mon texte, « La Toison d'or », un poème d'*Opéra*, lorsque j'ai senti que la place était bonne. Avec le nombre de doigts, je faisais le signal de halte, de reprise, ou de piano et de pianissimo [336].

---

* Premier jet manuscrit conservé au Musée des Lettres et des Manuscrits à Paris. Mise au net manuscrite conservée à la BHVP, mais de la main de Jean Desbordes. D'après Hugues Panassié qui a assisté à l'événement, il s'agit d'une allocution lue par Cocteau lors du deuxième concert célébrant le dixième anniversaire du Groupe des Six. Voir Panassié cité dans Yannick Séité, *Le Jazz, à la lettre. La littérature et le jazz*, Paris, P.U.F, 2010, p. 102-103.

333. Comme le corrige et le précise Yannick Séité (*Le Jazz à la lettre* , p. 76-77), l'enregistrement a lieu le 2 décembre 1929 dans les studios Columbia de la rue Albert à Paris. Accompagné d'un orchestre composé de trois membres du Mitchell's Jazz Kings – Dan Parrish (piano), James Shaw (clarinette), Crickett Smith (trompette) –, de Vance Lowry (banjo), Dave Peyton (batterie) et de trois autres musiciens non identifiés (trombone, saxophone ténor et bass brass), Cocteau récite deux poèmes du recueil *Opéra* : « La Toison d'or » sur le thème musical du fox-trot *Holidays* de Dan Parrish et « Les Voleurs d'enfants » sur le thème musical du fox-trot *Pourquoi j'ai regretté* de Vance Lowry.

334. L'enregistrement sera édité par Columbia en 1930 sous la forme d'un disque 78 tours (Columbia LFX 3).

335. Dan Parrish, membre des Mitchell's Jazz Kings ; cet orchestre se produit au Casino de Paris dans les années 1920.

336. Yannick Séité évoque l'existence d'une première tentative du poète d'enregistrer des poèmes sur une musique jazz, le 10 juin 1929 au même studio Columbia. L'échec de cette expérience aurait favorisé une refonte de la mise en parallèle des modes d'expression de la poésie et du jazz, dont témoigne l'enregistrement postérieur du 2 décembre 1929. (*Le Jazz à la lettre* , p. 100-102.)

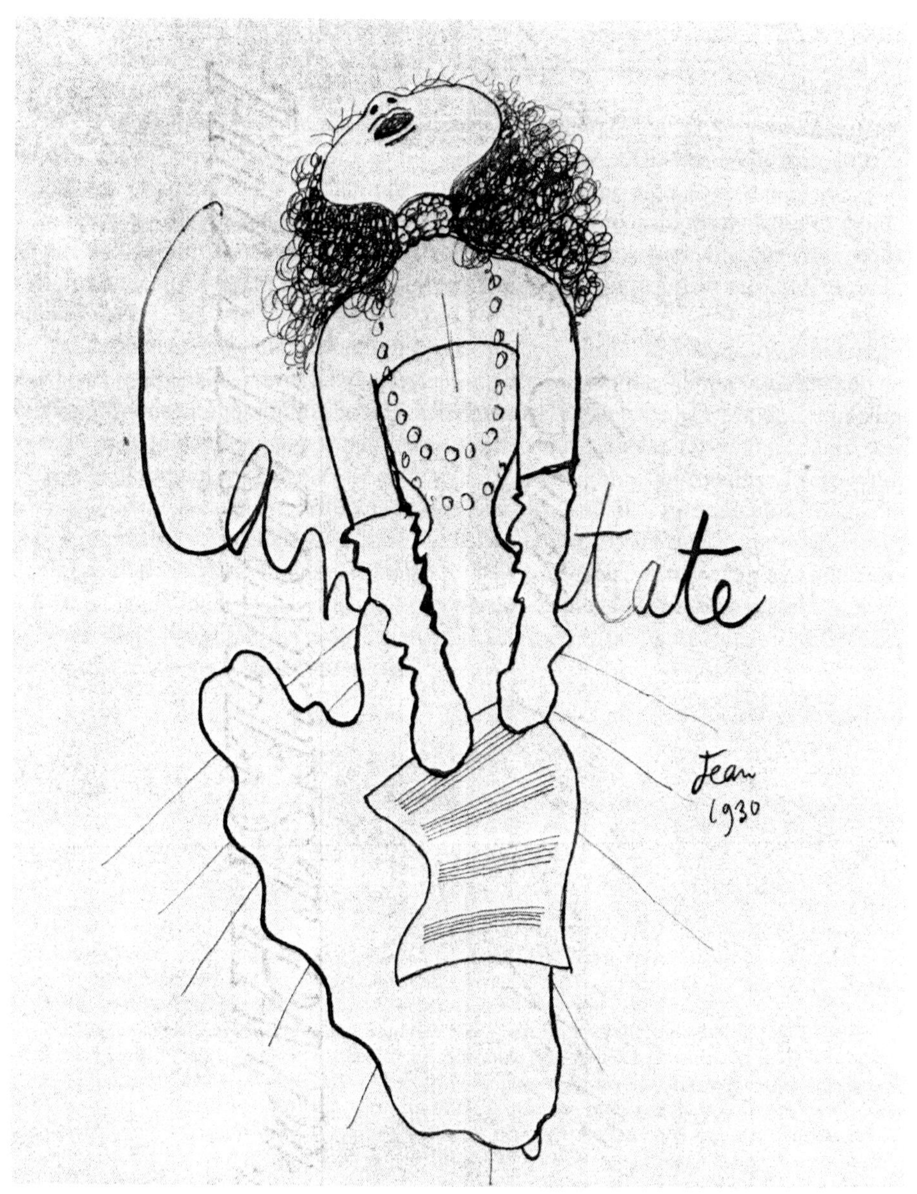

55. « Cantate », 1930, collection particulière.

102

Nous sommes loin de compte avec le mystère *

En 1916, il s'agissait de désenliser la musique. Je parle de la musique française. Nous dûmes même condamner Debussy (la révolution n'est pas toujours drôle), sous-estimer et surestimer des valeurs. Ensuite, nous craignîmes la réussite ; elle risquait d'arrêter le travail au milieu, d'installer dans la petitesse une musique délivrée d'un charme. Restait à déniaiser le sublime, comme mes amis et moi avions déniaisé la grâce. Nous eûmes recours au drame grec. Vous savez ce qui en résulte. Choses grandes, délicates que les oreilles ne distinguent pas encore.

Ce snobisme, longtemps maté, méprise, la veille de 1931, les plus hautes victoires remportées par Stravinski sur son propre génie et sur la musique.

Antigone, de Honegger, se monte partout, sauf en France [1].

Pour le gramophone, la réponse dépend du point de vue auquel on se place. Photographier la musique ou la créer. On photographie orchestres, virtuoses ; *on ne cherche pas*. Songez qu'en faisant chanter un chœur vif sur un tempo lent et en rétablissant ensuite la vitesse de tours normale, on obtiendrait des chœurs inhumains, inconnus [2]. Songez qu'une actrice qui récite des vers prend, selon la vitesse de tour, une voix de petite fille, de jeune fille, de femme, de vieille, de jeune garçon, de jeune homme, d'homme, de vieillard (*sic*). Songez ce que deviendrait un microphone amplificateur *calculé d'avance*, c'est-à-dire ne provoquant pas un simple agrandissement

---

* « Nous sommes loin de compte avec le mystère », réponse à une enquête de *La Revue des vivants*, nº 4, avril 1930, p. 494-495. Portant sur la « révolution musicale », l'enquête comporte quatre questions : sur l'évolution de la musique, sur l'utilisation d'instruments nouveaux dans l'orchestre moderne et ses implications, sur la musique au gramophone – appelée à cette époque « musique en conserve » –, et enfin sur l'expérience de la musique à la T.S.F. et ses répercussions.

1. *Antigone*, tragédie musicale en trois actes composée par Arthur Honegger sur un texte de Jean Cocteau inspiré de la pièce de Sophocle, est créée sous la direction de Corneil de Thoran au Théâtre royal de la Monnaie à Bruxelles le 28 décembre 1927 – et non le 27 décembre, erreur communément répandue –, puis montée dans une traduction allemande de Leo Melitz au Stadttheater d'Essen le 11 janvier 1928. À Bruxelles, l'œuvre écrite pour voix solistes, chœur mixte et orchestre est mise en scène par Georges Dalman, dans des décors de Jean Descluze et avec des costumes de James Thiriar, mais ne bénéficie pas toutefois d'un bon accueil de la part du public et de la critique. Elle sera également présentée en anglais à l'American Laboratory Theater le 24 avril 1930 et dans une traduction allemande revue par Gian Bundi au Stadttheater de Zurich le 8 juin 1934. Ayant eu droit à une première représentation en France au Théâtre municipal de Strasbourg le 27 novembre 1930, sa « création parisienne » à l'Opéra de Paris n'aura lieu que le 26 janvier 1943 (voir les textes 144 et 145).

2. On retrouve ici les préoccupations de Cocteau relatives au « synchronisme accidentel ». Voir note 207 du texte 158.

56. Sarah Bernhardt, dans Jean Cocteau, *Portraits-souvenir*, Paris, Grasset, 1935.

photographique auditif, et songez que personne au monde ne se préoccupe de ces problèmes qui supprimeraient l'ennui mortel des salles de concerts.

Je termine par les ondes. C'est un timbre de plus ; il étonne, transporte, lasse vite et consterne enfin avec sa résonance de carton. Cette voix d'ange nasillard ne sort pas du songe ; elle sort de la poche du démonstrateur. Je préférerais un appareil qui s'adapte aux oreilles et qui permette de suivre la gamme plus bas et plus haut. (Sifflet[3] des chiens de chasse).

Tout ce que je signale n'est pas sorcier. Pas plus sorcier que d'aller dans la lune. Nous sommes loin de compte avec le mystère. Nos premiers ancêtres devaient voir à l'œil nu ce que nous voyons grâce au télescope. Un jour notre race aux sens atrophiés revêtira des scaphandres ; ils ressusciteront cette zone morte qui nous appartenait jadis et dans laquelle nous puisons en croyant coloniser l'inhumain.

P.S. – On parle de « conserver » le jeu des virtuoses, des grandes actrices, etc., … or, jamais je n'ai entendu voix ressemblante. Un jour, j'arrive chez des amis à la campagne. « Écoute, me criaient-ils, écoute, on dirait les robes de 1900. » L'expérience était, hélas,

3. Cocteau fait allusion aux sons aigus du sifflet que perçoivent les chiens et non les hommes.

irrésistible ; il s'agissait de *Phèdre* et de Sarah Bernhardt [4]. Le soir, j'emportai le disque, le posai sur mon Columbia [5], trouvai le nombre de tours grâce aux souvenirs de mon enfance, ressuscitai la morte et changeai en admirateurs de Sarah Bernhardt les jeunes rieurs de l'après-midi.

Que deviendrait un enfant de maîtrise, un soprano de la Sixtine à côté d'une voix grave exécutant des vocalises lentes tournées ensuite à toute vitesse avec un registre aigu ? De pareils subterfuges exigent naturellement une musique vocale faite exprès.

103

ZWEI MEINER MITARBEITER *

Erik Satie was ein seltsames Etwas und wie vom Himmel gefallen. Man wußte nie, wie man ihn nehmen sollte ; nie war vorauszusehen, was sein Lachen, was seinen Zorn reizen würde. Sein Zorn war gräßlich, eher als erschreckend ; von einer Wucht, von einer Seltsamkeit ohnegleichen, vor der man sich nicht schützen konnte. Es war ein Rätsel von Röte, von Blässe, von bösen Zeichen, von Davonstürmen mit rundem Rücken, den Mantel über dem Bauch zusammengerafft, den Hut in die Stirne gedrückt, die Brille schief aufgesetzt, mit steifem Bart.

Aber sein Lachen, sein Lächeln, gleichermaßen unberechenbar, bezauberten das Herz und tauchten in eine Art absurde und wunderbare Welt, die eigentliche Welt der Kindheit. Übrigens waren Andersens Märchen fast das einzige, was Satie las. Die Zusammenarbeit war dementsprechend sehr schwierig. Bald war er begeistert, schlug einem derb auf die Schulter, verlangte endloses nächtliches Heimbegleiten, billigte alle meine Ansichten, bald wieder brachen Tornado und Zyklon aus irgend einer dunklen Mitte, und dann flogen plötzlich die Notenblätter, die Adern seiner Schläfen schwollen, sein Blick verdüsterte sich und seine Flucht, hinter der die Türen zuknallten, ließ und allein auf dieser Welt vor einem unlösbaren freundschaftlichen Problem.

---

4. Sarah Bernhardt doit une grande part de son succès à son interprétation du rôle de Phèdre dans la pièce éponyme de Racine qu'elle a commencé à jouer à la Comédie-Française en 1874. Sa « voix d'or » à la diction très emphatique dans ce rôle majeur du répertoire classique est enregistrée sur cylindre par le label Thomas Edison en 1880, puis repiquée sur 78 tours par Pathé en 1902, par Gramophone en 1903 et par Edison en 1910.

5. Par « mon Columbia », Cocteau désigne son phonographe. Le 6 décembre 1917, la société Columbia Graphophone Company Limited dépose au greffe du Tribunal de Commerce de Paris la marque de fabrique « La Cigale » afin d'exploiter la vente des « machines parlantes à disques, gramophones, phonographes, disques et cylindres et tous accessoires pour ce genre de machine ». Les disques enregistrés pour ces phonographes portent la marque « Grand Opéra » ou « Grand Opéra Record ».

* « Zwei meiner Mitarbeiter », *Anbruch : Monatsschrift für moderne Musik*, XII, n° 4/5, April-Mai 1930, p. 146-147. La livraison de cette revue est consacrée à la musique française contemporaine. Elle comporte des articles de Milhaud sur Satie et de Paul Stefan sur la nouvelle musique en France, ainsi que diverses présentations de Honegger, Ravel, Roussel, Debussy et Berlioz. Comme le Staatsoper de Berlin prépare la création de *Christophe Colomb* de Darius Milhaud sur un texte de Paul Claudel, création qui aura lieu sous la direction d'Erich Kleiber le 5 mai 1930, deux autres articles sont consacrés à Milhaud : Paul Claudel évoque sa part de collaboration à l'œuvre, tandis qu'Ernest Krenek présente le compositeur. Nous n'avons pas retrouvé la version française de ce texte. Ignace De Keyser en a réalisé la traduction.

Für *Parade* verlangte er die Herstellung einer zweitönigen Orgel, die den Motor eines Flugzeuges nachahmen sollte. Am Vorabend der Aufführung „ verkrachte " er sich, indem er behauptete, der empfindliche Apparat, mit dem die Maschinisten ihren Spaß trieben, sei nur durch mein und Apollinaires Verschulden unspielbar geworden. Wir seien schon lange dagegen gewesen, wiederholte er, daß diese Orgel gespielt würde.

Das Ende seiner nicht wiederzugebenden und fast himmlischen Existenz wurde ganz ausgefüllt durch das Textbuch zu *Paul er Virginie* von Raymond Radiguet und mir. Er machte Pläne, lachte sich ins Fäustchen, zeigte Zettel, phantastische Notizbücher, zwinkerte mit den Augen, gab uns zu verstehen, daß er den zweiten Akt beende und den letzten bereits auswendig wüßte. Nach seinem Tode konnten wir nicht eine einzige Note finden. Nur der Titel und das Personenverzeichnis in gotischen Lettern schmückten das Album, von dessen Seiten er sprach, als seien sie vorhanden. Ohne Zweifel fürchtete er weiß Gott welche Machenschaften, weiß Gott welche Verschwörungen, und daß seine Feinde (?) uns überreden könnten, ihm das Werk fortzunehmen unter dem Vorwande, daß er nicht eine Zeile davon geschrieben habe.

Dies *Paul et Virginie* errieten wir fast, wir ahnten es, kurz, wir liebten es. Sein Tod hinterließ uns ein Traumbild.

Mit Darius Milhaud ist Zusammenarbeit eine ganz andere Sache. Keine Vorsicht ist nötig, keine List. Alles geschieht in Güte, in Lauterkeit, in Kraft, bei vollem Licht.

Es ist ein Raub. Eine häßliche kleine Sache, geschrieben an einem Regentag auf dem Lande, trägt er auf starken Schultern fort, durchquert den Fluß und kommt verheiratet, Vater einer zahlreichen Familie, zurück. Ich gestehe, daß ich Mühe habe, in gewissen dieser wundersamen Unternehmungen – es läuft von einem Ende zum andern wie ein Riß durch einen roten Stoff – mein Gewebe wiederzuerkennen, das Darius zum Vorwand nimmt, um einen neuen Triumph davonzutragen. Mit vollen backen kauen, mit vollen Händen greifen, grade in die Augen schauen, direkt auf das Ziel losgehen : lauter Ausdrücke, die dazu erfunden scheinen, die Arbeit von Darius und die Arbeit mit Darius zu bezeichnen.

Denn dieser unerhörte Arbeiter kombiniert spielend die verschiedensten Anstrengungen. Man denkt an diese Arena – was sage ich, an diese drei Arenen der amerikanischen Zirkusse, wo, während die Elefanten in der Mitte eine fabelhafte Gruppe bilden, Akrobaten sie überfliegen und Ponies in entgegengesetzter Richtung um sie herumgaloppieren.

Der König Darius, die Elefanten des Königs Darius, die Launen, die Festzüge, die Heere des Königs Darius : allein der Name unseres Freundes ruft einen Reichtum und eine Pracht hervor, die uns mit Stolz erfüllen, wenn er uns erlaubt, mit ihm zu arbeiten.

(Übersetzt von Berta Křenek.)

[*Retraduction en français de la version allemande :*]

DEUX DE MES COLLABORATEURS

Erik Satie était quelque chose [*sic*] de rare et comme tombé du ciel. On ne savait jamais comment s'y prendre ; jamais on ne pouvait prévoir ce qui allait provoquer son rire ou sa colère. Celle-ci était terrible, elle ne faisait pas seulement peur ; d'une force, d'une rareté sans pareil, contre laquelle on ne pouvait pas se protéger. C'était un mystère de rouge, de pâle, de signes malveillants, d'une fuite en avant, le dos courbé, le manteau tenu fermement sur le ventre, le chapeau enfoncé sur le front, les lunettes mal mises, la barbe raide.

Mais son rire, son sourire, également imprévisibles, ensorcelaient le cœur et plongeaient dans une sorte de monde absurde et merveilleux, le véritable monde de l'enfance. Par ailleurs, les contes de fée d'Andersen étaient pratiquement la seule littérature que lisait Satie. En conséquence, la collaboration était très difficile. Tantôt il était enthousiaste, il frappait sur l'épaule, demandait sans cesse qu'on le raccompagne chez lui le soir, approuvait toutes mes idées ; tantôt les tornades et cyclones se déchaînaient pour une raison obscure, et alors les feuilles de papier de musique volaient en l'air, les artères de ses tempes se gonflaient, son regard s'assombrissait et sa fuite, derrière laquelle les portes claquaient, nous laissait seuls dans ce monde devant un problème d'amitié irrésoluble.

Pour *Parade*, il demanda qu'on fabrique un orgue à deux jeux qui devrait imiter le moteur d'un avion[6]. À la veille de la représentation, il « se rétracta » en prétendant que l'appareil sensible, avec lequel s'amusaient les machinistes, était devenu injouable par ma faute et celle d'Apollinaire. Nous étions depuis longtemps opposés, répétait-il, à ce que cet orgue soit joué.

La fin de son existence indescriptible et certainement céleste fut entièrement remplie par le livret de *Paul et Virginie* de Raymond Radiguet et de moi-même. Il faisait des plans, il riait dans sa manche, nous montrait des feuilles séparées, des cahiers de notes fantastiques, il clignait des yeux, nous faisant ainsi comprendre qu'il avait pratiquement terminé le deuxième acte et qu'il connaissait déjà le dernier par cœur. Après sa mort, il nous fut impossible de trouver la moindre note musicale. Seulement le titre et la liste des personnages en caractères gothiques décoraient l'album des pages dont il parlait, comme si elles étaient disponibles. Sans doute craignait-il Dieu sait quelles machinations, Dieu sait quels complots, et que ses ennemis (?)[7] pourraient nous convaincre de lui reprendre l'ouvrage sous prétexte qu'il n'en avait pas encore écrit une seule ligne.

Ce *Paul et Virginie* nous l'avions deviné, pressenti, bref, nous l'aimions. Sa mort nous laissait une image de rêve.

6. Parmi toute la panoplie de bruitages devant accompagner la musique de *Parade*, ce bruit d'avion produit à l'aide d'orgues n'est présent dans aucun autre récit de la collaboration entre Satie et Cocteau. Est-ce une invention du poète ?

7. Ce point d'interrogation figure bel et bien dans la version allemande.

57. « Darius [Milhaud] », s.d., collection privée.

Avec Darius Milhaud la collaboration est une tout autre chose. Pas besoin de prendre des précautions, pas de ruse. Tout se passe dans la bonté, dans la sincérité, avec force, en plein jour.

C'est un vol. Une petite chose laide, écrite un jour de pluie à la campagne. Il la porte sur ses épaules robustes, traverse le fleuve et revient marié, père d'une famille nombreuse[8]. J'avoue que j'ai de la peine à reconnaître dans certaines de ces entreprises merveilleuses – ça court d'un bout à l'autre comme un crack à travers une étoffe rouge – ma propre toile que Darius prend pour prétexte pour partir vers un nouveau triomphe. Mâcher les mâchoires remplies, tendre les mains pleines, regarder droit dans les yeux, aller droit vers le but : expressions pures qui semblent avoir été inventées pour désigner le travail de Darius et le travail avec Darius.

Car ce travailleur incroyable combine en jouant les disciplines les plus différentes. On pense à cette arène – que dis-je, aux trois arènes des cirques américains, où, alors que les éléphants forment un groupe fabuleux au milieu, des acrobates les survolent, et des poneys galopent autour d'eux dans le sens opposé.

Le roi Darius[9], les éléphants du roi Darius, les humeurs, les cortèges, les armées du roi Darius : seul le nom de notre ami évoque une richesse et une splendeur qui nous remplissent de fierté, chaque fois qu'il nous permet de travailler avec lui.

(Traduction de l'original français vers l'allemand par Berta Křenek.)

8. Allusion au séjour de Milhaud au Brésil comme secrétaire particulier de Paul Claudel pendant la guerre. Contrairement à ce que prétend Cocteau, Milhaud s'est marié après la guerre.

9. En qualifiant Milhaud de « roi Darius », Cocteau fait allusion au roi des Perses du VIe siècle avant notre ère, tout en lançant, évidemment, un clin d'œil à l'oratorio *Le Roi David* composé par Honegger en 1921.

104

La cantate *

Un signe heureux, c'est lorsque la jeunesse – après des grimaces obligatoires – en arrive à la liberté de l'expression. Pourquoi Markevitch encadre-t-il notre *Cantate* [10] avec une œuvre de Rameau et le *Mercure* [11] de Satie ? Parce qu'il les aime.

Énorme victoire, me semble-t-il sur la politique délicate que 1917 nous imposa.

Acanthe et Céphise, charme superbe. *Mercure* ou *le mystère* (mal entendu à cause de l'oreille distraite par le chef-d'œuvre décoratif de Picasso). *La Cantate*, vraie cantate écrite avec le culte de Bach.

Markevitch me semble appartenir à cette race implacable qui ne mêle pas le cœur au travail et tombe amoureuse du travail après l'avoir exécuté. Cela m'étonne un peu et témoigne d'un contrôle inestimable, s'il mate le désordre de la jeunesse sans en corrompre la fraîcheur.

L'œuvre précédente du musicien était ce concerto révélé au public de Londres par l'entremise fastueuse de Serge de Diaghilev [12]. La mort de Diaghilev vint déjouer son plus cher espoir : monter à Paris un ballet d'Igor Markevitch [13].

* « *La Cantate* », texte accompagné de deux dessins figurant dans le programme de la création. Au verso de son propre exemplaire du programme (document conservé à la BHVP), le poète a consigné en quelques lignes ses impressions à l'issue de la séance – impressions que nous avons reproduites en caractères italiques (voir page suivante).

10. *Cantate* pour soprano, voix d'hommes et orchestre composée par Igor Markevitch (1912-1983) et créée au Théâtre Pigalle le 4 juin 1930, par Madeleine Vhita (soprano), par les chœurs préparés par Yvonne Gouverné et par l'Orchestre symphonique de Paris, l'ensemble étant placé sous la direction de Roger Désormière. Signalons que, contrairement à l'habitude, Cocteau a rédigé les paroles de l'œuvre lyrique après que Markevitch en ait terminé la composition musicale.

11. Le programme de la soirée comprend deux autres œuvres : *Acanthe et Céphise ou la Sympathie*, pastorale héroïque en trois actes de Jean-Philippe Rameau sur un livret de Jean-François Marmontel et datant de 1751, et le ballet *Mercure* créé le 15 juin 1924.

12. Il s'agit d'un *Concerto pour piano* que Serge de Diaghilev a commandé au jeune compositeur de dix-sept ans en guise d'essai en 1928, avant de le charger d'écrire une œuvre plus importante pour les Ballets russes de la saison suivante. Igor Markevitch joue lui-même ce *Concerto* lors de sa création au Covent Garden à Londres le 15 juillet 1929, au cours d'une soirée des Ballets russes sous la direction de Désormière. Figurent au programme respectivement : *Carnaval* et *L'Après-midi d'un faune*, puis le *Concerto*, ensuite *Les Dieux Mendiants* et enfin la création de *Renard*.

13. Un contrat est signé entre Diaghilev et la mère de Markevitch (celui-ci n'étant pas majeur) le 14 juin 1929. Le jeune compositeur s'y engage à livrer la partition pour piano le 1er février 1930 et la partition d'orchestre le 15 avril suivant. *L'Habit du Roi* qu'il comptait écrire sur une musique aléatoire (quelque vingt ans avant les premières compositions en ce genre par John Cage) ne verra pas toutefois le jour. Diaghilev s'éteint en effet à Venise deux mois à peine après la signature du contrat.

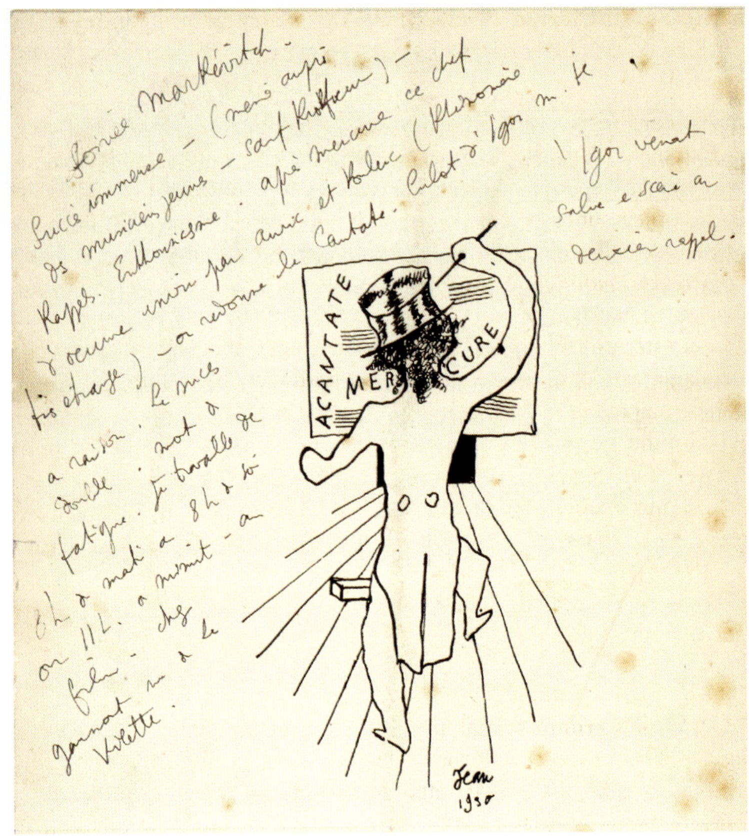

58. Roger Désormière dirigeant *Cantate* d'Igor Markevitch et *Mercure* de Satie au Théâtre Pigalle le 4 juin 1930, dessin et texte manuscrit de Cocteau au verso de la couverture du programme, BU Montpellier.

Soirée Markevitch. Succès immense – (même auprès des musiciens jeunes – sauf Prokofiev[14]*) – Rappels. Enthousiasme. Après* Mercure, *ce chef-d'œuvre invu*[15] *par Auric et Poulenc (phénomène très étrange) – on redonne* La Cantate. *Culot d'Igor M. – Igor venant saluer en scène au deuxième rappel*[16]*. Il a raison. Le succès double. Mort de fatigue. Je travaille de 8 heures du matin à 8 heures du soir ou 11 heures ou minuit – au film*[17] *– chez Gaumont rue de la Villette.*

14. Le pianiste et compositeur russe Sergueï Prokofiev (1891-1953) vit et travaille à Paris à cette époque.

15. Remarquons la création par Cocteau du néologisme « invu ».

16. Séquence ajoutée dans la marge du texte.

17. Il s'agit du tournage du film *Le Sang d'un poète*.

105

[*LES MARIÉS* DANS LES BALLETS SUÉDOIS] *

Je lisais, dans les intéressants souvenirs d'Antoine, le scandale provoqué par la présence, sur scène, de véritables quartiers de viande et d'un véritable jet d'eau [18]. Nous voici maintenant à l'époque où le public, vaincu par Antoine, se fâche si on ne place pas de véritables objets sur la scène, si on ne le jette pas dans une intrigue assez compliquée, aussi longue que celles dont le théâtre devrait servir à le distraire.

Les Mariés de la tour Eiffel, à cause de leur simplicité même, scandalisent davantage qu'une pièce ésotérique. Le mystère inspire au public une sorte de crainte. Ici, je renonce au mystère, au symbole. J'allume tout. Je mets une loupe devant certains types, certaines manières d'être de chez nous. Vide du dimanche, bétail humain, expressions toutes faites, manque de suite dans les idées, férocité de l'enfance, poésie et miracle de la vie quotidienne : voilà ma pièce, si bien comprise par les jeunes musiciens qui l'accompagnent et la troupe suédoise qui la mime et danse.

Pour un impressionniste, la musique des *Mariés de la tour Eiffel* rétrograde, s'encanaille et se rabaisse au rang des musiques de bastringue.

Une oreille jeune comprendra vite quelles ressources merveilleuses Tailleferre, Auric, Honegger, Poulenc, Milhaud trouvent dans *l'esprit local* que la France aime à l'étranger et méprise chez soi.

Jean Cocteau

P.-S. – Certains critiques, mal au fait de la peinture contemporaine, parlent de la Chauve-souris [19] à propos du décor et des costumes profondément français de notre pièce. Or elle fut écrite et ses maquettes achevées avant que le cabaret russe de Balieff arrivât en France.

On pourrait voir, paraît-il, à la Chauve-souris un couple de *Mariés ridicules*. Il n'y a pas que là.

---

* « [Sans titre] », dans l'ouvrage collectif *Les Ballets suédois dans l'art contemporain*, Paris, Éditions du Trianon, 1931, p. 57-58. Alors que les deux premiers paragraphes reproduisent avec quelques variations minimes deux paragraphes présents dans la version 1923 de la préface des *Mariés de la tour Eiffel* (voir texte 84), les deux suivants ainsi que le *post-scriptum* sont tout à fait originaux. Ce texte a donc été conçu par Cocteau comme un article à part entière

18. Pour ces innovations d'Antoine en matière de mise en scène, voir note 176 du texte 84.

19. Pour la compagnie « La Chauve-souris » de Nikita Balieff, voir note 73 du texte 69. À comparer en effet *Les Mariés de la tour Eiffel* aux photos de l'un des spectacles de Balieff parues dans la presse de l'époque, plus d'une similitude, par exemple dans les costumes des personnages, saute aux yeux.

106
Misia Sert, pianiste *

Il faudrait louer un peu ces femmes brillantes et profondes qui vivent à l'ombre des hommes d'une époque et qui, en marge du travail des artistes, par le simple fait qu'elles dégagent des ondes plus belles que des colliers, poursuivent une œuvre occulte. Il est impossible d'imaginer l'or des plafonds de J.-M. Sert [20], l'univers ensoleillé de Renoir, de Bonnard, de Vuillard, de Roussel [21], de Debussy, de Ravel [22], les projecteurs prophétiques de Lautrec, le prisme mallarméen [23], même les derniers feux de soleil couchant de Verlaine [24] et l'aube radieuse de Stravinski [25], sans voir surgir la figure de jeune tigre enrubanné, la face douce et cruelle de chatte rose, que nous vîmes à Misia, le soir où nous la connûmes sous l'aigrette de *Schéhérazade* [26], trônant au centre de la loge royale du « Ballet russe » et peuplant de son fluide des décors de théâtre et des danses violentes comme jadis, les jardins impressionnistes, pailletés de soleil. Oui, c'est dans

* « Misia Sert, pianiste », [février 1933], coupure de presse sans référence (coll. privée). La revue a orthographié le prénom « Missia » (d'après la prononciation), mais nous l'avons rétabli en « Misia » (d'après la signature officielle).

20. José-Maria Sert (1874-1945), peintre espagnol de grandes fresques murales, est le troisième mari de Misia Godebska (1872-1950) qu'elle a épousé le 9 août 1920. Misia a exercé une grande influence dans les milieux artistiques jusqu'à la veille de la Seconde Guerre mondiale, d'abord dans les milieux littéraires dans l'entourage de son premier mari, un des trois frères fondateurs de *La Revue blanche*, Thadée Natanson (mariage en 1893, divorce en 1904), puis auprès des peintres et des musiciens. Son deuxième mari est le financier de presse Alfred Edwards (mariage en octobre 1904, divorce en 1909).

21. Cocteau cite les peintres qui ont pris Misia pour modèle. Quelque cinquante et soixante ans après la disparition de Misia, deux expositions ont rassemblé plusieurs de ces tableaux, celle tenue à l'Annonciade à Saint-Tropez en 1996 et celle du Musée d'Orsay en 2012. On a pu y admirer les portraits de Misia par Pierre Bonnard, Édouard Vuillard, Félix Vallotton, Henri de Toulouse-Lautrec et Auguste Renoir. Le peintre Ker-Xavier Roussel (1867-1944), beau-frère et ami de Vuillard, fréquente également les Natanson.

22. Debussy signe ses billets de critique musicale à *La Revue blanche* sous le nom de « Monsieur Croche ». C'est à cette époque que Misia le fréquente et qu'elle assiste à une soirée chez Pierre Louÿs où Debussy joue au piano des fragments de *Pelléas et Mélisande*, avant même la première à l'Opéra-Comique, mais une dispute au sujet de la première femme du compositeur les brouillera. Quant à Ravel, il connaît bien Misia et fréquente assidûment le salon de Cipa Godebski, son demi-frère. Dans sa thèse de doctorat (2011), David Lamaze a montré que plusieurs compositions de Ravel comportent des intervalles répétés correspondant au nom de Misia, avançant ainsi l'hypothèse selon laquelle le compositeur aurait été amoureux d'elle. Précisons aussi que, lorsque Ravel est écarté du Prix de Rome en 1905, le journal *Le Matin*, dont Alfred Edwards est propriétaire, crie au scandale, provoquant ainsi « l'affaire Ravel ».

23. Thadée Natanson et Misia se rendaient souvent à Valvins, dans la maison de campagne du père de Misia, située à deux pas de la maison de Stéphane Mallarmé. Le poète est un intime du couple et une autorité à *La Revue blanche*; il apprécie Misia au piano et lui envoie régulièrement des poèmes et des éventails. Gabriel Fauré, professeur de Misia lorsqu'elle était encore adolescente, possédait lui aussi une maison dans ce village.

24. Paul Verlaine (1844-1896) publie des poèmes dans *La Revue blanche* dès sa création en 1891 et il y participe régulièrement jusqu'à sa mort. Misia s'est prise d'amitié pour le poète et, lorsqu'il tombe malade à la fin de sa vie, elle lui rend régulièrement visite à l'hôpital.

25. En tant que mécène des Ballets russes et de Diaghilev, Misia assiste aux premiers succès de Stravinski à Paris.

26. Cocteau réalise plusieurs portraits de Misia avec une aigrette dans sa loge, l'un, le plus connu, lors d'une représentation de *Schéhérazade*, l'autre, plus rare, lors de la représentation de *La Légende de Joseph*. Voir illustration 6.

59. « Misia [Sert] au piano à l'hôtel Continental », février 1933, collection privée.

le sac de fourrure et de soie où Paul Poiret et Paul Iribe[27] empaquetaient leurs sultanes, marraine de la troupe légère de Serge de Diaghilev, que nous connûmes notre amie. Son éventail portait un quatrain célèbre de Mallarmé[28] et je crois bien que, de tous ses contrats de mariage, de tous ses permis de séjour, c'était sans doute le seul papier d'identité sauvé par cette Polonaise[29] d'un désordre admirable où se sont engloutis des fortunes, des madrigaux de P.-J. Toulet[30] et de Paul Verlaine.

27. Paul Iribe (1883-1935), dessinateur, affichiste, mais aussi créateur de meubles, de bijoux ou de tissus. À la demande du couturier Paul Poiret (1879-1944), Iribe illustre en 1908 un album intitulé *Les Robes de Paul Poiret racontées par Paul Iribe*. Rencontrant un beau succès, cet ouvrage préfigure et lance les catalogues de mode et confirme Poiret et Iribe dans leur rôle de précurseurs de l'Art Déco. Nous avons déjà évoqué la collaboration entre Iribe et Cocteau pour la revue *Le Mot* (voir la note d'entrée du texte 21).

28. Voici le quatrain de Mallarmé qui figure sur l'éventail de Misia : « Aile que du papier reploie / Bats toute si t'initia / Naguère à l'orage et la joie. / De son piano Missia. » Voir Mallarmé, *Œuvres complètes*, éd. Bertrand Marchal, Paris, Gallimard, Bibliothèque de la Pléiade, 1998, t. 1, p. 275.

29. Rappelons que Misia est née à Saint-Pétersbourg d'un père franco-polonais, mais qu'elle a été élevée en Belgique chez sa grand-mère, puis en France chez son père.

30. Paul-Jean Toulet (1867-1920), poète français devenu célèbre pour ses contrerimes (quatrain à la structure métrique combinant des vers de six pieds à des vers de huit pieds) qui apparaissent pour la première fois dans sa série des *Madrigaux* publiés dans la *Grande Revue* en 1910. Après la disparition de Mallarmé, Toulet fait partie des poètes publiés par *La Revue blanche*. Il est également un ami de Debussy, ce dont témoigne leur correspondance qui sera publiée en 1922.

Entre de courtes haltes dans les appartements qu'elle orne et quitte comme des perchoirs, Mme Sert habite le dernier étage de l'hôtel Meurice. Lorsque je devins son ami, elle venait de quitter l'hôtel pour une sorte de lanterne, quai Voltaire. Le salon était éclairé au nord, en vert, par la Seine, au sud, en orange, par les panneaux de Bonnard[31]. Ces panneaux, Misia les avait découpés à sa guise afin de les faire suivre la courbe exacte des murs. Criez au scandale ! Nous avons des dogaresses et des grandes prêtresses. Nous avons des muses. Nous en avons à revendre ! Mais combien plus rares et plus indispensables aux arts qui risquant de prendre du ventre, ces femmes qui apportent dans le temple un esprit de saccage, un esprit de robes et de ciseaux. « Les anges volent, écrit Chesterton[32], parce qu'ils se prennent à la légère. » Misia, par son amour et son irrespect, remuait sans cesse la pâte et l'empêchait de « durcir ». Seuls les artistes forts et craignant le rôle d'idoles bénéficièrent de cette iconoclaste, fouettant la vie comme une toupie, se grisant de sa rumeur et ne laissant jamais la vitesse devenir statue.

Ses actes semblaient inspirés par *Les Malheurs de Sophie*[33].

À un peintre qui se plaignait de quelque « malheur » qu'il tenait de Misia, j'entendis Satie répondre : « C'est votre faute. *La chatte est belle, mon cher, cachez vos poissons !* »

Nous voilà, face à face avec une de ces femmes auxquelles Stendhal accorde le génie[34]. Génie de marcher, de rire, de remettre à sa place, de manier l'éventail, de monter en voiture, d'inventer un diadème. Ce génie, Misia Sert le possédait à tel point qu'en écrivant *Thomas l'imposteur*[35], j'eus beau tendre mon esprit vers la Sanseverina[36], elle me devint mécaniquement, coûte que coûte, le modèle de la princesse de Bormes.

Mais, lorsque j'admirais le prestige d'une loge d'opéra où notre magicienne attirait un Proust, un Renoir du fond de leur campagne et de leur lit de malade, j'ignorais que ce génie vague, aérien, ce génie qui s'exprime soit par une insolence, soit par la confection d'arbres chinois aux branches de plumes et de perles, j'ignorais, dis-je, que ce génie poussait son registre jusqu'au génie véritable et que notre pianiste de la vie était une pianiste tout court[37]. Car ce n'était pas seulement la vie et notre groupe qu'elle savait attaquer d'une poigne robuste, c'était bel et bien d'un Pleyel que cette poigne de chatte sortait préludes et mazurkas de Chopin, maniant comme nulle autre leurs rubans et leurs perles, d'un piano orageux et joyeux qu'elle tirait le témoignage

---

31. Entre 1906 et 1910, Bonnard a peint quatre panneaux. L'un d'eux, *Jeux d'eau*, est conservé au Musée d'Orsay.

32. La citation « Si les anges volent, c'est parce qu'ils se prennent eux-mêmes à la légère – à l'origine « Angels *can* fly because they *can* take themselves lightly » – est extraite de l'ouvrage *Orthodoxy* (1908) de l'écrivain anglais G. K. Chesterton (1874-1936), figure littéraire marquante des premières décennies du XXe siècle.

33. *Les Malheurs de Sophie*, roman pour enfants de la comtesse de Ségur publié en 1859.

34. Nous n'avons pu retrouver l'origine de cette allusion ou de cette citation dans l'œuvre de Stendhal.

35. *Thomas l'Imposteur*, roman écrit par Cocteau en 1922 et publié à la Nouvelle Revue Française l'année suivante. L'ouvrage est inspiré par la Première Guerre mondiale. Cocteau a participé aux convois des taxis de la Marne transformés en ambulances, auxquels Misia et Étienne de Beaumont ont apporté leur soutien.

36. La Sanseverina, personnage de Stendhal dans le roman *La Chartreuse de Parme* publié en 1839.

37. Misia a étudié le piano avec Gabriel Fauré. Avant de rencontrer son premier mari, elle a gagné sa vie en donnant des leçons privées de piano. Elle a renoncé à une carrière publique de pianiste, mais elle jouait volontiers pour le cercle de ses amis. Plusieurs des peintres cités dans la note 21 de ce texte l'ont représentée assise devant un grand Pleyel.

national de sa race et nous ensorcelait au sens propre du terme, comme seul André Gide [38] sait le faire, lorsqu'il se laisse surprendre, d'une pièce voisine, quelquefois.

À peine eus-je découvert cette source, que j'en fis part à Roland Garros, grand amateur de piano. De cette minute, nous obtînmes des concerts intimes où Garros, entre deux vols, venait prendre de l'altitude. Trahissant honteusement la politique musicale qu'il convenait que je servisse alors, et la pose debout qu'il fallait que j'adoptasse, nous nous vautrions dans l'ombre et nous écoutions Misia.

Hier soir, accompagnée par Marcelle Meyer [39] qui réussit le paradoxe d'être une machine de génie, Mme Sert acceptait de paraître dans une salle [40].

La musique a mauvaise mémoire ; elle oublie ses virtuoses comme l'eau ses carafes, et chaque pianiste lui imprime une forme nouvelle. Je conseille à ceux qui eurent la chance d'entendre Misia, outre la surprise qu'ils doivent ressentir, d'évoquer les âmes illustres que son piano, comme le confesse une rime exquise de Mallarmé, *initia* et qui s'enrichirent de cette collaboratrice mystérieuse.

107

MARIANNE OSWALD *

La lettre anonyme est un genre épistolaire. Elle peut être signée ; elle reste une lettre anonyme. Il en va de même pour la chanson. Celle que j'ai confiée à Marianne Oswald [41] ne comporte pas de musique, et, bien qu'elle ne présente aucun des caractères

38. André Gide est un très bon pianiste. Ses *Notes sur Chopin* sont publiées chez Gallimard en 1931.

39. Marcelle Meyer (1897-1958) est l'une des pianistes majeures de la première moitié du XXe siècle. Elle a non seulement mis son talent au service des jeunes compositeurs, Chausson, Stravinski, le Groupe des Six, Sauguet, etc., mais a également remis à l'honneur des compositeurs du passé, tels que Rameau et Couperin. Sa carrière ne s'est jamais réellement arrêtée, mais s'est poursuivie, dans les années 1930, davantage à l'étranger qu'en France. Durant les années 1940, elle enregistrera de nombreux disques pour Les Discophiles français.

40. Nous n'avons pu identifier en février 1933 la date précise à laquelle Misia Sert et Marcelle Meyer donnent leur concert dans les Salons de l'Hôtel Continental à Paris (voir illustration 59). Henry Prunières en livre un compte rendu dans sa *Revue musicale* d'avril 1933. Le programme pour deux pianos comprenait l'*Andante et Variations* de Schumann, le *Rondo* op. 73 de Chopin, une *Valse* de Rachmaninov, la suite *En blanc et noir* de Debussy et *Danses andalouses* de Manuel Infante. Voici ce qu'en dit le critique : « On a trop souvent rarement l'occasion d'entendre de la musique pour deux pianos. Mmes Misia Sert et Marcelle Meyer nous ont conviés à une séance du plus haut intérêt. [suit le programme]. L'éloge de Marcelle Meyer n'est plus à faire. Cette admirable artiste ne cesse d'affirmer le talent le plus solide et le plus souple à la fois. Jusqu'ici, seuls les intimes de Misia Sert connaissaient ses dons de pianiste, cette musicalité profonde, ce toucher subtil qui, jadis, enchantèrent Mallarmé [suit le quatrain du poète sur l'éventail]. Ce concert se déroula dans une atmosphère de salon mondain ; seulement les invités avaient payé leur place… Formule nouvelle et originale ». Selon ses mémoires, Misia accepta de donner ce concert afin de relancer la carrière de Marcelle Meyer et de lui en offrir la recette. Francis Poulenc tourna les pages de la « Reine de Paris », tandis que Max Jacob composa un quatrain en hommage à Marcelle Meyer pour le programme.

* « Marianne Oswald » suivi de *Anna la bonne*, *Vu*, nº 311, 28 février 1934, p. 272.

41. Marianne Oswald, pseudonyme de Sarah Alice Bloch (1901-1985), est originaire de Lorraine, mais débute sa carrière dans les cabarets en Allemagne avant de se produire dans les boîtes parisiennes au début des années 1930. Elle introduit l'expressionnisme allemand dans la chanson française, avec une voix rauque et cassée qui convient parfaitement au genre. Elle est l'une des premières à interpréter en français les chansons de Bertolt Brecht et de Kurt Weill, mais elle prête également sa voix à des poètes comme Jacques Prévert, Paul Fort ou Gaston Bonheur.

officiels de la chanson, elle en est une et n'empiète jamais sur le monologue, le drame, le sketch [42]. C'est ma faute si la salle peut se méprendre. Il ne fallait pas costumer la chanteuse ni la mettre dans un élément de décor. Je tombe dans l'erreur qui consisterait à costumer *La Fiancée du pirate* [43], de Weill, lorsque la chanson ne se chante plus au théâtre. Il faut, du reste, réparer cette erreur, jouer la chanson entre deux autres et se contenter d'une chaise. Le pianiste commence une java sur la fin du dernier couplet au lieu du *pick-up* [44].

Oswald porte le nom de Marianne et un bonnet de cheveux rouges. Notre chanson puise du style dans son visage qui flambe, qui se dévore et dans le retour du refrain. Droite et mince au bout du piano, comme une flamme de lampe juive [45], Marianne Oswald hausse vite son charme jusqu'à l'intensité méchante de la lampe à souder et du mégot.

Certes, sa voix n'est pas de celles dont rêve une cantatrice [46]. Peu importe. Elle possède cette « présence » qui déroute le goût. Impossible d'expliquer pourquoi elle s'impose. Le public s'étonne. Il avale sa goutte de poison. Sous l'éclairage de rancune des *Poil de carotte* [47], Marianne évoque les gifles, les vitrines où le nez s'écrase, les sous neufs des tirelires d'enfance, le géranium des banlieues, les poubelles éclatantes, la blessure du crime, l'éclair nocturne du revolver, les sifflets de police, le drapeau des barricades, la lanterne du bordel et le fanal des ports.

Son « genre », le genre réaliste, sa voix d'andrinople [48], on les connaît, ils desserviraient plutôt son prestige. Sa réussite est plus singulière, sans le moindre apport extérieur. Je le répète, sa volonté seule de vaincre et cette âme rouge et pâle du mégot

---

42. Il s'agit de la chanson *Anna la bonne* – dont les paroles accompagnent d'ailleurs ce texte de Cocteau à la page 273 de la revue – qui sera enregistrée le 13 mars 1934 sous le label Columbia dfi 463. Cocteau en aurait improvisé lui-même la musique, que le pianiste de Marianne Oswald (voir note 59 du texte 109) aurait transposée par la suite en une partition pour piano et accordéon. Cocteau a écrit deux autres chansons pour Marianne Oswald : *La Dame de Monte-Carlo* et *Mes sœurs n'aimez pas les marins*.

43. La chanson *La Fiancée du pirate* fait partie de *L'Opéra de quatr'sous* (*Die Dreigroschenoper*), comédie en musique composée par Kurt Weill (1900-1950) sur un texte de Bertolt Brecht (1898-1956) et créée à Berlin le 31 août 1928. La version française réalisée par le compositeur et librettiste André Mauprey est présentée par Gaston Baty au Théâtre de Montparnasse le 14 octobre 1930. L'œuvre connaît immédiatement un grand succès par ses aspects novateurs, autant dans la mise en scène que dans le traitement des textes qui alterne chanson, chant, déclamation et chœurs, et qui brouille les genres, à mi-chemin entre la chanson populaire, le spectacle de cabaret et la comédie musicale. Ce parlé-chanté propre à l'expressionnisme allemand influence Cocteau pour la composition des trois chansons écrites pour Marianne Oswald. Remarquons d'ailleurs la reprise pour *Anna la bonne* de la qualification « chanson parlée ».

44. Pick-up, terme ancien pour tourne-disque.

45. D'origine juive, Marianne Oswald se voit obligée, dans les années 1920, de fuir l'Allemagne pour la France et, durant l'Occupation allemande, de fuir la France pour les États-Unis.

46. D'origine alsacienne, Marianne Oswald parle français avec un accent allemand, ce qui confère un charme particulier à sa voix rauque et dure.

47. Analogie établie entre la chanteuse et le protagoniste du roman *Poil de carotte* de Jules Renard, un enfant surnommé « Poil de carotte » à cause de sa chevelure rousse, de surplus mal aimé et victime d'une famille cruelle, et très présent dans la mémoire collective de l'époque grâce aux deux adaptations cinématographiques que Julien Duvivier en a réalisées en 1926 (version muette) et en 1932 (version parlante).

48. Appliquée aux textiles, l'andrinople désigne soit une teinture correspondant au rouge de garance, soit une étoffe de coton teinte en cette couleur. Par synesthésie, Cocteau transpose la couleur à la voix de la chanteuse.

qui veut vivre, de la lampe à souder qui change le métal de forme, voilà les ressources profondes d'une petite personne aussi tendue dans sa robe noire que ces femmes russes dont la poitrine était des bombes et qui se laissaient tomber raides pour donner la mort [49].

La réussite de notre entreprise prouve une fois de plus que, passé les snobs, le public spécial est un mythe et que la foule déteste l'esthétisme décoratif mais se laisse toujours atteindre par ce que Hollywood appellerait : l'x mystérieux des poètes.

108
Les projets de Jean Cocteau *

[...]

Jean Cocteau reprend : « Lorsque j'aurais mis au point *La Machine infernale* [50], je commencerai une pièce en trois actes sur les chevaliers de la Table ronde et l'enchanteur Merlin [51]. Il s'agit d'une œuvre inspirée de la légende du Graal, mais le Graal ne sera plus le vase d'émeraude où Joseph d'Arimathie recueillit le sang du Christ. Après cette pièce, qui s'intitulera *Blancharmure* [52], je composerai, avec Kurt Weill, une opérette tragique en plusieurs tableaux : *Docteur Faust* (où j'espère pouvoir jouer le rôle de Méphisto [53]). Je viens, du reste, d'écrire deux poèmes directement en allemand pour Kurt Weill et Lotte Lenja [54]. Ces poèmes seront enregistrés sur disques comme l'histoire d'*Anna la bonne*, dite par Marianne Oswald, et des chansons parlées sur les bohémiens que récitera Jean Sablon. » Ajoutons enfin que Crommelynck achève une

---

49. Allusion aux femmes russes ayant soutenu la révolution russe à ses débuts en faisant exploser en public des bombes cachées sous leurs vêtements.

* « Les projets de Jean Cocteau », *Aujourd'hui*, 13 mars 1934. Paragraphe extrait d'une interview réalisée par Paul Gilson lors des répétitions de *La Machine infernale*.

50. *La Machine infernale*, pièce en quatre actes de Cocteau créée par le théâtre de Louis Jouvet à la Comédie des Champs-Élysées le 10 avril 1934. Parmi les principaux interprètes figurent Jean-Pierre Aumont (Œdipe), Marthe Régnier (Jocaste), Robert Le Vigan (Anubis), Pierre Renoir (Tirésias) et André Moreau (Créon). Ajoutons que Louis Jouvet y interprète le rôle du berger de Laïus et Cocteau celui de « La Voix ». Christian Bérard signe les décors et les costumes.

51. En l'occurrence *Les Chevaliers de la Table ronde*. Par « commencer », Cocteau sous-entend la rédaction de la pièce d'après un scénario qu'il vient de composer vers la fin de l'année 1933. Cette pièce en trois actes est créée le 8 octobre 1937 dans le cadre des Galas de comédie au Palais des Beaux-Arts de Bruxelles, avant d'être présentée au Théâtre de l'Œuvre le 14 octobre 1937. Cocteau réalise la mise en scène et les décors, Coco Chanel les costumes.

52. C'est le titre premier de la pièce *Les Chevaliers de la table ronde*.

53. Cocteau et Kurt Weill envisagent de travailler ensemble sur une opérette tragique, *Docteur Faust*, mais le projet n'aboutira pas.

54. D'après une lettre adressée par le compositeur allemand au poète le 18 novembre 1933, il s'agit de *Der Lügner* (projet avorté dont le texte n'a pas été retrouvé) et de *Es regnet*. Seule cette « chanson parlée » sera mise en musique par Kurt Weill pour voix et piano. À cette époque, Lotte Lenja (1898-1981) est l'épouse du compositeur et l'interprète principale de sa musique. C'est elle qui a créé le rôle de Jenny dans le *Dreigroschenoper* (voir note 43 du texte 107).

adaptation théâtrale des *Enfants terribles* [55] et que Forster prépare une adaptation de *La Voix humaine*, avec Maria Lani [56], pour l'écran [57].

[...]

PAUL GILSON [58]

109

POURQUOI J'AI COMPOSÉ DE LA MUSIQUE *

Il existe des arts mineurs où le poète, l'artiste le moins libre du monde, le plus lié par des ordres et des scrupules, se paie un peu d'école buissonnière. Il lève son bandeau à ses risques et périls, et quitte la ronde des muses.

Mes « Portraits-souvenir » du *Figaro* sont un exemple type d'école buissonnière, mes chansons pour Marianne Oswald aussi. Les chansons sans paroles tentent la plume du musicien. Les paroles sans chansons la plume du poète. J'ai déjà expliqué pourquoi *Anna la bonne*, qui fait ses preuves, était une chanson, que la chanson est un genre, qu'une chanson parlée sera chose possible pourvu que le texte ne se puisse confondre

55. Le dramaturge et metteur en scène belge Fernand Crommelynck (1886-1970), très en vogue dans les années 1930, n'a pas réalisé ce projet d'adaptation théâtrale du roman de Cocteau *Les Enfants terribles* (1929).

56. La Polonaise Maria Lani (1907-1954) n'était pas réellement une actrice de cinéma. Apparue sur la scène de la vie parisienne à la fin des années 1920, elle avait demandé à une cinquantaine d'artistes – dont Cocteau – d'exécuter son portrait sous le prétexte qu'ils seraient utilisés dans un film d'horreur pour montrer comment la peinture devient réalité. Parmi les peintres figuraient : Robert Delaunay, André Lhote, Kees Van Dongen, Chaïm Soutine, Pierre Bonnard, Georges Rouault, Fernand Léger, Marc Chagall, Suzanne Valadon, Jean Lurçat, André Derain, Henri Matisse, etc., parmi les sculpteurs : Henri Laurens, Charles Despiau, Mika Mikoun, Ossip Zadkine, Chana Orloff, etc. et parmi les photographes : Man Ray et Boris Lipnitzky. La plupart de ces portraits et de ces sculptures sont reproduits dans une brochure luxueuse, *Les Portraits de Maria Lani* (Paris, Les Quatre Chemins, 1929), ouvrage préfacé par Jean Cocteau et comprenant des textes de Marc Ramo et Waldemar George. Le *Magazine Life* du 3 décembre 1945 en reprend également un grand nombre. En réalité, Maria Lani, pseudonyme de Maria Abramowicz, était sténographe de formation, ne projetait aucunement de faire un film, s'exila aux États-Unis en mai 1940 et y vendit pour son propre compte bon nombre de ses portraits. Notons par ailleurs que Cocteau signe le 25 septembre 1935 avec Maximilian Abramowicz (le frère ou le mari de Maria Lani ?), un contrat d'exclusivité de vingt-et-un ans pour adapter à l'écran *La Voix humaine* dans toutes les langues et dans tous pays – à l'exception de la France.

57. Ce projet d'adaptation de *La Voix humaine* n'est pas mentionné dans l'inventaire réalisé par Francis Ramirez et Christian Rolot, à moins qu'il ne s'inscrive dans le cadre du contrat de vente des droits d'adaptation au cinéma de la pièce signé avec le producteur Alexandre Korda en 1931 et arrivé à échéance en 1935 (voir *Jean Cocteau. Le cinéma et son monde*, numéro thématique des *CJCns*, n° 7, 2009, p. 21-24). La mention de Forster pose également problème : s'agit-il de l'acteur et réalisateur américain Norman Forster (1900-1976), qui ne débute toutefois sa carrière de réalisateur qu'en 1936 –, ou d'Edward Morgan Forster (1879-1970), célèbre romancier, nouvelliste et essayiste britannique, qui s'opposait farouchement pourtant à l'adaptation d'œuvres littéraires au cinéma ?

58. Paul Gilson (1904-1963), journaliste et homme de radio. Il animera une émission à succès sur Radio Luxembourg en 1937, émission intitulée « banc-d'essai » et consistant à interviewer les écrivains contemporains. De 1946 à sa mort, il occupera le poste de directeur des services artistiques de la radiodiffusion française. Cocteau lui rendra hommage à son décès. Voir Pierre-Marie Héron, *Jean Cocteau et la radio*, numéro thématique des *CJCns*, n° 8, 2010, p. 132.

* « Pourquoi j'ai composé de la musique », *Paris-Midi*, 4 juin 1935, p. 2. Pour les quelques rares compositions musicales de Cocteau, voir Malou Haine, « Jean Cocteau et sa connaissance de la musique », dans David Gullentops et Serge Linarès (dir.), numéro thématique de *Europe. Revue littéraire mensuelle*, n° 894, octobre 2003, p. 248-282.

60. Illustration pour *Anna la bonne*, dans Jean Cocteau, *Nouveau Théâtre de poche*, Monaco, Éditions du Rocher, 1960.

ni avec un poème ni avec un monologue ni avec un récitatif et présente toutes les profondes caractéristiques de la chanson (celles qui échappent à l'analyse). La chanson, la reine des arts mineurs, est de naissance si particulière qu'il semble qu'elle jaillisse toute seule du trottoir des capitales et que le public qui la chante à la sortie en devienne l'auteur véritable.

Rien ne m'étonne davantage que le romancier qui cherche un sujet de roman, le dramaturge un sujet de pièce, que le poète qui s'installe à sa table et décide d'écrire un poème. Notre métier modeste consiste à prolonger l'enfance, à rester pur, à ne point dérégler le véhicule des forces despotes qui s'expriment par notre entremise. Il consiste, en outre, à devenir de plume assez libre, assez rapide, afin de prendre au vol ce que cette force inconnue nous dicte et d'être des sténographes qui n'ajoutent pas trop du leur.

Je déteste les touche-à-tout et les dons. Lutter contre ses dons ou, du moins, les canaliser en un seul jet, voilà une excellente méthode lorsque le ciel fait de l'homme un lieu de fluides et de sources qui veulent passer de l'ombre à la lumière.

Si je composais un opéra, des mélodies, je serais parfaitement ridicule, mais je trouve normal, pour ces thèmes faciles qui passent de bouche en bouche, de me servir moi-même. Une vraie œuvre, une *bonne œuvre*, fût-elle mineure, préexiste. Il ne s'agit pas de l'imaginer, mais de la découvrir (si je ne me trompe, *invenire* serait le verbe exact). Pour Marianne Oswald, une force de l'artifice, au même titre que les forces de la nature, une véritable flamme rouge d'incendie, j'avais besoin d'un refrain et d'une chanson. Une fois découverts, c'est-à-dire une fois que les textes chantonnés et rechantonnés ne peuvent plus se présenter autrement à l'esprit et donnent l'illusion d'être déjà connus, il ne reste qu'à s'en remettre aux simples, public auquel ce genre d'œuvre s'adresse, à braver la mauvaise humeur du technicien et du dilettante qui nous refusent le luxe du bon plaisir.

Ayant découvert mes musiques, je priai Oswald d'amener son pianiste[59], je les lui dictai note par note et il leur donna l'inscription qui me demeure une énigme. Ensuite je le laissai libre d'orchestrer à sa guise pourvu qu'il s'en tint à mes directives.

N'espérez donc ni me flatter ni me blesser en louant ou en flétrissant ces petits ouvrages. Leur seule excuse serait de plaire. Ils ne peuvent espérer gagner un procès en appel. Ils doivent prendre séance tenante cette démarche anonyme des rengaines, si toutefois ils en possèdent le privilège, privilège qui consiste à bercer, à lanciner, à horripiler vos oreilles, l'espace d'une saison.

110

La présence [*]

En regardant, de loin, car je n'habite plus la ville mais le petit port de Villefranche-sur-Mer[60], la démarche, l'allure, le style d'une femme très belle et très élégante (par exemple Mrs. Fellowes[61]), je me disais qu'il serait utile d'inventer pour elle un poste inconnu et que le Président de la République devrait la nommer « dame de l'Exposition

59. Marianne Oswald a enregistré avec plusieurs pianistes : Henry de Monfreid, Valdo Garman et Youli Tepley. En 1935, il s'agit probablement de Monfreid qui, aux dires du poète, aurait transcrit la mélodie qu'il lui dictait.

* « La Présence », *Vogue*, septembre 1935, p. 39 et 67.

60. Depuis 1924, Cocteau séjourne régulièrement à l'hôtel Welcome à Villefranche-sur-Mer. En 1935, il y réside de fin mars au 25 juillet, avant d'entamer une croisière journalistique qui le conduira de Villefranche à Toulon.

61. Daisy Fellowes (1890-1962), rédactrice en chef de l'édition française du journal de mode américain *Harper's Bazar*, fait partie de l'aristocratie française. Elle incarne la Parisienne de la Belle Époque, célèbre pour sa beauté et son élégance, habillée par la couturière Elsa Schiaparelli et portant des bijoux signés Suzanne Belperron. Son hôtel de maître à Neuilly-sur-Seine est décoré par Louis Suë, l'un des grands artistes de l'Art Déco. Après la mort de son premier mari, Jean de Broglie, elle se remarie avec le banquier Reginald Fellowes, cousin de Winston Churchill. Ses portraits photographiques réalisés par Cecil Beaton sont conservés actuellement à la National Portrait Gallery de Londres.

de 1937 »[62]. Certes, ce qui manque dans ces grandes machines, c'est une âme, une âme d'élite, une main de fée, une PRÉSENCE.

Pourquoi ne choisirait-on pas, au lieu de quelque statue stylisée de la Parisienne, dominant la porte d'honneur, une Parisienne en chair et en os, une de ces femmes étonnantes qui savent recevoir, qui remplissent avec génie le métier d'hôtesse, que les circonstances ne prennent jamais à court, soit qu'il s'agisse des places à table, ou de faire surgir en quelques minutes un dîner de cinq cents couverts, de donner à un souverain le sentiment qu'il retrouve ses habitudes, à la foule l'impression de ne pas rôder en désordre et d'être conduite par une main mystérieuse.

La présence est quelque chose qui s'analyse mal et d'un poids extraordinaire. Un des succès du Ballet russe venait de la présence de Serge de Diaghilev. Les loges du ballet avaient beau être coûteuses et cher le moindre fauteuil, il n'en restait pas moins que le spectateur, même celui des petites places, se sentait reçu par l'organisateur de ces réjouissances magnifiques. Et Diaghilev lui-même savait cela et ne se contentait pas de hanter la salle et, dans une loge du milieu, d'offrir le spectacle rassurant de sa haute figure légendaire.

Les danseuses le surnommaient « chinchilla » à cause d'une mèche blanche qu'il réservait dans les cheveux d'encre de cette tête si grosse que, chez Lock[63], le tour de tête de chefs illustres par leur dimension ne pouvait lui convenir et que le chapeau de Gladstone[64] lui-même devenait sur lui un simple chapeau de clown.

Mâchant nerveusement ses petites moustaches et sa langue de toute sa dentition de jeune crocodile, une lorgnette de nacre à la main, Diaghilev, en frac, dirigeait l'entreprise du fond de sa loge, attentif à la mise en place du décor et sévère pour la plus petite faute d'un interprète.

Ce qu'il blâmait surtout et ce qui accélérait le mâchonnement nerveux et les tics du monocle, c'était le cabotinage : lorsqu'un danseur ou une danseuse, grisés par une salve d'applaudissements, sortaient de leur ligne et enjolivaient de quelque fioriture improvisée le travail géométrique du chorégraphe.

Donc, ce rôle occulte, cette certitude communiquée à tous que l'œil du maître exerçait sa surveillance, Diaghilev ne se contentait pas de le jouer et d'en jouer seul. Il lui fallait une dame du Ballet russe, un point central de prestige et, en quelque sorte, la personne à qui le matador lance la cape, offre l'oreille, dédie le toro.

Madame J.-M. Sert (alors Misia Edwards) présidait l'entreprise à Paris, et à Londres ce privilège revenait à la marquise de Ripon (ex-Lady de Grey)[65]. C'est, derrière les tulles, les turbans à aigrettes, le visage de chatte blanche métamorphosée de l'une, à

62. Dès 1934 débutent les préparations pour l'Exposition internationale « Arts et techniques dans la vie moderne » qui se tiendra trois ans plus tard, du 25 mai au 25 novembre, à Paris. Pour l'occasion, le Palais de Chaillot est bâti sur l'emplacement de l'ancien Palais du Trocadéro, de même que Raoul Dufy réalise sa grande fresque intitulée *La Fée Électricité*.

63. Créée en 1676, la célèbre maison Lock & Hatters de Londres existe encore de nos jours. Elle fournit des chapeaux à la famille royale et à l'aristocratie européenne.

64. William Ewart Gladstone (1809-1898), à plusieurs reprises premier ministre britannique entre 1868 et 1894. Ses portraits attestent en effet une certaine présence corporelle et un tour de tête non moins imposant.

65. Toujours à court d'argent, Diaghilev ne pouvait monter ses spectacles qu'avec l'aide de mécènes et de personnalités influentes. Figuraient parmi ses commanditaires, à Paris, Misia Sert et la comtesse de Greffulhe, et à Londres, Joseph Beecham (père du célèbre chef d'orchestre Thomas Beecham) et Gladys

l'abri du collier de chien, du diadème, du buste raide, des cheveux mauves de l'autre, que Serge de Diaghilev « mâchait sa bouche » et maniait sa petite lorgnette.

Autour de ces « dames du Ballet russe » se groupait un véritable état-major composé d'artistes considérables, de beautés à la mode et de ces éphémères qui, par leur charme, leur titre, leur intelligence, tiennent, une saison, la vedette sur le théâtre de Londres ou de Paris.

Diaghilev savait, entre autres secrets qui assurent la réussite, que le public aime à se sentir « reçu », que l'absence d'une personnalité, d'une poigne, lui donne du malaise et que même l'adresse d'un maître d'hôtel (Olivier du Ritz) fait d'un établissement ouvert à tous quelque chose de spécial, de réservé, d'unique, où, si étrange que cela paraisse, chacun se sent fier d'être admis.

Ah ! comme Diaghilev savait recevoir !

Épuisé par le monde, j'avais trouvé cette excuse de ne pas posséder d'habit noir. Trouvant que le costume sombre singeait piteusement l'habit, je portais, le soir, au théâtre, un costume clair. Diaghilev me toisait, soupirait, mais il me voulait dans sa loge. « Vite, vite, disait-il, cache-toi dans ma loge. »

Lorsque nous décidâmes Stravinski et moi de donner *Œdipus Rex* [66] pour son jubilé, un bas-bleu dit à Diaghilev : « Méfiez-vous, on chante en latin. C'est votre messe des morts. Ils vous font une mauvaise farce. »

– « Chère amie, répondit-il, si c'est une farce, je m'y prête de bonne grâce, car une farce de Stravinski et de Cocteau ne peut être qu'une farce excellente. »

Une autre dame lui demandant, à Londres, pourquoi il n'inscrivait pas plus souvent *Parade* à ses programmes : « *Parade*, répondit-il, est ma vieille bouteille. Je la ménage. Je n'aime pas beaucoup la remuer. »

Cet homme, capable de malices enfantines et de chausse-trapes naïves, avait l'âme haute. Il était de cette race d'amphitryons symbolisée par la scène où Madame d'Orgel [67] met sur sa tête le chapeau ridicule du prince russe. Et ce phénomène de la présence, de la réception, du personnage sur lequel les regards se concentrent, de cette mouche de la cible, ne s'exerce pas seulement dans la zone frivole. Je peux citer les livres dont les auteurs morts font les honneurs. La présence de Baudelaire, de Rimbaud domine les leurs. Un Stendhal, un Balzac, ne quittent jamais la marge de leurs labyrinthes et Victor Hugo en personne nous reçoit à la porte monumentale de son œuvre.

Une mode parisienne consiste à me rendre responsable des ouvrages que je loue. Je passe ainsi pour l'auteur d'un certain nombre de chefs-d'œuvre, ce qui me flatte, mais est, hélas, inexact.

Herbert (1859-1917) qui, par son second mariage avec Frederick Robinson, portait simultanément les titres de comtesse de Grey et de marquise de Ripon.

66. *Œdipus Rex*, opéra-oratorio en deux actes composé par Stravinski sur un texte de Cocteau inspiré de Sophocle et traduit en latin par Jean Daniélou. La version concert de l'œuvre est créée par la compagnie des Ballets russes au Théâtre Sarah-Bernhardt le 30 mai 1927 sous la direction du compositeur et avec Pierre Brasseur comme récitant. Sa version scénique est créée au Wiener Staatsoper le 23 février 1928, sous la direction de Franz Schalk, dans une mise en scène de Lothar Wallenstein, avec des décors et des costumes d'Alfred Roller.

67. Mahaut d'Orgel, personnage du roman de Raymond Radiguet, *Le Bal du comte d'Orgel*, roman publié à titre posthume en 1924 par l'entremise de Cocteau.

Je me souviens (et de ce livre il me serait difficile d'être responsable puisque je ne connaissais pas l'auteur avant de l'avoir lu) à la lecture de *Sainte Unefois* de Louise de Vilmorin[68], d'une sensation très précise, d'être reçu dans cet ouvrage, la sensation d'une présence féminine, toute puissante, qui se tenait debout à la première page du livre et m'en faisait légèrement mais inflexiblement les honneurs.

C'est à cette sensation, que je dus, par la suite, de ressentir pour Louise de Vilmorin, dès notre premier contact, une amitié qui précédait de beaucoup notre rencontre.

J'ai été bien frappé par cette circonstance et elle m'ouvrait les yeux sur ce phénomène de présence qui continue outre-tombe et dont je vous parle.

Cherchez vous-même des exemples. Vous en trouverez un grand nombre et vous verrez qu'il n'est pas fou de souhaiter une DAME DE L'EXPOSITION DE 1937, puisqu'il existe une REINE DES SIX JOURS[69] et qu'il existait des REINES DU BALLET RUSSE.

111

UNE PROMENADE DANS LA NUIT *

Depuis de longues années, je ne sortais plus la nuit. Je préférais rester chez moi et, ce que je craignais surtout, c'étaient « les boîtes », ces fameuses boîtes que « Le Bœuf sur le toit » symbolise[a].

L'autre semaine, Marcel Khill, le Passepartout[70] de mon *Tour du monde en 80 jours*, me reprocha ma paresse et me proposa une petite promenade dans les boîtes.

---

68. *Sainte-Unefois*, premier roman de Louise de Vilmorin (1902-1969), publié en 1934, peu apprécié par la critique, à l'exception de Cocteau qui en fait paraître un élogieux compte rendu dans la *Nouvelle Revue Française* en juillet 1935. Commence alors une relation amicale, voire intime, entre la romancière et le poète, dont témoignent leurs lettres. Voir Louise de Vilmorin – Jean Cocteau, *Correspondance croisée*, Paris, Le Promeneur, 2003.

69. Lady Jane Grey (1537-1554), devenue reine d'Angleterre suite au décès d'Édouard VI, accède au trône le 6 juillet 1553, mais est aussitôt évincée par sa cousine, Mary Tudor, qui la fait enfermer six jours plus tard dans la tour de Londres. Elle sera décapitée l'année suivante.

* « Une promenade dans la nuit », *Ce Soir*, 2 mars 1937 ; texte repris dans *Le Foyer des artistes*, Paris, Plon, 1947, p. 3-6. Dactylogramme conservé à la Bibliothèque historique de la ville de Paris. Version choisie : celle, plus achevée, du *Foyer des artistes*, moyennant quelques corrections et accompagnée de variantes significatives du dactylogramme (*Dact*).

70. Marcel Khill, né Mustapha Marcel Khelilou Belkacem Ben Abdelkader (1912-1940), est le compagnon de Cocteau de 1932 à 1937. Khill a interprété le rôle du messager de Corinthe lors de la création de *La Machine infernale* en 1934, mais a surtout accompagné Cocteau dans un périple autour du monde du 29 mars au 17 juin 1936. À court d'argent, le poète avait accepté de refaire avec Khill le tour du monde en quatre-vingts jours, à l'instar de Philéas Fogg et de son domestique Passepartout dans le roman de Jules Verne *Tour du monde en 80 jours* (1873), afin d'en fournir un reportage pour *Paris-Soir*. Les feuilletons ont paru dans le périodique du 1er août au 3 septembre 1936 et ont été rassemblés par la suite en volume sous le titre *Mon Premier Voyage* (Paris, Gallimard, 1936).

Il s'agissait de celle de Suzy Solidor[71] et du « Caprice viennois »[72] où Al Brown[73] dirige l'orchestre de danse[b].

Cette promenade eut des suites. Je constatai, malgré ma fatigue, l'incroyable violence, la volonté, le talent des arts mineurs dont Paris borde sa robe nocturne et le respect qu'imposent ceux et celles qui arrivent à convaincre un public inattentif.

Vous dirai-je que j'admire ce que chante Mlle Suzy Solidor? Non, je mentirais. Mais lorsqu'elle allume ses éclairages, qu'elle s'appuie au piano et tire d'elle une voix qui sort des zones les plus intimes de l'être, lorsqu'elle dompte cet élément qui donne le trac comme les vagues donnent le mal de mer, je m'incline.

Je suis un « enfant de la balle », les planches m'excitent à la manière dont les tables de Monte-Carlo excitent le joueur[74]. J'ai bien juré que je n'engagerais plus la vieille lutte entre le public et les artistes. Je recommence et je recommencerai sans doute jusqu'à ma mort.

Après, ce fut le « Caprice ». Al Brown dirigeait l'orchestre[75], le galvanisait, le dominait d'une poigne de bronze. J'ai vite compris que cet homme mince charriait dans ses veines[c] ce qui distingue une vedette des autres humains.

Chaque semaine, la T.S.F. prouve qu'il existe des jeunes femmes et des jeunes hommes qui l'emportent par la voix sur nos étoiles, mais... il leur manque l'essentiel : la petite chose inimitable qui arrache un inconnu de la foule et le transforme en constellation.

J'ai compris en outre qu'Al Brown avait été la victime d'un quiproquo. Mâcher certaines plantes exquises des Indes, c'est mourir[76]. Al Brown était un danseur qui tue. Le ressort qui dirige sa main est admirable. Il se déroule de naissance. Tuer, battre l'adversaire est du luxe, un luxe auquel Al Brown ne tient pas. Sans le milieu de la boxe, plus redoutable que l'adversaire, peut-être serait-il encore, après huit ans de cette royauté, champion du monde. Seulement, de ma table d'ombre, je devinai qu'il ne

---

71. Suzy Solidor, (1900-1983) débute dans la chanson en 1929 et devient rapidement l'une de coqueluches de la vie nocturne parisienne. D'un physique androgyne et chantant d'une voix grave, elle affiche et revendique son homosexualité. Elle ouvre en 1932 le cabaret « La Vie parisienne », 12 rue Sainte-Anne, qui devient le lieu de rendez-vous des couples homosexuels et où débuteront Suzy Delair, Colette Mars et Charles Trenet. Aux murs du cabaret sont accrochés ses portraits réalisés par une quarantaine de peintres, dont Kees Van Dongen, Francis Picabia, Tamara de Lempicka, Francis Picabia, Raoul Dufy, Marie Laurencin, ainsi que Jean Cocteau – collection conservée au Château-Musée Grimaldi à Cagnes-sur-Mer. En 1937, elle chante dans *L'Opéra de quat'sous* monté par Raymond Rouleau au Théâtre de l'Étoile. Elle sera également l'interprète, pendant la guerre, de la version française de la chanson *Lily Marlène*.

72. Le cabaret « Caprice viennois », 59 rue de Montpensier, est un lieu de danse, de jazz et de divertissement. Ouvert en 1934, il fermera ses portes en 1951.

73. Alfonso Teofilo Brown, dit Panama Al Brown (1902-1951), boxeur panaméen qui perd en 1935 le titre de champion du monde qu'il avait remporté six ans auparavant. Il mène ensuite une vie dissipée, se drogue et vit en animant des soirées comme présentateur, chanteur et danseur de jazz au « Caprice Viennois », jusqu'à ce que Cocteau l'y rencontre en 1937. Le poète réussit à le faire renoncer à la drogue et à le faire remonter sur le ring. Al Brown reconquerra son titre de champion en 1938, mais, sur les conseils de Cocteau, quittera le milieu de la boxe en pleine gloire.

74. En 1934, Cocteau compose pour Marianne Oswald une chanson parlée intitulée *La Dame de Monte-Carlo*, où il évoque la dépendance au jeu.

75. Par « diriger », Cocteau sous-entend qu'Al Brown conduit et anime le spectacle.

76. Allusion à l'expérience de la drogue.

tenait pas à boire du café empoisonné et qu'il préférait mettre au service de la danse les secrets qu'il possède. Il sait de naissance placer un coup comme un poète sait de naissance placer un mot.

Bref, j'assistai à ce spectacle extraordinaire : Al Brown ne s'entraînait pas en musique [d]. Sa danse était une vraie danse, qui, certes, procédait de l'entraînement de la boxe, mais haussait cet entraînement jusqu'à devenir un chef-d'œuvre de singularité.

De cette promenade nocturne, il résulte que je vais travailler avec Suzy Solidor et avec Al Brown [77]. À vous de juger si je mérite de mêler ma technique aux leurs. Le public demande toujours à l'artiste s'il est sérieux. Raymond Radiguet demandait au public : « Êtes-vous sérieux ? »

Je constate que la technique d'une Solidor, d'un Al Brown oblige le public à se taire, quitte à se reprendre après. C'est le prodige du théâtre en Chine où le même public (celui de la lutte et celui du théâtre) acclame des techniques et s'attache moins aux sentiments qui l'émeuvent qu'à certaines difficultés vaincues.

Au théâtre, le public m'effraie. Il tousse. Il bavarde, il juge, il « sophistique » [78] selon le terme américain à la mode. Que ne regarde-t-il la scène, prêt à prévenir le voleur de l'approche du gendarme ? Que ne retrouve-t-il cette enfance qu'il méprise et sans laquelle il n'existe pas de bon public ?

Ajouterai-je qu'il existe une bien vilaine habitude que je conseille aux femmes de perdre. À peine la lumière est-elle rallumée qu'elles tirent d'une sorte de cabinet de toilette portatif appelé minaudière, des accessoires qu'il me semble propre de cacher, et se lavent, se lèchent, se brossent, se poudrent, se peignent et grimacent dans un miroir, sans craindre de gêner les hommes qui les accompagnent.

J'allais connaître le travail des boîtes par Yvonne George [79]. Elle est morte. Marianne Oswald plus brûlante, plus rouge, plus obstinée que le mégot, et que seul un talon pourrait étendre, a fait un drame d'*Anna la bonne*, une petite chanson de moi [e].

Sans doute en serais-je resté là, sans cette visite aux boîtes, que je vous raconte et qui m'entraîne encore une fois je ne sais où.

Variantes

a. *Variante en Dact* : [...] que le « Bœuf sur le toit » symbolise et où la légende [80] me fait vivre.

b. *Variante en Dact* : [...] où Al Brown dirige l'orchestre et danse.

c. *Variante en Dact* : [...] que cet homme mince (il ne représente guère plus de force que moi) charriait dans ses veines [...]

77. À la suite, semble-t-il, de cette sortie nocturne, Cocteau écrit pour Suzy Solidor les chansons *Attendre* et *Mensonges*, chansons qui seront enregistrées le 8 décembre 1937 sur disque Pathé. Par contre, il ne semble pas avoir poursuivi sa collaboration avec Al Brown.

78. Selon *Le Petit Robert*, le verbe « sophistiquer » désigne, au milieu du XXe siècle, une action consistant à « faire preuve de recherche ».

79. La comédienne belge Yvonne George, pseudonyme d'Yvonne de Knops (1896-1930), se lance dans la chanson réaliste et débute sa carrière parisienne à l'Olympia en octobre 1920. Elle chante ensuite dans divers cabarets, mais devient rapidement « la reine » du « Bœuf sur le toit ». Cocteau lui confie le rôle de la nourrice lors de la création de *Roméo et Juliette* au Théâtre de la Cigale le 2 juin 1924. Sa relation mouvementée avec le poète Robert Desnos l'introduit dans les milieux intellectuels parisiens, mais la fera également entrer en contact avec l'opium qui la détruira à l'âge de 34 ans. Cocteau organise son dernier gala au cabaret « Le Grand Écart », 7 rue Fromentin, le 12 juin 1928.

80. Expression à rapprocher du titre de l'article « La Légende du "Bœuf sur le toit" » (voir texte 136).

d. *Variante de la phrase en Dact* : [...] : Al Brown, non pas se disant par paresse : « Je m'entraîne en musique, donc je sauterai à la corde sur la piste de danse. »

e. *Variante en Dact* : [...] et que seuls le talon ou la barricade pourraient éteindre, a fait un miracle d'*Anna la bonne*, une petite chanson parlée très médiocre de moi.

112

BARBETTE ET LA MORT *

Barbette est à l'hôpital. Ses jambes se paralysent [81].

La nouvelle ne peut laisser insensibles ceux qui aiment les *monstres sacrés* du théâtre et du music-hall. Je parle de ces numéros exceptionnels dont les protagonistes nous étonnent moins par leur technique ou par les difficultés qu'ils accumulent que par une sorte de prestige mystérieux. J'ai vu des familles d'acrobates suivre de la coulisse, en peignoir éponge, la bouche ouverte, le travail de Barbette et ne pas comprendre pourquoi il soulevait l'enthousiasme. C'est que Barbette arborait l'armure invisible qui miroite sous la douche des projecteurs et semble isoler du reste du monde les rares élus qui la portent. Armure de métal et de diamant, armure de neige et de songe, armure de solitude et qui dénonce toujours un duel avec la mort. Duel avec la mort, danse avec la mort, cache-cache avec la mort; l'amateur de spectacles ne confondra jamais les mille trapézistes qui se surpassent d'année en année pour lui plaire et ces personnages dont la réussite échappe à l'analyse et que la mort essaye de *prendre vivants*. Un acrobate qui méprise le filet et la démarche de mauvais rêve auquel il oblige ceux qui le foulent, peut tomber net et se rompre le cou. Pour un Colleano [82], pour un Barbette, la mort est moins expéditive. Sur le fil, il ne s'agit pas de céder le trottoir; la mort recule ou l'acrobate. À force de reculer, les yeux dans les yeux de ces étranges toréros, la mort se venge, combine des pièges... et voilà Barbette, les jambes paralysées, à l'hôpital.

Ceux qui eussent cherché dans le numéro Barbette une atmosphère trouble, équivoque, un chef-d'œuvre de pénombre et de vice, n'y auraient certes point trouvé leur compte. Barbette apporte son ombre, expose sa nuit en pleine lumière. Avec la conscience du tragédien chinois et japonais, de Mei Lanfang [83] et de Kikugoro [84],

---

* « Barbette et la mort », *Voilà*, n° 323, 28 mai 1937, p. 7.

81. Certaines sources évoquent une chute au Lowe's Theater à New York. Barbette survivra à cet accident et se tournera vers la direction de cabarets.

82. Con Colleano (1899-1973), pseudonyme de Cornelius Sullivan, célèbre funambule d'origine australienne, exécute son numéro de cirque en costume de toréador. Après avoir acquis une renommée nationale, il embarque pour l'Afrique du Sud, puis les États-Unis. Dans les années 1930, il se trouve en Europe. En janvier 1932, il est engagé pour un an par le Cirque Medrano. Surnommé le « magicien du fil » ou le « toréador du fil », il est connu pour être le premier à avoir réussi un saut périlleux avant sur le fil.

83. Mei Lanfang (1894-1961), chanteur, acteur et danseur de l'Opéra de Pékin devenu grand maître dans l'art dramatique chinois, ce qui sous-entend l'interprétation de rôles féminins. Durant les années 1930, Lanfang et sa troupe font connaître l'opéra chinois à l'étranger et se produisent aux États-Unis, en URSS, en Europe centrale, en France et en Italie. Au décès de l'artiste en 1961, Cocteau rédige quelques lignes à son sujet pour les *Cahiers franco-chinois : Paris-Pékin, la revue des amitiés franco-chinoises*, que nous n'avons pas retrouvées.

84. Onoe Kikugorô VI, pseudonyme de Terashima Kôzô (1885-1949), danseur virtuose de « kabuki », que Cocteau rencontra en personne lors d'un spectacle au Kabukiza de Tokyo. Voir *MPV*, p. 165-169.

véritables prêtres d'une religion de théâtre, il pousse les grâces féminines à l'extrême, se change en femme, devient non une femme mais *la femme* et l'emporte, par l'artifice et le mensonge, sur les femmes les plus belles.

Faut-il me résoudre à écrire au passé, que je dise : Barbette apportait son ombre… Barbette devenait non une femme mais la femme…, etc. Je refuse de le croire. Lorsque ses trapèzes l'échangeaient comme les lianes de la jungle échangent des oiseaux de paradis ; lorsqu'il balançait à l'envers, au-dessus des fauteuils, sa figure de Satan charmant ; lorsque, dans sa loge, il se harnachait de cuirs, pareil à l'Apollon du bandagiste [85] ; lorsqu'il avouait son subterfuge, ôtait sa perruque et mimait un rôle d'athlète pour rester au niveau de son rôle de vamp, Barbette jouait un jeu terrible, et nous en mesurâmes les risques.

Cependant, notre amitié se refuse de croire que c'est tout, et que la mort jalouse tire par les jambes le jeune homme qui la battait au jeu, sans qu'il invente encore quelque moyen de l'y battre.

113

Présentation de la *Cobla* de Barcelone à la Grande Nuit des Innocents (Théâtre de la Gaîté Lyrique) *

Mesdames, Messieurs,

Vous allez entendre un orchestre de Barcelone [86] dont le bruit est inattendu et fort extraordinaire. Ne vous attendez pas à un vacarme. C'est le bruit vigoureux, naturel, champêtre, des cigales, des grillons et des grenouilles. Car la *Cobla* [87] est faite pour vivre en plein air. C'est un orchestre ou, si je veux être plus exact, un orphéon nocturne qui a tout à perdre lorsqu'on l'encadre et qu'on l'éclaire avec une rampe [a].

Ce qui caractérise la musique de toutes les grandes civilisations et de tous les pays graves, c'est qu'elle est utile, une « musique qui sert ». Les véritables musiques ne

---

85. Pour l'Apollon du bandagiste, voir note 281 du texte 94.

* « Présentation de la *Cobla* de Barcelone à la Grande Nuit des Innocents (Théâtre de la Gaîté Lyrique) », *Ce Soir*, 8 juin 1937 ; texte repris dans *Le Foyer des artistes*, 1947, p. 31-33. Dactylogramme conservé à la Bibliothèque historique de la ville de Paris. Version choisie : celle, plus achevée, du *Foyer des artistes*, moyennant quelques corrections et accompagnée de variantes significatives du dactylogramme (*Dact*). La soirée du 4 juin 1937, dont il est question dans ce texte, est organisée au profit des enfants espagnols réfugiés en France à la suite de la guerre civile en Espagne. Même si *Ce Soir* est créé en 1937 sous l'impulsion du leader communiste Maurice Thorez, le journal n'est pas l'organe du parti, mais se veut un quotidien populaire de gauche engagé. Deux écrivains concernés par les problèmes socio-politiques, Louis Aragon et Jean-Richard Bloch, le dirigent. Pour soutenir la cause de la République espagnole, la Guerre civile est y couverte par une vingtaine de journalistes.

86. Durant l'hiver 1936-1937, les musiciens de l'ensemble Cobla de Barcelone se produisent à Paris et dans diverses villes de province, notamment à Grenoble et à Nice. C'est en tant que secrétaire du comité pour la défense de la culture espagnole, au sein de l'Association internationale des écrivains pour la défense de la culture, qu'Aragon les présente au public et les accompagne dans leur tournée.

87. La cobla est un ensemble instrumental populaire en Catalogne qui accompagne une danse caractéristique de cette région, la sardane. L'ensemble comprend douze instruments dont la sonorité perçante est destinée au jeu en plein air. Les musiciens sont généralement des amateurs.

sont pas des musiques qui s'exposent, mais qui accompagnent la vie d'un peuple et le servent ; musiques de naissance, de noces et de mort. Les sardanes [88] se jouent sur des places. Il existe sur la sardane un poème de Max Jacob par quoi débute son livre : *Le Laboratoire central* [89]. La sardane y est une rose [90] ; elle forme des cercles, dégage des parfums qui exaltent. Les inconnus s'y rapprochent, se donnent la main, se nouent, dansent, et ensuite arrive ce qui veut.

Pour écouter la *Cobla de Barcelone*, il ne faudrait point avoir payé ses places. Mais vous savez pourquoi, ce soir, vous payez vos places.

Ma mère me répétait que dans sa jeunesse, avant le bal, les jeunes filles afin d'être pâles sous les couronnes de myosotis, se faisaient saigner au pied.

Consultez la carte d'Europe. Vous verrez qu'on saigne l'Europe au pied, que ce pied c'est l'Espagne [91], et que grâce à cette opération, l'Europe prend peu à peu la pâleur des jeunes filles qui dansaient les valses de Strauss et *cherchaient un futur.*

Le jazz se complique [92]. Presque toutes les formes d'art qui réussissent perdent la simplicité robuste du premier geste [b].

Le moindre nègre de Harlem qui imprime à New York le rythme moderne, rêve de monter un soir des profondeurs du Paramount [93] avec chef d'orchestre, frac gris-perle, œillet postiche, saxophone de nickel, sous une douche de lumière. Un soliste se lève – ce n'est pas un nègre, mais un premier prix du Conservatoire – et il joue la *Méditation de Thaïs* [94].

Il arrive le contraire à la *Cobla de Barcelone*, formée, si je ne me trompe, vers 1900 [95]. Elle sort du fond des âges, en ligne droite, pareille à ces fils de télégraphe que j'ai vus à Vevey traverser les platanes de la promenade, sans se soucier de l'épaisseur de l'écorce.

---

88. La sardane se danse sur les places de villages. Elle comprend des pas courts et des pas longs que les danseurs exécutent en un ou plusieurs cercles et en se tenant la main. Cette danse ancienne a connu un renouveau dans la seconde moitié du XIXe siècle grâce aux compositeurs Pep Ventura, né José Maria Ventura i Casas (1817-1875), qui a développé ses possibilités instrumentales et fixé sa structure musicale, et Miquel Pardàs i Roure (1816-1876) qui a publié vers 1850 une méthode pour apprendre à danser la sardane, où il synchronise musique, rythmes et chorégraphie.

89. Max Jacob, *Le Laboratoire central*, Paris, Au Sans Pareil, 1921. Aragon écrira, lui aussi, un poème sur la cobla, intitulé « Santa Espina » et repris dans *Crève-Cœur* (1940).

90. Cocteau fait-il allusion à l'origine de certains musiciens faisant partie de la « Cobla de Barcelone » ? À savoir la ville de Rose ou, en catalan, l'actuelle Rosas.

91. Allusion à la Guerre civile en Espagne qui a éclaté le 17 juillet 1936. Tout comme la Cobla de Barcelone soutient la cause des républicains espagnols, les coblas et la sardane symboliseront la résistance sous le régime de Franco et connaîtront, pour cette raison, un renouveau considérable après la disparition du dictateur.

92. Dans les années 1920, le jazz subit l'influence du swing et du boogie : c'est l'époque des Big Bands de musiciens blancs, tandis que le Lindy Hop se développe dans les communautés noires de Harlem. Dans les années 1930 apparaît le Hot-Jazz, avec Louis Armstrong comme figure de proue.

93. La Paramount Pictures Corporation, société américaine de production de films fondée en 1912, produit un grand nombre de comédies musicales accompagnées de grands orchestres de jazz.

94. La célèbre « Méditation de Thaïs » de l'acte II de l'opéra de Jules Massenet, *Thaïs*, est écrite pour violon solo.

95. Cocteau confond sans doute deux ensembles. La « Cobla de Barcelone » est créée en 1922 par Josep Gravalosa, puis repris par Albert Marti (1883-1947) pour assurer la propagande du parti espagnol républicain. Elle sera dissoute en 1939 à la fin de la guerre civile. Un autre ensemble de réputation internationale, « Antiga Pep », est créé en 1892 pour poursuivre la cobla fondée par Pep Ventura. Il se produit à l'Olympia et à l'Odéon à Paris en 1908 et enregistre pour la firme française Pathé en 1913.

La tenora [96], qui porte un si beau nom de femme, est un instrument qu'on se lègue de famille en famille. Elle se culotte à l'égal d'une pipe [97] et fait comprendre comment la corne du taureau pénètre le ventre du cheval, les dagues le cœur des madones.

Ainsi la tenora vous entre-t-elle dans l'oreille et dans le souvenir.

À l'époque de Léonard de Vinci, on fouillait le sol en cachette. Soudain la bêche cognait quelque chose de dur et les lanternes éclairaient la découverte de ce que l'église appelait une diablesse blanche, en réalité une Vénus de marbre que la jeunesse déterrait, cachait, qui l'exaltait et servait de centre à son culte. Et bien, si, grâce au progrès scientifique, on arrive à fouiller le silence, il se peut qu'on fouille celui de l'Acropole et qu'on découvre une diablesse noire et cette diablesse noire risque de rappeler la *Cobla de Barcelone* à qui je cède la place.

Variantes

a. *Variante en Dact* : [...] lorsqu'on l'encadre comme une toile et qu'on l'éclaire avec des rampes et des herses.

b. *Variante en Dact* : Le jazz s'abîme. Presque toutes les formes de l'art qui réussissent se raffinent, se compliquent et perdent la simplicité robuste du premier jet.

114

LES DISQUES DE *PARADE*. *BOÎTE À MUSIQUE – RÉDUCTION PIANO QUATRE MAINS* PAR AURIC ET POULENC *

Nous nous étonnons toujours, nous autres qui avons amené en France les premiers jazz-bands, du peu de sensibilité française à l'égard de la musique d'incantation. Je ne parle pas du charme debussyste ni du rythme de fond (grâce auquel le jazz avec sa caisse lumineuse conserve sa place populaire dans les bals publics), je parle des longues luttes de Wagner à l'Opéra, de l'indifférente sottise des snobs au théâtre Mogador qui reprenait *La Vie parisienne* d'Offenbach [98], l'incantateur type, et de l'irrespect parisien lorsque Louis Armstrong [99] s'exprime par l'entremise d'une trompette. Sa trompette

96. Depuis la réforme de Pep Ventura, l'ensemble instrumental de la cobla se compose d'un flabiol ou flaviol (sorte de galoubet) et d'un tambourin (joué par un seul musicien), deux tiples (instrument du type hautbois), deux ténoras (instrument du même type, mais de tessiture plus grave), deux trompettes à pistons, deux fiscornos (instrument du type tuba, d'un registre grave), un trombone à pistons et une contrebasse à cordes. Le rôle de soliste est confié à la tenora ou au fiscorno.

97. Allusion à l'anche double de l'instrument que fait vibrer le musicien entre ses lèvres.

* « Les disques de *Parade. Boîte à musique – Réduction piano quatre mains*, par Auric et Poulenc », *Ce Soir*, 10 août 1937 ; texte repris dans *Le Foyer des artistes*, 1947, p. 48-50. Dactylogramme conservé à la Bibliothèque historique de la ville de Paris. Version choisie : celle, plus achevée, du *Foyer des artistes*, moyennant quelques corrections et accompagnée de variantes significatives du dactylogramme (*Dact*).

98. *La Vie parisienne*, opéra bouffe en cinq actes composé par Jacques Offenbach sur un livret de Henri Meilhac et Ludovic Halévy, créé au Théâtre du Palais-Royal le 31 octobre 1866 et repris au Théâtre Mogador en 1934. Les frères Isola, Vincent et Émile, qui dirigent le Théâtre Mogador depuis 1926, feront revivre pendant dix ans les grandes opérettes du répertoire.

99. Louis Armstrong (1901-1971), l'un des plus célèbres trompettistes noirs américains, entame une tournée en Europe au début des années 1932. Après la Scandinavie, il se produit pour la première fois à la

– celle de l'ange noir de Jéricho – touche l'âme et, d'arrachement en arrachement, dépasse les limites du cri de mort.

Erik Satie, notre vieux maître, était le chef de l'incantation. C'est pourquoi il convient de féliciter la « Boîte à musique » [100]. Après ses disques de Monteverdi [101], cette firme édite *Parade*. Georges Auric et Francis Poulenc l'exécutent au piano à quatre mains.

Voici la notice que j'aimerais joindre à l'œuvre qui groupait, chez Diaghilev, Erik Satie, Picasso et moi. J'ai d'abord persuadé Satie d'écrire une musique de danse, ayant entendu Viñes exécuter sa suite *Morceaux en forme de poire*. J'ai jadis expliqué ce titre dans *Le Coq et l'Arlequin*, chapitre « Satie contre Satie ». Satie se moquait, se dépréciait, se mettait en mauvaise posture, par système, afin de tourner le dos à la déliquescence symboliste de l'époque. Il agissait comme ces tireurs qui se visent le pied s'ils veulent atteindre la cible. Ensuite j'entraînai Picasso au théâtre [102], ce qui scandalisait Montparnasse [a]. Nous composâmes *Parade* à Rome, pour le ballet russe de Diaghilev dans la cave Taglioni et le charmant hôtel Minerva [103] où campaient les danseuses.

Des personnages recouverts de carcasses construites et peintes représentaient les Managers. Devant une estrade de foire, dans un décor qui reste le chef-d'œuvre théâtral de Picasso, ils donnent du relief à des personnages vrais : un illusionniste chinois, des acrobates de cirque, une petite fille américaine. Je tombais en pleine école décorative du geste. Mon rôle fut d'inventer des gestes réalistes, de les souligner, de les ordonner et, grâce à la science de Léonide Massine, de les hausser jusqu'au style de la danse. Un cheval de Fantômas (surnommé, d'après Baudelaire, par Proust, « grand cygne aux gestes fous » [104]) circulait à travers l'intrigue.

On connaît le scandale de 1917. Il fut incroyable ; aussi incroyable que le triomphe de 1920. Un fleuve de sang a coulé entre cette œuvre et notre époque. Il n'empêche que *Parade* demeure l'exemple du ballet pur et dur.

Salle Pleyel à Paris, pour deux concerts mémorables, les 3 et 10 novembre 1934. *Saint-Louis Blues* et *Tiger Rag* constituent alors ses deux succès les plus importants.

100. En 1937, Auric et Poulenc enregistrent *Parade* et *Trois Morceaux en forme de poire* (pour deux pianos) pour la maison « La Boîte à musique », située 133 Boulevard Raspail à Paris (références BAM 16-17, 78 tours). Créé par Jacques Lévi Alvarès (1883-1951) dans les années 1920, ce magasin de disques étend ses activités aux enregistrements phonographiques en 1934 sous le label BAM. Son catalogue comprend des œuvres classiques, de la musique de variétés et de la musique folklorique.

101. « La Boîte à musique » s'est très tôt intéressée à la musique ancienne. Le 26 avril 1936, le Breton Yvon Le Marc'hadour (baryton) et l'Italien Ruggero Gerlin (au clavecin Pleyel) enregistrent les deux *Lettera amorosa*, extraits du septième recueil de madrigaux de Claudio Monteverdi (1567-1643) (références BAM 6, 78 tours).

102. Pour le rideau, les décors et les costumes que Picasso a réalisés pour *Parade*, voir note 164 du texte 27.

103. Durant les représentations des Ballets russes à Rome en février 1917, les danseurs sont logés à l'Hôtel Minerva ; Diaghilev, Cocteau et Picasso dans The Select Hotel.

104. Nous n'avons pas retrouvé le rapprochement que Proust établit entre le cheval de Fantômas et la figure du « grand cygne, avec ses gestes fous » du poème éponyme de Baudelaire (voir « Le Cygne », dans Baudelaire, *Œuvres complètes*, éd. Claude Pichois, Paris, Gallimard, Bibliothèque de la Pléiade, 1983, t. 1, p. 85). Par contre, dans un article de 1917, Cocteau rapproche déjà le cheval de *Parade* de celui du « fiacre de Fantômas » (voir note 175 du texte 29).

Et lorsqu'on demandait à Diaghilev pourquoi il ne le montait pas davantage [105], il répondait : « C'est ma meilleure bouteille. Je n'aime pas remuer son vin. »

Variantes

a. Variante en Dact : [...] ce qui scandalisait Montparnasse et choquait le tribunal cubiste.

115

Des goûts et des couleurs *

Le rouge, le vrai rouge, reste l'apanage de la Légion d'honneur [106] et du théâtre [a]. C'est là qu'il étale sa tache de crime, c'est là que flambe sa violence de bombe et de géranium.

Un jour que je regardais défiler un meeting communiste, je remarquai combien le rouge véritable est rare et que les personnes qui croient l'arborer sous forme de cravate, de ceinture, de cocarde ou d'enseignes, portent soit du rose, soit de l'orange, soit de la pourpre, soit du violet, bref toute la gamme qui tourne autour du rouge. Le faux rouge ne trompe ni les grenouilles ni les trains de banlieue.

Cette fois, je ne parle pas du rouge de l'orgueil mais de ce rouge des incendies, du lambeau d'andrinople qui flotte derrière les camions, du fanal, de la lanterne des bordels, de la colère qui enflamme un visage, des rixes et des abattoirs, des barricades et des rues louches, le rouge qui coiffe Marianne [107], rouge des crêtes de coqs et de l'andrinople, rouge des lèvres peintes, rouge du cri de *La Marseillaise* de Rude [108] et somme toute, rouge du vin et du sang.

Marianne Oswald est rouge. Ce n'est pas une étiquette, ce n'est pas une profession de foi, ce n'est pas un drapeau de révolte qu'elle agite, c'est sa couleur naturelle, même si des artifices accusent sa bouche et ses boucles. C'est en la regardant et en l'écoutant ce qui s'impose. Elle en a bénéficié, elle en a souffert, mais elle n'y changera rien. Rouge elle vint au monde, rouge elle demeure et si quelque polémiste l'accuse d'être le symbole d'un groupe, c'est par méprise. La politique n'est point son affaire. Son affaire c'est le travail, le travail pour lequel son âme de chanteuse flambe et se consume. Marianne Oswald n'est pas une petite femme qui chante. Elle ne chante ni bien ni mal.

---

105. Boris Courrège montre en effet que Diaghilev n'a que très rarement remonté *Parade*. Après sa création à Paris le 18 mai 1917, on ne compte qu'une quinzaine de reprises : à Barcelone (10 novembre 1917), à Londres (14 novembre 1919), à Paris le 21 décembre 1920 (soirée consacrée à Picasso), les 24 et 26 décembre 1920, les 19 et 21 mai 1921, les 16 et 20 juin 1923, les 22 et 27 juin 1924, le 3 juin 1926 (gala à la mémoire de Satie) et le 8 juin 1926, à Londres le 5 juillet 1926 (soirée Satie).

* « Des goûts et des couleurs », *Ce Soir*, 21 septembre 1937 ; texte repris dans *Le Foyer des artistes*, 1947, p. 54-65. Dactylogramme conservé à la Bibliothèque historique de la ville de Paris. Version choisie : celle, plus achevée, du *Foyer des artistes*, moyennant quelques corrections et accompagnée de variantes significatives du dactylogramme (*Dact*).

106. Allusion au ruban rouge de la Légion d'honneur.

107. Allusion au bonnet phrygien rouge de Marianne, l'un des symboles de la Révolution française.

108. En 1833, le sculpteur François Rude (1784-1855) reçoit une commande de l'État pour réaliser un haut relief destiné à l'Arc de triomphe de l'Étoile à Paris et représentant *Le Départ des volontaires de 1792*, plus connu sous le nom de *La Marseillaise*. La sculpture représente six volontaires armés surmontés par une femme qui les entraîne et les encourage au combat par sa vigueur et son cri.

118

MACHINES INFERNALES *

Je n'ai jamais subi l'éblouissement des machines comme un sauvage, et jamais le machinisme américain ne m'a semblé répondre à la grande énigme du travail. Mais rien ne m'intrigue comme la collaboration entre la machine et nous, comme le mélange de l'humain et de l'inhumain au théâtre. J'en donne la preuve dans *Les Chevaliers de la Table ronde* à l'Œuvre, où le disque joue un si grand rôle [122], à tel titre que la moindre panne d'électricité peut rendre le deuxième acte incompréhensible et interrompre les rappels qui récompensent chaque soir mes interprètes.

Vous entendrez, bientôt, à Radio Luxembourg, une sorte de sketch où j'imite les étoiles du music-hall et du film [123]. J'en ai raté plusieurs et réussi d'autres. Ce que je tenais à dire, c'est que je ne cherche pas un succès neuf, quelque réussite en marge de mes entreprises, bref une bruyante réclame.

J'aime le travail. J'ai toujours été un ouvrier. J'estime, par exemple, qu'une pièce doit sortir de nos mains comme une table de celles d'un ébéniste. Si le public ne « marche pas », c'est que la table boite ou qu'un pied lui manque. Car, s'il est permis à un livre, à un poème d'agir à longue portée, de paraître avec toutes les apparences d'un échec, un drame ne saurait attendre et les salles doivent en applaudir les mérites à la minute, coûte que coûte. Il m'arrive de changer des scènes et des fins d'acte plusieurs fois, parce que le résultat répond mal à notre effort. Il est rare que je ne me rende pas compte, peu à peu, de la faute, que je n'arrive pas à dénicher le mécanisme qui freine et qui m'empêche d'hypnotiser la petite foule qui nous écoute et qui nous regarde. Je perdais mon fluide en route et ne parvenais pas à convaincre jusqu'au bout.

Donc vous m'entendrez au poste Radio Luxembourg imiter Mistinguett, [Maurice] Chevalier, Marlène Dietrich, Marianne Oswald, Tino Rossi, etc. (mon chef-d'œuvre, vous l'avouerai-je ? sera la trompette de Louis Armstrong, que j'imite par l'entremise d'une lame Gillette, d'une feuille de papier Job, d'un élastique et d'un verre de lampe). C'est ce qui me reste de Tom Tit [124], de Fregoli [125], etc., qui émerveillèrent mon enfance.

* « Machines infernales », *Ce Soir*, 16 novembre 1937 ; texte repris dans *Poésie de journalisme*, Paris, Belfond, 1973, p. 94-96. Dactylogramme conservé à la BHVP. Version choisie : celle du périodique, moyennant quelques corrections.

122. Dans la mise en scène de la pièce, Cocteau emploie des disques pour faire entendre, d'une part, des séquences textuelles comme le message du roi Beaudémagu délivré par une « fleur qui parle », la voix d'outre-tombe du faux Graal ou encore les interventions des fées et, d'autre part, la musique de Purcell – musique que lui a fait découvrir Igor Markevitch (*TC*, p. 1704) –, à savoir *Trumpet Voluntary* à l'entrée du premier acte, *Hornpie* au second acte et *Solemn Melody* au troisième acte (*ibid.*, p. 581).

123. Le 29 novembre 1937, Radio-Luxembourg diffuse une émission durant laquelle Cocteau imite successivement Max Jacob, Greta Garbo, Mistinguett, Maurice Chevalier, Marianne Oswald, Tino Rossi, Marlène Dietrich, Louis Armstrong, Sarah Bernhardt et Marcel Proust. L'émission est rediffusée le 4 décembre suivant. Pour le texte de ce sketch intitulé « Dîner de têtes », voir Héron, *Jean Cocteau et la radio*, p. 203-206.

124. Cocteau fait allusion aux expériences initiant les enfants aux sciences naturelles que Tom Tit – pseudonyme d'Arthur Good (1853-1928) – a d'abord publiées dans *L'Illustration*, puis rassemblées en trois volumes intitulés *La Science amusante* (Paris, Larousse, 1890-1893).

125. Leopoldo Fregoli (1867-1936), célèbre « transformiste » italien, ventriloque et acteur, qui se produit à l'Olympia de Paris au début du XXe siècle.

Les vedettes, j'imitai leurs tics sans chercher à surprendre leur timbre. Ensuite, aidé du chef de son, sorcier moderne, et du pianiste, nous obtînmes ces timbres en accélérant ou en diminuant la vitesse. Il existe là toute une cuisine mystérieuse qui nous eût fait brûler au Moyen Âge et qui, en 1937, ouvre aux recherches des perspectives profondes.

Ne prenez donc pas ce sketch comme une séance de brio, comme un étalage de savoirs intimes; prenez-le comme une tentative de poète que la plume, l'encre et le papier fatiguent et qui essaye de s'en évader n'importe comment. Mes imitations les plus médiocres sont celles dont je me croyais sûr et pour lesquelles je ne demandais pas d'aide aux machines. Les bonnes (Mistinguett, Tino Rossi, Armstrong, Oswald, Sarah Bernhardt) furent, je le répète, un truc, mais un truc auquel il fallait penser et dont je reste très fier.

Un concours permettra de se rendre compte du degré d'exactitude auprès de l'innombrable auditoire de la T.S.F. Peut-être, après ce concours, me cacherai-je, l'oreille basse, et ne recommencerai-je plus à me mêler de ce qui ne me regarde pas.

Il reste à prouver si la tâche du poète n'est point, justement, de se mêler de ce qui ne le regarde pas, de brouiller les cartes, de mettre des bâtons dans les roues, de briser l'habitude et de rafraîchir l'atmosphère.

119

MODESTIE D'UNE ÉTOILE *

Dans mon dernier article [126], si vous avez bonne mémoire, car la neige et les postes m'ont obligé à sauter un lundi, je vous racontais l'étonnante histoire du colonel de Belle-Île. Ce que j'avais oublié de vous dire, c'est que lorsque le colonel criait : « C'était une paillasse ! » afin d'éclairer le prêtre sur le genre de métier qu'exerçait (en cachette) la respectable Mme Bernhardt, il tirait la langue, louchait, remuait la tête et les doigts en l'air comme les enfants imitent les danses chinoises.

Cette fois je vais encore vous raconter une histoire de vieille étoile. Bien que je sois de passage à Marseille, vous avouerai-je que je déteste les histoires de Marius, Olive et autres histoires drôles. L'histoire de Belle-Île est plutôt effrayante que drôle. Je m'émerveille des coq-à-l'âne, des coïncidences et, pour tout dire, des miracles qui permettent un aveuglement semblable et amènent la crise du pauvre colonel, sa découverte et ses grimaces.

Ma nouvelle histoire relève du « journalisme confidentiel », car c'est un des mille trésors qui s'accumulent en nous et que nous laissons se perdre comme les Toulonnais détestent « témoigner » par paresse, par « cagne » – c'est la paresse de l'endroit – et par une crainte fort excusable de la justice.

---

* « Modestie d'une étoile », *Ce Soir*, 3 décembre 1937. Dactylogramme conservé à la BHVP. Version choisie : celle du périodique, moyennant quelques corrections

126. « Journalisme confidentiel », paru dans *Ce Soir*, 23 novembre 1937 ; texte repris dans *PJ*, p. 96-98. Au début de l'article, Cocteau évoque, à la nouvelle du décès de Sarah Bernhardt, les réactions opposées du curé du village, qui perd une bienfaitrice de son diocèse, et du colonel, qui reproche à la comédienne sa vie dissolue au théâtre.

Mme Hortense Schneider[127] (prononcer Shnèdre) a connu la gloire d'Yvonne Printemps[128], une gloire que celles d'Offenbach, de Meilhac et Halévy[129] multipliaient encore. Elle créait coup sur coup *La Vie parisienne*, *La Belle Hélène*, *La Périchole*, *Orphée aux enfers* etc., et l'opérette naissait de son style. Quelques jours avant sa mort, j'ai eu la chance de la connaître chez la comtesse de Chevigné[130], la duchesse de Guermantes de Marcel Proust[131]. Frédéric de Madrazo[132] l'accompagnait. Nous essayâmes de sortir d'elle quelques notes, quelques gestes, quelques vestiges de l'époque où les duchesses eussent donné cher pour palper l'étoffe de sa crinoline.

Soudain j'eus l'idée de lui poser une de mes questions de maniaque. Je parlais lentement, craintivement, comme on interroge les ombres. « Madame, l'habitude des orchestres de music-hall, qui consiste à suivre la chanteuse, ne viendrait-elle pas d'Offenbach ? » La réponse fut immédiate, extraordinaire, hésitante comme les réponses spirites. « Ce n'est pas cela... et elle rougissait presque, non... pas tout à fait cela. Je chantais mal... je savais mal chanter ... alors j'hésitais... je ralentissais les mouvements... Je gênais l'orchestre. Un jour j'ai cru qu'Offenbach allait se mettre en colère. Il venait de se lever au fond de la salle et j'ai été très surprise de l'entendre crier au chef d'orchestre : "Suivez Mme Schneider. C'est elle qui a raison." » Lundi je compte vous dire pourquoi je viens de vous confier cette belle histoire[133].

---

127. Hortense Schneider (1833-1920), soprano favorite et muse de Jacques Offenbach à partir de 1855, devient la reine des opérettes durant les quinze années qui suivent. Elle crée les rôles principaux de *La Belle Hélène* (17 décembre 1864), *Barbe-Bleue* (5 février 1866), *La Grande Duchesse de Gérolstein* (12 avril 1867) et *La Périchole* (6 octobre 1868). Toutefois, contrairement à ce que prétend Cocteau, elle ne prend pas part à la création d'*Orphée aux enfers* (aucune des deux versions, 1858 et 1874) ou de *La Vie parisienne* (aucune des deux versions, 1866 et 1873).

128. Yvonne Printemps, pseudonyme de Yvonne Wigniolle (1894-1977), actrice dramatique célèbre durant l'entre-deux-guerres. Égérie de Sacha Guitry, son époux, elle crée de nombreuses pièces de boulevard. Elle chante aussi occasionnellement dans des comédies musicales, sans pour autant avoir suivi une formation appropriée. En 1950, Yvonne Printemps incarnera le rôle de la soprano Hortense Schneider dans le film de Marcel Achard, *La Valse de Paris*, qui retrace la vie de Jacques Offenbach.

129. Le compositeur Jacques Offenbach (1819-1880) a composé un très grand nombre d'opérettes à succès durant le Second Empire. Ses librettistes attitrés étaient Henri Meilhac (1831-1897) et Ludovic Halévy (1834-1908).

130. La comtesse de Chevigné, née Laure Marie Charlotte de Sade (1859-1936), est l'épouse du comte Adhéaume de Chevigné. D'une grande élégance, la comtesse tient un salon aristocratique où elle invite musiciens et hommes de lettres, et habite le même immeuble que Cocteau, rue d'Anjou. Dans les années 1920, Cocteau l'accompagne souvent dans des soirées mondaines. Elle est également la grand-mère maternelle de Marie-Laure de Noailles, amie et mécène du poète. À la suite du prétendu scandale provoqué par la projection du *Sang d'un poète* en 1930, scandale qu'elle agrandit en insultant Cocteau, celui-ci la prendra pour cible dans un album de dessins irrévérencieux intitulé *La Vierge au g. c.* (manuscrit mis en vente en 2012).

131. Pour son personnage de la duchesse Oriane de Guermantes dans *À la recherche du temps perdu*, Marcel Proust s'est inspiré à la fois de la comtesse de Chevigné et de la comtesse Greffulhe.

132. Frédéric de Madrazo y Ochao a réalisé un portrait de la comtesse de Chevigné, conservé actuellement au Metropolitan Museum of Art à New York.

133. Voir le texte suivant n° 120.

120

TOUT FINIT PAR DES CHANSONS *

Une histoire vieille comme le monde, ne serait-ce pas à notre époque, ivre de hâte, une histoire d'il y a deux semaines ? Et cependant voilà deux semaines que je lambine, que je m'attarde, que j'imite la démarche de mes camarades marseillais. Et, au fait, je ne séjourne plus à Marseille (j'allais encore écrire Marseilles avec un « s » à la fin, mauvaise habitude que j'ai prise, que les Marseillais connaissent et reçoivent comme un hommage). Je suis dans la neige italienne [134], entraîné en michelines et en fiacres de Fantômas par Marcel Khill, mon Passepartout du *Tour du monde* [135]. Il m'a prouvé que, pour les très courtes vacances qui restent, la montagne l'emportait sur Tunis.

Mais je déteste le froid. Et je profite d'une promenade en skis de mon compagnon de route pour me calfeutrer à l'auberge et en revenir à l'histoire d'Hortense Schneider.

« Suivez Mme "Chnètre" ! C'est elle qui a raison ! » (Accent des Juifs de Balzac.) La pauvre vieille dame en noir baisse la tête et ne se doute pas que, de la minute où Offenbach crie cet ordre au chef d'orchestre, le café-concert, le music-hall, le jazz, Yvette Guilbert, Mistinguett, Marlène, Chevalier viennent d'avoir la porte ouverte sur ce qui fait la différence entre la musique et les « airs » qui traînent la rue et dont le rôle occulte est beaucoup plus actif qu'on ne croit.

J'entre dans ce cabaret neuf de la Canebière : Charles Trenet achève son numéro [136]. Je comptais lui serrer la main et partir. Or la chanson qu'il chante m'intrigue à tel point que je reste. J'attendrai le second tour. Je veux entendre à la source, puisque c'est ce tout jeune homme qui les invente, les chansons « qui traînent la rue ». N'aurait-il mis en marche que *Y'a d'la joie* [137] et *Tout est au duc* [138], ce ne serait déjà pas mal.

---

* « Tout finit par des chansons », *Ce Soir*, 14 décembre 1937 ; texte repris dans *Poésie de journalisme*, 1973, p. 98-100. Manuscrit conservé dans une collection particulière. Dactylogramme conservé à la BHVP. Version choisie : celle du périodique, moyennant quelques corrections.

134. Au début du mois de décembre 1937, Cocteau effectue un voyage d'agrément à Marseille, puis dans le nord de l'Italie.

135. Pour Passepartout, alias Marcel Khill, et le *Voyage autour du monde*, voir note 70 du texte 111.

136. En 1937, Cocteau assiste précisément aux débuts en solo de Charles Trenet (1913-2001) au cabaret « Mélodie-Bar » situé dans le sous-sol de l'Hôtel Noailles sur la Cannebière à Marseille. Durant les permissions de son service militaire effectué dans l'aviation à Salon-de-Provence, Trenet y chante sous le nom de « Charles », suite à ses débuts antérieurs à Paris en duo avec le pianiste suisse Johnny Hess sous l'appellation « Charles et Johnny » (voir note 72 du texte 139). C'est Edmond Bory, le propriétaire du « Mélodie-Bar », qui le surnommera « le Fou chantant ».

137. *Y'a d'la joie*, paroles et musique de Charles Trenet, est une chanson écrite en 1936 et popularisée par Maurice Chevalier au Casino de Paris, alors que Trenet faisait encore son service militaire. Elle deviendra l'un de ses plus grands succès. Dans ses souvenirs évoqués sur Europe 1 en 1961, Trenet révèle que les paroles résultent d'une collaboration avec Chevalier qui ne voulait pas chanter le texte d'origine évoquant une situation un peu folle (transcription des entretiens sur « Le Portail des Amis de Charles Trenet », http://www.charles-trenet.net, consulté le 9 février 2013.) En décembre 1937, Trenet enregistre ses premiers succès pour le label Columbia. L'année suivante, il débute triomphalement sa carrière parisienne à l'A.B.C., l'un des music-halls les plus prestigieux de Paris.

138. *Tout est au duc*, paroles de Trenet, musique d'Albert Lapeyrere (dit Fred Adison) et de Philippe Pares (alors directeur de la filiale française de Columbia). Cette chanson ironique met en scène un richissime duc qui apparemment a tout pour être heureux, puisqu'il possède un château entouré d'un parc et desservi par une douzaine de laquais. Mais il désespère car il a perdu ses cheveux. Prétexte évidemment

62. Charles Trenet, 1938, collection privée.

Ce *Tout est au duc* est une sorte d'horlogerie parfaite qui connaît le sort de *Tout va très bien, Madame la Marquise*[139] tant il est vrai que le peuple ne change pas. Il aime les titres et les cortèges, mais il choisira, entre mille, une chanson qui moque les aristocrates et s'achève par leur ruine.

Revenons à mon entrée. Le chanteur chante *La Vieille*[140], une chanson de la veine de celles que Gaston Bonheur compose pour Oswald. Que se passe-t-il ? Moi qui ne supporte pas la fumée, les regards, les boîtes ! Est-ce un chanteur qui chante ? Un esprit animal et végétal plutôt, quelque chose qui pousse comme les branches et qui éclate d'oxygène.

---

pour se moquer de l'aristocratie et de ses futiles préoccupations, d'autant plus que la chanson se termine en évoquant la ruine du duc.

139. *Tout va très bien, Madame la Marquise*, paroles de Paul Misraki, Bach et Henry Laverne, musique de Paul Misraki. Popularisée par Ray Ventura et ses Collégiens, cette chanson traite du même sujet que *Tout est au duc*, à savoir la ruine d'un riche aristocrate.

140. *La Vieille*, paroles et musique de Charles Trenet.

Et c'est cette vieille merveilleuse, dont la nature porte le deuil, qui me rappellera la vieille Hortense et l'anecdote grâce à laquelle ces chansons et ce chanteur existent.

Et le « tour de chant » m'enfonce encore plus loin. Les paroles de *Y'a d'la joie*, pour que l'oreille les comprenne, ne fallait-il pas que des poètes meurent, que Villon paye, que Rimbaud paye, que Verlaine paye, que Heine paye, qu'Apollinaire paye… Ne faut-il pas que nous épuisions la sève de notre âme pour qu'un jour nos énigmes courent la rue. Et, lorsque Charles Trenet chante, je crois assister au documentaire terrible : *La Naissance du papillon*, à cet épisode où la chrysalide craque, où le papillon pousse, pousse du dos jusqu'à ce que ses ailes se décollent et déplient un éventail furieux [141].

121

Mes disques préférés *

Mes disques préférés ? L'avouerai-je. Je ne possède plus de gramophone. Les amis les empruntent et les dérèglent. Je préfère parler devant le microphone et lancer à travers la jeunesse une force de moi qui m'échappe et qu'ils emploient à leur guise.

Si j'avais une discothèque, j'y classerais les admirables disques où Armstrong semble cracher son âme et monte la trompette jusqu'au cri. Ne dirait-on pas l'ange noir du jugement devant la voix duquel tout s'écroule. Certains disques d'Armstrong angoissent comme l'acrobate qui monte, monte toujours plus haut et se balance en porte-à-faux au faîte d'un échafaudage de chaises.

J'aurais aussi les disques de Marlène [142], ses complaintes graves où elle symbolise une fois pour toutes la tristesse des femmes en peignoir et en pantoufles qui descendent chercher le lait ou l'alcool et rentrent dans une chambre mal faite.

J'aurais tous les disques de ces filles admirables qui chantent la musique mineure de notre ville et nous détruisent la quiétude néfaste, ennemie du travail et du neuf.

J'aurais surtout les grandes cantilènes de Mistinguett. Près d'un gros chien, ses bas et sa robe en loques, un béret sur ses mèches humides, elle évoque quelque infante d'un drôle de Vélasquez [143], d'un Vélasquez qui serait un Daumier [144].

Voilà les disques médiocres que j'aime et j'ajoute que les superbes enregistrements de Verdi, de Rossini, de Mozart, de Wagner, formeraient le centre de ce bizarre mélange.

---

141. Allusion au documentaire *La Vita delle farfalle* (*La vie des papillons*) de Roberto Omegna (1876-1948), qui rend compte des différentes phases de la métamorphose du papillon. Ce film a remporté le premier prix au Festival international du film à Turin en 1911, dans la catégorie du film scientifique.

* « Mes disques préférés », manuscrit conservé à la BHVP. D'après l'inventaire des émissions radiophoniques de Cocteau réalisé par Pierre-Marie Héron (voir site scientifique Jean Cocteau, http://www.jeancocteau.net/wiki/doku.php?id=inventaire1), ce texte est présenté sous la forme d'un « billet radiophonique » à Radio-Cité en octobre 1937.

142. Marlène Dietrich (1901-1992) actrice de cinéma et chanteuse, devenue célèbre en jouant précisément le rôle d'une chanteuse de cabaret dans le film *L'Ange bleu* (1930) de Josef von Sternberg où elle interprète avec sa voix chaude et langoureuse l'un de ses plus grand succès : *Ich bin von Kopf bis Fuss auf Liebe eingestellt* (Je suis de la tête aux pieds faite pour l'amour).

143. Diego Vélasquez (1599-1660), peintre espagnol attaché à la cour de Philippe IV, connu pour ses portraits officiels de la cour, dont précisément celui des infantes connu sous le titre : *Las Meninas* (1656).

144. Honoré Daumier (1808-1879), caricaturiste de la vie sociale et politique française du XIXe siècle.

122
[Julie Sazonova] *

Notre époque me touche en ce sens que la frivolité semble faire place au sérieux véritable. Je parle du sérieux qui n'engendre aucune fatigue, aucun ennui, ce sérieux léger, somme toute, qui donne au lecteur d'un livre, au public d'un spectacle, la force mystérieuse de l'utile, dans un domaine où l'utile et l'inutile ne se peuvent contrôler et se confondent, hélas ! trop souvent.

Donc je préface un livre utile. Et, par miracle, ce livre ne rebute aucune personne étrangère à la danse ; j'ajoute qu'il renseigne même les professionnels et qu'un danseur y trouve sa nourriture comme le lecteur de rencontre sous la main duquel ce livre de premier ordre est tombé.

Au dix-huitième siècle, Noverre [145] étonne le monde par sa science et par son exactitude. Au dix-neuvième, Petipa [146] fixe les règles du romantisme et d'une décadence exquise dans le domaine des rythmes du corps humain. En 1909, Serge de Diaghilev apporte, avec une âme de sorcier, une boîte magique d'où sortent deux diables, deux anges, deux monstres divins : Pavlova, Nijinsky. Leurs sortilèges illustrent des textes qui, sans les nommer, les annonçaient de longue date. Aidés de Fokine et d'une troupe de coloristes, ils rendent vivante la géométrie dont Vestris et Taglioni [147] avaient seuls prouvé qu'elle n'était pas seulement une science de pédagogues.

Le rideau rouge se lève sur des fêtes qui bouleversent la France et qui entraînent une foule en extase derrière le char de Dionysos. Apollon n'est pas encore apparu. Il laisse le cortège ivre s'épuiser de fatigue et accumule des forces profondes.

Je pense que notre époque surprendra l'avenir par la liberté qu'elle offre à la jeunesse. La jeunesse de 1935 profite des excès et des contraintes qui énervaient les uns et

---

* [Sans titre], préface à l'ouvrage de Julie Sazonova, *La Vie de la danse, du Ballet comique de la Reine à Icare* (Paris, Denoël, 1937, p. 7-9). Manuscrit conservé au Musée des Lettres et des Manuscrits à Paris.

145. Jean-Georges Noverre (1727-1810), chorégraphe et théoricien de la danse, débute en 1743 à l'Opéra-Comique de Paris dont il devient le maître de ballet en 1754, mais se produit également à Stuttgart, à Londres et à Vienne. Traduites en plusieurs langues, ses *Lettres sur la danse et les ballets*, publiées simultanément à Lyon et à Stuttgart en 1759, ainsi que ses *Lettres sur les arts imitateurs en général et sur la danse en particulier*, publiées à Paris en 1807, lui valent d'être considéré comme un pionnier du ballet moderne, celui-ci outrepassant désormais son rôle de simple divertissement pour se faire valoir parmi les autres arts grâce à son apport dramatique. Nombreux sont les chorégraphes du XIXe et du début du XXe siècle qui se réclament de son enseignement.

146. Marius Petipa (1818-1910) naît dans une famille de danseurs. Il se produit à Bruxelles, à Bordeaux et à Madrid, avant d'être engagé en 1847 comme premier danseur au Théâtre du Bolchoï à Saint-Pétersbourg où il devient maître de ballet en 1869. En tant que chorégraphe, il signe une soixantaine de ballets dont plusieurs resteront inscrits au répertoire pendant plus de cinquante ans. Avec lui, le spectacle de ballet se montre plus ambitieux, le pas de deux devenant l'un de ses atouts, et le couple étoile étant placé au centre de l'action. Demeuré en Russie jusqu'à sa mort, Petipa a exercé une influence considérable sur le ballet classique russe.

147. Auguste Vestris (1760-1842), danseur et maître de ballet, fils de Gaetano Vestris (1728-1808), tous deux qualifiés par leurs contemporains de « dieu de la danse ». Parallèlement à ses triomphes à l'Opéra de Paris, Auguste Vestris donne des cours de danse et forme de futures étoiles, dont Marie Taglioni (1804-1884) avec qui il danse en 1835. D'une technique irréprochable, Taglioni était la danseuse étoile des années 1830 et 1840.

63. « Esquisse pour l'affiche d'Anna Pavlova », 1956, collection privée.

paralysaient les autres. Un Serge Lifar, sous la tunique écarlate d'Apollon Musagète [148], peut enfin distribuer sa force avec calme et s'inventer des méthodes. Entouré d'une espèce de solitude effrayante, je lui trouve l'air d'un crime passionnel, un crime qui serait l'œuvre du chirurgien le plus habile. Le sang et l'ordre coulent ensemble.

Cependant, s'il me prouve que j'ai raison, lorsque je monte un drame, de ne jamais laisser le moindre geste, le moindre objet flotter à la dérive, il peut aussi m'émouvoir sans que je sache pourquoi et découvrir en moi des sources inconnues. Je cite l'exemple de *Giselle* [149]. Au fond d'une baignoire sombre de l'Opéra d'où je contemplais le

148. Membre des Ballets russes de 1923 à 1929, Serge Lifar en devient le danseur étoile en 1925. Il tient le rôle principal dans *Apollon Musagète*, ballet en deux tableaux composé par Stravinski qui en assure également la direction orchestrale lors de la création européenne au Théâtre Sarah-Bernhardt le 12 juin 1928. La chorégraphie de George Balanchine évolue dans des décors et des costumes d'André Bauchant. Lifar (Apollon) y a pour partenaire : Alice Nikitina (Terpsichore), Lubov Tchernicheva (Calliope) et Felia Doubrovska (Polymnie). Notons toutefois que la création mondiale du ballet de Stravinski n'a pas été réalisée par les Ballets russes à Paris, mais par Adolphe Bolm à Washington le 27 avril 1928. Ancien danseur des Ballets russes, Bolm y signe sa première chorégraphie, tout en interprétant le rôle titre. Il deviendra l'un des pionniers de l'art chorégraphique en Amérique.

149. Cocteau fait allusion à une représentation par les Ballets russes du ballet-pantomime *Giselle*, dont la première a eu lieu à l'Opéra de Paris le 18 juin 1910.

infernal[g] qui décourage les rappels et qui exhibe de longues et patientes recherches comme un simple roulement de tambour.

Pas de place pour les intrigues, les malices, les haines, les disputes d'affiche ou de cœur. On s'habille, on se déshabille, on se maquille, on se démaquille, on répète, on joue, on campe, on se perfectionne ; les crimes qui sont le théâtre des oisifs n'auraient pas le temps d'y vivre[h].

N'allez pas croire que ces éternels « déracinés »[158] cherchent un sol fixe et se lamentent. Ils sont enracinés dans l'entreprise et lorsque la tente Amar s'envole comme la cabane de *La Ruée vers l'or*[159], elle emporte avec elle une troupe qui ne constate pas plus qu'elle bouge que ne le constatait Chaplin.

Le flegme de M. Amar en impose. Il y a de quoi perdre la tête ou singer l'effarement. Non. Je l'observe. Il a l'air de jouer à Douai depuis toujours. Le lieu qu'il occupe ne compte pas. Une foule qui entre, des visages qui constellent l'ombre de l'amphithéâtre, des marchands ambulants de sandwichs, d'orange et de sucre d'orge comme il en grouille à la porte des arènes d'Espagne et comme il devait en grouiller lorsque Néron invitait le peuple à voir dévorer les chrétiens.

Cet édifice nocturne, c'est la patrie des Amar. Leur raison d'être se résume à ce cyclone[i] de merveilles. Qu'il se pose à Douai, à Lille ou en Afrique du Nord, peu importe. Le public reste le public, un élément où Monsieur X et Madame Z cessent d'être Monsieur X et Madame Z pour collaborer à cet océan[j] qui donne le trac comme l'océan donne le mal de mer, d'où le rire saute[k] comme l'écume et sur lequel le bâtiment Amar navigue, pareil à l'Arche, avec ses couples d'acrobates et d'animaux.

Variantes

a. *Leçon du texte en 1979 ne mentionnant pas le nom « Amar »* : Le cirque est une institution [...] *et corrigée à l'aide du Ms.*

b. Al Brown a tout de suite attrapé [le « tempo » *Ms.* ; le style *1979*] du cirque.

c. [...] où sa famille se dandine sur la flûte [du Maroc *Ms.* ; orientale *1979*] comme les éléphants de Kipling.

d. *Leçon du texte en 1979* : [...] un guignol permet à certains numéros de music-hall d'éviter les Augustes [...] *également corrigée à l'aide du Ms.*

e. [...] où [se roulent *Ms.* ; se grattent *1979*] des éléphants, [...]

f. [...] se révoltent contre un superbe [dompteur *Ms.* ; esclave *1979*] noir [...]

g. Un travail [ininterrompu *Ms.* ; infernal *1979*] qui décourage les rappels [...]

h. [...] les crimes qui sont le théâtre des oisifs n'auraient pas le temps [d'y prendre racine *Ms.* ; d'y vivre *1979*].

i. Leur raison d'être se résume à ce [noyau *Ms.* ; cyclone *1979*] de merveilles.

j. [...] pour collaborer à cet océan [terrible *Ms.* ; *supprimé en 1979*] qui donne le trac [...]

k. [...] d'où le rire [s'élance *Ms.* ; saute *1979*] comme l'écume [...]

---

158. « Déraciné » est le qualificatif dont Cocteau désigne Amar dans le titre même de l'article paru en 1938 dans le quotidien *Ce Soir* (voir texte 124).

159. Épisode du film de Charlie Chaplin *La Ruée vers l'or* (1925) où une tempête fait glisser la cabane dans laquelle se trouvent Charlie et son ami Big Jim jusqu'au bord d'un précipice, la fait dangereusement vaciller et finalement basculer dans le vide, au moment où Big Jim en extrait Charlie et lui sauve la vie.

124

AMAR LE « DÉRACINÉ » *

Le bâtiment du cirque Amar se déplace à toute vitesse comme la cabane de *La Ruée vers l'or* [160]. Il se déplace pendant que les hommes et que les bêtes dorment. Au réveil, ils retrouvent le vaste édifice de toile verte, les fauteuils de peluche rouge, les pistes doubles (piste et théâtre), une machine qui semble le chef-d'œuvre d'une année et qu'il suffit d'une demi-heure à bâtir et à démolir dès que les machinistes en uniforme vert se répartissent la besogne.

C'est ainsi que j'ai vu à Villefranche nettoyer un bateau de guerre américain en quelques minutes parce que chaque homme connaissait son rôle modeste et le remplissait sans la moindre confusion.

Amar possède ses bourreliers, ses selliers, ses pompiers, sa Croix-Rouge, sa police [a]. En 1914, sa ménagerie se démembre, les bêtes meurent ; il emprunte 6000 francs, fonde un petit cirque et, peu à peu, il ouvre le parasol magique et le plante de ville en ville, abritant les meilleurs excentriques du monde [b]. Je pense, en effet, à la phrase d'un de mes camarades, en face d'une pyramide de gymnastes : « Ce qu'on arrive à faire, pour ne rien foutre ! » Il était injuste, injuste et drôle. Car il existe à inventer un numéro exceptionnel, à le perfectionner et à s'y tenir, une sorte de folie et de paresse que le mot excentrique exprime à merveille.

Comment le gouvernement ne vient-il pas prendre exemple sur Amar ? Il verrait de quelle sorte le travail s'exécute et les pires efforts qui semblent exiger le minimum d'effort. Il verrait la confiance régner, car la foule qui s'entasse sous les toiles vertes est certaine de ne pas dépenser son argent en pure perte et le mécanisme du spectacle ne la laisse jamais se détendre une seconde et regretter le prix des places.

Au milieu de tant de tours de force, de tant de tours d'adresse, de tant de défis à l'équilibre et à la gravitation, la simple présence d'Al Brown [161] pouvait surprendre [c]. La foule qui semble peinte en trompe-l'œil et à pose fixe autour de la piste, est contente de voir que notre fantôme existe, qu'il danse, qu'il saute, qu'il esquive, qu'il cogne et qu'il peut, à sa guise, se rendre invisible ou se changer en quoi que ce soit d'incompréhensible ou de dangereux. L'orchestre des baraques de la Foire du Trône, le vieil orchestre à cuivres et à grosse caisse, accompagne les gymnastes, les jongleurs, les dompteurs, notre sorcier du ring et cette étonnante troupe de sauteurs qui envahissent l'air de leur corps sans poids avec le crescendo des djinns du poète [162].

Saluons Amar. Saluons tous ceux qui nous rendent notre enfance, saluons tous ceux qui luttent contre une fausse noblesse, celle qui engendre le désordre.

Amar, c'est le désordre en ordre, l'antipode exact des parades et des cortèges qui trompent le monde moderne et après lesquels il ne reste rien, rien que la poignante solitude de Jeanne d'Arc après le sacre de Reims.

---

* « Amar le "déraciné" », *Ce Soir*, 19 mai 1938. Manuscrit et dactylogramme conservés à la BHVP. Version choisie : celle du périodique, moyennant quelques corrections et accompagnée de variantes significatives du manuscrit (*Ms*) et du dactylogramme (*Dact*).

160. *La Ruée vers l'or* : voir note 159 du texte précédent.

161. Rappelons qu'Al Brown se produit dans le cirque Amar après sa retraite du ring de boxe.

162. « Les Djinns », poème de Victor Hugo issu du recueil *Les Orientales* et célèbre pour son rythme.

Variantes

a. *Phrase présente en Ms et en Dact, mais finalement pas retenue* : [...] sa police. Il vaut n'importe quel exemple d'héroïsme. En 1914, [...]

b. *Phrase présente en Ms et en Dact, mais finalement pas retenue* : [...] du monde. J'ai prononcé à dessein ce mot d'excentrique. Je [...]

c. *Phrase présente en Ms et en Dact, mais finalement pas retenue* : [...] surprendre. M. Amar ne s'y est point trompé. La foule [...]

125

Al Brown romanichel *

Il est rare qu'on imagine un programme de rêve et qu'on l'exécute jusqu'au bout. Or, une nuit où je m'effrayais de voir Al Brown diriger un orchestre à Montmartre et boire du champagne de table en table, je lui proposai l'aventure suivante : rompre avec ses habitudes néfastes, opposer au monde naïf de la boxe les mécanismes d'un poète, remonter sur le ring et reconquérir son titre.

Il fallait, pour cela, non seulement une musique de base, un énorme dégoût du monde où évoluait cette étonnante sauterelle de bronze, la manie des gageures, ma méthode de vaincre la paresse et la fatigue par des tâches ingrates, mais encore l'héroïsme d'un Noir vaincu, trompé, lâché, retombé dans l'enfer des boîtes où je ne fréquente point, où le hasard d'une école buissonnière m'avait mené par miracle.

64. « Al Brown au cirque Amar, Douai 1938 », collection Séverin Wunderman – Musée Jean Cocteau à Menton.

J'ai réussi, contre toute attente, la mise en scène du « retour d'Al Brown. » Après le knock-out d'Angelmann[163], j'estimai que le fantôme risquait de prendre forme, le phénomène de rejoindre la réalité.

Par une lettre ouverte, je conseillai à Brown de quitter le ring. Il demanda quarante-huit heures de réflexion. Ensuite, au grand scandale de ceux qui me reprochaient de me ridiculiser en ressuscitant une loque, il décida de suivre mon conseil. Personne ne le

* « Al Brown romanichel », accompagné d'un portrait d'Al Brown par Cocteau, *Le Journal*, n° 16649, 21 mai 1938.

163. Valentin Angelmann (1910-1981), champion de France de boxe qu'Al Brown a affronté dans son dernier match avant de se retirer.

crut. C'est le propre de notre ville d'être incrédule et de répondre par des malices à des embûches qu'elle redoute et qui n'existent pas. Comment vivrait Al Brown ? Un poète s'offre le luxe d'étonner Paris. Il tire une ombre de l'ombre et la restitue à l'ombre. C'est inexact. Notre projet avait toujours été de rendre à Brown sa place de phénomène et de lui en procurer les avantages.

Une seule faute, une seule défaite, et la foule ingrate le remettait à zéro. Champion du monde il reste, comme Greta Garbo resterait la reine des spectres même si elle ne tournait plus.

Je lui montai un ravissant sketch de cirque. Il y remporte un triomphe et, ce soir, j'arrive à Douai me rendre compte de mon œuvre.

Je ne la regrette pas. Quelle reconnaissance exprimerai-je à M. Amar pour le spectacle qu'il nous offre ? Ce roi du cirque, ce prince des ambulants me cherche à la gare avec Al. Il est jeune, actif, amoureux de sa troupe. Il mâche un cigare, circule à travers les roulottes, les machines et les câbles, surveille le spectacle et dispose les projecteurs comme une femme élégante ses lampes avant le bal.

Accompagné de Pierre Blondeau, l'agent d'Al Brown romanichel, il me pilote, me montre les éléphants qui dansent sur la flûte arabe, les singes, les poneys, les otaries, les tigres, les ours et les hyènes. Au seuil d'une roulotte, nous saluons sa mère, qui annonce à Brown qu'elle ne l'a point encore applaudi, qu'elle l'applaudira ce soir.

Le peuple de Douai s'entasse sous un vaste édifice de toile et de perches que le personnel, en uniforme vert, monte et démonte en l'espace d'un clin d'œil. Et ne croyez pas que cet édifice est fragile. Des familles cosmopolites s'y suspendent par un pied, par la bouche, y tournent en l'air à toute vitesse. Des tigres, surveillés par le jet des pompes et le revolver des dompteurs, essayent de dévorer un nègre superbe qui, son numéro achevé, retrouve sa place modeste d'esclave. Pendant que l'on apporte les planches, les traverses d'une estrade qui hausse les vedettes et leur évite le sable des cavalcades, une scène s'allume au-dessus de l'orchestre et des intermèdes, dignes d'un porche de cathédrale, s'y jouent.

De la sorte, jamais le public ne s'énerve, et les équilibristes, les jongleurs, les patineurs, les dompteurs, les acrobates, les clowns se succèdent sans la moindre attente.

M. Amar possède sa police, sa Croix-Rouge, sa pompe à feu. Ses ouvriers fabriquent les harnais. Un service spécial se charge de nourrir les phoques, qui n'acceptent que du merlan cru, et l'on se demande où cet homme calme loge les innombrables sauteurs orientaux qui terminent le programme et semblent jaillir de la piste et des trappes.

Al Brown demeure l'étoile de ce mécanisme céleste. Acclamé par la jeunesse de province, il boxe contre son ombre et découvre les énigmes de son art. Il aime son cirque. Il est fier de n'avoir cédé à aucune manœuvre. Il m'a écouté, respecté, obéi. Ce poète de la boxe a cru un poète. Il s'est rendu compte que le système qui consiste à dépenser le maximum de cœur émet des ondes invincibles et déroute les vieilles méthodes du gang.

126

[Maria Belita] *

Maria Belita [164], petite fille du rêve.

Elle puise dans son âme une accélération qui fait de tous ses profils un vase dont le potier change la forme. Elle s'exprime [165] !

127

Hommage à Barbette **

On organise au « Bœuf sur le toit » une fête pour aider Barbette, malade et pauvre en Amérique [166]. Les étoiles du ciel parisien se succèdent et s'éteignent les unes après les autres. Qui est Barbette ? doivent se demander les jeunes gens et les jeunes filles que j'écoutais ce soir concourir au « crochet » de Toulon et qui chantent les refrains de Chevalier, de Trenet, de Fernandel [167].

Barbette nous laisse le souvenir d'un des plus extraordinaires numéros de music-hall. Barbette s'habillait en femme. Il réussissait ce prodige de n'être ni ridicule, ni équivoque et d'émerveiller le public le plus moqueur et le plus collet monté qui soit au monde. N'allez pas croire qu'il triomphait comme acrobate et que la foule supportait son travesti à cause de son trapèze et de son fil de fer. J'ai vu des familles d'acrobates le regarder de la coulisse la bouche grande ouverte et ne rien comprendre à ses innombrables rappels. N'importe quel gamin de New York aurait pu exécuter ses exercices. Son prestige était d'un autre ordre.

Dans le « civil », imaginez un jeune homme timide, pâle, simple, la lèvre fendue par un accident de trapèze, le dos un peu voûté comme les anges et comme les oiseaux.

---

* « [Sans titre] », texte de présentation dans le programme *Daphne Deane présente Anton Dolin et Maria Belita avec Sidney Beer dirigeant l'Orchestre symphonique de Paris*, Gala de danse, Salle Pleyel, jeudi 2 juin 1938, [Paris], The Paris Theatre Guild, 1938. Ouvrage illustré de photographies et d'un dessin de Belita par Cocteau.

164. Belita, pseudonyme de Maria Belita Gladys Jepson-Turner (1923-2005), n'est encore qu'une adolescente de 15 ans lorsque Cocteau croque son portrait et rédige ces quelques lignes. En tant que patineuse sur glace, elle a participé aux jeux olympiques de 1936 avec l'équipe britannique. Elle fera brièvement partie de la troupe de ballet Alicia Markova-Anton Dolin, créée en 1935 par les deux anciens danseurs des Ballets russes. Elle se lancera ensuite dans une carrière d'actrice à Hollywood.

165. Ce bref hommage est extrait du texte « La petite fille du rêve », compte rendu poétique d'un spectacle de patinage auquel Maria Belita a participé en vedette au Théâtre Mogador en 1937, paru dans *Ce Soir* le 19 avril 1937 et repris comme chapitre dans *FA*, p. 97-98. Ce second texte n'est pas repris dans notre corpus, car il ne concerne que le patinage et n'a rien à voir avec la danse.

** « Hommage à Barbette », *Ce Soir*, 28 juin 1938 ; texte repris dans *Poésie de journalisme*, 1973, p. 109-111. Dactylogramme conservé à la BHVP. Version choisie : celle du périodique, moyennant quelques corrections.

166. Diverses causes seraient à l'origine de la fin de carrière de Barbette en 1938. Certaines sources évoquent une chute au Lowe's Theatre à New York, d'autres une pneumonie ou encore la poliomyélite.

167. Fernandel, pseudonyme de Fernand-Joseph Désiré Contandin (1903-1971), débute comme chanteur à Marseille, puis monte à Paris en 1928. En parallèle avec sa carrière de comique-troupier, il se lance dans celle d'acteur de cinéma deux ans plus tard.

65. Barbette, s.d., photographie, BHVP, D.R.

Il arrivait de bonne heure dans sa loge. Il s'y enfermait et la métamorphose, très lente et très adroite, avait lieu. J'ai assisté un jour aux différentes phases de cette métamorphose. Le jeune homme correct devenait un athlète de baraque foraine, ensuite un Apollon de bandagiste [168], ensuite une sorte de cocher de la mort, et, en fin de compte, la figure centrale du groupe de la danse de Carpeaux [169]. Il serait inexact de dire : une femme. Ni une femme ni un homme. Et c'est là qu'il ensorcelait la foule et sautait à pieds joints par-dessus le scandale et la gêne.

168. Pour l'Apollon des bandagistes, voir note 281 du texte 94.

169. *La Danse* du sculpteur Jean-Baptiste Carpeaux (1827-1875) représente un très jeune homme debout, bras levés et tambourin à la main droite, entouré de femmes dansant en se tenant par la main. Commandée par l'État pour figurer sur la façade de l'Opéra Garnier à côté de trois autres ensembles (*L'Harmonie*, *La Musique instrumentale* et *Le Drame lyrique*) réalisés par d'autres sculpteurs, *La Danse* fait scandale à son inauguration en 1869 pour la nudité de ses personnages. L'original se trouve au Musée d'Orsay.

Sous la douche intimidante des projecteurs et parmi les appareils de nickel qui miroitent, entrait un personnage neuf, terrible, sans sexe et semblable à quelque démon du théâtre. Aucun maniérisme, aucun de ces gestes qui rendent le travesti odieux. À la longue, cet automate, cet androïde, cet androgyne, devenait la femme type au même titre que Réjane résumait toutes les mères ou Sarah Bernhardt toutes les princesses de légende et au point que la beauté ne pouvait suffire aux vedettes féminines du même programme et qu'il leur fallait, pour tenir le coup, la force radioactive d'une Yvonne George ou d'une Mistinguett.

À la fin, après s'être balancé la tête en bas sur la grotte sombre des fauteuils, après avoir exécuté en l'air des pointes, après une étonnante petite pantomime sur une peau d'ours blanc, il saluait… et ôtait sa perruque blonde. Le choc entre le rêve et la réalité l'obligeait alors, à seule fin de reprendre l'équilibre, à outrer son rôle d'homme, à gonfler ses muscles, à rouler les épaules, à substituer à ses danses d'elfe une grosse démarche de joueur de golf. Grâce à ce nouvel artifice il récoltait un nouveau genre d'applaudissements et doublait sa réussite.

Voilà l'énigme qui ne se posera plus pour les pauvres jambes ailées qui se paralysent !

J'exprime ma reconnaissance aux nombreuses vedettes qui répondent à notre appel et se souviennent d'un camarade exquis, d'un travail entouré de respect et de mystère.

128

RAVEL ET NOUS *

Raymond Radiguet, en parlant des *Liaisons dangereuses* disait : « C'est le premier livre des livres de deuxième plan. » Il serait d'une extrême insolence de placer Maurice Ravel autre part que dans cet ordre mystérieux qui est le premier ordre et qui ne l'est pas, puisqu'il est impossible de mettre un chiffre sur les poètes et de les inscrire dans une liste de palmarès. Il n'en reste pas moins vrai que chacun de nous tombe à une époque avec laquelle il faut qu'il s'arrange, soit pour la dominer, soit pour la démolir.

Ravel a, pour ainsi dire, raffiné l'art des grands maîtres impressionnistes de la musique, de même que Vuillard et Bonnard, auxquels il s'apparente, ont compliqué, simplifié, affermi le style des grands impressionnistes dont Monet demeure l'emblème.

Ravel est, en quelque sorte, le chef des petits-maîtres de l'impressionnisme [170] et, non pas par son manque de sauce, mais par les mélanges savants et les épices de sa sauce, il se rapproche déjà des jeunes qui allaient suivre, sous la bannière d'un homme qui n'était plus jeune, qui était sans âge : Erik Satie, et qui inventa de rompre avec l'impressionnisme musical en se mettant, déjà vieux, à l'école de Vincent d'Indy, du contrepoint, de la fugue, bref de la Schola Cantorum [171].

---

* « Ravel et nous », *La Revue musicale*, n° 187, décembre 1938, p. 204-205. Cocteau collabore ici à un numéro d'hommage à Maurice Ravel, décédé l'année précédente à l'âge de 62 ans.

170. Cocteau a toujours considéré Ravel comme un compositeur mineur par rapport à Debussy.

171. Vincent d'Indy, Charles Bordes et Alexandre Guilmant ouvrent les portes de la Schola cantorum en 1896. Leur enseignement musical vise à restaurer en valeur la musique religieuse. Les Chanteurs de Saint-Gervais sont la vitrine de leurs travaux qui mettent à l'honneur la musique ancienne. Cette école jouit

Nous étions extrêmement liés avec Maurice Ravel [172]. Tous les soirs de la semaine, nous avions l'habitude de nous réunir les uns chez les autres et, le dimanche, chez les Godebski [173], où nous connûmes Ricardo Viñes. On aimait Satie, mais on le moquait. On se tenait entre l'éloge et la farce. Le milieu de Debussy et le milieu de Ravel le bousculaient, le brimaient, et ne pouvaient se soustraire à un charme qu'ils ressentaient tous, sans comprendre qu'il pouvait leur devenir mortel.

Je me souviens d'avoir mené Maurice Ravel au buffet du théâtre du Châtelet, l'avant-veille de *Parade*. L'orchestre y répétait l'œuvre et menaçait de se mettre en grève sous prétexte qu'on exigeait de lui l'interprétation « d'une musique de casino ». Il m'intéressait de voir quelle serait l'attitude de Ravel devant ce jouet mécanique, ce gros véhicule de lyrisme qui faisait dire à Stravinski, lors de la reprise : « *Parade* est une date comme *Carmen*. »

Ravel écouta, avec sa tête d'oiseau penchée sur l'épaule, puis, l'œil rond et fixe, m'avoua ne pas comprendre le mécanisme d'une musique qui ne baignait, disait-il, dans aucun fluide sonore. C'était justement la nouveauté de Satie de ne baigner dans aucun fluide sonore, de n'agir par aucun philtre, de prendre le public par la main, par la cravate, par le revers de la veste, peut-être par le nez ! en imitant le geste irrespectueux et fou du joueur de Dostoïevski [174], somme toute d'écrire, comme il le disait lui-même, « une musique de tous les jours ». Son rêve était qu'on vécût et parlât sur sa musique, que cette musique devînt, en quelque sorte, une musique d'ameublement. À cette époque, nous nous exprimions de la manière suivante (avec cette folle injustice de la jeunesse) : « Plus de musique sur la corde raide, plus de musique à écouter la figure dans les mains ! J'exige une musique qui marche par terre, une musique de tous les jours. »

C'est ce que l'orchestre de Diaghilev appelait « une musique de casino ». Il prenait pour du bastringue l'absence de voiles, la nudité du rythme, la sécheresse des lignes, la force des attaques et la naïveté savante des chutes et des accords. Musique sans sauce ! Ravel n'en revenait pas. À la longue, cet extraordinaire artiste comprit de quoi il en retournait, et nous eûmes, sur celui qu'il appelait « notre vieux maître », des dialogues interminables.

---

d'une grande réputation. À l'âge de 39 ans, Erik Satie s'y inscrit afin de suivre les cours de contrepoint ; en 1908, il en sort diplômé après trois années d'études.

172. Cocteau exagère ses relations avec Ravel, qu'il fréquentait certes, mais dont il n'était pas un ami intime. Voir les notes du texte 99.

173. À partir de 1904, Cipa Godebski (1874-1937) et son épouse Ida Kasparek (1872-1936) ouvrent leur salon au groupe privé des Apaches, ces jeunes peintres et musiciens férus de littérature, d'art japonais, de musique russe et ardents admirateurs de Debussy. Maurice Ravel, ami intime des Godebski – il leur dédicace sa *Sonatine* et *À la manière de*, de même qu'il compose *Ma Mère l'Oye* pour leurs enfants, Mimie et Jean – est la figure centrale de ce groupe informel qui compte notamment Léon-Paul Fargue, Tristan Klingsor, Dimitri Calvocoressi, Émile Vuillermoz, Désiré-Émile Inghelbrecht, Florent Schmitt, Maurice Delage et André Caplet. Le pianiste Ricardo Viñes est l'animateur musical de ces soirées où l'on déchiffre les dernières partitions de l'un ou l'autre. Cocteau n'a participé à ces réunions que très sporadiquement et ne fait pas partie du premier cercle. Grâce au journal intime de Viñes conservé dans une collection privée, il est possible de dater la présence du poète : une seule mention y figure, celle du dimanche 21 mars 1915. Cocteau leur parle de son projet de cirque avec Edgard Varèse – qui n'aboutira pas, mais dont certains éléments seront repris ultérieurement dans *Parade*. Voir Malou Haine, « Cipa Godebski et les Apaches », *Revue belge de musicologie*, vol. LX, 2006, p. 221-226.

174. Allusion au roman *Le Joueur* (1866) de Fiodor Dostoïevski.

Si l'on peut dire de Ravel qu'il lui arrive de ponctuer sans écrire dessous, on peut dire, par contre, d'Erik Satie, qu'il lui arrive d'écrire avec les gros bâtons de l'enfance et d'oublier la ponctuation. Le miracle de Debussy était sans doute de réunir le tout, bien que son écriture soit, à mon sens, un peu trop féminine, et ses ponctuations trop molles.

Mais, lorsque Ravel gagne au jeu, la fortune qu'il gagne est sans limites. Un chef-d'œuvre comme *Daphnis et Chloé*, sera, certes, moins populaire que le *Boléro*[175] qui amuse les oreilles lassées par sa redite. Mais *Daphnis et Chloé* nous enchante et reste le type d'un de ces ouvrages qui ne peuvent prendre place dans aucune école ; un de ces ouvrages tombé dans nos cœurs comme un aérolithe, et venant d'une planète dont les lois nous resteront toujours mystérieuses et interdites.

Chez Ravel, le détail, le souci de détail, peuvent prendre une envergure énorme, et ce n'est pas un paradoxe de lui appliquer cette réflexion que j'inventais, jadis, pour Satie : « Il a la petitesse du trou de serrure ; l'essentiel est d'y mettre son œil. »

129
LÉO MARJANE CHANTE *BEI MIR...* *

Chaque saison – dès que l'air se charge de pollens qui voyagent, que le crépuscule traîne en longueur et qu'on croirait attendre le foehn – le vent de printemps qui rend la Suisse folle et menace les villages comme un criminel... chaque saison, une mélodie à la mode passe de bouche en bouche. Il n'est pas rare qu'elle arrive d'Allemagne[176]. Ainsi vîmes-nous nos jeunes femmes rêver et penser[a] en murmurant les lieds de Marlène Dietrich et la complainte de Florelle[177].

Rien en apparence de plus frivole que ces « passages » de musique facile, rien, en réalité de moins superficiel. En effet si les paroles et les rythmes changent, c'est la même chanson qui se déguise et qui travaille les âmes de vingt ans.

---

175. Le *Boléro*, ballet de Ravel, est créé par les Ballets d'Ida Rubinstein à l'Opéra de Paris le 22 novembre 1928, dans une chorégraphie de Bronislava Nijinska, avec des décors d'Alexandre Benois et sous la direction musicale de Walter Straram à la tête de son orchestre. Sa caractéristique majeure réside dans la répétition invariable du rythme, du tempo et de la mélodie. Seule l'orchestration varie, soutenue par un crescendo progressif. La version concert est créée par les concerts Lamoureux sous la direction de Ravel le 11 janvier 1930. Le *Boléro* connaît rapidement une renommée internationale, à la surprise même du compositeur.

* « Léo Marjane chante *Bei mir...* », dactylogramme conservé à la BHVP.

176. Élevée en Rhénanie en parfaite bilingue français-allemand, Léo Marjane, pseudonyme de Thérèse Marie Léonie Gendebien (1912-), chante à Paris au début des années 1930 et enregistre sous les labels Columbia et Pathé-Marconi. Au début de la décennie suivante, elle entame une carrière d'actrice. Cette chanteuse à la voix chaude, qui est devenue centenaire, abandonne sa carrière en 1958.

177. C'est sous le pseudonyme de Florelle qu'Odette Rousseau (1898-1974) mène une carrière de chanteuse de music-hall et d'actrice de cinéma dans les années 1920 et 1930. Après la Première Guerre mondiale, elle avait chanté au Bataclan et remplacé Mistinguett dans la revue *Çà, c'est Paris !*, puis s'était produite en Argentine. De retour à Paris au début des années 1930, elle est meneuse de revues dans divers cabarets. Elle tourne dans la version française de *L'Opéra de quat'sous* et chante *La Complainte de Mackie*, dans une adaptation française d'André Mauprey. C'est à ce titre que Cocteau l'apprécie tout particulièrement et qu'elle prend place dans son panthéon des chanteuses réalistes, telles que Marianne Oswald, Marlène Dietrich ou Marjane.

Votre chanson s'intitule *Bei mir bist du schön*[178], et nous blesse grâce à vos ailes. C'est presque une scie terrible que cette chanson, un motif qui trouve le moyen d'être leitmotiv pendant l'espace trop bref d'une face de disque. Vous respectez le style des chanteurs de l'amour et de la tristesse. Vous y ajoutez je ne sais quelle sensualité dure et sans taches, je ne sais quelle obsession chaude et précise qui nous étonne. Il y a là une ligne saccadée, semblable au graphique de la fièvre, qui exprime mieux la fièvre que la fièvre même, et qui reste noble.

Variantes

a. Le dactylogramme donne « pencher ».

130

PARADE[*]

Lorsque je montai, avec Picasso et Erik Satie, *Parade*, en 1917, pour Serge de Diaghilev, il s'agissait de changer le style de la danse. Le style était décoratif. *Parade* le contredisait et haussait le réalisme jusqu'à la danse. C'était en quelque sorte le plus vrai que le vrai, dont j'ai fait ma méthode, sous la forme chorégraphique.

Parade fut un scandale en 1917 et, à la reprise un triomphe. Que s'était-il passé? Entre-temps, la mode avait agi et nos imitateurs éclairaient l'œuvre.

En 1939, Weidt[179] (Ballets 38) donne de *Parade* une version neuve où je ne joue aucun rôle. En effet, mon thème ne compte pas et seuls comptent la danse que j'inventai auprès de Leonide Massine et le bloc de l'entreprise.

Chez Weidt se passe un prodige. Cet apôtre du rythme suscite des danseurs. Un jeune homme, une jeune fille qui travaillaient de leurs mains et qui ne dansaient pas la veille se mettent à danser et exécutent des exercices d'acrobates. À peine le travail autorise-t-il le repos que les élèves de Weidt se précipitent et le cherchent dans la danse. Ce travail les délivre et cesse d'être un travail. Écrasés de fatigue ils se détendent et s'épuisent par amour.

Je ne connais rien de plus noble, de plus jeune, de plus extraordinaire que cette petite troupe qui saute et tourne et trépigne les rêves qu'elle devrait demander au sommeil.

---

178. La chanson populaire *Bei mir bistu shein* (titre original en yiddish) est composée en 1932 par Sholom Secunda sur des paroles de Jacob Jacobs pour la comédie musicale *Men ken Lebn nor men lost nisht* (version anglaise *I wish I could*). En mai 1938, Marjane en enregistre une version française – paroles de Jacques Larue – sous le titre *Vous êtes plus belle que le jour*, restée très populaire.

* « *Parade* », préface accompagnée d'un dessin intitulé « Weidt / Les Ballets 38 » dans le programme *Les Ballets 38*, Grande Salle Pleyel, 7 mars 1939, programme 2ᵉ partie : *Parade*, chorégraphie de [Jean] Weidt.

179. Jean Weidt, né Hans Weidt (1904-1988), est un danseur et chorégraphe allemand connu pour ses spectacles de propagande mettant en scène la condition sociale des travailleurs et des chômeurs dans une perspective politique. Communiste militant, il fuit l'Allemagne en 1933 et se réfugie à Paris, où il adopte le prénom de Jean et forme les Ballets Weidt. Il rencontre toutefois quelques difficultés avec la police française qui le considère comme un artiste subversif. Il s'exile à nouveau à Prague et Moscou et rentre en France en 1937 avec le soutien du parti communiste français qui organise des tournées avec sa nouvelle troupe, les Ballets 38, afin de récolter des fonds pour les réfugiés espagnols. Outre Cocteau, il fréquente Aragon, Honegger et Picasso.

131
[Dernière image de Diaghilev] *

La dernière image de Serge de Diaghilev n'est-elle pas étonnante ? Comme Molière, ce prince du théâtre est mort dans un fauteuil de théâtre et non pas sur scène mais dans un fauteuil de spectateur.

Nous sommes à Venise [180] (au Lido, pour être exact). Dans une chambre d'hôtel, près de la fenêtre, empaqueté d'ouate et de robes de chambres maintenues par des épingles de nourrice, une moitié de tête noire, une autre blanche, une dent posée au bord d'un sourire de très jeune crocodile, cet étrange général Dourakine [181], surveille, avec des jumelles de nacre, son petit monde sur la plage : ses danseurs, ses danseuses, ses secrétaires. Il est jaloux. Chez lui tout est un tumulte du cœur.

Il va mourir. Il va mourir de l'amour du théâtre dans cette ville d'amour et de théâtre. Comme Wagner [182] son cadavre flottera sur une gondole [a].

Et dites-vous que ce prince du théâtre, que cet homme de faste était pauvre. Toujours, derrière la porte des palaces, l'huissier guettait sa vieille pelisse d'opossum [183] ! Et ce pauvre sublime avait beau chercher et trouver des mécènes, le mécène, c'était lui. Mécène il reste et ceux et celles qui lui vinrent en aide lui doivent encore des fortunes.

Une nuit de 1912, je nous vois place de la Concorde. Diaghilev rentre après le spectacle, la mâchoire en désordre, l'œil humide comme l'huître portugaise, le chapeau minuscule juché sur son chef énorme. En avant, Nijinsky boude, son smoking déformé par les muscles.

J'étais à l'âge absurde où l'on se croit poète [b] et je sentais chez Diaghilev une résistance polie. Je l'interrogeai : « Étonne-moi, me répondit-il, j'attendrai que tu m'étonnes. »

---

* Texte sans titre, accompagné d'un portrait de Diaghilev, dans le catalogue d'exposition *Ballets russes de Diaghilev, 1909-1929*, Paris, Musée des arts décoratifs – Pavillon de Marsan – Palais du Louvre, exposition organisée par Serge Lifar, avril-mai 1939, p. 9. Premier jet manuscrit avec portrait de Diaghilev conservé à SUL. Version choisie : celle du catalogue, tout en indiquant les variantes significatives du manuscrit (*Ms*).

180. Cocteau évoque ici de façon poétique les derniers moments de Diaghilev, qui décède à Venise le 19 août 1929. Retraçons les véritables circonstances de son décès. Après les représentations des Ballets russes à Vichy, du 30 juillet au 4 août 1929, Diaghilev, déjà fortement marqué par le diabète, se rend au festival de Baden-Baden, où, en compagnie d'Igor Markevitch, il rencontre Paul Hindemith pour discuter d'un projet commun pour la saison suivante. Ils y retrouvent aussi Milhaud, Nicolas Nabokov et la princesse de Polignac. Diaghilev et Markevitch poursuivent ensuite leur voyage, d'abord à Munich où ils rendent visite à Richard Strauss, puis à Salzbourg. Markevitch rentre alors chez sa mère, tandis que Diaghilev se rend à Venise, où il descend au Grand Hôtel des Bains de Mer du Lido et où il est rejoint par Serge Lifar et Boris Kochno. À partir du 12 août, Diaghilev ne quitte plus le lit et regarde la mer de la fenêtre de sa chambre située au cinquième étage. Il est soigné quotidiennement par ses deux collaborateurs. En croisière sur le yacht du duc de Westminster, Misia Sert et Coco Chanel, font escale à Venise et s'installent à l'hôtel. Elles prendront en charge les démarches administratives et les frais de l'enterrement. Diaghilev repose dans la section orthodoxe du cimetière San Michele, l'une des îles de la lagune de Venise.

181. Le général Dourakine, personnage truculent de deux romans de la comtesse de Ségur, *L'Auberge de l'ange gardien* (1863) et *Le Général Dourakine* (1866), représente le type de l'excentrique grand seigneur russe, extrêmement violent et généreux à la fois.

182. Richard Wagner est, lui aussi, mort à Venise, le 13 février 1883, dans le palais Vendramin Calergi, où il séjournait avec Cosima et leurs enfants.

183. Allusion aux difficultés financières que Diaghilev a dû affronter sa carrière durant.

Cette phrase me sauva d'une carrière de brio. Je devinai vite qu'on n'étonne pas un Diaghilev en quinze jours. De cette minute je décidai de mourir et de revivre [c].

Le travail fut long et atroce.

Cette rupture avec la frivolité d'âme, ignoble surtout si elle se cache sous la tristesse, je la dois, comme tant d'autres, à cet ogre, à ce monstre sacré, au désir d'étonner ce prince russe qui ne supportait de vivre que pour susciter des merveilles [d].

1939

66. Serge de Diaghilev, dans le catalogue d'exposition *Ballets russes de Diaghilev, 1909-1929*, Paris, avril-mai 1939.

Variantes

a. *Variante de ce paragraphe en Ms.* : Il va mourir. Il va mourir d'amour, de cet ulcère d'amour et de théâtre. Car son amour est l'amour du théâtre. Car, cet impresario sublime, ce chef qui nous cherchait, qui nous trompait, qui nous dupait, qui nous groupait, qui nous brouillait, qui nous vidait et nous remplissait et nous cajolait, inventait et méprisait et nous insultait et nous rejetait.

b. *Variante de cette phrase en Ms.* : J'étais à l'âge ridicule où l'on se croit lord Byron [184] parce qu'on a publié quelques vers détestables et qu'on a un profil de chien de chasse et qu'on porte un gardénia à la boutonnière.

c. *Variante de cette séquence en Ms.* : De cette minute, je me cherchai quitte à me perdre dans le labyrinthe de mes fautes. Ce fut long et atroce. Il s'agissait de tout remettre en ligne de compte. De mourir et de revivre.

d. *Fin du texte en Ms., entièrement biffée, mais particulièrement révélatrice du conflit ayant opposé Diaghilev et Cocteau lors de* Parade : Je l'étonnai. Il se vengea. Je l'aimai. À son énorme véhicule décoratif de couleurs et de gestes, j'opposai *Parade*. Il était mauvais joueur. Il encaissa, se vengea, me détesta, m'aima. Oh, c'était beau de le voir jouer, tricher et ramasser l'or pour jouer une autre partie.

---

184. George Gordon Byron (1788-1824), dit lord Byron, poète britannique romantique et l'un des grands modèles du dandy.

ANNÉES 1940 À 1949

67. Charles Trenet, 1940, collection privée.

132
[Disque Charles Trenet] *

1er janvier 1940

Tout bégayait. Tout traînait.
Plus rien ne traîne et tout parle…
C'est grâce aux chansons de Charles
Trenet [1]
Jean

133
Ne pas perdre contact **

La grande vertu de la France est l'esprit. L'Allemagne a voulu tuer l'esprit [2]. Mais on ne peut pas vaincre un pays par une imitation mauvaise et artificielle de son système. On ne peut le vaincre que par des moyens qu'il ne peut pas employer.

Le rôle de chacun de nous est de ne perdre aucun contact, de continuer le même rêve.

Le poète est le véhicule, le médium naturel de forces inconnues qui le manœuvrent, profitent de sa pureté pour se répandre par le monde et, sinon résoudre, du moins soulever jusqu'à l'écœurement des problèmes contre lesquels chacun veut se mettre en garde dès le réveil. À peine ouvre-t-on l'œil, le matin, après l'atroce amalgame du rêve, qu'on essaye d'oublier un ordre de choses dont le poète est le spécialiste, et qui font de lui le type même de l'*indésirable*. Or, entre tous les griefs portés à son compte, un des pires n'est-il pas l'exactitude ? Le poète est exact. La poésie est exactitude. Depuis Baudelaire, le public a, peu à peu, compris que la poésie était un des moyens

* « 1er janvier 1940 », dans la brochure *Biographie*, CBS Disques, s.d. Le label CBS Disques est la filiale française de Columbia Records. Voir illustration 67.

1. C'est à partir de 1938 que Charles Trenet enregistre ses chansons, ce qui lui vaut de remporter dès 1938 le Grand Prix du Disque pour *Boum !* et fait considérablement accroître son succès populaire.

** « Ne pas perdre contact », *Marianne*, n° 389, 3 avril 1940, p. 6.

2. Le 3 septembre 1939, la France et le Royaume-Uni déclarent la guerre à l'Allemagne suite à l'invasion de la Pologne, mais n'entreprennent rien de concret contre l'oppresseur, ce qui a permis d'appeler cette période la « drôle de guerre ». Le 10 mai 1940, l'Allemagne lance son offensive contre les alliés en envahissant la Belgique et les Pays-Bas. Le 22 juin 1940, la France capitule devant les forces armées allemandes et le gouvernement Pétain signe l'armistice.

les plus insolents de dire la vérité. Il n'existe pas d'arme plus précise et c'est pour se défendre, par une défense instinctive, par une angoisse de l'exactitude et des éclairages révélateurs, que la foule s'obstine à confondre la poésie avec le mensonge, la vitesse d'esprit avec le paradoxe.

À quoi bon raconter une histoire qui ne porte pas en elle le poids inimitable du vrai ? À quoi bon des mémoires imaginaires, de fausses anecdotes, des phrases qui se trompent de bouche, des souvenirs pittoresques ? Le poids mort de l'inexactitude accable de fatigue. Tout autre est un jet de projecteur qui se promène à la surface de cette nuit accumulée derrière chacun de nous et qui se fixe sur un visage, un acte, un lieu significatifs, de manière à donner le maximum de force expressive et de résurrection. Le poète est, avant toute chose, un sourcier. Une baguette à la main, il cherche les sources profondes et les trésors. La baguette s'incline vers les forces les plus mystérieuses. Édith Piaf[3] en est une. Je dirai même que de toutes les sources cachées, que de tous les trésors, elle est le chef-d'œuvre. Il est facile de répondre que sa gloire existe, qu'une foule l'aime et l'adopte et que le poète n'a aucun mal à la découvrir. C'est inexact. Car une chanteuse s'adresse à une élite nocturne et la comédienne qui est en elle ne se montre qu'en marge et comme en ombre chinoise.

Passer de la boîte de nuit, où l'on chante l'amour et ses tristesses, nez à nez avec des hommes et des femmes qui boivent, qui dansent et qui remuent des soucoupes, au miracle de cette cuve de lumière et de solitude qu'est une scène de théâtre[4], représente un effort que peu de personnes imaginent.

Je crois qu'Édith Piaf est, avant tout, une actrice. Il reste à le prouver. Ce n'est pas peu de chose que de donner une telle preuve après un spectacle[5] où Yvonne de Bray[6] circule comme une magnifique Rolls-Royce. C'est pourtant ce que j'essaye avec l'aide amicale de Trébor[7] et de Willemetz[8]. Piaf débutera donc, comme, actrice, dans un décor de Christian Bérard, où elle exécutera un solo de voix humaine.

---

3. Édith Piaf, pseudonyme d'Édith Giovanna Gassion (1915-1963), enregistre son premier disque en 1936 et chante à l'Alhambra puis au music-hall A.B.C. Sa carrière est immédiatement lancée. Cocteau la découvre au cabaret l'Amiral à Paris, situé près de l'Étoile, où elle chante du 11 janvier au 6 avril 1940.

4. Cocteau vient de composer pour Édith Piaf le monologue *Le Bel Indifférent*, qui sera créé au Théâtre des Bouffes-Parisiens le 19 avril 1940, dans une mise en scène d'André Brulé et un décor de Christian Bérard. Le monologue a pour sujet une femme cherchant en vain à argumenter avec son mari qui la trompe et qui reste muet. Au côté d'Édith Piaf (la femme) figure d'abord l'amant même de la chanteuse, Paul Meurisse (rôle muet de l'homme), puis Jean Marconi. Voir *TC*, p. 1739-1745.

5. *Le Bel Indifférent* sera bel et bien présenté en lever de rideau des *Monstres sacrés* (voir la note suivante).

6. Yvonne de Bray (1887-1954), comédienne de théâtre, abandonne la scène après la mort de son mari, le dramaturge Henry Bataille, en 1922. Cocteau la convainc de remonter sur scène en 1938 et d'interpréter le rôle d'Yvonne dans *Les Parents terribles*, mais elle devra y renoncer étant malade – rôle qu'elle tiendra cependant dans le film homonyme réalisé par Cocteau en 1948. Elle tient le rôle d'Esther dans *Les Monstres sacrés*, pièce en trois actes créée au Théâtre Michel le 17 février 1940, dans une mise en scène d'André Brulé et des décors de Christian Bérard et reprise, à partir du 19 avril 1940, au Théâtre des Bouffes-Parisiens.

7. Robert Trébor, pseudonyme d'Ernest Robert (1900-1969), dirige le Théâtre Michel de 1915 à 1942. Dans les années 1920, il s'occupe aussi du Théâtre de la Madeleine avec André Brulé. Après la Seconde Guerre mondiale, il reprendra l'Alcazar de Marseille de 1949 à 1964.

8. Albert Willemetz (1887-1964) dirige les Bouffes-Parisiens. On lui doit l'invention du terme « lyrics » qui désigne les paroles chantées des comédies musicales que l'on écrit sur une musique déjà composée (méthode à l'inverse des opéras). Auteur très prolifique, il écrit d'innombrables chansons, opérettes et

La Voix humaine[9] était encore un monologue à deux voix dont une silencieuse. *Le Bel Indifférent* tourne autour d'un vieux thème célèbre. La femme qui parle et l'homme qui se tait. Derrière un journal qui devient une muraille de Chine, l'homme oppose le drame du silence à la jalousie bruyante d'une femme amoureuse et hors d'elle. Le tout éclairé par les réclames nerveuses de la rue Pigalle.

Bien que muet, le rôle d'homme exige une grande présence. Je ne sais pas qui en assumera la charge, mais je sais que la difficulté à vaincre n'est pas petite. Mon rêve serait d'atteindre ce public anonyme et simple qui ne préjuge pas et écoute de toutes ses oreilles, de tout son cœur.

134

JE TRAVAILLE AVEC ÉDITH PIAF *

J'ai confié Édith Piaf à André Brulé[10]. Voilà comment; et si je le raconte, c'est que j'ai constaté maintes fois que tout ce qui concerne Édith Piaf, l'ancienne « môme Piaf » qui est en train de devenir « Mademoiselle Piaf » et qui deviendra « Madame Piaf » beaucoup trop vite, intéresse le public et même le gros public.

Car les ondes portent la voix poignante de notre chanteuse dans les chambres les plus intimes et cette voix se mélange à la vie d'une foule de personnes.

Yvonne de Bray m'avait signalé Édith Piaf comédienne. C'était, me dit-elle, une chanteuse qui joue, une chanteuse qui parle et qui ne se contente pas du rythme.

Lorsque j'ai entendu Édith Piaf, j'ai été stupéfait de la force qui se dégage d'un corps minuscule. Elle entre. Elle est vaincue. Des mèches rouges tombent en désordre autour d'un front de jeune Victor Hugo. Des jambes robustes soutiennent mal une bosse d'ange ou de fauvette. Et les yeux sont inoubliables : des yeux d'aveugle miraculée, des yeux de Lourdes, des yeux de « voyante ».

Et la vaincue croise sur son ventre de petites mains de cire. Cire ! Une statuette de cire, une statuette de madone espagnole ou de maléfices, voilà ce qu'elle évoque, sans oublier les poignards, les épingles, quelque chose de cruel qui rayonne et d'où le sang coule goutte à goutte. Et la vaincue chante. Et des têtes curieuses se penchent à toutes les fenêtres du monde et des larmes tombent dans la rue sans joie. C'est un orgue qui l'accompagne, un orgue de Barbarie, l'orgue barbare des dimanches de notre enfance.

Et la vaincue se redresse (car la bosse disparaît lorsque les ailes s'ouvrent), et les mains deviennent des branches sous l'orage et la petite femme pitoyable prend le large. Et les autres deviennent pitoyables – ceux qui écoutent – car elle concentre les peines

---

comédies musicales et monte de nombreuses revues. Plusieurs de ces opérettes sont adaptées au cinéma, films pour lesquels il compose aussi le scénario.

9. Le monologue en un acte *La Voix humaine* traite à peu près du même sujet que *Le Bel Indifférent* : une femme y tente de retenir au téléphone son amant qui la quitte, mais en vain. La pièce est créée par l'actrice Berthe Bovy dans un décor de Christian Bérard au Théâtre de la Comédie-Française le 17 février 1930.

* « Je travaille avec Édith Piaf », *Paris-Midi*, 19 avril 1940. Il s'agit d'un article où Cocteau annonce la création, le soir-même, du monologue *Le Bel Indifférent* par Édith Piaf (voir les notes du texte précédent).

10. André Brulé (1879-1953), acteur de théâtre et de cinéma, occasionnellement metteur en scène.

de leurs âmes et elle les exprime. Elle devient l'écho terrible du silence nocturne de cette foule inattentive qu'elle oblige à regarder et à écouter. Elle inspire le respect avec ses musiques du trottoir, avec ces « airs » que chacun fredonne et qui semblent nés du macadam.

Oui, car le privilège de ces romances faciles, c'est qu'elles répondent à un appel secret de la foule et que la foule qui les répète s'imagine les inventer. La mode les met au monde et la mode les balaye. On reste confondu en face de la diversité presque anonyme de cette production monstrueuse. Les airs célèbres s'accumulent, se chevauchent, se remplacent, se ressemblent et ne se ressemblent pas.

J'ai écrit pour Édith Piaf une sorte de longue romance parlée. Sans l'ombre de littérature. Une femme parle et se heurte au mur de Chine d'un journal, du journal derrière lequel l'homme abrite un silence féroce.

La Voix humaine était un dialogue à une voix. *Le Bel Indifférent* est un monologue à deux personnages. Le rôle muet était un véritable chef-d'œuvre de Brulé et de Paul Meurisse [11]. L'armée nous retire Meurisse. Le rôle passe à Marconi [12]. Que Marconi et Brulé s'y mettent et Piaf retrouvera sans doute un partenaire digne d'elle. Car Édith Piaf mérite les plus nobles partenaires et le décor de Bérard où elle habite. Une chambre nocturne d'hôtel, éclairée par les tics de lumière de la rue Pigalle. C'est dans ce mystère bleu, dans cette laideur médiocre que Bérard hausse jusqu'à la plus belle peinture, que Piaf souffre, s'agite, se brise, nous émeut et nous oblige à éclater de rire.

Parler seule en scène une demi-heure est un vrai tour de force. Elle l'exécute avec l'aisance des acrobates qui changent de trapèze en plein vol. Sans doute doit-elle cette aisance à la rude école du « tour de chant ». L'étrange débutante ! « On lui donne un franc et elle vous en rend mille », me disait André Brulé après le travail.

Édith Piaf me permet de réaliser encore une fois mon rêve de théâtre : le texte prétexte ; la pièce qui disparaît au bénéfice de la comédienne ; la comédienne qui a l'air d'improviser son rôle chaque soir.

Yvonne de Bray ! Édith Piaf ! L'une couverte de gloire. L'autre qui débute.

C'est une grande chance pour un poète que de réunir dans un seul spectacle ces extrêmes qui se touchent par le miracle de la simplicité royale.

P.-S. – Dans *Les Monstres sacrés*, Mlle Robinson tiendra le rôle que Jany Holt [13] doit abandonner pour créer la pièce de Puget [14]. J'ai choisi Mlle Robinson afin de ne pas prendre un double de Jany Holt. Je voulais une actrice capable de recréer le rôle et de lui donner une autre forme. Mlle Robinson m'a prouvé que j'avais eu la main heureuse.

11. En 1940, Paul Meurisse (1912-1979) n'a pas encore commencé sa carrière d'acteur de cinéma. Il chante depuis peu dans des cabarets à Paris.

12. Du 26 avril au 14 mai 1940, l'acteur Jean Marconi, pseudonyme de Jean-Charles Marcon (1906-1971), reprend le rôle de Paul Meurisse dans *Le Bel Indifférent*. Marconi est surtout un acteur de cinéma.

13. À l'occasion de cette reprise des *Monstres sacrés* au Théâtre des Bouffes-Parisiens, c'est l'actrice Madeleine Robinson (1917-2004) qui semble, d'après Cocteau, avoir remplacé Jany Holt (1909-2005) dans le rôle de Liane.

14. Claude-André Puget (1905-1975), auteur d'une vingtaine de pièces de théâtre et d'une dizaine de scénarios de films. Jany Holt crée sa pièce *Un petit ange de rien du tout* au Théâtre Michel le 29 avril 1940.

135

LES PETITES TRAGÉDIENNES *

Deux souvenirs me poussent à écrire cet article.

Voici l'un. Il y a fort longtemps, à Toulon, un de ces soirs où l'atmosphère de Toulon ressemble à celle de Venise, je longeais le port, entre les cariatides tourmentées de Puget [15] et la « Patache » [16], l'adorable bâtisse qui servait de refuge aux marins et qui est devenue, si je ne me trompe, le club de la voile des officiers de marine.

La foule flânait. À gauche, la mer mâchonnait au bord ses colères du large. À droite, en réponse à ce monologue obscur de la mer, les haut-parleurs des cafés amplifiaient M [me] Damia et son timbre dramatique. Et ces innombrables M [me] Damia, défiant la mer, faisaient toute cette foule et tout ce décor devenir un décor et une foule de théâtre. Nous n'habitions plus la ville. Nous obéissions à quelque metteur en scène. Nous devenions les figurants du drame.

Voici l'autre.

C'était à la Comédie-Française, le soir des adieux d'Albert Lambert. J'en avais composé l'impromptu [17]. Chacun payait de sa personne. Et chacun flottait dans ce vaste cadre. Soudain, nous vîmes M [me] Mistinguett. Elle chantait et dansait *Ma Pomme* [18]. Ce n'était guère l'endroit convenable. Et cependant, elle remplissait le cadre. Elle seule parvenait à réussir ce tour de force Je me rappelle avoir dit à l'administrateur [19], dont j'occupais la loge, que ce n'était pas une affaire de préférence, que je le regrettais, mais qu'il fallait s'incliner. J'eusse préféré voir une tragédienne remplir ce cadre. Hélas, il n'en était rien. Les tragédiennes ne le remplissaient pas et M [me] Mistinguett le remplissait. Sa présence l'emportait sur la qualité de sa présence.

Ces deux souvenirs me revinrent en mémoire lorsque je constatai que les tragédiennes disparaissaient, faute de tragédies, et que, sauf à la Comédie-Française où M [mes] Bell [20] et Marquet [21] consolident le temple, les tragédiennes s'étaient peu à peu réfugiées dans les arts mineurs.

---

* « Les petites tragédiennes », *Toute la vie*, 4 septembre 1941.

15. Le sculpteur Pierre Puget (1620-1694), considéré comme le Michel-Ange français, a réalisé son premier chef-d'œuvre en 1656 : les deux cariatides soutenant le balcon de l'ancien hôtel de ville de Toulon (actuellement l'office du tourisme), situé quai de la Sinse. Ces atlantes symbolisent la force et la fatigue.

16. La Patache, corps de garde de la marine datant du XVIIe siècle.

17. *La Maison hantée ou les Adieux d'Albert Lambert*, impromptu de Jean Cocteau créé dans une mise en scène de Louis Jouvet à la Comédie-Française lors de la soirée d'adieux donnée le 25 juin 1937 en l'honneur du sociétaire Albert Lambert fils (1865-1941). La pièce confronte le grand tragédien à toute une série de personnages classiques (Agrippine, Jocaste, Phèdre, Célimène, Doña Sol, Chimène, etc.) dont il a assuré la réplique durant sa carrière et qui viennent lui rendre hommage à son départ. Voir *TC*, p. 561-572.

18. *Ma Pomme*, paroles de Georges Fronsac et Lucien Rigot, musique de Charles Borel-Clerc, paroles, chanson gouaille popularisée par Maurice Chevalier en 1936.

19. Édouard Bourdet (1887-1945), auteur dramatique et administrateur de la Comédie-Française de 1936 à 1940.

20. Marie Bell, pseudonyme de Marie-Jeanne Bellon (1900-1985), actrice de théâtre et de cinéma, sociétaire de la Comédie-Française à partir de 1928. Elle dirige le Théâtre des Ambassadeurs de 1934 à 1940.

21. Mary Marquet (1895-1979), actrice de théâtre et de cinéma, sociétaire de la Comédie-Française de 1923 à 1944.

C'est que la tragédie exige un immense travail de mise au point et des timbres spéciaux. Ces timbres et ce travail (comme nous le prouve l'étrange envergure de Mme Mistinguett) on ne les rencontre plus que chez les chanteuses, dites réalistes. Chacune de leurs chansons n'est-elle pas une petite tragédie – ou, pour être exact, un petit drame ? Les soins qu'elles y apportent et à quoi le public féroce des « boîtes » les oblige, ne remplace-t-il pas le travail auquel la rareté des spectacles tragiques et le cinématographe empêchent nos actrices de s'astreindre sur les planches.

Lorsque je demandai à Mme Mistinguett comment elle articulait si bien – je l'avais maintes fois donnée en exemple à mes artistes – elle me répondit que c'était indispensable au music-hall où il fallait se faire entendre des petites places.

68. Mistinguett, sur la page de couverture de la *Revue des Folies-Bergères*, 1911-1912.

Nous voilà donc en face d'un cortège de tragédiennes mineures, de tragédiennes de poche, de tragédiennes au petit pied. Ce cortège possède le secret de nous émouvoir avec des voix poignantes. Et, lorsque ces voix poignantes et ces visages pâles nous émeuvent, nous nous prenons à regretter l'époque où cette émotion, qui veut sortir, se dépensait pour les hautes plaintes de Mlle Clairon ou de Mlle Mars[22].

22. Cocteau cite ici deux grandes tragédiennes des siècles écoulés : Mlle Clairon, née Claire-Josèphe Léris (1723-1803), sociétaire de la Comédie-Française à partir de 1743 ; Mlle Mars, née Anne-Françoise Boutet (1779-1847), sociétaire de la Comédie-Française à partir de 1799.

Damia, Fréhel[23], Piaf, Lucienne Boyer[24], Marjane, Suzy Solidor, je cite celles qui viennent sous ma plume – et d'autres qui se lèvent – ces étoiles du Paris nocturne se passent le mouchoir imbibé des larmes de l'auditeur solitaire et du couple qui écoute chanter sa propre histoire, la main dans la main.

J'aimerais mettre ce cortège sous le signe d'Yvonne George, épave superbe[25], qui, la première, douloureuse et courageuse, affrontait des salles trop gaies, luttait contre le rire et s'épuisait en comprimant son cœur, entre deux numéros d'acrobates.

On devine le prestige d'une cantatrice de la déclamation – je veux dire d'une tragédienne – si elle mettait en œuvre la force mystérieuse qui soulève Mme Fréhel écoutant un de ses propres disques dans *Pépé le Moko*[26], Mlle Piaf lorsqu'elle chante *Le Légionnaire*[27] et que sa minuscule personne a l'air de chanter par la bouche de l'ombre géante que fait d'elle le projecteur. On voudrait voir, au service de Racine, une figure pareille au masque fermé de Léo Marjane.

Ne nous plaignons pas trop. Mlle Bell, dans le rôle d'Ériphile[28], Mme Marquet dans celui de Pauline[29], Mme Madeleine Renaud dans l'Infante du *Cid*[30], nous ont apporté le sommet de cette noblesse qui s'ébauche chez nos chanteuses.

Mais hélas, le Conservatoire ne nous réserve pas de surprises de ce genre. Ni le Conservatoire ni les auditions libres qui fournissent à la Comédie-Française les physiques et les timbres que le Conservatoire ne lui fournit plus.

Alors, tristes d'un vide féminin que rien ne comble jusqu'à nouvel ordre, nous entrons dans quelque *boîte* et nous exaltons notre peine avec les petites tragédies et les grandes petites tragédiennes de la chanson.

23. Fréhel, née Marguerite Boulc'h (1891-1951), interprète de chansons populaires usant de sa voix rauque et de la gouaille faubourienne.

24. Lucienne Boyer (1903-1983) commence à chanter en 1916, mais ses premiers succès datent de 1928, lorsqu'elle enregistre ses premières chansons et qu'elle ouvre le cabaret « Les Borgias ». Deux ans plus tard, son interprétation de *Parlez-moi d'amour* lui permet de remporter le Grand Prix du disque.

25. Cocteau qualifie Yvonne George d'épave en raison de sa dégénérescence et de sa mort précoce dues à l'opium.

26. Dans *Pépé le moko*, film réalisé par Julien Duvivier en 1936, Fréhel joue le rôle d'une chanteuse oubliée du public et y interprète la chanson nostalgique *Où est-il donc ?* (paroles d'André Decaye et Lucien Caro, musique de Vincent Scotto).

27. *Mon Légionnaire*, paroles de Raymond Asso, musique de Marguerite Monnot, créée par Marie Dubas en 1936, mais popularisée par Édith Piaf.

28. Ériphile, personnage de la tragédie *Iphigénie* (1674) de Jean Racine. Fille d'Hélène de Thésée, Ériphile joue un rôle secondaire dans cette tragédie.

29. Pauline, personnage de la tragédie *Polyeucte* (1641) de Pierre Corneille. Elle est l'épouse de Polyeucte et la fille de Félix

30. Madeleine Renaud (1900-1994), actrice de théâtre et de cinéma, sociétaire de la Comédie-Française à partir de 1928. En 1940, elle y interprète le rôle de l'Infante du *Cid* (1637) de Corneille aux côtés de Jean-Louis Barrault, son second mari, qui joue Rodrigue, pièce mise en scène par Jacques Copeau.

136

LA LÉGENDE DU « BŒUF SUR LE TOIT » *

Jadis, la légende attendait longuement avant de frapper ses médailles. Elle les frappait dans le bronze. Aujourd'hui la légende frappe tout de suite après le fait, et elle frappe sur du papier. Le journalisme enregistre pêle-mêle les vraies et les fausses anecdotes qui composent une figure et qui, hélas, l'éloignent parfois d'elle-même, au point qu'il n'existe plus le moindre contact entre la légende et la réalité.

Le cabaret du « Bœuf sur le toit » a beaucoup souffert de ce désordre [31]. J'aimerais donc, pour la première fois, vous raconter l'histoire de ce cabaret qui joue un rôle de premier ordre dans l'organisme parisien. Balzac employait à merveille ces apparences légères qui plongent des racines profondes dans les mystérieux rapports d'où naissent les surprises de l'esprit. Toute une société faite d'étages et de couloirs secrets s'élabora autour des tables du « Rocher de Cancale » [32].

En 1922, la politique n'était certes pas brillante, mais les arts ne marchent pas au même rythme. Tandis que – j'en ai eu la preuve en faisant le tour du monde [33] – la France se déconsidérait par son régime, ses lettres, sa peinture et sa musique brûlaient d'un feu incomparable.

Une jeunesse, dédaigneuse de l'actualité, réagissait contre la sottise et contre le conformisme. La révolution poétique, qu'il ne faudrait pas confondre avec la « poésie de révolution », était à son comble. Chacun cherchait, trouvait, se combattait, se surpassait. Les jeunes musiciens réagissaient contre l'impressionnisme [34]. Ils y apportaient cette fougue injuste, aveugle, charmante qui est le propre de la jeunesse et sans laquelle une jeunesse ne compte pas.

Nous ne savions où nous réunir. Un des jeunes musiciens me demanda, puisque les cafés littéraires passaient de mode, si un bar ne conviendrait pas mieux à nos groupes. Il me conduisit au bar « Gaya », devenu « La Cigogne », rue Duphot [35].

---

* « La Légende du "Bœuf sur le toit" », *Toute la vie*, 25 septembre 1941. Manuscrit avec dessins conservé à SUL (2 ff.), sans variantes significatives. Version choisie : celle du périodique.

31. Le cabaret « Le Bœuf sur le toit » connaît un tel succès dès son ouverture en 1922 (voir notes suivantes) que l'expression « faire un bœuf » entre dans le langage courant pour désigner une jam session ou improvisation collective de musique jazz.

32. « Au Rocher de Cancale », restaurant parisien situé rue Montorgueil célèbre au XIXe siècle, où Honoré de Balzac fait défiler nombre de ses personnages de *La Comédie humaine*.

33. Pour *Mon premier voyage. Tour du monde en quatre-vingt jours* de Cocteau, voir note 67 du texte 7.

34. Voir *Le Coq et l'Arlequin* qui reprend les idées de ces jeunes musiciens groupés autour d'Erik Satie et de Jean Cocteau, texte 33. En 1919 et 1920, ces jeunes se retrouvent entre eux, souvent chez Darius Milhaud, pour des soirées amicales et informelles du samedi dont Cocteau est l'animateur. Parmi ces « samedistes » figurent des musiciens, interprètes, hommes de lettres, peintres et hauts fonctionnaires du Quai d'Orsay. Dans *Ma vie heureuse* (Paris, Belfond, 1973, p. 84), Milhaud témoigne : « De ces réunions où la gaieté et l'insouciance semblaient être le seul climat, bien des collaborations fécondes naquirent; de plus, elles déterminèrent le caractère de certaines œuvres qui découlaient de l'esthétique du music-hall. »

35. Si c'est Darius Milhaud qui a fait connaître à Cocteau le bar « Gaya », 17 rue Duphot, qui avait ouvert ses portes le 22 février 1921, c'est en réalité Jean Wiéner qui a pris l'initiative et proposé au compositeur de réunir en ce lieu les « samedistes ». L'année suivante, leurs réunions se déplacent au « Bœuf sur le Toit », 28 rue Boissy d'Anglas, cabaret-bar inauguré 10 janvier 1922. Le « Gaya » prend alors pour enseigne « La Cigogne ».

69. Cocteau au piano [au bar Gaya ou au Bœuf sur le toit], s.d., collection Séverin Wunderman – Musée Jean Cocteau à Menton.

Nous connûmes Louis Moysès[36], compatriote d'Arthur Rimbaud, et ses pianistes : Doucet et Wiéner[37]. Moysès était navré. Sa clientèle se plaignait des pianistes. Nous les entendîmes. Après les avoir entendus, je lui conseillai, au lieu de renvoyer ses pianistes, de renvoyer sa clientèle. Quinze jours après, ses pianistes enchantaient une clientèle neuve. Nos camarades s'exerçaient au jazz. Je m'essayai, moi-même, à tenir la batterie[38]. Stravinski s'initiait à ce rythme, actif comme le sang, et qui devait composer le fond sur lequel un style se forme[39].

Le bar regorgeait de monde. Un nouveau local avait été découvert rue Boissy-d'Anglas. Sa découverte coïncidait avec un spectacle que nous organisâmes à la comédie des Champs-Élysées[40]. Claudel m'ayant cité l'enseigne d'un bar du Brésil : « Le Bœuf sur le toit », je montai, sur des airs de danse brésiliens, une pantomime interprétée par les clowns Fratellini. Je l'intitulai *Le Bœuf sur le toit* et Moysès me pria, comme porte-chance, de donner ce titre à son bar.

36. Louis Moysès (1896-1949) est propriétaire du « Gaya », puis du « Bœuf sur le toit » qu'il dirige jusqu'à son décès. Tout comme Rimbaud, il est originaire de Charleville-Mézières.

37. Les pianistes Jean Wiéner (1896-1982) et Clément Doucet (1895-1950) animent le « Gaya », puis « Le Bœuf sur le toit » ; ils forment un duo de pianistes de jazz qui deviendra célèbre par ses tournées à travers le monde. Plusieurs jazzmen viennent les y rejoindre, notamment le saxophoniste noir Vance Lowry qui joue aussi du banjo. En décembre 1921, Wiéner crée les Concerts Salade ou Concerts Wiéner où il mêle musique classique et musique de jazz ; il donne la baguette à Milhaud lors de la première parisienne du *Pierrot lunaire* de Schoenberg en 1922. C'est également Doucet et Wiéner qui feront connaître en France la musique de George Gershwin.

38. Occasionnellement, comme à l'inauguration du Bœuf, Cocteau se met à jouer de la batterie (prêtée par Stravinski), ou encore du piano (voir illustration 69). Voir Malou Haine, « Jean Cocteau et sa connaissance de la musique », dans David Gullentops et Serge Linarès (dir.), *Jean Cocteau*, numéro thématique de la revue *Europe. Revue littéraire mensuelle*, 81 e année, n o 894, octobre 2003, p. 248-282.

39. À l'époque, travaillant à *Noces*, Stravinski est installé chez Pleyel qui lui a fourni un petit matériel de percussion, constitué d'une grosse caisse, d'une caisse claire et de cymbales, matériel qu'il prête volontiers aux musiciens du « Bœuf sur le toit ».

40. Pour la création du *Bœuf sur le toit* de Milhaud, et l'origine du titre, voir les notes 3 et 4 du texte 53.

Voilà l'explication, fort simple, d'une enseigne qui scandalisait et qui n'est pas plus étrange que « Le Cheval vert » ou que « Le Chien qui fume ».

La chance de cet endroit fut extrême. Il devint le rendez-vous des artistes, des éditeurs, des directeurs de théâtre. Les femmes élégantes s'y mêlaient aux comédiennes. La décoration, par sa simplicité noire et beige, s'opposait aux étoffes multicolores, nées du Ballet russe. La musique n'imposait silence à personne, sauf lorsque les virtuoses acceptaient, après le concert, de prolonger leurs triomphes, entre amis. Les chandails et les espadrilles se mêlaient, sans le moindre malaise, aux habits et aux robes de tulle. Sans doute l'intelligence, la gentillesse de Moysès parvenaient-elles à réussir un prodige d'équilibre, à grouper côte à côte des étoiles de Montmartre, de Montparnasse, des Champs-Élysées et du bois de Boulogne. Avant « Le Bœuf », elles scintillaient chacune dans leur ciel et ne se mélangeaient pas.

D'autres rendez-vous d'oisifs et d'artistes ont été lancés et chaque fois il les a baptisés du titre d'un de mes livres, mais c'étaient des lieux de passage[41]. Seul « Le Bœuf » continue et inspire les « boîtes » de toutes les capitales.

Hélas, la réussite définitive est une sorte de catafalque. « Le Bœuf » a changé d'immeuble et de public. Ce furent d'abord les personnes qui *viennent voir les artistes* ; ensuite celles qui viennent voir les personnes qui *connaissent les artistes.* Obligé de s'agrandir, de multiplier les candélabres, Moysès s'ennuyait. Nous ne le visitions que de loin en loin, parmi nos fantômes[42]. Mais, sur cet homme, la chance veille. On le chasse de l'avenue Pierre Ier de Serbie. À la minute même où il s'installe ailleurs. Il trouve une place fraîche rue du Colisée[43]. Il ressuscite les ombres. Sans doute lui faudra-t-il se plier à la loi des attractions et du luxe. Mais, moi qui sors peu le soir, je lui souhaite d'aménager quelque coin calme où, comme jadis, s'élaborerait le travail de l'esprit.

137
Le tour de chant de M. Maurice Chevalier *

Le Casino de Paris où je m'installais hier soir ne ressemble plus, sauf par ses excellentes proportions – ni grandes ni petites – au Casino de Paris où, jadis, nos oreilles de cheval de cirque se dressaient en entendant le premier jazz, derrière le rideau. Ce

41. Le cabaret « Le Grand Écart », située 7 rue Fromentin, accueille jazz, chansons et music-hall de 1929 à 1934. Il est également dirigé par Louis Moysès qui l'a ainsi baptisé d'après le roman de Cocteau *Le Grand Écart* publié en 1923.

42. Il est étonnant que Cocteau ne rende pas hommage à Moysès, à l'occasion de son décès en mai 1949. Peu de journaux relatent d'ailleurs sa disparition, et très peu de monde accompagne son cortège funéraire au cimetière de Neuilly.

43. Le « Bœuf sur le toit » a changé plusieurs fois d'adresse. Du 33 rue Boissy d'Anglas, il est transféré respectivement au 26 rue de Penthièvre, au 6 rue Masset, au 41bis Avenue Pierre Ier de Serbie et au 34 rue du Colisée, où il est encore en service actuellement.

* « Le tour de chant de M. Maurice Chevalier », *Comœdia*, no 19, 25 octobre 1941, p. 1 et 4; texte repris dans *Le Foyer des artistes*, Paris, Plon, 1947, p. 135-138. Manuscrit conservé à la Bibliothèque historique de la ville de Paris. Version choisie : celle, plus riche, du périodique (*1941*), corrigée à l'aide du manuscrit et accompagnée des variantes significatives de *1947.*

premier jazz, à gauche de la scène, accompagnait une danse de Mlle Gaby Deslys et de M. Pilcer[44]. Sans doute, en 1941, cette fameuse danse nous semblerait anodine et ce jazz ne nous bousculerait plus. À l'époque, l'ensemble donnait le spectacle d'une catastrophe apprivoisée.

Douchés de projecteurs, mêlés comme des initiales, roulés par une tempête de cuivres et de tambours, les deux artistes, en habit et en robe à plumes, annonçaient le cyclone qui devait nous entraîner tous. Il arrive qu'un cyclone nous dépose, tant bien que mal, à notre point de départ. Me voilà donc, en 1941, dans mon fauteuil de 1918, attendant M. Maurice Chevalier[45], dont je voudrais analyser le prestige.

Le programme qui le précède est un programme d'acrobates et de femmes nues. Vous représentez-vous à quel point la figure d'un homme doit être toute nue et plaisante, à quel point cet homme doit exécuter son travail d'une manière impeccable[a], pour paraître, sans aucune crainte, après tant de mise au point et de groupes suggestifs !

Car M. Chevalier ne sort pas d'une coulisse. Il sort de toutes ses coulisses précédentes. La gloire, l'habitude, le destin, le poussent en scène. Il y entre, comme chez lui, escorté de réussite, soulevé par une mer robuste qui le porte, où sa science de nageur lui permettra de se mouvoir avec un minimum de gestes.

Cette mer est faite d'une accumulation de triomphes[b]. De cette minute, me direz-vous, il peut se permettre n'importe quoi. C'est inexact. Le n'importe quoi qu'il peut se permettre relève de quelques secrets qu'il possède et qu'il a le droit de ménager.

Mon rôle ne consiste pas à juger ses chansons neuves, à savoir si elles sont bonnes ou mauvaises.

Rien de plus difficile que de juger une chanson. Une chanson n'est bonne que lorsqu'elle court la rue, que le public la connaît par cœur, qu'il croit s'entendre lui-même et s'identifie à son héros. C'est un des privilèges que M. Chevalier partage avec les symboles du patriotisme. On le suit comme un régiment, et, comme ceux qui suivent un régiment deviennent soldats et se sentent l'âme héroïque, ceux qui suivent M. Chevalier se sentent fiers d'être Parisiens.

Un peintre de mes amis[c] montrait un jour à sa vieille cuisinière aixoise une peinture de la grande place d'Aix, très ressemblante. Elle ne la reconnaissait pas. Comme il s'en étonnait[46] : « C'est que, dit-elle, je ne l'ai encore jamais vue en peinture. »

Une chanson neuve nous déroute. Attendons que la ville nous en rebatte les oreilles. Les théâtres d'opérette exploitent ce mécanisme[d]. Ils font jouer les *airs* partout à l'avance. La foule, qui n'aime pas connaître, mais qui aime reconnaître, arrive au théâtre et se retrouve avec de vieux amis.

44. Pour la révélation de ce « premier jazz », voir note 196 du texte 33.

45. Le chanteur Maurice Chevalier (1888-1972) débute modestement dans les cafés-concerts de Ménilmontant avant de devenir l'une des vedettes les plus populaires du music-hall. Il chante dans des opérettes et des revues diverses dans les années 1920. En 1927, il entame une carrière d'acteur de cinéma à Hollywood, où il représente le Français charmeur et cabotin. Huit ans plus tard, il revient en France, où il poursuit sa double carrière de chanteur populaire et d'acteur de cinéma. *Prosper yop la boum !, Ma Pomme, Valentine* et *Y'a d'la joie* constituent alors ses plus grands succès. Cocteau rend compte ici de sa rentrée au Casino de Paris dans la revue *Bonjour Paris*, où il chante notamment *Ça sent si bon la France.*

46. Cocteau a déjà évoqué cette anecdote en la rapportant explicitement à Darius Milhaud dans son *ECI*, p. 189-190. Il la reprendra dans toute une série de textes, comme ici ou encore dans le texte 186.

N'est-ce pas le cas de *Bel Ami*, que nous chantonnions avant le film [e] [47] ?

Tout cela, j'y songeais à ma place, au milieu d'une salle comble, en attendant que des *girls* dont chacune présente un manchon noir à lettre d'or, composassent ce nom de Maurice, par lequel le peuple de chez nous désigne familièrement son idole.

Le rideau s'écarte sur un décor très simple. Le vide de la scène est augmenté par un piano solitaire, à droite. Soudain, à gauche, M. Chevalier entre. À peine est-il visible que la scène cesse d'être vide. Les projecteurs le cherchent comme un avion. Ses ombres chinoises multiplient son profil célèbre. Il entre, le chapeau de paille basculé sur l'œil, et ce chapeau de paille qui le masque et sa démarche, lui donnent la dégaine d'un noctambule craintif qui essaye de rentrer chez lui en cachette [48]. Hélas ! cette démarche et ce chapeau de paille le font reconnaître davantage. Ce chapeau, c'est son autre figure. Cette démarche soulève le rire. Lorsqu'il arrive à la rampe, le pauvre noctambule se trouve devant le cercle de famille, sous le lustre du grand salon.

Il ne lui reste qu'à déployer son charme. M. Chevalier s'y connaît. Son regard bleu, du bleu des billes du collège, sa face rouge, sa mâchoire étincelante s'en chargent. Il y ajoute la pantomime, la danse et les grimaces du corps. Une glace à trois faces combine le chanteur, le danseur et l'acrobate.

« Le Grand Sympathique » : voilà le surnom que je choisirais pour M. Maurice Chevalier. Du Grand Sympathique, il possède le système, le mystère, le rayonnement émotionnel. Son sourire ressemble à ces miroirs de poche que les gamins dirigent au soleil et dont ils éblouissent les gens aux fenêtres. Si le Grand Sympathique se détraque, tout se détraque. C'est pourquoi je souhaite que notre époque, féconde en reproches et en insultes, se réserve le tabou Chevalier. N'oubliez pas que les points de ralliement se font de plus en plus rares.

À la fin de son numéro, M. Chevalier chante *Ma Pomme*. Il disparaît en coulisse et reparaît déguisé. Ce n'est plus un nœud papillon autour duquel s'organise le mythe. C'est le fantôme de Dranem, le Bouzille de *Fantômas* [49], un épouvantail sur quoi se posent joyeusement tous les oiseaux du monde. Ici, M. Chevalier se hausse jusqu'au type. Sous ses hardes verdâtres de Daumier [50], il sculpte, une fois pour toutes, le personnage du clochard philosophe. Il s'amuse de lui-même et du reste. L'argent, les changes, s'évanouissent. Seule éclate la joie de vivre libre et d'être propre, de cette propreté moins superficielle que la crasse, la gale et les poux.

Je m'excuse auprès de M. Chevalier de ne pas m'être rendu dans sa loge. Je voulais rentrer écrire ces lignes, suivre la foule. Elle retrouve son identité au vestiaire, sous les haut-parleurs qui décuplent une grande voix gouailleuse. Ils entonnent « On s'était

---

47. *Bel Ami*, paroles de Louis Poterat, musique de Theo Mackeben, chanson fox-trot interprétée par Tino Rossi pour le film allemand éponyme réalisé par Willy Forst (sorti en salle en 1939).

48. Maurice Chevalier apparaît sur scène toujours vêtu de la même tenue composée d'un canotier, d'un nœud papillon et d'une canne.

49. Lors de ses débuts à Ménilmontant, Maurice Chevalier a beaucoup imité les comiques de son époque, comme Dranem, pseudonyme de Charles Armand Ménard (1869-1935), chanteur et fantaisiste de café-concert devenu célèbre pour ses chansons niaises créant le burlesque en faisant contraster la présentation du texte avec un jeu de physionomie maladroite. Le personnage de Bouzille incarne le vagabond ivrogne, mais comique sympathique dans la série des *Fantômas* (voir note 175 du texte 29).

50. Honoré Daumier a représenté à plusieurs reprises des pauvres portant des habits usés et décolorés. Citons par exemple *Barricade* (1858) et *Le Wagon de troisième classe* (1864) qui appartiennent à cette veine réaliste.

connus un dimanche »[51]. Et cette romance nous exalte comme les fanfares de la corrida exalteraient un Espagnol.

Variantes

a. [...] cet homme doit exécuter son travail d'une manière [impeccable *1941* ; irréprochable *1947*], pour [...]

b. Cette mer est faite d'une accumulation de [triomphes *1941* ; succès *1947*].

c. [Un peintre de mes amis *1941* ; Darius Milhaud *1947*] montrait un jour à sa vieille cuisinière aixoise [...]

d. Les théâtres d'opérette exploitent ce mécanisme [à Londres *ajouté en 1947*].

e. *Phrase supprimée en 1947.*

138

LE FOYER DES ARTISTES. M. CHARLES MÜNCH DIRIGEANT LE *MAGNIFICAT* DE BACH. LETTRE À LA TROUPE DU « RIDEAU DES JEUNES ». (*L'ANNONCE FAITE À MARIE*) *

La salle du Conservatoire est ma salle favorite. Elle soulève en moi un monde innombrable de souvenirs. On m'y conduisait, enfant, chaque dimanche. Ce charmant sarcophage n'a pas changé. Je le retrouve, intact, avec ses grecques, ses palmes, ses sphinx, ses lustres, ses girandoles. Une boîte peinte où la musique morte et embaumée écoute la musique vivante. Mon grand-père[52] y possédait des places au premier rang d'orchestre à droite. Comme l'enfance est distraite, j'apprenais par cœur, pendant les symphonies de Beethoven, le dessin des fausses murailles vertes qui soutiennent les loges. J'y voyais, au bord du velours rouge, se balancer en mesure les barbes de vieillards pareils à ceux comparés par Homère aux cigales, en haut des murailles de Troie[53]. Beaucoup plus haut, auréolée d'arcades et d'étranges[a] trompe-l'œil, la jeunesse encombrait les cintres. Là, se massaient d'admirables visages attentifs.

---

51. Nous n'avons pas retrouvé la chanson dont sont issues ces paroles. Ne s'agit-il pas plutôt de la chanson *Ça s'est passé un dimanche*, paroles de Jean Boyer, musique de Georges Van Parys, créée par Maurice Chevalier en 1939 ?

* « M. Charles Münch dirigeant le *Magnificat* de Bach – Lettre à la troupe du "Rideau des jeunes". (*L'Annonce faite à Marie*) », *Comœdia*, n° 21, 8 novembre 1941 ; texte repris dans *Le Foyer des artistes* (1947, p. 139-143). Manuscrit conservé à la Bibliothèque historique de la ville de Paris. Version choisie : celle, plus riche, du périodique (*1941*), corrigée à l'aide du manuscrit et accompagnée des variantes significatives de *1947*.

52. Dès son enfance, Cocteau entre en contact avec la musique grâce à son grand-père maternel, Eugène Lecomte (1828-1906), violoniste amateur qui lui raconte des anecdotes sur Rossini qu'il croisait dans son immeuble de la Chaussée d'Antin. Il assiste aussi aux séances de musique de chambre privées du grand-père jouant sur un violon Stradivarius de 1725 aux côtés de Pablo de Sarasate, Camillo Sivori et d'un violoncelliste amateur du nom de Grébert. Voir le chapitre 2 des *PS* (p. 21-35), ainsi que les illustrations qui l'accompagnent. Voir illustrations 70 à 72. Voir également Malou Haine, « Jean Cocteau et sa connaissance de la musique », *Europe. Revue littéraire mensuelle*, numéro thématique *Jean Cocteau*, n° 894, octobre 2003, p. 248-282.

53. Cocteau fait-il allusion aux « anciens » de Troie qui sont comparés à « d'agréables causeurs pareils à des cigales qui chantent au soleil » lorsqu'ils s'apprêtent à assister du haut des remparts au combat singulier entre Pâris et Ménélas dans la scène 3 de *L'Iliade* ?

70. « [Pablo de Sarasate :] le violon de la rrreine », dans Jean Cocteau, *Portraits-souvenir*, Paris, Grasset, 1935.

71. « Le Fiacre des virtuoses », dans Jean Cocteau, *Portraits-souvenir*, Paris, Grasset, 1935.

De ma loge étroite, je regarde aujourd'hui de nouveaux visages qui sont les mêmes, des jeunes hommes le poing contre la joue, des jeunes femmes, toute la tête entre les doigts.

En face de ce demi-cercle de figures pâles, les unes contre les autres, les musiciens prennent place sur les marches à pic et l'esplanade hérissée de pupitres. Chacun soigne les cuivres et les bois étincelants de la forêt sonore qui s'éploie du rétroviseur de l'orgue jusqu'au socle sur lequel se dresse la barre du tribunal où M. Charles Münch[54] doit

54. Charles Münch (1891-1968) dirige l'orchestre de la Société des concerts du Conservatoire de Paris de 1938 à 1946 et enseigne la direction d'orchestre. La présentation de Cocteau concerne le concert

comparaître. Car le chef d'orchestre est le seul homme qui témoigne à la barre en tournant le dos à ses juges.

Il entre. Il traverse la forêt. Il monte. Il occupe le socle. Une minute, nous applaudirons de M. Münch la beauté de prêtre – cette beauté grave dont Baudelaire expliquait qu'elle ne change pas plus que la croyance[55] – la mèche grise où retombent les cendres de cette forêt dont M. Münch active l'incendie. Ensuite, nous ne verrons plus du chef d'orchestre que sa longue jaquette noire d'épouvantail. Mais le rôle de notre épouvantail sera d'écarter les ailes méchantes des préoccupations quotidiennes, d'attirer, des points cardinaux de l'invisible, un tonnerre d'ailes angéliques.

M. Charles Münch attend. Qu'attend-il? Le silence. Il attend cette merveille que nos théâtres ne parviennent pas à obtenir. Il attend les dernières galopades dans les couloirs, les dernières portes qui claquent, les dernières dames qui cherchent leur place avec l'acharnement qu'elles mettent à fouiller un étalage.

Enfin le silence et la pénombre s'équilibrent. Il se forme une ligne solennelle entre l'attente de la salle et celle des instrumentistes. De sa baguette, M. Münch brise cette ligne. Il nous précipite, pêle-mêle, dans l'univers du son.

72. « Saluts à ma grand-mère [de la part du violoncelliste Grébert] », dans Jean Cocteau, *Portraits-souvenir*, Paris, Grasset, 1935.

L'insolence de Bach est celle d'un démiurge. Il impose son ciel et ses algèbres. « C'est ainsi », nous dit-il, « et si vous me contredites – peu m'importe. Je débute comme je veux. Je marche comme je veux. Je m'arrête comme je veux et où je veux. » Jamais sa grâce divine, jamais sa noblesse ineffable ne se penchent. Debout, suave, juste, terrible, il monte et descend ses escaliers. Son pas est celui de la *Vénus d'Ille*[56]. Il effraye et il charme jusqu'à la mort.

Le sacerdoce de M. Münch consiste à faire vivre en nous cette effrayante[b] mise en scène. Il s'en acquittera de telle sorte, il puisera dans ses ténèbres de tels moyens de convaincre, qu'il visitera les nôtres et que la musique atteindra, par son entremise, son véritable privilège : celui de nous parler dans une zone que les paroles ne peuvent atteindre et qui, sans son aide, ne répondrait pas.

Et l'œil jouera son rôle dans ce réveil des couches profondes.

du 26 octobre 1941 durant lequel Münch dirige le *Magnificat* de Bach chanté par la chorale d'Yvonne Gouverné.

55. Nous n'avons retrouvé ni l'origine ni le sens précis de cette citation dans l'œuvre de Baudelaire.

56. *La Vénus d'Ille*, nouvelle fantastique de Prosper Mérimée (1837) où une statue de bronze pénètre la nuit dans une maison pour assassiner un homme qu'elle avait choisi pour mari.

M. Münch, habité, traversé, machiné par Bach, deviendra le tragédien de la langue qu'il parle, un danseur parfait qui tourne le dos et que son masque n'aidera pas à exprimer son cœur.

On imagine la puissance expressive d'un Oreste[57] qui ne serait pas libre de prendre ses attitudes, mais qui les recevrait d'un texte et ne pourrait le transmettre qu'à ce prix. Car M. Münch ira de la tendresse d'un père qui mène ses enfants, sur la pointe des pieds, dans la chambre de la mère malade, à la silhouette épouvantable du pendu ; il empoignera des guides, transpercera le dragon, apprivoisera la mer, suppliera des foules, les haranguera et attrapera au vol les linges qui sèchent aux fenêtres du clair de lune ; il précédera des cortèges ; il suivra des ruelles vides ; flagellé par l'écume des vagues, il se dressera au gouvernail des navires et nagera vers des épaves. Il nous offrira ce spectacle sur son estrade minuscule. Seulement, il ne choisira aucune des attitudes qui le composent. Il y demeure étranger. Il ne songe qu'à sauver son équipage et à le conduire au port. Sa gesticulation est celle d'un capitaine fou d'angoisse, qui reste lucide et ne se permet pas le moindre désordre. Songez maintenant quelle nef il commande et quelle manœuvre elle exige ! Vous comprendrez pourquoi cette apparence de pantin n'excite pas le rire et qu'elle aide la Messe de Leipzig[58] à se trouver une réponse dans votre nuit.

Ce qui ajoute à l'incomparable performance théâtrale de M. Münch, c'est qu'il se refuse à écouter les sirènes. Les plus belles œuvres en dissimulent. Il leur oppose la sagesse d'Ulysse[59]. Jamais la musique ne le dirige. Il la dirige, et c'est assez. Il en épuise les moindres ressources. Il lui arrache son moindre secret. Il la sert au lieu de s'en servir. Et, le geste du virtuose, il le garde pour la salle où il se déshabille. Foudroyé, éreinté, harcelé, acclamé, mouillé, calciné, M. Münch, pendant que la salle se vide, se change derrière un paravent. Là, de ce guignol, nous vîmes les manches de chemise du chef d'orchestre, gesticuler comme le spectre de Paganini.

Lettre à la troupe[60] du « Rideau des Jeunes »

Mes chers amis,

Je ne vous dirai pas ce que je pense de votre décor ni du détail de votre interprétation. C'est affaire de goût. Or, vous avez atteint cette zone si rare où le goût ne compte plus. Vous êtes une âme très haute et très noble. Une âme distribuée comme l'eau dans des vases de taille et de forme différentes.

---

57. Rappelons qu'Oreste est obligé de suivre l'oracle d'Apollon lorsqu'il tue sa mère Clytemnestre, jadis responsable de l'assassinat d'Agamemnon.

58. Le *Magnificat* en *ré* majeur BWV 243 pour chœur à cinq voix et orchestre de Jean-Sébastien Bach n'est pas une messe. Composé en 1733 pour célébrer la fête de la visitation de la Vierge Marie, il est composé de douze parties.

59. Ulysse s'était fait attacher au mât du navire pour ne pas suivre les sirènes.

60. Pierre Franck (1922-2013) n'a que 19 ans lorsqu'il fonde avec des comédiens amateurs la compagnie « Le Rideau des Jeunes » en 1941. Il met en scène la pièce de Claudel, *L'Annonce faite à Marie*, au Théâtre de l'Œuvre à partir du 23 octobre 1941, avec une musique de scène de Louise Vetch. Au lieu des trente représentations prévues, le spectacle remporte un très grand succès, le spectacle devant déménager au Théâtre Saint-Georges pour atteindre finalement une centaine de représentations (voir Pascal Lécroart, *Paul Claudel et la rénovation du drame musical*, Sprimont, 2004, p. 105). La jeune troupe cessera néanmoins ses activités en 1942, non sans les reprendre deux ans plus tard. Pierre Franck a dirigé par la suite de nombreux théâtres, dont le Théâtre Hébertot de 2003 à sa mort.

Ne vous étonnez pas que je choisisse Mlle Juliette Faber et M. Alain Cuny[61] pour symboliser votre âme. Ils le méritent. L'une par sa simplicité intense – simplicité qui va de l'admirable « Mara[62] dit toujours la vérité » jusqu'à son mouvement final de lièvre tué –, l'autre par sa voix digne de tous les chefs-d'œuvre.

Vous avez commencé par mon *Antigone*[63]. Après Péguy, voilà Claudel. Abandonnez-nous et découvrez votre propre[c] audace.

Variantes

a. [...] auréolée d'arcades et [d'étranges *1941* ; de *1947*] trompe-l'œil, la jeunesse [...]

b. Le sacerdoce de M. Münch consiste à faire vivre en nous cette [effrayante *supprimé en 1947*] mise en scène.

c. Abandonnez-nous et découvrez votre [propre *supprimé en 1947*] audace.

139

LE NUMÉRO DE M. CHARLES TRENET À L'AVENUE *

Il existe, dans notre ville, une curieuse habitude de détruire, de diminuer, d'essayer de briser l'un contre l'autre, de trouver un homme fini à la[a] moindre défaillance.

C'est d'autant plus absurde que notre ciel noir a besoin d'étoiles et qu'il me semble assez vaste pour que les étoiles ne s'y gênent pas. Combien de fois ai-je entendu dire : « Charles Trenet a tué Maurice Chevalier », ou « Maurice Chevalier a tué Charles Trenet ». Les morts de ce duel se portent à merveille. La solide santé de nos deux vedettes résulte du contraste qu'ils forment et du ridicule qui consiste à comparer des hommes incomparables.

L'article IV du *Foyer des artistes*[64] a été le prétexte, entre M. Maurice Chevalier et moi, d'une amitié qui, je l'espère, sera longue. Nos rencontres d'avant n'étaient que ces dangereuses rencontres parisiennes où il est impossible de prendre contact. Beaucoup

61. Au moment de porter sur scène *L'Annonce faite à Marie*, la compagnie du « Rideau des Jeunes » est constituée d'acteurs qui débutent leur carrière ou manquent encore d'expérience des planches. Citons Juliette Faber (1919-2008), Alain Cuny (1908-1994), Michel Auclair (1922-1988), Pierre Latour (1907-1976) et André Reybaz (1922-1989) qui tiennent les rôles respectivement de Violaine, Pierre de Craon, Jacques Hury, Anne Vercors et L'Apprenti.

62. Le rôle de Mara est tenu par Gilberte Terbois qui, après quelques apparitions au théâtre et au cinéma, se tournera vers l'enseignement.

63. Avant *L'Annonce faite à Marie* de Claudel, Pierre Franck et la compagnie du « Rideau des Jeunes » avait mis en en scène *Jeanne d'Arc* de Péguy, mais apparemment aussi *Antigone* de Cocteau, représentation au sujet de laquelle nous n'avons trouvé aucune précision.

* « Le Numéro de M. Charles Trenet à l'Avenue », *Comœdia*, n° 24, 29 novembre 1941, accompagné d'un portrait de Trenet par Cocteau. Texte repris d'abord, sans les trois premiers paragraphes, comme préface à l'ouvrage *Charles Trenet. Un Album 1943. Mes Nouvelles Chansons* (Paris-Bruxelles, Salabert, 1943, p. 3). Signalons toutefois que cet état du texte a donné lieu à des versions plus fragmentaires encore et remplies d'erreurs figurant dans toute une série de programmes de concert du chanteur, à l'instar de *Biographie*, CBS Disques, s. d. Texte intégral de l'article repris ensuite dans *Le Foyer des artistes* (1947, p. 148-151). Manuscrit conservé à la Bibliothèque historique de la ville de Paris. Version choisie : celle, plus riche, du périodique (*1941*), corrigée à l'aide du manuscrit et accompagnée des variantes significatives de *1943* et de *1947*

64. Cocteau fait référence à un article de la série « Le Foyer des artistes » paru dans *Comœdia* en 1941 (voir texte 137).

de ces rencontres hâtives sont à la base de malentendus qui finissent par des brouilles, brouilles qu'une simple connaissance mutuelle suffirait à jeter au vent.

Mes rencontres avec M. Charles Trenet datent de plus loin et se firent sur le terrain de la poésie. La poésie nouvelle harcelait, intriguait, habitait, secouait, énervait ce jeune homme de Perpignan, où les poètes abondent[65]. Peut-être en distinguait-il davantage le rythme extérieur que les couches secrètes, peut-être son impétueux appétit confondait-il ce que Baudelaire appelle « la forme la plus récente de la beauté »[66] avec une sorte de cocasse que cette forme affecte toujours. Il n'en reste pas moins le sourcier d'une source auprès de laquelle ses collègues de la chanson passent très vite et sans la voir.

La nouveauté de M. Charles Trenet fut d'être le troubadour de textes dont la réserve hautaine aurait à jamais empêché qu'ils courussent la rue et volassent de bouche en bouche. Il ne les imitait pas. Il les aimait. Il les caressait. Il les approfondissait[b]. De cette gracieuse étude naissait un genre[67].

On imagine, de Villon à Guillaume Apollinaire, ce qu'il faut d'ombre et de détresses[c] pour que s'échappe de cette mystérieuse[d] chrysalide le bariolage léger d'une chanson.

Jadis, la grâce naïve et maladroite d'une chanson populaire inspirait les poètes, comme il arrive à Picasso de hausser jusqu'au style quelque détail d'une affiche ou d'une marelle, remarqué par son œil auquel rien n'échappe. Par un mécanisme inverse et au même moment que la gloire de ce peintre se mettait à inspirer la rue, M. Charles Trenet, le premier, puisa ses romances dans un véritable[e] trésor.

Ceux qui lui reprochent d'être un feu de paille, une poudre aux yeux, se trompent. Ils ne savent pas de quel « charme » ils sont victimes. S'il est exact que M. Trenet lance de la poudre aux yeux, la boîte où il la puise, il est le seul qui la possède, et s'il allume un feu de paille, il connaît le moyen magique d'empêcher ce feu de s'éteindre. Il éternise un feu de joie.

Ces privilèges, j'allais les voir mettre en œuvre, à Marseille, en 1937[68].

Marseille ! Le pont transbordeur épanouissait, au crépuscule, son rayonnement obscur en face du diadème des maisons aux teintes d'ossuaire. Notre-Dame de la Garde[69] surveillait, de haut, l'incroyable désordre des barques, des omnibus, des taxis, des marchandes d'huîtres et d'une foule qui flâne dans tous les sens.

Près de mon hôtel, M. Charles Trenet chantait et récitait des poèmes dans un petit bar tyrolien[70]. C'est là que je mesurai la distance entre le jeune homme fou de poésie qui me rendait visite avec son camarade Johnny Hess[71] et le « fou chantant » qui chantait seul et n'avait de fou que la folle sagesse des poètes.

---

65. Même si Charles Trenet est né à Narbonne en 1913, c'est en effet à Perpignan qu'il découvre la poésie et la littérature sous la férule du poète, écrivain et comédien Albert Bausil (1881-1943).

66. Pour Baudelaire et la beauté, voir note 79 du texte 70.

67. Trenet est l'auteur-compositeur de la plupart de ses chansons. Il évoque souvent, avec une certaine mélancolie, la douceur et la joie de vivre.

68. Voir texte 120 que Cocteau consacre à Charles Trenet en 1937. Dans le texte présent, Cocteau commente le tour de chant de Trenet à l'Avenue Music-Hall en novembre 1941.

69. Symbole de la ville de Marseille, la basilique Notre-Dame de la Garde, bâtie sur un fort du XVIe siècle, est située sur un piton rocheux qui surplombe la ville.

70. Il s'agit du « Mélodie-Bar » : voir note 136 du texte 120.

71. Le pianiste suisse Johnny Hess (1915-1983), également compositeur et interprète, forme un duo avec Trenet de 1933 à 1937 sous l'appellation « Charles et Johnny ». À la fin de son service militaire, Trenet poursuivra seul sa carrière de chanteur.

Il ne possédait point encore son personnage. Il le cherchait des mains, des pieds, de l'œil, remuant et piétinant d'impatience devant un microphone. Il inventait des paroles et des musiques si jeunes, si fraîches, que le bar cédait vite la place à quelque décor agreste. Les projecteurs devenaient des branches raides de cerisier, le microphone une rose trémière, le piano une vache. « Je hante les fermes et les châteaux… »[72] De fermes en châteaux, notre troubadour moderne portait le rythme éternel, se pendait pour échapper aux gendarmes et, devenu fantôme, poursuivait son sacerdoce.

Ce sacerdoce, M. Charles Trenet n'y renonce pas aujourd'hui qu'il a trouvé son type. De cinéma en cinéma[73], de music-hall en music-hall, de ville en ville, de quartier en quartier, d'estrade en estrade, de piste en piste, précédé par l'orchestre jouant pêle-mêle les airs innombrables[f] qu'il découvre et dont la jeunesse française peuple sa solitude, M. Charles Trenet, sous son auréole de feutre, tourne sa figure paysanne vers l'ombre de ceux qui l'attendent, comme un tournesol vers le soleil.

Il y a en lui du dadais des parades foraines, du fantôme gai des *Histoires de fantômes*[74], de l'enfant qui lance des cerfs-volants, de l'élève qui organise des concours de grimaces dans les cours d'école, des marins qui se barbouillent de farine au passage de l'équateur, du Gilles de Watteau et des escapades féeriques[g] du Grand Meaulnes[75].

Il apporte, à passer du drôle au tendre, la délicatesse avec laquelle Rastelli mouvait ses balles. Et, en fin de compte, lorsque, cinquante fois rappelé, sollicité, supplié, il offre aux spectateurs la dernière grimace d'un large sourire et d'yeux bleus qui nagent, je tremble que cette figure vermeille, cette chemise sombre, cette cravate blanche, cet œillet rouge[76], ce dynamisme et ce frégolisme[77] n'éclatent d'enthousiasme, comme une merveilleuse[h] bulle de savon.

Variantes

a. Il existe, dans notre ville, une curieuse habitude de détruire, […], de trouver un homme fini à [la *1941* ; sa *1947*] moindre défaillance.

b. *Phrase supprimée en 1947.*

c. On imagine, de Villon à Guillaume Apollinaire, ce qu'il faut [d'ombre et de détresses *1941-1943* ; de détresse *1947*] pour que […]

d. […] pour que s'échappe de cette [mystérieuse *supprimé en 1947*] chrysalide le bariolage léger d'une chanson.

e. […] M. Charles Trenet, le premier, puisa ses romances dans un [véritable *supprimé en 1947*] trésor.

---

72. Il s'agit d'un vers du dernier couplet de la chanson *Je chante* (paroles de Trenet, musique de Trenet et de Paul Misraki) : « Je chante ! / Je chante soir et matin / Je chante / Sur les chemins / Je hante les fermes et les châteaux / Un fantôme qui chante, on trouve ça rigolo / […] »

73. Depuis 1938, Trenet joue et chante également au cinéma : *Je chante* de Christian Stengel (1938), *La Route enchantée* de Pierre Caron (1938), *La Romance de Paris* de Charles Boyer (1941). Suivront une dizaine d'autres films.

74. L'écrivain américain naturalisé anglais Henry James (1843-1916) est passé maître dans le genre fantastique par ses *Histoires de fantômes* – *Ghostly Tales* –, toute une série de nouvelles ayant pour sujet l'apparition de spectres.

75. *Le Grand Meaulnes*, roman publié en 1913, où Alain Fournier évoque au début du récit l'escapade qui conduit le protagoniste, Augustin Meaulnes, dans un château mystérieux où se déroule une fête étrange et poétique.

76. Trenet porte toujours un œillet rouge à la boutonnière.

77. Frégolisme, néologisme formé d'après le « transformiste » Leopoldo Fregoli.

f. [...] précédé par l'orchestre jouant [pêle-mêle les airs innombrables *1941-1943*; les airs *1947*] qu'il découvre [...]
g. [...] et des escapades [féeriques *supprimé en 1947*] du Grand Meaulnes.
h. [...] ce dynamisme et ce frégolisme n'éclatent [d'enthousiasme, *supprimé en 1947*] comme une [merveilleuse *supprimé en 1947*] bulle de savon.

140

D'une voix du passé aux voix de l'avenir *

La veille, nous entendîmes la voix du passé. Ce phénomène d'outre-tombe avait lieu au foyer de la Comédie Française et cette voix était celle de Mme Bartet[78]. Mme Bartet nous laisse le souvenir des deux faces d'une pomme. L'une, froide, pâle et mûrie à l'ombre. L'autre mûrie au soleil, chaude et rouge. Cette voix complète, grave, exquise, lointaine, sortait d'un disque[79] et comme du socle sur lequel un buste de marbre, à l'œil d'oiseau, à la moue dédaigneuse, venait prendre place entre les bustes célèbres de la Maison[80].

Ce soir le concours des ténors[81] nous fait entendre les voix de l'avenir et nous montre des artistes en herbe qui, peut-être, auront leur buste à l'Opéra.

Rien n'étonne, rien n'émeut, dirai-je, comme l'extraordinaire défi que porte la pompe de cette salle pleine, aux ruines et à la pauvreté de nos ténèbres. Ne dirait-on pas les vagues contournées d'une tempête d'or sur lesquelles voguerait orgueilleusement un château de poupe.

La salle de l'Opéra ! Volutes, écussons, palmes, guirlandes de chêne, gerbes d'épis, tambourins, femmes gigantesques armées de trompettes, femmes assises en l'air, femmes volantes, figures coiffées de casques, d'ailes, d'algues, de cornes, d'étoiles, de foudre... et le lustre ! tout cet ensemble de pierre, de métal et de feux, compose une effrayante tête de Méduse, creuse des grottes de nuit pourpre où se devinent d'autres figures qui vivent, enchevêtre une forêt de colonnes et de carrosses de velours auprès desquels on se représente davantage les rêveries de M. Teste[82] que les angoisses qui hantent le spectateur de 1942.

Mais l'entreprise de cette salle de théâtre n'est-elle pas de créer une hypnose et de préparer le public au faste des musiques ?

---

* « D'une voix du passé aux voix de l'avenir », *Comœdia*, n° 35, 21 février 1942, p. 1 et 3. Manuscrit intitulé « Concours de ténors » conservé à la BHVP. Version choisie : celle du périodique, mais corrigée à l'aide du manuscrit.

78. Julia Bartet, née Jeanne Julie Regnault (1854-1941), célèbre comédienne et sociétaire de la Comédie-Française à partir de 1880. Elle quitte définitivement la scène en 1919.

79. Sans doute s'agit-il d'un enregistrement de *Bérénice* de Racine, l'un des plus grands rôles de Julia Bartet.

80. Cocteau fait-il allusion à la cérémonie officielle à la Comédie-Française présidée par le secrétaire général des Beaux-Arts, Louis Hautecœur, cérémonie qui lui avait permis d'inaugurer le 17 février 1942 son propre buste réalisé par Jules Franceschi ?

81. Il s'agissait du concours national des ténors organisé par la revue *Comoedia* et par La Voix de son maître.

82. *La Soirée avec monsieur Teste*, bref écrit de Paul Valéry paru en 1896, évoque les réflexions d'un individu imaginaire qui tente de se détacher de sa personne pour découvrir le sens de son existence.

Songez à ce qu'il faut qu'elle s'exalte, cette salle, et quel préambule exigent les architectures invisibles du son. Les lumières s'éteignent. La tempête d'or se calme. De la fosse d'orchestre et du rideau qui flambe s'élève une tempête nouvelle. Le rideau envolé, la tempête arrive à son comble et la salle obscure s'y jette en silence.

Voici les souvenirs que doivent affronter les vingt-neuf jeunes hommes qui rêvent d'être un jour les glorieuses victimes de ce tumulte d'éléments. Il y a de quoi terrifier les plus braves! Aussi, M. Georges Pioch [83] nous expliquera-t-il, avec une charmante bonté de capitaine, devant la fosse d'orchestre vide, que la finale du concours ne nous propose pas des chanteurs, mais des novices qui cherchent leur voix et leur voie.

Mon rôle ne consiste pas à vous les décrire. Des spécialistes s'en chargent. Il se borne à vous peindre vite l'atmosphère de cette épreuve solennelle. Épreuve sans cruauté, du reste, car les concurrents sortent d'épreuves éliminatoires.

À gauche et à droite, aux balcons espagnols de Don Juan, la chance et la malchance surveillent un piano, véritable épave des tempêtes que j'ai dites, où s'accrochent l'un après l'autre, les doigts tordus de peur, les boulangers, les maraîchers, les pompiers, les douaniers, les comptables, les ébénistes qui veulent, à l'exemple d'Orphée, sortir des enfers par la musique.

Admirable spectacle! Trésor de nos ressources profondes! La jeunesse, ivre d'un philtre, brutalement mise face à face avec elle-même, pareille à Tristan et à Ysolde lorsque le charme opère, qu'ils attendent, qu'ils se consument, que l'orchestre exprime leur délire et qu'ils s'écrasent les mains sur le cœur.

141

[Sur le bœuf sur le toit] *

Je voudrais raconter à ceux qui se souviennent et à ceux qui ne connaissent rien de cette grande époque l'histoire véritable et presque légendaire du « Bœuf sur le toit » [84].

C'était l'époque où, à côté d'une grosse carence politique, Paris éblouissait le monde avec son art qui allumait ses feux de joie dans la nuit. Ces feux allumés à tous les sommets étaient alimentés à pleines mains par la jeunesse. Elle y jetait tout le vieux bois de la veille et dansait autour.

La poésie, le théâtre, la musique, la peinture, la sculpture rivalisaient d'audace et de découvertes. On n'imagine plus maintenant le climat extraordinaire, le mélange de révoltes, de colères et d'enthousiasmes suscités par le moindre spectacle que nous organisions, où nous nous exprimions et qui nous apparaissaient comme des batailles de vie ou de mort.

---

83. Georges Pioch (1873-1953), poète et journaliste qui tient, à partir de 1940, la chronique littéraire et musicale de *L'Œuvre. Revue internationale des arts du théâtre.*

* [Sans titre], dans Jean Cocteau, *Journal 1942-1945*, éd. Jean Touzot, Paris, Gallimard, 1989, p. 660-662. Manuscrit conservé jadis dans les archives Jean Marais. Il s'agit probablement du texte présenté lors de l'émission radiophonique « *Do, Mi, Sol, Do : Le Bœuf sur le toit* », Radio Nationale, jeudi 16 avril 1942. Voir Pierre-Marie Héron, *Jean Cocteau et la radio*, numéro thématique des *CJCns*, n° 8, 2010, p. 38, n. 42.

84. Pour l'historique du cabaret « Le Bœuf sur le toit », voir les notes du texte 136.

Mais il nous manquait un lieu de rendez-vous, un de ces lieux pareils au « Rocher de Cancale »[85], où les héros de Balzac se retrouvent et se réunissent autour des chefs secrets de la profonde machine parisienne.

Un jour un de mes musiciens me dit[86] : « Puisque tu n'aimes pas les cafés littéraires et que c'est l'âge des bars je t'emmène au bar Gaya. »

Le bar « Gaya » était tenu par Louis Moysès, rue Duphot. Quand j'y suis arrivé avec une bande de musiciens et de peintres, la clientèle se plaignait des pianistes, et Louis Moysès allait se séparer d'eux à contrecœur. Nous n'avons pas été longs à comprendre qu'il fallait conseiller à Moysès de se séparer de sa clientèle et de garder ses pianistes. Wiéner et Doucet jouaient avec amour les rythmes neufs qui allaient devenir le fond sonore des rêves actifs de tout ce qui pense et se dépense.

Le succès de ce petit local devint tel que les bavardages débordaient dans la rue.

Vers ce moment, Paul Claudel m'apporta du Brésil l'enseigne d'un bar brésilien : « Le Bœuf sur le toit ». Quelque chose comme « Le Cheval vert » ou « Le Chien qui fume ».

De cet amalgame je tirai un mime joué par les clowns Fratellini et qui fut une date parce que c'était le premier spectacle dont le style et les recherches s'opposaient à ceux du Ballet russe.

Moysès me demanda mon titre comme porte-chance et « Le Bœuf sur le toit » devint, rue Boissy-d'Anglas, un local qui, lui aussi, dans son domaine et par son décor très simple, changeait le public des couleurs bariolées mises à la mode par le *Schéhérazade* de Diaghilev.

Ici, c'est avec beaucoup d'émotion que je parle. Car ce « Bœuf », ce n'a été ni un bar, ni un restaurant, ni un cabaret, mais notre jeunesse, une halte, un prestigieux amalgame de forces et de merveilles – un de ces *saloons* où se réunissent les chercheurs d'or. L'or dont je parle, c'était l'or de l'esprit, un or léger et incalculable.

Tout ce qui crée, tout ce qui parle, tout ce qui invente, tout ce qui chante, tout ce qui danse, tout ce qui regarde inventer, chanter, danser et créer, se réunissait là, se consultait, traitait ses affaires de théâtre ou d'édition au milieu de l'élégance des femmes du monde et des étoiles des planches. Et le cœur était à la base du travail de cette ruche étonnante où, sans qu'on s'en aperçût, se distillait le miel. Je n'ai ni le temps ni l'envie de vous raconter une atmosphère qui ne se raconte pas. Je voulais simplement remercier l'ami qui nous la rendait possible et vous rappeler un univers dont les fantômes, contrairement aux fantômes habituels, réapparaîtront toujours au chant du coq.

---

85. Pour le « Rocher de Cancale » de Balzac, voir note 32 du texte 136.

86. Il s'agit de Jean Wiéner.

142

[JE NE PEUX PAS PARLER DU BŒUF SUR LE TOIT] *

Je ne peux pas parler du « Bœuf sur le toit » sans émotion. En effet « Le Bœuf sur le toit » n'est pas, à mes yeux, un bar, un cabaret. C'est ma jeunesse. Et c'est encore tout autre chose que j'aimerais vous dire.

Le titre ou pour être plus exact l'enseigne du « Bœuf sur le toit » m'avait été demandée par Louis Moysès, comme porte-chance. Je venais de donner, à la comédie des Champs-Élysées, une sorte de pantomime chorégraphique sur des danses brésiliennes dont Milhaud nous rapportait les thèmes de son voyage. La pantomime était jouée sous des masques par les clowns Fratellini. Et, comme, à cette époque de notre travail, le moindre de nos actes était une révolte instinctive contre quelque chose, ce fameux mimodrame s'insurgeait contre les grands spectacles du Ballet russe que nous adorions – que nous brûlions comme la jeunesse brûle toutes ses idoles – et relevait plus des farces du cinéma américain que des splendeurs orientales. Le titre du *Bœuf sur le toit* nous venait de Claudel qui l'avait découvert sur l'enseigne d'une auberge du Brésil.

Une enseigne dans le genre du « Cheval vert », de « L'Âne rouge » ou du « Chien qui fume », une enseigne qui n'avait donc rien de subversif – mais à cette époque on ne distinguait en nous que scandale et ce « Bœuf sur un toit » scandalisait.

Vous voyez que cette enseigne est redevenue enseigne et qu'après l'extraordinaire succès de notre entreprise de théâtre, Louis Moysès en fit un bar où nous décidâmes de nous réunir.

« Le Bœuf sur le toit » devint avec une vitesse étonnante, et qui ne se voit qu'a Paris, le rendez-vous des jeunes artistes, des poètes, des musiciens, des peintres, des éditeurs, des marchands de tableaux.

Rue Boissy-d'Anglas, dans un cadre très simple et qui contrastait avec les violentes couleurs de la mode, s'entassaient les artistes et ceux qui venaient voir les artistes et des femmes célèbres qui, le jour, vivent aussi loin les unes des autres que les étoiles et qui, le soir, s'allumaient ensemble dans le ciel beige et noir.

Wiéner et Doucet et le nègre Vance[87] ajoutaient à ce lieu d'extrême réussite le sortilège des premiers blues – musiques lointaines, fascinantes, poignantes qui ont eu, sans qu'on s'en doute, une influence occulte sur le style de l'époque. Une jeunesse qui baigne dans le climat de ces rythmes ne pouvait avoir la formation d'une jeunesse élevée dans l'atmosphère des valses de Strauss ou des chansonnettes de Fragson[88]. Sans doute, et je le répète, sans le savoir, fûmes-nous redevables à ces rythmes d'avoir ouvert une porte sur le monde nouveau des fantômes et des rêves. Sans doute, ces rythmes nous ont-ils pris par la main et menés dans des zones mystérieuses et dans

* [Sans titre], manuscrit autographe non daté conservé à la BHVP (9 ff.). D'après l'allusion dans le texte aux pianistes, il s'agit probablement du texte présenté lors de l'émission radiophonique « *Do, Mi, Sol, Do* : Le Bœuf sur le toit », Radio Nationale, jeudi 30 avril 1942. Voir Héron, *Jean Cocteau et la radio*, p. 38, n. 41.

87. Le banjoïste, saxophoniste et ragtimer Vance Lowry anime avec un orchestre les soirées du Ciro's Club à Londres, avant d'introduire le ragtime au bar Gaya à Paris. Pour sa contribution à l'enregistrement des poèmes du recueil *Opéra* réalisé par Cocteau en 1929, voir note 333 du texte 101.

88. Harry Fragson (1869-1913), auteur et compositeur de music-hall à succès au début du XXe siècle.

des perspectives étonnantes dont le dix-neuvième siècle redoutait les pièges et qu'il n'entrevoyait que par ses médiums.

Grâce à ces rythmes – je devrais dire, grâce au « Bœuf sur le toit » –, la poésie est allée à la rue, ce qui dérange et agace souvent les poètes, moi le premier, mais ce qui me semble préférable à l'esprit qui la refuse sous toutes ses formes et la considère comme un danger public.

73. « Le barman du *Bœuf sur le toit* », dans Jean Cocteau, *Nouveau Théâtre de poche*, Monaco, Éditions du Rocher, 1960.

Voilà ce qui se passait à ce « Bœuf » sous un voile de joie et d'insouciance. On a même prétendu que j'y tenais le jazz. C'est faux. Il m'arrivait, avec nos musiciens qu'on appelait les Six, de nous mêler à l'orchestre et quelquefois j'y essayais une batterie étincelante de nickels que Stravinski m'avait offerte[89] et qui me ravissait comme la première bicyclette parmi les cadeaux de la première communion.

Hélas, peu à peu, « Le Bœuf » a changé d'immeuble. Ceux qui l'illustraient se sont dispersés ou sont morts. Ceux qui venaient les voir ont pris la place. D'autres sont venus voir ceux qui nous avaient vus et à la longue il n'est resté de ce rêve que le rêve du rêve d'un rêve – qu'une vieille photo jaune et qui disparaît. Je ne veux pas me laisser aller à l'émotion de ce rêve, car nous avons tous besoin de nos forces profondes et, si je me laissais aller, je demanderais à nos pianistes d'accompagner ma voix[90], d'entrer avec elle dans vos chambres, et je vous raconterais l'âge des chercheurs d'or, je vous décrirais ces merveilleuses chanteuses dont Yvonne George reste l'exemple et qui allaient de table en table remuer l'âme de ces mineurs du ciel, de ces pionniers de l'inconnu dont les pépites éblouissaient le vieux et le nouveau monde.

Je m'attristerais et je vous attristerais. Car, hélas, je ne distingue aucun lieu moderne qui soit comparable à ce *saloon* – comme disaient les cinéastes -, à cette taverne en plein Paris, dont ce sera la gloire de Louis Moysès d'avoir été le maître.

89. Pour la batterie de Stravinski prêtée au Bœuf sur le toit et sur laquelle Cocteau jouait parfois, voir notes 38 et 39 du texte 136.

90. Citons le témoignage du poète daté du 30 avril 1942 : « Parlé à la Radio Nationale pour la zone libre – après la séance rétrospective sur le Bœuf. J'ai parlé très bas (à voix basse) sur un accompagnement de Jean Wiéner. Il jouait les merveilleux airs de l'époque. J'étais ému. Tout le monde pleurait. » (Voir *JG*, p. 104.) Dans les annexes de son édition du journal (*ibid.*, p. 660-662), Jean Touzot donne le discours radiophonique du 16 avril 1942 (voir texte 141) comme étant celui du 30 avril 1942.

143
HOMMAGE À CLAUDE DEBUSSY *

Debussy existait avant Debussy. C'étaient une architecture qui bouge à l'envers dans l'eau, des nuages qui se construisent et qui s'écroulent, des branches qui s'endorment, la pluie sur les feuilles, des prunes qui tombent, qui se tuent et qui saignent de l'or[91]. Mais tout cela murmurait, bégayait, n'avait pas trouvé une voix humaine pour se dire. Mille vagues merveilles de la nature ont enfin découvert leur traducteur.

Si j'ai, jadis, mis la jeunesse en garde contre Claude Debussy, c'est qu'un génie pareil ouvre une porte et la referme. On se perdrait à vouloir le suivre. Il est un monde perfide et prodigieux.

Jean Cocteau

74. « Hommage à Claude Debussy », s.d., collection privée.

* « Hommage à Claude Debussy », dans Auguste Martin, *Claude Debussy. Chronologie de sa vie et de ses œuvres*, précédée d'un hommage et de souvenirs par Henri Büsser, Jean Cocteau, Léon-Paul Fargue et Francis Poulenc, catalogue d'une exposition organisée par la réunion des Théâtres lyriques nationaux avec le concours des disques « La Voix de son maître », du 2 au 17 mai 1942 au foyer de l'Opéra-Comique à l'occasion du quatre-vingtième anniversaire de la naissance de Debussy. Manuscrit du texte accompagné du dessin « Hommage à Claude Debussy » conservés dans une collection privée. Voir illustration 74.

91. Propos poétiques qui permettent à Cocteau d'évoquer implicitement plusieurs titres d'œuvres de Debussy.

144
Six-cinquante *

Nous n'avons jamais été, contrairement à ce qu'on imagine, un groupe de théoriciens. Nous avons été un groupe d'amis. L'amitié seule nous groupait et, peu à peu, nous prenions notre style. Le style consistait à craindre les formes que nous admirions le plus. Ces formes avaient bouclé leur boucle. Il nous restait de les aimer et de les fuir.

Arthur Honegger fumait sa pipe et répandait les ondes calmes de sa force. Je ne connais pas de cœur plus fidèle.

Mon rôle consistait à clouer les soleils, à comprimer la poudre, à surveiller les mélanges d'explosifs.

Maintenant, comme un artificier de l'ombre, je regarde l'échafaudage nocturne où les noms de mes amis s'inscrivent en lettres de feu.

Je voudrais beaucoup qu'on exécute notre *Antigone*[92]. C'est un chef-d'œuvre d'Arthur et qui témoigne d'une époque d'amour.

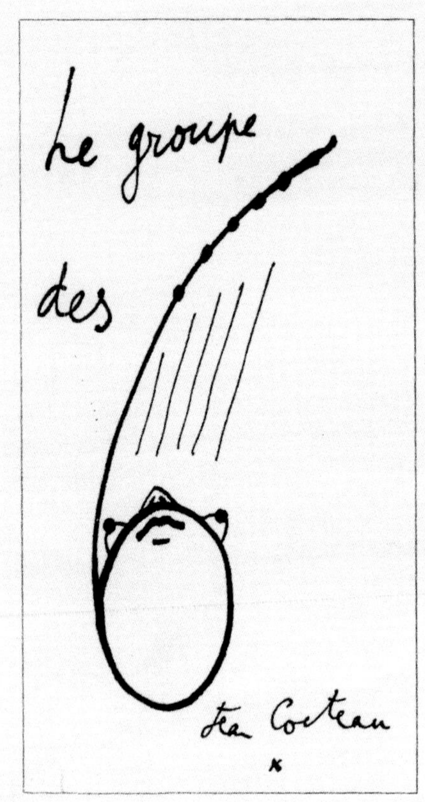

75. « Le Groupe des 6 », s.d., collection privée.

* « Six-cinquante », *L'Information musicale*, n° 76, 26 juin 1942, p. 990.

92. Après la création d'*Antigone* au Théâtre de l'Atelier en 1922, Cocteau et Honegger transforment la pièce en une tragédie musicale en trois actes créée au Théâtre royal de la Monnaie à Bruxelles le 28 décembre 1927 sous la direction de Corneil de Thoran.

145

ANTIGONE *

Mon *Antigone* a été écrite en 1921, représentée en 1922 chez Charles Dullin[93]. La tragédie ne se « portait plus » à cette époque. J'imaginai de contracter le chef-d'œuvre de Sophocle, de l'opérer, de le retendre, de le mettre au rythme moderne, de le « photographier », comme je le raconte ailleurs, « en aéroplane »[94]. L'œuvre fut jouée deux cents fois de suite et toujours reprise par toutes les jeunes troupes[95]. Arthur Honegger en avait écrit la musique de scène. C'est un peu plus tard qu'il profita de sa vitesse et de ses reliefs pour la transformer en opéra[96]. Créé en Belgique, cet opéra n'avait jamais été représenté en France[97]. Aujourd'hui, le théâtre national de l'Opéra le monte et m'en demande le décor, les costumes et la mise en scène[98]. On ne raconte pas *Antigone*. C'est le thème de la liberté. « Je sais que je plais où je dois plaire » dit la vierge de Thèbes[99]. – Et encore[100] : « Je suis née pour partager l'amour et non la haine. » Elle refuse d'obéir aux vieilles lois qui l'empêchent de suivre l'héroïsme de son cœur.

146

DANGER SECRET DU RYTHME NOIR **

Malgré les emprunts faits par les nègres à la musique européenne – sous sa forme savante comme sous sa forme populaire –, malgré la part de fabrication européenne dans la musique dite de jazz (composition, harmonisation, instrumentation d'airs ou de danses), on ne trouve à l'origine du jazz comme dans la manière de l'interpréter que le nègre, avec son tour d'esprit ou d'âme, avec sa démarche musicale.

* « *Antigone* », préface au programme de musique pour la représentation d'*Antigone* au Théâtre national de l'Opéra, le 26 janvier 1943 (Paris, L'Édition artistique, [1943]).

93. *Antigone*, pièce de théâtre de Cocteau d'après Sophocle avec une musique de scène de Honegger. Voir notes du texte 83.

94. Expression extraite du début de la préface de la pièce : « C'est tentant de photographier la Grèce en aéroplane. On lui découvre un aspect tout neuf. ». Voir *Antigone* dans *TC*, p. 305.

95. Après avoir fondé son propre théâtre, l'Atelier, en 1921, Dullin crée la pièce *Antigone* l'année suivante avec grand succès, ce qui l'incite à la reprogrammer à l'Atelier en mai 1927 et en février 1928. Par « jeunes troupes », Cocteau comprend au moins celle du « Rideau des jeunes ». Voir notes 61 et 64 du texte 138.

96. Il s'agit, non pas d'un opéra, mais d'une tragédie musicale. Voir note 1 du texte 102.

97. Cocteau se trompe, l'œuvre ayant eu droit à une représentation sur le sol français en 1930 au Théâtre municipal de Strasbourg. Voir note 1 du texte 102.

98. Pour la « création parisienne » de la tragédie musicale *Antigone*, Cocteau réalise la mise en scène et dessine les décors et les costumes. La direction musicale est assurée par Louis Fourestier, avec Eliette Schenneberg (Antigone) et José Beckmans (Créon).

99. Voir *Antigone* dans *TC*, p. 308.

100. *Ibid.*, p. 313.

** « Danger secret du rythme noir », *La Légion*, n° 23, Pâques (avril) 1943, p. 51-53. Un court extrait de ce texte, plus précisément sur Louis Armstrong, figure dans Michel Boujut, *Pour Armstrong*, *Jazz-Magazine* (numéro hors série, 1975, p. 57) et dans sa réédition (Paris, Filipacchi, 1976, p. 57).

Ansermet [101] disait en 1919 [102] : « Toute la musique, ou presque toute la musique du Southern Syncopated Orchestra [103] est d'origine étrangère à ces nègres. Comment cela est-il possible ? C'est que la musique nègre n'est pas matière, elle est esprit. »

Le nègre part de l'Afrique. Il emporte le souvenir d'une faculté d'expression étonnante par le rythme seul, par une percussion qui parle, qui est une langue.

Souvenir de musiques de paroxysme où le vacarme n'est pas plus séparable du son pur que de la danse, de la musique. Souvenir de larges formes chorales où un chœur triste répond sans se lasser au motif d'un soliste et où un procédé de stricte répétition alterne avec de courts effets de monologie.

Je parlais de rythme. C'est inexact et dit trop vite. Tout le monde parle de rythme de jazz, de rythme noir. Est-ce du rythme ? C'est encore autre chose. Moins ou davantage. Une sorte de battement du cœur et des artères. Une sorte d'élancement, de sourde douleur nerveuse. Quelque chose de comparable aux mécanismes sonores de la mer et de la foudre. Quelque chose de fatal, de végétal, d'animal. Le rythme appartient davantage à des Mozart et à des Bach. Le rythme est en quelque sorte le raffinement sublime d'un pas de chasseur ou d'un appel de tambour ou d'un choc de rames.

La première fois qu'il me fut donné d'entendre un orchestre de jazz, je ne me doutais pas que de tels orchestres existassent. C'était l'autre guerre. La foule des soldats anglais et américains se bousculait au Casino de Paris. Gaby Deslys et Harry Pilcer jouaient cette fameuse revue qui flambait dans le drame de l'époque, où l'on courait oublier les angoisses [104].

La revue était une bonne revue, drôle, somptueuse, mais une revue – le type du style.

J'étais dans l'avant-scène de gauche, d'où Harry Pilcer sortait sur la scène, enjambait la rampe en costume de joueur de tennis.

Tout à coup, on éteignit la salle et, derrière le rideau, nous entendîmes quelque chose de neuf, d'inconnu, d'extraordinaire. Je dressai mes oreilles de cheval de cirque, de bête de théâtre. Car sans me rendre un compte exact de ce qui m'arrivait, je venais de reconnaître ou même de renifler une formule sonore que, peu après, je déclarai définitive. Jamais, dis-je aux personnes qui m'accompagnaient, vous n'entendrez plus

---

101. Ernest Ansermet (1883-1969), chef d'orchestre suisse, dirige les Ballets russes de Diaghilev de 1915 à 1923. En 1918, il fonde à Genève l'Orchestre de la Suisse romande qu'il dirigera jusqu'en 1967.

102. Citation extraite de l'article d'Ernest Ansermet, « Sur un orchestre nègre », *La Revue [de Suisse] romande*, n° 10, 15 octobre 1919, p. 10-13 ; texte repris dans *Jazz-hot*, n° 28, novembre-décembre 1938, p. 4-9. Alors qu'il se trouve à Londres avec les Ballets russes, Ansermet assiste à un concert de l'orchestre de Will Marion Cook et rédige cet article considéré comme le premier article consistant sur le jazz. Il souligne les particularités de cette nouvelle musique et vante les qualités d'un tout jeune clarinettiste, Sydney Bechet.

103. Le Southern Syncopated Orchestra – également connu sous le nom de New-York ou American Syncopated Orchestra – est créé en 1918 par Will Marion Cook (1869-1944). Composé de quarante-cinq musiciens noirs originaires de New Orleans, il se produit avec succès à Chicago et à New York, puis conquiert la Grande-Bretagne en 1919 et en 1920, se fait ensuite entendre à Paris au Théâtre des Champs-Élysées et au Trocadéro en 1921 et en 1922, avant de se disloquer peu après. À leur répertoire figuraient blues, ragtimes, spirituals, jazz et musique classique légère.

104. En décembre 1917, Cocteau découvre pour la première fois la revue *Laissez les tomber !* accompagné d'un orchestre de jazz. Voir note 196 du texte 33.

d'autre orchestre de danse. Ce petit orchestre changera, évoluera, se compliquera, se simplifiera ; il restera la base de nos fêtes et de nos paresses.

Et j'avais deviné juste. Un jour, les valses elles-mêmes allaient devoir se soumettre à cette formule faite d'un cocktail de cuivres, de bois et de petites caisses. Le bruit singulier continuait dans le silence de mort qui précède l'orage. La lumière imitait cette halte de la nature, ce vaste malaise mauve et frais qui annonce le roucoulement du tonnerre d'avril et qui ressemble au cou angoissé de la colombe.

Et le rideau se leva. Et voici ce que nous vîmes. À gauche, sur la scène, au premier plan, quelques solistes nègres composaient un ensemble, une sorte d'orphéon de nickel et un des nègres, sous une tonnelle de grelots, de cymbales, de trompes d'automobile, se dandinait, jonglait avec ses baguettes et riait aux anges.

Les uns soufflaient, les autres frappaient, les autres secouaient. Le tout énervait, étonnait, charmait, hypnotisait, révoltait, marquait notre oreille au fer rouge. Car cette musique était ensemble douce et dure, douce comme les animaux qui se plaignent et dure comme si on nous jetait de la viande crue. La scène, vide, était entourée de rideaux noirs. Alors entrèrent Mme Gaby Deslys et M. Pilcer. Enlacés, collés l'un à l'autre, emmêles comme des fils de fer barbelés, des roses trémières, des initiales, ils marchaient, couraient, trébuchaient, tournaient, tombaient, se relevaient, glissaient, boitaient, collaient – la femme pareille à une grande poupée de ventriloque couverte de plumes d'autruche, l'homme en habit noir et la face aussi rouge que le masque nègre du Dieu de la guerre au British Museum [105].

Cette danse nous arrachait de nos fauteuils et de nous-mêmes. Elle était, par rapport aux valses de nos mères, ce que serait un tank en face d'une calèche de l'impératrice Eugénie. Gaby Deslys et Pilcer, accompagnés, soulevés, roulés, aspergés, pompés, rejetés, écrasés, fouettés, caressés par l'étrange musique, dansaient, dansaient, dansaient, dansaient sans que la fatigue semblât pénétrer le monde où ils évoluaient, sous la douche blafarde de seize projecteurs contre avions.

Une fois le rideau baissé, la salle allumée, la foule dispersée dans les couloirs, nous sortîmes d'un rêve ou nous y entrâmes. Sous la pergola miroitante de cet orchestre, nous venions d'entrer de gré ou de force, de bon cœur ou à contrecœur, dans un autre monde, dans un monde qui n'existait pas la veille, dans le monde fétichiste de Harlem et des Noirs.

Nos musiques raffinées n'étaient pas de mailles assez fines ni assez solides. Elles ne purent résister au choc sauvage qui avait eu la malice, pour entrer chez nous, de se cacher dans le cheval de Troie, c'est-à-dire de se situer dans le cadre inoffensif du Casino de Paris.

Si j'insiste au début de ces notes, c'est d'abord que je tiens à vous dire que cet article souligne l'âge de pierre, l'époque préhistorique du jazz ; que la route faite par le jazz est innombrable, multiple et d'une complication inextricable, et qu'entre les tam-tam que vous entendez derrière ma voix et la science des fugues dignes de Mozart et de Bach des derniers orchestres de New York, il existe tant et tant de nuances et de

105. Le British Museum conserve un cratère à volutes représentant Zeus séparant Athéna (déesse de la sagesse) et Arès (dieu de la guerre), tous deux munis d'une lance et d'un bouclier. Cette céramique grecque à figures noires est représentative de la production attique de la fin du VIIe au début du Ve siècle avant notre ère.

trouvailles, qu'on pourrait prendre un air célèbre (*Saint-Louis Blues*[106] par exemple) et le jouer de sa naissance à cette minute sous toutes les formes qu'il lui a plu de prendre selon les modes et que, pour ce simple *experiment*, comme disent les Américains, une nuit ne nous suffirait pas.

C'est ensuite que le rôle moral est énorme des musique quotidiennes, des musiques qui accompagnent la vie et qui s'y mélangent sans même qu'on les remarque, des musiques sur lesquelles on danse, sur lesquelles on parle, sur lesquelles on marche, on se dispute et on aime d'amour.

Une jeunesse qui baigne dans le fluide dur, mou, cassé, accidenté, acide ou farouche du jazz ne peut avoir la même formation qu'une jeunesse imprégnée des valses de Strauss. Est-ce meilleur? Est-ce pire? Je n'en sais rien et cela ne regarde personne. Inutile de juger. Il suffit de constater le fait. Pas plus qu'un jeune homme qui pose les yeux (sans voir) sur la bêtise prétentieuse des papiers cubistes d'un hôtel « moderne » n'aura les nerfs qui se comportent de la même façon que le jeune homme qui vivait au milieu des fleurettes modestes des anciens papiers décoratifs – un jeune homme, une jeune fille dont l'oreille est sans cesse habitée par les rythmes nègres n'auront l'âme faite comme celle de nos grand-mères.

Dans ma pièce du théâtre Michel : *Les Monstres sacrés*, Jany Holt incarne une de ces petites jeunes filles éprises de Hollywood et dont le poivre rouge tombe à l'improviste sur les œufs à la neige d'André Brulé et d'Yvonne de Bray.

Le nègre, arrivé en Amérique – nous étions en Afrique – de même qu'il adopte l'Écriture sainte et l'arrange à sa guise dans ses sermons (*God's Trombones*[107]) découvre le choral protestant, qu'il anime de son timbre puéril de voix, de sa sentimentalité, de ses forces.

C'est ainsi que nous verrons plus tard jaillir de tout ce noir crépu le cri de mort de Louis Armstrong, l'homme dont la trompette est unique au monde. Sa trompette parle une sorte de terrible langage humain, monte, monte en zigzags, en rétablissements, en glissades, et arrive, sans se tuer, au haut du plus haut gratte-ciel, où elle crache un jet de sang pourpre. Armstrong c'est l'ange de Jéricho, le soldat de l'Apocalypse, le point parfait où s'épousent la prière céleste du nègre et son érotisme infernal.

Avant que Louis Armstrong n'entre en scène, apportant sa solitude de grande vedette, la solitude scélérate, divine de l'étoile Absinthe, dont l'Apocalypse nous annonce qu'elle tombe dans les eaux – ce qui, en ajoutant un peu de sucre, illustrerait à merveille la réclame américaine contre l'alcoolisme et serait le type rêvé du slogan de la prohibition –, avant, dis-je, que Louis Armstrong n'élève sa plainte de foi et de rut au-dessus des autres orchestres (car il est unique au même titre que Chaliapine), les chants religieux et les chants de plantation des nègres envahissent l'esprit de la musique de New York.

106. *Saint-Louis Blues* est l'un des standards de jazz les plus populaires, voire le standard du genre, popularisé par Louis Armstrong, mais repris par l'ensemble des jazzmen.

107. *God's Trombones : Seven Negro Sermons in Verse* est un recueil de sept poèmes inspirés de la bible, écrit par l'Américain noir James Weldon Johnson et publié en 1927.

Jamais nous n'oublierons ce matin où Paul Morand [108] nous invita au cinéma de la Madeleine afin de nous y présenter *Hallelujah* ! encore inconnu [109]. Nous retrouvâmes la secousse du premier jazz sous un nouvel angle. Il ne s'agissait plus de la ville qui possède ses musiques au même titre que ses gratte-ciel aériens comme d'énormes rideaux de tulle, que ses rues coupées net et que le soleil nocturne secoué de tics des affiches de Broadway. Il s'agissait de la campagne et des récoltes. Le coton moussait autour de ces fêtes adorables. Et la campagne nègre chantait. Et comme le Russe chante la neige, les nègres chantaient la douce neige chaude du coton.

C'est ensuite que vinrent les échanges, les demi-sang, le métissage des musiques. Des Juifs russes empoignaient à New York les syncopes nègres, y joignaient leur mélancolie et c'est de cette rencontre que naquirent les premiers grands ragtimes que nous déchiffrait Doucet au « Bœuf sur le toit » qui s'appelait encore « Le Gaya », rue Duphot, et où la nouveauté juvénile du jazz nous réunissait tous.

Burns and Turnips [110], je me rappelle ce titre d'un ragtime solennel – il me paraissait solennel – que je faisais jouer à Marcelle Meyer et où nous aimions voir le style d'une locomotive en marche. Aujourd'hui ce ragtime ne m'évoquerait plus une locomotive. Plutôt une carriole. Ainsi vont les choses. Mais en 1923 nous étions jeunes, enthousiastes, imprudents, impudents, assoiffés de neuf et très fiers de découvrir l'Amérique.

Les échanges entre musique afro-américaine et musique européenne s'affirment alors et deviennent de plus en plus complexes. Le style saccadé du ragtime que je verrai le tragique couple Vernon Castle [111] danser à Magic-City [112], traversant la piste en diagonale, la jupe rose de Mrs Cassel flottant comme une brume préraphaélite entre les jambes raides et noires de son mari, le style saccadé du ragtime naît du rythme trochaïque de la chanson écossaise ; Franck [113] et Debussy [114] s'en mêlent (on les y mêle, veux-je dire) ; la grâce de Tchaïkovski et la merveilleuse pacotille orientale de Rimski-Korsakov allongent la sauce. Le *spiritual* nègre, traité en choral, accompagné du piano sec, enveloppé des nuages debussystes, passe entre les mains blanches des Revelers.

---

108. Paul Morand (1888-1976), écrivain et diplomate, ami de Cocteau et l'un des plus importants passeurs de la culture américaine en France.

109. *Hallelujah !* , musical américain réalisé par King Vidor et sorti en salle en 1929. Il s'agit de l'un des premiers longs métrages dont le casting est composé exclusivement d'acteurs noirs et du premier film sonore du réalisateur. L'action se déroule dans une plantation de coton, ce qui explique les commentaires de Cocteau. Outre les chants traditionnels des esclaves noirs, la musique du film est signée Irving Berlin.

110. Il s'agit sans doute de *Beets and Turnips*, piano-rag de Cliff Hess et de Fred E. Ahlert datant de 1915.

111. Irene Castle (1893-1969) et Vernon Castle (1887-1918), couple de danseurs qui ont, avec leur orchestre de musiciens noirs, initié le public parisien dans les années 1911-1912 aux danses basées sur le ragtime et le jazz, notamment le fox-trot et les danses afro-américaines. Peu de temps après la fin du conflit mondial, Vernon Castle, pilote pendant la guerre, périt dans un accident d'avion.

112. Le Magic-City, situé rue Cognac Jay, centre d'attractions et de divertissements qui comprenait une piste de danse.

113. Parmi les œuvres de César Franck, nous n'en avons trouvé aucune inspirée des rythmes du ragtime.

114. Parmi les œuvres de Debussy inspirées des rythmes du jazz, citons *Golliwog's Cake-Walk*, extrait des *Chrildren's Corner* (1908), *Minstrels* (1910) et *Général Lavine-Excentric* (1913).

J'ai parlé de Juifs russes. Après Irving Berlin[115], sa vogue monstre, de grands musiciens juifs tels que Gershwin[116] finissent de donner au jazz ses lettres de noblesse.

De célèbres chanteuses blanches imitent les négresses. Par exemple Sophie Tucker[117]. La radio et sa ténèbre qui entre dans les chambres, dans les cabinets de toilette, dans les lits, dans les voitures, aide à la confusion. Lorsque vous quittez Harlem, éreinté de sombres secousses, de menuets de sorcières et de danses de Saint-Guy, dans la voiture qui vous emporte, la radio continue de verser le philtre noir et vous ne pouvez reconnaître les Blanches qui cherchent à prendre le style des négresses et les négresses qui s'enorgueillissent de chanter le répertoire d'opéra des Blanches.

Mais la source, la source chaude qui s'échappe de toutes les caves de New York comme les vapeurs qui montent du pavé de bois et encensent les idoles du culte de l'or, les gratte-ciel à cent étages que couronnent des cathédrales, la source découverte par les sourciers européens et par la baguette de chef d'orchestre de Paul Witheman (par qui le jazz s'académise), la source, dis-je, la seule, la vraie, reste toujours nègre.

Et, pour finir, n'est-il pas triste de se dire que la victime ligotée à l'arbre des supplices, que le pauvre héros de quelque *Trader Horn*[118] voit, sans aucun espoir, se dérouler le cérémonial de sa mort avec le comble du raffinement des danses, des costumes et des orchestres. Un raffinement pareil doit le distraire une minute et lui rendre une lueur d'espoir : Quoi ? Ces hommes seraient capables de ces gestes et de ces musiques ? Ils doivent donc être d'âme très haute et accessibles à la pitié. Mais non. Car la pitié doit être sans doute une faiblesse décadente du cœur. Capables d'amour, d'amitiés, de dévouements sublimes, ces sauvages ignorent nos faibles nuances. La cruauté parachève leur noble esthétique, et l'héroïsme de leur victime doit les réjouir et finir le chef-d'œuvre du cérémonial.

Tenez-vous bien. Vos plaintes ne seraient que fausses notes. On ne vous expédierait que plus vite. Et – peut-être – une attitude digne risquerait seule de vous sauver.

Je me trompe. Vous vous êtes montré digne de mourir, digne d'être une nourriture faite de symboles.

Et il faut assister au spectacle de ces préparatifs qui ne ressemblent pas à la charrette de la guillotine, au désordre atroce des pendaisons à la lanterne.

---

115. Irving Berlin, pseudonyme d'Israël Baline (1888-1989), pianiste et compositeur américain, auteur de nombreuses comédies musicales. Plusieurs de ses chansons sont restées célèbres : *Cheek to Cheek*, dansé par Fred Astaire, ou encore *White Christmas*, popularisé par Bing Crosby en 1941, sans oublier l'hymne national américain *God Bless America* qu'il avait composé en 1918. Cocteau fait-il allusion dans ce texte à un autre de ses grands succès, *Blue Skies* datant de 1927, et qui fait également partie des standards du jazz ?

116. George Gershwin (1898-1937) a introduit le jazz dans plusieurs de ses compositions, comme *Rialto Ripples Rag* (1917), *Rhapsody in Blue* (1924) et *An American in Paris* (1928). Avec son frère, le parolier Ira Gershwin (1896-1983), il a écrit également plusieurs comédies musicales, notamment *Porgy and Bess* (1935) et de nombreuses chansons à succès.

117. Durant les années 1910, Sophie Tucker, pseudonyme de Sonya Kalish (1886-1966), a pour habitude de se maquiller le visage en noir pour prendre l'apparence d'une chanteuse afro-américaine. Elle devient très populaire dans les années 1920, accompagnée du pianiste Ted Shapiro qui lui écrit de nombreuses chansons empreintes de blues et de ragtime, à tel point qu'elle reçoit le surnom de « la Mary Garden du ragtime », en référence à la célèbre cantatrice d'opéras. En 1928, elle enregistre entre autres *The Man I love* des frères Gershwin.

118. *Trader Horn*, film réalisé par Woodbridge Strong Van Dyke d'après le roman éponyme d'Alfred Horn, est sorti en salle en 1931. Il s'agit du premier long métrage qui a pour sujet une aventure en Afrique et qui est tourné sur place. La musique du film est due à William Axt.

Oui, la cruauté, c'est la pointe limite du style des plus nobles tribus sauvages. Et cela oblige à réfléchir sur une époque préparée longuement et sourdement par le jazz comme les années rouges de la révolution française le furent par la franc-maçonnerie de Swedenborg et de Cagliostro [119].

147

Serge Lifar à l'Opéra *

Les Créatures de Prométhée [120]

C'est le premier ballet créé par Serge Lifar sur la scène de l'Opéra. Le jeune homme vient de saisir des mains de Diaghilev mort le feu de la danse. Le héros dont il a choisi d'être l'incarnation c'est moins Prométhée que lui-même. Nous gardons de cette descente en plein orage parmi les rocs éboulés, vers la caverne de métamorphoses, une image taillée par le vent, rude, sauvage, agreste et menaçante. Prométhée allume la mèche de son incendie et les Créatures dont il réveille les fantômes ne doivent plus le quitter.

Enfin, comme tout mythe, celui-ci commence par naître en Grèce.

Prélude dominical [121]

Les saints gouvernent les jours de l'année mais les Dieux ceux de la semaine. À chacun de ces derniers *Prélude dominical* dédie une épigramme chorégraphique. Le samedi venu, les vacances de l'Olympe lâchent les règnes tous ensemble, enchevêtrent la guerre, l'amour, la colère et la liberté dans une parade fraternelle.

---

119. Son époque est, selon Cocteau fortement influencée par le jazz, comme les faits saillants de la Révolution française l'ont été, toujours à son avis, par des mouvances de la franc-maçonnerie basée sur la pensée d'Emanuel Swedenborg (1688-1772) et sur l'activité maçonnique en France d'Alessandro Cagliostro, né Giuseppe Balsamo (1743-1795).

* *Serge Lifar à l'Opéra*, défini par Paul Valéry, parlé par Jean Cocteau, vécu par Serge Lifar, orné de croquis de mouvements par L. Pageot-Rousseaux (Paris, Thibault de Champrosay, [1944]). D'après le « Journal de l'Occupation », ces textes semblent avoir été d'abord rédigés par Roger Lannes en collaboration avec Serge Lifar, puis revus, corrigés et signés par Cocteau. En réalité, on ne reconnaît pas toujours le style caractéristique du poète, qui reste par ailleurs très sceptique envers cette publication dans laquelle Lifar ne fait que s'encenser (voir Cocteau, *Journal 1942-1945*, Paris, Gallimard, 1989, p. 275-465, *passim*). L'ensemble permet de parcourir quelques-uns des ballets chorégraphiés et/ou dansés par Lifar à l'Opéra de Paris (Palais Garnier) où il est engagé en 1930 par le directeur Jacques Rouché. Il y mène une carrière de premier danseur, danseur étoile, puis maître de ballet. Il y devient également un chorégraphe hors pair qui assurera un développement sans précédent aux ballets de l'Opéra, allant même jusqu'à consacrer des soirées entières aux ballets à partir de 1935, phénomène inconnu jusqu'alors dans cette illustre maison d'opéras. Sauf mention contraire, les ballets cités par Cocteau sont créés ou repris à l'Opéra.

120. *Les Créatures de Prométhée*, ballet en deux actes, est créé le 30 décembre 1929 dans une chorégraphie de Lifar – hormis le divertissement « Bergers et Bergères » chorégraphié par Georges Balanchine – sur une partition de Ludwig van Beethoven (1801) dont on fête le centenaire du décès. La direction musicale est assurée par Joseph-Eugène Szyfer. Les décors et costumes sont signés François Quelvée. Les principaux interprètes sont Lifar, Suzanne Lorcia, Serge Peretti et Olga Spessivtseva. La 50e représentation a lieu le 22 janvier 1941 sous la direction de Louis Fourestier.

121. *Prélude dominical et Six Pièces à danser pour chaque jour de la semaine*, divertissement chorégraphique en un acte de Guy Ropartz, est créé le 16 février 1931 dans une chorégraphie de Serge Lifar et sous la direction musicale de François Rühlmann. Les décors et les costumes sont signés Paul Colin. Les principaux interprètes sont Lifar, Suzanne Lorcia, Serge Peretti et Jacqueline Simoni.

L'Orchestre en liberté [122]

Prendre la musique à l'orchestre, en faire le privilège du ballet, fut souvent le rêve de Serge Lifar. Mais à l'époque de *L'Orchestre en liberté* il ne s'agit point du tout de l'audacieuse tentative d'*Icare*. Ce n'est là qu'un divertissement qui mime sur le plateau ce qui se passe dans la fosse, et pousse l'anarchie jusqu'à faire tomber de ses mains, le bâton du Chef. Aussi bien tout ne doit-il pas rentrer dans l'ordre au baisser du rideau?

Bacchus et Ariane [123]

Bacchus et Ariane se présente comme le premier ballet mythologique monté par Serge Lifar dans un esprit contemporain.

Le saut qu'il accomplit du haut d'un praticable en coulisse couvre six mètres de long. C'est Bacchus bondissant, non seulement le Dieu des ivresses meurtrières, mais aussi le héros venu du fond de l'Inde à la suite d'un de ces jeux de glaces à quoi toutes les mythologies s'amusent.

Arrachant au sommeil de Naxos la jeune Ariane délaissée, peut-être le danseur rencontre-t-il aussi pour la première fois sa double figure : celle de l'inassouvi dionysiaque et celle de l'Apollon musagète?

Suite de danses [124]

Classicisme, romantisme : ce sont les noms qui marquent aux yeux de tous, deux grandes lignes qui ne se mêlent jamais et qui doivent être le sillage, l'une de Dionysos, l'autre d'Apollon.

Sous des arbres de Pruna [125], les danseuses de Lifar nous offrent la grande parade où s'exprime le sortilège romantique des *Sylphides* de Fokine. Nous vîmes, jadis, ces

---

122. *L'Orchestre en liberté*, farce chorégraphique de Henri Sauveplane d'après un livret de Paul Franz et Paul Gsell, est créé le 16 février 1931 dans une chorégraphie de Lifar et sous la direction musicale de Joseph-Eugène Szyfer. Les décors et costumes sont signés Paul Colin. Serge Lifar, Serge Peretti, Suzanne Lorcia et Lucienne Lamballe incarnent les divers instruments d'un orchestre et dansent sur des rythmes de jazz.

123. *Bacchus et Ariane*, ballet en deux actes d'Albert Roussel sur un argument d'Abel Hermant, est créé le 22 mai 1931 dans une chorégraphie de Lifar et sous la direction musicale de Philippe Gaubert. Les décors et les costumes sont signés Giorgio di Chirico, hormis le rideau du second acte qui est conçu par Paul Colin. Les principaux interprètes sont Lifar, Serge Peretti et Olga Spessivtseva. Chacun des actes du ballet sera ensuite transformé par le compositeur Roussel en une suite d'orchestre, créée respectivement en 1933 et 1934.

124. *Suite de danses*, ballet classique, a été créé le 23 juin 1913 dans une chorégraphie de Lifar inspirée d'un scénario d'Yvan Clustine, sur des morceaux de Chopin orchestrés par André Messager et Paul Vidal, et sous la direction musicale d'Alfred Bachelet. La 112e représentation est donnée le 25 octobre 1931 sous la direction de Henri Büsser et avec Camille Bos et Serge Peretti pour interprètes. La 200e représentation a lieu le 8 août 1942 sous la direction de Roger Désormière et avec Suzanne Lorcia et Serge Peretti pour danseurs.

125. Dans cette *Suite de danses*, Lifar introduit des extraits des *Sylphides* chorégraphiés par Michel Fokine pour les Ballets russes en 1909 et repris ici avec des décors du peintre espagnol Pedro Pruna (1904-1977). Pour les Ballets russes de Diaghilev, Pruna avait déjà créé les décors et les costumes des ballets *Les Matelots* (1925) et *La Pastorale* (1926). Pour les ballets de l'Opéra de Paris, il concevra aussi ceux de *La Vie de Polichinelle* (1934), *Le Roi nu* (1936) et *Oriane et le prince d'amour* (1938).

76. Serge Lifar, s.d., collection privée.

sylphides se croiser et se jouer autour du poète des *Nuits* de Musset [126], comme les projecteurs autour du pilote.

Voici, de nouveau, les tutus pâles et les chevelures blondes qui sortent des coulisses et cherchent le pilote du ciel nocturne.

Divertissement [127]

Créateur de son art et de soi-même, Lifar n'est est pas moins, quand il le veut, un virtuose du style académique. Car il est bien entendu que le travail efface le travail, mais que le travail à l'état pur peut quelquefois jouer ce grand premier rôle de rendre l'art négligeable. Dans *Divertissement* toutes les virtuosités se donnent libre cours.

126. Par le « poète », Cocteau comprend l'interprète jadis du rôle du poète dans Les *Sylphides*, en l'occurrence Vaslav Nijinsky, rôle qu'il rapporte à l'atmosphère sentimentale et romantique du recueil des *Nuits* d'Alfred de Musset.

127. *Divertissement*, ballet en un acte et six tableaux extrait de *La Belle au bois dormant* de Piotr Tchaïkovski, est créé le 8 juin 1932 dans une chorégraphie de Lifar d'après Marius Petipa et sous la direction musicale de Joseph-Eugène Szyfer. Les costumes sont signés Natalia Gontcharova. Lifar y danse dans le divertissement « Oiseaux bleus » au côté de Suzanne Lorcia.

Tours en l'air, pirouettes, entrechats, tout concourt à sauver le corps de son propre poids dans la grande descente où l'oiseau bleu semble marcher sur l'air comme les dieux marchent sur les vagues.

Le Spectre de la rose [128]

Le *Spectre de la rose* depuis Nijinsky et la Karsavina reste un des grands thèmes lyriques autour desquels s'est formée peu à peu une certaine religion de la danse. En le reprenant à son compte en 1931 sur la scène de l'Opéra, Serge Lifar lui rend son premier état de grâce.

La grande et pure arabesque de son corps emporté par la course, allonge ses lignes de la racine des pieds à la fleur de la tête, comme la plante elle-même devenue vivante.

Non, ici, le spectre d'une fleur, mais le printemps et son miracle, la nuit. « Une rose dans les ténèbres. »

Sur le Borysthène [129]

En 1932 encore Lifar crée *Sur le Borysthène* ballet d'une inspiration à la Gogol qui ramène le jeune échappé de Kiev à sa patrie et à son sol. C'est le thème de la noce au village, du retour de l'enfant prodigue, de l'enlèvement au clair de lune. Mais le langage chorégraphique ne tient nullement à sauver un vieux fond folklorique et trouve plutôt sa source dans une inspiration terrestre.

Au surplus, ici encore, compte surtout un style qui rêve de s'ouvrir passage à travers le plus caché de ses origines. Le danseur s'élance au pas de course. Les paris sont faits entre ce qu'il est et ce qu'il va devenir.

Jeunesse [130]

Les Matelots [131], *Le Train bleu*, toute une tradition qui vient de Diaghilev veut que la danse soit mêlée au simple bonheur de vivre. Lifar, s'en souvenant, a créé *Jeunesse* en 1933. Il y figure l'aviateur, c'est-à-dire le séducteur type de ces années terribles.

---

128. *Le Spectre de la rose* a lancé le succès de Nijinsky en 1911. Lifar reprend ce tableau chorégraphique de Michel Fokine d'après un argument de Jean-Louis Vaudoyer le 31 décembre 1931 sous la direction musicale de Joseph-Eugène Szyfer et avec Olga Spessivtseva (la Jeune Fille) et Lifar (le Spectre) pour interprètes. La 100e représentation a lieu le 30 avril 1941 sous la direction musicale de Louis Fourestier et avec Yvette Chauviré et Serge Lifar pour danseurs.

129. *Sur le Borysthène* (titre original *On the Dnieper*), poème chorégraphique en deux tableaux et douze numéros de Sergueï Prokofiev, est créé le 16 décembre 1932 dans une chorégraphie de Lifar et sous la direction musicale de Philippe Gaubert. Les décors sont signés Michel Larionov, les costumes Natalia Gontchavora. Suite à la démission mouvementée d'Olga Spessivtseva, Camille Bos interprète le rôle de Natacha au côté de Lifar dans celui de Serge. Ce ballet est un échec et disparaît du programme après quelques représentations.

130. *Jeunesse*, ballet en deux actes de Pierre-Octave Ferroud sur un scénario d'André Cœuroy et Serge Lifar – qui en assure aussi la chorégraphie –, est créé le 27 avril 1933 sous la direction musicale de Joseph-Eugène Szyfer. Les décors et les costumes sont signés Jean Godebski. Les principaux interprètes sont Suzanne Lorcia et Serge Lifar.

131. Le ballet *Les Matelots*, avec une musique de Georges Auric sur un scénario de Boris Kochno, est créé par les Ballets russes de Diaghilev dans une chorégraphie de Léonide Massine au Théâtre de la Gaîté-Lyrique le 17 juin 1926. Le rideau de scène, les décors et les costumes sont signés Pedro Pruna. La direction musicale est assurée par Marc-César Scotto. Lifar y danse alors comme débutant.

Giselle [132]

Prêt à tout assumer, Lifar veut d'abord exorciser les fantômes. *Giselle* n'est pas seulement le ballet des nuits meurtrières du romantisme où l'amour et la mort se heurtent de front, c'est celui où chaque pas rencontre une trace encore fraîche et où toutes les pistes s'embrouillent. Il faut donc au nouveau Loys [133] ne pas douter de soi pour frapper de la pointe ce sol encombré et en faire jaillir une source neuve.

Conçu pour le triomphe de la danse féminine et la gloire du tulle, notre danseur tient la gageure de disputer au chef-d'œuvre de Théophile Gautier et d'Adam la part malaisée du héros.

Ainsi le vieux rêve encombré de lune est-il déchiré de haut en bas et toute l'onde se déplace-t-elle pour rendre à la jeunesse son dû : un nouvel Hamlet de l'amour et de la folie, qui sauve, à soi seul, tous les prestiges de la légende.

La danse n'est plus seule en scène. La tragédie l'escorte. L'Opéra en une seule figure rassemble les fantômes de Chaliapine et de Mounet-Sully [134] : et muets, leur communique l'éloquence invisible qui mène Lifar à ne parler que le langage du cœur.

Daphnis et Chloé [135]

Les étapes grecques de Lifar sont : *Prométhée*, *Bacchus et Ariane*, *Daphnis et Chloé*, *Icare*. Ce sont celles mêmes du chemin qui le conduit à lui-même. Daphnis est à mi-route. La plus émouvante des histoires de l'amour trouve grâce à lui un climat sylvestre où la poésie tient tout entière dans les alternatives du chaud et du froid.

La Vie de Polichinelle [136]

Comme *Salade*, *La Vie de Polichinelle*, c'est l'excès même de la liberté. Le pantin crochu danse avant même que de vivre. Tombé d'un ciel de Tiepolo [137], sautant dans les plâtres, insensible, cruel, masqué, toujours prêt à casser comme un jouet, ou fragile

132. *Giselle ou les Willis*, ballet pantomime en deux actes d'Adolphe Adam sur un livret de Théophile Gautier et Henri de Saint-Georges, date de 1841. Grand classique du répertoire, il connaît sa 100e représentation en 1863. Le 20 janvier 1932, Lifar le reprend dans la version des Ballets russes de 1910, à savoir dans une chorégraphie de Michel Fokine d'après Jean Coralli et Jules Perrot et avec les décors et costumes d'Alexandre Benois. La direction musicale est assurée par Henri Büsser. Les principaux interprètes sont Lifar (Albert) et Olga Spessivtseva (Giselle).

133. Au début du ballet *Giselle*, le personnage d'Albert, duc de Silésie, adopte l'identité du paysan Loys pour séduire Giselle.

134. Dans son *Portrait de Mounet-Sully* (Paris, Bernouard, 1945), Cocteau évoque également la figure du comédien Mounet-Sully, pseudonyme de Jean-Sully Mounet (1841-1916), dont l'aura continue à planer dans le monde du théâtre bien après sa disparition.

135. Lifar reprend cette symphonie chorégraphique de Maurice Ravel le 17 février 1934 avec la chorégraphie d'origine de Michel Fokine et les décors et les costumes conçus à l'époque par Léon Bakst. La direction musicale est assurée par Philippe Gaubert. Les principaux interprètes sont Lifar (Daphnis) et Suzanne Lorcia (Chloé).

136. *La Vie de Polichinelle*, ballet chanté en deux actes et six tableaux de Nicolas Nabokov sur un scénario de Claude Seran, est créé le 22 juin 1934 dans une chorégraphie de Lifar et avec un décor et des costumes de Pedro Pruna. La partie chantée est interprétée par le ténor Edmond Chastenet. Les principaux interprètes sont Lifar (Polichinelle) et Jacqueline Simoni (Mme Polichinelle).

137. Giambattista Tiepolo (1696-1770), peintre prolifique de l'époque rococo dont plusieurs scènes bibliques ou mythologiques se déroulent sous des ciels imposants.

comme un simple mortel, le Polichinelle de Lifar se paye le luxe de distances et de retards chargés d'angoisse.

Salade [138]

C'est un des souvenirs les plus merveilleux que nous ait confiés l'Opéra de ces dix dernières années. Pas un instant, la fastueuse scène ne désemplit d'une tempête liquide. Le décor de Derain figure le port et la mer de Naples dans un éclat charnel qui fait toute la salle s'y rouler comme un cheval dans une prairie.

Lifar ricoche sur tous les plans. Le tapage et le plaisir, le ruissellement musical, une chaleur de fête, tout précipite au désordre en ordre de la vie.

77. Serge Lifar, dans Serge Lifar, *Le Livre de la danse*, Paris, Éditions du Journal musical français, 1954.

138. *Salade*, ballet chanté de Darius Milhaud sur un texte d'Albert Flament, créé aux Soirées de Paris du comte Étienne de Beaumont par Léonide Massine le 17 mai 1924 sous la direction de Roger Désormière. Repris le 13 février 1935 dans une chorégraphie de Lifar et sous la direction musicale de François Rühlmann, ce ballet reçoit de nouveaux décors et costumes signés André Derain. Les principaux interprètes sont Lifar (Polichinelle) et Suzanne Lorcia (Rosetta). Huit artistes lyriques doublent les danseurs sur scène, parmi eux la soprano Paulette Nathan et le ténor Edmond Rambaud.

Prélude à l'après-midi d'un faune [139]

Le Faune, évoquant l'emmêlement aux puissances de la terre d'un être mal libéré de l'animalité, copiant sa silhouette sur quelque bas-relief, s'acharne après des ombres. Entre ces ombres et lui ne reste qu'un voile, mais ce voile prend à ses yeux la forme de son amour.

Le Lac des cygnes [140]

Le prince Siegfried chasse dans la forêt, au bord de l'inévitable lac. Une fois de plus les thèmes de l'amour et de la chasse échangent leurs plus cruelles métamorphoses. La jeune fille ou les princesses passent du règne humain à celui des oiseaux. Moins surnaturelles que les wilis de *Giselle*, elles n'en contraignent pas moins à la folie et à la mort celui qui s'acharne à les retenir au bord de ce monde.

Icare [141]

Stendhal disait de *Dédale et Icare* ballet de Salvatore Vigano : « Cela convient à mes nerfs. » L'aveu est ainsi fait de l'émotion physique par où commence d'abord, au spectacle d'une œuvre chorégraphique, notre adhésion d'esprit.

Avec *Icare* Serge Lifar exprime le maximum de son lyrisme corporel.

Mais ce ballet fait surtout date en ceci, tout au moins le chorégraphe le veut, qu'il manifeste pour la première fois la volonté de délivrer la danse des limites particulières de la musique.

La danse tente le ciel. Le danseur utilise les dernières images de la terre et veut leur faire gravir l'espace. C'est trop d'audace. Il le sait lui-même. Le mythe lui casse les ailes, mais le génie de la danse le sauve et rend au héros sa seule chance de devenir un homme.

Harnasie [142]

C'est une œuvre du folklore polonais, issue de cet interminable Orient de l'Europe qui commence à Vienne. Du brigandage et de l'amour, des rondes paysannes et des pyrrhiques plébéiennes. L'Opéra avec feu change de ton et prend le visage du Châtelet.

---

139. Sous le titre de *Prélude à l'après-midi d'un faune* et dans une chorégraphie de Lifar, le ballet *L'Après-midi d'un faune* est repris à l'Opéra de Paris le 18 mars 1935 sous la direction de Philippe Gaubert, puis à l'Opéra-Comique le 21 février 1937 sous celle d'Eugène Bigot. À chaque reprise, Lifar danse le rôle principal, celui du Faune. Les décors que Léon Bakst avait conçus pour la création par les ballets russes sont réutilisés.

140. Créé en 1877, *Le Lac des cygnes* fait partie, en tant que modèle du ballet classique, du répertoire de toutes les compagnies de ballet. Diaghilev l'a, lui aussi, programmé à Londres en 1911 dans une chorégraphie de Michel Fokine d'après son créateur Petipa. Le ballet est repris comme tel par Lifar le 22 janvier 1936. La direction musicale est assurée par François Rühlmann Les principaux interprètes sont Lifar (le Prince Wolfgang) et Marian Semenova (Odette).

141. Serge Lifar qui signe la chorégraphie et interprète le rôle titre d'*Icare* obtient avec ce ballet sa première grande réussite en tant que chorégraphe.

142. *Harnasie*, ballet chanté en deux actes et trois tableaux sur une musique de Karol Szymanowski composée en 1923, est créé le 27 avril 1936. Lifar conçoit la chorégraphie en retravaillant le scénario d'origine du compositeur. La direction musicale de l'orchestre et du ténor Edmond Rambaud est assurée par Philippe Gaubert. Les décors et les costumes sont signés Irène Lorentowicz. Les principaux interprètes

Le Roi nu [143]

Jamais la nature, le flot du jour, la connaissance de la terre n'ont été aussi absents d'une œuvre de danse. Et pourtant la mer chargée d'ombre, chère à Andersen, est invisible et présente. Seul au milieu d'un grand vide (les fenêtres envolées sont remplacées par des miroirs menteurs), le torse renversé, le visage fardé par la cendre, les jambes plus hautes que jamais, Lifar mélange une fois de plus l'animal et l'homme qui rêve. Il se livre depuis le premier geste à l'enfance qui l'assassinera d'une seule phrase.

David triomphant [144]

Le sommet dramatique de ce ballet, le plus complet, le plus émouvant de l'artiste c'est la Danse de la fronde, moment unique où la solitude du héros et celle du danseur se confondent en un seul mythe. Les bras étirés, le corps ne cédant à une sorte d'élan sauvage que pour retourner à une source d'ivresse, le visage tourné vers l'avenir, environné de périls, Serge Lifar met à jour, dans son *David triomphant*, une austérité tout nue.

Le rideau descend sur les grandes catastrophes annoncées par les livres de Dieu.

Promenades dans Rome [145]

La Rome de Stendhal, c'est-à-dire un Opéra éboulé où la jeunesse saute et se désaltère, tel est le cadre de ce ballet romanesque qui va du plein soleil à la lune la moins faite pour la nuit. Gendarmes et brigands, paysans et touristes s'en donnent à cœur joie de battre les planches, et l'amour chevauche les ruines.

---

sont Lifar (le chef d'Harnasie) et Jacqueline Simoni (la Fiancée). Le ballet est annulé après quelques représentations.

143. *Le Roi nu*, ballet en un acte et quatre tableaux de Jean Françaix sur un scénario de Lifar d'après un conte de Hans Christian Andersen, est créé le 15 juin 1936 dans une chorégraphie de Lifar. Joseph-Eugène Szyfer assure la direction musicale. Pedro Pruna signe les décors et les costumes. Les principaux interprètes sont Lifar (le Roi) et Suzanne Lorcia (la Reine).

144. *David triomphant*, ballet en deux actes et trois tableaux inspiré d'un scénario de Lifar d'après le *Livre des Rois*. Vittorio Rieti écrit sa partition sur une série de rythmes d'après les directives transmises par Lifar. Ce ballet est créé le 15 décembre 1936 au Théâtre de la Cité universitaire, puis repris à l'Opéra le 26 mai 1937 sous la direction musicale de Joseph-Eugène Szyfer. Les décors et costumes géométriques aux couleurs fortes sont signés Fernand Léger. Les principaux interprètes sont Yvette Chauviré (la fille du roi) et Lifar (David).

145. *Promenades dans Rome*, divertissement chorégraphique chanté en un acte et quatre tableaux composé par Marcel Samuel-Rousseau sur un livret de Jean-Louis Vaudoyer, est créé le 14 décembre 1936 dans une chorégraphie de Lifar. La direction musicale est assurée par Philippe Gaubert. Les costumes sont signés Mme J.-P. Zambaux, les décors Albert Decaris. Lifar danse au côté de Suzanne Lorcia, pendant que le ténor Georges Nore et la soprano Renée Mahe accompagnent les deux danseurs de leur partie chantée.

Alexandre le grand[146]

Encore un des ballets mystiques que le chorégraphe propose à une imagination où se devinent les oriflammes, les tambours de bataille, les dieux exotiques et les chars triomphaux.

Le grand tumulte flaubertien l'emporte sur l'exactitude du cœur. En réalité le conquérant brise les cadres avec une voracité légendaire, se fait porter à bout de bras, et meurt à la fin, à la renverse, sur le dos même des peuples abattus.

Mais Lifar a le mérite de concilier les départs en flèche avec des retours au sol d'une étonnante lenteur.

Oriane et le prince d'amour[147]

Oriane est, à la veille de la guerre, un des premiers retours au Moyen Âge dont Lifar affectionne depuis quelque temps le merveilleux sentimental. Le pas de deux d'Oriane et du Prince reste une des élaborations les plus émouvantes du lyrisme amoureux de la chorégraphie contemporaine et, comme dit Rilke, semble « la course de deux astres rapides prise au ralenti ».

Le Cantique des cantiques[148]

David était tragiquement seul. Le second ballet de Lifar est au contraire le chant triomphal de l'amour. Le vieux sol encore vierge de la terre reçoit, semble-t-il, son premier miracle : l'étonnement tout neuf des passions humaines.

Aeneas[149]

Les cheveux d'Homère, dressés par le souffle divin, forment les cordes de sa lyre. Il en sortira toujours de quoi exciter les danseurs et les poètes.

L'Énée triomphateur, dressé sur ses piédestaux, ses archipels de marbre, son orchestre historique, traîne derrière lui sa longue route méditerranéenne et voit à ses pieds Rome pousser comme une de ces plantes monstrueuses du cinéma.

---

146. *Alexandre le grand*, épopée chorégraphique en un prologue, trois tableaux et un épilogue de Lifar mise en musique par Philippe Gaubert, est créé le 21 juin 1937 dans une chorégraphie de Lifar. La direction musicale est assurée par le compositeur. Les décors et les costumes sont signés Paul-René Larthe. Les principaux interprètes sont Lifar (Alexandre) et Suzanne Lorcia (la reine de Babylone).

147. *Oriane et le Prince d'amour*, drame-ballet en deux actes de Florent Schmitt sur un livret de Madame Claude Seran, est créé le 7 janvier 1938 dans une chorégraphie de Lifar. La direction musicale est assurée par Philippe Gaubert. Les décors et les costumes sont signés Pedro Pruna. Les principaux interprètes sont Lycette Darsonval (Oriane) et Lifar (le Prince d'amour).

148. *Le Cantique des cantiques*, ballet chanté pour solistes et chœurs composé par Arthur Honegger sur un livret de Vincenzo Galeotti, est créé le 2 février 1938 dans une chorégraphie de Lifar. La direction musicale est assurée par Philippe Gaubert. Les décors et les costumes sont signés Paul Colin. Les artistes lyriques sont la mezzo-soprano Antoinette Couvidoux, le ténor Edmond Chastenet et le baryton Charles Cotta. Les principaux danseurs sont Carina Ari (la Sulamite) et Lifar (le Berger).

149. *Aeneas*, ballet en un acte d'Albert Roussel sur un scénario de Joseph Weterings, est créé le 4 avril 1938 dans une chorégraphie de Lifar. La direction musicale est assurée par Philippe Gaubert. Les décors et les costumes sont signés René Moulaert. Les principaux interprètes sont Lifar (Aeneas) et Suzanne Lorcia (Didon).

Adélaïde [150]

Maurice Ravel musicien du second Empire? Il y a de cela. Lifar ajoute aux *Valses nobles et sentimentales* une charmante ironie militaire pour soir de fête.

Sylvia [151]

Les amours de la mythologie sont inépuisables. L'art n'en verra jamais la fin. La danse contemporaine y fait moins appel toutefois que celle de Noverre et de Vestris. Mais, quelque courage qu'il faille pour y échapper, ce n'est jamais qu'à l'aide des dieux que les bergers enlèvent les chasseresses, s'enivrent, défient les sorts de l'Olympe et rendent l'existence impossible à qui n'a point l'âge de jouer avec les sortilèges, c'est-à-dire l'âge des danseurs et des poètes.

Le Chevalier et la Damoiselle [152]

Les métamorphoses féminines sont moins fatales aujourd'hui qu'elles ne l'étaient à l'époque de *Giselle* ou du *Lac des cygnes*.

La jeune biche que le Chevalier tue et rend à l'amour des hommes n'a rien d'un esprit vengeur. Elle devient une châtelaine fort à l'aise qui donne bal et tournoi. À ce prix ce dernier ballet médiéval de Serge Lifar se tient bien en main comme un jeu de cartes.

Le centre de ce ballet est formé des trois combats qui opposent le chevalier à ses rivaux. Il semble que la scène de l'Opéra creuse un tableau d'Uccello, lui offre sa troisième dimension et donne à ses princes, ouvragés comme des insectes, l'occasion de sortir d'un silence pour venir jouer en pleine bataille.

---

150. *Adélaïde ou le Langage des fleurs*, ballet en un tableau d'après les *Valses nobles et sentimentales* de Maurice Ravel, est créé par la compagnie de Natalia Trouhanova au Théâtre du Chatelet le 22 avril 1912, dans une chorégraphie d'Yvan Clustine, dans les décors et les costumes de Jacques Drésa (pseudonyme d'André Saglio) et sous la direction du compositeur à la tête de l'Orchestre des concerts Lamoureux. Ce ballet est repris le 28 décembre 1938 dans une nouvelle chorégraphie de Lifar. La direction musicale est assurée par Philippe Gaubert. Les décors et les costumes sont signés Maurice Brianchon. Les principaux interprètes sont Yvette Chauviré (Adéläide) et Lifar (le Poète).

151. *Sylvia*, ballet en trois actes et cinq tableaux de Léo Delibes sur un livret de Jules Barbier et du baron de Reinach, est créé à l'Opéra de Paris le 14 juin 1876 dans une chorégraphie de Louis Merante, avec des décors de Jules Chéret, Auguste Rubé et Philippe Chaperon et des costumes d'Eugène Lacoste. Ce ballet est repris à plusieurs reprises sur de nombreuses scènes internationales, notamment le 5 février 1941 dans une nouvelle chorégraphie de Lifar. La direction musicale est assurée par Louis Fourestier. Les décors et les costumes sont signés Maurice Brianchon. Les principaux interprètes sont Lifar (Aminta) et Suzanne Lorcia (Sylvia).

152. *Le Chevalier et la Damoiselle*, ballet en deux actes de Philippe Gaubert d'après un scénario de Lifar, est créé le 2 juillet 1941 dans une chorégraphie de Lifar. La direction musicale est assurée par Louis Fourestier. Les décors et les costumes sont signés Cassandre (alias Adolphe Mouron). Les principaux interprètes sont Lifar (le Chevalier) et Solange Schwartz (la Damoiselle).

Entre deux rondes [153]

La nuit des musées est pleine de surprises. Elle délivre les statues et les tableaux de leurs secrets et leur fait retrouver l'âge de vivre. L'idylle de l'Apollon et de la danseuse de Degas intrigue la lune avec des jeux inquiétants de tulle et de marbre.

Istar [154]

Istar cherche le Fils de la vie. N'est-ce point à la danse de le désigner, à travers cette ombre hautaine, lorsqu'à deux battants s'ouvre la porte d'un monde céleste ? Mais cette mythologie austère jette sur les héros, jusqu'à l'instant de la délivrance, un lourd filet de plomb. De bijoux qui tombent en robes qui glissent nous voyons apparaître la danse nue.

Joan de Zarissa [155]

Les ravages opérés par l'être qu'abandonnent les dieux brisent toutes les lois humaines et l'entraînent lui-même à sa perte. Il fallait que le théâtre d'un esprit aux abois soit montré sur le théâtre comme un spectacle visible, et renchérisse sur les tragédies les plus funestes. Le Don Joan démoniaque de Lifar traîne l'amour à la mort comme une victime désignée mais qui trouve en soi jusqu'au dernier moment les forces de la révolte.

Boléro [156]

Un grand mécanisme solaire en marche, et tout l'impitoyable à son secours, voilà ce qu'il faut que découvre la scène. Un abîme où se joue le drame de la mise à mort.

Serge Lifar, au comble de sa race, dresse en haute école l'Espagne capturée de force, la nuit et le sang.

Il meurt victime d'un motif musical qui le piétine sans relâche.

---

153. *Entre deux rondes*, duo chorégraphique en un acte de Marcel Samuel-Rousseau qui signe aussi le scénario, est créé le 24 avril 1940 dans une chorégraphie de Lifar. La direction musicale est assurée par Louis Fourestier. Le décor est signé Nadine Landowski. Les principaux interprètes sont Lifar (la Statue) et Solange Schwartz (la Danseuse de Degas). Ce ballet connaît sa 50e représentation le 19 janvier 1944.

154. *Istar*, poème dansé en un acte sur un argument de Léon Bakst sur un poème symphonique de Vincent d'Indy datant de 1896, est créé au Théâtre du Châtelet le 22 avril 1912 sous la baguette du compositeur à la tête de l'Orchestre Lamoureux. Les ballets de Natalia Trouhanova en assurent la création dans une chorégraphie d'Yvan Clustine, avec des décors et costumes de Georges Desvallières. Pour sa reprise, le 31 décembre 1941, Lifar crée une nouvelle chorégraphie. La direction musicale est assurée par Louis Fourestier. Les principaux interprètes sont Yvette Chauviré (Istar) et Lifar (le Fils de la vie). Lifar reprend les décors de Léon Bakst utilisés lors de la représentation avec Ida Rubinstein au Palais Garnier le 10 juillet 1924.

155. *Joan de Zarissa*, ballet en quatre tableaux et livret de Werner Egk, créé le 10 juillet 1942 dans une chorégraphie de Lifar. La direction musicale est assurée par le compositeur Egk. Les décors et les costumes sont signés Yves Brayer. Les principaux interprètes sont Lycette Darsonval (Isabeau) et Lifar (Joan).

156. Pour la reprise du *Boléro* de Ravel, le 31 décembre 1941, Lifar crée une nouvelle chorégraphie et, ensemble avec Léon Leyritz, un nouvel argument. La direction musicale est assurée par Louis Fourestier. Les décors et les costumes sont signés Léon Leyritz. Les principaux interprètes sont Lifar (Torero), Suzanne Lorcia (Marilèna) et Serge Peretti (Spontano).

Les Animaux modèles [157]

Sous la cagoule on voit passer le nez du loup. Ce ballet mêle La Fontaine et la Comtesse de Ségur, en des entrées d'un siècle qui n'a pas d'âge puisqu'il est celui de l'enfance forestière et des beaux étés méridiens. Les groupes de Le Nain adorent une terre à leur taille, mais la cour vient à eux, sur les pointes de l'animal savant. C'est sur les pointes que la mort se livre à ses rites sans cœur.

Le Jour [158]

C'est le ballet des astres que nous raconte Supervielle et que Lifar essaye de traduire dans sa langue.

Le ciel et l'eau qui le double, les bêtes dont la lune gouverne les moelles profondes, les arbres qui dorment debout chloroformés par sa lumière, la nappe mise sur les places vides et les camps d'ombre, tout cela doit obéir à la danse mystérieuse du sommeil et des feux célestes.

La comète, les étoiles, la nuit et l'irruption du soleil composent la troupe de cette grande machine de théâtre où Louis XIV aurait trouvé son rôle.

L'Amour sorcier [159]

Pendant que la Teresina [160] trépigne comme pour éteindre des braises, le fantôme de l'amoureux se glisse parmi les filles qui, une seconde fois, le tuent à coup d'œillades, de talons et de castagnettes.

Barrès réveillé, Tolède tombe en proie aux sortilèges de Goya. Lifar sort de terre et y retourne comme une racine de la mandragore qui excite les filles du feu.

---

157. *Les Animaux modèles*, ballet en un acte de Francis Poulenc d'après les *Fables* de La Fontaine sur un argument revu par le compositeur, est créé le 8 août 1942 dans une chorégraphie de Lifar. La direction musicale est assurée par Roger Désormière. Les décors et les costumes sont signés Maurice Brianchon. Lifar interprète le Lion amoureux et le Coq noir, Suzanne Lorcia la Cigale et la Mort.

158. *Le Jour*, poème chorégraphique de Maurice Jaubert sur un scénario de Supervielle, est créé le 23 juin 1943 dans une chorégraphie de Lifar. La direction musicale est assurée par Louis Fourestier. Les décors et les costumes sont signés Jacques Ernotte. Les principaux interprètes sont Lifar (l'Homme) et Suzanne Lorcia (le Soleil). Ce ballet est accompagné de chants lyriques interprétés par les sopranos Janine Micheau et Boni (pseudonyme d'Henriette Huet), les mezzo-sopranos Eliette Schenneberg et Suzanne Darbans (pseudonyme de Suzanne Lincou) et le baryton Charles Cambon.

159. *L'Amour sorcier*, ballet-pantomime en un acte et deux tableaux de Manuel de Falla sur un argument de Gregorio Martinez-Sierra, est créé le 15 avril 1915 au Teatro Lara de Madrid, suite à une commande au compositeur de la danseuse gitane Pastora Imperio. L'année suivante, Manuel de Falla en donne une version de concert retravaillée qui devient la version finale du ballet, comprenant treize numéros dans un scénario renouvelé. Ce ballet est créé au Trianon-Lyrique de Paris le 22 mai 1925 sous la baguette du compositeur, dans une chorégraphie d'Argentina (pseudonyme d'Antonia Mercé y Luque) qui danse également le rôle titre de Candéla. Il est repris le 26 janvier 1943 dans une chorégraphie de Lifar. La direction musicale est assurée par Louis Fourestier. Les décors et les costumes sont signés Yves Brayer. Les principaux interprètes sont Teresina Boronat (Candéla) et Lifar (le Spectre).

160. Teresina Boronat (1904-2011), plus connue sous son seul prénom, est une danseuse espagnole que Cocteau découvre en même temps que Paris en 1942. Voir *JG*, p. 253.

Suite en blanc – Namouna[161]

Noverre, le premier, exerce le pouvoir de l'autorité au milieu des confusions historiques de la danse. Vestris porte l'art chorégraphique à son apogée corporelle, et Fokine est sur le plateau comme chef d'armée qui commande à l'équilibre des forces et des formes. Lifar ne dérange ces ombres fameuses qu'au point où elles s'incarnent à nouveau en lui seul.

Mais à travers trente-cinq ballets, au cœur de cette ruche dorée qu'est l'Opéra, notre chorégraphe amène jusqu'à *Namouna* son œuvre, sa pensée, ses recherches, ses certitudes.

Jean Cocteau

148

[LE *PELLÉAS* DE DEBUSSY] *

[...]

Le *Pelléas* de Debussy est un chef-d'œuvre poétique. Le texte de Maeterlinck un chef-d'œuvre de poésie. Ce que l'opéra dégage de poésie vient beaucoup plus du dramaturge que du musicien. Mais les gens ne s'en rendent pas compte. Ils croient que le poète est inférieur à la musique et même, sans la musique, un peu ridicule et démodé.

Alors que c'est justement ce qui déplaît encore en Maeterlinck qui le sauve et que l'accès trop rapide et trop unanime des élites à la musique de Debussy, nous prouve qu'elle est de la prose poétique sur la poésie en prose de Maeterlinck.

Picasso dit : « La musique c'est de la prose. »

[...]

149

[LES BALLETS DES CHAMPS-ÉLYSÉES] **

Il ne nous restait que les cendres du Phénix inoubliable de Serge de Diaghilev. Mais on connaît le mythe et la vérité du mythe [a]. Ce Phénix est mort pour revivre.

---

161. *Suite en blanc*, ballet chorégraphié, extrait du ballet *Namouna* (1882) d'Édouard Lalo, est repris par Lifar et les ballets de l'Opéra de Paris au Grand Théâtre de Zürich le 19 juin 1943, puis donné à Paris le 23 juillet suivant. La direction musicale est assurée par Louis Fourestier. Les décors et les costumes sont signés Maurice Moulène. Les principaux interprètes sont Lycette Darsonval et Lifar.

* « [Sans titre] », deux paragraphes extraits de l'article « Secrets de beauté », *Fontaine*, n° 42, mai 1945, p. 187-207 ; texte repris dans *OC*, vol. X, p. 345-371.

** « [Sans titre] », préface – accompagnée de dessins de Christian Bérard – à *Soirées de ballets*, Théâtre Sarah-Bernhardt, les 15-17-19-21 juin 1945. Direction artistique : Boris Kochno. Maître de ballet : Roland Petit, Paris, Les éditions du Chêne, 1945 ; texte repris à l'identique comme préface au programme *des Ballets des Champs-Élysées*, Théâtre des Champs-Élysées, le 22 octobre 1945 ; texte repris avec des variantes comme préface – accompagnée de tout autres dessins de Christian Bérard de ceux présents dans les programmes de 1945 – au programme des *Ballets des Champs-Élysées*, à l'occasion de la saison de printemps 1946 des Ballets des Champs-Élysées à l'Adelphi de Londres, sous la direction artistique de Boris Kochno et avec Roland Petit pour maître de ballet. Manuscrit et dactylogramme conservés dans le fonds Kochno, BnF, Bibliothèque-Musée de l'Opéra. Version de base : celle des programmes de 1945 *(1945)*, qui fournit la mise en page d'origine du texte, tout en signalant les variantes significatives de la leçon postérieure (*1946*).

Boris Kochno[162] qui aidait Diaghilev dans son travail organise aujourd'hui une véritable fête de la jeunesse et de la danse[163].

De nouveau le voilà qui groupe les peintres, les chorégraphes, les danseurs[164].

78. Janine Charrat et Roland Petit, programme du récital de danse à la salle Pleyel à Paris le 15 avril 1943.

162. Après avoir été l'un des principaux collaborateurs de Diaghilev en tant que secrétaire et librettiste, Boris Kochno (1904-1990) travaille avec les Ballets russes de Monte-Carlo, puis s'associe avec Roland Petit pour créer les Ballets des Champs-Élysées. Il est l'auteur de nombreux livrets et arguments de ballets.

163. Au programme des répétitions de *Soirées de ballets* (les 15-17-19-21 juin 1945) et de la première des Ballets des Champs-Élysées du 22 octobre 1945 figurent, sous la direction du chorégraphe Roland Petit, la reprise des *Forains* et la création du *Poète* et du *Rendez-vous*, et sous la direction de Roger Fenonjois, la création de *Quadrille.* L'Orchestre de la Société des concerts du Conservatoire est placé sous la direction musicale d'André Girard. Signalons que Cocteau avait déjà, pour la création des *Forains*, le 2 mars 1945, illustré le programme d'un dessin.

164. De nombreux artistes contribuent à ces soirées. Parmi les peintres auteurs des costumes et des décors : Christian Bérard (*Les Forains*), Lucien Coutaud (*Le Poète*), Valentine Hugo (*Quadrille*) et Pablo Picasso (rideau du *Rendez-vous*); parmi les danseurs ou chorégraphes : Renée (qui prendra en 1949 le prénom de « Zizi ») Jeanmaire, Roland Petit, Marina de Berg, Denise Bourgeois, Ethery Pagava, Roger Fenonjois et Roger Blin; parmi les musiciens : Henri Sauguet (*Les Forains*), Georges Auric (*Quadrille*),

Autour de Roland Petit [165], le mercure dispersé se rassemble et forme un bloc qui vibre et qui étincelle.

Le Phénix méditait sa substance, réorganisait sa grande âme et ses plumages multicolores, dans le secret du feu.

Saluons ce prodige et réjouissons-nous qu'il choisisse la France [b]. Car Diaghilev la préférait à tout autre lieu du monde, parce que, disait-il, elle suscite [c] autour des œuvres, des disputes et des drames d'amoureux.

Variantes

a. Mais on connaît [le mythe et la vérité du mythe *1945* ; le mythe (*1946*)]. Ce Phénix [...]

b. [...] et réjouissons-nous qu'il choisisse [la France *1945* ; l'Angleterre après la France *1946*].

c. Car Diaghilev [la *1945* ; les *1946*] préférait à tout autre lieu du monde, parce que, disait-il, [elle suscite *1945* ; elles suscitent *1946*] autour des œuvres, des disputes [...]

150

[AGNÈS CAPRI] *

Les folles une bougie à la main et les cheveux jusqu'à terre se promènent dans les corridors des châteaux nocturnes et chantent le nom de leur fiancé perdu.

Les folles sont les fiancées du clair de lune et leurs amours les quittent pour les fiancées du soleil fou.

Les folles sont des douleurs, les douleurs sont des folles et Agnès [166] dit : « Le petit chat Thémor. »

Août 1945

Benjamin Godard (*Le Poète*, musique orchestrée par Charles Koechlin) et Joseph Kosma (*Le Rendez-vous*). Pour *Le Rendez-vous*, notons aussi que les photographies de Paris réalisées par Brassaï servent de décor et que Jacques Prévert en a écrit l'argument. Boris Kochno signe les arguments des autres ballets.

165. Roland Petit (1924-2011) entre aux ballets de l'Opéra de Paris sous la direction de Lifar en 1940, mais démissionne trois ans plus tard. Il présente ses premières chorégraphies aux Soirées de la danse fondées par Irène Lidova en 1944. Avec l'aide de Lidova et de Boris Kochno, il fonde les Ballets des Champs-Élysées l'année suivante. En 1946, il monte *Le Jeune Homme et la Mort* sur un livret de Jean Cocteau : ce sera l'un de ses plus grands succès (voir notes du texte 158).

* « [Sans titre] », texte manuscrit entourant un dessin reproduit en fac-similé dans *Zig-Zag 50*, programme du cabaret-théâtre Agnès Capri, 5 rue Molière.

166. Agnès Capri, née Sophie Rose Friedmann (1907-1976), débute comme actrice en 1933 puis se tourne vers la chanson en 1936. Elle interprète alors des textes de Jacques Prévert qui lui valent d'être immédiatement appréciée. L'année suivante, elle joue le rôle d'une chanteuse des rues dans le film de Marcel Carné, *Drôle de drame*. En 1938, elle ouvre sa propre salle, Le Petit Théâtre de nuit, situé rue Molière à Paris. À la déclaration de guerre, elle se réfugie en Algérie (car elle est juive), où elle joue la comédie à l'Opéra d'Alger. Elle revient en France à la Libération et prend la direction du Théâtre de la Gaîté-Montparnasse, qui devient alors le Théâtre d'Agnès Capri. Cocteau salue ici son retour. Il rapproche Agnès Capri et le personnage d'Agnès des *Femmes savantes* de Molière prononçant la célèbre phrase « Le petit chat est mort » (acte II, scène 5), sur la base certes du prénom, mais surtout de l'attention toute particulière que la chanteuse-comédienne accorde à la diction du texte.

151
LES COMPAGNONS DE LA CHANSON *

Je viens d'assister à la grande procession du Saint-Sang de Bruges [167]. Son cortège solennel où le sang du Christ traverse la ville porté par les évêques, se déroule entre les maisons en dentelle de brique et des échafauds chargés de grappes humaines. Chaque fois qu'un nouveau notable incarne le Christ, le cortège joue l'épisode en langue flamande. Rien de plus extraordinaire que ce silence des rues et que cette jeunesse qui marche, qui mime, qui parle. Je n'oublierai jamais Jésus au milieu des docteurs. Un jeune garçon à voix de soprano enseigne les docteurs à fausse barbe qui l'interrogent.

Un spectacle prend alors son véritable sens, le sens qu'il devrait toujours avoir : le sens religieux. Et j'étais triste. Je me disais que cette richesse ne pouvait plus se produire chez nous.

C'est alors qu'il m'arriva, au retour, d'entendre les Compagnons de la chanson [168] par l'entremise d'Édith Piaf. De les entendre et de l'entendre elle, mêlée à eux, coulée dans leur cloche de bronze et d'or comme une veine d'agate. Je ne vous parlerai pas des numéros comiques qu'ils exécutent. Ils se présentent tout seuls et je n'imagine pas qu'un seul spectateur y résiste. Les trouvailles s'y accumulent. Le désordre de la jeunesse y devient l'ordre sans rien perdre de son feu.

Mais ce dont il importe que je vous parle, c'est cet étrange mariage entre Mme Édith Piaf et la jeune équipe. Que pouvait-on attendre de ces deux solistes qui s'affrontent ? Car Mme Piaf est seule, seule au monde. Également, seul au monde est le chœur de ces jeunes hommes, chœur dont il faut changer l'orthographe pour dire qu'ils ne forment qu'un seul cœur.

Et bien, il arrive ce miracle que nos solitudes s'épousent et composent un objet sonore par où la France s'exprime jusqu'à nous tirer les larmes.

Après les farces de la cour du collège voici que le silence bâtit un porche d'église, un catafalque de fleurs, une forêt de lumière et d'ombre, un escalier monumental en haut duquel se dresse un groupe inoubliable : Mme Édith Piaf au centre d'un mécanisme plus sévère, plus gracieux, plus céleste que les carillons de Malines.

Les Compagnons chantent. Leur chant résulte d'un acharnement contre la mauvaise chance, contre la surdité cruelle du monde, contre le trafic, contre la mode. C'est-à-

---

* « Les Compagnons de la chanson », paru d'abord dans *Diogène*, le 24 mai 1946, puis dans *Spectateur*, n° 52, 29 mai 1946, ensuite dans toute une série de programmes des Compagnons de la chanson, comme par exemple *Positions*, n° 1, s. d. Dactylogramme conservé à la BHVP. Version choisie : celle du dactylogramme, qui a pour avantage de fournir, contrairement à toutes les publications signalées ci-dessus, la version intégrale du texte.

167. Comme la création de *Renaud et Armide* à la Comédie-Française en 1943 avait été mal accueillie par la presse, Cocteau la reprend au Théâtre des Galeries de Bruxelles le 26 avril 1946 dans une distribution nouvelle et avec un décor et des costumes tout à fait différents. C'est à l'occasion de cette venue en Belgique qu'il assiste à la procession de Bruges, plus précisément le 6 mai 1946.

168. Issus d'un groupe vocal formé en 1941, les Compagnons de la chanson – comprenant trois ténors, trois barytons et trois basses – adoptent leur nom en février 1946. La même année, leur carrière prend son envol lorsqu'ils se produisent avec Édith Piaf au Théâtre de l'Étoile. Ils chantent alors ensemble *Les Trois Cloches*, une chanson de Jean Villard, qu'ils enregistrent ensuite et qui connaîtra un succès sans précédent. Piaf les emmène dans ses tours, jusqu'à New York. Par la suite, ils constitueront un répertoire à partir des vieilles chansons françaises.

dire qu'ils se plantent, qu'ils s'enracinent en face de vous et qu'ils semblent attendre que la poésie du sol monte à travers eux et les métamorphose. En quoi ? En arbre de musique. Car elle les recouvre d'un feuillage où soudain Mme Édith Piaf tiendra le rôle du rossignol.

Écoutez leurs voix s'allumer l'une à l'autre pareilles aux feux de la Saint-Jean, qui se communiquent de colline en colline. Écoutez-les se taire et se répondre. Écoutez-les s'éparpiller et se regrouper comme le mercure. Et répétez-vous qu'il est ridicule de plaindre la France alors qu'elle nous donne sans cesse et à l'improviste les preuves innombrables de ses secrets et de son pouvoir.

152

ÉDITH PIAF [*] [169]

J'aime beaucoup la façon désinvolte avec laquelle Stendhal emploie le mot génie. Il trouve du génie à une femme qui monte en voiture, à une femme qui sait sourire, à un joueur de cartes qui laisse gagner son adversaire [170]. Bref, il ne laisse pas le mot dans les hauteurs. Je veux dire par là que ces femmes et que ce joueur réunissent en une seconde toutes les puissances confuses qui composent la grâce et qu'ils les mettent à l'extrême pointe. Laissez-moi adopter le style de Stendhal pour vous dire que Mme Édith Piaf a du génie. Elle est inimitable. Il n'y a jamais eu d'Édith Piaf, il n'y en aura plus jamais. Comme Yvette Guilbert ou Yvonne George, comme Rachel [171] ou Réjane, elle est une étoile qui se dévore dans la solitude nocturne du ciel de France. C'est elle que contemplent les couples enlacés qui savent encore aimer, souffrir et mourir.

Regardez cette [a] petite personne dont les mains sont celles du lézard des ruines [172]. Regardez son front de Bonaparte, ses yeux d'aveugle qui vient de retrouver la vue. Comment chantera-t-elle [b] ? Comment s'exprimera-t-elle ? Comment sortira-t-elle de sa

---

* « Édith Piaf », dans *Le Foyer des Artistes*, 1947, p. 189-190 ; texte repris sous le titre « Édith Piaf et les grandes plaintes de la nuit » dans *La Tribune de Genève*, le 3 mai 1963. Il existe une version antérieure et une version postérieure de ce texte. Donnée dans un dactylogramme conservé à la Bibliothèque historique de la ville de Paris, la version antérieure est reprise en partie et avec quelques variantes d'abord dans l'album du disque *Édith Piaf, de « L'Accordéoniste » à « Milord »*, Columbia Pathé Marconi, 30 cm., 33 tours, 33 FSX 138 HS, achevé d'imprimer : le 15 novembre 1961, puis dans *Le Journal musical français*, n° 121, 18 octobre 1963, p. 5. À quelques variantes près, c'est également la leçon du texte donnée dans la préface à la radiodiffusion du *Bel Indifférent* (voir note suivante). Quant à la version postérieure, elle figure comme préface dans Édith Piaf, *Au bal de la chance* (Paris-Genève, Jeheber, 1958, p. 9-11) et, à l'identique, dans *Les Lettres françaises* (n° 999, 17-23 octobre 1963, p. 15). Version de base : celle du *Foyer des artistes (1947)*, tout en signalant les variantes significatives d'autres versions (*version antérieure ; album de disque ; Le Journal musical français ; version radio ; version postérieure*).

169. La rédaction de ce texte est antérieure au 2 juin 1946, date où il a été prononcé comme préface à la radiodiffusion du *Bel Indifférent*. Pour une version de ce texte établi par Héron, voir *Jean Cocteau et la radio*, p. 92-93.

170. Nous n'avons pu retrouver l'origine de cette allusion ou de cette citation dans l'œuvre de Stendhal.

171. Rachel, née Élisabeth Rachel Félix (1821-1858), tragédienne entrée à la Comédie-Française en 1838 et qui règne pendant vingt ans sur la scène parisienne.

172. Le lézard des ruines est un petit reptile typique pour le sud de la France et les régions méditerranéennes.

poitrine étroite les grandes plaintes de la nuit ? Et voilà qu'elle chante ou, plutôt, qu'à la mode du rossignol d'avril elle essaye son chant d'amour.

Avez-vous entendu ce travail du rossignol[c] ? Il peine. Il hésite. Il racle. Il s'étrangle. Il s'élance et il retombe. Et soudain il *trouve.* Il vocalise. Il bouleverse.

79. Édith Piaf, s.d., collection Séverin Wunderman – Musée Jean Cocteau à Menton.

Très vite, Édith Piaf qui se tâte et qui tâte son public, a trouvé son chant. Et voilà qu'une voix qui sort des entrailles, une voix qui l'habite des pieds à la tête, déroule une haute vague de velours noir. Cette vague chaude nous submerge, nous traverse, pénètre en nous. Le tour est joué. Édith Piaf, comme le rossignol invisible, installé sur sa branche, va devenir elle-même invisible. Il ne restera plus d'elle que son regard, ses mains pâles, ce front de cire qui accroche la lumière et cette voix qui gonfle, qui monte, qui monte, qui peu à peu se substitue à elle et qui, grandissant comme son ombre sur un mur, remplacera glorieusement cette petite fille timide. De cette minute le génie de Mme Édith Piaf devient visible et chacun le constate. Elle se dépasse, elle dépasse ses chansons, elle en dépasse la musique et les paroles. Elle nous dépasse. L'âme de la rue s'adresse aux immeubles[d] qui la bordent[e]. L'âme de la rue pénètre dans toutes les chambres de la ville. Ce n'est plus Mme Édith Piaf qui chante : c'est la pluie qui tombe, c'est le vent qui souffle[f], c'est le clair de lune qui met sa nappe.

La « Bouche[173] d'ombre ». Le terme a l'air d'avoir été inventé pour cette belle bouche oraculeuse.

[*Autre fin en version antérieure :*]

La « Bouche d'ombre ». Le terme a l'air d'avoir été inventé pour elle. Je cède la place à cette belle bouche oraculeuse, à cette terrible petite somnambule qui chante ses rêves en l'air, au bord des toits[g].

Variantes

a. Regardez cette [étonnante *ajouté en version antérieure et en version radio*] petite personne [...]

b. *Variante dans l'album de disque et dans* Le Journal musical français : Comment sourira-t-elle ?

c. *Variante dans l'album de disque et dans* Le Journal musical français : Avez-vous entendu le rossignol ?

d. L'âme de la rue s'adresse aux immeubles [silencieux *ajouté en version antérieure et en version radio*] qui la bordent.

e. *Phrase supprimée dans l'album de disque, dans* Le Journal musical français *et en version postérieure.*

f. *Variante en version antérieure et en version radio* : [...], c'est le vent qui se plaint, [...]

g. *Adjonction d'une dernière phrase dans la version radio, afin de raccorder la préface à la pièce* Le Bel Indifférent : Et elle ne va pas chanter pour vous, elle va parler, elle va jouer, elle va être une femme.

153

MAURICE RAVEL SALUÉ PAR JEAN COCTEAU *

J'ai été très injuste pour Ravel[174] et quelquefois même de cette férocité propre à la jeunesse. Il le fallait. Les gens qui nous relisent oublient trop souvent nos guerres des lettres et nos politiques.

J'aimais Ravel. Mais il importait d'en finir au plus vite avec l'impressionnisme musical. Ravel venait de tirer le bouquet de ce feu d'artifice. Il ne pouvait plus y avoir que fin de courbe. Cette forme de l'art ne pouvait, comme le dit Madame de La Fayette, « continuer que par machine »[175]. Ces coupures exigent une certaine violence. Pour le faire comprendre il était hélas indispensable de mettre la jeunesse en garde contre le dernier éclat du danger. Satie, qui opposait aux moires impressionnistes l'école

173. Allusion au long poème de Victor Hugo, « Ce que dit la bouche d'ombre », issu des *Contemplations*, dans lequel le poète postule l'existence d'une force métaphysique ou divine qui communiquerait par le truchement d'un intermédiaire – ici « la bouche d'ombre » d'un spectre – un message d'espoir au poète voyant. Voir Hugo, *Œuvres poétiques complètes*, éd. Pierre Albouy, t. II, Paris, Gallimard, Bibliothèque de la Pléiade, 1984, p. 801-822.

* « Maurice Ravel salué par Jean Cocteau », dans *De la musique encore et toujours !*, Paris, Éditions du Tambourinaire, 1946, p. 14.

174. Au sujet de la réception antérieure de Ravel par Cocteau, voir note 317 du texte 99.

175. Nous n'avons retrouvé cette citation ni dans l'œuvre de Mme de La Fayette, ni dans l'adaptation filmique de *La Princesse de Clèves* réalisée par Jean Delannoy et Cocteau et sortie en salle en 1961.

de la Schola Cantorum (avec la même grâce comme le prouve l'admirable *Socrate*) nous poussait beaucoup aux actes. Tout flambait, travaillait, s'exaltait, vivait triple. Comparable est l'attitude de Nietzsche vis-à-vis de Wagner qu'il vénérait et de Bizet qu'il vénérait moins [176]. *Carmen* lui servait de contrepoison. Il fait comprendre ces drames d'amour. Ce furent les nôtres et je m'en vante.

Maintenant, l'âge me donne le recul et le large. J'écoute Ravel dans le calme et je l'admire. Je suis libre de l'admirer et de le mettre à sa place. Elle est considérable. Aux côtés de Vuillard et de Bonnard [177], pour qui nous dûmes aussi être injustes, il miroite gravement de mille feux déformés par l'eau.

Salut Debussy ! Salut Ravel ! Salut Satie ! Salut Stravinski ! Salut hautes cimes rejointes par des vallées d'ombre.

154

[René Blum] *

Mon très cher Tristan [178],

Je reçois votre lettre dans un hôpital de Genève [179] où l'on me soigne encore des misères qui m'ont attaqué pendant que je tournais *La Belle et la Bête*. Je me hâte de vous répondre. J'aimais René Blum [180]. Il avait cet air myope et un peu enrhumé de son frère [181] et cette même grâce qui semblait, au premier abord, les rendre inaptes à des besognes qui ne fussent pas du domaine du rêve. Or ils ont prouvé l'un et l'autre qu'ils pouvaient se plier aux besognes les plus précises et ils l'ont prouvé sans rien perdre de

---

176. Après avoir célébré Richard Wagner, Friedrich Nietzsche soudain rompt toute relation avec le compositeur jusqu'à l'attaquer. En témoignent deux ouvrages publiés respectivement en 1888 et en 1889, *Le Cas Wagner* (*Der Fall Wagner*) où il intente un procès au compositeur allemand, et *Nietzsche contre Wagner. Dossier d'un psychologue* (*Nietzsche contra Wagner*), qu'il argumente comme une affaire juridique. Par ailleurs, même si Nietzsche y affirme préférer Bizet et son opéra *Carmen* sous le prétexte du caractère méditerranéen de l'œuvre, c'est moins parce qu'il apprécie vraiment le compositeur français que pour asseoir sa position contre la musique nordique de Wagner.

177. Cocteau admet avoir déconsidéré Ravel par rapport à Debussy, comme il avoue avoir été « injuste » pour Édouard Vuillard et Pierre Bonnard en les comparant à Auguste Renoir.

* « [Sans titre] », dans *René Blum* 1878-1942, Paris, Arts et Métiers Graphiques, 1950, p. 22. Manuscrit et dactylogramme conservés au Musée des Lettres et des Manuscrits à Paris. Le manuscrit est daté du 22 octobre 1947.

178. Tristan Bernard (1866-1947), l'un des auteurs dramatiques les plus représentatifs du théâtre de boulevard parisien, a pris l'initiative de rendre un hommage collectif à Léon Blum. Ont participé à l'ouvrage, entre autres, Marthe Bibesco, Colette, Fernand Gregh, Thadée Natanson, Georges Pioch ou encore Edmond Sée.

179. En octobre 1947, Cocteau est en traitement médical chez un dermatologue à Genève pour une infection de la peau.

180. René Blum (1878-1942), journaliste, critique d'art, chorégraphe et directeur du Théâtre de Monte-Carlo de 1924 à 1929. Il dirige la troupe des Ballets russes de Monte-Carlo, d'abord avec le colonel de Basil à partir de 1932, puis seul à partir de 1936. Durant la Seconde Guerre mondiale, la compagnie de ballets part en tournée en Amérique, tandis que Blum revient à Paris. Faisant partie des premiers juifs intellectuels français arrêtés par les nazis, il est déporté et assassiné à Auschwitz en 1942.

181. René Blum est le frère cadet de l'homme politique socialiste Léon Blum (1872-1950), chef du gouvernement lors du Front populaire de 1936.

la grâce que j'ai dite, faite de nuances, de tout l'orient de la perle et qui, d'habitude, éloigne un homme de la politique ou des affaires.

René Blum nous a longtemps accompagnés dans ces interminables reconduites qui faisaient, jadis, le charme du Paris nocturne et dont Léon-Paul Fargue [182] devint le roi. On se reconduisait l'un chez l'autre et l'autre chez l'un et ainsi de suite jusqu'à l'aube. Pendant ces promenades harassantes, une sorte de béatitude atroce nous ouvre l'âme toute grande. On échange les moindres secrets. J'en arrivai vite à savoir quelle personne précieuse (dans le sens le plus noble du terme) était René Blum et, souvent, beaucoup plus tard, il me récitait nos conciliabules que j'avais oubliés et qu'il conservait dans son cœur.

Chaque fois que je rencontrais René, j'oubliais notre monde fort dur et fort égoïste, je me baignais dans son fluide, dans ce révélateur où il berçait et lavait les belles épreuves d'une époque pleine d'espérances.

D'autres parleront de son entreprise de théâtre et des services qu'il sut rendre à la beauté. Moi, je ne veux que m'émouvoir sur sa charmante figure moqueuse et de notre dernière rencontre où l'angoisse du drame ombrait sa bouche et ses yeux [183].

Je vous embrasse,

Jean Cocteau

155

AUTOUR D'UN BALLET. CONFÉRENCE DE M. JEAN COCTEAU *

Note préliminaire des éditeurs :

1. *Le texte de cette conférence a été établi d'après une sténographie et n'a pas été revu par l'auteur. Il ne s'agit donc pas d'une publication à part entière de Cocteau.*

2. *L'ensemble comprend une introduction et une conclusion inédites que nous donnons ici, ainsi que le chapitre « D'un mimodrame » de* La Difficulté d'être, *l'article « M. Charles Münch dirigeant le* Magnificat de Bach » *repris dans Le* Foyer des artistes, *et de longs extraits d'un autre chapitre de* La Difficulté d'être, *« De la beauté ».*

[*Introduction :*]

Mesdames, Mesdemoiselles, Messieurs,

Je n'habite plus Paris pour l'instant. J'habitais Paris et vous savez qu'à Paris on est « sonné ». On est sonné par le téléphone, on est sonné par la porte, on est sonné tout court, comme on dit en argot ! Et j'habite la campagne. Quand on est poète, on ne va

182. Léon-Paul Fargue (1876-1947), poète à qui Cocteau rend un hommage à peu près similaire à celui-ci en 1948, en particulier lorsqu'il évoque les « interminables reconduites ». Voir son « Hommage à Léon-Paul Fargue (1948) », dans Héron, *Jean Cocteau et la radio*, p. 96-97.

183. Allusion à la fin de vie dramatique de René Blum à Auschwitz.

* « Autour d'un ballet. Conférence de M. Jean Cocteau faite le 14 mars 1947 », *Conferencia. Journal de l'Université des Annales*, n° 12, 15 décembre 1947, p. 497-506.

pas à la campagne pour se reposer, on va à la campagne pour travailler, et on travaille sans arrêt.

Je croyais avoir beaucoup de temps pour écrire la conférence que Mme Yvonne Sarcey[184] m'avait demandée… À ma honte, je n'ai rien préparé… Et tout de même me voici… Je me suis souvenu des séances d'antan aux Annales[185], très chaudes, très tendres même, et de ce vieux public fidèle que je connais depuis toujours, et je me suis dit : « Plutôt que lui faire une conférence, mieux vaudrait bavarder ensemble. »

Vous me direz qu'on ne bavarde pas ensemble, quand un monsieur est sur une estrade et que vous êtes dans un fauteuil.

Cela me rappelle une anecdote amusante. Baudelaire était allé voir Victor Hugo à Bruxelles et, comme on lui demandait ses impressions sur le dieu, il s'est lancé dans un de ces monologues qu'il appelle « conversation »[186].

Je vais, moi aussi, faire un monologue que j'appellerai conversation : mais si, par hasard, vous avez une question à me poser, j'y répondrai avec la plus grande joie.

J'avais promis à Yvonne Sarcey que je parlerais d'un ballet qui s'appelle *Le Jeune Homme et la Mort*. Je vais, en effet, vous dire pourquoi j'estime que le ballet est une forme d'art très importante.

Et, d'abord, je vais vous expliquer pourquoi ce titre : *Le Jeune Homme et la Mort*.

Fontenelle est mort à cent ans, comme vous savez, et son docteur, l'assistant à ses dernières minutes, lui demanda : « Monsieur de Fontenelle, que sentez-vous ? »

Et Fontenelle répondit[187] : « Je me sens en difficulté d'être. »

Ce que je trouve magnifique.

Et comme il descendait encore un peu, le docteur lui dit : « Monsieur de Fontenelle, ça va ? »

Et Fontenelle répondit : « Cela s'en va… » Et il mourut.

C'étaient des gens qui parlaient le français à merveille… Moi, je trouve cela beau.

Je vais commencer par vous lire ce texte que j'ai écrit et, ensuite, nous chercherons à sortir d'un texte. Nous allons voir comment c'est possible.

---

184. Yvonne Sarcey, pseudonyme de Madeleine Brisson (1869-1950), fonde l'Université des Annales en 1907 en organisant chaque année un cycle de conférences. Son objectif est de centrer l'attention sur *Les Annales politiques et littéraires*, la revue de son mari, Adolphe Brisson, dans laquelle paraissent d'ailleurs pour la plupart les textes de ces conférences. Après la Seconde Guerre mondiale, elle relance les cycles de conférences que Francis Ambrière publiera dans la deuxième série des *Annales politiques et littéraires*, sous le titre *Conferencia. Journal de l'Université des Annales*.

185. Dans l'entre-deux-guerres, Cocteau a donné plusieurs conférences à l'Université des Annales. Parmi les plus importantes, citons « La Jeunesse et le Scandale » (27 février 1925) ou encore « Autour d'Orphée et d'Œdipe » (7 décembre 1927).

186. Formulation à comprendre dans le sens où Cocteau impute à Hugo, et non à Baudelaire, le travers de confondre « conversation » avec « monologue ».

187. L'expression de Fontenelle est à l'origine du titre de l'ouvrage de Cocteau, *La Difficulté d'être* (*DE*). Voir note 199 du texte 157.

« D'un mimodrame » [Voir texte 158]

« M. Charles Münch dirigeant le *Magnificat* de Bach » [Voir texte 138 [188]].

« La Beauté dans l'art » [189].

[*Conclusion :*]

Voilà ce que je voulais vous dire, Mesdames et Messieurs, et finir cette petite causerie par cette constatation qu'il n'y a pas de frivolité lorsqu'un homme projette sa force morale à l'extérieur.

Si je vous ai parlé d'un ballet, ce n'était pas pour vous réjouir. C'était pour vous expliquer avec quel amour des hommes comme nous travaillent et pourquoi ils supportent tant d'incompréhension pendant des années, avec calme : c'est parce qu'ils ne s'estiment pas des hommes qui font œuvre d'art. Ils disent qu'ils sont les serviteurs d'une force et qu'ils doivent lui obéir coûte que coûte, et tâcher de garder la maison propre pour que cette force vienne les habiter et ne les quitte plus. C'est donc simplement par un perfectionnement moral que l'artiste peut atteindre la fin de sa vie et ne pas avoir honte. Il n'y a pour lui aucune espèce de technique ni de progrès technique. À chaque heure, on a de nouveau ses seize ans, dix-sept ans, dix-huit ans, et on recommence. Il n'y a qu'un progrès, Mesdames et Messieurs : c'est le progrès moral ! Voilà pourquoi je vous demande de respecter les poètes, de respecter leur travail, et le cérémonial du théâtre..., et d'arriver à l'heure.

156

LE RETOUR DE MARIANNE OSWALD *

« Cette Marianne » ! C'est ainsi que Marianne Oswald [190] signe ses lettres. Cette Marianne nous revient d'Amérique, où elle n'a écouté aucun des bobards qu'on racontait sur ses amis et nous l'entendîmes de New York, Prévert [191] et moi, nous saluer. La fidèle, la têtue, la tenace. Plus tenace, plus brûlante, plus rouge que le mégot qu'il faut un talon pour éteindre, et encore.

Cette Marianne, vous la connaissez, elle est rouge par essence, de ce rouge du bonnet de Marianne, de la crête du coq, de la lanterne des barricades, du signal des trains qui sifflent, du chiffon d'andrinople des échafaudages, du drapeau de l'émeute.

188. Le texte est conforme à la version publiée dans *Le Foyer des artistes* (1947).

189. Il s'agit d'extraits du chapitre « De la beauté » faisant partie de *DE*. Ces textes ne concernant pas la musique ne sont pas repris dans le présent volume.

* « Le Retour de Marianne Oswald », hommage préface prononcé par Jean Cocteau lors d'une émission radiophonique à la Chaîne Nationale, 21 avril 1947. Texte établi par Pierre-Marie Héron (voir *Jean Cocteau et la radio*, p. 94-95) et complété ci-après par nos soins pour les annotations.

190. Pour fêter le retour en France de Marianne Oswald, qui s'est réfugiée aux États-Unis pendant la Seconde Guerre mondiale pour échapper aux persécutions allemandes des Juifs, la radio française programme en 1947 une série d'émissions auxquelles Cocteau contribue par ce texte. Voir *ibid.*, p. 94.

191. Rappelons que Marianne Oswald a interprété bon nombre de textes de Jacques Prévert.

Dans ma pièce *L'Aigle à deux têtes*[192], la Reine dit[193] : « Ne ressembler à rien, ne ressembler à personne, c'était un motif pour me plaire. » Ce qui me plaît en Marianne Oswald, c'est qu'elle ne ressemble à rien, à personne. On ne la pourrait comparer qu'à ces cracheurs de feu des terrasses des cafés de Marseille. Mais le feu qu'elle crache ne vient pas du pétrole qu'ils allument devant leur bouche. Il vient de son âme et s'il lui arrive de choquer, d'énerver, de révolter certaines salles, au point qu'elle entre en lutte avec elles, c'est qu'elle déroute de vieilles habitudes, que son articulation surprenante, si proche de nos textes, ne flatte jamais l'épiderme de la foule, sensible aux romances et aux redites.

Édith Piaf mise à part, elle est aux autres chanteuses du genre ce qu'Art Tatum[194], le plus grand pianiste du jazz, est aux autres pianistes. Tatum est en quelque sorte quelque chose comme Chopin devenu fou.

C'est dire que cette Marianne n'est pas si simple, et que pour la comprendre, vous devrez faire un effort.

Voilà bien des années, hélas oui, nous ne faisions que craindre encore l'orage. Nous le ressentions avec notre peau, comme le bétail. Marianne nous apporta cette misère noble, cette tendresse âpre, cette force insolente qui nous manquait parmi les belles vamps pessimistes du cinématographe. En chandail, et sous sa tignasse rousse, elle se posait au bout du piano, toute droite, semblable à la flamme d'une lampe juive. Et là, elle devenait un Poil de carotte[195] porté à une puissance extrême, une Judith adorant et injuriant la tête d'Holopherne[196], quelque chose de très neuf et de vieux comme le monde, dont Jacques Prévert et moi nous nous éprîmes. Nous lui avons confié des textes simples, elle en a fait des drames et d'une petite chanson parlée de moi, *Anna la bonne*, elle a fait une véritable pièce en un acte, dont Renoir a voulu faire un film[197].

192. Cocteau crée *L'Aigle à deux têtes* au Théâtre des Galeries Saint-Hubert à Bruxelles le 3 octobre 1946, le reprend ensuite à Lyon à partir du 25 octobre et enfin à Paris à partir du 20 décembre 1946. Les décors sont signés André Beaurepaire, les robes Christian Bérard, la musique de scène est composée par Georges Auric.

193. Cocteau dispose dans un autre ordre et condense les propos de la Reine dans *L'Aigle à deux têtes* qui, après avoir approuvé un pamphlet poétique intitulé « Fin de la royauté » la prenant pour cible, apologise : « Ce n'étaient ni des vers ni de la prose et cela – ce n'est pas moi qui parle – ne ressemblait à rien. / C'était un motif pour me plaire. / Ne ressembler à rien. Ne ressembler à personne. Il n'existe pas d'éloge qui puisse me toucher davantage. » Voir *TC*, p. 1081.

194. Art Tatum (1909-1956), pianiste de jazz, virtuose dont les premiers enregistrements datent de 1933. Il embarque pour la Grande-Bretagne pour une tournée de trois mois en 1938, mais il ne s'est jamais produit en France.

195. Pour l'analogie entre la chanteuse et le personnage de *Poil de carotte*, voir note 47 du texte 107.

196. Scène de l'Ancien Testament où Judith décapite le général Holopherne qu'elle a séduit, afin de sauver son peuple. À l'automne de 1948, Cocteau concevra le « carton » pour la tapisserie Judith et Holopherne, tapisserie réalisée par les ateliers d'Aubusson dans le courant de l'année 1951. Voir *PD I*, p. 21 et 80.

197. Projet d'origine non répertorié dans l'inventaire réalisé par Francis Ramirez et Christian Rolot – voir *Jean Cocteau. Le Cinéma et son monde*, numéro thématique des *CJC*, n° 7, 2009. En réalité, le projet remonte à septembre 1936, lorsque Germaine Dulac et Jean Renoir envisagent de tourner un film sur *Anna la bonne*, projet qui n'aboutira pas. Il sera poursuivi par Cocteau lui-même et réalisé par Claude Jutra en 1959 – et non pas, comme l'avancent Ramirez et Rolot, poursuivi par Cocteau en mars 1960 et réalisé par Jutra en 1963 (*ibid.*, p. 154 et 161) –, en bénéficiant du soutien des Films du Carrosse, maison de production de François Truffaut. Deux ans auparavant, Cocteau avait rencontré le Canadien Jutra au Festival de Cannes lorsqu'il en assurait la présidence d'honneur. Dans ce court-métrage en noir et blanc, Marianne Oswald joue le rôle d'Anna, Dorian Leigh celui de Mademoiselle.

D'autres femmes ont récité cette chanson sans musique. Elles ne peuvent aller plus loin, elles récitent.

Alors puisque Marianne était partie, j'écoutais ses disques, et de la boîte noire sortait la voix inimitable, insupportable, odieuse, merveilleuse. Et elle, je l'attendais, et elle est là, devant ce microphone. Elle vous parle.

157

DE DIAGHILEV ET DE NIJINSKY *

Dans un livre où je témoigne au procès socratique que la Société nous intente [198], je me dois d'exprimer ma reconnaissance à deux hommes libres qui vécurent pour crier leur cri.

Nijinsky était d'une taille au-dessous de la moyenne. D'âme et de corps il n'était que déformation professionnelle.

Sa figure, du type mongol, était reliée au corps par un cou très haut et très large. Les muscles de ses cuisses et ceux de ses mollets tendaient l'étoffe du pantalon et lui donnaient l'air d'avoir des jambes arquées en arrière. Ses doigts étaient courts et comme tranchés aux phalanges. Bref on n'aurait jamais pu croire que ce petit singe aux cheveux rares, vêtu d'un pardessus à jupe, coiffé d'un chapeau en équilibre au sommet du crâne, c'était l'idole du public.

Il l'était cependant, à juste titre. Tout en lui s'organisait pour paraître de loin, dans les lumières. En scène sa musculature trop grosse devenait svelte. Sa taille s'étirait (ses talons ne portant jamais par terre), ses mains devenaient le feuillage de ses gestes, et quant à sa face, elle rayonnait.

Une semblable métamorphose est presque inimaginable pour ceux qui n'en ont pas été les témoins.

Dans *Le Spectre de la rose*, où il se résumait, il apporta de la mauvaise grâce à partir de 1913. Car la chorégraphie du *Sacre* scandalisait [199] et il supportait mal qu'on acclamât l'une et sifflât l'autre. La pesanteur nous habite. Il cherchait sans cesse quelque ruse afin d'en venir à bout.

Il avait remarqué que la moitié du saut qui termine *Le Spectre de la rose* se perdait, vu de la salle. Il inventa de sauter double, de se nouer en l'air en coulisse et d'y retomber à pic. On l'y recevait comme un boxeur, avec des serviettes chaudes, des gifles et l'eau que son domestique Dimitri lui crachait à la figure.

---

* « De Diaghilev et de Nijinsky », dans *La Difficulté d'être*, Paris, Paul Morihien, 1947, p. 68-72 ; reprise d'un court extrait, concernant Serge de Diaghilev, dans *Paris-Théâtre*, n° 89, octobre 1954, p. 15 ; reprise de l'ensemble du texte, avec des variantes de typographie et de ponctuation, dans l'ensemble des éditions de *La Difficulté d'être* parues aux Éditions du Rocher à Monaco (de 1958 à nos jours). Version choisie : celle de l'édition originale de 1947.

198. Dans *DE*, Cocteau évoque le procès sans appel que la Société intente aux artistes, en leur reprochant leur individualisme et leur non-conformisme. Le titre provient d'une formule de Fontenelle (voir note 188 du texte 155).

199. Une scène de Nijinsky déplaisait particulièrement, celle où il simule le coït avec la terre à féconder.

Avant la première du *Faune*, à souper chez Larue[200], il nous étonna, plusieurs jours, par les mouvements de tête d'un torticolis. Diaghilev et Bakst s'inquiétaient, l'interrogeaient, n'en tiraient aucune réponse. Nous apprîmes ensuite qu'il s'entraînait au poids des cornes[201]. Je citerais mille exemples de cette perpétuelle étude qui le rendait maussade et boudeur.

À l'hôtel Crillon[202] (Diaghilev et lui émigraient d'hôtel en hôtel, chassés par les saisies foraines), il passait un peignoir éponge, en rabattait le capuchon sur sa tête et notait ses chorégraphies.

Je l'ai vu créer tous ses rôles. Ses morts étaient poignantes. Celle de *Pétrouchka* où le pantin s'humanise jusqu'à nous tirer les larmes. Celle de *Schéhérazade* où il tambourinait les planches comme un poisson au fond d'une barque.

80. « Serge de Diaghilev et Vaslav Nijinsky – Paris 1912 », s.d., dans Jean Cocteau, *Dessins*, Paris, Stock, 1923.

Serge de Diaghilev paraissait porter le plus petit chapeau du monde. Si vous mettiez ce chapeau, il enfonçait jusqu'aux oreilles. Car sa tête était si grosse que tout couvre-chef lui était trop petit.

Ses danseuses le surnommaient *Chinchilla* à cause d'une mèche blanche réservée dans une chevelure teinte et fort noire. Il se boudinait dans une pelisse à col d'opossum et quelquefois la fermait à l'aide d'épingles anglaises. Sa figure était d'un dogue, son sourire d'un très jeune crocodile, une dent mise au bord. Mâcher cette denture était chez lui le signe du plaisir, de la crainte, de la colère. Il mâchait sa bouche surmontée d'une petite moustache, dans le fond des loges où il surveillait ses artistes auxquels il ne passait rien. Et son œil humide incliné vers le bas avait la courbe de l'huître portugaise. Cet homme promenait à travers le monde une troupe de danse, aussi confuse, aussi bariolée que la foire de Nijni-Novgorod[203]. Son seul luxe était de découvrir une étoile.

---

200. De 1908 à 1919, le restaurant Larue, situé 27 rue Royale à Paris, est un établissement élégant dirigé par le chef renommé Édouard Nignon, ancien cuisinier du tsar de Russie et de l'empereur d'Autriche. Il passe ensuite aux mains de Célestin Duplat qui réussit à le hisser en 1933 parmi les très rares établissements gastronomiques triplement étoilés et à conserver cette distinction jusqu'en 1939.

201. Il s'agit du poids des cornes faisant partie du costume du Faune.

202. Hôtel Crillon, situé place de la Concorde, est l'un des grands hôtels de luxe de Paris.

203. Nijni-Novgorod, ville importante de Russie, considérée au début du XXe siècle comme le centre économique de la Russie. Célèbre depuis le XVIIe siècle, sa foire constituait un important centre d'échanges commerciaux et attirait de nombreux touristes. En 1932, la ville est rebaptisée Gorki – d'après l'écrivain

Et nous le vîmes nous amener du ghetto russe, la maigre, la longue, la glauque Madame Rubinstein. Elle ne dansait pas. Elle entrait, elle se montrait, elle mimait, elle marchait, elle sortait, et parfois (comme dans *Schéhérazade*) elle risquait une ébauche de danse.

Un des triomphes de Diaghilev fut de la présenter au public parisien dans le rôle de Cléopâtre. C'était la présenter à Antoine. On apporta un paquet d'étoffes. On le mit au milieu de la scène. On déroula, dépaqueta. Et Madame Ida Rubinstein apparut, si mince de jambes qu'on croyait voir un ibis du Nil.

Je dessine ces figures, en marge du programme des grandes fêtes qui jouèrent un rôle décisif dans mon amour du théâtre. Car une phrase sur Vestris, sur Talma [204], me mettent en goût. J'aimerais en lire davantage.

158

D'UN MIMODRAME *

Notre machine [a] se démembre chaque jour davantage et chaque matin l'homme s'éveille avec une nouvelle entrave. Je le constate [b]. Mes nuits, je les dormais d'une traite. Maintenant, je m'éveille. Je me dégoûte. Je me lève. Je me mets au travail. C'est le seul moyen qui me rende possible d'oublier mes laideurs et d'être beau sur ma table. Ce visage de l'écriture étant, somme toute, mon vrai visage. L'autre, une ombre qui s'efface. Vite, que je construise mes traits d'encre pour remplacer ceux qui s'en vont.

C'est ce visage que je m'efforce d'affirmer et d'embellir avec le spectacle d'un ballet, donné hier soir, 25 juin 1946, au théâtre des Champs-Élysées [205]. Je me suis senti

---

Maxime Gorki qui y est né – et ne reprendra son nom qu'à la chute de l'URSS en 1991. Dans son récit de voyage *De Paris à Astrakan* (1859), Alexandre Dumas a laissé une description pittoresque de cette ville qu'il découvre lors de son passage en 1858. Cocteau évoque-t-il cette ville d'après le récit de Dumas ou les souvenirs de Diaghilev ?

204. François-Joseph Talma (1763-1826), célèbre acteur de la Comédie-Française, où il débute en 1787, et protégé de Napoléon. Il était unanimement reconnu pour son immense talent et a laissé des écrits théoriques sur l'art théâtral.

* « D'un mimodrame », dans *La Difficulté d'être*, Paris, Morihien, 1947, p. 242-258 ; texte repris sans variantes significatives dans « *Le Jeune Homme et la Mort*. Danse, décor et costumes racontés par Jean Cocteau à Roland Petit, chorégraphe, Wakhévitch, décorateur, Karinska, costumier, Nathalie Philippart et Jean Babilée, danseurs. Une musique de Jean-Sébastien Bach accompagne les danses », dans *Paris-Théâtre* (nº 89, octobre 1954, p. 30-42), puis, avec des variantes de ponctuation surtout, dans *Théâtre* (Paris, Grasset, 1957, t. II, p. 603-611). Signalons aussi les publications en préoriginale de l'argument même du ballet – à partir de « La scène représente [...] » jusqu'à « [...] Le *cortège* des deux danseurs s'engage sur les toitures. » – dans *Art et style* (nº 5, octobre 1946) et de l'article entier, dans un état d'écriture antérieur toutefois, dans « Autour d'un ballet. Conférence de M. Jean Cocteau faite le 14 mars 1947 », dans *Conferencia. Journal de l'Université des Annales* (nº 12, 15 décembre 1947, p. 497-506). Version choisie : celle de l'édition originale (*1947*), la plus conforme sur le plan de la disposition du texte, en combinaison avec l'édition Grasset (*1957*), la plus achevée du point de vue de l'orthographe et de la ponctuation, tout en indiquant les variantes significatives (*Conf.* – *1957*).

205. *Le Jeune Homme et la Mort*, mimodrame ou ballet dramatique en un acte et deux tableaux de Roland Petit sur un argument de Cocteau, est créé au Théâtre des Champs-Élysées le 25 juin 1946. La direction musicale est assurée par André Girard. Les décors sont signés Georges Wakhévitch, les costumes Barbara Karinska. Les interprètes sont Jean Babilée et Nathalie Philippart. Le ballet remporte immédiatement un très grand succès.

beau par les danseurs, par le décor, par la musique, et, comme cette réussite soulève des chicanes [c] qui débordent la satisfaction d'auteur, je me propose de les mettre à l'étude.

De longue date, je cherchais à employer, autrement que par le cinématographe, le mystère du synchronisme accidentel [206]. Car une musique se trouve non seulement des réponses dans chaque individu, mais encore dans une œuvre plastique avec laquelle on la confronte, si cette œuvre est du même registre. Non seulement ce synchronisme est un air de famille qui épouse l'aspect général de l'action, mais encore – et c'est là que réside le mystère – il souligne ses détails à la grande surprise de ceux qui en estimaient l'emploi sacrilège.

Je connaissais cette bizarrerie par l'expérience des films, où n'importe quelle musique un peu haute intègre les gestes et les passions des personnages. Restait à prouver qu'une danse, réglée sur des rythmes favorables au chorégraphe, pouvait se passer d'eux et prendre des forces dans un climat musical nouveau.

Rien n'est plus contraire au jeu de l'art que le pléonasme des gestes qui représentent des notes [d].

Le contrepoint, le savant déséquilibre d'où naissent les échanges, ne peut se produire quand l'équilibre de tout repos engendre l'inertie.

C'est d'une organisation délicate de déséquilibres que l'équilibre tire son charme. Un visage parfait le démontre lorsqu'on le dédouble et qu'on le reforme de ses deux côtés gauches. Il devient grotesque [e]. Les architectes le savaient jadis et l'on constate, en Grèce, à Versailles, à Venise, à Amsterdam, de quelles lignes asymétriques est faite la beauté de leurs édifices. Le fil à plomb tue cette beauté presque humaine.

On connaît la platitude, l'ennui mortel de nos immeubles où l'homme se renonce.

Il y a environ un mois, à un déjeuner avec Christian Bérard et Boris Kochno [207], dépositaire des méthodes de Serge de Diaghilev, j'envisageai comme possible une scène de danse où les artistes étudieraient sur des rythmes de jazz, où ces rythmes seraient considérés comme de simples instruments de travail et céderaient ensuite la place à quelque grande œuvre de Mozart, de Schubert ou de Bach *.

Dès le lendemain, nous nous employâmes à rendre ce projet définitif. La scène serait le prétexte d'un dialogue gesticulé entre Mlle Philippart [208] et M. Babilée [209] chez lequel je retrouve bien des ressorts de Vaslav Nijinsky. Je décidai de ne mettre la main à la pâte que dans la mesure où je raconterais minutieusement au décorateur, au

---

206. Le « synchronisme accidentel » avait consisté à remplacer, lors de la répétition générale, les rythmes de jazz *Frankie et Johnny*, qui avaient présidé aux répétitions chorégraphiques des danseurs, par la *Passacaille et Fugue en do mineur* de Johann Sébastien Bach, œuvre orchestrée par Ottorino Respighi. Sélectionnée par André Girard en fonction du seul critère de la durée du ballet (17 minutes en tout), la musique des représentations publiques bien différente de celle des répétitions imposait ainsi aux danseurs un exercice d'adaptation, certes exigeant mais garant de naturel et d'innovation. Voir le témoignage de Jean Babilée dans *CJC*, n° 7, 1978, p. 72-73.

207. Le peintre Christian Bérard et le librettiste Boris Kochno forment un couple célèbre à l'époque.

208. Nathalie Philippart (1930-2006) entre en 1945 aux Ballets des Champs-Élysées où elle crée de nombreux rôles. Elle épouse le danseur Jean Babilée.

209. Formé à l'école de danse de l'Opéra de Paris de 1936 à 1940, Jean Babilée, pseudonyme de Jean Gutman (1923-2014), débute dans les Ballets de Cannes en 1940. Cinq ans plus tard, il intègre les Ballets des Champs-Élysées de Roland Petit, où il reste jusqu'en 1949, années durant lesquelles il signe aussi ses premières chorégraphies. Sa création dans *Le Jeune Homme et la Mort* le consacre parmi les meilleurs danseurs de sa génération.

costumier, au chorégraphe, aux interprètes, ce que j'attendais d'eux. J'arrêtai mon choix sur Wakhévitch[210], décorateur, parce qu'il est décorateur de films et que je désirais ce relief[f] où le cinématographe puise son rêve, sur Mme Karinska[211], costumière, aidée de Bérard, parce qu'ils connaissent mieux que tous l'optique des planches, sur Roland Petit, chorégraphe, parce qu'il m'écouterait et me traduirait dans cette langue de la danse que je parle assez bien[212], mais dont la syntaxe me manque.

La scène représente un atelier de peintre fort misérable. Cet atelier est une figure de triangle. Une des faces serait la rampe. La pointe ferme le décor. Un madrier presque central, un peu sur la droite, monte du plancher, forme potence et soutient une poutre qui barre le plafond du *côté jardin* au *côté cour*[213]. À la potence est attachée une corde à nœud coulant, et, à la poutre, entre cette potence et le mur de gauche, la ferraille d'une lampe enveloppée d'un vieux journal. Contre le mur de droite, d'un crépi sale constellé de dates de rendez-vous, de dessins faits par moi, un lit de fer à couverture rouge et un linge[g] qui traîne par terre. Contre le mur de gauche, un lavabo du même style. Au premier plan à gauche, une porte. Entre la porte et la rampe, une table et des chaises de paille. D'autres chaises font un désordre. L'une d'elles se trouve sous le nœud coulant près de la porte. Un châssis vitré découvre un ciel de nuit parisienne dans le plafond en pente raide. Le tout, par l'éclairage dur, les ombres portées, le splendide, le sordide, le noble, l'ignoble, aura l'allure du monde de Baudelaire.

Avant le lever du rideau, l'orchestre attaque la *Passacaille* de J.-S. Bach, orchestrée par Respighi[214]. Le rideau se lève. Le Jeune Peintre est couché sur son lit, à la renverse, un pied levé le long du mur. Sa tête et l'un de ses bras pendent sur la couverture rouge. Il fume. Il ne porte ni chemise ni chaussettes, mais seulement un bracelet-montre, des savates et une combinaison, dite *bleu de chauffe*[215], d'un bleu marine où des taches multicolores évoquent le costume d'Arlequin.

La première phase (car l'immobilité joue, sur cette fugue solennelle, un rôle aussi actif que l'agitation) nous présente l'angoisse de ce Jeune Peintre, son énervement, son abattement, sa montre qu'il regarde[h], ses marches de long en large, ses haltes sous la corde qu'il a nouée à la poutre, son oreille qui hésite entre le tic-tac de l'heure et le

210. D'origine russe, Georges Wakhévitch (1907-1984) s'installe à Paris en 1921 où il entreprend ses études qu'il quitte rapidement pour un enseignement d'autodidacte. En 1933, il débute comme décorateur et costumier de cinéma et devient spécialiste des grands décors de studio pour les films, entre autres, de Jean Renoir (*Madame Bovary*, 1933 ; *La Marseillaise* et *La Grande Illusion*, 1937), Marcel Carné (*Les Visiteurs du soir*, 1942), Jean Delannoy (*L'Éternel Retour*, 1943) et Marcel L'Herbier (*La Vie de bohème*, 1943). Dix ans plus tard, il étend ses activités au théâtre, à l'opéra et au ballet.

211. Barbara Karinska, née Varvara Ivanovna Zhmoudska (1886-1983) d'un père russe fabricant de textiles, émigre à Paris dans les années 1920. Elle dessine les costumes pour les Ballets de Monte-Carlo dès leur année de création en 1932 et s'impose rapidement comme une costumière hors pair travaillant pour le ballet et le théâtre. Elle s'installe à New York durant la guerre, mais rouvre ses ateliers parisiens à la Libération.

212. L'intérêt de Cocteau pour le ballet remonte à la création des Ballets russes de Diaghilev en 1909.

213. En termes de théâtre, partant de la salle du public, le côté cour se situe à droite de la scène, le côté jardin à sa gauche.

214. Ottorino Respighi (1879-1936), compositeur et chef d'orchestre italien.

215. Par la « combinaison, dite *bleu de chauffe* », Cocteau comprend la salopette d'ouvrier en toile bleue. Il en vêtira également le vitrier dans son film *Orphée* (1949).

silence de l'escalier. Pantomime dont l'excès provoque la danse. (Un des motifs étant ce geste magnifique, circulaire et aérien d'un homme qui consulte son bracelet-montre.)

La porte s'ouvre. Entre une jeune fille brune, élégante, sportive, sans chapeau, en petite robe jaune pâle, très courte (le jaune Gradiva[216]) et gants noirs. Dès la porte qu'elle referme, elle trépigne sa mauvaise humeur sur les pointes. Le Jeune Homme s'élance vers elle qui le repousse et marche à longues enjambées à travers la chambre. Il la suit. Elle renverse des chaises. La deuxième phase sera la danse du peintre et de cette Jeune Fille qui l'insulte, le violente, hausse les épaules, donne des coups de pied. La scène monte jusqu'à la danse, c'est-à-dire jusqu'au déroulement des corps qui s'accrochent et se décrochent, d'une cigarette qu'on crache et qu'on écrase, d'une fille qui, du talon, frappe trois fois de suite un pauvre type agenouillé qui tombe, pirouette sur lui-même, se convulse et se redresse, avec l'extrême lenteur d'une fumée lourde, bref, des foudres décomposées de la colère.

Cela déplace nos héros jusqu'à l'extrémité gauche de la chambre, d'où le jeune malheureux désigne la corde d'un bras tendu. Et voici que la demoiselle le cajole, le mène à un siège, l'y plante à cheval, grimpe sur la chaise de la poutre, consolide le nœud coulant et revient lui tourner la tête vers son gibet.

La révolte du Jeune Homme, son accès de rage, sa course après la Jeune Fille qui se sauve et qu'il empoigne par les cheveux, la fuite de cette Jeune Fille et la porte qui claque, terminent la deuxième phase.

La troisième phase présente le Jeune Homme aplati contre la porte. Sa danse vient de son paroxysme. L'une après l'autre, il fait tourner en l'air les chaises à bout de bras et les casse contre les murailles. Il cherche à traîner la table vers la potence, trébuche, tombe, se relève, renverse cette table avec son dos. La souffrance lui imprime les mains sur le cœur. La souffrance lui arrache des cris que nous voyons sans les entendre. La souffrance le dirige en ligne droite jusqu'à son supplice. Il le contemple. Il s'y hausse. Il se le passe autour du cou.

C'est alors que M. Babilée invente une astuce admirable. Comment se pend-il ? Je me le demande. *Il se pend.* Il pend. Ses jambes pendent. Ses bras pendent. Ses cheveux pendent. Ses épaules pendent. Ce spectacle d'une sombre poésie, accompagné par la magnificence des cuivres de Bach, était si beau, que la salle acclama.

La quatrième phase commence. La lumière change. La chambre s'envole, ne laisse intacts que le triangle du plancher, les meubles, la carcasse du gibet, le pendu et la lampe.

---

216. *Gradiva, une fantaisie pompéienne* est une nouvelle du romancier allemand Willem Jensen publiée en 1903, mais devenue célèbre par le commentaire psychanalytique que Sigmund Freud en donne en 1907. Un archéologue tombe amoureux d'un bas-relief représentant une jeune femme en train de marcher et portant pour nom Gradiva (en latin, « celle qui marche ou avance »). Dans ses rêves, il la voit vêtue d'une étoffe jaune pâle et tombe amoureux d'elle. Les surréalistes apprécient ce texte et présentent son héroïne comme l'idéal féminin. En 1937, André Breton ouvre une galerie d'art rue de Seine à Paris sous l'enseigne « Gradiva ». En 1939, André Masson peint sa *Gradiva* – tableau actuellement conservé au Musée d'Art moderne de Paris – qui représente une jeune femme allongée sur les marches d'un temple, vêtue d'une étoffe aux couleurs jaune pâle, ocre et mauve. Enfin, en tant que variante de la statue animée, la Gradiva est omniprésente dans l'œuvre de Cocteau. Voir David Gullentops et Ann Van Sevenant, *Les Mondes de Jean Cocteau*, Paris, Éditions Non Lieu, 2012, p. 270-273 et 300.

Ce qui reste est en plein ciel nocturne, au centre d'une houle construite de cheminées, de mansardes, de réclames lumineuses, de gouttières, de toits. Au loin, les lettres de *Citroën* s'allument à tour de rôle sur la tour Eiffel.

Par les toits, la Mort arrive. C'est une jeune femme blanche, en robe de bal, juchée sur de hauts patins. Un capuchon rouge enveloppe sa petite tête de squelette. Elle a de longs gants rouges, des bracelets et un collier de diamants. Sa traîne de tulle pénètre après elle sur le théâtre.

Sa main droite, levée, désigne le vide. Elle avance vers la rampe. Elle bifurque, traverse la scène, fait halte à l'extrême droite et claque des doigts. Lentement, le Jeune Homme dégage sa tête du nœud coulant, glisse le long de la poutre, atterrit. La Mort ôte son masque de squelette et son capuchon. C'est la Jeune Fille jaune. Elle met le masque au Jeune Homme immobile. Il tourne autour d'elle, marche quelques pas, stoppe. Alors la Mort étend les mains. Il semble que ce geste pousse le Jeune Homme à tête de mort. Le *cortège* des deux danseurs s'engage sur les toitures.

Hier, la troupe du ballet venait de rentrer, la veille, de Suisse. Il fallut du matin au soir assembler les pièces éparses de notre entreprise, superposer nos danses et l'orchestre de soixante-quatre musiciens, terminer les robes chez Mme Karinska, convaincre Mlle Philippart de marcher sur des socques, y clouer des courroies, peindre la salopette de M. Babilée, monter le décor de la chambre et celui des toitures, équiper les réclames électriques, faire les éclairages. Bref, à sept heures du soir, tandis que les machinistes déblayaient le plateau, nous nous trouvâmes en face d'une perspective de catastrophe. La chorégraphie s'arrêtait à la pendaison du Jeune Homme. Roland Petit n'avait rien voulu indiquer de la scène finale sans ma présence. Les artistes mouraient de fatigue. Je leur proposai de les asseoir dans la salle et de leur mimer les rôles. Ce que nous fîmes.

Je[i] rentrai au Palais-Royal[217]. Je dînai. À dix heures j'étais au théâtre où la foule ne trouvait plus de places, où le contrôle, débordé, refusait les personnes qui avaient les leurs. Henri Sauguet venait de partir, furieux. Il emportait sa partition d'orchestre. Il refusait que *Les Forains* se jouassent. La salle était comble et bien nerveuse. *Le Jeune Homme et la Mort* passait en troisième. Le décor des toitures présente une difficulté dont un spectacle de ballets n'a pas l'habitude. Les machinistes perdaient la tête. Le public s'impatientait, battait des semelles, huait.

Pendant que les machinistes continuaient la manœuvre, Boris [Kochno] ordonna d'éteindre la salle. L'orchestre attaqua. Dès les premiers accords de Bach, nous eûmes le sentiment qu'un calme extraordinaire se répandait partout. L'ombre des coulisses, pleines de courses, d'ordres criés, d'habilleuses fébriles (car il faut costumer la Mort en une minute), était moins hagarde qu'on ne pouvait le craindre. Soudain, je vis Boris, la figure à l'envers. Il me chuchota : « Il n'y a pas assez de musique. » C'était le danger de notre tentative. Nous criâmes aux artistes de hâter le rythme. Ils ne nous entendaient plus.

Le miracle est que Boris se trompait, que la musique était assez longue et que nos interprètes quittèrent la scène sur les derniers accords.

---

217. Cocteau habite à cette époque au 36 rue Montpensier dans un appartement qui donne sur le jardin du Palais-Royal.

Je leur avais recommandé de ne pas saluer au rappel et de poursuivre leur course de somnambules.

Ils ne descendirent des praticables qu'au troisième rideau. Et c'est au quatrième que nous comprîmes que la salle sortait d'une hypnose. Je me retrouvai sur la scène, entraîné par mes danseurs, en face de cette salle brusquement réveillée et qui nous réveillait de son tumulte.

J'insiste bien sur le fait que si je raconte ce succès, il ne s'agit pas d'une satisfaction que j'en éprouve, mais de cette figure que tout poète, jeune ou vieux, beau ou laid, tâche de substituer à la sienne et charge de l'embellir.

Ajouterai-je qu'une minute de contact entre une salle et une œuvre supprime momentanément l'espace qui nous sépare d'autrui ? Ce phénomène, qui groupe les électricités les plus contradictoires au bout de quelque pointe, nous permet de vivre dans un monde où le cérémonial de la politesse arrive seul à nous donner le change sur l'écœurante solitude de l'être humain.

Un *ballet* possède, en outre, ce privilège de parler toutes les langues et de supprimer la barrière entre nous et ceux qui parlent celles que nous ne parlons pas.

Ce soir, on me transporte de ma campagne dans ces coulisses où je surveillerai la deuxième représentation. Je me propose d'écrire, au retour, si le contact cesse ou s'il continue.

Je rentre du théâtre des Champs-Élysées. Notre ballet a retrouvé le même accueil. Peut-être nos danseurs avaient-ils moins de fougue, mais ils exécutaient leurs danses avec une précision plus grande. Du reste, la beauté du spectacle saute la rampe, quoi qu'il advienne, et l'atmosphère générale est une figure de moi, de ma fable, de mes mythes, une paraphrase involontaire du *Sang d'un poète* [218].

Seulement, d'invisible, cette atmosphère est devenue visible. C'est ce qui se passe pour *La Belle et la Bête* [219]. Sans doute ai-je moins de maladresse à manier mon arme, moins de hâte dans le tir. Toujours est-il que j'y récolte ce que je ne parvenais pas à récolter jadis par l'entremise d'œuvres plus dignes d'émouvoir. Je suppose que ces œuvres agissent en silence et rendent, sans qu'il le sache, le public plus apte à comprendre ce qui en sort.

C'est ainsi que nombre de gens crurent que j'avais changé des passages dans *Les Parents Terribles* [220], en 1946, alors que la pièce est la même qu'en 1939 [*sic*], qu'eux

---

218. *Le Sang d'un poète*, film de Cocteau réalisé en 1930 et sorti en salle en France en 1932. Cette première œuvre cinématographique du poète est entièrement financée par le vicomte Charles de Noailles. Georges Auric en a composé la musique que l'orchestre Flament exécute sous la direction de son fondateur, Édouard Flament. Parmi les acteurs principaux, figurent Lee Miller (la statue), Pauline Carton (la dresseuse d'enfants), Enrique Rivero (le poète).

219. *La Belle et la Bête*, film de Cocteau réalisé en 1945-1946, qui remporte le Prix Louis Delluc en 1946. Georges Auric en a composé la musique que l'orchestre exécute sous la direction de Roger Désormière. Parmi les acteurs principaux, figurent Josette Day (la Belle), Mila Parély (Félicie), Michel Auclair (Ludovic) et Jean Marais (la Bête, Avenant, le Prince).

220. *Les Parents terribles*, pièce en trois actes de Cocteau créé au Théâtre des Ambassadeurs le 14 novembre 1938 sous la direction artistique de Roger Capgras et d'Alice Cocéa, dans des décors de Guillaume Monin et une mise en scène d'Alice Cocéa. Jean Marais y joue le rôle de Michel face à Germaine Dermoz (Yvonne). En indiquant la date de 1939, Cocteau pointe du doigt la polémique suscitée par la pièce dès le début et suivie de l'interdiction des représentations prononcée par le Conseil municipal

ont changé, mais qu'ils mettent leur changement sur le compte d'un remaniement du texte.

Ce soir, l'orchestre était en avance. Il tombait donc sur d'autres gesticulations. Le synchronisme fonctionna d'une manière impeccable. La chambre s'envola en retard, laissant M. Babilée pendu à sa poutre. Cela produisit une beauté nouvelle. L'entrée de la Mort en devint encore plus surprenante[j].

Le Jeune Homme et la Mort, est-ce un ballet? Non. C'est un mimodrame où la pantomime exagère son style jusqu'à celui de la danse. C'est une pièce muette où je m'efforce de communiquer aux gestes le relief des mots et des cris. C'est la parole traduite dans le langage corporel. Ce sont des monologues et des dialogues qui usent des mêmes vocables que la peinture, la sculpture et la musique.

Quand cesserai-je, à propos de cette œuvre ou d'une autre[k], de lire l'éloge de ma lucidité? Qu'imaginent nos critiques? J'ai la tête confuse et l'instinct vif. Voilà mon usine. On y travaille de nuit, toutes lampes éteintes. C'est à tâtons que je m'y débrouille comme je peux. Qu'ils prennent l'obsession du travail, la hantise du travail, *c'est-à-dire d'un travail qui ne se soucie plus une seconde de ce qu'il fabrique*, pour de la lucidité, pour le contrôle de cette usine par un œil auquel rien n'échappe, cela prouve une erreur de base, un très grave divorce entre la critique et le poète.

Car il ne naîtrait que du sec de cet œil du maître. D'où viendrait le drame? D'où le songe? D'où cette ombre qu'ils estiment être de la magie?

Il n'y a ni image ni œil du maître. Seulement beaucoup d'amour et beaucoup de travail. Sur ce point de l'âme ils trébuchent, accoutumés qu'ils sont, d'une part au métronome de Voltaire, d'autre part à la baguette de coudrier de Rousseau[221]. Peut-être l'obscur équilibre entre ces extrêmes est-il la conquête de l'esprit moderne et faudrait-il que les critiques en explorassent la zone, en visitassent la mine, en admissent l'inconnu.

* À la longue, la ligne de la musique et celle de la danse, qui se contrarient, penchèrent l'une vers l'autre, se confondirent. Les danseurs, qui se plaignaient[l] du disparate mais qui en avaient pris l'habitude, en vinrent à se plaindre de trop d'accord. Ils me demandent de changer la musique de base. Je décidai, pour New York[222], d'alterner la *Passacaille* de Bach et l'ouverture de *La Flûte enchantée* de Mozart. Ainsi prouverai-je combien l'œil prime l'oreille au théâtre et que des œuvres aussi différentes peuvent épouser une même intrigue. Mais ce qui est fait est fait et je devine qu'on ne changera plus. La valise a voyagé. Les objets ont perdu leurs angles et le sommeil a déraidi leurs poses. Ils se tassent paresseusement[m].

Variantes

a. Notre machine [humaine *Conf.*] se démembre chaque jour davantage […]

b. Je le constate. [Mes maux, au lieu de se dénouer se nouent. *Conf.*] Mes nuits, je les dormais d'une traite.

de Paris (le 20 décembre 1938) et souligne la reprise de la pièce aux Bouffes-Parisiens à partir du 4 janvier 1939. Après la guerre, la pièce est reprise au Théâtre du Gymnase à partir du 8 février 1946.

221. Cocteau oppose Voltaire, le représentant de la raison, à Rousseau, le représentant de l'intuition ou de l'inspiration qui échappe précisément à la raison et à son calcul.

222. Nous n'avons trouvé aucune information sur cette représentation du *Jeune Homme et la Mort* qui a eu lieu à New York en 1947.

c. [...] et, comme cette réussite soulève des [problèmes *Conf.* ; chicanes *1947-1957*] qui débordent la satisfaction d'auteur [...]

d. *Phrase présente en Conf.* : Cela flatte la paresse et brasse une glu.

e. Il devient [atroce *Conf.* ; grotesque *1947-1957*].

f. [...] je désirais [cette atmosphère réaliste *Conf.* ; ce relief *1947-1957*] où le cinématographe puise son rêve [...]

g. *Correction – de «* à linge *» en «* un linge *» – réalisée d'après l'enregistrement d'une présentation radiophonique de Cocteau sur* Le Jeune Homme et la Mort, *diffusée le 17 mars 1947.*

h. [...] sa montre qu'il [interroge *Conf.* ; regarde *1947-1957*], [...]

i. *Phrase présente en Conf.* : Je souffrais beaucoup de mes oreilles.

j. L'entrée de la Mort en devint encore plus [noble *Conf.* ; surprenante *1947-1957*].

k. Quand cesserai-je, à propos de cette œuvre ou d'une autre [(*La Belle et la Bête*) *Conf.*], de lire l'éloge de ma lucidité ?

l. *Correction – de «* se plaignent *» en «* se plaignaient *» – réalisée d'après l'enregistrement d'une présentation radiophonique de Cocteau sur* Le Jeune Homme et la Mort, *diffusée le 17 mars 1947.*

m. *Note absente en Conf.*

159

[LE BALLETOMANE] *

Le balletomane est un type très spécial dont j'ai vu d'extraordinaires exemples. Tel fut le général Bezobrazov [223] qui suivait le Ballet russe de Serge de Diaghilev, hantait les coulisses et traversait en silence le tourbillon des danseuses, des Sylphides ou des archers du *Prince Igor*. Tel est Serge Lido [224], mais armé d'un appareil de photographe. Sans l'amour qu'il porte à tout ce qui touche la danse, cet appareil ne servirait à rien. Il photographierait. Il statufierait un vertige.

* [Sans titre], préface à *Masques. Revue internationale d'art dramatique*, numéro spécial *La Danse. La Danza. The Dance*, [100] photographies de Serge Lido, « Hommage à la danse » par Roger Lannes et commentaires d'Irène Lidova, 1947 ; texte repris à l'identique comme préface à l'ouvrage de Serge Lido, *Le Grand Livre de la danse. 45 ans de ballet à Paris*, texte d'Odon-Jérôme Lemaître, commentaires par Irène Lidova (Paris, Éditions Vilo, 1985, p. 3). Manuscrit autographe (4 ff.) conservé au Musée Jean Cocteau à Menton, collection Séverin Wunderman, et indiquant pour date de rédaction le « 12 janvier 1947 (pendant *L'Aigle à deux têtes*) soirée du dimanche ».

223. Nicolaï Bezobrazov (1843-1912) soutient de façon enthousiaste les projets de Diaghilev en matière de ballets russes dès leurs premières représentations à Saint-Pétersbourg. Il appartient au premier cercle de collaborateurs de l'imprésario qui s'emploient à faire connaître les ballets russes en France en 1909. Il n'est pas favorable cependant aux projets modernistes de Diaghilev, notamment pour la programmation de *Daphnis et Chloé* et de l'*Après-midi d'un faune* de 1912. Il joue également un rôle actif dans le recrutement de nouveaux danseurs en Pologne en 1911. Le surnom de « général » lui vient de son homonyme Vladimir Mikhailovitch Bezobrazov, un militaire russe de la suite du tsar.

224. D'origine russe, Serge Lido (1906-1984) s'installe à Paris en 1924 afin d'y poursuivre des études de sciences politiques. Il épouse la journaliste Irène Lidova (1907-2002), passionnée de danse et de ballets, qui l'introduit dans les milieux artistiques. Il se tourne vers la photographie et se spécialise dans le monde artistique de la danse, du théâtre et du cinéma. Armé d'un appareil Rolleiflex 4x4, il photographiera ces divers milieux pendant plus de cinquante ans. De son côté, Irène Lidova crée, en collaboration avec Claude Giraud, les Soirées de la danse au Théâtre Sarah Bernhardt en 1944, afin de promouvoir de jeunes talents, entre autres Roland Petit, Janine Charrat, Renée (Zizi) Jeanmaire, Jean Babilée. Dès la fondation de la compagnie des Ballets des Champs-Élysées, elle en devient le secrétaire général. Elle est également connue pour ses écrits sur la danse, ouvrages illustrés pour la plupart de photographies de son mari.

Or, c'est le cœur même de Lido qui anime l'appareil suspendu à son cou. Comme le fantôme du général Bezobrazov, Lido hante les coulisses, chaque fois que notre théâtre se hausse jusqu'à la grande gesticulation.

C'est par un mélange de l'objectif et de l'âme qu'il obtient d'innombrables figures où le mouvement s'arrache de la mort. Il arrive que les photographies immobiles d'un film suggèrent souvent davantage que le film lui-même. Il arrive que les documents de Lido nous fassent rêver d'un ballet où le poids humain n'existerait plus, où le cadre de la scène deviendrait la vitre de quelque fabuleux aquarium.

160

[*Paul et Virginie*] *

Paul et Virginie a été composé par Raymond Radiguet et moi, en marge de notre travail et comme on se délasse, au Piquey, au bord du bassin d'Arcachon. C'est dans le petit hôtel en planches du Piquey que Radiguet écrivit *Le Bal du comte d'Orgel.* Erik Satie nous demandait un prétexte à musique. Jusqu'à sa mort nous crûmes qu'il avait presque terminé l'œuvre. Il n'en avait pas écrit une note mais nous le faisait croire par crainte que le texte ne le quittât et ne passât en d'autres mains.

Paul et Virginie a voyagé ensuite de Poulenc à Sauguet, de Sauguet à Nabokov [225] et il est probable que la scène ne verra jamais ce divertissement naïf.

C'est pourquoi nous avons pensé à l'imprimer et à y joindre [a] des illustrations de Jean Hugo qui vivait auprès de nous à cette époque et devait le costumer et le décorer au théâtre.

Variantes

a. Erreur de transcription dans Jean Cocteau, Théâtre complet *(Paris, Gallimard, Bibliothèque de la Pléiade, 2003, p. 99) qui donne ici* « fondre ».

* « [Sans titre] », préface manuscrite conservée à SUL, destinée à un projet de publication du texte de *Paul et Virginie* illustrée par Jean Hugo, projet datant de 1947 qui n'a finalement pas abouti.

225. Après Satie, Cocteau demande à d'autres compositeurs de mettre en musique cet opéra-comique en trois actes, mais sans rencontrer bien plus de succès : à Francis Poulenc en 1924, à Henri Sauguet en 1931, à Nicolas Nabokov en 1933. Jamais donc Cocteau n'entendra de son vivant une version musicale du texte. Ce n'est qu'au début de ce siècle que le compositeur américain Charles Kalman le transposera sous la forme d'une comédie musicale en dix-sept tableaux : *Paul and Virginie*, adapté en anglais par Suzy Hannier, sera créé au Schwab Auditorium de la Pennsylvania State University le 17 mars 2000, puis repris au French Institute de New York le 31 mars suivant. Voir Malou Haine, « Catalogue des textes de Cocteau mis en musique », dans David Gullentops et Malou Haine (dir.), *Jean Cocteau : textes et musique*, Sprimont, Mardaga, 2005, p. 167-302, ici p. 260.

161
[Mon cher Django Reinhardt] *

Mon cher Django Reinhardt [226],

Toute la merveilleuse poésie des voleurs d'enfants, des tireuses de cartes et du cheval blanc qui rêve, attaché au bord de la route, vous escortait à votre départ. Transformer une roulotte en voiture grand sport n'est pas le moindre de vos tours.

Maintenant vous êtes devenu rafale de guitares et incendies de cuivres. Votre rythme secoue le malaise universel. Et si nous vivons la fin des temps, on entendra peut-être votre orchestre faire un arrangement, comme on dit, sur les trompettes de l'Apocalypse.

Jean Cocteau

162
100 000 Femmes chantent par la bouche de Marianne Oswald **

*Jean Cocteau a tenu à participer au « baptême de l'encre » de sa grande interprète Marianne Oswald, la créatrice d'*Anna la bonne*, dont le premier livre,* Je n'ai pas appris à vivre [227]*, sort aujourd'hui des presses avec une préface de Jacques Prévert.*

Dans le domaine inconfortable de l'art, le luxe est exactement le contraire de ce qu'il est convenu d'appeler le luxe. Dès que ce qu'on est convenu d'appeler le luxe pénètre dans l'art, il meurt.

Marianne Oswald, à une époque où la sauce tournait au luxe, nous apporta le vrai luxe, celui d'un chandail d'où sortait une tête coupée, une tête pâle et rouge qui chante.

Il m'est impossible d'ajouter quoi que ce soit aux lignes que Prévert [228] lui consacre. La reconnaissance m'oblige à être auprès d'elle le jour de son baptême de l'encre.

---

* [Sans titre], préface à un programme de spectacle *Django Reinhardt, son quintette hot club de France et son grand orchestre Georges Ulmer* au « Bœuf sur le toit », Paris, 1947.

226. Le 7 mars 1947, Django Reinhardt est engagé pour deux mois au « Bœuf sur le toit » où se tient également, et pour la première fois, une exposition de ses tableaux. L'orchestre qui l'accompagne est celui du « Bœuf sur le toit ». Peu après, il enregistre avec André Ekyan (clarinette et saxophone alto) et son propre orchestre.

** « 100 000 femmes chantent par la bouche de Marianne Oswald », *L'Intransigeant*, n° 52437, 10 avril 1948. Manuscrit conservé à la BHVP. Version choisie : celle du périodique, corrigée sur le plan de la typographie à l'aide du manuscrit (*Ms*).

227. Marianne Oswald, *Je n'ai pas appris à vivre*, avec une introduction de Jacques Prévert et un portrait de la chanteuse par Jean Cocteau sur la couverture (Paris, Domat, 1948). C'est durant son exil aux États-Unis au cours de la Seconde Guerre mondiale que Marianne Oswald a rédigé cette autobiographie qui a d'abord paru en anglais sous le titre *One Small Voice* (New York, Whittlesey House, 1945). À son retour en France, elle travaille pour la radio, où elle produit des émissions pour enfants. Elle tourne également dans divers films, parmi lesquels *Les Amants de Vérone* (1949) d'André Cayatte sur un scénario de Jacques Prévert.

228. Cocteau fait allusion aux lignes écrites par Jacques Prévert dans son introduction au livre cité à la note précédente. Jacques Prévert souligne notamment : « Ce livre d'une insolite simplicité, qui a sa place entre *Les Malheurs de Sophie* et *Les Infortunes de la vertu*, n'oublie jamais que l'humour est enfant de

Encre rouge. L'encre rouge de l'école et des prisonniers qui se coupent et qui écrivent sur la pierre avec leur doigt.

Car ce qui, en Marianne Oswald, révolte une salle bien égoïste et bien fortifiée contre le malaise, c'est, beaucoup plus que le buisson ardent qu'elle oppose aux âmes tièdes, l'enfance qui s'exprime par toute sa personne. L'enfance d'une sœur de Poil de carotte[229]. L'enfance incomprise et dure et qui s'enfonce les poings dans les yeux pour voir des soleils rouges.

La première chose qui m'a frappé lorsque Marianne Oswald m'apporta ses premiers textes, c'est que, comme le prouve son écriture, *cette Marianne* cassait les carreaux de sa voisine avec une fronde et n'était soumise à aucune des méthodes qui empêchent le choc, c'est-à-dire l'étincelle.

Cette Marianne, cette agressive, devenait une pauvre petite fille de la rue et nous touchait jusqu'aux larmes. Un Petit Chaperon rouge se substituait à la tête de Gorgone où nous vîmes les serpents se tordre dans la braise, à cette flamme droite d'une lampe immobile au bord du piano[a].

Voilà ce que ce livre vous démontre : l'enfance habite les âmes nobles et il ne faut la confondre ni avec l'enfantillage ni avec la jeunesse qui s'attarde. Prévert vous l'a dit : C'est tout ce qui ne peut parler, ce sont cent mille femmes, cent mille enfants des exodes, qui chantent par la bouche de Marianne.

Cent mille bouches, cent mille blessures aux lèvres écarlates.

Dormeurs heureux, ce sont les fanfares enrouées de la misère qui vous réveillent.

Variantes

a. *Variante significative en Ms* : [...], à cette flamme d'une lampe juive[230] toute droite au bord du piano.

81. Marianne Oswald, couverture du roman de la chanteuse, *Je n'ai pas appris à vivre*, Paris, Domat, 1948.

---

nos haines et surtout de nos amours. *Je n'ai pas appris à vivre*, ou *Les Aventures de Marianne qui pleure et de Marianne qui rit*. Un livre absolument pas du tout réaliste, comme la vie dans rêve, comme un rêve dans la vie. »

229. Pour l'analogie entre la chanteuse et le personnage de *Poil de carotte*, voir note 47 du texte 107.

230. Sur l'origine juive de la chanteuse, voir note 45 du texte 107.

163
[ROYAUMONT] *

Royaumont [231] est un lieu de silence, donc de musique, puisque la musique organise le silence. Il est même probable qu'elle est l'endroit d'une étoffe dont le silence est l'envers. L'Europe crève d'un manque de cérémonial. Je vous félicite d'en instituer un de premier ordre.

164
[LES MARIONNETTES] **

Les marionnettes me donnent un malaise merveilleux. On se demande si l'essence qui nous manœuvre ne ressemble pas aux mains qui tricotent, en l'air, invisibles, ces personnages d'étoffe et de bois. On se demande encore si leur taille ne résulte pas d'une perspective et si ce n'est pas nous-mêmes que nous surprenons dans quelque jeu de glaces. On se demande un monde bizarre de choses en face d'un spectacle que le dessin animé supplante sans lui arriver à la cheville.

Bref, je salue les Marionnettes des Champs-Élysées et je souhaite à l'équipe d'Hubert Gignoux [232] de leur communiquer son âme.

20 décembre 1948

165
[LETTRE-PRÉFACE À GASTON CRIEL] ***

Mon cher Criel [233],

La première fois que j'ai entendu un jazz (c'était derrière le rideau du Casino de Paris avant la danse de Gaby Deslys et Harry Pilcer), j'ai dressé les oreilles d'un cheval

---

*Texte manuscrit reproduit en fac-similé dans le programme des Semaines musicales internationales qui ont lieu à l'abbaye de Royaumont les 3, 10, 30 et 31 octobre 1948. Le programme est illustré de dessins de Christian Bérard. Ces semaines musicales ont été fondées et dirigées par le musicologue Roland de Candé (1923-2013).

231. Rappelons que Cocteau était devenu membre du « Cercle culturel international de Royaumont » peu après sa réouverture en 1947.

** Présentation dans le programme « Les Marionnettes des Champs-Élysées », compagnie Hubert Gignoux, spectacle donné le 20 décembre 1948 au Théâtre des Champs-Élysées, Paris, [1948].

232. Hubert Gignoux (1915-2008), comédien, fait partie des Comédiens routiers de 1932 à 1939. Lors de sa captivité durant la Seconde Guerre mondiale, il met en scène des pièces de théâtre pour marionnettes. En 1945, il se consacre aux stages de formation théâtrale pour amateurs. En 1947, il fonde avec Henri Cordreaux le Théâtre des Marionnettes des Champs-Élysées. Il se tourne ensuite vers la mise en scène.

*** « Lettre-préface », dans Gaston Criel, *Swing*, Paris, Éditions universitaires françaises, 1948. Considéré comme l'une des meilleures synthèses sur le jazz, cet ouvrage comprend aussi un témoignage de Charles Delaunay (fils de Sonia et Robert Delaunay), secrétaire général du Hot Club de France, directeur de la revue *Jazz Hot* et de la maison cinématographique Pathé-Marconi.

233. Gaston Criel (1913-1990), poète et romancier, fonde en 1939 le Cercle de poésie. Après la Seconde Guerre mondiale, il devient le secrétaire d'André Gide.

de cirque. Je reconnaissais la musique tant désirée par moi et tant attendue. Je me suis, en une seconde, rendu compte que ce ne serait pas une mode fugace, mais une forme d'orchestre qui resterait et qui évoluerait.

Ma certitude vint de ce que le jazz était mieux qu'un rythme : une pulsation. Je tenais le pouls de la Muse. Je sentais battre son sang rouge. Il venait du cœur. Il effrayait. Il rassurait.

Je ne me trompais pas. Le jazz suit, malgré sa jeunesse apparente, la courbe des autres dogmes. Il lui arrive même de s'éloigner de sa mystérieuse solitude, de se rapprocher de la musique symphonique et d'y prendre un aspect bâtard.

Il arrive à cette pulsation profonde de vouloir être trop savante et d'être davantage le pouls du cerveau que celui du cœur. Il arrive ce qui arrive à toute chose durable et qui bouge.

Mais il s'y produira toujours les mêmes accidents admirables que dans la peinture et dans la poésie. Toujours le long de cette ligne mouvante apparaîtront des cimes comme celle d'Armstrong dont la trompette d'ange noir annonçait la fin d'un monde.

166

SALUT À CEUX QUI AIMENT LE CIRQUE [*] [234]

J'ai revu à New York le célèbre Barbette [235] qui exécutait en femme son numéro de fil et de trapèze et dont le souvenir se range à côté de ceux des Codona [236] ou de Rastelli. Je le croyais malade et pauvre. Il n'en est rien. Barbette a renoncé à paraître lui-même. Il invente les spectacles d'un de ces cirques monstres qui voyagent à travers l'Amérique.

« Au cirque, me dit-il, nous avons deux décors. Celui, plat, de la piste. Celui en relief, des cintres. Entre ces deux mondes il n'existe rien. Rien que le public et que le vide traversé par les acrobates. Mon travail est d'enrichir la piste par les lumières et les ombres, les cintres par des prodiges aériens. »

Une troupe de belles filles et de Chinois sert de base à ses trouvailles surprenantes.

Oui, Barbette a raison. L'optique du cirque n'est pas celle de la scène. Et, de toutes ses forces, il lutte contre le mélange des genres et cette tendance du cirque moderne à se confondre avec le music-hall.

Je l'ai dit et redit : Jamais je n'ai cherché, au cirque, le pittoresque. Le cirque m'a été une école d'honnêteté professionnelle. Un exercice mal exécuté y provoque la mort.

---

* « Salut à ceux qui aiment le cirque », préface au programme du 19e Gala de l'Union des Artistes au Cirque d'hiver de Paris, le 2 avril 1949. Manuscrit (1 ff.) conservé à la BHVP.

234. C'est à partir de 1927 que le Cirque d'Hiver accueille chaque année le Gala de l'Union des Artistes, événement destiné à récolter des fonds pour les artistes nécessiteux. Les acteurs et les comédiens s'y risquent à des numéros de cirque, domaine qui leur est étranger.

235. Présent à New York du 23 décembre 1948 au 12 janvier 1949 pour présenter le film *L'Aigle à deux têtes*, Cocteau aurait-il rencontré Barbette ? En tout cas, il n'en fait aucune mention dans le récit de son séjour, publié sous le titre *Lettre aux Américains* (1949).

236. Les Codona, troupe américaine de trapézistes constituée autour d'Alfredo Codona (1893-1937), l'inventeur des standards du trapèze volant dans les années 1920 et célèbre pour son triple saut. Le Cirque d'Hiver crée l'événement en programmant leur numéro à Paris lors de la saison 1925-1926. Alfredo Codona servira aussi de doublure à Johnny Weissmuller dans le film *Tarzan* (1934).

Le danger et l'amour du travail composent la grande merveille d'un lieu parfait dont l'odeur domine mon enfance. Odeur poignante, profonde, grave, parente de celle des étables, odeur qui commençait à faire battre nos cœurs devant le tribunal du contrôle dont les juges nous entrouvraient les portes d'un enfer délicieux.

Salut aux artistes qui aiment le cirque et l'exaltent. Salut à ceux qui préservent cette part d'enfance que l'homme cherche à vaincre en sa personne parce qu'il en a honte, alors qu'elle le sauverait du pire des maux : l'incrédulité.

167

[La forme du cirque] *

Sans doute la forme du cirque éclaire-t-elle un peu le mystère qui le ferme au hasard et l'oblige à inscrire son génie dans la perfection du cercle. Ceux qui affrontent ce cercle dangereux entouré d'une muraille de regards sont obligés à un travail d'une rigueur extrême. La moindre faiblesse, la moindre faute y éclatent davantage qu'au théâtre où le cadre, la rampe, les herses et les coulisses composent un univers de fuite et d'excuses. Il n'est pas rare qu'un prince du cirque se trouve complètement désemparé par une scène de théâtre et n'y puisse obtenir le quart de ses effets. De même un artiste de théâtre, jeté sur la piste, y ressemble au taureau mitraillé de soleil, de regards et d'écarlate [a].

Non seulement le cercle du cirque est inscrit dans l'espace, mais encore il l'est dans le temps, dans un temps très spécial, déformant et merveilleux : celui de l'enfance. Nous avons tous subi son hypnose. Tous nous avons gardé le souvenir d'un monde bariolé, illuminé, isolé de l'ombre, enveloppé d'une prestigieuse odeur d'écuries, de ce sol en tapis brosse où le crottin d'or aidait à fleurir les clowns et les acrobates.

Le ciel du Dimanche, celui de notre monde surnaturel, était peuplé d'agrès, d'astres et d'un orphéon d'anges exécutant valses, polkas et marches. Parfois l'orphéon suspendu en l'air [b] interrompait sa musique et le tambour accompagnait seul la chute d'un autre ange de couleur dont la chute se terminait dans un filet par une démarche comparable à celle du songe.

J'ai beaucoup fréquenté le cirque et beaucoup dit pourquoi je le fréquentais. Je recommence. Je n'y ai jamais cherché de pittoresque ni ces belles images où les chiffres prennent figure d'hommes et de femmes dont l'effort consiste à le changer en grâce, à l'effacer jusqu'à ce que nous ne nous apercevions plus qu'ils le fournissent. J'ai fréquenté le cirque comme une école de travail et d'honnêteté professionnelle. J'ai toujours rêvé d'avoir l'âme aussi bien faite que les funambules ont le corps. J'ai assisté le matin à l'exercice de la petite classe. Les enfants des clowns et des acrobates s'y

---

* « [Sans titre] », préface à l'ouvrage *Le Cirque*, 14 lithographies de [Marcel] Vertès, Monaco, Livres merveilleux, 1949, n. p. Manuscrit (2 ff.) intitulé « Cirque » conservé dans la collection Anne-Marie Berger avec un profil de Diaghilev au verso. Version choisie : celle de l'édition originale, tout en corrigeant le texte à l'aide du manuscrit (*Ms.*) et en indiquant en notes les variantes.

assouplissent les membres. Ils apprennent à vaincre la pesanteur qui nous accable. Ils échappent aux lois si lourdes dont nous sommes les victimes à chaque minute. Nous rampons. Nous nous traînons. Nous nous hissons. Ils volent, ils narguent le vide, ils s'amusent de ce qui nous menace et de ce qui nous tue. C'est un grand exemple. En outre, ce genre de travail ne laisse aucune place aux petites intrigues des coulisses. La simplicité, la bonté se respirent dans les loges où pendent des hardes de tulle, des chapeaux mous et des armes de carton.

Un jour que j'interrogeais la directrice d'un cirque célèbre sur l'innocence des mœurs de ses pensionnaires, elle me répondit : « Que voulez-vous ? ... ils dorment avec les caniches. »

Voici que Vertès [237] entre en piste [c].

Joli, gracieux, charmant, adorable, léger, tendre ; tous ces termes démonétisés par un emploi innombrable, on voudrait les remettre à neuf pour les appliquer à Vertès comme une robe blanche. Il faudrait, non seulement les remettre à neuf, mais les porter à l'extrême, à la pointe des pointes, à cet extrême où la grâce redevient la grâce, à cette pointe où pétille l'électricité du cœur.

Vertès pouvait descendre la pente de la réussite et s'y griser de vertige. Il ne l'a pas fait. Il a gardé son contrôle et préservé sa ligne, ligne qu'on a coutume de confondre avec celle du corps du modèle et qui n'est autre que celle de l'âme du peintre.

Variantes

a. *Phrase présente en Ms. et supprimée dans l'édition originale* : Il importe de louer beaucoup Jean-Louis Barrault de son numéro du cheval humain au *Gala de l'Union des artistes*. Son exemple est exceptionnel [238].

b. *Leçon fautive de l'édition originale* « l'orphéon suspendu de l'air » *corrigée à partir de Ms. en* « suspendu en l'air ».

c. *Les trois derniers paragraphes débutant par* « Voici que Vertès... » *et composant la clausule du texte ne figurent pas en Ms. Ils ont sans doute été rédigés postérieurement pour transformer la version de Ms. en préface à l'ouvrage.*

237. Marcel Vertès (1895-1961), artiste peintre français d'origine hongroise, célèbre en France dans les années 1940 et 1950 pour ses illustrations d'ouvrage et ses albums de lithographies. Le cirque compte parmi ses sujets préférés. Il dessine aussi pour les magazines de mode et pour les marques de parfum.

238. En réalité, Cocteau fait allusion ici à une scène de mime qui a rendu célèbre Jean-Louis Barrault dans l'histoire du théâtre. En 1935, lors de sa première mise en scène au Théâtre de l'Atelier, Barrault adapte la pièce de William Faulkner *Tandis que j'agonise* sous le titre d'*Autour d'une mère*. Plus important toutefois, il y fait une démonstration mimée d'un cheval-centaure, mi-cheval jusqu'à la taille, sur lequel évolue un cavalier. Cocteau a sans doute vu cette attraction lors de sa reprise à l'un des Galas de l'Union des artistes, à moins qu'il ne s'agisse de l'adaptation du même numéro au plateau du cirque avec Barrault imitant un cheval et Madeleine Renaud comme dresseuse du « cheval », telle qu'ils l'ont présentée au Gala de l'Union des artistes en 1955.

168

Pneu Préface aux lecteurs de ce livre *

Charles Trenet[239] a créé tout un univers d'objets légers, d'objets dans un courant d'air, d'objets sur lesquels on souffle, d'objets qui deviennent des mains, de mains qui deviennent des objets, d'amoureux qui s'envolent par les fenêtres, de pendus gais qui deviennent des fantômes gais, de facteurs bleus qui voyagent plus vite que le télégraphe.

Bref, Trenet a crevé et secoué un édredon. Cet édredon que les bohémiens d'Apollinaire transportent comme un cœur[240].

Charles Trenet est un troubadour. Il s'inquiète fort peu des drames qui bouleversent le monde. S'il s'engage, c'est dans des impasses qui ne l'arrêtent pas, puisque leurs murs s'envolent à la commande. Mille miroirs reflètent un Charles Trenet hirsute, écarlate, l'œil large ouvert et couleur de bille, le chapeau mou à la renverse, formant auréole.

Il chante. Il chante dans son lit. Il chante dans son cabinet de toilette. Il chante en voiture. Il chante au téléphone. Il chante au théâtre. Il chante sur l'aile des ondes. Et s'il ne chante pas, d'autres chantent ce qu'il chantait la veille et Trenet chante encore par la bouche des ouvriers qui repavent une rue et celle des cyclistes qui pédalent sous nos fenêtres.

Vite, la chanson cesse de lui appartenir et, comme *La Mer*[241], devient *Marseillaise* et bien public.

Son roman est du même ordre. Lisez-le et relisez-le à l'envers. C'est le verso d'une chanson de gestes [*sic*].

---

* « Pneu préface aux lecteurs de ce livre », dans Charles Trenet, *La Bonne Planète*, roman, (Paris, Éditions Brunier, 1949, p. 9-10).

239. Après *Dodo manières* (Paris, Albin Michel, 1940), Trenet écrit *La Bonne Planète*, également le titre de l'une de ses chansons.

240. Allusion à un vers extrait du poème « Zone » de Guillaume Apollinaire mettant en scène, non pas des bohémiens, mais des émigrants : « Une famille transporte un édredon rouge comme vous transportez votre cœur ». Voir *Alcools*, dans Apollinaire, *Œuvres poétiques*, éd. Michel Décaudin, Paris, Gallimard, Bibliothèque de la Pléiade, 1983, p. 43.

241. *La Mer*, chanson écrite par Trenet et son pianiste Léo Chauliac en 1943 – pour l'anecdote, en une vingtaine de minutes durant un voyage en train de Montpellier à Perpignan –, et enregistrée sur une musique composée avec l'aide d'Albert Lasry en 1946. En 1949, lorsque Cocteau écrit ce texte, il entrevoit déjà le succès mondial de la chanson qui sera reprise par de nombreux chanteurs français et étrangers, et dans de nombreux films et séries télévisuelles.

ANNÉES 1950 À 1959

82. Georges Auric, s.d., collection privée

169

DES FANTÔMES HANTERONT CE SOIR LE « BŒUF SUR LE TOIT » *

Le « Bœuf sur le toit » a tellement dérivé de son point de départ qu'il m'est difficile de le situer avec exactitude. Un jour, Darius Milhaud me dit : « Nous n'avons, les jeunes musiciens et toi, aucun lieu de rencontre. Je t'offre un bar. » Il m'emmena rue Duphot, au bar Gaya, dont Louis Moysès assurait la marche. Moysès me présenta ses pianistes : un camarade de guerre, « Jean Wiéner », et un Belge, « Doucet », lequel exécutait les musiques les plus difficiles en lisant sur le pupitre de son piano les romans d'Alexandre Dumas.

Moysès était triste. Wiéner et Doucet déplaisaient à son public et le mettaient en fuite. Il me demanda conseil. J'écoutai ses pianistes. Ils jouaient les premières mélodies américaines dont les thèmes nous émeuvent encore. Je lui conseillai de garder ses pianistes et de perdre sa clientèle.

Mon conseil était bon. Peu à peu, une clientèle neuve vint entendre Wiéner et Doucet. Stravinski acheta un matériel de jazz [1]. Le samedi, nous nous en fîmes de la musique de chambre.

Bientôt la foule obligea Moysès à changer de local. Paul Claudel venait de m'apporter du Brésil le nom du « Bœuf sur le toit », qu'il avait lu sur une enseigne. Milhaud, les Fratellini et moi en composâmes une pantomime. Moysès me demanda la permission d'ouvrir, sous ce titre, un bar plus vaste rue Boissy-d'Anglas.

Le « Bœuf » de la rue Boissy-d'Anglas est difficile à dépeindre. Il n'eut jamais rien d'un bar ni de ce que l'on a coutume d'appeler une boîte. C'était en quelque sorte un rendez-vous de chasse spirituel [2]. On y venait de Londres, de New York, de Dublin, d'Auteuil, de Montmartre, de Montparnasse. Cela ne ressemblait ni à la « Closerie des Lilas » de Moréas [3], ni au « Flore » de Prévert et de

---

* « Des fantômes hanteront ce soir le "Bœuf sur le toit" », *Paris-Presse*, 26 janvier 1950, p. 2.

1. Pour Stravinski et la batterie prêtée par Pleyel, voir notes 38 et 39 du texte 136.

2. Sans doute Cocteau fait-il allusion à « l'affaire de La Chasse spirituelle », texte à tout jamais perdu d'Arthur Rimbaud et dont Pascal Pia prétendit soudain révéler des extraits dans la livraison du 19 mai 1949 du périodique *Combat*. La supercherie fut dénoncée par André Breton et rapidement avouée par les faussaires, les comédiens Akakia Viala et Nicolas Bataille.

3. « La Closerie des Lilas », brasserie-restaurant situé sur le boulevard Montparnasse, fréquentée par Émile Zola, Paul Cézanne, Théophile Gautier, les frères Goncourt ou encore Paul Verlaine, avant que Paul Fort et Jean Moréas ne décident d'y organiser au début du XXe siècle les « mardis littéraires » réunissant les poètes symbolistes et les artistes néo-impressionnistes ainsi que des auteurs et des peintres plus modernes annonçant le cubisme, comme Alfred Jarry, Guillaume Apollinaire, Max Jacob, Albert Gleizes, Jean Metzinger, Fernand Léger, parfois même Georges Braque et Pablo Picasso.

Sartre[4]. Personne n'y tenait ses assises. Les virtuoses y jouaient après leurs concerts. Le piano et le nègre Vance n'écrasaient pas les conciliabules. Les poètes, les peintres, les éditeurs, les jolies femmes de tous les mondes s'y entassaient et menaient leurs intrigues à mi-voix, de table en table.

Raymond Radiguet, qui avait quatorze ans, nous apprenait à vivre et ce myope observait tout en collant à son œil le verre unique de ses lunettes cassées. La décoration était invisible, comme la véritable élégance.

Rien de plus terrible que la mode. Elle est émouvante parce qu'elle meurt très jeune et qu'elle est déjà presque une morte au départ. Après la rue Boissy-d'Anglas, le « Bœuf » émigra de toit en toit, d'étable en étable. Les gens venaient y voir des fantômes. Il arriva même que les fantômes disparurent et que les gens y vinrent sans motif.

On m'affirme que, ce soir, on fera tourner les tables et qu'on évoquera nos fantômes. J'en doute. Les fantômes ne hantent que les lieux où ils vécurent. Mais les poètes peuvent réussir des prodiges. Tant de poètes s'assirent autour des tables du « Bœuf » qu'il est bien possible que ces tables empruntent leurs voix et leurs démarches. De toute manière, un fantôme amical vous parle et vous souhaite de retrouver ce soir l'intimité tendre, dramatique et joyeuse qui fut la nôtre.

83. « Les Sanfilistes. Le chanteur de jazz », [1950], dans *Musiques pour Jean Marembert*, Liège, Éditions de la Mansarde, 1953.

4. « Le Café de Flore », au croisement du boulevard Saint-Germain et de la rue Saint-Benoît, rassemblant à l'origine essentiellement des personnalités du monde du cinéma, comme Jacques Prévert, est devenu pendant l'Occupation le lieu de travail de Jean-Paul Sartre et de Simone de Beauvoir.

170

[SUR LE BALLET *PHÈDRE*] *

Cette fois-ci, je ne suis l'auteur que du découpage, des costumes et des décors. Dans *Le Jeune Homme et la Mort* j'avais aidé Roland Petit à tracer le dessin de sa chorégraphie. Mais pour *Phèdre*[5] j'ai surtout travaillé avec ces artisans admirables, les perruquiers, les costumiers, les peintres, les machinistes. Jamais je n'ai été si bien compris. C'est en fait grâce à ces artisans que *Phèdre* sera telle que je l'ai conçue, simple et riche à la fois.

Tamara Toumanova[6] sera une Phèdre remarquable. Elle a compris que cette œuvre, qui dépasse de beaucoup les cadres du ballet, était un divertissement dramatique, et Toumanova est à la fois une grande danseuse et une grande tragédienne.

Lycette Darsonval[7] est aussi excellente que la petite Liane Daydé[8], une Aricie remplie de finesse.

Tous des gens qui aiment leur métier. Alors, moi, je les aime.

84. Georges Auric, s.d., collection Séverin Wunderman – Musée Jean Cocteau à Menton.

* [Commentaire sans titre] repris dans l'article « Pour Jean Cocteau, *Phèdre* sera le miracle de l'artisanat français », *Le Monde*, 15 juin 1950.

5. *Phèdre*, tragédie chorégraphique créée à l'Opéra de Paris le 14 juin 1950 dans une chorégraphie de Serge Lifar sur un argument de Cocteau d'après Racine, mis en musique par Georges Auric. Les interprètes principaux sont Tamara Toumanova (Phèdre), Serge Lifar (Hippolyte), Lycette Darsonval (Liane), Roger Ritz (Thésée), Liane Daydé (Aricie) et Lucien Legrand (Neptune). Cocteau se dit « l'auteur du découpage, des costumes et des décors » ; il faut également ajouter qu'il en a dessiné le rideau.

6. Enfant prodige, Tamara Toumanova (1919-1996) débute comme ballerine à l'âge de six ans lors d'un gala d'Anna Pavlova, puis entre à l'Opéra de Paris en 1929. Elle travaille ensuite avec les Ballets russes de Monte-Carlo et George Balanchine qu'elle suit dans le Ballets 33. Elle poursuit une carrière de danseuse indépendante, créant de nombreux rôles pour diverses compagnies de ballets, tant en France qu'à l'étranger. Cocteau souligne ici ses qualités de tragédienne, reconnues par la profession.

7. Lycette Darsonval, pseudonyme d'Alice Perron (1912-1996) entre à l'Opéra en 1935 et devient, quatre ans plus tard, une des danseuses étoiles des chorégraphies de Serge Lifar.

8. Liane Daydé (1932-1986) débute à l'Opéra à l'âge de 13 ans et devient danseuse étoile en 1951.

174

MARIANNE OSWALD DANS *ANNA LA BONNE* *

Marianne Oswald, immobile, c'est une flamme de lampe juive, mince et droite au bout du piano. Elle chante et voilà qu'elle dirige sur le public le jet infernal d'une lampe à souder. Piétinez-la ; elle continue. Car elle s'acharne contre la mort avec l'âme de la couleuvre et du mégot.

En ce qui concerne ma chanson parlée, j'imagine l'actrice dans la pose du discobole. Et c'est notre disque, noir et rouge et amer, que Marianne Oswald lance de toutes ses forces sans qu'il soit utile de se préoccuper d'un autre système de lancement.

Tous ceux qui possèdent *La Voix humaine* voudront entendre la voix inhumaine de cette Marianne qui se révolte sur une barricade, sous le bonnet rouge de ses cheveux.

175

BERTHE BOVY, MARIANNE OSWALD, MES INTERPRÈTES **

Le public est une force de la nature. La comédienne une force de l'artifice. Rien de plus singulier que ces deux forces qui s'affrontent, et surtout lorsque la comédienne se trouve seule pour la lutte et ne peut compter sur d'autres fluides que le sien. Jamais je n'ai vu Berthe Bovy[13], mon admirable interprète de *La Voix humaine*, quitter sa loge en longue chemise blanche, gagner par les couloirs à bustes de la Comédie Française la petite porte de fer qui mène au plateau, sans imaginer une victime, une morte, quelque épouse de Henri VIII marchant au supplice.

Le public se représente mal un semblable effort. Dans *La Voix humaine*, l'effort est immense. Un fil part de chaque cœur et aboutit entre les mains d'une femme assise, qui téléphone. Qu'un seul de ces fils se distende et la vitesse de l'œuvre diminue, je veux dire, l'intérêt se relâche. C'est un effort de ce genre que je demande à Marianne Oswald lorsqu'elle récite *Anna la bonne* et *La Dame de Monte-Carlo*.

Si nous voulons comprendre Marianne Oswald, expliquer son contact avec une foule et son prestige, il importe de nous demander quel serait son cadre par excellence et la place où elle s'inscrirait, où elle « s'enfoncerait » d'elle-même comme

---

* « Marianne Oswald dans *Anna la bonne* », dans Cocteau, *Œuvres complètes*, Lausanne, Marguerat, 1950, volume X, p. 331 ; texte repris, avec adjonction d'un dernier paragraphe provenant du texte 175, dans une brochure publicitaire de Pathé Marconi pour le disque *Théâtre de toujours. Jean Cocteau* réalisé par Pierre Hiégel en 1959.

** « Berthe Bovy, Marianne Oswald, mes interprètes », dans Cocteau, *Œuvres complètes*, Lausanne, Marguerat, 1950, volume X, p. 334-335 ; reprise et adjonction du dernier paragraphe au texte figurant sur la brochure publicitaire de Pathé Marconi pour le disque *Théâtre de toujours. Jean Cocteau* réalisé par Pierre Hiégel en 1959 (voir note d'entrée du texte 174).

13. Comédienne belge, Berthe Bovy (1887-1977) entre à la Comédie-Française en 1907. Elle est l'unique interprète de la pièce de théâtre *La Voix humaine* de Cocteau, créée à la Comédie-Française le 17 février 1930, dans un décor de Christian Bérard. L'argument met en scène une femme qui tente de retenir au téléphone son amant qui la quitte, mais en vain.

85. « Marianne Oswald, torche du chant », s.d., collection privée.

un fragment de puzzle dans sa place vide. Fermez les yeux. Cherchez. La place type de Marianne Oswald est une barricade. C'est là que cette petite personne prendrait toute sa signification. Oui, à cette minute où la lanterne rouge des rues barrées change un simple barrage en barricade, met le feu à un bûcher dont l'incendie serait des hommes et des femmes qui flambent du même amour. Alors, la tignasse rouge d'Oswald deviendrait le bonnet de la révolte et sa poignante voix juive le signal de la douleur.

Je suppose que c'est cette puissance rouge d'incendie, de mégot, de torche, de phare, de fanal qui l'habite, cet acharnement de braise, cette pâleur de gaz d'acétylène, de magnésium et de lampe à souder, qui forment l'efficacité de cette chanteuse, de cette mime que bien des esprits repoussent, mais qui s'impose malgré tout.

176

[Jean Sablon] *

Les ondes, les bouches d'ombre, les disques, les refrains sifflés par les cyclistes dans la rue, firent à Jean Sablon [14] un grand visage vague aimé de tous, mais sans forme précise, comme le souvenir.

Et voilà que le fantôme cesse d'être fantôme, s'incarne et que les belles chansons qu'il nous murmure à l'oreille vont retrouver une figure, celle d'un ami très cher.

Fêtons-le !

177

Souvenirs [sur Debussy] **

Les circonstances m'ont toujours obligé de prendre en face de cette œuvre exquise une attitude hostile [15]. C'est le propre de la jeunesse que de mettre l'esprit de contradiction en œuvre et que de rejeter comme détestable ce qui dérange son message.

Trop de sauce, de brumes et de voiles nous poussaient vers la ligne mélodique et vers une simplicité apparente. Claude Debussy en souffrait et jusqu'à sa mort il crut que nous souhaitions le voir disparaître avec son faune et ses nymphes.

En vérité nous étions envahis par son règne et nous défendions nos prérogatives avec cette monstrueuse injustice de la jeunesse qui ne supporte pas qu'on la domine et qui se croit malade lorsqu'elle succombe à l'amour.

C'est l'amour de Claude Debussy, c'est son élément mêlé à notre organisme qui nous paralysait et nous obligeait à la révolte.

---

* « [Sans titre] », texte manuscrit reproduit en fac-similé au verso de la pochette du disque *Jean Sablon chante Noël*, accompagné d'un orchestre dirigé par Paul Mauriat, 17 cm., 45 tours, Score 14.054, [1950].

14. Le chanteur Jean Sablon (1906-1994) débute dans des opérettes en 1923, puis chante au Casino de Paris en 1931 aux côtés de Mistinguett, et dans divers cabarets parisiens. L'année suivante il est accompagné de Django Reinhardt. Vedette attitrée du Bœuf sur le toit, où il rencontre Cocteau, Jean Sablon remporte un franc succès avec son premier album *Couchés dans le foin*. Il remporte le Grand Prix du disque en 1937 avec la chanson *Vous qui passez sans me voir*, écrite pour lui par Charles Trenet, Johnny Hess et Paul Misraki. Il fait ensuite carrière aux États-Unis où il reçoit le surnom de French Troubadour et au Brésil où il reste pendant la guerre. Il revient ensuite en France où il s'impose parmi les chanteurs les plus populaires. Ce texte-ci est écrit pour la rentrée du chanteur au Théâtre de l'Étoile à Paris le 14 avril 1950.

** « Souvenirs », manuscrit conservé à la BHVP. Selon Pierre-Marie Héron, il pourrait s'agir d'un texte que Cocteau a préparé pour l'émission radiophonique « Prix Louis Lumière décerné à Jean Mitry », Paris Inter, dimanche 3 février 1952. En 1952, Jean Mitry s'est vu décerner le prix Lumière pour son court-métrage *Rêverie de Claude Debussy* (1952), troisième partie d'une trilogie sur le compositeur comprenant *En bateau* (1951) et *Images pour Debussy* (1951).

15. C'est à partir de l'avènement du *Sacre du printemps* que Cocteau adopte une attitude hostile envers Debussy. Il ne témoigne en effet d'aucune animosité particulière à son égard lors de la représentation du *Martyre de saint Sébastien* en 1911, comme l'atteste cet extrait de l'entretien avec Henri Jaton : « Et bien je l'ai beaucoup vu à l'époque du *Martyre de saint Sébastien*. Parce que j'étais très lié avec D'Annunzio et avec Mme Ida Rubinstein et nous étions toujours ensemble pendant les répétitions. » (voir texte 286). Voir Malou Haine, « Claude Debussy vu par Jean Cocteau », *La Revue musicale OICRM*, vol. 2, nº 1, mis en ligne le 15 janvier 2014, http : //revuemusicaleoicrm.org/claude-debussy-vu-par-jean-cocteau.

La sauvage croissance du *Sacre*[16] nous dictait une attitude violente et, même, ensuite, nous nous tournâmes contre ce *Sacre* qui avait été notre étendard.

L'âge calme toutes ces tempêtes et, maintenant, nous sommes aptes à nous reposer sur la *mousse*, à écouter la flûte du faune. Notre maison est assez riche pour recevoir noblement un hôte royal.

Erik Satie, s'il vivait, saluerait avec nous son vieux camarade et rirait des disputes qui les excitaient l'un contre l'autre à la table du dimanche.

Le propre du génie est d'être intemporel. Le progrès n'a pas de prise sur son phénomène. Claude Debussy ajoute un élément à ceux qui nous permettent de vivre en ce monde.

178

GEORGES AURIC *

Ce qu'il y a de plus vif, de plus aigu, de plus tendre. Ce qu'il y a de plus léger et de plus lourd, de plus grave sans cet air grave qui trompe les âmes, voilà Georges Auric et sa plume qui déchire, troue et caresse le papier à musique. Nous avons toujours travaillé ensemble. Et toujours il a éclairé mes textes et mes images d'une lumière brutale ou de cet embrasement des feux de joie dont les ombres dansent.

Je lui adresse mon salut fraternel.

Jean Cocteau
1952

86. Georges Auric, s.d., collection privée

16. Dans l'entretien avec Henri Jaton (voir texte 286), Cocteau évoque la réaction de Claude Debussy à l'écoute du *Sacre* : « Je l'ai vu aussi beaucoup pendant les répétitions du *Sacre du printemps*. Là c'est très étrange, il avait la partition sur les genoux et une sorte de… pas de jalousie, non, mais de tristesse, de voir que tout à coup un nouveau mode musical se présentait à la jeunesse après le sien. Une sorte de mélancolie. »

* « Georges Auric », dans le programme du ballet *Chemin de lumière* (*Weg zum Licht*) créé au Prinzeregententheater de Munich le 27 mars 1952. Georges Auric écrit la musique de ce ballet en un acte sur un argument d'Antoine Goléa, chorégraphié par le Russe Victor Gsovsky qui dirige alors le ballet du Bayerische Staatsoper de Munich. Les décors et costumes sont signés par A. M. Cassandre (pseudonyme d'Adolphe Mouron). La première parisienne en sera donnée à l'Opéra de Paris le 20 octobre 1957 dans une chorégraphie de Serge Lifar. Ce manuscrit est reproduit en fac-similé dans Antoine Goléa, *Georges Auric*, Éditions Vendatour, 1958, p. 33.

179

CINQUANTENAIRE *PELLÉAS ET MÉLISANDE*, PHÉNOMÈNE UNIQUE DANS L'HISTOIRE DE LA POÉSIE * [17]

Il est rare que deux chefs-d'œuvre se joignent et s'épousent. Si la chose arrive, il n'est pas rare qu'un chef-d'œuvre mange l'autre comme une mante religieuse en amour [18]. Dans le phénomène *Pelléas*, pas le moindre pléonasme. Impossible, en outre, de dire qu'une âme musicale s'est introduite dans un corps. C'est un mélange mystérieux de corps et d'âmes. Il n'en reste pas moins vrai que si Gounod n'a pas mangé Goethe [19], Debussy a mangé Maeterlinck et que pour nombre de personnes l'admirable pièce de théâtre n'est plus qu'un livret d'opéra. C'est même sous cette forme qu'on l'édite.

Lorsque l'Opéra-Comique m'a demandé la nouvelle mise en scène, les costumes et les décors, je n'étais, hélas, pas libre [20]. J'avais proposé de reprendre les vieux décors pour qu'ils devinssent une sorte de Vuillard, ce qui arrive avec le recul.

Les décors de Valentine Hugo supprimaient volontairement un troisième risque de pléonasme. Il est dommage qu'on les écarte. On les reprendra [21].

Il faut saluer en *Pelléas et Mélisande* mieux qu'un chef-d'œuvre : un phénomène unique dans l'histoire de la poésie.

---

* « Cinquantenaire *Pelléas et Mélisande*, phénomène unique dans l'histoire de la poésie », *Les Lettres françaises*, n° 411, 25 avril-1er mai 1952, p. 1.

17. *Pelléas et Mélisande*, drame lyrique en cinq actes de Maurice Maeterlinck sur une musique de Claude Debussy, est créé au Théâtre national de l'Opéra-Comique le 30 avril 1902, sous la direction musicale d'André Messager, dans une mise en scène d'Albert Carré et d'Albert Vizentini, avec des décors de Lucien Jusseaume et d'Eugène Ronsin et avec des costumes de Charles Bianchini. Pour commémorer le cinquantenaire de la première, *Pelléas et Mélisande* est repris dans le même théâtre le 30 avril 1952, tout en conservant la mise en scène de Carré et Vizentini (reconstituée par Louis Musy), les décors de Jusseaume et Ronsin (restaurés par Raymond Deshays) et les costumes de Bianchini.

18. Formulation fréquemment employée par Cocteau, notamment en écoutant à la radio l'enregistrement de *Pelléas et Mélisande* réalisé en studio par l'orchestre de la Suisse romande sous la direction d'Ernest Ansermet. Voir *PD I*, p. 319.

19. Allusion au *Faust* de Gounod (1859) d'après le livret de Goethe.

20. Cocteau réalisera les décors et les costumes lors de la reprise de *Pelléas et Mélisande* en 1963. Voir notes du texte 284.

21. Les décors dessinés par Valentine Hugo pour la reprise de *Pelléas* à l'Opéra-Comique le 14 juin 1947 provoquent la fureur du public et des interprètes pour leur non-conformité au sujet de l'œuvre. L'ayant droit de Debussy, Madame Gaston de Tinan, tente même de s'opposer à la représentation. Voir Roger Nichols et Richard Langham Smith, *Claude Debussy : Pelléas et Mélisande*, Cambridge, Cambridge University Press, 1988, p. 159.

180
LA COLLABORATION *ŒDIPUS REX**

J'ai souvent parlé, ici même, de l'injustice des jeunes, injustice indispensable. De lutte et de mouvement. Elle doit venir d'une crainte de perdre sa personnalité par l'invasion d'un autre. Toujours est-il que j'étais jeune à l'époque du *Groupe des Six* et que je me cabrais contre mes amours. *Le Sacre du printemps* venait en tête. J'y découvrais un lyrisme et un mysticisme. Je les dénonçais au bénéfice d'une musique plus familière et plus ponctuée. Satie nous en donnait l'exemple. Il sortait de la *Schola Cantorum* et déversait son âme exquise dans des moules formels. Sa ligne évitait toute sauce, se dégageait simple et pure.

Et le temps passe. Et Stravinski va, peu à peu, adopter cette esthétique (je devrais dire cette éthique). Et je me fatigue des règles étroites et je cherche à prendre le large. Et Stravinski se fatigue du large. Il court vers les règles étroites – mais le large habite son âme. Des routes inverses nous conduisent l'un vers l'autre. (Notre collaboration pour un *David* avait échoué en 1913.) Notre véritable réconciliation eut lieu dans un sleeping[22]. Nous y lavâmes notre linge en famille et Stravinski me demanda d'écrire *Œdipus Rex*. J'étais libre. Libre de vénérer *Mavra* et *Le Sacre*, *Tristan* et *L'Après-midi d'un faune*[23].

---

* « La collaboration *Œdipus Rex* », *La Revue musicale*, n° 212, avril 1952, p. 51-52; texte repris dans *Le Journal musical français*, n° 121, 18 octobre 1963, p. 6. Cocteau rédige ce texte à l'occasion de la reprise d'*Œdipus Rex* lors du Festival de « L'Œuvre du XXe siècle » au Théâtre des Champs-Élysées pour deux soirées. Le 19 mai 1952, l'Orchestre de la Société des Concerts du Conservatoire est dirigé par le compositeur; le 20 mai, il est placé sous la direction de Hans Rosbaud.

22. Dans une lettre à sa mère datée du 15 juillet 1922 (*LM II*, p. 156), Cocteau précise : « *Mavra* a dissipé le malentendu entre Igor Stravinski et moi – malentendu de plusieurs années. Nous nous écrivons et cela me console des horribles moments passés après *Le Sacre* – qu'il reconnaît avec *Le Coq et l'Arlequin* être une œuvre dangereuse. » *Mavra*, opéra-comique composé par Stravinski sur un livret de Boris Kochno d'après Alexandre Pouchkine, est créé par les Ballets russes à l'Opéra de Paris le 3 juin 1922, sous la direction musicale d'Ernest Ansermet, dans des décors et des costumes de Léopold Survage et une chorégraphie de Bronislava Nijinska. Six jours auparavant, l'œuvre avait également été présentée en séance privée à l'Hôtel Continental à Paris. Absent de la capitale, Cocteau n'assiste à aucune de ces représentations, mais en reçoit des échos tellement positifs par l'intermédiaire de Misia qu'il s'identifie au succès de l'œuvre dans une lettre à sa mère : « *Mavra* met une couronne d'or sur *Le Coq et l'Arlequin* » (*ibid.*, lettre du 5 juillet 1922, p. 148).

23. Après avoir, dans *Le Coq et l'Arlequin* (1919), mis en garde les jeunes compositeurs français du Groupe des Six contre les « pieuvres » que sont Wagner, Stravinski et même Debussy, Cocteau revient dorénavant sur son jugement antérieur pour apprécier pleinement leur esthétique musicale.

Nous avons travaillé entre Villefranche et Nice-Mont-Boron[24]. Avec quel amour Stravinski s'était latinisé jusqu'à vouloir une sorte de liturgie latine du drame grec. Le père Daniélou[25] m'aida. Stravinski disait : « Je compose une musique bouclée comme la barbe de Zeus. »

Il en résulte une œuvre musicale admirable, un oratorio qui consterna le public du Ballet russe lorsque nous le donnâmes pour le jubilé de Diaghilev[26]. Ce public élégant attendait des danses.

En mai 1952 je dois ajouter une mise en scène à l'oratorio[27]. Sur une estrade qui surplombe l'orchestre, Igor Stravinski dirigera et je réciterai. L'âge et la sagesse nous auront réunis dans la sévérité du travail et dans la noblesse.

181

La musique de Stravinski est bouclée comme la barbe de Zeus *

Œdipus Rex[28], l'opéra-oratorio de Stravinski, peut se donner de plusieurs façons différentes. Soit sous forme visuelle, soit sous forme orchestrale[29]. Nous en avions jadis confié le spectacle à Théodore Stravinski[30]. Depuis l'Allemagne et l'Amérique

24. En profitant de leur villégiature sur la Côte d'Azur (Villefranche-sur-Mer et le Mont-Boron), Cocteau et Stravinski commencent à collaborer pour *Œdipus Rex* en octobre 1925, comme l'atteste une lettre du 11 octobre 1925 où le compositeur sollicite le poète pour le livret (lettre conservée à la BHVP). La collaboration entre les deux artistes se poursuivra de façon interactive jusqu'à l'aboutissement de la composition musicale en mai 1927.

25. Jean Daniélou (1905-1974), agrégé de grammaire, traduit en latin le texte de la pièce *Œdipus Rex* rédigé par Cocteau en français. Après être entré à la compagnie de Jésus en 1929, il est ordonné prêtre en 1938 et deviendra cardinal en 1969.

26. En 1927, on fête les vingt ans d'activité de Diaghilev à Paris.

27. Pour la reprise *Œdipus Rex* en français au Théâtre des Champs-Élysées en 1952, Cocteau assure la mise en scène, ajoute sept tableaux vivants, conçoit les masques des mimes, les décors et le rideau de scène. Il tient également le rôle du récitant, le « Speaker », alors qu'en 1927, Diaghilev s'y était opposé, lui préférant Pierre Brasseur. Notons qu'en cette année de jubilé de 1952, d'autres scènes lyriques programmeront l'œuvre, notamment à Vienne, Berlin et La Haye.

* « La musique de Stravinski est bouclée comme la barbe de Zeus », accompagné du dessin de Cocteau « Œdipe aveugle et ses filles », *Semaine de France*, n° 1, mai 1952, p. 15 ; texte repris dans *PD I* (p. 415-416), sans référence de publication.

28. Pour la reprise d'*Œdipus Rex*, voir note 27 du texte précédent.

29. Une version scénique, appelée aussi « version opéra », se distingue par sa mise en scène, ses costumes et ses décors d'une version concert, ou « version oratorio », dans laquelle il n'y a aucune mise en scène, pas de décors, pas de costumes, avec l'orchestre placé sur scène et non dans la fosse d'orchestre ; les chanteurs solistes se tiennent debout, au devant de la scène.

30. Lors de la préparation d'*Œdipus Rex*, Théodore Stravinski (1907-1989), fils aîné du compositeur, pratique déjà la peinture, serait-ce de manière non professionnelle. Il fournit à Cocteau « trois costumes et la moitié du décor » (voir la lettre de Cocteau à sa mère du 11 mars 1926, dans *LM II*, p. 384). Sur l'un de ces projets de décor, Cocteau note : « Ce décor présente l'avantage de n'avoir aucune profondeur. Il empêche les voix de se perdre. Tout se passe au premier plan. » (Voir *TC*, p. 223-224, avec reproduction du dessin). Pour une raison inconnue, le décor et les costumes de Théodore Stravinski ne seront utilisés ni pour la création ni pour des reprises ultérieures. La partition d'*Œdipus Rex* dans sa réduction pour chant et piano publiée en 1949 par Boosey & Hawkes (cotage B. & H. 16.992) reprend toutefois cette esquisse du décor de Théodore Stravinski.

en ont tiré des spectacles[31], mais je ne les ai pas vus. Il me semble qu'à New York, l'oratorio était rendu visuel par des marionnettes géantes[32].

Nous en avons composé l'œuvre en 1925 près de Nice. Stravinski habitait Mont-Boron et je séjournais à Villefranche. J'y écrivais alors ma pièce *Orphée*.

Cette collaboration cimentait une reprise de notre amitié sur laquelle mon livre *Le Coq et l'Arlequin* avait jeté une ombre. J'y suivais cette pente qui pousse la jeunesse à lutter contre ses idoles, à prendre pour une maladie l'invasion de sa personnalité par une personnalité plus forte.

Comme *Le Sacre du Printemps* me hantait, j'employais la méthode bien connue chez les jeunes, méthode qui consiste à se défendre au lieu de se laisser envahir.

En 1925, cette attitude me gênant aux entournures, je décidai de prendre le large. Stravinski, lui, se latinisait et renonçait à un style de grandeur sauvage. Ces routes inverses décidèrent de notre nouvelle rencontre. Stravinski me demanda le thème et les paroles d'*Œdipus Rex*. Il désirait écrire une sorte de liturgie grecque et cela dans la langue latine qui commanderait euphoniquement le chant et lui donnerait un rythme fixe, non soumis aux traductions dans les langues diverses.

Le R.P. Daniélou m'aida dans cette entreprise, car j'ai toujours été mauvais latiniste.

Cette fois, la grandeur de la musique est d'un ordre sévère, bien que Stravinski la voulût « bouclée comme la barbe de Zeus ».

Je ne me serais pas permis de superposer un spectacle à l'œuvre, à cause de sa sévérité même. Je me contente de souligner mes textes (les textes que je récite à l'avant-scène) par sept tableaux vivants qui se produisent sur une estrade derrière la masse orchestrale.

Ces tableaux vivants seront plus allusifs que directement liés au drame. Ils relèveront davantage du nô japonais ou des mimes chinois que de la danse. Je pense, en effet, que la Chine et le Japon conservent seuls le style du théâtre grec.

J'ai toujours traité la grande fable d'Œdipe même lorsqu'il m'arrive d'en inventer une autre[33]. Les dieux construisent des pièges où l'homme tombe en se croyant libre, et de telle sorte qu'il y tombe chaque fois sans les reconnaître.

---

31. Après les créations de Paris et de Vienne, *Œdipus Rex* est monté sur diverses scènes lyriques. Contentons-nous de citer celles de l'année 1928 : le 24 février à Boston (version concert), le 25 février à Berlin (version scénique), le 8 mars à New York (version concert), le 24 avril à Amsterdam (version concert), en mai à Leningrad (version scénique), le 9 novembre à Ljubljana (version scénique), le 14 décembre dans une version scénique simultanément à Budapest, à Düsseldorf et à Essen. Et l'œuvre poursuivra ainsi sa carrière internationale.

32. Pour la représentation scénique d'*Œdipus Rex* au Metropolitain Opera de New York le 21 avril 1931, sous la direction musicale de Leopold Stokowski, le décorateur Robert Edmond Jones a conçu des marionnettes de trois mètres de haut fabriquées par Remo Bufano et actionnées à partir d'un pont d'une hauteur de douze mètres.

33. Lors de sa collaboration avec Stravinski dans les années 1925-1927, Cocteau a composé une pièce de théâtre intitulée *Œdipe-Roi* qui a servi d'esquisse préparatoire à *Œdipus Rex*. Elle sera créée dix ans plus tard, au Nouveau Théâtre Antoine le 12 juillet 1937, par les « Jeunes Comédiens 37 » formés par Raymond Rouleau. Cocteau se charge de la mise en scène, mais aussi des costumes, en collaboration avec Gabrielle Chanel. Guillaume Monin signe le décor. Pendant les répétitions, Cocteau rencontrera Jean Marais qui fait partie du Chœur.

Voilà, en bloc, en quoi consiste notre rencontre sur le théâtre des Champs-Élysées, après quatorze ans où nous vécûmes loin l'un de l'autre. Mon travail n'est qu'un hommage modeste à un musicien de génie pour son retour en France.

La difficulté d'un tel spectacle est de rester en marge de l'œuvre tout en faisant corps avec elle. Sauter, non seulement la rampe, mais les quatre-vingt-dix musiciens de l'orchestre et les choristes, m'oblige à construire des volumes dont la singularité équivaut à celle de l'opéra-oratorio.

Une toile, qui se lève sur les mimes et retombe afin de laisser l'oreille libre et de n'être pas distraite par l'œil, a été peinte par moi. Elle tombe et se lève derrière les choristes.

Il est possible que le résultat ne réponde pas à mes recherches. Mon seul espoir est dans l'aide que m'apportent ces admirables artisans de chez nous, lesquels comprennent les choses avant même qu'on les leur explique.

182
[*Œdipus Rex* et Stravinski] *

Stravinski et Picasso ont été pour moi de grands exemples et ils le demeurent. Ils apprennent à rompre avec la fantaisie, à ne bâtir que sur les chiffres mystérieux qui forment la base des religions et du vrai travail. L'oratorio de Stravinski, *Œdipus Rex*, date de 1923. Nous le fîmes ensemble près de Nice. En 1952 nous nous retrouvons après quatorze années. Je ne me permettrai pas de gêner la musique par un spectacle. Sept tableaux vivants soulignent mes textes et disparaissent lorsque Stravinski dirige. Ces tableaux vivants évitent la danse. Ils ne doivent pas répondre à la technique du ballet. Ils se contentent de souligner par allusions quelques épisodes du drame grec, tels que : La peste à Thèbes, Tristesse d'Athéna, Complexe d'Œdipe, Le Sphinx, etc[34]... Seulement, je le répète, la première place reste à l'oratorio et à l'oreille.

* « [Sans titre] », *Arts-spectacles*, nº 359, 15-21 mai 1952, p. 3. L'article est accompagné de trois photos du poète présentant certains masques d'*Œdipus Rex*.

34. Outre les quatre tableaux mentionnés dans le texte, signalons aussi les trois autres tableaux vivants dessinés par Cocteau : Les Oracles, Les Trois Jocaste, Œdipe et les filles. Voir la description des sept tableaux vivants dans *TC*, p. 228-231.

183

D'UN ORATORIO *

*Jocaste vient de se pendre. La peste bat son plein. Tout le monde est rentré dans les maisons. Thèbes ferme ses volets en signe de deuil. Œdipe reste seul. Comme il est aveugle, on ne le voit pas (*sic*). […]*
À Colone, il racontait : « J'ai fait cela. Je restais au beau milieu de la chambre. Mes yeux ne pouvaient soutenir l'éclat dégoûtant de ce lustre. »
Le Mystère Laïc [35].

Tout travail sérieux, qu'il soit de poésie ou de musique, de théâtre ou de cinématographe, exige un cérémonial, de longs calculs, un architecture où la moindre faute déséquilibrerait la pyramide. Mais, alors que dans un spectacle oriental ou dans les compétitions sportives, chiffres et architectures relèvent d'un code connu du public, les nôtres répondent à des règles qui nous sont propres, et ne peuvent fournir les preuves d'une excellence.

Le travail d'*Œdipus Rex* n'était pas simple. Il ne me fallait pas tuer l'oreille par l'œil. Il me fallait être violent, respectueux de la monstruosité mythologique. En effet, le mythe nous arrive avec le même silence que les soucoupes volantes. Le temps et l'espace nous l'envoient de quelque planète dont les mœurs nous déconcertent [a]. Je n'ai dérangé l'oratorio d'Igor Stravinski ni par un spectacle ni par des danses. Je me suis contenté de sept apparitions [36], très courtes, qui se produisent, pendant mes textes, sur une estrade dominant l'orchestre. Il serait inexact de dire que je me suis inspiré du nô japonais. Je me suis rappelé l'exemple qu'il donne d'une économie de gestes et d'une force allusive. J'ai été émerveillé par la compréhension des ouvriers qui me permirent d'exécuter les masques. Rien d'insolite ne les étonne lorsque le problème à résoudre [b] entre en jeu. J'ajoute que la guerre de 14 et celle de 40 ont creusé un trou qui autorise les jeunes à ne pas s'inquiéter de savoir si les choses qu'ils font ont été déjà faites. Par contre, nous fîmes et vîmes trop de choses pour ne pas être obligés d'en essayer de nouvelles. Car si nous ne sommes plus jeunes, il importe que nos œuvres le soient. *Œdipus Rex* date de 1923 [37]. En 1952, il devient un cérémonial pour la fête de nous rejoindre, Stravinski et moi, après tant d'années passées loin l'un de l'autre.

Album du Figaro, juin-juillet 1952

---

* « D'un oratorio », dont le début paraît en préoriginale dans l'*Album du Figaro* (juin-juillet 1952), est publié comme un chapitre à part entière dans Cocteau, *Journal d'un inconnu* (Paris, Grasset, 1952, p. 219-224), puis repris sous le titre « *Œdipus Rex* » dans Cocteau, *Théâtre* (Paris, Grasset, 1957, tome II, p. 615-618). Signalons l'existence, uniquement pour le début du texte paru dans l'*Album du Figaro*, d'un manuscrit [3 ff.] conservé à la BHVP. Version choisie : celle, plus achevée sur le plan de la ponctuation, de 1957, tout en corrigeant l'orthographe et une erreur de ponctuation dans l'exergue et en indiquant les variantes du manuscrit (*Ms*).

35. L'exergue reprend, avec de légères variantes, deux extraits présents dans *ECI*, p. 74-75 et 255. Nous avons replacé les guillemets fermants conformément à l'édition originale.

36. Cocteau semble confondre les six – et non sept – interventions qu'il est censé faire en tant que « speaker » au sein du spectacle (voir *TC*, p. 209-222) avec les sept tableaux évoqués dans le chapitre « Description des tableaux vivants » dans *JI*, p. 225-230.

37. En réalité, le projet de collaboration débute deux années plus tard. Voir note 24 du texte 180.

Ce n'est qu'à Vienne[38], sur l'estrade, au bord d'une forêt instrumentale, en face de cette foule qui s'écrasait dans les fauteuils, les loges, les cintres et acclamait Stravinski à travers ma présence, que j'eus le sentiment réel du spectacle que je n'avais pu apporter en Autriche et qui, au théâtre des Champs-Élysées, se produisait sans que je le visse. Il se produisait dans mon dos. Je le suivais dans le regard des spectateurs. Au Konzerthaus, je le voyais enfin, débarrassé de mon inquiétude, n'ayant plus à me demander s'il se déroulait en ordre, sauvé de tout obstacle. L'impression était si forte chaque fois que je retournais sur l'estrade, poussé par le chef d'orchestre, flagellé par la vague des applaudissements, que j'oubliais l'absence du spectacle. Je m'imaginais un public l'ayant vu. Cette sensation se doublait, je le répète, de ce que n'ayant moi-même jamais vu le spectacle, ne l'ayant mesuré que par les grandes nappes d'ombre et de lumière que le lever et la chute du rideau répandaient sur le public, je pouvais croire que ce spectacle avait toujours été invisible, que seule ma tension interne le communiquait à la salle, comme celle d'un hypnotiseur. Vienne l'avait donc vu par hypnose et la quinzième fois que je revins sur l'estrade, j'en ressentais la certitude. Les regrets qu'on m'exprima ensuite sur l'absence du spectacle et les précisions qu'on me demanda, me réveillèrent de ma propre hypnose. Je décidai, pour me le rendre visible, de raconter par l'écriture ce que je racontais oralement aux Viennois. Plus que sa machine de spectacle, *Œdipus Rex* me représentait Villefranche, Mont-Boron, Stravinski et sa famille, ma jeunesse, tout ce dont je parle dans le chapitre « Naissance d'un poème »[39], comme si la période qui sépare ce chapitre de celui que je suis en train d'écrire n'existait pas et que je les écrivisse d'une traite. Sans doute, cela vient-il de ce que je sentais Stravinski à ma gauche et que la mémoire substituait son théâtre à celui dans lequel je tenais le rôle du récitant.

Si je fixe ces souvenirs comme je l'ai fait pour mon ballet *Le Jeune Homme et la Mort* dans *La Difficulté d'être*, c'est que les spectacles s'évaporent, s'effritent, se ruinent. De tous ceux que j'ai montés, il ne me reste même pas de photographies. Rien ne surnage du *Roméo et Juliette* des « *Soirées de Paris* ». Avec Jean et Valentine Hugo j'y avais inventé le noir où n'était visible que la couleur des arabesques, des costumes et des décors. Des lampes rouges, au bord du cadre extérieur de la scène, empêchaient le public de distinguer autre chose. Des valets invisibles construisaient les rues et les perspectives des salles autour de la marche chorégraphique des artistes. J'avais réglé une démarche très curieuse pour toute la jeunesse de Vérone. Roméo[40] seul ne se mouvait pas selon cette amplification d'une mode.

Mais où fondent les neiges d'antan[41] ?

38. *Œdipus Rex* est donné au Konzerthaus de Vienne le 28 mai 1952, dans le cadre du Festival des « Wiener Festwochen 1952 », sous la direction musicale de Karl Boehm, avec Jean Cocteau dans le rôle du récitant (le Speaker).

39. « De la naissance d'un poème » est un chapitre du *JI* où Cocteau relate la genèse de l'un de ses poèmes les plus importants, *L'Ange Heurtebise* (1925). Il y ajoute quelques propos au sujet d'*Œdipus Rex* en tout point pareils à ceux des textes présents dans ce volume.

40. Lors de la création de *Roméo et Juliette* au Théâtre de la Cigale le 2 juin 1924, le rôle de Roméo est interprété par Marcel Herrand.

41. Allusion au refrain de la *Ballade des dames du temps jadis* de François Villon.

Les masques d'*Œdipus Rex* furent exécutés de manière à être vus en contrebas. Ils devenaient illisibles lorsqu'on les regardait de face. La plupart étaient ovoïdes, armés d'yeux au bout de cornets ou de baguettes. Les chevelures étaient de raphia. Des cloisons de liège, des fils de fer, des bourrelets, isolés de la surface, figuraient les nez, les oreilles, les bouches. Du masque final jaillissaient des gerbes terminées par des balles (balles de ping-pong peintes en rouge). Ce qu'on appellerait dans le Midi du semble-sang.

Des gestes qui ne vont jamais jusqu'à la danse et relèvent à peine de la pantomime étaient indispensables pour l'équilibre entre les masques et l'orchestre. Pour qui porte un masque, lever une main, avancer une jambe, devient d'une importance extrême, comme le bras du violoniste se change en son. Le fait qu'un bras rapetisse par rapport au masque, isole ce bras et le quadruple, non pas en volume, mais en visibilité. En outre, il ne fallait pas de costumes. Il fallait suggérer des costumes sur une base de maillots noirs, et ne pas les draper artistiquement. J'ai laissé pendre des étoffes assez lourdes de telle sorte que ces chutes d'étoffes n'embrouillassent pas les lignes du corps. Sinon, mes artistes n'auraient plus été des artistes portant de fausses têtes, mais des nains à têtes énormes. Je n'ai pas commis la faute du *Bœuf sur le toit*, faute où j'entraînai Dufy et que Picasso m'avait signalée. Toutes mes têtes postiches sont de taille et d'architecture différentes. Le masque final et volumineux d'Œdipe aveugle était amplifié par les boules blanches des têtes de ses filles et les figures ovales qui ornent les appareils du chœur.

Le travail avait duré un mois de préparatifs et un mois d'ouvrage manuel chez les artisans qui m'assistent. Laverdet pour le rideau et la finition des masques. Villat pour l'établissement des formes. Mme Bebko[42] et son fils pour certains masques plus subtils, tels que les têtes des chevaux et des chacals, la figure de sauterelle d'Athéna et son cimier vert. Le reste fut exécuté avec ce qui me tombait sous la main (clous, vieilles lampes laissées par terre par un photographe) et l'adresse prodigieuse des aides de Laverdet, lesquels comprennent l'incompréhensible avant même qu'on le leur explique. Il importe de se rendre compte que le spectacle se produisait haut et loin, qu'il me fallait non seulement sauter la rampe, mais encore tout l'orchestre et les choristes. Ma seule gêne fut de tourner le dos à l'estrade et de n'y pouvoir jeter un coup d'œil. Je me renseignais en regardant les spectateurs que j'observais à merveille du proscénium et qui, sauf la niaiserie incurable de quelques rares visages, m'impressionnaient à force d'immobilité.

Variantes

a. *Variante de la phrase en Ms* : Le temps et l'espace qui se conjuguent nous l'envoient de quelque planète morte ou vivante dont les habitants et les usages nous demeurent un mystère. Il importe donc de les rendre visuels.

b. *Variante de la phrase en Ms* : Rien d'insolite ne les étonne lorsque l'artisanat entre en jeu.

42. Laverdet, Villat et Bebko sont les fabricants qui secondent Cocteau dans la préparation du spectacle d'*Œdipus Rex*, en réalisant, à partir des esquisses ou des maquettes du poète, les masques, les costumes et les éléments du décor aux dimensions souhaitées.

184

Meine Liebe zu Strawinsky und Picasso *

La vraie hiérarchie des phénomènes, comme la vraie hiérarchie des rapports, s'incarne et prend forme sur un tout autre plan que le plan des classifications conventionnelles[43].

Das wenige, was ich weiß, verdanke ich Strawinsky und Picasso. Sie wurden nicht meine Meister, aber das beste Beispiel, die Fehler meiner Jugend abzulegen. Bevor ich ihnen begegnete, begriff ich kaum etwas von meinem Beruf, von meiner Berufung.

Man muss meine Angriffe im *Coq et l'Arlequin* gegen *Le Sacre* auf das Konto der Liebe setzen, auf das Konto des Ausbruchs eigener Personwerdung gegenüber dem Einbruch einer anderen Person, gegenüber einem Einbruch, den die Jugend für eine Krankheit hält, gegen die sich ihre Instinkt-Kräfte aufbäumen, und die sie ganz naiv zu besiegen sucht.

Wiedergefunden habe ich mich mit Strawinsky in umgekehrter Richtung : als er sich latinisierte und ich mich entlatinisierte (um irgend ins Weite zu gelangen).

Aus dieser Begegnung erwuchs *Œdipus Rex*. Ich wohnte damals in Villefranche, Strawinsky und seine Familie in Montboron bei Nizza. Igor hatte sich latinisiert bis zu dem Wunsch, dem griechischen Drama eine lateinische Version zu geben. Der Abbé Daniélou kam mir dabei zu Hilfe; ich war nämlich immer ein schlechter Lateiner. Strawinsky nahm sich vor, eine Musik zu schreiben, "gelockt wie der Bart des Zeus". Sie kennen dieses Werk, dessen musikalische Locken pures Gold sind. – Abends fand ich Strawinsky in Montboron, zu Fuß pilgerte ich dann bis Villefranche zurück. Im Februar darauf unternahmen wir eine Reise in die Berge. Unser Fahrer sprach in Orakeln. Wir nannten ihn Tiresias. Sie sehen, diese Zusammcnarbcit stcllt sich mir als eine Freundschaft dar, die ganz aus dem Werk erstand, ähnlich der Freundschaft zwischen Strawinsky und Ramuz.

Zur Zeit des *Petruschka* schien mir das russische Ballett noch ein prächtiges Feuerwerk (jeu d'artifice). Gerade den *Petruschka* hielt ich für eine Art Laboratorien- und Studienstück. Ich brachte Picasso hin, und wir machten *Parade*. *Le Sacre* und *Parade* wurden damals oft zusammen aufgeführt. Das eine entwurzelte Bäume, denen stoßweise der Saft entstieg, das andere symbolisierte das Wahrste des Wahren, jenen sur-realen Realismus, der meine Methode, mein Evangelium wurde.

Voilà les raisons de l'amour que je porte à Stravinski et à Picasso.

---

* « Meine Liebe zu Strawinsky und Picasso », *Muzik der Zeit*, Cahier I, *Igor Strawinsky*, Bonn-Londres, Boosey & Hawkes, 1952, p. 7-8. Ce texte est accompagné d'un dessin de Cocteau représentant Picasso et Stravinski. Nous n'avons pas retrouvé la version française de ce texte, écrit à l'occasion du jubilé en 1952 d'*Œdipus Rex* au Städtische Oper de Berlin et au Wiener Konzerthaus. Ignace De Keyser a réalisé la traduction en français.

43. Ce paragraphe rédigé en français figure au-dessus du titre dans la revue *Muzik der Zeit*. Par commodité, nous l'avons placé en dessous.

[*Retraduction en français de la version allemande :*]

Le peu que je connais, je le dois à Stravinski et Picasso. Non seulement ils étaient mes maîtres [44], mais aussi le meilleur exemple pour me défaire de mes défauts de jeunesse. Avant de les rencontrer, je comprenais à peine ce qu'étaient ma profession et ma vocation.

Il faudrait mettre mes attaques contre *Le Sacre*, celles qui figurent dans *Le Coq et l'Arlequin*, sur le compte de l'amour, sur le compte d'un débordement d'individualité contre l'intrusion d'une autre personne, contre une intrusion que la jeunesse prend pour une maladie – contre laquelle se dressent des forces de l'instinct et qu'elle cherche tout naïvement à vaincre.

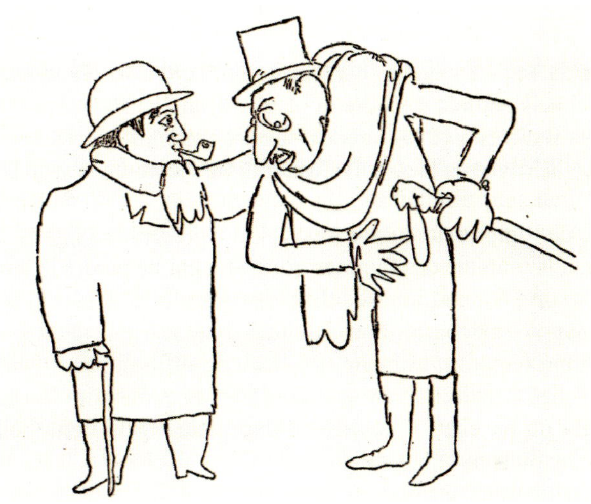

87. Pablo Picasso et Igor Stravinski, dans *L'Art vivant*, 15 septembre 1929.

Stravinski, je l'ai retrouvé dans le sens inverse : quand, de son côté, il « latinisait » et que moi, je « dé-latinisais » (pour arriver quelque part loin du départ).

De cette rencontre est né *Œdipus Rex*. J'habitais alors Villefranche, Stravinski et sa famille Montboron près de Nice. Igor était latinisé jusqu'à vouloir donner une version latine à ce drame grec. L'Abbé Daniélou me vint en aide; en fait, j'étais un mauvais latiniste. Stravinski décidait d'écrire une musique, « frisée comme la barbe de Zeus ». Vous connaissez l'œuvre, dont les frisées musicales sont de l'or pur. – Le soir je rencontrais Stravinski à Montboron, à pied je prenais mon bâton de pèlerin pour regagner Villefranche. Au mois de février [de l'année suivante], nous entreprîmes une randonnée en montagne. Notre chauffeur parlait par oracles. Nous l'appelions Tirésias.

44. Signalons que Cocteau reconnaît désormais Stravinski comme son maître en musique, et non plus Satie (voir textes 30, 87 et 92).

étonnante. Le public dirait : « Je ne reconnais pas vos rythmes, parce que je ne les ai encore jamais entendus en musique. »

Darius est une force de la nature. Il brasse les notes comme un ouvrier des blocs de pierre et, même malade, dans une petite voiture où on le pousse[53], il conserve cette puissance d'Atlas. Il tient sur ses épaules un monde fait de grâce, de charme et d'énergie. Rien ne l'effraye. Son œil noir et vif enregistre le spectacle de l'univers, de l'antiquité à nos jours, du temple au gratte-ciel, et sa main courageuse le note en notes sur d'innombrables feuilles où les nombres cessent d'être des formes abstraites, et parlent.

Du Brésil, il a hérité la croissance tropicale, ce terrible écusson de plantes grasses et le tumulte des fêtes nocturnes où la foule s'asperge de drogues excitantes. Mais ce grouillement et cette sève qui le gonfle, traversent une âme aixoise, une âme de Provence. Et je me souviens de la première audition intime d'une œuvre que nous composâmes ensemble : *Batterie*[54], et qui fut exécutée dans le jardin de sa mère exquise, sous les platanes.

Voilà Darius. Il porte le nom d'un roi qui fouettait les vagues. Il a le cœur que lui ont légué des parents qui vivaient sous l'arc-en-ciel de Cézanne, cette mère qui, pendant l'occupation, attendait des lettres d'Amérique et mourut sans les recevoir.

Tendresse et force. Je me suis toujours représenté Darius, physiquement et moralement, pareil au jeune Hercule étouffant des serpents dans son berceau.

Sa femme, son fils, rien ne se fatigue dans cette famille. Sa femme le pousse en petite voiture dans tous les lieux où le cœur l'appelle. Son fils[55], qui ressemble au masque de Beethoven, peint dans des chambres dont le désordre m'évoque celui de la chambre des *Enfants terribles*.

Bref, dans notre âge sec, monstrueux et médiéval, je salue en Darius Milhaud un véritable cosmos, une gravitation qui lui est propre et qui simule fort bien celle des astres, cruels et doux, qui durent présider à sa naissance.

Le Groupe des Six. Aucun de nous n'a connu les brouilles ni les pénombres, et l'année dernière nous nous retrouvâmes intacts, mais hélas portant tous des lunettes, dans l'appartement réoccupé par Darius après la guerre de 40, et où nous fîmes jadis nos premières armes.

Une photographie récente nous montre autour du piano[56], à nos anciennes places, plus vieux de visage, mais plus jeunes de cœur, car Picasso a raison de dire : « On met

53. Depuis les années 1930, Milhaud souffre de crises de rhumatismes aiguës qui l'obligent à se déplacer en chaise roulante.

54. Sur le poème de Cocteau intitulé « Batterie » et publié plus tard dans *Poésies (1917-1920)*, Milhaud a composé une « cantate-batterie » sous le titre *Hymne au soleil* dont il a détruit plus tard la partition. Gea Augsbourg évoque l'interprétation musicale de cette œuvre dans la propriété familiale de l'Enclos sur la route de Vauvenargues à Aix-en-Provence sous la forme d'un dessin dans l'ouvrage *La Vie de Darius Milhaud en images* (Paris, Corréa, 1935). Pour la reproduction de ce dessin, voir Jean Cocteau – Darius Milhaud, *Correspondance*, établie par Pierre Caizergues et Josiane Mas, Valence, Novetlé-Massalia, 1999, p. 25.

55. Le fils de Darius et Madeleine Milhaud, Daniel Milhaud (1930-2014) est peintre de profession.

56. C'est à l'occasion d'une exposition autour du Groupe des Six réalisée par l'éditeur de musique Heugel que les six compositeurs et Cocteau se réunissent dans l'appartement de Milhaud le 4 décembre 1951 et se font photographier pour *Paris-Match* (voir Madeleine et Darius Milhaud – Hélène et Henri Hoppenot, *Conversation*, correspondance 1918-1974, Paris, Gallimard, coll. « Les Inédits de Doucet », 2005, p. 381-382). Pour la reproduction de certaines photos de cette séance, voir Myriam Chimènes et

longtemps à devenir jeune. » C'est ce que j'éprouve. Seulement Darius Milhaud semble avoir fait exception à la règle. Je l'ai toujours connu comme un mélange d'enfance et de sagesse, de sauvagerie et de douceur, de lutte et de jeu.

Une fois, salle Pleyel, à l'époque dite époque héroïque et qui devait l'être sans que nous puissions le comprendre, Darius me demanda de tenir le tambour et le triangle dans *Les Choéphores* de Claudel [57]. Le triangle a l'air d'un instrument facile. Détrompez-vous. Mêlé à l'orchestre, je fixais mes yeux sur la baguette du chef avec une telle attention que j'oubliai tambour et triangle. Je me sentis submergé par les vagues, par le cyclone de Darius, noyé, égaré, ne cherchant qu'à rejoindre la rive à la nage.

Que de souvenirs de cet ordre me remontent à la mémoire dès que je songe à Darius et à nos cinq amis. C'est ainsi que Darius [58] me dit un jour : « Les cafés littéraires sont démodés. Je t'offre de nous réunir dans un bar. » Ce bar, où Wiéner et Doucet jouaient à quatre mains les premiers blues de New York, devint le célèbre « Bœuf sur le toit », qui n'était pas à proprement parler un bar, mais notre poste de commandement et d'écoute. Moysès, le Directeur, m'avait demandé l'autorisation d'emprunter l'enseigne de ma pantomime.

Je pourrais vous entretenir de Darius pendant des heures. Mieux vaut lui céder la place et l'entendre parler la langue universelle de la musique [59].

187

IGOR MARKEVITCH ET *ICARE* * [60]

Jadis il m'eût été difficile d'écrire un article sur la musique, la poésie, la peinture sans « prendre position », c'est-à-dire sans me mêler de cette politique profonde qui bouge comme l'autre, mais selon des règles beaucoup plus délicates et plus sauvages. Bref,

---

Catherine Massip, *Portrait(s) de Milhaud* (Paris, Bibliothèque nationale de France, 1998, p. 140) et Jean Roy, *Le Groupe des Six* (Paris, Seuil, collection « Solfèges », 1994, p. 194-195).

57. Rappelons que Cocteau occupe la batterie de l'orchestre lors de la création des *Choéphores*, qui a lieu le 15 juin 1919 à la Salle Gaveau et non pas à la Salle Pleyel comme le poète l'affirme ici.

58. En réalité, c'est Jean Wiéner qui a proposé au compositeur de réunir les « samedistes » au bar « Gaya ». Voir note 35 du texte 136.

59. Nous n'avons pu identifier ce concert.

* « Igor Markevitch et *Icare* », *Tempo*, n° 23, mars 1952, p. 6 ; texte repris à l'identique dans *Musik der Zeit*, Cahier II : *Ballett*, Bonn-Londres, Boosey & Hawkes, 1952, p. 57 ; texte repris mais sans la disposition en paragraphes et avec de multiples variantes d'orthographe dans Igor Markevitch, *Être* et *avoir été* (Paris, Gallimard, 1980, p. 246-247). Version choisie : la version originale de 1952.

Dans ses mémoires, Markevitch affirme qu'il a pressenti Cocteau pour écrire ce texte « à la demande de la revue Beaux-Arts de Bruxelles », plus précisément « pour la présentation de l'œuvre » dans la capitale belge en 1938, en ajoutant que le poète lui envoya l'article accompagné d'un acrostiche sur son prénom : « Icare / Glorifie / Orphée / Ressuscité » (voir *ibid.*, p. 247). Nous n'avons retrouvé toutefois ni la revue ni le texte.

60. *L'Envol d'Icare* d'Igor Markevitch est composé en 1932 pour être chorégraphié par Serge Lifar, mais n'est pas représenté. La version concert est créée par Roger Désormière à la tête de l'Orchestre symphonique de Paris le 26 juin 1933. Elle se caractérise par l'emploi de quarts de tons aux cordes et aux bois. C'est cette version que le compositeur, à la tête de l'Orchestre national de Belgique, enregistre à Bruxelles les 27 et 28 juin 1938 pour la firme Gramophone (D.B. 5069-71 ; trois disques 78 tours, mono, 30 cm). En 1943, Markevitch en génère une nouvelle version intitulée *Icare* dans laquelle il supprime ces quarts de ton et qu'il crée à Rome le 28 mars 1943.

88. Dessin, 1961, programme du concert d'Igor Markevitch au Théâtre de Vevey le 5 octobre 1962.

j'eusse situé Markevitch par rapport aux autres musiciens et cherché le pourquoi de sa force et de sa fraîcheur. Aujourd'hui (on se lasse des détails à la longue), je regarde les choses de plus loin, pour ne pas dire de plus haut et, l'avouerai-je, les grands formats, les figures violentes, les artistes de haute taille m'émeuvent plus que certaines originalités moins éclatantes et d'un ordre complexe. Au reste, l'étrange boucle que boucle 1950 m'amène à mettre au premier plan, à situer comme un artiste de grand format et dont la personnalité s'impose avant même que notre esprit de jugement se mette en branle, un musicien difficile, dont chaque note semble écrite toute seule, entourée de vide, neuve au monde et fraîche en soi-même par la seule vertu de sa naissance. *Icare* n'est-il pas l'exemple type de l'œuvre d'Igor Markevitch où cette mystérieuse méthode semble être à la base de l'œuvre et comme le mécanisme qui la met en marche, l'actionne et la restitue au silence. Œuvre étonnante, muette, tapageuse, vierge, capable de tendre les nerfs de l'auditeur jusqu'au crime, jusqu'à cette gêne terrible qui nous isole dans une salle et nous annonce l'entrée en scène de l'ange du nouveau. *Icare* se raconte mal. Je sais que le jeune Icare observe le vol des colombes, essaye sa machine et que ses ailes le précipitent dans la mer. Je sais qu'un ballet (de danses) devait évoluer sur cette musique et la traduire en gestes. Mais, moi, je m'en tiens jusqu'à nouvel ordre, à ce que mes oreilles enregistrent : la première œuvre, depuis *Le Sacre*, qui se pose comme un bloc de délices, qui tombe de la lune, qui apporte d'un monde inconnu des grâces troublantes.

En effet, il est impossible d'entendre ces grattements de pattes, ces piétinements d'oiseaux, ces moires d'ailes, ce pigeonnier de gifles et d'impatiences, sans songer à la phrase de Nietzsche[61] : « Les idées qui changent la face du monde approchent sur des pattes de colombes. »

Peu à peu, ces bruits de préparatifs mystérieux, ces travaux de tortures et de ciel se transforment en un mécanisme puissant qui frappe, qui explose, qui s'arrache jusqu'à la chute et jusqu'à la mort. Inutile d'ajouter que la mort est un autre départ, le vrai, et que les préparatifs mystérieux dont je vous parle étaient en réalité les préparatifs de cette mort et de cette mise en marche d'ailes immenses et d'une cire que le soleil ne fondra plus.

188

[La danse relève des nombres] *

La danse relève des nombres et les nombres on ne sait d'où. La « métaphysique » est un prolongement du « physique ». La danse va beaucoup plus loin que les corps. Elle les prolonge comme ces agrès de navires dont parle Baudelaire[62]. La danse a perdu son rôle sacré en Europe. Cependant elle ne nous touche que si le pittoresque ne la discrédite pas. Il y a toujours quelque chose de sacré dans la danse. Son idiome ne s'adresse pas aux oreilles et le regard compte moins pour son efficace que des sens secrets qui se nourrissent de ses équilibres mystérieux. Je n'aime pas qu'elle forme un pléonasme avec la musique, mais qu'elle la contrepointe et presque la contredise. Sauf en ce qui concerne l'admirable cérémonial conventionnel de Petipa.

Je rêverais pour les enfants à Noël des souliers qui seraient des chaussons de danse et sortant de ces chaussons des jambes et un buste et des bras et toute cette grâce précise d'une danseuse qui, même sans le savoir, incarne les chiffres et les algèbres de la poésie.

---

61. Pour cette formule de Nietzsche, voir note 248 du texte 34.

* « [Sans titre] », *Toute la danse*, Noël 1952, p. 39.

62. Pour Cocteau, la danse relève d'une double réalité, pareille à celle qui gouverne l'observation des navires en mouvement dans un texte de Charles Baudelaire intitulé « Fusées XV » : « Je crois que le charme infini et mystérieux qui gît dans la contemplation d'un navire, et surtout d'un navire en mouvement, tient, dans le premier cas, à la régularité et à la symétrie qui sont un des besoins primordiaux de l'esprit humain, au même degré que la complication et l'harmonie, - et, dans le second cas, à la multiplication successive et à la génération de toutes les courbes et figures imaginaires opérées dans l'espace par les éléments réels de l'objet. » Voir Baudelaire, *Œuvres complètes*, éd. Claude Pichois, Paris, Gallimard, Bibliothèque de la Pléiade, 1983, t. 1, p. 663.

189
[ÉLISE JOUHANDEAU] *

Élise et Marcel [63] forment à eux deux une sorte de numéro de tempête analogue à ces numéros de trapèze volant dont on ne pourrait changer la musique sans danger pour l'un et l'autre des protagonistes. Leurs amours et leurs colères qui éclatent comme une grenade, leurs regards qui se croisent comme feux de Saint-Elme, tout cela compose le numéro dont je parle et la trame de l'étoffe des œuvres que Jouhandeau nous donne et qui brûlent encore de sortir des braises du cœur. Et voilà que la femme de cet homme étrange et prestigieux, après s'être essuyé les semelles dans la résine et nous avoir souri, s'élance à son tour dans le vide. Je la connais de longue date. Elle n'avait d'autre métier que la danse [64]. Mais à quoi sert le métier? Elle le prouve. Elle vole, elle tourne, elle se rattrape au trapèze, croise son époux dans les airs. Elle nous étonne, nous trouble, nous émerveille et ne tombe jamais. On l'aime d'avoir tant d'audace [65]. Il ne nous reste qu'à l'applaudir.

190
[HOMMAGE À HENRY PRUNIÈRES] **

Toute ma jeunesse a baigné dans la Musique et dans les injustices propres à ceux qui aiment. Le nom de Prunières [66] est associé à ces luttes merveilleuses. De loin les ondes se nouent et l'on s'étonne d'avoir dit du mal des œuvres qu'on préfère. Il est vrai qu'on ne parlait pas des autres.

---

* « [Sans titre] », présentation en quatrième de couverture de l'ouvrage d'Élise Jouhandeau, *Joies et Douleurs d'une belle excentrique. Enfance et adolescence d'Élise*, Paris, Au Portulan / Flammarion, 1952. Dactylogramme intitulé « Notice pour la belle Excentrique » (4 ff.) conservé au fonds Jacques Doucet.

63. Élise Jouhandeau, née Élisabeth Toulemon (1888-1971), rencontre l'écrivain Marcel Jouhandeau (1888-1979) en 1928 et l'épouse en juin 1929. Ils forment un couple explosif défrayant régulièrement la chronique de l'époque.

64. Pour s'imposer en tant que danseuse, Élise Jouhandeau commande à Erik Satie la musique d'une œuvre que le compositeur intitulera *La Belle Excentrique* et dont Cocteau dessinera les costumes et les masques. Sous le pseudonyme de Caryathis, elle crée ce spectacle en solo au Théâtre du Colisée le 15 juin 1921. Rencontrant le succès auprès du public, elle le reprend à plusieurs reprises, notamment au Théâtre de l'Oasis aménagé par le couturier Paul Poiret le 29 juin suivant et sous la direction du compositeur. La danseuse apparaît par la suite dans de nombreux ballets sur des musiques composées notamment par Poulenc, Auric et Ravel.

65. Ces propos sont à comparer avec ceux que Cocteau livre dans son journal : « Reçu les premières épreuves du livre d'Élise Jouhandeau. Étrange folie pareille à certaines femmes qu'on rencontre dans la rue et qui semblent n'habiter nulle part. (*Folle de Chaillot.*) Il faudra que je le dise dans la préface, sans choquer Élise ». Voir *PD I*, p. 328 [28 août 1952].

** « [Sans titre] », *La Revue musicale*, n° 219, numéro thématique intitulé « Renaissance de *La Revue musicale*. Hommage à Henry Prunières », décembre 1952 – janvier 1953, p. 10.

66. Henry Prunières (1886-1942), musicologue, fondateur en 1920 de *La Revue musicale* qu'il dirige jusqu'en 1939. Dans cette revue de renommée internationale, Prunières s'entoure d'hommes de lettres, de musicologues, de compositeurs et de critiques afin de défendre prioritairement la musique contemporaine.

Maintenant, avec le recul, devenu spectateur et auditeur, je songe à ce niveau d'âme où les musiques les plus disparates se ressemblent. Une ressemblance de famille qui dépasse la forme et la ligne.

191

[GERMAINE SABLON] *

Germaine Sablon [67], un cœur qui chante.

Jean Cocteau

192

ÉLUARD ET LA MUSIQUE ** [68]

Il semble, au premier abord, que de la musique sur les poèmes d'Éluard établisse un pléonasme. Éluard n'est-il pas musique et ne se charge-t-il pas de chanter tout seul ? Mais on se trompe. Aucune poésie n'est musique, sauf s'il s'agissait d'une musique interne et inaudible. Cette espèce de musique s'apparente davantage au tam-tam mystérieux par lequel les tribus indigènes correspondent à distance.

Comme Pouchkine, Paul Éluard s'exprime sous forme de pulsation. Pulsation que ressentent même les oreilles qui ne la traduisent pas en vocables.

Le sang de Pouchkine et d'Éluard circule musicalement dans leurs veines. Ils le répandent selon le rythme d'un pouls que consulterait une main amoureuse. C'est pourquoi les musiciens se sentent attirés par ce rythme, le veulent orchestrer et accompagner de leur tendresse [69].

Dans les quelques exemples de cet « hommage », on verra que nul ne cherche à s'annexer les poèmes d'Éluard, mais que chacun veut prouver combien il les aime.

---

* « [Sans titre] », texte manuscrit reproduit en fac-similé au recto de la pochette du disque de Germaine Sablon, *Marie s'promène, Tu dis des mots si tendres, N'oubliez pas cette chanson, À Malaga, Paris est à nous, Le Chant des partisans, Tant pis... tant mieux, Le Galérien*, 33 tours, FDLP 1008 « medium », [1952].

67. Germaine Sablon (1899-1985), sœur aînée de Jean Sablon, débute en 1915 dans des opérettes, puis se lance dans le cinéma. À partir de 1932, elle enregistre aussi des chansons et mène de front une carrière de chanteuse et d'actrice. Engagée dans la résistance, elle enregistre en 1943 *Le Chant des partisans*. Elle se retire de la scène à la fin des années 1950.

** « Éluard et la musique », *Les Lettres françaises*, n° 462, 23 avril 1953, p. 7.

68. Texte sollicité par Solange Morin pour le concert d'hommage à Paul Éluard qui a lieu le 15 avril 1953 pour commémorer le décès du poète survenu le 18 novembre 1952 (voir *PD II*, p. 76, n. 1). Ce concert a lieu à la Maison de la Pensée française, dans un hôtel particulier, 2 rue de l'Élysée à Paris, où le parti communiste organise des concerts bimensuels de 1948 à 1952.

69. Parmi les compositeurs inspirés par les poèmes d'Éluard et contribuant au programme de ce concert d'hommage figurent Claude Arrieu, Georges Auric, Elsa Barraine, Robert Caby, Henri Cliquet-Pleyel, Louis Durey, Francis Poulenc et Henri Sauguet (voir *PD II*, p. 76, n. 1). À cette occasion sont créés les *Trois Poèmes de Paul Éluard* de Louis Durey par Alain Sandri (baryton) et Hélène Boschi (piano).

193

LE LUXE SPIRITUEL EST LE SEUL QUI NOUS RESTE *

La danse et l'opéra[b] *sont à l'honneur cette semaine : ballets américains à Chaillot ; nouveaux ballets Janine Charrat*[70] *au théâtre des Champs-Élysées ; ballets du marquis de Cuevas*[71]*, à Bordeaux ; création de* La Dame à la licorne*, à Munich*[72] *; représentation exceptionnelle à Paris, de l'Opéra de Vienne. Nous avons demandé à Jean Cocteau, de retour de Cannes (où il présidait le festival) – via Munich – de présenter à nos lecteurs sa nouvelle création chorégraphique et de nous faire part des réflexions que lui inspire ce foisonnement d'œuvres qui, toutes, témoignent d'un certain luxe artistique et spirituel.*

Le luxe est une mort[73]. Il gave. Il tue l'émerveillement que le moindre spectacle procure à l'enfance. Il tue l'enfance qui se prolonge chez les grandes personnes et nous garde les yeux, les oreilles et le cœur ouverts. J'en avais éprouvé la tristesse au festival de Cannes[74]. Le public arrivait après les courts métrages où, de *Crin blanc*[75] à L'*Étranger ne possède pas de carte*[76], la jeunesse exprime son génie. Pendant le long métrage ce public parlait, remuait, sortait, rentrait, quittait la salle avant la fin du film. Pour aller où ? Sur un escalier. J'avais surnommé le festival : *Festival de l'escalier*. Les haut-parleurs répétaient mon annonce : « Par respect pour les nations participantes, je demande… », sans que j'obtinsse le moindre résultat. Non que j'incrimine le public de Cannes. Il est le même au Lido. Le même dans les galas, mortels parce que les gens viennent s'y voir au lieu de venir voir ce qu'on y présente.

---

* « Le luxe spirituel est le seul qui nous reste », *Arts-Spectacles*, n° 412, 22-28 mai 1953, p. 1 et 3 ; texte repris, sans le chapeau éditorial et sans le post-scriptum, dans Cocteau, *Théâtre* (Paris, Grasset, 1957, tome II, p. 627-629). Version choisie : celle du périodique, plus complète et respectant la disposition d'origine des paragraphes, mais que nous avons corrigée sur le plan de l'orthographe.

70. La danseuse et chorégraphe Janine Charrat (1924-) vient de fonder en 1951 sa propre compagnie, Les Ballets Janine Charrat, rebaptisés deux ans plus tard Les Ballets de France. Son premier spectacle sous ce nouveau nom a lieu le 10 avril 1953 au Théâtre des Champs-Élysées où elle présente *Les Algues* sur une musique de Guy Bernard et *Le Colleur d'affiches* sur une musique de Georges Van Parys, tous deux dans des décors et costumes de B. Castelli. Le 11 mai 1953, elle créé dans le même théâtre son ballet *Héraklès*, mis en musique par Maurice Thiriet dans des décors et des costumes de Françoise Gilot.

71. Jorge Cuevas Bartholin, dit « marquis de Cuevas » (1885-1961), mécène et directeur de ballet. En 1951, sa compagnie prend le nom de Grand Ballet du marquis de Cuevas.

72. *La Dame à la licorne*, ballet en un acte, est créé au Staatstheater am Gärtnerplatz de Munich le 9 mai 1953. L'argument, le décor et les costumes sont de Cocteau, la chorégraphie de Heinz Rosen. La musique, basée sur des mélodies des XVe et XVIe siècles, est composée par Jacques Chailley. Cocteau dessine également la page titre de la partition. Pour la genèse et la réception du ballet à Munich, voir Christoph Wolter, *Jean Cocteau et l'Allemagne. Mythes et réalité de la réception de son théâtre*, Paris, L'Harmattan, 2007, p. 59-70.

73. Une partie de cet article s'inspire des propos consignés par le poète dans son journal. Voir *PD II*, p. 111-113.

74. Jean Cocteau venait de présider le Festival de Cannes de 1953.

75. *Crin Blanc, le cheval sauvage*, court métrage du réalisateur Albert Lamorisse (1922-1970), obtient en 1953 le grand prix du court métrage au Festival de Cannes ainsi que le prix Jean Vigo.

76. *The Stranger left no card*, court métrage de la chorégraphe et réalisatrice britannique Wendy Toye (1917-2010), obtient en 1953 le prix du film de fiction – court métrage au Festival de Cannes.

89. *La Dame à la licorne*, dessin dans le programme de la création du ballet de Jacques Chailley au Theater am Gärtnerplatz de Munich, le 9 mai 1953.

En revenant de Cannes et de Munich, j'ai traversé Paris. Édith Piaf y jouait mon acte[77]. Le soir, au théâtre Marigny, je constatai encore que le public se divise en deux. Le public des fauteuils qui paie trop cher. Le public des galeries qui paie moins cher et n'estime jamais qu'après avoir payé il ne doit plus rien aux artistes.

L'expérience de Vilar[78] et d'Yves Robert à « La Rose rouge »[79] prouve que cette division néfaste disparaît dès que les publics se mélangent.

---

77. Il s'agit de la reprise du *Bel Indifférent* par Édith Piaf et Jacques Pills au Théâtre Marigny en avril 1953. Voir *PD II*, p. 113, n. 1.

78. Nommé directeur du Théâtre national populaire à partir du 1er septembre 1951, Jean Vilar (1912-1971) poursuit au départ deux objectifs : théâtre national, le TNP doit rassembler toute la société, devenir socialement unificateur; théâtre populaire, le TNP doit être financièrement à la portée de tous et non plus seulement accessible à l'élite, mais aussi aux plus défavorisés. À la recherche depuis toujours d'un nouveau public, moins blasé, plus ouvert et plus attentif à l'égard de nouvelles entreprises artistiques, Cocteau acclame bien entendu l'initiative de Vilar dans *JI*, p. 99-100). Outre le fait qu'il ait songé pour le rôle principal à Gérard Philippe lié alors au TNP, Cocteau propose initialement à Vilar de monter *Bacchus* (*ibid.*, p. 90), projet qui n'aboutira pas.

79. Cocteau fait-il allusion à la mise en scène des *Exercices de style* de Raymond Queneau, mise en scène réalisée en 1949 au cabaret « La Rose rouge », 76 rue de Rennes à Paris, par l'acteur, scénariste et futur cinéaste Yves Robert (1920-2002) ?

À Munich, le public est le même de haut en bas. Il passe pour « s'asseoir sur ses mains. » C'est ce que les Munichois pensent. Seulement, si un spectacle les arrache de cette réserve, ils l'acclament avec gratitude. Pendant les innombrables rappels qui suivirent *La Dame à la licorne* je me félicitais d'avoir imaginé ce ballet à l'usage d'une foule apte aux élans que le luxe paralyse. Les femmes qui m'assistaient dans la confection des costumes n'osaient pas couper les étoffes coûteuses. Les peintres qui m'aidaient à peindre le décor ne se souciaient plus des horaires de travail, le public n'applaudissait pas des mains, mais de l'âme. J'avais retrouvé ces noces violentes d'une salle et d'une œuvre avec *Orphée* à Berlin [80], *Bacchus* à Düsseldorf, *Œdipus Rex* à Vienne [81].

En outre, la Bavière saigne, elle a connu les camps de concentration du nazisme [82], les fils décapités à la hache, les bombes qui la massacraient et la délivraient. Elle se relève du désastre sensible et bonne.

Les mannequins de Dior donnaient leur spectacle la veille du nôtre [83]. Ces grandes filles semblent évoluer dans un monde glorieux et ne rien remarquer de ce qui les entoure. Elles remarquent le moindre détail. Elles me racontaient : « Les spectatrices avaient mis leurs plus belles robes. Peu à peu, elles se rendirent compte que ces robes ne valaient pas les nôtres et que nos modèles dépassaient leur bourse. Au lieu d'y prendre de l'amertume, elles ne nous en fêtaient que davantage. »

N'est-il pas significatif qu'après avoir ruiné la Bavière, les châteaux et les carrosses de Louis II lui rapportent une fortune [84] ? Ainsi marche le monde. Ainsi sauve le prestige et la poche des peuples le luxe spirituel que le monde traite de fou.

Le luxe est démodé, le luxe a changé de place. Un seul luxe reste valable, le luxe spirituel que l'argent entrave et à quoi toutes les classes doivent pouvoir prétendre. On me demande pourquoi j'ai créé *La Dame à la licorne* à Munich. La réponse est simple, chez nous, le prix des places empêche une œuvre d'atteindre le public qui en est digne. Je sais bien que les jeunes se privent du nécessaire pour se rendre au théâtre et que la langue internationale de la danse bonde les salles parisiennes et celles de New York. Mais New York souffre aussi d'un déséquilibre entre le luxe de la poche et le luxe de l'esprit.

Dans les nations où la vie est moins chère ce déséquilibre et ce malaise disparaissent.

---

80. Cocteau fait-il allusion au succès de la représentation de sa pièce de théâtre *Orphée* à Berlin en janvier 1929, succès beaucoup plus mitigé toutefois qu'il ne le fait croire ou qu'il ne le croit lui-même (voir Wolter, *Jean Cocteau et l'Allemagne*, p. 117-151) ou encore au succès remporté par son film *Orphée* à Berlin en octobre 1950 ?

81. Par contre, le poète renvoie au succès rencontré par la représentation, respectivement de sa pièce de théâtre *Bacchus* à Düsseldorf en octobre 1952 et de l'opéra-oratorio *Œdipus Rex* (musique de Stravinski et texte de Cocteau) à Vienne en mai 1952. Voir Wolter, *ibid.*, p. 91-99 ; p. 253-292.

82. Deux des camps de concentration nazis les plus tristement célèbres sont situés en Bavière : Dachau, dans la banlieue de Munich, entre en fonction dès 1933 et Buchenwald, dans la banlieue de Weimar, en 1937.

83. D'après le journal du poète, les mannequins de Dior avaient défilé la veille au Bayerischer Hof. Voir *PD II*, p. 111.

84. Les touristes affluent en Bavière pour visiter les châteaux construits au XIXe siècle par le prince Louis II.

Le théâtre y reste un cérémonial, une église ouverte à tous. Une masse exacte, attentive, ne juge plus séparément la surprenante et noble chorégraphie de Heinz Rosen[85], la grâce de Geneviève Lespagnol[86], la forte souplesse de Boris Trailine[87], la puissance mystérieuse de Veronika Mlakar[88], les motifs du XVIe siècle orchestrés par Chailley[89], mon décor, mes costumes.

Cette masse attentive voit une licorne blanche mourir parce qu'elle ne peut manger que de la main d'une vierge[90].

Elle voit une vierge aimer un homme et devenir une dame. Elle voit cette dame perdre sa licorne qui meurt et l'homme qui part. Elle voit la dame seule. Elle voit descendre vers la dame la banderole des tapisseries rouges : « Mon seul désir »[91]. Elle voit le miroir dévirginisé par la corne de la licorne et cette solitude où le seul désir est la mort.

Il me reste à remercier particulièrement Veronika Mlakar, jeune fille yougoslave de dix-sept ans, car il est rare qu'une danseuse débutante bouleverse une salle entière par une longue pantomime et sans l'aide de son visage, masqué, ne laissant sous les projecteurs qu'un pauvre petit cadavre d'animal mythologique.

P. S.[b] – Festival de Cannes. Petite Babel. Robinson[92] se donnait tant de peine pour comprendre les sous-titres français qu'il ne s'apercevait pas que le film était dans sa

85. Le danseur allemand Heinz Rosen, pseudonyme de Heinz Levi Rosenthal (1908-1972), est contraint de s'exiler en Suisse en 1934, alors qu'il fait partie de la compagnie du chorégraphe Kurt Jooss. Danseur, maître de ballets et chorégraphe, il travaille successivement à Saint-Gallen, Zurich et Bâle. Au théâtre de l'Opéra de Bâle, où il est maître de ballet de 1945 à 1951, il joue un rôle important dans le développement de la danse moderne en Suisse. Il retourne en Allemagne en 1951 et se fait remarquer à la fois comme chorégraphe et metteur en scène d'opéras. Sa chorégraphie de *La Dame à la licorne* lui vaut une renommée internationale et une carrière qui le conduira à Paris, New York, Buenos-Aires, etc. De 1956 à 1967, il dirigera les ballets du Bayerische Staatsoper München (Opéra national de Bavière à Munich).

86. Geneviève Lespagnol (1924-) débute aux Ballets de Monte-Carlo. Elle interprète le rôle de la dame dans *La Dame à la licorne* à Munich. À cette occasion, elle rencontre le diplomate américain Philip Damon qu'elle épouse et qu'elle suit à Bangkok. Elle y donnera des cours de danse aux enfants royaux, puis à la reine Sirikit avec laquelle elle entretiendra des liens amicaux. En 1964, le couple Damon rentre d'abord aux États-Unis, puis retourne définitivement en Thaïlande en 1970.

87. Le danseur Boris Trailine (1921-2012) débute en 1941 avec les Ballets de Cannes. Deux ans plus tard, il rejoint les Ballets de Monte-Carlo. À partir de 1950, il danse pour diverses compagnies de ballets. Dans *La Dame à la licorne*, il tient le rôle du chevalier.

88. La danseuse yougoslave Veronika Mlakar (1935-2001) fait des débuts prometteurs dans *La Dame à la licorne*, ballet dans lequel elle interprète le rôle de la licorne.

89. Jacques Chailley (1910-1999) occupe une position centrale dans la musicologie française de l'après-guerre. En 1952, il crée la première chaire d'histoire de la musique à la Sorbonne. Ses activités comme compositeur, toutefois, sont plus marginales. Chailley collaborera avec Cocteau en 1959 et en 1965 pour les deux versions de l'adaptation du *Roi des Aulnes* de Schubert donnant lieu au ballet *Le Fils de l'air ou l'Enfant changé en jeune homme.* En 1990, il mettra en musique trois poèmes de Cocteau (« Bonne d'enfant », « Locutions » et « Une danseuse ») intitulés *Trois Poèmes* pour chant et piano.

90. Cocteau s'est inspiré de la série des six tapisseries du XVe siècle intitulées *La Dame et la licorne* conservées au Musée national du Moyen Âge (hôtel de Cluny) à Paris.

91. La formule présente sur la tente dans l'une de ces six tapisseries est légèrement différente : « À mon seul désir ».

92. Edward G. Robinson, pseudonyme d'Emanuel Goldenberg (1893-1973), acteur de cinéma américain et membre du jury du Festival de Cannes 1953.

propre langue[93]. On ajoute à sa Légion d'honneur les palmes académiques. On me décerne l'Ordre de la courtoisie française.

À la fête du dernier soir on m'a jeté les fleurs des tables sur l'estrade. Je dis à Dominguin[94] : « C'est la première fois que vous voyez le taureau jeter des fleurs au toréador. » J'eusse aimé usurper les prérogatives d'Idzkowski[95], appeler à ma droite et à ma gauche deux jeunes femmes : l'épouse et l'interprète d'un homme que la salle avait couronné avant nous : Véra Clouzot[96] et celle qui, par son charme et par sa discrétion, a parfaitement représenté la France, Gisèle Pascal[97]. Mais où sont les neiges de Cannes ?

Variantes

a. *Chapeau éditorial non repris dans la version du volume* Théâtre, *Grasset, 1957.*

b. *P.S. non repris dans la version du volume* Théâtre, *Grasset, 1957.*

194

Lettre à un chorégraphe *

Nous avons reçu de Jean Cocteau, cette lettre qu'il nous demande de publier et qui rend hommage au talent et au caractère de Heinz Rosen, chorégraphe de La Dame à la licorne.

Mon cher Rosen,

J'ai appris qu'on avait essayé de vous laisser entendre que je désapprouvais votre travail pour *La Dame à la licorne*[98]. Je l'ai appris sans surprise, c'est le rythme à la mode, à la mode de chez nous.

Or, non seulement j'approuve votre travail, mais je le déclare admirable. Et je tiens beaucoup à ce que les spécialistes de la danse le sachent.

De vous je ne connaissais rien, sauf votre personne et ce qui en émane. C'est sur votre personne et sur ce qui en émane que j'ai joué.

---

93. Anecdote également présente dans le journal de Cocteau. Voir *PD II*, p. 106.

94. Luis Miguel Dominguin (1926-1976), torero espagnol. Avec son épouse, l'actrice Lucia Bosé, il figure dans la scène finale du film de Cocteau *Le Testament d'Orphée*.

95. Marcel Idzikovski, critique de cinéma, crée en 1937 avec Maurice Bessy le prix annuel Louis Delluc qui récompense un film d'auteur français de qualité. En 1953, ce sont *Les Vacances de Monsieur Hulo*t de Jacques Tati qui l'obtiennent. Idzikovski est également scénariste et dialoguiste. Il ne fait pas partie du jury du Festival de Cannes 1953.

96. Véra Clouzot, née Vera Gibson Amado (1913-1960), actrice française d'origine brésilienne, est à l'époque l'épouse du réalisateur Henri-Georges Clouzot (1907-1977), qui remporte le grand prix du Festival de Cannes 1953 pour son film *Le Salaire de la peur*.

97. Gisèle Pascal, née Giselle Tallone (1921-2007), actrice de cinéma et interprète principale du film *Horizons sans fin* de Jean Dréville qui est sélectionné au Festival de Cannes de 1953.

* « Lettre à un chorégraphe », *Arts-Spectacles*, nº 414, 5-11 juin 1953, p. 3.

98. D'après son journal, Cocteau rédige cette lettre pour convaincre Heinz Rosen, quelque peu perturbé par la réaction du public parisien, de la réussite du ballet *La Dame à la licorne* : « Les Rosen étaient catastrophés par mon article dans *Arts*. Je ne parlais pas assez d'eux. À Chaillot on n'avait pas manqué de leur laisser entendre que je désapprouvais la chorégraphie de Rosen. Style parisien. Fait une lettre ouverte à Rosen où je le couvre des éloges qu'il mérite. » (*PD II*, p. 119).

Je savais que vous aviez monté *Visions en masques* [99] et *Le Bourgeois gentilhomme* [100] de Richard Strauss à Bâle, *Circuscanteen* [*sic*] [101] et *Carnaval* [102] à Zurich.

La chance ne m'avait jamais permis d'assister à vos spectacles.

Lisez le *Journal* de Nijinsky. De ce document étrange il s'échappe un amour de l'humanité qui dut être la raison secrète de son génie, il en projetait les ondes, il en rayonnait, il se voulait Dieu pour « avoir pitié du cœur des hommes ».

Lorsque la bonté adopte cette forme d'ivresse, elle devient plus forte que les techniques et que le simple désir de plaire.

De vous et de votre femme la bonté déborde. Elle s'affiche des pieds à la tête. Il est probable que cette bonté active se prouve chorégraphiquement. En outre, en ce qui me concerne, elle épouse si bien mes méthodes que j'eusse, comme dessinateur, signé chacun des gestes de vos artistes.

Une grâce puissante vous empêche de tomber, d'un côté dans les habitudes, de l'autre dans les grimaces du corps, si fréquentes lorsqu'on évite les habitudes.

Dans ce que vous inventez, tout est vif et tout est neuf, rien ne s'acharne à l'être. Votre singularité se déroule sans cet air de recherche qui trompe sur certaines danses modernes.

Un journaliste parisien qui était à Munich [103], apporta l'œil parisien (l'œil encyclopédiste). Il mit naïvement sur le compte d'un manque de culture chorégraphique l'absence de ce que vous vous gardez de faire, avec un tact de premier ordre.

Il résulte de ce tact que votre style ne retombe jamais, que votre écriture faite de membres et de groupes dit toujours ce qu'elle veut dire. Aucune boucle, aucune tache. Le reste arrive de l'âme et gagne les âmes. On croirait que Geneviève Lespagnol, Boris Trailine, Veronika Mlakar, les motifs de Chailley, mon décor, mes costumes parlent une seule langue fort subtile et cependant accessible aux foules. Cela me semble être le comble de la réussite. Car votre ballet émeut. Le sentiment l'y emporte sur l'esthétique. Une statuaire mouvante se sculpte sous la douche des projecteurs. Elle relève de cette dureté douce des poètes.

De poète à poète le travail était facile entre nous.

---

99. *Visions en masques*, ballet pour grand orchestre, est créé au Stadttheater de Bâle le 17 mai 1947, sous la direction du compositeur Max Lang et dans une chorégraphie de Heinz Rosen. Ensemble avec R. Walter Korff, Heinz Rosen signe également le livret.

100. La suite pour orchestre, op. 60, de Richard Strauss inspirée de Lully et Molière et intitulée *Le Bourgeois gentilhomme (Der Bürger als Edelmann)*, est créée à Vienne le 31 janvier 1920 sous la direction du compositeur. Le ballet est donné au Stadttheater de Bâle le 25 février 1949 dans une chorégraphie de Heinz Rosen.

101. La suite de ballet *Zirkuskantine*, du compositeur Arthur Oldham (1926-2003), est créée au Stadttheater de Bâle le 22 mai 1951 dans une chorégraphie de Heinz Rosen.

102. *Carnaval*, de Robert Schumann, est créé au Stadttheater de Bâle le 17 septembre 1948 dans une chorégraphie de Heinz Rosen.

103. Sans doute Cocteau réagit-il ici aux propos désobligeants du critique Pierre Michaut qui avait rendu compte de la première du ballet en ces termes : « Les danses composées par M. Heinz Rosen restent sommaires, voire assez pauvres, limitées à un "jeu scénique " proche de la mise en scène, comme en composent habituellement ces maîtres de ballets peu instruits des richesses de la chorégraphie d'École et de l'esprit même de ses transpositions lyriques. » (*Combat*, 12 mai 1953). Or, comme le souligne Pierre Caizergues, Cocteau entend justement aller à l'encontre de la « chorégraphie d'École » (dans *TC*, p. 1612), raison pour laquelle il prend résolument la défense du chorégraphe allemand dans la suite du texte.

Rien ne vous rebute à la tâche. Nous vous vîmes corriger la partition d'orchestre de Chailley que son poste à la Sorbonne empêchait de nous rejoindre. Nous vous vîmes convaincre les jeunes filles du corps de ballet de charmer sous des masques. Nous vous vîmes, un danseur étant malade, vaincre votre fatigue et danser vous-même le rôle du peintre dans *L'Indifférent*[104].

J'ajoute que la pureté de vos trouvailles me dirigea, m'obligeant à supprimer, arracher, découdre, ne conserver que l'essentiel du lion à traîne de tournoi, des robes et des tuniques. Votre style ne souffre pas la moindre surcharge.

Je pars maintenant pour Rome où je parle à l'exposition de Picasso[105]. Dès mon retour j'espère apprendre que votre triomphe quittera Munich et courra le monde.

195

Aux artistes prestidigitateurs *

Hommes aux mille mains je vous salue. N'êtes-vous pas l'image de ce temps et de cet espace qui se mélangent pour nous tromper et nous opposent leurs murs innombrables ?

Hommes aux mille mains ce que vous nous faites croire est plus réel que le réel qui est un rêve.

Car dans cette partie vous tenez le rôle du sort et du mystère et vos mensonges nous émerveillent davantage que notre fausse vérité.

Hommes aux mille mains je forme des vœux pour que votre art se lègue, parce qu'il s'adresse à ce que le monde conserve en lui de meilleur : l'enfance.

1953

104. *L'Indifférent oder Der Bilderraub*, grand ballet en cinq tableaux inspiré par la peinture de Watteau, d'après une idée d'Otto Maag mise en musique par Hans Haug (1900-1967), est créé par Heinz Rosen à l'Opéra de Bâle le 11 octobre 1947. La prestation de Rosen comme danseur principal et comme chorégraphe est considérée comme une contribution essentielle au ballet moderne suisse.

105. Le 27 mai 1953, Cocteau est à Rome pour introduire une exposition où Picasso présente ses deux panneaux *La Guerre* et *La Paix*, panneaux exposés actuellement (2015) dans la chapelle du château de Vallauris. Cocteau publiera le texte d'introduction intitulé « Improvisation de Rome » dans *CPM*.

* « Aux artistes prestidigitateurs », manuscrit (1 ff.) conservé à la BHVP, dont nous n'avons pu retrouver une version éditée. Cocteau rédige ce texte le 25 septembre 1953, comme en témoigne l'extrait suivant de son journal : « Fait le salut aux artistes prestidigitateurs pour Jean Weber qui me le demande. » (Cocteau, *Le Passé défini II. 1953*, Paris, Gallimard, 1985, p. 279). L'acteur français Jean Weber (1906-1995), sociétaire de la Comédie-Française, était également un prestidigitateur passionné.

196
LETTRE OUVERTE À JULIETTE GRÉCO *

D[imanche] 29 octobre 1953

Comme je disais à un journaliste de la Côte d'Azur : « On organise à Bordeaux une importante exposition de toiles de Greco [106]. – Tiens, me répondit-il, je ne savais pas qu'elle peignait. »

Ceci prouve que Juliette [107] porte un nom célèbre, qu'elle en est digne et qu'on l'estime capable de peindre. De quoi ne serait pas capable cette « rose dans les ténèbres », cette « musicienne du silence » ? Chez elle la voix sort directement du cœur.

À Paris certains quartiers se mettent en pointe. Ce furent Montmartre et Montparnasse. C'est encore Saint-Germain-des-Prés [108]. Gréco la belle, la bonne, la grave, la princesse de Knossos [109] et Anne-Marie Cazalis [110] furent la pointe de cette pointe.

Juliette Gréco résume toute cette jeunesse qui semble flâner et qui ne flâne pas, qui invente un style, qui s'exprime et qui écoute.

Je t'embrasse, Juliette. Bonne chance parmi nos camarades de Metz. Je connais leur faculté d'enthousiasme et leur courage.

Jean

---

* « Lettre ouverte à Juliette Gréco », manuscrit conservé dans la collection Claude Séférian ; texte repris dans *CJCns*, n° 2, 2003, p. 221. Nous n'avons pas pu consulter l'original.

106. Allusion au célèbre peintre espagnol El Greco du XVIIe siècle.

107. En 1953, Juliette Gréco (1927-) débute sa carrière de chanteuse-interprète des poètes contemporains comme Jacques Prévert, Raymond Queneau ou Boris Vian. Elle s'est aventurée dans la chanson en 1949 lors de la réouverture du « Bœuf sur le toit ». Deux ans plus tard, elle enregistre son premier disque. En 1952, Gréco effectue une tournée au Brésil et aux États-Unis dans la revue *April in Paris*, adaptation scénique d'un film américain. La consécration viendra en 1954 lors de son tour de chant à l'Olympia.

108. Alors que Montparnasse avait remplacé Montmartre comme centre artistique parisien dans l'entre-deux-guerres, Saint-Germain-des-Prés devient le quartier à mode des artistes et des intellectuels dans l'après-guerre.

109. En surnommant Juliette Gréco « la princesse de Knossos », Cocteau souligne le statut d'égérie de Saint-Germain-des-Prés qu'elle détient à l'époque, statut auquel il avait activement contribué en lui offrant le rôle d'Aglaonice, la reine des Bacchantes, dans son film *Orphée* en 1950.

110. Anne-Marie Cazalis (1920-1988), journaliste-écrivain très présente dans la vie animée de Saint-Germain-des-Prés de l'après-guerre, est une amie de Boris Vian et de Juliette Gréco. Elle propulse la chanteuse dans les médias comme la « muse de l'existentialisme », en publiant sa photo et celle de Roger Vadim en première page de l'hebdomadaire *Samedi-Soir* du 3 mai 1947 pour accompagner un article sur la vie des existentialistes dans le quartier de Saint-Germain-des-Prés et plus particulièrement dans les caves de la boîte de nuit « Le Tabou », rue Dauphine. À cette époque, Juliette Gréco n'est qu'une simple habituée des lieux et ne chante pas encore, mais le retentissement de l'article et sa diffusion dans le monde entier – le magazine américain *Life* lui consacrera également un article –, lui assureront une renommée qui favorisera ses débuts dans la chanson deux ans plus tard.

197

HOMMAGE AU GROUPE DES SIX * [111]

Il me semble que le privilège du groupe nommé « Groupe des Six » fut de ne pas être un groupe esthétique, mais un groupe amical. Aucune ombre n'a jamais troublé notre entente. Cela vient de ce que cette entente relevait davantage des sentiments que des opinions.

S'il existait une certaine tendance générale, ce pouvait être celle d'un sauvetage de la ligne mélodique, un peu noyée dans les chefs-d'œuvre de l'harmonie. Chacun travaillait à sa guise, et nul ne devait obéir à des ukases. Six artistes s'aimaient entre eux et il s'en trouve un septième en ma personne.

Voilà toute la doctrine de ce groupe. Après bien des années – il prend sa source en 1916 –, il se présente intact, malgré le cortège de morts qui l'escorte.

Je tiens à saluer le Groupe des Six comme un exemple de liens libres, d'un bloc solide formé de contrastes et d'une même fidélité du cœur.

Il convient en outre de saluer Erik Satie. Il n'était pas du groupe, mais sa ligne mélodique, si pure, si discrète, si noble, a toujours été une école pour nous.

Nous avons tous été insupportables et il convenait de l'être, car seul l'esprit de contradiction sauve de la routine, et si le rôle de la jeunesse n'était pas de se cabrer contre ce qui est, même si elle l'admire, son rôle se bornerait à l'obéissance, et à peupler les champs de bataille.

À cette époque – n'oubliez pas de quelle époque je parle, que nous n'en sommes plus à *Vingt Ans après*, hélas, mais au *Vicomte de Bragelonne* [112] –, à cette époque dis-je, notre rôle de contradicteurs n'était pas facile, car nous eûmes en face de nous des colosses armés de charme – Debussy, Ravel – et un colosse armé de foudre – Stravinski. Stravinski devait, avec *Le Sacre du printemps*, rendre notre petite forteresse presque intenable. Car, si le Groupe des Six était libre, sa doctrine, pleine d'un respect admiratif pour ceux qu'elle prétendait combattre, il n'en constituait pas moins un groupe, et un groupe, qu'il le veuille ou non, possède une sorte de tendance commune.

---

* « Hommage au Groupe des Six », présentation du Concert anniversaire du Groupe des Six qui a lieu au Théâtre des Champs-Élysées le 4 novembre 1953, présentation enregistrée par le poète le 6 novembre 1953 pour l'album disque Columbia (FCX 264 et 265). Il existe deux transcriptions du texte : l'une jointe à l'album Pathé *Hommage à Jean Cocteau* (2 C 161-11311 à 11313 et 7 PM 118), l'autre reprise dans *Le Journal musical français* (nº 121, 18 octobre 1963, p. 6) et comportant de nombreuses erreurs. Dactylogramme avec corrections autographes (4 ff.) conservé dans la collection Kontaxopoulos-Prokopchuk qui fournit le texte de l'allocution du 4 novembre 1953 et constitue le seul état connu corrigé par l'auteur. Version choisie : celle, plus achevée, de l'enregistrement sur disque, tout en reprenant la ponctuation et la disposition en paragraphes du texte données dans le dactylogramme et en fournissant en notes quelques variantes significatives du dactylogramme (*Dact.*). Ce texte a également fait l'objet d'une radiodiffusion le 8 novembre 1953 sur Paris-Inter. Voir Pierre-Marie Héron, *Jean Cocteau et la radio*, numéro thématique des *CJCns*, nº 8, 2010, p. 173-175.

111. Le concert commémoratif du Groupe des Six du 4 novembre 1953 est exécuté par l'orchestre de la Société des concerts du Conservatoire sous la direction de Georges Tzipine, avec le concours de la soprano Denise Duval et de la chorale Élisabeth Brasseur. Le programme comprend : *Ouverture* de Tailleferre, *Prélude, Fugue* et *Postlude* extraits d'*Amphion* de Honegger, la cantate *Sécheresses* de Poulenc, *Le Printemps au fond de la mer* de Durey, la suite symphonique extraite du ballet *Phèdre* d'Auric et la *Symphonie nº 2* de Milhaud.

112. Pour *Vingt Ans après* et *Le Vicomte de Bragelonne*, voir note 49 du texte 186.

La nôtre était de passer du tambour à la flûte et de la flûte au tambour, de remettre en pointe certaines qualités françaises qui s'ovalisaient et versaient trop d'huile dans leur mécanisme. *Le Sacre du printemps* opposait une force d'arbre qui pousse à nos jeunes arbustes, et nous devrions nous déclarer vaincus sur ce terrain si, par la suite, Stravinski ne s'était rangé à nos méthodes et si même l'influence d'Erik Satie ne s'était pas fait parfois, mystérieusement, sentir dans son œuvre.

90. Le Groupe des Six : « Georges, Francis, Darius, Louis, Jean, Arthur, Germaine », s.d., collection privée. Notons que Cocteau s'est représenté au sein du groupe.

Les jeunes musiciens de 1953[113] se doivent donc de contredire une nouvelle espèce de contre-charme. Il est compréhensible qu'ils se recommandent de Schoenberg et y trouvent une arme contre des œuvres qui, elles, craignaient sa science chiffrée[a][114].

Les insupportables d'après 14, outre moi qui dans *Le Coq et l'Arlequin* parlait pour eux, furent alors Auric, Poulenc, Milhaud, Honegger, Durey et Germaine Tailleferre, car une femme, une jeune fille musicienne, fleurissait ce groupe.

Si étrange que cela paraisse, puisque toute femme est sensible et apte aux chiffres, il y a beaucoup de compositeurs d'âme féminine – Chopin en reste le type –, mais pour ainsi dire aucune femme compositrice[b]. Je salue Germaine comme une charmante exception. Et j'y ajoute en 1953 Elsa Barraine[115].

113. Dans l'immédiat après-guerre se distinguent en France deux courants musicaux : d'une part, les partisans de la musique sérielle d'Arnold Schoenberg, d'Alban Berg et d'Anton Webern et que l'on qualifiera de « post-weberniens » ; d'autre part, les tenants de la musique électro-acoustique. Cocteau fait allusion au premier groupe dont font partie, entre autres, René Leibowitz, Max Deutsch, Jean Barraqué, Pierre Boulez et Serge Nigg.

114. Cocteau fait ici allusion à la musique sérielle d'Arnold Schoenberg (1874-1951) qui a extrait la musique de la tonalité en inventant, au début des années 1920, le dodécaphonisme. Dans ce système de composition, les douze sons de l'échelle chromatique bénéficient d'une égale importance et peuvent se succéder en une série établie au gré du compositeur. Alors que la musique sérielle révolutionne immédiatement la composition musicale au XXe siècle, la France n'en ressent vraiment les effets qu'après la Seconde Guerre mondiale, grâce aux travaux de René Leibowitz.

115. Elsa Barraine (1910-1999) obtient à 19 ans le premier grand Prix de Rome avec sa cantate *La Vierge guerrière* sur un poème d'Armand Foucher. De 1936 à 1939, elle est chef de chant de l'orchestre national de la Radiodiffusion française. Durant la guerre, elle milite contre l'occupant allemand. De 1944 à 1946, elle dirige les éditions du Chant du Monde. En 1949, elle rejoint l'Association française des musiciens progressistes créée l'année précédente et proche du parti communiste. En font également partie Georges

Louis Durey s'est retiré très vite. Grave et modeste, il ne tenait pas à la lutte musicale. Son âme encline à aider les autres répugnait à se trop replier sur elle-même. Georges Auric, jusqu'à l'étonnante musique de mon film *Le Sang d'un poète* et, selon l'expression du Midi, parlait « pointu ». Sa plume écorchait et trouait la page. Elle a maintenant trouvé son paraphe et son discours.

Poulenc était et reste une source. Cette source a formé un fleuve, mais jamais sa fraîcheur d'eau courante ne laisse oublier qu'elle arrive d'une profondeur.

Darius Milhaud et Arthur Honegger nous apportaient leur aide puissante. L'un et l'autre infatigables, ils ne reculaient, même malades, devant aucune grosse entreprise. Darius, une badine de corne de rhinocéros à la main, en fouettait les colonnes de Grèce et les lianes de la forêt vierge. C'est lui qui rapporta du Brésil les rythmes du *Bœuf sur le toit*. Ce titre qui semblait ridicule et subversif n'était qu'une enseigne brésilienne [c], qui n'est pas plus étrange que toute autre enseigne : « Cheval vert » ou « Chien qui fume ».

Arthur, lui, son génie se sentait entraîné vers un lyrisme moins tropical et plus proche de l'artisanat des cathédrales ou des usines. Le machinisme alterne dans son œuvre avec la gargouille, le retable, la flèche et le vitrail [116].

Vous le voyez, notre nœud résultait d'un fil, d'une ligne mélodique, dirai-je, si disparate qu'on n'en trouve la signification que dans l'amitié, et c'est elle d'abord dont cet ensemble consacre la gloire [d].

Variantes

a. *Variante en Dact.* : [...] contre des œuvres qui se recommandaient de Rameau et Scarlatti.

b. *En Dact., cette phrase est suivie d'un paragraphe dont subsistera dans les versions suivantes uniquement la clausule* : Dans la peinture, les femmes accompagnent le travail des hommes. Elles s'y expriment en marge et dans une brillante pénombre. Berthe Morisot, Marie Laurencin, Suzanne Valadon, Leonor Fini, Dora Maar, Françoise Gilot, Nora Auric, le prouvent ; mais des femmes composant de la musique, je n'en connais guère et je salue Germaine [...].

c. *Variante en Dact.* : [...] une enseigne brésilienne que me communiqua Paul Claudel et qui n'est pas plus étrange [...].

d. *Autre fin en Dact., celle de l'allocution du 4 novembre 1953* : Vous le voyez, Mesdames, Messieurs, notre nœud résultait d'un fil, d'une ligne mélodique, dirai-je, si disparate qu'on n'en trouve la signification que dans l'amitié. C'est cette amitié qui m'amène sur ce théâtre et c'est elle d'abord dont cette séance consacre la gloire. Excusez-moi d'avoir pris la parole. Ce ne sont pas des paroles, mais de la musique que vous venez d'entendre, et je lui cède la place.

Auric, Roger Désormière, Charles Koechlin, Louis Durey, Jean Wiéner, Jean-Louis Martinet, Louis Saguer, Charles Bruch et Serge Nigg. En 1953, elle vient d'être nommée professeur d'analyse musicale au Conservatoire national supérieur de musique à Paris. Elle composera aussi des musiques de film.

116. Remarquons ici la perspicacité avec laquelle Cocteau décrit le cheminement de chacun des compositeurs du Groupe des Six depuis les années 1920.

198

[LE GROUPE SURNOMMÉ GROUPE DES SIX] *

Le groupe surnommé Groupe des Six donne un exemple très rare de la continuité du cœur. Jamais aucune ombre n'est intervenue entre ceux qui le forment. Il date de 1916[117], la grande époque de Montparnasse et du cubisme. Chose étrange, le désir reconstructif des membres du groupe est allé à l'inverse du travail des peintres. Vers une clarté, une simplicité, qui s'opposait aux brumes exquises de l'impressionnisme musical.

Cette simplicité scandalisait, déroutait au même titre que la plus austère complication. L'oreille en avait perdu l'habitude.

Le Sacre du printemps risquait de balayer toute l'entreprise. Mais Stravinski lui-même en vint à réagir contre son propre cyclone.

Entre Debussy, Ravel et les jeunes qui se recommandent de Schoenberg régna ce groupe libre où l'amitié tenait lieu d'esthétisme. Une famille plutôt qu'une école, une marche vers cet épanouissement que consacre la séance solennelle de 1953.

199

[*SADKO*] **

Vous qui aimez être *loin*, loin de l'époque, loin de vous-mêmes, acceptez les images jeunes et naïves de *Sadko*[118].

Toute notre enfance a vécu sous le charme de cette légende et des musiques de Rimski-Korsakov qui la baignent[119].

---

* « [Sans titre] », manuscrit autographe (1 ff.) conservé dans la collection Kontaxopoulos-Prokopchuk. Comme nous n'avons jamais découvert de version publiée de ce texte, nous formulons l'hypothèse qu'il s'agit de l'allocution prononcée par Cocteau le 15 décembre 1953, à l'occasion du vernissage de l'exposition de tableaux, manuscrits, photos et documents divers, consacrée au Groupe des Six au Centre de Documentation de Musique Internationale à Paris.

117. Cocteau évoque ici le concert du 18 juillet 1916 à la Galerie Poiret où l'on entend de la musique de Darius Milhaud et de Georges Auric, à côté de celle d'Erik Satie, de Henri Cliquet-Pleyel et de Roger de Fontenay. Le noyau des Nouveaux Jeunes y prend certes forme, mais leurs véritables débuts en commun remontent à leur premier concert à l'atelier Huyghens, le 6 juin 1917.

** « [Sans titre] », préface au film *Le Tour du monde de Sadko* (1953) du réalisateur Alexandre Ptouchko. Manuscrit inédit (2 ff.) conservé à la BHVP.

118. Par ces « images jeunes et naïves de *Sadko* », Cocteau évoque *Le Tour du monde de Sadko*, film du réalisateur Alexandre Ptouchko (1900-1973), dont le tournage avait eu lieu en 1952 et qui obtiendra le Lion d'argent au Festival de Venise de 1953. D'après son journal, le poète commence à travailler à cette préface le 5 décembre 1952 (voir *PD II*, p. 348). Surnommé le « Walt Disney russe », Ptouchko raconte dans son film l'histoire de Sadko qui sillonne de lointaines contrées à la recherche de l'oiseau du bonheur. Des créatures fantastiques vont l'aider à surmonter les épreuves et à trouver son chemin.

119. Par les « musiques de Rimski-Korsakov », Cocteau évoque *Sadko*, acte chorégraphique créé par les Ballets russes au Théâtre du Châtelet le 6 juin 1911, dans une chorégraphie de Michel Fokine, des décors de Boris Anisfeld, des costumes du même Anisfeld et de Léon Bakst et sous la direction musicale de Nikolaï Tchérepnine. La musique est empruntée à Nicolas Rimski-Korsakov. L'argument inspiré d'un conte de fées russe éponyme est dû au compositeur et à Vladimir Belsky. Les principaux interprètes sont Margarita Frohman, Lubov Tchernicheva, Vera Nemchinova et Léon Woizikovsky.

« Ce n'est pas par une recherche lointaine [120] que l'homme trouve le bonheur. Aucun sortilège ne le procure. »

Nombre de personnes connaissent les romances de *Sadko*. Elles ignorent d'où elles sortent.

Et les personnes qui le savent le savent mal, car ces bulles et ces perles viennent d'une mer que ne visitent ni les scaphandriers ni les machines [121] : celle du génie d'un peuple.

La légende de Sadko s'adresse à ce qui reste en nous d'enfance, c'est-à-dire de meilleur.

On y retrouve l'émerveillement du théâtre du Châtelet lorsque son rideau rouge se levait sur *Michel Strogoff* ou sur *Les Pilules du diable* [122].

Une fois de plus le film montre comme un fait réaliste ce qui semble appartenir au domaine imaginatif.

Nous remercions les cinéastes qui le déroulent sous nos yeux avec une grande noblesse d'âme.

Je saluerai toujours cet emploi de la Lanterne Magique.

200

DANSE... [PRÉFACE] *

Pendant [123] les innombrables rappels de *La Dame à la licorne* à Munich, je me disais que le ballet représente de plus en plus un langage international, dans lequel chacun s'exprime avec la singularité de son style.

La musique, la chorégraphie, le décor, les costumes, la lumière, forment la pâte du papier sur lequel les danseurs écrivent des signes aussi nobles qui l'écriture chinoise.

Il y a toujours quelque chose de chinois dans un spectacle de danse. Je veux dire que la danse organise une manière de cérémonial presque religieux.

L'histoire importe peu dans un ballet. Elle doit être simple et lisible. Ce qui importe, c'est le style dans lequel chorégraphe et interprètes la racontent.

C'est pourquoi je n'aime pas que la danse et la musique se superposent et produisent un pléonasme pour l'œil et pour l'oreille.

Le chorégraphe véritable est un contrapuntiste. Et, sans aller jusqu'à ma méthode du *Jeune Homme et la Mort*, où les danseurs travaillaient sur une musique autre que

---

120. Nous ignorons d'où provient cette citation.

121. Cocteau décrit ici le tableau VI de *Sadko* intitulé « Au Royaume sous-marin ».

122. À plusieurs reprises, Cocteau fait allusion à ces deux spectacles qui l'ont enchanté durant son enfance, entre autres dans *PS* (p. 153) et dans son journal *(PD IV*, p. 290). Entre 1880 et 1940, le Théâtre du Châtelet a donné quelque 2000 représentations de l'adaptation scénique du roman d'aventures *Michel Strogoff* de Jules Verne. Pour *Les Pilules du diable*, voir note 184 du texte 31.

* « Danse... », préface à *Art et Industrie*, n° 3, 1953, numéro thématique intitulé *Ballet*, photographies de Serge Lido, textes d'Irène Lidova; texte repris, mais sans le titre d'origine, comme préface à l'ouvrage de Serge Lido, *Panorama de la danse*, photographies de Serge Lido, textes d'Irène Lidova, Paris, Art et industrie – Société française du livre, 1956, t. 1, n. p. Version choisie : les deux états du texte sont identiques.

123. Cocteau compose ce texte au moyen d'aphorismes, comme dans *Le Coq et l'Arlequin*.

celle de *La Passacaille* de Bach, le chorégraphe tire une grande richesse des contrastes de rythme.

Les costumes d'un ballet doivent être aussi inséparables des danseurs que les taches des fauves ou que les plumes des oiseaux. Ils doivent suggérer un règne où rien ne pèse, où rien n'encombre, où rien ne s'accumule, où rien n'éprouve nos contraintes.

Le public y retrouvera le vol en rêve, l'aisance étrange que donnent les inventions du sommeil.

Dans ce livre, Lido immobilise un grand nombre de caractères de l'idiome silencieux.

On devine le travail qu'il coûte aux corps qui le parlent, travail dont l'élégance suprême consiste à paraître facile, à ne jamais se faire sentir.

201

[PRESTIGE DE LA] DANSE *

Rien n'est plus près du mystère des chiffres et des nombres que la danse. Elle est une langue universelle où le corps se charge d'exprimer lui-même sa ténèbre et de la rendre visible en plein jour. Elle hausse le théâtre jusqu'à cet étage idéal où la parole et les gestes qui soulignent un texte ne peuvent atteindre. Depuis de longues années déjà elle échappe au style conventionnel dont on la croyait prisonnière. Elle retourne, par d'autres chemins, à cette intensité expressive dont la danse des planètes (dansée par David autour de l'Arche) dut être l'exemple. Il ne s'agissait plus de règles simples et gracieuses, mais d'un cérémonial religieux.

À notre époque où les secrets de la religion et de la science divorcent, elle use de sa langue plastique, afin d'obtenir un réalisme supérieur, une haute pantomime parlant plus loin que les mots. Il est probable que des effluves efficaces se dégagent de toutes les figures géométriques que la danse inscrit dans l'espace, puisque les spectateurs qui y assistent l'applaudissent avec un enthousiasme que la musique seule soulève et qu'un art exactement signifiant ne peut obtenir.

Du *Sacre du printemps* de Nijinsky au *Jeune Homme et la Mort* de Babilée, toutes les danses qui me furent proches semblent pénétrer le public par les pores de la peau, ajouter au service des yeux et des oreilles celui d'un sens inconnu qui pourrait bien être la certitude confuse d'un monde équilibré, je veux dire d'un monde qui ne serait pas artificiellement déséquilibré par notre désordre.

J'ajoute, que dans le babélisme contemporain, la danse représente un esperanto. Elle traverse le mur des idiomes. Elle donne, en outre, la traduction directe d'une poésie que les termes trahissent.

Lorsque Nijinsky était acclamé après *Le Spectre de la rose*, il saluait en rechignant, à cause du scandale de sa chorégraphie du *Sacre*. En une seule soirée il éprouvait les justices et les injustices de l'actualité et de l'inactualité, le triomphe du charme et

* « Danse », dans Jean Cocteau, Serge Lifar, Gisèle d'Assailly, *Prestige de la danse*, édition réalisée par Jean Guéritte en collaboration avec Monique Lancelot, Clamart, Charles Portal, 1953, p. 25-28. Manuscrit conservé à la BHVP.

l'obstacle qu'on oppose à l'audace des poètes ou des peintres. Il se trouvait secoué, déchiré entre ces extrêmes. Il ne pouvait comprendre que par l'entremise de la langue muette ces extrêmes se conjuguassent en sa personne avec une puissance égale.

De nos jours un public est capable d'applaudir côte à côte le charme et l'audace. Et j'ai vu des danseurs remporter le même succès dans le classicisme et dans les recherches modernes. Car les yeux priment les oreilles. Je le répète, yeux et oreilles faiblissent dans la machine humaine lorsqu'elle émet ou enregistre certaines ondes.

Vive la danse. Non seulement elle traverse le mur des langues, mais encore elle semble vaincre les lois pénibles de la pesanteur et nous offre le spectacle d'une humanité aux semelles moins lourdes que les nôtres.

202

[DJANGO EST MORT] *

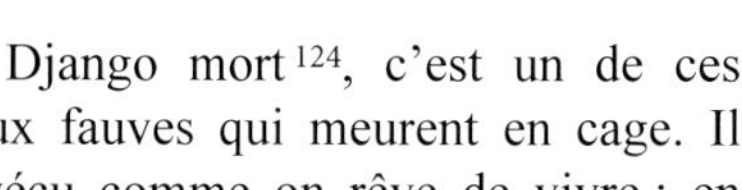

Django mort [124], c'est un de ces doux fauves qui meurent en cage. Il a vécu comme on rêve de vivre : en roulotte.

Et même lorsque ce n'était plus une roulotte, c'était encore une roulotte. Son âme était ambulante et sainte. Et ses rythmes lui étaient propres à l'exemple des rayures du tigre, de sa phosphorescence et de ses moustaches. Ils habitaient sa peau. Ils le rendaient royal et invisible aux chasseurs. Mais les chasseurs finissent toujours par abattre les doux fauves qui ne veulent de mal à personne.

1953

91. « [Django Reinhardt à la] guitare », dans Charles Delaunay, *Django Reinhardt*, Paris, Éditions Jazz-Hot, 1954.

* [Sans titre], préface à l'ouvrage de Charles Delaunay, *Django Reinhardt, souvenirs*, Paris, Éditions Jazz-Hot, 1954, avec un portrait de « [Django Reinhardt à la] guitare » (voir illustration 91) ; texte repris dans Charles Delaunay, *Django mon frère*, Paris, Éric Losfeld – Le Terrain vague, 1968. Ce texte a donné lieu à une version plus élaborée (voir texte 253).

124. Django Reinhardt venait de décéder le 16 mai 1953, lorsque Cocteau est contacté pour rédiger ce qui deviendra cet article. Voir *PD II*, p. 120.

203
Serge de Diaghilev (1872-1929) *

Avec son chapeau trop petit parce qu'il portait trop grosse tête, avec sa mèche blanche qui le faisait surnommer par les danseuses : « chinchilla », avec son œil oriental, son monocle, ses jumelles de nacre, sa bouche qu'il « mâchait » lorsque la moindre faute se produisait en scène, avec le col d'opossum de sa vieille pelisse maintenue par des épingles anglaises, avec l'élégance suprême de tout cela qui accompagnait à travers le monde un cortège de discipline et de grâce, Serge de Diaghilev, prince de la danse, se ruinait la poche et l'organisme par amour. À cette époque la danse n'attirait pas les foules et ses triomphes étaient ceux d'un mécène sans le sou.

L'un après l'autre, il sortait de l'ombre les grands fantômes qui nous hantent : Nijinsky, Fokine, Ida Rubinstein. Et ceux qui survivent, sachant ce qu'ils lui doivent, le fêtent par le prestige de leur gloire qui prolonge la sienne.

Il repose à Venise [125] où, comme Wagner [126], il est mort, épuisé de magnificence.

204
Roméo et Juliette **

Roméo et Juliette, dans ma version contractée, c'est-à-dire cherchant à ne conserver d'un chef-d'œuvre que ses sommets et ses pointes, à ne pas l'alourdir par l'intraduisible, a été donné pour la première fois le lundi 2 juin 1924 à ces grandes soirées de la Cigale [127] qui correspondirent littérairement aux grands spectacles de danse du Ballet russe de Serge de Diaghilev.

---

* « Serge de Diaghilev (1872-1929) », *Éducation nationale*, nº 3, janvier 1954, p. 3 ; texte repris intégralement dans *Serge de Diaghilev*, plaquette de commémoration solennelle en l'honneur du fondateur des Ballets russes, Théâtre National du Palais de Chaillot, 16 janvier 1954, et en partie dans la plaquette *Hommage à Diaghilev* (Paris, S.N. Mercure-édition, 1954) qui accompagne l'*Album Diaghilev*, trois disques Columbia Pathé-Marconi FCX-357/358/359 (voir texte 209). Version choisie : celle du périodique.

125. Pour les circonstances du décès et les funérailles de Serge de Diaghilev à Venise, voir note 180 du texte 131.

126. Richard Wagner est décédé à Venise le 13 février 1883. Son corps sera rapatrié via Vienne à Bayreuth, où il est inhumé dans les jardins de la villa Wahnfried.

** « *Roméo et Juliette* », texte de présentation prononcé par Jean Cocteau lors de l'émission radiophonique « Cycle du Théâtre de Jean Cocteau : *Roméo et Juliette* », le 10 janvier 1954. Texte établi par Pierre-Marie Héron (voir *Jean Cocteau et la radio*, p. 156-157) et complété par nos soins pour les annotations.

127. Pour les « Soirées de Paris » du comte Étienne de Beaumont, voir note 241 du texte 89.

Aujourd'hui la jeunesse se recommande de Schoenberg et de Berg [136].

Nos musiciens les respectaient davantage que Debussy et Ravel. Seulement leur science de tableau noir et de chiffres gênait leur élan.

Le cubisme fut le classicisme que précéda le romantisme des fauves. Il est bizarre que parallèlement au cubisme de 1916, des musiques aussi peu *intellectuelles*, aussi peu sophistiquées, vinssent au monde.

Mais les Muses ne marchent pas de conserve, et il arrive souvent que les régimes [137] de la musique, de la poésie, de la peinture, de la sculpture, de l'architecture, de la danse ne correspondent pas.

Le cyclone du *Sacre du Printemps* faillit renverser notre château de cartes. Mais Stravinski lui-même opta curieusement pour la cause méditerranéenne dont parle Nietzsche [138].

Et, à l'heure actuelle, la musique des jeunes semble correspondre plus à l'âge du cubisme qu'à celui du surréalisme ou de l'art abstrait.

En saluant cette période qui fut huée et acclamée, comme tout ce qui compte, je salue d'abord les liens qui nous unissent. Ils étonnent dans une époque de guerre froide où la discorde est de mise.

Ajouterai-je que les publics, trop giflés par les surprises et par les contrastes, en viennent à applaudir ce qu'ils réprouvent, par crainte de se tromper et ils applaudissent *sur leurs propres joues*.

Le scandale était salubre. Les œuvres luttaient et s'imposaient. Nous allâmes de scandale en scandale. Ceux de *Parade* et des *Mariés de la tour Eiffel* restent célèbres.

Hier, j'assistai à un concert des musiciens jeunes. La salle ne réagissait ni par l'enthousiasme ni par la révolte. Et je le regrette. Je songeais à nos vieilles batailles qui fouettent le sang.

207

[Si la danse] *

Si la danse arrivait à une *signification* totale [139], je n'hésiterais pas. Je m'exprimerais par l'entremise de la danse. Mais elle est encore victime du « pittoresque ». Rien n'empêche qu'on individualise à l'extrême l'admirable style conventionnel de Petipa.

J'y suis, en ce qui me concerne, peu arrivé dans *Le Jeune Homme et la Mort* – et Veronika Mlakar a fait pleurer une salle à Munich dans le rôle de la licorne [140].

---

136. Pour les musiciens français qui se réclament d'Arnold Schoenberg et d'Alban Berg, ceux que l'on nomme actuellement les « post-weberniens », voir note 113 du texte 197.

137. Dans la lignée d'une remarque précédente sur l'établissement du texte (voir note 134 ci-dessus), nous supposons à nouveau que Cocteau a écrit à l'origine « les règnes de la musique », et non « les régimes de la musique ».

138. Pour la « cause méditerranéenne » de Nietzsche, voir note 177 du texte 153.

* « [Sans titre] », *Symphonie. Revue mensuelle programme de la saison musicale littéraire artistique*, Alger, Librairie Chaix, n° 4, février-mars 1954, p. 9.

139. Malgré le succès indéniable du *Jeune Homme et la Mort* et de *La Dame à la licorne*, Cocteau reste sceptique vis-à-vis de sa réussite dans ce domaine et du potentiel de « signification totale » du ballet.

140. Pour Veronika Mlakar dans *La Dame à la licorne*, voir notes du texte 193.

La danse est un prodigieux véhicule pour le plus vrai que le vrai, les noces mystérieuses de la conscience et de l'inconscience.

Le difficile sera de vaincre le goût que le public a des tours de force et des acrobaties où les acrobates l'emportent obligatoirement sur les danseurs.

Un danseur, une danseuse qui *émeuvent* sont rares – mais s'ils émeuvent ils m'émerveillent.

208
[LETTRE À MAX NIEHAUS] *

18 février 1954

Kitzbühel [141]
Autriche

Mon cher Max Niehaus [142]

Je me suis en effet [a] toujours intéressé à la danse comme étant un moyen d'expression international et propre à mettre en œuvre ce « plus vrai que le vrai » qui est notre grande affaire.

Avec *Le Jeune Homme et la Mort* et *La Dame à la licorne* j'ai eu la preuve qu'on pouvait émouvoir une salle sans l'entremise de la parole – et jadis – avec *Parade* [143], que le geste pouvait susciter le même scandale que le verbe.

Je vous félicite de développer ce thème du ballet auquel je m'intéresse [b] surtout s'il ne se contente pas d'être guirlande ou grimace, s'il cherche à dire quelque chose d'*irréel* et de *vrai* – car le réalisme est hélas la seule mesure dans laquelle il nous est permis de percevoir l'irréalité.

Par réalisme je n'entends pas une plate paraphrase de la vie et c'est pourquoi j'avais intitulé *Parade* « ballet réaliste » – voulant expliquer par ce terme que ce ballet était l'image d'une réalité qui m'est propre et non d'une réalité telle que les habitudes la conçoivent.

---

* « [Sans titre] », lettre reproduite en fac-similé faisant office de préface à l'ouvrage de Max Niehaus, *Ballett*, München, Prestel, 1954; texte repris à nouveau comme préface, dans une version élaguée et imprimée, à l'ouvrage de Marcel Lobet, *Panorama du ballet d'aujourd'hui* (Paris-Bruxelles, G. M. Dutilleux, 1956, p. 8-10). Version choisie : celle de la première édition (*1954*), plus riche, tout en indiquant en notes les passages supprimés dans la seconde version (*1956*)

141. De début février à début mars 1954, Cocteau est en villégiature à Kitzbühel.

142. L'écrivain allemand Max Niehaus (1888-1981) consacrera plusieurs ouvrages au ballet et à la danse. Celui pour lequel Cocteau est sollicité est le premier d'entre eux. Il publiera ensuite *Junges Ballett* (1957), *Heinrich Heine und das Ballett* (1959), *Nijinsky* (1961), *Ballett im Bild* (1961). À partir de 1958, il deviendra également l'éditeur du *Ballett Kalender* qui paraîtra chaque année jusqu'en 1982. Collaborateur au Goethe Institut, il est responsable des danseurs invités à l'étranger.

143. Avec la complicité de Diaghilev, Satie et Picasso se sont ligués contre Cocteau pour que ses divers livrets de *Parade* se réduisent à un argument sans parole.

Le ballet est une langue à part au même titre que la poésie et Rilke[144] m'écrivait que tous les poètes parlent une seule langue aussi bien lorsqu'ils pensent ne pas pouvoir s'entendre entre eux.

La grande vogue du ballet amènera une étroite collaboration du poète et du chorégraphe. Et si je me mêle de chorégraphie ce n'est pas pour empiéter sur des prérogatives, c'est par la chance que j'éprouve à exploiter un véhicule apte à convaincre des âmes que le mur des langues empêche de se rejoindre.

Croyez-moi votre très dévoué
Jean Cocteau[c]

Variantes

a. *Adverbe* « en effet » *supprimé en 1956.*
b. *Autre début du paragraphe en 1956* : Je m'intéresse surtout au ballet s'il ne se contente pas [...]
c. *Autre fin du texte en 1956* : [...] c'est par la chance que j'éprouve à exploiter un véhicule apte à convaincre des âmes.

209
[Souvenir sur Diaghilev] *

J'aurais mal supporté d'avoir un simple succès ou un simple échec au Ballet russe de Serge. Je me souvenais de sa réponse à Hoffmannsthal[145] qui lui disait après *Joseph*[146] : « J'aurais préféré un scandale » – « C'est que... ce n'est pas si facile... ». Avec *Parade*, Picasso, Satie et moi lui offrîmes un scandale si monstrueux qu'il eut peur. Il croyait que le lustre du théâtre venait de tomber dans la salle. Tel était le vacarme.

Trois ans plus tard, *Parade* triomphait[147] et nous dûmes saluer de la loge où l'on nous cherchait en 1917 pour nous battre. À Paris, ces douches écossaises d'injustice et de justice, ces chocs et ces contre-chocs bousculent l'atmosphère, la rendent très dangereuse et très vivante.

---

144. Aucune lettre de Rainer Maria Rilke à Cocteau qui atteste cette citation n'a pu être découverte. Pour la fabulation des contacts du poète avec Rilke, voir Christoph Wolter, « La réception du théâtre de Jean Cocteau en Allemagne », paru dans Pierre Caizergues (dir.), *Jean Cocteau, 40 ans après*, Montpellier, Centre d'Étude du XXe siècle – Centre Pompidou, 2005, p. 298-300.

* « [Sans titre] », dans la plaquette *Hommage à Diaghilev* (Paris, S.N. Mercure-édition, 1954) qui accompagne l'*Album Diaghilev* composé de trois disques Columbia Pathé-Marconi FCX-357/358/359. Précédé de la reprise incomplète d'un autre hommage à Diaghilev (voir texte 203), mais encadré pour en signaler le caractère original, ce texte est sans doute celui que le poète a réalisé à la demande de Markevitch pour l'enregistrement de *Parade* en 1954. Voir *PD III*, p. 128.

145. L'écrivain autrichien Hugo von Hoffmannsthal (1874-1929) écrit plusieurs livrets mis en musique par Richard Strauss : *Elektra* (1909), *Der Rosenkavalier* (1910), *Ariane à Naxos* (1916), *Die Frau ohne Schatten* (1917), *Hélène d'Égypte* (1927), *Arabella* (1932).

146. *La Légende de Joseph*, ballet en un acte de Richard Strauss sur un argument de Harry von Kessler et Hugo von Hoffmannsthal, crée par les Ballets russes à l'Opéra de Paris le 14 mai 1914, sous la direction du compositeur, dans une chorégraphie de Michel Fokine, avec Leonide Massine dans le rôle de Joseph. Alors que Diaghilev a toujours fait appel à des décorateurs russes, il sollicite ici, pour la première fois, un décorateur occidental, le catalan José-Maria Sert, futur troisième époux de Misia Godebska.

147. En 1920, Diaghilev remet *Parade* au programme des Ballets russes de Paris pour trois soirées : les 21, 24 et 26 décembre.

À Rome, où nous préparâmes le spectacle, je tombai sur les grimaces de la danse, alors à la mode. Le corps grimaçait et cherchait à contredire la grâce du ballet classique. J'essayai une autre méthode. Hausser le geste réaliste jusqu'à la danse et le transformer en chorégraphie comme Picasso transformait les objets familiers en peinture libre. Libre de son prétexte : le modèle.

Rien n'est plus difficile que de déraciner des habitudes. En outre la musique de Satie s'opposait à l'impressionnisme musical, supprimait la sauce et le vague, délivrait la ligne prise dans des voiles.

Il résultait de l'ensemble une sorte d'objet tout nu qui scandalisa par sa nudité même. La collaboration (Picasso, Satie, Massine et moi) fut profonde. Serge de Diaghilev la suivait de son bel œil oriental, derrière son monocle. Parfois, il essayait de nous dresser les uns contre les autres. C'était sa méthode s'il voulait alimenter le feu.

Ce vieux souvenir me reste neuf et intact. Je remercie tendrement Igor Markevitch qui le consacre.

Jean Cocteau, mai 1954

92. Igor Markevitch, [1934], collection privée.

210
[DIAGHILEV 1917] *

Serge de Diaghilev, sa grosse tête de très jeune dogue, sa mèche blanche qui le faisait surnommer Chinchilla par les danseuses, inattentif à tout ce qui n'était pas sa troupe, toujours vêtu d'une pelisse attachée avec des épingles anglaises, et son œil oriental, en forme de poisson, et sa petite lorgnette de nacre tendue vers un travail dont il exigeait que ses artistes ne s'écartassent point d'un pouce, voilà l'homme qui tira chez nous un extraordinaire feu d'artifice de charme et d'audace.

Bientôt Diaghilev devait se tourner davantage vers l'audace que vers le charme, commander ses œuvres aux peintres, aux musiciens, aux poètes en pleine lutte.

C'est ainsi que nous habitâmes Rome en 1917, Picasso et moi, pour *Parade*, pendant que Satie terminait son orchestration en France.

Diaghilev courait de mécène en mécène, d'hôtel en hôtel, de patrie en patrie, cherchant de quoi faire vivre le luxe qu'il offrait au monde, s'ingéniant à nourrir et à loger l'escorte multicolore qu'il traînait à sa suite.

Lorsqu'une vedette s'épuisait ou le quittait, il en découvrait une autre. Ainsi vîmes-nous se succéder Nijinsky, Fokine, Dolin, Massine, Serge Lifar, la Karsavina, la Nijinska [148], la Nemchinova [149], et cette étonnante Ida Rubinstein qui dansait à peine et dont il nous révéla, dans *Cléopâtre*, la silhouette d'ibis.

Notre gratitude envers Diaghilev doit être grande, car non seulement il importait, sur une vaste échelle, l'idiome qui traverse le mur des langues, mais encore il excitait chez nous ces disputes amoureuses dont la France possède le privilège et qui lui valent sa très singulière électricité [a].

Deux enchanteurs sont morts à Venise : Wagner et Diaghilev. L'un créait le beau. L'autre le provoquait autour de sa personne. Et, de sa tombe vénitienne, Diaghilev semble avoir continué sa course, communiqué à d'autres ce vertige de la danse comme en témoignent les photographies illustrant ce livre [150] où l'on vous montre les troupes qui peuplèrent nos imaginations de ces lourdes richesses si vaporeuses qu'il n'en reste qu'un souvenir analogue à celui des rêves [b] et des machines d'un soir que les rois s'offrirent à Versailles.

Le ballet cesse d'être un intermède où les membres des clubs lorgnent les danseuses. Il devient une langue universelle où la poésie parle à tous, où les poètes, les peintres,

---

* « [Sans titre] », préface à l'ouvrage de Georges Detaille et Gérard Mulys, *Les Ballets de Monte-Carlo (1911-1944)*, avec une couverture de R. Robini, Paris, Éditions Arc-en-ciel, 1954, p. 9-10. Deux jets manuscrits sont conservés à la BHVP. Version choisie : celle de l'édition originale (1954), corrigée à l'aide du second manuscrit (*Ms*).

148. Tous ces danseurs ont occupé tour à tour la place enviée de danseur étoile au sein des Ballets russes.

149. Vera Nemchinova (1900-1984) entre aux Ballets russes en 1915 et y reste dix ans. Dès 1919, elle commence à interpréter des rôles de solistes, notamment dans *La Boutique fantasque* (1919), mais c'est son interprétation de « la fille en bleu » dans *Les Biches* (1924) qui lui vaut un de ses plus grands succès. En 1927, elle créé sa propre compagnie avec Anton Dolin et Anatole Oboukhoff (les Ballets Nemchinova-Dolin). Elle danse également pour diverses compagnies avant de s'installer à New York en 1940 et de créer une école de danse.

150. Le livre pour lequel Cocteau écrit cette préface consiste en un recensement de tous les ballets créés aux Ballets de Monte-Carlo entre 1911 et 1944. Chacun des ballets est illustré de plusieurs photographies.

les musiciens s'épousent, où les interprètes paraissent porter de naissance les costumes qu'ils animent, avec le rythme interne des fleurs et des oiseaux.

Chaque fois qu'il m'arrive d'avoir recours à cette langue où les corps usent d'une syntaxe aussi différente de la nôtre que le Braille ou que la gesticulation des muets, l'ombre de Diaghilev s'impose dans celle des fauteuils vides, recouverts de bâches. Je devine le col d'opossum, la bouche qu'il mâchonne, la petite moustache teinte qu'il mordille, le monocle à travers lequel son regard de juge me contrôle. Et je devine que je ne suis pas le seul à ressentir sa présence et que de Londres à Monte-Carlo, de Paris à New York, le fantôme de Diaghilev circule et observe nos entreprises.

Variantes

a. *En Ms, le paragraphe est ponctué par la signature du poète, suivie du restant du texte visiblement rédigé en un second temps.*

b. [...] un souvenir analogue à celui des [fêtes *Ms* ; rêves *1954*] et des machines d'un soir que les rois s'offrirent à Versailles.

211

Un feu Saint-Elme *

Charles-Albert Cingria [151] était un feu Saint-Elme, une phosphorescence qui court [152]. Son admirable langue ne me représentait pas un style, mais une démarche. Je n'imagine rien de plus libre dans les promenades mystérieuses de l'esprit. Et le cœur ! Il l'avait grave et ne le prodiguait pas. S'il le donnait, il le donnait, et ce don ne protégeait pas de sa malice qui était extrême et dont il visait sa victime en fermant l'œil.

Max Jacob [153] m'écrivait un jour : « Charles-Albert joue de l'harmonium dans la chapelle et il pédale aux pentes. » Je le voyais pédaler, se promener « en harmonium » à travers la musique, touriste infatigable des routes inconnues.

Saint-Jean-Cap-Ferrat, 11 août 1954

* « Un feu Saint-Elme », *La Nouvelle Revue française*, n° 27, 1er mars 1955, p. 429. Intitulé « Couronne de Charles-Albert Cingria », ce numéro de près de 500 pages est entièrement consacré à l'écrivain suisse. Outre le texte de Cocteau, on y trouve des contributions de Paul Claudel, Igor Stravinski, Marcel Jouhandeau, André Pieyre de Mandiargues, François Michel, Etiemble, Jean Starobinski, Georges Borgeaud, Fernand Auberjonois, Constant Rey-Millet, Pierre Guiéguen, Jean Follain, Aloÿs-Jean Battaillard et Henri Noverraz.

151. Charles-Albert Cingria (1883-1954) est un écrivain suisse prolifique qui s'est consacré à plusieurs genres : poésies, essais, romans, récits, chroniques, articles, billets d'humeur, etc. Également musicologue et musicien (il joue du piano et de l'orgue), Cingria exprime des idées très tranchées sur le rôle de la musique dans la société. De 1918 à 1954, il vit principalement en France et se lie, entre autres, avec Igor Stravinski (le compositeur lui dédie ses *Trois Pièces pour quatuor à cordes*), Erik Satie, Ernest Ansermet, Max Jacob, Blaise Cendrars, Alfred Jarry, Marcel Jouhandeau, Antonin Artaud, Paul Claudel, Jacques Maritain, Robert Desnos, Jean Cocteau, Modigliani et Fernand Léger.

152. Par l'expression « feu de Saint-Elme », on désigne le phénomène physique qui se déclenche lors de conditions météorologiques spécifiques annonçant un orage. Il se traduit par une lumière intense apparaissant aux extrémités des ailes d'avions ou des mâts de navires; ces lueurs sont produites par une forte décharge de l'air dans un champ électrique.

153. Nous n'avons pas retrouvé cette citation dans Max Jacob – Jean Cocteau, *Correspondance 1917-1944*, établie et présentée par Anne Kimball, Paris, Paris-Méditerranée, 2000.

212

Lettre à Maurice Chevalier *

Mon cher Maurice,

Vous taillez votre diamant avec tant d'adresse et de patience que les moindres feux nous en parviennent. Picasso me disait : « Le métier c'est ce qui ne s'apprend pas. » Cette magnifique parole me frappe dès que je pense à vous.

Vous offrez à tous les projecteurs de la lumière et de l'ombre (car l'âme de la foule dirige vers le spectacle une gerbe effrayante d'électricité obscure) une surface qui miroite et n'absorbe rien. Voilà l'exemple que vous donnez à vos camarades et qui résume leur tâche.

Beaucoup d'artistes remarquables se brûlent à la rampe et ne peuvent renvoyer dans la salle les ondes qu'ils en reçoivent.

Ce duel de rayons, que le public ignore, mais qui décide d'une carrière, fait du théâtre une lutte ininterrompue, un orage, un navire en pleine tempête.

Ce navire aux grandes voiles, où s'accrochent et grimpent les machinistes, c'est le drame que nos camarades, qu'ils amusent ou qu'ils émeuvent, affrontent jusqu'à la mort.

Je sais que vous aimez les comédiens comme je les aime.

Comment n'aimerions-nous pas ces fantômes charmants, légers, insupportables, qui s'incarnent dès qu'ils le peuvent, pour faire rire et pour effrayer une masse de personnes assises dans le noir.

En ce qui me concerne, je ne me lasse pas de fréquenter cette troupe mystérieuse. Elle hante les coulisses et crève de peur avant d'aborder ses victimes. Car les victimes de ces étonnantes apparitions ne se doutent pas de l'angoisse des planches. Si elles s'en doutent, si elles la devinent, si elles se sentent plus fortes que le fantôme, le fantôme doit disparaître. Il devient invisible, il est perdu.

Aucune des innombrables embûches du théâtre ne détourne du but qu'ils se proposent les cœurs ensorcelés par le rideau rouge et par le cadre d'or des féeries de notre enfance. Ils s'y bousculent en désordre et se livrent sans crainte au tribunal qui veut les voir jouer et déteste constater un effort. Ils doivent vivre, revivre, survivre, tuer le héros qui les habite, le ressusciter le lendemain, continuer cette longue épreuve, de telle sorte que les juges puissent croire qu'ils n'en seraient capables qu'une seule fois. Et ils recommencent et renaissent de leurs cendres. Il arrive même qu'un jour, ils y restent et ne savent plus hanter que nos esprits.

Voilà, mon cher Maurice, le monde surnaturel que vous aidez par votre présence.

Brûlés aux herses, flambés aux lustres, les héros et les héroïnes qui nous ont prodigué leur sang vous expriment leur gratitude.

---

* « Lettre à Maurice Chevalier », texte figurant sur le programme du récital *Maurice Chevalier au Théâtre des Champs-Élysées*, Paris, Mercure, octobre 1954 et, à l'identique, sur la pochette du disque *Maurice Chevalier*, Théâtre des Champs-Élysées, Paris, Disques Decca, 1954 ; texte repris intégralement dans l'ouvrage de François Vals (*Maurice Chevalier*, Paris, Didier Carpentier, 2002, p. 221) et partiellement dans *CJCns*, n° 2, 2003, p. 222-223

213
[Les clowns] *

En premier lieu développer le corps, l'âme suivra.
Nietzsche.

J'ai toujours respecté le travail du cirque parce que son personnel y exerce le corps comme j'aimerais exercer mon âme et la rendre apte aux exercices les plus dangereux avec cet air désinvolte de ne pas se donner le moindre mal.

Les clowns, sous le plâtre, les taches et les virgules, sous le satin et les paillettes, possèdent une étonnante maîtrise de leurs membres et sont souvent d'admirables virtuoses de la musique.

Beaucoup d'hommes qu'on prend au sérieux sont des clowns sans rien d'autre sous le masque et le costume.

Cette légèreté grave des clowns, cette supériorité modeste et qui ne cherche pas à faire montre, ce nuage de poudre qui les enveloppe après la gifle, cette solitude de toreros, ces loges où s'accumulent famille et accessoires, tout cela m'enchantait jadis et m'enchante encore si j'y rêve, lorsque Kim [154] et Hallez [155] me le remettent sous les yeux.

Poèmes et images servent d'objets témoins. On les touche et l'esprit voyage en pleine enfance.

214
Radio-Circus ** [156]

Dans un cercle parfait s'est inscrite l'âme du cirque. Du tapis-brosse naquirent des fleurs éclatantes : les clowns. Des cintres et des coupoles neigèrent les acrobates. Mais maintenant les cris et les images arrivent du dehors. La radio, le film font du cercle mystérieux un rendez-vous des ondes.

---

* « [Sans titre] », préface au recueil de poèmes de Jean-Jacques Kim, *Clowns*, avec six gravures de Jacques Hallez, Paris, Caractères, 1954, p. 7-8. Repris dans *CJCns*, n° 2, 2003, p. 173-174. Version choisie : celle de l'édition originale, qui rend compte de la disposition d'origine des paragraphes.

154. Jean-Jacques Kim ou Kihm (1923-1970), écrivain, professeur de philosophie à l'École normale de l'Aube à Troyes de 1950 jusqu'à son décès, producteur indépendant de radio et de télévision et l'un des premiers grands spécialistes de l'œuvre de Jean Cocteau.

155. Jacques Hallez (1923-), graveur et peintre. Kim et Hallez se sont rencontrés en 1935, alors qu'ils étaient tous deux adolescents au Collège de Saint-Dié. Professeur de gravure à l'École des Beaux-Arts de Marseille, puis à celle de Nancy, Hallez a exercé son art en marge de son enseignement.

** « Radio-Circus », texte figurant dans le programme de *Radio-Circus*, 1954. Manuscrit (1 ff.) conservé à la BHVP. Version choisie : celle du programme, tout en signalant les variantes significatives du manuscrit (*Ms*).

156. Après la Seconde Guerre mondiale, les cirques français s'associent à la radio et à la télévision, comme en témoigne l'expérience de Radio-Circus avec le concours de Radio-Luxembourg à partir de 1949. L'enregistrement d'émissions radiophoniques au cours d'un spectacle de cirque réduit les frais de programmation pour la radio et assure le cirque d'une publicité sur les ondes.

La beauté en chair et en os et la beauté fantôme s'épousent sous le signe de Radio-Circus.

Les grandes personnes et les enfants y trouvent leur compte. En ce qui concerne le cirque, les grandes personnes y restent plus fidèles que l'enfance[a]. C'est donc pour la joie des petits et des grands que Radio-Circus promène son vaste mélange de prodiges.

Et « Quitte ou Double » n'a-t-il pas prouvé ses titres de noblesse en aidant notre admirable abbé Pierre[157] ? Je n'ai pas à souhaiter toutes les chances à une entreprise qui les a. Mon amour du spectacle l'accompagne.

Variantes

a. *Autre version de la phrase en Ms.* : En ce qui concerne le cirque, Amar me confiait que les grandes personnes y restent fidèles, alors que l'enfance le trompe pour le cinématographe.

215

[Réponse à une enquête sur le jazz[*] [158]]

Je l'avais dit jadis lorsque j'amenai en France le premier jazz – les « Billy Arnold »[159] – pour le présenter sur une scène de concert : le jazz est une pulsation. Il se simplifiera ou se compliquera, selon les fièvres. Mais il ne relève pas d'une mode.

En outre j'estime qu'une jeunesse formée au milieu du jazz est tout autre qu'une jeunesse formée, par exemple, au rythme des valses viennoises. C'est sous cet angle qu'il faudrait étudier le problème.

Votre fidèle Jean Cocteau

157. L'abbé Pierre, né Henri Grouès (1912-2007), acquiert sa notoriété durant l'hiver extrêmement rigoureux de 1954 affectant tout particulièrement les sans-abri. Pour sensibiliser l'opinion publique, il lance le 1er février 1954 un appel à la solidarité sur les antennes de Radio-Luxembourg, qui rapportera la somme tout à fait inattendue et énorme pour l'époque de 500 millions de francs. De là l'allusion de Cocteau au « quitte ou double ».

* « [Réponse à une enquête sur le jazz] », texte manuscrit reproduit en fac-similé, *Jazz*, 1954. Repris dans *CJCns*, nº 2, 2003, p. 197.

158. La revue a formulé la question suivante : « Que peut-on penser, en 1954, du jazz ? »

159. Cocteau fait allusion au tout premier « Concert Wiéner » organisé à la Salle des Agriculteurs le 6 décembre 1921 et comprenant trois parties : d'abord l'orchestre de jazz « The Billy Arnold's American Novelty Band », puis une version pianola du *Sacre du printemps* interprétée par Stravinski lui-même, enfin une *Sonate pour piano et instruments à vents* de Milhaud. S'inscrivant dans la mouvance de l'orchestre de musiciens blancs américains « The Original Dixieland Jass Band », la formation du pianiste américain Billy Arnold (1886-1954) allait entretenir à partir de cette époque et pour longtemps la vogue naissante du jazz en Europe.

93. Photomontage de Darius Milhaud,
Jean Cocteau et le Billy Arnold's Jazz Band, s.d., collection privée.

216

LES GARÇONS DE LA RUE *

Une rue, je la trouve belle la nuit et vide. Or trois garçons [160] eurent cette idée d'être une rue – et non pas dans une rue –, mais de l'être, elle, et d'être une nuit et un silence à musique et d'exprimer ce silence qui marche, les mains dans les poches, par un seul

* « Les Garçons de la rue », texte reproduit au verso de la pochette du disque des Garçons de la rue accompagnés par l'orchestre placé sous la direction de Pierre Arrimi : *Comment allez-vous? Saltimbanques. Saint-Ouen's blues. Graine d'ananar. La Goualante du pauvre Jean. Le Piano du pauvre. La Pauvre Orpheline. Paris-canaille*, 25 cm., 33 tours, RCA, F 130 017, [1954].

160. Formé en 1946, ce groupe de duettistes se produit d'abord sous le nom Les Garçons de la rue, puis Les Garçons. À l'issue d'un spectacle auquel Cocteau assiste en décembre 1954, ils lui demandent ce texte pour la couverture de leur disque. Voir *PD III*, p. 305.

qui serait trois et des paroles qui seraient du silence actif et des costumes pareils aux rayés, sorte de tigres minuscules traversant les rues vides, la nuit – et non pas rencontres sinistres –, trois lascars en un seul s'organisent pour devenir les ombres et les lumières sournoises de la nuit[161].

217

[Reynaldo Hahn] *

Cher Reynaldo[162] Une cigarette au coin de la bouche il chante, et de ces lèvres entourées d'un étrange petit jardin à la française, la douce fumée musicale s'échappe qui embaumait ma jeunesse[163].

Jean Cocteau
1954-1955
Reynaldo chante *L'Île heureuse*[164].

94. « Reynaldo Hahn chante *L'Île heureuse* », 1954-1955, coupure de presse non identifiée, BU Montpellier.

161. Signalons la présence sur ce disque de trois chansons composées par Léo Ferré, à savoir *Graine d'ananar*, *Le Piano du pauvre* et *Paris-canaille*.

* « [Sans titre] », texte manuscrit entourant un portrait de Reynaldo Hahn reproduit en fac-similé sur un document de provenance non identifiée conservé dans le fonds Jean Cocteau de l'Université de Montpellier, daté 1954-1955. Le portrait du compositeur (p. 189) est un calque du dessin présent dans *PS* (voir illustration ci-dessus).

162. Rappelons que le compositeur Reynaldo Hahn (1875-1947) est principalement connu pour les mélodies chantées dans les salons mondains. Il a mis en musique un ensemble de vers de Cocteau et de prose d'André Paysan pour l'opéra-bouffe avec chœurs *La Patience de Pénélope* – « mensonge en un acte » créé dans l'appartement de Jacques Doucet, 19 rue Spontini, le 10 février 1910. Pour sa collaboration avec Cocteau au ballet *Le Dieu bleu*, voir notes du texte 2.

163. Ce texte de circonstance s'inspire intégralement d'un paragraphe sur le compositeur, flanqué d'ailleurs du même type de dessin, dans *PS*, p. 188-189.

164. *L'Île heureuse*, mélodie pour chant et piano composée par Emmanuel Chabrier vers 1892 à partir d'un poème d'Ephraïm Mikhaël (pseudonyme de Georges-Ephraïm Michel) datant de 1890.

218

[*Anna la bonne*] *

5 mai 1955

Il y a des œuvres qui sont tellement mêlées à l'interprète qu'on se demande si elles possèdent encore une attache quelconque avec leur auteur. Le propre de l'actrice est d'avoir l'air d'inventer le texte qu'elle dit. En ce qui concerne *Anna la bonne*, je me demande parfois si la moindre syllabe n'est pas l'œuvre de Marianne Oswald et si cette pauvre servante d'hôtel pourrait s'exprimer sans l'accent sauvage et mystérieux de celle qui signe ses lettres « Cette Marianne ».

219

Note sur le vif **

Des rubans flottent, attachés à des ventilateurs humains qui nous rafraîchissent ; une tornade, un cyclone de jeunesse nous douchent l'âme avec coups de poing à la fatigue, coups de pied à la mort, merveilleux sourires aux dents écartées par les graines de tournesol, caverne où le vent oriental et le vent occidental costumés par Andersen [165] se rencontrent. Voilà ce que la troupe d'Igor Moïsseïev [166] nous offre.

Peut-être nos danses bretonnes et auvergnates charmeraient-elles Moscou ? C'est possible. Qu'en sais-je ? Mais il y a, chez Moïsseiev, autre chose que du folklore.

L'étonnante chorégraphie des *Partisans* [167], par exemple. Jamais nous n'oublierons le cortège des mystérieuses capes sombres. Elles se meuvent à la manière des mille-pattes, des fourgons électriques sur les quais de nos gares et évoquent « la douce nuit qui marche » de Baudelaire [168].

---

* « [Sans titre] », manuscrit conservé dans les archives Marianne Oswald, publié dans *CJCns*, n° 2, 2003, p. 207.

** « Note sur le vif », *Les Lettres françaises*, n° 589, 13 octobre 1955. Manuscrit conservé à la BHVP (2 ff.) et intitulé « Vif sur le vif ». Texte écrit à l'occasion de la première représentation en France du Ballet Moïsseïev au Théâtre National Populaire de Jean Vilar à Chaillot.

165. Cocteau fait allusion ici aux contes de l'écrivain danois Hans-Christian Andersen (1805-1875) qui ont si souvent inspiré les chorégraphes et que Moïsseïev a également utilisés dans ses ballets.

166. Igor Moïsseïev (1906-2007), danseur et chorégraphe russe, issu des Ballets du Bolchoï, est nommé en 1937 directeur de l'ensemble folklorique d'État de danses populaires composé d'une trentaine de danseurs, habillés dans des costumes traditionnels chatoyants, accompagné d'un orchestre d'instruments traditionnels dirigé par Sergei Galperin. Avant 1955, cette troupe reste inconnue en occident. Ses premières tournées internationales de 1955 à Londres, à Paris, à New York, etc. connaissent un immense succès et contribuent à hisser la danse folklorique à un art majeur. Le Ballet Moïsseïev va devenir l'un des plus prestigieux ballets folkloriques du monde et susciter la création d'ensembles du même genre dans de nombreux pays. La France accueille régulièrement ce ballet qui continue, encore aujourd'hui, à porter le nom de son créateur et à susciter un enthousiasme sans pareil.

167. Le ballet *Les Partisans* marque en effet les esprits de l'époque et reste un des plus célèbres ballets créés par Moïsseïev : il mêle de manière humoristique le football et la guérilla par un ensemble de cavaliers enveloppés dans d'immenses capes noires.

168. Dernier hémistiche de « Recueillement », poème des *Fleurs du mal* de Baudelaire.

Et le froid feu d'artifice des sabres et tant de drames qui s'expriment avec tant de grâce ! Et la gentillesse profonde qui préside à la farce du football, sans que le moindre intellectualisme s'en mêle ! Et surtout l'un, qui est deux, l'admirable mime qui lutte contre lui-même et nous pipe avec une exquise malice, analogue à celle des mensonges de Peer Gynt [169] !

Pendant quelques minutes, on ne sait quoi de double s'affronte sur les planches, s'y bat, s'y berne, s'y roule, ours, nains ou esquimaux, nés d'une seule intelligence et d'un véritable génie du geste.

Et n'oublions pas, dans la pièce d'or d'un projecteur, la petite idole charmeuse d'oiseaux et de serpents qui sont ses mains savantes.

Le finale est une puissante vodka. Elle nous donne cette grande ivresse blanche du Nord.

L'honneur de Paris (il l'avait déjà prouvé en face de la troupe chinoise), c'est, malgré sa crainte d'être dupe, de ne jamais résister à l'irrésistible.

220

Salut au Kabuki *

Pour un poète la réalité se trouve être dans ce qu'on nomme paresseusement l'irréalité. Pour un poète le prodige devient normal. Les coïncidences, le hasard, n'existent pas.

Il en résulte que l'*Azuma Kabuki*, la célèbre troupe japonaise [170], représente à mes yeux, le comble du réalisme, le théâtre réaliste par excellence, parce qu'elle ne se permet pas un geste qui ne réponde à une vérité de l'âme.

L'esthétique décorative, la fantaisie, la grimace, n'y peuvent mordre.

169. *Peer Gynt*, pièce de théâtre (1876) du Norvégien Henrik Ibsen, met en scène un antihéros qui rate tout ce qu'il entreprend, mais qui finit par s'interroger sur son destin et son identité. Edvard Grieg écrit pour la pièce une musique de scène qui obtient un immense succès.

* « Salut au Kabuki », préface au programme de théâtre *L'Ensemble Azuma Kabuki, danseurs et musiciens*, Théâtre Hébertot, Paris, W. Fischer, [novembre 1955] ; texte lu par Cocteau à la fin de l'émission radiophonique « Paris vous parle : Les Ballets Kabuki-Azuma au Théâtre Hébertot », Paris-Inter, le 9 novembre 1955.

170. Précisons que Cocteau assiste à une représentation de *Kabuki* lors de son tour du monde en 1936 (voir note 172 ci-après).

C'est sous cet angle que je salue, sous l'aile de Madame Tokuho Azuma et de Masaya Fujima [171], sous l'ombre de Kikugoro VI [172], des artistes dignes d'être comparés aux personnages humains et inhumains de la Saga du Prince Genji [173].

Bonne chance à tous dans notre ville [174].

1955

221

BILLET POUR ARTHUR *

Je ne sais pas si c'est sur toi que je pleure ou sur moi, sur nous, sur notre jeunesse, sur nos rencontres, nos espoirs, nos belles batailles.

Vous étiez six. Nous étions sept. Souviens-toi ce que j'ai dit à notre anniversaire [175] : « *Vingt ans après*, on n'échappe pas au *Vicomte de Bragelonne*. » La seule différence est que rien, sauf la mort, ne pourrait désunir notre groupe.

D'autres sauront louer ton génie. Je ne pense qu'à ce cœur qui cesse de battre, qui, même malade, n'a jamais mal battu et sans l'usage duquel ton œuvre n'aurait peut-être pas atteint les cimes, il t'a valu le respect d'une époque irrespectueuse.

Tu étais un ami adorable et admirable, Arthur.

C'est la première fois que tu nous fais de la peine. Et comme il me semble impossible que tu nous en fasses, c'est qu'il y a quelque secret là-dessous.

Peut-être cherches-tu à nous convaincre que tu ne nous abandonnes pas, que l'immortalité n'est autre que la mort et que les moins conformistes d'entre nous conservent sur toutes ces choses mystérieuses des idées bien académiques.

Amitiés à Claudel [176]. Je t'embrasse.

Jean

171. La danseuse Tokuma Azuma et le chorégraphe Masaya Fujima régissent le spectacle.

172. Onoe Kikugorô VI, né Terashima Kôzô (1885-1949), danseur virtuose que Cocteau a rencontré en personne lors d'une « étonnante pantomime du Kagami-Jishi », spectacle au Kabuki-Za Théâtre de Tokyo en mai 1936. Dans *MPV* (p. 165-169), le poète précise : « Cette danse, si longue et sans longueurs, valait notre voyage. Je l'eusse entrepris pour la voir. [...] Kikugoro va atteindre au sublime. Il essaye de vaincre le charme. Sa tête se détourne. Sa main fait claquer les mâchoires et semble s'arracher de lui. Il hoquette, il trébuche, il tombe, il se relève et, par une suite de spasmes, traverse la salle et disparaît dans un tonnerre d'applaudissements. [...] Kigugoro n'est pas seulement un mime, c'est un prêtre. Ce spectacle est liturgique, non point dans le sens de nos mystères, mais dans le sens religieux. Ce n'est pas un théâtre religieux dont je parle, mais de la religion du théâtre. Kigugoro et son orchestre célèbrent l'office. »

173. *Le Dit du Genji* (*Genji monogatari*) de Murasaki Shikibu, dame de la cour de Heian (XIe siècle), est un classique du roman japonais.

174. Dans son journal, Cocteau évoque la première du spectacle à Paris qui a lieu le 4 novembre 1955 et où il est censé bénir la troupe. Voir *PD IV*, p. 313.

* « Billet pour Arthur », *Combat*, 29 novembre 1955, p. 2. Il s'agit du tout premier texte que Cocteau rédige à l'occasion de la disparition d'Arthur Honegger à Paris le 27 novembre 1955.

175. Cocteau a employé en effet cette formule en 1953 dans son « Hommage au Groupe des Six » commémorant le trente-cinquième anniversaire de leurs activités artistiques en commun. Pour *Vingt ans après* et *Le Vicomte de Bragelonne*, voir note 49 du texte 186.

176. L'écrivain Paul Claudel, avec qui Honegger avait collaboré pour des œuvres comme *Jeanne au bûcher* ou *La Danse des morts*, venait lui aussi de décéder le 23 février 1955.

222
Adieu à Honegger *

Arthur,

Si tu peux m'entendre déclarer : « Je représente à tes funérailles l'Institut de France, dont tu étais membre correspondant pour l'Académie des beaux-arts [177], et l'Académie du disque que tu présidais [178], et dont les séances eurent lieu à ton domicile jusqu'à la veille de ta mort », je n'ai pas de peine à te voir ôtant ta pipe de ta bouche, plissant tes yeux, et riant comme nous avions coutume de rire chaque fois que les circonstances justifiaient officiellement les rêves un peu fous de notre jeunesse.

Ce 2 décembre est un anniversaire. Le 2 décembre 1954, on te fêtait, on te décorait [179], et, malade, je t'adressais de loin quelques paroles fraternelles, et même paternelles [180].

Paternelles, puisque, en vérité, davantage que les hautes institutions qui nous obligent, hélas, à comprendre que nous ne sommes plus jeunes, j'en représente ici une autre : ce Groupe des Six, où nous fûmes sept, et que j'ai eu l'honneur de nouer, comme un bouquet, à sa base. En l'air, chacun s'épanouissait, s'élançait, penchait, parfumait, selon ses aptitudes.

Car la singularité de ce groupe est de n'avoir jamais été un groupe d'intellectuels, mais un groupe d'amis, une récréation plutôt qu'une école.

Nous n'étions soudés ensemble que par les forces du cœur. Elles doivent être bien puissantes, puisque les mousquetaires, vingt ans après, se dispersent avant de disparaître, tandis que notre groupe, la mort seule parviendrait à le désunir.

Tu as été un ami adorable et admirable, Arthur. C'est la première fois que tu nous fais de la peine [a]. Je ne t'imagine pas suivre la sinistre farandole de ta *Danse macabre* [181]. Je t'imagine tel que je t'ai vu le 28 novembre [182], merveilleusement beau comme ce lord Byron qui chantait ta Suisse, et la montrait, analogue à ton œuvre, couronnée de nuages, de neige et d'éclairs.

Comment oublier ton profil d'aigle ? Pareil à celui de la dépouille de Paul Éluard, c'était le profil d'un autre, et ta face, la face d'un autre : seulement, cet autre était

---

* « Adieu à Honegger », discours prononcé par Cocteau au monument crématoire du cimetière du Père-Lachaise lors des obsèques d'Arthur Honegger, le 2 décembre 1955, et diffusé à la radio le 4 décembre 1955. Publié dans *Inter-auteurs* (n° 121, 4e trimestre 1955), le périodique allemand *Melos* (n° 1, 1956), ainsi que dans *Almanach du disque* (Paris, Éditions Pierre Horay, 1956, p. 5-8). Manuscrit (incomplet) conservé à la BHVP. Version choisie : celle de 1956.

177. De nationalité suisse, Honegger devient membre de l'Académie des Beaux-Arts de France en 1952 en qualité de membre associé à titre étranger.

178. L'Académie du Disque français est fondée en 1951 à Paris par Colette, Maurice Yvain, Jean Fayard et Guy-Charles Cros (fils de l'inventeur du phonographe). Son premier président en est Arthur Honegger.

179. Le 2 décembre 1954, Honegger est élevé au grade de Grand Officier de la Légion d'Honneur.

180. Cette lettre de Cocteau s'est probablement égarée ou a été détruite et ne fait pas partie des lettres conservées. Voir Malou Haine, « Lettres inédites adressée de Jean Cocteau à Arthur Honegger », dans Peter Jost (dir.), Arthur Honegger, *Werk und Rezeption / L'Œuvre et sa réception*, Bern, Peter Lang, 2009, p. 57-73.

181. *La Danse macabre*, musique de scène d'Arthur Honegger pour la pièce de Carlos Larronde (1888-1940), créée au Théâtre de l'Odéon le 28 mars 1919, dans des décors de Guy-Pierre Fauconnet.

182. Cocteau s'est recueilli le 27 novembre 1955 devant la dépouille de Honegger.

encore toi, puisque cette face et ce profil étaient cadenassés, fermés à triple tour, contre toute injustice, haine, et toute sottise.

Arthur, tu es parvenu à obtenir le respect d'une époque irrespectueuse. Tu joignais à la science d'un architecte du moyen âge la simplicité d'un humble ouvrier des cathédrales. Tes cendres sont brûlantes, et ne refroidiront plus, même si notre terre cesse de vivre. Car la musique n'est pas que de ce monde, et son règne n'a pas de fin [183].

Une génération n'est pas faite d'hommes au même âge, mais, du capitaine au mousse, de tous ceux qui accomplissent la traversée sur le même navire. Chaque fois qu'il en tombe un à la mer, il nous faut prendre le deuil. Ainsi Claudel ne nous paraissait-il point être notre aîné, ainsi ne me semble pas être notre cadet le plus jeune des jeunes poètes.

De deuils en deuils, une considérable liste m'a donné l'habitude, en quelque sorte, des mystérieuses surprises du phénomène qui nous supprime, et je suis bien près, avec Pythagore, de penser qu'il préside à notre naissance véritable.

J'ai parlé d'un autre qui était toi, d'un gisant de cire qui prétendait jouer ton rôle. Or, malgré ce bel épouvantail que la mort se hâte de coucher à notre place, tu existes si parfaitement, si réellement, qu'à cette minute, en présence de ta femme et de tes enfants, je te serre entre mes bras, et je t'embrasse.

Jean

Variante

a. Ces deux premières phrases sont reprises avec une variante minime – « … que tu me fais de la peine. » *– à la fin de l'article accompagnant le reportage photographique des funérailles du compositeur dans* Paris-Match *(n° 348, décembre 1955, p. 46).*

183. Après avoir assisté à la projection du film de Georges Rouquier (1909-1989) sur Arthur Honegger (1954), on propose à Cocteau d'écrire et de signer la phrase qui clôture le film. Suite à quelques essais repris dans son journal – « Arthur Honegger a quitté définitivement ses amis le… décembre 1955. C'est la première fois qu'il leur faisait de la peine » et « Arthur Honegger est mort le… décembre 1955. C'est la première fois qu'il nous faisait de la peine. (Je déciderai lundi.) » (*PD V*, p. 24) –, le texte finalement retenu s'inspirera du présent paragraphe : « Honegger, tu joignais à la science d'un architecte du moyen-âge la simplicité d'un humble ouvrier de cathédrale. Tes cendres sont brûlantes et ne refroidiront plus, même si notre terre cesse de vivre, car la musique n'est pas de ce monde et son règne n'a pas de fin… Jean Cocteau, 27 novembre 1955 ». Voir Dominique Auzel, *Georges Rouquier, cinéaste poète et paysan*, Arles, Édition Rouergue, 1993, p. 193.

223

[Lettre a Louis Aragon] *

Mon très cher Louis [184],

La mort d'Arthur, c'est le premier fragment qui se détache d'un bloc d'amitié incomparable.

Ce groupe des Six n'était pas une *école* mais une *récréation* – et longue. Jamais une ombre entre nous. Seule la mort pourrait désunir le groupe, malgré d'innombrables tentatives pour le dissoudre [185].

J'ai vu Arthur sur son lit de mort. Comme Paul c'était un autre [186], mais d'une beauté prodigieuse.

Jean

224

[Mozart] **

1 er décembre 1955 Milly Seine-et-Oise

Naturellement, la musique de Mozart est devenue un de nos organes (bien près du cœur). Jean Cocteau

95. « Les Enfants prodiges (on remarquera la harpe à l'envers) », s.d., collection privée.

* « [Sans titre] », *Les Lettres françaises*, n° 596, 7 décembre 1955, p. 10. Outre les « Hommages à Arthur Honegger » des cinq compositeurs encore en vie du Groupe des Six et de Cocteau, le périodique livre, entre autres, des textes d'Emmanuel Bondeville, de René Bourdier, d'Hélène Jourdan-Morhange, de Serge Nigg et de Pierre Reverdy.

184. Il s'agit de l'écrivain Louis Aragon, directeur des *Lettres françaises* de 1953 à 1972.

185. Pour les tentatives de désunir le Groupe des Six dans les années 1920, voir textes 55, 73, 75 à 77.

186. Paul Éluard pour qui Cocteau a composé un « portrait poétique sur son lit de mort », le poème « *Quel est cet étranger* ». Voir *OPC*, p. 870.

** « [Sans titre] », texte manuscrit reproduit en fac-similé dans *Les Amis de Mozart*, brochure de l'Association française des amis de Mozart et des maîtres classiques (Paris, Les Amis de Mozart, 1991).

225

Hommage à Louis Armstrong *

15 décembre 1955

Je tiens à grand honneur d'avoir amené jadis, de Londres à Paris, salle des Agriculteurs, le premier jazz concertant, c'est-à-dire que je ne présentais pas un orchestre de danse, mais un orchestre de chambre : *Les Billy Arnold.*

Ils furent hués, et moi avec. Heureusement que tout change vite, et le même jeune public qui nous huait, acclame aujourd'hui le jazz et en disserte avec une gravité de Sorbonne.

J'avais dit en entendant le premier jazz-band (sur la scène du Casino de Paris, où il accompagnait une danse de Gaby Deslys et de Harry Pilcer) que c'était davantage qu'un rythme, une pulsation; que ce ne serait pas une mode fugitive et que cette pulsation continuerait toujours de battre et d'inscrire nos courbes de fièvre.

Ce qui n'empêche que là comme ailleurs la pointe du génie existe et que le jazz n'est pas seulement d'ordre collectif.

Louis Armstrong domine les époques successives du jazz et ses écoles. Il opposait aux timbres du bel canto et du charme, sa voix humaine, râpeuse et douloureuse. Sa trompette, pareille à celle du septième ange de l'Apocalypse, savait monter jusqu'au cri de mort.

Bref, dans une époque partagée entre une gravité scolaire et un farniente qui pousse à dire : « Pourquoi se donner tant de mal ? Donnez-nous quelque chose de "rigolo" et qui "fasse la blague" », Armstrong représente la haute aristocratie d'un art qui déjà possède ses ancêtres et que je salue, au nom de l'Académie du Disque [187], en sa personne.

---

* « Hommage à Louis Armstrong », composé pour l'Académie du Disque Français. Manuscrit et dactylogramme portant la date du 15 décembre 1955 et conservés à la BHVP.

187. Nous ignorons si Cocteau est à cette époque membre de l'Académie du disque français.

226

[CHOPIN] *

27 décembre 1955 Milly

Mon cher Président[188],

Chopin est un homme, une femme, un oiseau, un piano – une langue vivante et morte, un fantôme qui rassure dans la maison.

Il est normal que Vienne le fête puisque tout ce qui chante s'y trouve chez soi.

Votre Jean Cocteau

96. « Polonaise de Chopin », [1945-1950], collection privée.

* « [Sans titre] », préface à *Chopin : Jahrbuch – Annuaire – Yearbook – Rocznik*, édité par Franz Zagiba, Société internationale Chopin de Vienne, Zürich – Leipzig – Wien, Amalthea, 1956.

188. La Société internationale Chopin (Internationale Gesellschaft Chopin) est créée à Vienne en 1952 dans la foulée des commémorations organisées pour le centenaire du décès de Chopin (1849), dont deux expositions relatives à Chopin à Vienne. Organisateur de ces deux expositions, le professeur Franz Zagiba se charge également de réunir les textes du premier *Annuaire* de l'association qui paraît en 1956. Sollicité pour un texte d'hommage, Cocteau l'envoie au président de l'association nouvellement créée, le recteur de l'Académie de musique de Vienne, Hans Sitter. Parmi les auteurs qui contribuent au premier volume publié par cette société figurent des musicologues et des pianistes, entre autres, Alfred Cortot, Paul Badura-Skoda et Émile Harasti. Cette société Chopin a considérablement étendu ses activités depuis lors, puisqu'elle organise des concerts et des concours. Son siège est établi à l'Universität für Musik und darstellende Kunst.

227

[LETTRE À JUAN GYENES] *

28 déc[embre] 1955 Milly / Seine-et-Oise / France

Mon cher Juan Gyenes [189],

Je voulais accrocher mes vœux avec mon salut admiratif aux branches de l'arbre à cheveux d'ange – le sapin de Noël. Vous savez quel amour je porte au style flamenco – soit qu'il s'exprime par la danse soit par l'allure d'une personne ou d'un spectacle.

Votre appareil de photographe est un œil flamenco qui regarde et enregistre la beauté flamenca de l'Espagne.

Je vous aime tous parce que vous avez l'air de trépigner pour éteindre le feu qui vous habite et que rien ne pourra jamais éteindre.

Olé ! Jean Cocteau

228

MICK MICHEYL **

Il est toujours plus difficile d'entrer par la petite porte que par la grande, par le charme que par la violence.

Mick Micheyl [190] s'impose par des moyens simples et par un optimisme qui contraste avec le pessimisme cruel de notre époque.

J'ai entendu dire que son style ne devait rien à Piaf. C'est inexact. Pas un chant sortant du cœur qui ne lui doive, jusqu'à nouvel ordre.

Mais Mick Micheyl lève un doigt grave. Elle annonce que le vent tourne, gracieusement.

---

* « [Sans titre] », lettre-préface à l'ouvrage de Juan Gyenes, *Ballet espagnol*, photographies de Juan Gyenes, commentaires de Enrique Llovet, Paris, Art et industrie, 1956, [illustré de 100 pages de photos].

189. Juan Gyenes (1912-1995), photographe indépendant, actif pour divers magazines, d'abord en Hongrie (son pays natal), puis à Paris, à Londres, au Caire et à Madrid où il s'établit en 1940. Il publie plusieurs livres sur la tauromachie, la danse et le théâtre.

** « Mick Micheyl », texte manuscrit reproduit en fac-similé au verso de la pochette du disque de Mick Micheyl : *Cano canoë, Tu n'es pas seul au monde, Je t'aime encore plus, Ton cœur est ma tirelire*, 17 cm., 45 tours, Pathé 45 EG 150 médium, [1955]. Dactylogramme conservé dans le fonds Cocteau de l'Université de Montpellier.

190. Mick Micheyl, pseudonyme de Paulette Michey (1922-), auteur-compositeur et interprète à la voix grave et au costume de scène masculin. En 1949, elle gagne le concours ABC de Paris avec la chanson *Marchand de poésie* dont elle est l'auteur des paroles et de la musique. Elle chante sur diverses scènes parisiennes durant une dizaine d'années avant d'entrer à la télévision française comme productrice d'émissions sur la chanson française. Dans les années 1970, elle se tourne vers la sculpture.

229
[Lettre à Hélène Jourdan-Morhange] *

Saint-Jean-Cap-Ferrat (A.-M.)

Ma bien chère Hélène [191],

Voici donc une petite lettre-préface. N'es-tu pas un témoin [192] de toutes ces minutes d'ordre et de désordre, d'un désordre qui était un ordre nouveau, de toute cette amitié que les gens crurent une école et qui n'en était que la récréation ? À cette époque, notre politique n'était que de lettres et nous partîmes en guerre contre des valeurs que nous devions réadorer un jour [193]. C'est dans cette grande vague musicale que mes souvenirs se roulent pêle-mêle et que je te revois, la joue contre la belle courbe rouge de ton violon, avec le sourire de l'ange de Reims [194].

Dessins et charges qui appartiennent à cette époque t'appartiennent. Uses-en à ta guise.

Ton ami,

Jean Cocteau

---

* « [Sans titre] », lettre-préface à l'ouvrage de Hélène Jourdan-Morhange, *Mes Amis musiciens*, Paris, Éditeurs français réunis, 1955, p. 9. Manuscrit proposé au Catalogue de vente, Artus Enchères - Brissonneau, Hôtel Drouot, 31 octobre 2003, n° 133. Dactylogramme conservé à la BHVP.

191. Hélène Jourdan-Morhange (1888-1961), violoniste et critique musicale, amie de Maurice Ravel dont elle crée la *Sonate pour violon et violoncelle* dédiée à Debussy le 6 avril 1922, aux côtés du violoncelliste Maurice Maréchal. En 1927, Ravel lui dédie sa seconde *Sonate pour violon et piano* dont elle ne peut assurer la création en raison de problèmes d'arthrite. Il s'agit ici de son second ouvrage sur Ravel, après *Ravel et nous* (Genève, Éditions du milieu du monde, 1945).

192. Autour des années 1920, Hélène Jourdan-Morhange fréquente le Groupe des Six dont elle joue fréquemment les œuvres. Citons, par exemple, le concert du 6 juin 1917 dans l'atelier Huyghens (voir texte 28) où figurent au programme Erik Satie, Georges Auric, Louis Durey et Arthur Honegger et où elle interprète la *Pièce en trio* de Georges Auric, avec le compositeur au piano et Félix Delgrange au violoncelle.

193. Cocteau fait allusion aux attaques qu'il a portées à l'esthétique musicale de Debussy dans *Le Coq et l'Arlequin* et à ses repentirs continuellement formulés par la suite prétextant une attitude de jeunesse, comme dans ce texte.

194. L'Ange au sourire ou Sourire de Reims désigne l'une des statues des anges sur le portail nord de la façade occidentale de la cathédrale de Reims. Cette statue date d'environ 1240. Endommagée lors de la Première Guerre mondiale, elle était devenue le symbole du patrimoine culturel français détruit par l'ennemi. Elle a été restaurée et remise en place en 1926.

230
MISTINGUETT INCARNAIT MON PATRIOTISME *

Notre petit groupe d'élèves [a] adorait Mistinguett [195], princesse de l'Eldo [196], et allait l'attendre à la porte de la sortie des artistes Faubourg Saint-Martin [197].

À vrai dire, nos amours s'étaient réduites à l'échelle de nos moyens. Le numéro un du programme, Jeanne Reynette [198], faisait mes délices. Si le collège classait comme un programme, j'aurais toujours eu les honneurs de la vedette américaine. Hélas ! de même que j'étais le dernier en classe, Reynette était la première du tour de chant, et cette particularité nous rendait dignes l'un de l'autre. Elle portait la bouillonnante jupe courte, une badine, des chaussettes, des genoux moins nobles, mais aussi cabossés que ceux de Dargelos [199], et une gentillesse qui la poussait à rire de ses fausses notes. Ce rire amusait le public et lui valait de la sympathie. « Qu'est-elle devenue ? » me demanderez-vous. Je puis vous le dire. Un jour, l'ex-ambassadeur d'Espagne m'étonna en me décrivant notre avant-scène. Il tenait ces détails de Reynette, devenue riche et dame patronnesse de Montevideo [200].

Je passe les compagnes de mes camarades. Angèle Moreau, opulente gigolette à foulard rouge, et Mary Hett [201], aux cils barbelés, à l'ombre de moustache, aux mouches mutines. J'en arrive à l'étoile du lieu. Dranem venait de chanter : *Ah ! les p'tits pois, les p'tits pois, les p'tits pois* et *Pétronille tu sens la menthe*, l'œil sur la joue et le chapeau sur l'œil [202]. L'orchestre attaquait la *matchiche* et, sous la grêle de nos bouquets, le poing sur la hanche, le sombrero en bataille, le châle espagnol drapé autour de sa jupe de gommeuse, Mistinguett faisait son entrée [203]. Après la *matchiche* et la *Femme torpille, pille, pille – Qui se tortille, tille, tille* [204], elle quittait la scène sous une nouvelle salve de

---

* « Mistinguett incarnait mon patriotisme », *Arts-Spectacles*, n° 550, 11-17 janvier 1956, p. 1 et 4. Il s'agit en réalité d'une reprise avec variantes d'une partie du chapitre IX des *Portraits-Souvenir. 1900-1914* (Paris, Grasset, 1935, p. 127-133). Version choisie : celle de 1956 (*1956*), tout en indiquant les variantes avec l'ouvrage (*1935*).

195. Cocteau écrit ce texte à l'occasion du décès de Mistinguett survenu le 5 janvier 1956.

196. Comme Mistinguett se produit au café-concert de l'Eldorado de 1897 à 1907, ce témoignage remonte tout au plus à l'année 1907. Construit en 1858 au 4, boulevard de Strasbourg, l'Eldorado est la première grande salle luxueuse de café-concert qui accueille dans un premier temps la chanson, pour ensuite s'ouvrir à des spectacles de music-hall et de variétés.

197. C'est vraisemblablement en 1906 que Cocteau loue ensemble avec ses camarades de classe, Carlito Boulant et René Rocher, une loge d'avant-scène – la loge n° II – au café-concert de l'Eldorado pour assister au spectacle de Mistinguett. Pour un dessin de cette loge par Cocteau, voir *PS*, p. 124.

198. D'après la correspondance inédite conservée à la BHVP, Cocteau entretient une liaison avec la chanteuse Jeanne Reynette à partir de la mi-juin 1906. Pour un portrait de Jeanne Reynette sur scène par Cocteau, voir *PS*, p. 128.

199. Dargelos, camarade de classe de Cocteau pour lequel il ressent ses premières attirances homosexuelles.

200. Nombre de chanteuses et d'actrices du music-hall du début du XXe siècle sont des demi-mondaines entretenues par des hommes en vue. La plupart se reconvertissent par la suite dans des activités plus nobles.

201. Angèle Moreau et Mary Hett, chanteuses réalistes à l'Eldorado durant la saison 1906.

202. *Ah ! les p'tits pois* et *Pétronille tu sens la menthe* comptent en effet parmi les grands succès de Dranem. Pour son portrait par Cocteau, voir illustration 97.

203. Pour le dessin de Cocteau représentant Mistinguett dansant la *matchiche*, voir illustration 98.

204. La chanson *Femme torpille, pille, pille – Qui se tortille, tille, tille*, popularisée en 1902 par la chanteuse Polaire, pseudonyme d'Émilie Marie Bouchaud (1874-1939). Chanson remise à l'honneur par l'actrice française Audrey Tautou qui l'interprète dans le film d'Anne Fontaine *Coco avant Chanel* (2009).

97. « Dranem », dans Jean Cocteau, *Portraits-souvenir*, Paris, Grasset, 1935.

98. « Mistinguett danse la Matchiche », dans Jean Cocteau, *Portraits-souvenir*, Paris, Grasset, 1935.

bouquets. Alors commençaient les épouvantes et les courtes pailles pour savoir lequel de nous irait lui rendre visite, affronterait le concierge des coulisses, au fond d'une impasse de crime. Les rendez-vous avec nos « tours de chant » avaient lieu à la taverne Pschorr [205]. Mais aucune réalité amoureuse n'égalait le conciliabule d'une minute, près de la loge du concierge, avec notre étoile, croisant sur sa poitrine un peignoir à fleurs et nous offrant la surprise des *bicyclettes*, maquillage qu'elle employait et qui consistait [b] à dessiner les rayons bleus d'une roue imitant l'ombre des cils, entre l'arcade sourcilière et le bord de l'œil.

Bien des années après, chez son fils, mon très cher ami Léopold [206], je regardais l'album de famille. On y voit d'abord presque une paysanne sans âge qui berce un bébé. « Ma mère », me dit Léopold. Puis à chaque photo, la paysanne rajeunit et gagne la course. L'album se présente à rebours de nos albums bourgeois ; car sa mère, de plus en plus jeune, de plus en plus élégante, perfectionne la figure célèbre de Mistinguett, sa grande bouche joyeuse, ses yeux d'animal qui ne sait pas sourire, ses boucles châtain et ses jambes de soie [c].

Il existe plusieurs patriotismes. J'essaie de me durcir l'épiderme que nous avons tous sensible aux marches militaires, mais pourquoi durcirai-je la peau profonde qui me rendrait la voix de Mistinguett intolérable en exil et me la fait écouter comme l'Écossais la cornemuse, l'Espagnol les castagnettes, le Polonais le piano. Soit qu'elle chantât [d] ses complaintes d'enfant pauvre debout près d'un gros chien, à la manière des jeunes infantes [e] de Vélasquez, soit qu'elle expliquât [f] à la salle : « On dit que j'ai la voix qui traîne – Quand je chant' mes rengaines [207] – C'est vrai. » Les larmes me montaient [g] à entendre cette voix mise de longue date à l'école des cris de la rue et des marchandes de journaux, cette voix pour se plaindre, cette voix qui est un autre regard de cette figure construite par les taloches.

À l'entracte [208], j'emmenai dans sa loge une des plus belles jeunes femmes de notre époque. À peine les présentations faites et la jeune femme assise, il se produisit ce phénomène : la beauté, la jeunesse, éteintes par cette femme qui tout à l'heure rentrera dans un décor de neige, en longue robe feu, éclipsant les gigolos fort jeunes qui l'escortent. « Allons, me dira [h] une lectrice, vous parlez de Mistinguett comme de la Duse. Quel rôle peut-elle vous jouer ? Quel dramaturge est-elle capable de servir ? Quelles sont ses héroïnes ? » Je ne sais pas. Elle s'incarnait [i] elle-même. Elle exprimait [j] le meilleur de ma ville. Elle flattait [k] le patriotisme dont je n'ai pas honte. Je respectais [l], en outre, cet acharnement à scintiller, de cette lumière si longue à parvenir aux hommes et qui est le propre des étoiles.

Variantes

a. Notre [bande *1935* ; petit groupe d'élèves *1956*] adorait Mistinguett [...]

205. La taverne Pschorr est située au 2, boulevard de Strasbourg, à Paris, à deux pas de l'Eldorado. À la déclaration de guerre en 1914, elle est détruite par la foule en raison de la nationalité allemande de son propriétaire.

206. Il s'agit de Léopold Bourgeois.

207. Couplets de la chanson *C'est vrai*, paroles d'Albert Willemetz et musique de Casimir Oberfeld, interprétée par Mistinguett dans la revue *Folies en folie* aux Folies-Bergère en 1933.

208. Dans un autre texte, Cocteau précise qu'il s'agit d'un entracte au Casino de Paris, où Mistinguett a chanté de 1918 à 1925 (voir l'épilogue de 1956, texte 39, *variante q*).

b. [...] maquillage qu'elle [emploie encore aujourd'hui et qui consiste *1935*; employait et qui consistait *1956*] à dessiner les rayons bleus d'une roue [...]
c. *Le paragraphe suivant est présent en 1935 et supprimé en 1956* : Dernièrement, Mistinguett m'avait fait téléphoner par sa gentille belle-sœur qu'elle serait contente si je venais voir sa revue. Elle m'avait réservé, aux Folies-Bergère [209], l'avant-scène correspondante à l'avant-scène n°II. C'est donc sous l'angle de ma jeunesse que je la vis émerger d'une forêt de plumes d'autruche, toute simple, en costume tailleur, sans bijoux, avancer jusqu'au public, dépasser la rampe et, là, promenant son regard sur toutes les places, chanter les couplets de Willemetz : *Oui. C'est moi, me voilà, je m'ramène* [210].
d. Soit qu'elle [chante *1935*; chantât *1956*] ses complaintes d'enfant pauvre [...]
e. [...] à la manière des jeunes [seigneurs *1935*; infantes *1956*] de Vélasquez [...]
f. [...] soit qu'elle [explique *1935*; expliquât *1956*] à la salle [...]
g. Les larmes me [montent *1935*; montaient *1956*] à entendre cette voix [...]
h. « Allons, me [dit *1935*; dira *1956*] une lectrice [...]
i. Elle [s'incarne *1935*; s'incarnait *1956*] elle-même.
j. Elle [exprime *1935*; exprimait *1956*] le meilleur de ma ville.
k. Elle [flatte *1935*; flattait *1956*] le patriotisme dont je n'ai pas honte.
l. Je [respecte *1935*; respectais *1956*], en outre, cet acharnement à scintiller [...]

231

Adieu à une étoile *

L'importance accordée par la presse, malgré le considérable malaise politique [211], à la mort de Mme Mistinguett vient de ce que notre époque, éprise d'intellectualisme, constate nostalgiquement la ruine d'un règne de forces animales. La mort d'une Yvonne de Bray, d'une Mistinguett représente la chute des dernières cariatides du temple.

Chez ces cariatides, la tête ne servait guère qu'à soutenir l'édifice. Cœur et entrailles se chargeaient du reste.

Incapable d'employer, en ce qui concerne Mme Mistinguett, le mot talent, il me faudra bien recourir au mot génie, dans le sens où l'employait Stendhal, écrivant, par exemple, qu'une femme descendait de sa calèche avec génie [212], et dire que l'actrice

209. Après l'Eldorado qu'elle quitte en 1907, Mistinguett se produit dans d'autres lieux de divertissements, tels que Le Moulin rouge, les Folies Bergères ou le Casino de Paris. Elle tourne aussi dans une quarantaine de films. Cocteau évoque sa rentrée triomphale aux Folies Bergère en 1933 dans la revue *Folies en folie*.

210. *Oui. C'est moi, me voilà, je m'ramène*, chanson de Casimir Oberfeld sur des paroles d'Albert Willemetz chantée par Mistinguett dans les années 1920.

* « Adieu à une étoile », *Le Figaro littéraire*, n° 508, 14 janvier 1956; texte repris, sous le titre « Adieu à Mistinguett », dans *Jean Cocteau dit adieu à une étoile* (Liège, Éditions Dynamo, collection « Brimborions » n° 38, 1956). Manuscrit et dactylogramme conservés à la BHVP. Version choisie : celle du périodique (*1956*) qui respecte la disposition originale du texte, tout en signalant les variantes significatives du dactylogramme (*dact.*).

211. Aux élections législatives du 2 janvier 1956, le front républicain des radicaux (le SFIO) remporte la victoire, ce qui provoque le recul des républicains sociaux (le RPF) et la chute du gouvernement d'Edgar Faure le 24 janvier.

212. Nous n'avons pu retrouver l'origine de cette allusion ou de cette citation dans l'œuvre de Stendhal.

mettait à évoluer sur les planches du music-hall cette grâce fabuleuse des blanches cavales empanachées d'un cirque lorsqu'elles se cabrent ou exécutent le pas espagnol.

Il est probable que trop de talent épointe le génie. Voltaire[213], dans son discours académique, va jusqu'à craindre qu'une France trop discutante et instruite d'elle-même devienne inapte à pousser des pointes, à produire des individus exceptionnels.

Mme Mistinguett symbolise une grande race défunte, race animale, que j'aimerais surprendre murmurant, comme j'imagine que se le chuchotent les plantes entre elles : « *Je ne pense pas, donc je suis.* »

Chez cette race, le penser n'entrave point l'agir. L'agir se forme d'un bloc sans paille et sans contrôle, d'un élan que rien ne freine.

Ignorant le ridicule, cette race oppose une innocence presque sauvage aux problèmes qui nous embrouillent. Elle marche nue, dirai-je. Rien ne l'arrête au bord d'une zone excessive, où le bon goût ni le mauvais goût ne s'exercent.

C'est ainsi que Mme Sarah Bernhardt ne faisait pas grande différence entre le rôle de Théodora et celui de Phèdre[214], que Mlle Clairon[215] trouve [*sic*] Hermione et Bérénice[216] peu de chose pour une tragédienne à côté de Mérope[217], et que nous vîmes Mounet-Sully[218] ou Édouard de Max perdre le public et le reprendre, le braver avec la folle audace des matadors.

Il ne faudrait pas croire pour cela que la mystérieuse méthode des monstres sacrés méprisait le travail et ne vivait que de chances.

Mme Lucienne Bogaert[219], inoubliable créatrice du Sphinx, de *La Machine infernale*, se rappellera peut-être que je lui faisais sans cesse entendre, dans la loge de Jouvet[220], un disque de Mistinguett. « Écoute, lui disais-je, comme elle articule. »

Dans la suite, un jour que j'interrogeais Mme Mistinguett sur cette science d'articuler, elle me répondit que le public du music-hall s'estimerait volé s'il perdait une seule syllabe.

---

213. Il s'agit du discours de réception intitulé *Des effets de la poésie sur le génie des langues* que Voltaire prononce à l'Académie française le 9 mai 1746.

214. *Théodora*, drame en cinq actes et sept tableaux de Victorien Sardou et une musique de scène de Jules Massenet, est créé par Sarah Bernhardt au Théâtre de la Porte-Saint-Martin le 26 décembre 1884. En 1893, Sarah Bernhardt joue le rôle de *Phèdre*, tragédie en cinq actes de Jean Racine (1677), dans lequel elle excelle.

215. Mademoiselle Clairon, pseudonyme de Claire-Josèphe-Hippolyte Léris de La Tude Clairon (1723-1803), sociétaire de la Comédie-Française (1743-1766), est l'une des plus célèbres tragédiennes françaises du XVIIIe siècle. Elle était également l'interprète favorite de Voltaire. Elle fait ses débuts en 1743 dans le rôle de Phèdre.

216. Hermione et Bérénice sont des personnages de Racine, l'une dans *Andromaque* (1667), l'autre dans *Bérénice* (1670).

217. *Mérope*, tragédie en cinq actes et en vers de Voltaire, est créée à la Comédie-Française le 20 février 1743.

218. Mounet-Sully, né Jean Sully Mounet (1841-1916), est l'un des tragédiens les plus renommés de son époque. Entré à la Comédie-Française en 1872, il y joue tous les grands rôles du répertoire.

219. Lucienne Bogaert (1892-1983), actrice de théâtre et de cinéma, interprète, entre autres, le rôle du Sphinx à la création de *La Machine infernale* au Théâtre Louis Jouvet (Comédie des Champs-Élysées) le 10 avril 1934 et le rôle de la mère d'Agnès dans *Les Dames du bois de Boulogne*, film réalisé par Robert Bresson à partir de dialogues de Cocteau et sorti en salle en 1945.

220. Louis Jouvet (1887-1951), comédien, metteur en scène, scénographe et acteur de cinéma est l'un des plus grands hommes de spectacle de la première moitié du XXe siècle.

C'est à cette haute école de savoir-vivre du théâtre que j'ai appris à me méfier de la prudence, à continuer, coûte que coûte, mon chemin de somnambule au bord des toits. C'est à m'en entendre parler que Jean Marais [221], dans *Les Parents terribles*, osa vaincre cette réserve que la jeunesse tenait d'une obéissance passive aux règles sacro-saintes du cinématographe.

Comprenons-nous. M [me] Mistinguett n'est pas la Duse [222], bien entendu. Mais, s'il est facile de moquer vite, il est moins facile d'admirer d'un seul coup, et sans honte [a]. Je me vante d'être un adepte de cette seconde méthode, ma paresse y trouve son compte. Rien de plus simple que cette difficulté-là.

Nul n'ignore que M [me] Mistinguett, outre deux bas de soie sur des jambes parfaites, en cachait un autre, de laine. Elle était la première à rire (les couplets d'Albert Willemetz [223] en témoignent) de ce défaut balzacien. Mais on ignore sa fortune secrète qu'elle distribua à son fils Léopold, le jour de sa naissance, sous forme d'une âme haute, savante, modeste, incomparable.

Oui, Léopold, cette cariatide qui s'écroule était ta mère. Et c'est bien un mélange d'amour et de rêve qui me transcende le nom frivole qu'elle porte, nom d'une parente de Miss Helyett [224], qui devint miss comme Patachou [225] deviendra lady pour rendre *Mon homme* classique [226].

Cet écroulement soulève dans nos mémoires un nuage fait de paillettes, de poudre d'or, et de la poussière du vieil Eldorado.

Dranem, *M. Dédé* [227], le chef d'orchestre nègre, Max Dearly [228], Maurice Chevalier, les Folies-Bergère, le Moulin-Rouge, le Casino de Paris, les panaches et une jeune grand-mère qui éclipse les girls de son escorte, certaine de charmer davantage par l'imperfection de son type que ces filles par la perfection du leur.

---

221. Jean Marais (1913-1998), acteur de théâtre et de cinéma, devient le compagnon de Cocteau à partir de 1937 et restera son ami jusqu'à son décès en 1963. Cocteau crée pour lui de nombreuses pièces : entre autres, *Les Chevaliers de la table ronde* (1937), *Les Parents terribles* (1938) et *L'Aigle à deux têtes* (1946), ces dernières toutes les deux également portées à l'écran, et tourne avec lui deux grands classiques du cinéma : *L'Éternel retour* (1943) et *La Belle et la Bête* (1945-1946).

222. Eleonora Duse (1858-1924), comédienne italienne qui remporta un succès immense en Italie comme en France.

223. Pour Albert Willemetz (1887-1964), auteur de chansons – dont *Mon Homme* – de revues et d'opérettes – dont *Dédé* (voir note 227 ci-après).

224. Allusion à l'un des premiers pseudonymes de Mistinguett, Miss Helyett, d'après *Miss Helyett*, opérette en trois actes composée par Edmond Audran sur un livret de Maxime Boucheron et créée au Théâtre des Bouffes-Parisiens le 12 novembre 1890.

225. Patachou, pseudonyme d'Henriette Ragon (1918-2015) débute dans la chanson en 1948 lorsqu'elle reprend la direction du cabaret-restaurant Patachou à Montmartre. Elle interprétera, entre autres, les chansons de Georges Brassens qui fera ses débuts chez elle et deviendra l'ambassadrice de la chanson française à l'étranger durant les années 1960 et 1970.

226. *Mon homme* (paroles d'Albert Willemetz et Jacques Charles ; musique de Maurice Yvain), chanson interprétée par Mistinguett dans la revue *Paris qui jazz* au Casino de Paris en 1920 et que Patachou vient de reprendre dans sa tournée de l'Olympia en 1955.

227. *Dédé*, opérette en trois actes d'Albert Willemetz, musique de Henri Christiné, créée au Théâtre des Bouffes-Parisiens le 10 novembre 1921.

228. Max Dearly, pseudonyme de Lucien Paul Marie-Joseph Rolland (1874-1943), interprète de vaudevilles et de revues, acteur de théâtre et de cinéma.

J'écoute d'abord la voix, mise à l'école du vitrier, du rempailleur de chaises, de la marchande de quatre-saisons. Voix qui chante faux et bouleverse [b], voix qui flâne, voix de nos rues, voix des enfants du paradis, voix que j'entendais sortir de toutes les fenêtres ouvertes, aux Indes, au Japon et en Chine, et qui réveillait en moi un étrange patriotisme.

« Oui, c'est moi, me voilà, je m'ramène... » [229]. J'éprouvais, il me semble, ce qu'éprouveraient, loin de chez eux, un Écossais en écoutant la cornemuse, un gitan, le flamenco.

Cette voix s'incarne. Elle nous montre la figure des gosses pauvres, prise, dirait-on, dans une rafale de gifles. Et suivent des images en couleurs : un drôle de Vélasquez : une infante des berges de la Seine auprès d'un gros chien. Un drôle de Winterhalter [230] : une dame du second Empire manœuvrant comme un décor sa vaste crinoline et son ombrelle minuscule. Un drôle de Lautrec : entre un bec de gaz et une poubelle,

Son mouchoir rouge autour du cou
La pâle amoureuse des coups... [231]

Le vent de l'actualité balaie sa propre estrade. Reste ce qui se protégeait du vent. N'est-il point remarquable que ces images, que cette voix, qui furent l'actualité même, lui survivent? Le phénomène résulte d'un double jeu dont Charlie Chaplin reste l'exemple. Son moindre geste s'adresse à droite, à gauche, au milieu, en bas et en haut.

Le miracle de Mme Mistinguett, qui en était un, en quelque sorte, mais ne prétendait point en faire, sera de laisser une longue traîne phosphorescente alors que des personnes qui s'en jugeaient plus dignes ne laissent derrière elles que de la nuit.

Hélas, depuis quelque temps, le navire se vide, où nous fîmes la route ensemble. Je ne compte plus les membres de l'équipage tombés à la mer.

Rendre les honneurs est une règle pour ceux qui restent. J'en sais quelque chose, et j'en arrive à me demander si, après ma mort, on ne me demandera pas d'écrire ma propre oraison funèbre. Mais, cette fois, outre le pavillon en berne saluant Mme Mistinguett, je déborde les pouvoirs qui me sont conférés, et je lui exprime notre gratitude profonde d'avoir, au même titre que La Goulue, Jane Avril, Casque d'Or et Grille d'Égout [232], continué la chaîne d'une manière de poésie dont je souhaite à la France de ne jamais perdre les prérogatives.

Variante

a. [...] il est moins facile d'admirer d'un seul coup, et sans [analyse *dact.* ; honte *1956*].

b. Voix qui chante faux et [dit juste *dact.* ; bouleverse *1956*], voix qui flâne [...]

229. Il s'agit de l'incipit de la chanson *C'est vrai* (voir note 207 du texte 230).

230. Franz Xaver Winterhalter (1805-1873), peintre allemand installé à Paris et portraitiste attitré des souverains européens du milieu du XIXe siècle.

231. Nous n'avons pu identifier l'origine de ce couplet.

232. Pour La Goulue, Jane Avril, Casque d'Or et Grille d'Égout, voir note 320 du texte 44.

232
LA GRANDE CHANCE DE MOZART *

L'intelligentsia de notre époque, malade d'intellectualisme, dans le sens péjoratif du terme, se partage en deux groupes. L'un trouve Mozart *divin*, l'autre *insupportable*. Aujourd'hui, tout est aux extrêmes. C'est le signe des époques plates. Jamais le cri de Nietzsche « Malheur à moi, je suis nuance »[233] ne nous a semblé correspondre mieux à ce phantasme qui fait croire à la faiblesse qu'elle est forte, que les nuances sont bonnes pour les esthètes, relèvent du dilettantisme, tandis que noir et blanc, haut et bas, gauche et droite, ignoble et sublime, prouvent une poigne solide et qui n'hésite pas. L'adversaire « déguste », « dérouille », on « l'assaisonne », on le laisse « K.O. ». La preuve est faite par les durs, d'une supériorité qui n'admet aucune discussion, aucune analyse, aucune étude.

En outre, il apparaît qu'une époque démagogique, attentive à se désindividualiser envisage instinctivement une certaine forme assez mystérieuse du génie comme un privilège, une injustice inadmissible et même une manière de maladie honteuse dont bientôt un alcaloïde tiré de l'ergot du seigle délivrera les pauvres créatures qui en sont atteintes.

Passe encore si le génie affecte une forme apte à être enseignée ou apprise, une ressemblance avec les formules du tableau noir, bref s'il échappe à l'horrible crime de l'exceptionnel.

La musique se peut admettre sous cet angle. C'est à savoir si elle ne relève d'aucun centre émotif, ne s'adresse pas traîtreusement au cœur et arrive à résoudre ses problèmes, la main et la tête froides, sans que ses calculs prétendent se métamorphoser en sortilèges.

Tout en demeurant un peu suspect, J.-S. Bach risque de trouver grâce aux côtés de Schoenberg et de Berg[234], dans un milieu qui parle de jazz comme de l'algèbre et se révolte dès que le saxophone, la trompette, la flûte, semblent vouloir prendre le large et se laisser séduire par le charme dont les ridicules menacent l'âme la moins molle et complotent notre perte au même titre que la magicienne Armide[235] entraînant les purs chevaliers dans le mensonge de ses jardins.

---

* « La Grande chance de Mozart », *Arts-spectacles*, n° 552, 25-31 janvier 1956, p. 1 et 8. Le manuscrit (5 ff.) conservé à la BHVP porte un autre titre : « Mozart et l'intelligentsia » et n'est pas de la main de Cocteau, hormis l'indication du lieu et de la date de rédaction : « Milly 15 janvier 1956 ».

233. Formule extraite de la citation suivante de Nietzsche : « Je ne saurais tolérer le voisinage de cette race [la race allemande] qui ne possède aucun doigté pour la nuance — malheur à moi, je suis nuance ! de cette race qui ne possède aucun esprit dans les pieds et qui ne sait même pas marcher… ». Voir « *Ecce Homo.* Comment on devient ce qu'on est », traduction par Henri Albert, *Le Mercure de France*, novembre 1908-janvier 1909, p. 254.

234. À partir des années 1950, les théories d'Arnold Schoenberg et d'Alban Berg trouvent des adeptes parmi les compositeurs français que l'on nomme aussi les « post-weberniens ». Voir note 113 du texte 197.

235. Armide, personnage imaginé par Le Tasse dans sa *Jérusalem délivrée* (1580), tombe amoureuse de son ennemi et tente de l'attirer à elle par divers sortilèges. Source d'inspiration de nombreux compositeurs (entre autres, Jean-Baptiste Lully, Christoph Willibald Gluck, Friedrich Haendel, Joseph Haydn et

99. Mozart, s.d., collection privée.

PRENEZ GARDE À LA PEINTURE est une pancarte inopérante en comparaison de la pancarte PRENEZ GARDE À LA MUSIQUE, personne de raisonnable n'osant encore avouer ses doutes en face du dogme de l'église dont Picasso serait le pape (le Borgia) et dont les peintres maudits, Van Gogh en tête, furent les premiers martyrs.

Malheur au jeune peintre dont la force s'exprimera par un charme et qui devra subir la malédiction de plaire à ceux qui estiment qu'il importe de déplaire et qui poussent la modestie jusqu'à suspecter ce qui leur plaît.

Mais en musique, les choses ne suivent pas la même pente. La musique est sournoise. Elle pénètre l'âme par des fentes qu'on n'aperçoit pas. Elle traverse, semble-t-il, des cloisons étanches et je me demande si de farouches adeptes du jazz guettant d'une longue oreille la moindre note qui trahirait la cause, s'évaderait des règles et chercherait les routes du cœur, je me demande, dis-je, si certains prêtres du culte ne trahissent pas eux-mêmes et ne se complaisent pas secrètement à quitter leur cave pour écouter romances et complaintes naïves à quoi paraissent revenir nos chansonniers dans d'autres caves fort voisines de la leur.

Gioachino Rossini) et peintres (entre autres Nicolas Poussin, François Boucher et Jean-Honoré Fragonard), Armide est également la protagoniste de la pièce de Cocteau *Renaud et Armide* (1943).

Bref, en ce qui concerne Mozart, son enchantement échappe peut-être au style cruel de notre époque, mais l'époque aura bien du mal à boucher tous les orifices par où cet enchantement pénètre et nous imprègne d'un poison délicieux.

Dans l'attitude anti-mozartienne, je reconnais les trompes d'une chasse à courre qui poursuivit Jean-Jacques jusqu'à sa mort[236].

Presque tout le mal qui désintègre une France discutante et qui s'ausculte sans cesse, refoulant sa grâce et ses désirs, nous vient des encyclopédistes et de ce Voltaire dont la foudre orphique évite les habits de soie[237].

Et ce soir où je sors d'une enveloppe à mon adresse la carte du Comité d'honneur de l'association française des amis de Mozart[238], je songe à ce Grimm[239] et à ses « grimaces », à ce complice de Diderot à la phrase du père de Mozart : « Je m'étonne d'être sans nouvelles de notre bon Monsieur Grimm. »

Tu parles ! Les jambes du jeune Mozart sont maintenant assez longues pour que ses pieds puissent atteindre les pédales. Ce n'est plus un vrai petit prodige, un singe sur un orgue. Il ne lui reste rien. Rien, *sauf le génie*. Et cela, ni le bon Monsieur Grimm, ni ses acolytes ne s'y attardent.

Peut-être, Jean-Jacques, l'écorché vif, devinerait-il... Mais on l'écarte des fêtes brillantes où les petits prodiges se produisent sous l'aile protectrice de Monsieur Grimm.

Et le drame continue. La sécheresse de Grimm préfigurant celle d'un monde où le public juge que ses intérêts dépassent de beaucoup ceux du spectacle qu'on lui présente. C'est sans doute pourquoi les spectateurs parisiens se lèvent presque avant la fin du spectacle et décampent comme s'ils avaient le diable à leurs trousses.

Et ce diable, ils l'ont effectivement à leurs trousses : c'est la sécheresse d'âme et la frivolité.

Mais hélas ! aujourd'hui, la frivolité se targue d'être grave et la sécheresse d'âme se flatte de n'être point dupe.

C'est ce qui vaut à Mozart cette chance que les intellectuels se détournent de lui, qu'il s'évade et se débarrasse d'eux comme Rimbaud fuyant au Harrar[240], le milieu qui maintenant le porte aux nues et cherche à cette fuite des raisons qui ne le mettent pas en cause.

C'est ce qui vaut à Mozart de ne plus hanter que les âmes libres, simples et hautes, dignes de son amitié prestigieuse.

---

236. Voir le texte sur Jean-Jacques Rousseau publié dans *La Revue de Paris* en décembre 1938 - janvier 1939 – texte repris dans *PC I* (p 273-332) –, où Cocteau dénonce le même type d'hostilité intellectuelle de la part de Diderot et du baron Grimm envers le philosophe.

237. Cette évocation de Voltaire est également présente et développée plus amplement dans le texte sur Rousseau (voir *ibid.*, p. 276).

238. En cette année 1956 qui correspond au bicentenaire de la naissance de Mozart, l'Association française des amis de Mozart célèbre également son vingt-cinquième anniversaire.

239. Le baron Friedrich Melchior Grimm (1723-1807), personnalité allemande en vue à Paris, correspondant avec Diderot et Rousseau, protecteur de la famille Mozart lors de leur tournée à Paris en 1763-1764. Allusion est faite toutefois aux intrigues sournoises du baron ayant conduit Mozart, qui était revenu tenter sa chance à Paris en 1778, à quitter la capitale française en septembre de la même année. Les allusions au « bon monsieur Grimm » qui suivent prennent ici une tournure ironique.

240. En quête d'horizons nouveaux, Arthur Rimbaud (1854-1891) effectue un séjour au Harrar – ou Harar, région d'Éthiopie – de novembre 1880 à décembre 1885, au service de la maison commerciale Bardey. L'offensive anglo-égyptienne au Soudan l'oblige à fuir la région.

233
NIJINSKY *

Nijinsky était un poids lourd. Un monstre. Lourd et boudeur, avec une tête de mule et des semelles de plomb qu'il laissait toujours traîner en avant ou en arrière sur le trottoir des villes, car il ne supportait la compagnie de presque personne. Son prodige était d'arracher ce poids de la terre avec une gravité de yogi.

Vaslav Nijinsky ne dansait pas, il officiait et lévitait. Il arrivait par sa prière, par sa certitude d'être d'une essence divine, à ne plus obéir aux lois qui nous attachent au sol. Son esthétique était enfantine. Elle ressemblait à la découverte du monde par un jeune sauvage. Il se transcendait à cause d'une merveilleuse folie contre laquelle ont lutté sans le savoir toutes les personnes qui le souhaitaient normal et voulurent lui rendre service.

234
PRÉFACE [RESPIGHI] **

C'est sans doute la première fois qu'un préfacier aura l'impudence de faire à un public de musicographes l'aveu qui va suivre. Mais je pense, puisque Gilbert Chapallaz [241] me demande une préface, qu'il est honnête de ne pas prendre cet air grave que je déteste et qui, pour Nietzsche, était le signe certain de la sottise.

Lorsque j'ai eu l'idée de mettre en œuvre le synchronisme accidentel [242] que j'oppose au pléonasme d'une musique d'accompagnement collant trop à la roue, je substituai à des disques de jazz, grâce auxquels j'avais fait répéter mes artistes (Babilée et sa femme [243]), la *Passacaille* de J.-S. Bach – orchestrée par Respighi, me déclara le chef d'orchestre, et, de cette minute Respighi devint dans ma tête inculte, un contemporain de Bach, une sorte de Vivaldi, capable d'étoffer les chiffres de la fugue sous son contrôle [244].

Nous réussîmes l'expérience, au point que personne n'accepta d'en admettre la méthode et je continuai naïvement à croire que l'œuvre de Respighi se situait vers 1740.

Ce n'est qu'en recevant le remarquable ouvrage de Chapallaz et la lettre où il sollicitait une aide (fort inutile du reste) que je compris avec honte, non seulement

---

* « Nijinsky », texte accompagné d'un portrait du danseur dans le programme du 26e Gala de l'Union des Artistes au Cirque d'hiver Bouglione, le 3 mars 1956.

** « Préface », dans Raffaele de Rensis, *Ottorino Respighi*, traduit et adapté par Gilbert Chapallaz, Sion, Gessler, 1957, p. 7.

241. Gilbert Chapallaz (1915-1991), écrivain et critique musical suisse, homme de théâtre et de spectacle.

242. Pour le procédé du « synchronisme accidentel » inventé par Cocteau, voir note 207 du texte 158.

243. Il s'agit du couple de danseurs Nathalie Philippart et Jean Babilée qui découvrent, lors de la répétition générale, la musique choisie par Girard, à savoir la *Passacaille et Fugue en do mineur* de J. B. Bach, dans une orchestration d'Ottorino Respighi (1879-1936).

244. Dans son journal, Cocteau ajoute au sujet de ce texte qu'« au moins il y aura ce sel d'un aveu comique dans cette préface que son ignorance risquait de rendre un peu trop fade ». Voir *PD V*, p. 95.

que l'auteur des *Fontaines de Rome*[245] et de tant d'ouvrages de premier ordre, que le collaborateur de la *Passacaille*, était mon contemporain, mais encore qu'il avait fallu une suite de hasards étranges pour que je ne le rencontrasse point avec Serge de Diaghilev dans les coulisses du Ballet Russe.

Et voilà pour l'aveu. Le reste va de soi. Vous n'aurez qu'à lire pour vous rendre compte du rôle d'un artiste dont la malchance fut que son talent se répandait sur trop de surface et n'était jamais résumé dans une de ces œuvres centrales autour desquelles il semble ensuite que le reste s'organise.

Œuvres dangereuses, maîtresses encombrantes, ogres illustres qui peuvent laisser entendre aux esprits de notre époque hâtive et distraite que Ravel ne fit qu'un *Boléro*, Stravinski que *Pétrouchka* et Debussy que *Pelléas et Mélisande.*

Respighi rayonne doucement par une foule d'œuvres dont pas une ne peut servir d'affiche à la porte, et peut-être bien des amoureux de la musique, sans le livre que ces lignes précèdent, eussent-ils placé Respighi dans cette brume phosphorescente et mystérieuse où tant de beautés se perdent.

Saint-Jean-Cap-Ferrat, le 6 avril 1956.

235

Festival du rêve… *

Rien de moins propre à être traduit dans le langage de la réalité que l'univers du rêve, et rien, mieux que l'univers du rêve n'est apte à nous conduire dans *un inconnu familier*, dans des circonstances que notre mémoire croit revivre bien qu'étrangères à nos habitudes, bref dans une sorte de sublime n'excluant pas le cocasse (lorsque, par exemple, une femme du peuple crie par sa fenêtre que J.S. Bach l'empêche de dormir).

C'est pourquoi le « rêve partagé » postule un phénomène impossible et c'est pourtant ce que M. Palmero[246] nous offre, après escalade d'une échelle double de marches qui débouchent sur une esplanade nocturne, entre des façades de palais, des parvis d'églises, des immeubles populaires, des buissons de candélabres, des massifs de chaises, pêle-mêle, comme sur une scène de théâtre où chavire le magnifique naufrage des changements de décors[247].

---

245. Le poème symphonique *Fontane di Roma* (*Fontaines de Rome*, 1916) constitue ensemble avec *Pini di roma* (*Pins de Rome*, 1924) et *Feste romane* (*Fêtes romaines*, 1928) un triptyque célébrant la ville éternelle.

* « Festival du rêve… », dans le programme du septième festival de musique de Menton, parvis Saint-Michel, 3-15 août 1956 – avec en couverture un dessin en couleur de Picasso –, et repris à l'identique dans le programme du neuvième Festival de musique de Menton, parvis Saint-Michel, 1er-13 août 1958 – avec en couverture un dessin en couleur de Cocteau.

246. Francis Palmero (1917-1985), maire de Menton de 1954 à 1977.

247. Décor et cadre très particuliers du Festival de musique de Menton que Cocteau découvre et décrit en détail lors de l'inauguration du septième Festival, le 4 août 1956. Voir *PD V*, p. 203-204. Cocteau réalisera d'ailleurs l'affiche du festival en 1956 (voir illustration 6 du cahier couleur).

Il n'existe nulle part ailleurs lieu plus dépaysé, plus insolite, plus suspendu dans le vide, que ce festival de Menton[248]. Il charme tous les orchestres du monde. Il nous les apporte avec l'aisance d'un dormeur variant ses spectacles, d'un génie des *Mille et Une Nuits* fournissant instantanément les richesses que le pauvre pêcheur lui demande.

Voilà les sortilèges d'un Opéra dont le lustre est d'étoiles, les loges de chambres, la rampe de lune et de torches, le silence, de cette longue rumeur des rues et des vagues…

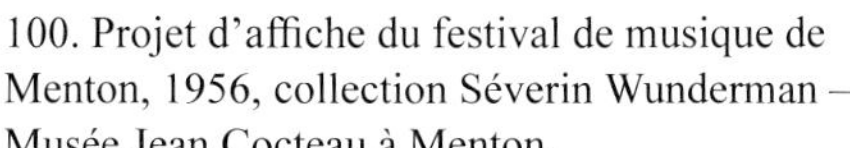

100. Projet d'affiche du festival de musique de Menton, 1956, collection Séverin Wunderman – Musée Jean Cocteau à Menton.

236

Salut à Marguerite Long * [249]

Je n'ai jamais vu le spectacle de cette grande pianiste en train de s'asseoir, de sortir d'un vaste manchon sa prestigieuse main droite, d'abandonner ce manchon comme un chien fidèle endormi par terre, d'organiser tout le cérémonial qui précède l'exercice de

248. Créé en 1949 par le chef d'orchestre André Böröcz, ce festival de musique est l'un des plus prestigieux de la côte d'Azur. Il se déroule chaque année sur le parvis de la basilique Saint-Michel, perchée au dessus de la mer et située dans la vieille ville.

* « Salut à Marguerite Long », document imprimé de provenance non identifiée conservé à la BHVP. Cocteau a pu écrire ce texte d'hommage à l'occasion des événements suivants : le 24 septembre 1957, alors âgée de 83 ans, Marguerite Long est nommée Commandeur des Arts et des Lettres ; le 7 février 1958, elle reçoit la Grande médaille de Vermeil de la Ville de Paris à l'Hôtel de Ville ; le 3 février 1959, elle participe au concert d'hommage fêtant le 25e anniversaire de l'Orchestre National au Théâtre des Champs-Élysées. Nous penchons toutefois en faveur du concert du 10 août 1956 où elle joue le *Quatuor en do mineur* de Fauré avec le Trio Pasquier. Dans une lettre datée du 6 août 1956 (conservée à la Médiathèque musicale Mahler, Fonds Marguerite Long), Cocteau lui écrit en effet qu'il espère être de retour du Liban pour assister au concert.

249. Marguerite Long (1874-1966), pianiste française de renommée internationale, amie de Gabriel Fauré, de Claude Debussy et de Maurice Ravel dont elle est l'interprète inconditionnelle. Ce dernier lui dédie son *Concerto en sol* (1932) qu'elle crée et fait connaître dans toutes les salles de concert en Europe. En collaboration avec le violoniste Jacques Thibaud, elle crée en 1943 le concours international Marguerite Long-Jacques Thibaud, encore actif aujourd'hui. Le 4 juin 1956, un concert d'hommage par l'Orchestre national placé sous la direction de Charles Münch lui est consacré au grand amphithéâtre de la Sorbonne, afin de fêter ses cinquante ans d'enseignement au Conservatoire national de Paris. Alors âgée de 82 ans, elle interprète à cette occasion la *Ballade* de Fauré. Le programme imprimé comprend un texte de Darius Milhaud qui souligne ses efforts pour diffuser la musique française de son époque.

son sacerdoce, sans l'assimiler confusément aux rites du torero et de la bête – la bête noire étant ici le piano avec lequel un véritable virtuose engage une lutte savante et même assimilable à quelque sacre.

Et cependant, jamais Marguerite Long ne profite de la bête sombre pour ses jeux de cape, mais, pareille aux toreros de l'ancien régime, la mise à mort, c'est-à-dire la frappe des notes de l'accord final, joue le premier rôle, contrairement au style désinvolte de certains virtuoses qui se servent de la musique au lieu de la servir.

Voilà Marguerite Long : une prêtresse. Une servante du dieu. Et c'est sous ce signe que je la salue.

Jean Cocteau

237

À BIG MIKE * [250]

Vienne est parcourue de valses comme de courants d'air mystérieux où des fantômes enlacés tourbillonnent avec les feuilles mortes dans le silence nocturne.

Car le silence de Vienne est encore une valse de Strauss et je suppose que le moindre passant se chante une valse de Strauss et que ces grandes valses joyeuses nous émeuvent parce qu'elles ont ramassé en chemin tous les drames d'une ville d'amour, mais survolée par un aigle noir à deux têtes.

1956

* « À Big Mike », texte manuscrit et dessin reproduits en fac-similé au verso de la pochette du disque *Michel Legrand et sa grande formation. Week-end à Vienne*, 30 cm., 33 tours, Philips (B 07 093 L), [1956]. Manuscrit portant la date 1956 reproduit dans *Le Passé défini V. 1956-1957* (Paris, Gallimard, 2006, p. 813). Cocteau révèle avoir composé texte et dessin pour cette pochette le 7 février 1956 (*ibid.*, p. 44). Comme les disques pressés par Philips en France sont en partie distribués par Columbia aux États-Unis, Legrand est présenté sous le nom de « Big Mike » dès la sortie du premier disque intitulé *I love Paris*, tout comme dans les sept autres disques de la série qui suivront, dont *Week-end à Vienne*.

250. Michel Legrand (1932-), compositeur français de formation classique – il étudie avec Nadia Boulanger –, se tourne très tôt vers la musique de jazz, domaine dans lequel il excelle, pour réaliser des arrangements pour orchestre, notamment ceux de l'Américain de Dizzy Gillepsie. Dans les années 1950, tout en accompagnant diverses vedettes de la chanson comme Henri Salvador, Catherine Sauvage ou Maurice Chevalier, il mène une carrière de jazzman à la française. La Nouvelle Vague lui donne l'occasion de s'illustrer dans la musique de film, notamment avec *Les Parapluies de Cherbourg* (1964) et *Les Demoiselles de Rochefort* (1967) de Jacques Demy.

238
[CHRISTIAN CHEVALLIER] *

Christian Chevallier [251], prince du jazz français.
Son ami
Jean Cocteau

1956

101. « Christian Chevallier prince de jazz français », 1956, pochette de disque, Éditions Columbia.

* « [Sans titre] », dédicace manuscrite accompagnée d'un dessin reproduits en fac-similé sur la pochette du disque *Christian Chevallier et son grand orchestre : Fiction, Street in Saint-Germain, La Cienega, Crystal* (17 cm., 45 tours), mais imprimés, en rouge sur fond blanc, chez Columbia « Jazz stars series » (ES DF 1132), et en jaune sur fond noir, chez Trianon (4310, [1956]). Voir illustration ci-dessus.

251. Christian Chevallier (1930-2008), musicien français de jazz, joue au cabaret Le Tabou à la fin des années 1940. Il réalise des arrangements des *big bands* américains et reçoit plusieurs distinctions en 1956 : le prix Django Reinhardt, le prix de l'Académie Charles-Cros et le prix Stan Kenton. Il se consacrera par la suite aux arrangements musicaux de divers chanteurs français.

239

MARJANE *

Dans cette cohorte quotidienne des chanteuses qui forment la base de notre vie quotidienne et auxquelles le pick-up donne une popularité de chanteuses de rues fantômes, Marjane possède une place de premier ordre. Elle réussit ce tour de force d'être la voix qui a un regard, la voix qui a une bouche, la voix qui a des cheveux et des mains. La cantatrice invisible des contes d'Edgar Poe et de Jules Verne[252], c'est elle lorsque je la regarde sortir d'une boîte, poignante et chaude. Chantez, Marjane. Sortez du gramophone comme la fumée lourde, insinueuse, bleuâtre sort du cigare espagnol ! Chantez !

240

AUTOUR DE DIAGHILEV... **

Chinchilla. C'est ainsi que le surnommaient ses danseuses, parce que dans sa chevelure teinte en noir, il réservait une mèche blanche.

Du fond de sa loge, il surveillait le spectacle avec de petites jumelles de nacre, et mâchait sa bouche, une dent de jeune crocodile mise au bord de son sourire ou de sa grimace de rage lorsqu'un artiste de sa troupe se permettait de faire du charme.

Diaghilev était un mécène pauvre. Un grand seigneur en loques. Sa vieille pelisse d'opossum attachée par des épingles anglaises (des épingles de nounou, disait Bakst) et le Kodak de Nijinsky, allaient sans cesse au Mont-de-Piété. Il tapait de grandes dames, qui lui donnaient de petites sommes[253], et avec ces petites sommes, il entretenait une foire de Nijni-Novgorod[a 254].

---

* « Marjane », texte publicitaire dans le catalogue de firme des disques Véga, p. 38. Comme ce texte accompagne l'annonce de la parution d'un disque 33 tours de Léo Marjane (V 35 S. 731 / Standard / 25 cm.) contenant la *Chanson de Gervaise* (paroles de Raymond Queneau et musique de Georges Auric), il remonte tout au plus à l'année 1956, date à laquelle René Clément réalise le film *Gervaise* dont cette chanson est extraite. Le contrat obtenu avec la maison de disques Véga, à l'initiative de Jacqueline François, relancera momentanément la carrière de Marjane, mais sans grand lendemain.

252. Par « cantatrice invisible », Cocteau désigne certainement, dans *Le Château des Carpathes* de Jules Verne, le personnage de la Stilla, cantatrice décédée qui est ressuscitée à la faveur d'une projection audio-visuelle utopique à l'époque. Pour ce qui est de l'œuvre d'Edgar Allan Poe, nous ne pouvons qu'émettre une hypothèse : s'agit-il du chant évanescent, témoignant des derniers instants de la vie et provenant de la représentation idéelle de « Una » dans le « Colloque entre Monos et Una » extrait des *Nouvelles histoires extraordinaires* ?

** « Autour de Diaghilev... », dans Gilles Quéant (dir.), *L'Encyclopédie du théâtre contemporain*, Paris, Les Publications de France, 1957, vol. I : *1850-1914*, p. 154-155. Manuscrit (6 ff.) et dactylogramme (5 ff.) conservés à la BHVP. Version choisie : celle du dactylogramme, qui livre une version plus conforme au niveau du texte, de sa ponctuation et de sa structure d'origine, tout en indiquant en notes les variantes significatives du dactylogramme (*dact.*) et de l'édition originale (*1957*).

253. Toujours à court d'argent pour payer ses collaborateurs et ses fournisseurs, Diaghilev recourt constamment à l'aide de mécènes (pour la plupart des femmes aristocrates ou fortunées, telles que Misia Sert ou Coco Chanel), ou à des prêts sur objets déposés au Mont-de-piété.

254. Pour Nijni-Novgorod, voir note 204 du texte 157.

102. Serge de Diaghilev et Léon Bakst, s.d., collection privée

En arrivant à Paris, Diaghilev apporta une haute vague de couleurs et de discipline chorégraphique[255].

Au milieu d'une troupe d'un style impeccable, évoluait un grand ibis du ghetto juif : Madame Ida Rubinstein. Et soudain, de cet ensemble, s'envola un phénix : Nijinsky.

En haut des marches du *Pavillon d'Armide*, de profil, un poing sur la hanche, coiffé d'une minuscule toque à plumes d'autruche, son large cou cerclé d'émeraudes, Nijinsky l'emporta par sa seule présence d'animal sensuel sur ceux qui allaient devenir ses comparses.

Il ne faut pas avoir vécu avec ces Slaves pour dire que Diaghilev communiquait à Nijinsky et à Fokine[b] autre chose que de la rigueur. Diaghilev ne voyait rien que ses yeux ne constatassent. Tout projet lui demeurait énigme. Et lorsque la veille du spectacle, le rideau se levait sur un décor de Picasso, de Derain ou de Braque[256], il se retirait en hâte, comme certains hommes frustes après l'amour.

Il avait vu ce qu'il espérait ou craignait de voir. Il était sans cesse en lutte avec Nijinsky sur le terrain des audaces. Nijinsky possédait un régime de sportif et ne s'en écartait que pour vagabonder vers des recherches dont l'enfantillage se transformait, dans sa petite tête un peu folle, en une mystique, en des reliefs mille fois supérieurs à leur origine.

Diaghilev, assoiffé de neuf (snob dans le sens le plus noble du terme), ne savait rien par étude, mais sa baguette de sourcier s'inclinait vers les sources profondes. De ces sources il attendait qu'elles jaillissent et l'étonnassent. Le célèbre mot : « Étonne-moi » qu'il me dit, place de la Concorde, résume sa soif marcopolesque d'inconnu.

255. Les Ballets russes de Diaghilev innovent par des costumes aux couleurs chaudes et chatoyantes et par une chorégraphie révolutionnaire pour l'époque.

256. Pour la collaboration de Diaghilev avec les peintres d'avant-garde, voir note 233 du texte 88.

103. Serge de Diaghilev et Vaslav Nijinsky, s.d., dans Jean Cocteau, *Dessins*, Paris, Stock, 1923.

Pendant plusieurs semaines, il s'imagina que Nijinsky souffrait d'un torticolis. Nijinsky, la bouche bourrue, le front ridé, pensif, le menton touchant la poitrine, marchait entre le restaurant Larue et l'hôtel Crillon[257], sur les trottoirs nocturnes, à un mètre devant notre groupe.

Bakst m'interrogeait du coin de l'œil. C'était fort simple. Nijinsky préparait *L'Après-midi d'un faune*, il s'habituait au poids des cornes, à la pose agressive des boucs.

257. Le restaurant Larue, situé 27 rue Royale (Place de la Madeleine) et dirigé alors par le célèbre cuisinier Édouard Nignon, est l'un des meilleurs restaurants de la capitale française et le restera jusqu'en 1940. Quant à l'Hôtel de Crillon, situé 10 Place de la Concorde, il existe depuis le milieu du XVIIIe siècle et demeure actuellement l'un des plus luxueux hôtels de Paris. Diaghilev ne fréquentait que les grands restaurants et vivait en permanence dans les hôtels de grand standing.

Il est fou de dire que Diaghilev inspirait Nijinsky. Il craignait ses caprices. Longtemps, j'assistai à leur brouille, parce que Nijinsky refusait de supprimer la fin érotique du faune, qui soulage sa solitude sur le voile abandonné par la nymphe.

Dans une assez médiocre chorégraphie de *Jeux* [258], Serge de Diaghilev et Claude Debussy se serraient l'un contre l'autre dans l'ombre de la salle, de fort mauvaise humeur, à cause d'une stylisation décorative que Nijinsky prétendait opposer aux charmes impressionnistes.

Le *Sacre du Printemps* est, au départ, le parti pris chorégraphique d'un style par lequel Nijinsky voulait vaincre le classicisme de Petipa. Ce parti pris allait jusqu'à mettre les pieds en dedans [259], pour éviter les pieds en dehors des ballerines [c].

Je n'oublierai jamais les scènes qu'il faisait dans les coulisses, furieux des interminables rappels du *Spectre*, par un public qui sifflait le *Sacre* [260].

Diaghilev avait l'audace des peureux. Certes, il passa de ses peintres aux nôtres, employa futuristes et cubistes, et rêvait toujours de se mettre en pointe. Certes, il chercha les ennuis que nous lui fîmes avec *Parade*, mais lorsque se déclencha le scandale, il tremblait, croyant que le lustre du Châtelet venait de tomber dans la salle.

Ce qui n'empêchait pas sa noblesse de répondre à Hugo von Hoffmannsthal, lui déclarant après le succès de *Joseph* [261] : « J'aurais préféré un scandale. »– « Bien sûr, mais c'est moins commode. » Car il aimait la force, et la craignait, victime d'une nature où l'homme et la femme se mariaient et se disputaient [d] ensemble.

Diaghilev, avec l'huître portugaise de son bel œil oriental incliné derrière son monocle, regardait mourir un monde, et jetait les derniers feux d'une civilisation suprême, prise pour une décadence par les naïfs intellectuels qui allaient prendre sa place [e].

1956

Variantes

a. *Variante non retenue en dact.* : [...] il entretenait une troupe multicolore, une foire de Nijni-Novgorod.

b. [...] Diaghilev communiquait à Nijinsky [et à Fokine *supprimé en 1957*] autre chose que de la rigueur.

c. *Variante non retenue en dact.* : [...] les pieds en dehors des Sylphides.

d. [...] où l'homme et la femme se mariaient [et se disputaient *supprimé en 1957*] ensemble.

e. *Variante non retenue en dact.* : [...] les naïfs intellectuels qui allaient prendre la place, et profiter d'une coupe sombre entre deux guerres.

258. *Jeux*, poème dansé créé par les Ballets russes au Théâtre des Champs-Élysées le 15 mai 1913 sous la direction musicale de Pierre Monteux, un argument et une chorégraphie de Vaslav Nijinsky, une musique originale de Claude Debussy. Les décors et costumes sont signés Léon Bakst. Les interprètes sont Vaslav Nijinsky (le jeune homme), Tamara Karsavina et Ludmilla Schollar (les jeunes filles).

259. Dans certains ballets, notamment dans *Le Sacre du printemps*, les pieds des danseurs sont tournés vers l'intérieur, contrairement au ballet classique où les pieds tournés vers l'extérieur sont toujours prêts à monter en pointe.

260. Rappelons que la première du *Sacre du printemps* en 1913 provoqua un scandale sans précédent, non seulement par les rythmes violents de la musique de Stravinski, mais aussi par la chorégraphie rugueuse imitant les danses primitives.

261. Propos déjà rapportés par Cocteau dans texte 209.

241
[TRIBUNE MUSIC-HALL] *

Interview parue dans la rubrique « La tribune de music-hall » sous le titre « Face à la chanson Jean Cocteau » et accompagnée de trois chapeaux : « Caramel mou *le premier rock-and-roll a été composé en 1927. Il était signé Darius Milhaud et Jean Cocteau », « la chanson nous débarrasse de ceux qui s'imaginent être poètes » et « l'Académie française juge la chanson ».*

Il est onze heures trente du matin quand nous nous présentons à la maison de Jean Cocteau. Sa secrétaire-gouvernante-femme de chambre-garde du corps nous avoue que Jean Cocteau est au lit et qu'il ne pourra peut-être pas nous recevoir. Elle nous fait tout de même attendre dans une pièce où dessins, tableaux, ardoises, murs et livres se disputent la présence du célèbre homme orchestre [262].

Nous n'attendons d'ailleurs pas beaucoup. Nos conciliabules avec la secrétaire ont réveillé Jean Cocteau qui arrive pieds nus et dans une robe de chambre très simple.

– Bonjour… c'est pourquoi ?

– Pour l'interview sur la chanson.

– Ah oui, j'avais oublié. Je suis tout de même embêté, je suis « cracra » (traduisez je suis sale), je me lève du lit et je ne me suis pas encore débarbouillé. La chanson… attendez un petit moment tout de même, je me lave un petit peu (il sort et revient quelques minutes après).

*

– M. Jean Cocteau, vous que le cinéma, le théâtre, la peinture, la décoration et la poésie ont tenté, comment se fait-il que vous n'ayez pas écrit de chansons ?

– J'ignore tout du métier de parolier. J'ai écrit une chanson pour Piaf quand elle a joué avec Paul Meurisse *Le Bel Indifférent*. Quand la chanson a été éditée, je l'ai trouvée si ennuyeuse que je l'ai déchirée. C'est un art d'écrire de bonnes chansons.

– Quelles sont les chansons qui vous ont le plus intéressé ?

– De l'autre côté de la rue, *Tout va très bien, Madame la Marquise* et *Monsieur le Consul à Curityba* [263]. Ce sont de petits chefs-d'œuvre.

– Monsieur Cocteau, sans vouloir préjuger de la qualité de ces chansons, permettez-nous d'être étonnés de ce choix.

– La chanson doit donner l'impression d'être née toute seule. Une chanson doit être intelligente sans qu'on s'en aperçoive, sans qu'elle hurle : « Je suis une chanson intelligente »… Le parolier idéal est pour moi Charles Trenet. Il fait descendre la chanson dans la rue sans qu'elle se casse la figure en se jetant du troisième étage.

---

* « [Sans titre] », interview parue dans *Music Hall*, n° 24, janvier 1957, p. 38-39.

262. Qualification donnée à Cocteau en raison de ses multiples activités artistiques : poète, écrivain, homme de théâtre, metteur en scène, cinéaste, peintre, etc.

263. *De l'autre côté de la rue*, paroles et musique de Michel Emer, chanson interprétée par Édith Piaf. *Monsieur le Consul à Curityba*, paroles de Henry Lemarchand et Fernand Vimont, musique de Marc Heyral. Pour *Tout va très bien, Madame la Marquise*, voir note 139 du texte 120.

– De nombreux poètes écrivent aujourd'hui des chansons. Pensez-vous que la chanson soit le véhicule moderne des poètes ?

– La poésie est le contraire de ce qu'on appelle poétique. Dès qu'une chose est insolite ou singulière, on l'appelle poétique. La poésie étant un organisme très grave qui relève des nombres, une sorte d'oracle caché exigeant toutes les formes intérieures de l'individu, une solitude invisible, il serait étrange qu'une chanson qui doit courir de bouche en bouche appartienne à cette catégorie dramatique et prophétique de la littérature.

Quand je dis que je ne veux pas écrire une chanson, ce n'est pas que j'en méprise le genre, c'est au contraire parce qu'il brille si loin de moi que je me sens incapable de m'exprimer sous cette forme.

– Que pensez-vous du grand nombre de chansons que l'on écrit aujourd'hui ?

– Il y a un excès de chansons. Tout le monde fait des chansons et tout le monde les chante. Il n'y a plus de silence, toute chanson perd de sa rareté.

Lorsque j'ouvre ma radio et que le robinet coule, j'entends annoncer, comme célèbres, mille inconnus, et ces inconnus, à cause de cette erreur, risquent de rester inconnus… Ils finissent d'ailleurs par croire qu'ils sont célèbres. Tout cela fait partie d'une conspiration. La conspiration du bruit a remplacé la conspiration du silence.

– Appréciez-vous une chanson à sa première audition ?

– Le paradoxe avec la chanson, c'est qu'elle est belle seulement si elle a été souvent chantée. Il est arrivé à Trenet de me montrer une chanson qu'il venait d'écrire et de me demander si je la trouvais bonne. Je lui ai toujours répondu qu'il fallait que je la connaisse par cœur et que je l'entende siffler par les cyclistes et les badauds.

Toutes les malchances engendrent des chances. Aujourd'hui on chante toutes les vieilles chansons, parce qu'on n'en trouve plus… Quand une nation commence à être fatiguée, elle se retourne sur son passé…

– Que pensez-vous du rock-and-roll ?

– C'est une plaisanterie. D'ailleurs, avec Darius Milhaud, au temps des « Six », en 1917 nous avions écrit, il y a bien longtemps, un morceau plus rock-and-roll que ce que nous écoutons actuellement. Il s'appelait *Caramel mou* et au « Bœuf sur le toit »[264], alors que je prononçais des onomatopées, les gens donnaient l'impression d'avoir déjà écouté ça…

La chanson exige un génie mélodique et de la voix. La plupart des chansons sont des récitatifs et complaintes.

– Quel est l'intérêt de la chanson ?

– Elle nous débarrasse de ceux qui s'imaginent être des poètes. Il y a toujours trop de poètes. Je reçois 12 manuscrits par jour.

Je déteste la chanson prétentieuse, philosophique, qui s'imagine dire beaucoup de choses.

---

264. Cocteau utilise ici le terme « rock-and-roll » dans son sens premier, à savoir celui de fantaisiste et inhabituel, et non pour désigner le genre particulier de musique populaire qui apparaît à la fin des années 1950 aux États-Unis avec Elvis Presley comme figure de proue, puis durant la décennie suivante en France avec Johnny Hallyday.

Le flot qui l'apporta recule ensorcelé, dérouté par un type de monstre antitraditionnel, né d'un mariage entre ce qui s'explique : *le savoir*, et ce qui ne s'explique pas : *l'auréole*.

Variantes

a. *Autre titre biffé en dact.* : Bonne chance et plumes d'autruche.

b. *Variante en dact.* : [...] s'écartent et que cette écume émouvante accouche d'une petite Aphrodite [...]

243

Hommage à Charles-Ferdinand Ramuz *

Mon plus cher souvenir de Ramuz est un lent voyage, à la Goethe, que nous fîmes entre Corsier et Genève pour fêter son anniversaire [269]. En route nous avons mangé des fondues, et l'alcool étant moins inoffensif que le fromage, nous étions plus gais que nourris.

Au théâtre de Genève, on avait bourré la fosse d'orchestre avec les étudiants et mes chers Belletriens [270]. Sur la scène, pour la première fois, j'allais remplacer Élie Gagnebin [271] dans le rôle du Lecteur de l'*Histoire du soldat* [272].

Jamais je n'oublierai cette grande chaleur affectueuse qui déferlait autour de ma petite table comme une haute et lourde vague. Je me sentais porté par elle et Ramuz me confia dans la suite qu'il n'avait pas imaginé qu'on pût faire échec au Diable avec

* « Hommage à Charles-Ferdinand Ramuz », prononcé par Jean Cocteau lors d'une émission radiophonique pour Radio-Lausanne le 23 mai 1957 commémorant le dixième anniversaire de la mort du dramaturge (Archives de la Radio Suisse Romande). Texte établi par Pierre-Marie Héron (voir *Jean Cocteau et la radio*, p. 113-114) et complété par nos soins pour les annotations.

269. Durant l'été et l'automne 1934, Cocteau séjourne à Corsier-sur-Vevey (Suisse) chez Igor Markevitch. Accompagné de l'écrivain suisse Charles-Ferdinand Ramuz (1878-1947), il quitte le compositeur le 8 novembre pour aller travailler à Genève au spectacle associant, à partir du 15 novembre, l'*Histoire du Soldat*, pièce « lue, jouée et dansée » de Ramuz mise en musique par Igor Stravinski (voir la note 272 ci-après), et sa « complainte en trois actes » *Le Pauvre Matelot* mise en musique par Darius Milhaud (voir notes du texte 97), dont il assure pour la première fois la mise en scène.

270. Les Belletriens, nom donné aux membres de la Société de Belles-Lettres, est un cercle littéraire d'étudiants fondé en 1806. Au début du XXe siècle, ils animent des sections autonomes dans plusieurs universités suisses (Lausanne, Genève, Neuchâtel, Fribourg). Dans la *Revue de Belles-Lettres*, fondée en 1864, figurera souvent le nom de Cocteau. Le poète fera d'ailleurs l'objet d'un double numéro d'hommage en 1969.

271. Acteur attitré du rôle du Lecteur depuis la création du mimodrame, Élie Gagnebin (1891-1949) est professeur de paléontologie et de géologie à l'Université de Lausanne de 1933 à son décès. Très actif dans le milieu culturel de la Suisse romande, il donne également des conférences et livre surtout des critiques musicales.

272. *Histoire du soldat*, mimodrame composé par Igor Stravinski en 1917 à partir d'un argument de Charles-Ferdinand Ramuz basé sur un conte russe, est écrite pour trois récitants (le Lecteur, le Soldat et le Diable) et sept instruments (violon, contrebasse, basson, cornet à pistons, trombone, clarinette et percussions). La musique, comprenant des éléments de tango, de rag-time et de cirque, comprend cinq tableaux. L'œuvre est créée sous la direction musicale d'Ernest Ansermet au Théâtre municipal de Lausanne le 28 septembre 1918. Les récitants sont Élie Gagnebin (le Lecteur), Gabriel Rosset (le Soldat) et Jean Villard (le Diable). Ludmilla Pitoëff et Georges Pitoëff dansent les rôles de la fille du roi et du diable. En 1920, Stravinski retravaille ce mimodrame et le développe en une suite de neuf tableaux. L'œuvre est donnée au Théâtre des Champs-Élysées à Paris en 1924.

tant d'amour[273]. C'est vrai. J'aimais Ramuz, et cette *Histoire du soldat* où ma tendresse fraternelle pour Stravinski venait encore ajouter du rêve.

Bref, ce jour-là – et je n'ose pas vous en dire la date, la sais-je même? – je le contemple comme s'il était hier, comme s'il devait avoir lieu demain, comme un de ces tendres prodiges intemporels à quoi le cœur seul permet de prétendre.

244

COURAGEUSES MERVEILLES *

Depuis quelques années, il semble, de plus en plus, que les chorégraphes s'acharnent à vaincre le mur des langues, à exprimer le meilleur des peuples dans un idiome universel.

Sans doute Aix-les-Bains, avec ses fantômes illustres : ceux des belles Romaines, des ducs de Savoie, de l'égérie de Lamartine[274], de la reine Victoria était-il un haut lieu, propre à l'exercice du sacerdoce de la danse.

En 1954, le Festival International de la Danse[275] naissait au bord d'un lac vingt fois millénaire. En attendant les grandes reprises chorégraphiques et les expositions déjà prévues pour l'année prochaine, la construction d'un nouveau et troisième théâtre, les fêtes du Centenaire du rattachement de la Savoie à la France en 1960, 1957 verra le concours des jeunes chorégraphes[276].

Dans une époque si rude, entre une civilisation qui s'achève et une autre qui s'ébauche, je souhaite bonne chance à toutes ces courageuses merveilles.

---

273. D'inspiration faustienne – de là l'allusion faite en début de texte à Goethe –, l'*Histoire du soldat* raconte les aventures d'un soldat à la poursuite d'un violon – allégorie de son âme que le diable lui a volée par ruse.

* « Courageuses merveilles », texte de présentation dans le programme du *4ᵉ Festival international de la danse, avec le 1er Congrès mondial des chorégraphes et Concours international des jeunes chorégraphes*, Aix-les-Bains, 20 juillet – 4 août 1957. Version donnée : celle du programme, moyennant quelques corrections d'orthographe.

274. Allusion à Julie Charles qu'Alphonse de Lamartine rencontre à Aix-les-Bains en 1816 et dont le souvenir d'une promenade en barque avec elle lui inspire le célèbre poème « Le Lac ».

275. En organisant le premier Festival international de la danse durant l'été de 1954, Aix-les-Bains espère attirer une nouvelle clientèle, pour remplacer le public des aristocrates et des têtes couronnées habitué à venir prendre les eaux dans cette station thermale à la Belle Époque, public auquel Cocteau fait ici allusion.

276. En 1957 se tient à Aix-les-Bains le premier Congrès mondial des chorégraphes, associé à un concours de jeunes chorégraphes subventionné par la Direction générale des Arts et des Lettres. Jean Cocteau est nommé président d'honneur du jury, tandis le comité international de direction comprend Serge Lifar (président), le Britannique Anton Dolin, l'Espagnol Vicente Escudero, l'Allemand Kurt Jooss, le russe naturalisé suisse Boris Kniaseff, le Danois Harald Lander, le Russe Igor Moïsseïev et l'Américaine Ruth Page. Le Prix est remporté par le chorégraphe russe émigré en France Igor Fosca (1921-1993), de son vrai nom Konstantinovitch Albrecht, pour son ballet *Le Javelot d'Artémis* sur une musique de Sergueï Prokofiev, dansé par lui-même et les danseuses Gayle Spear et Yvette Aguesse.

245
[Danses de Bali] *

Les danses de Bali[277] semblent ne faire que transcender la grâce naturelle des insulaires d'une île où les moindres gestes sont déjà l'ébauche d'une perfection chorégraphique[278].

Je me souviens de notre surprise en face d'un des premiers films parlants, lorsque nous entendîmes rire et s'asperger les jeunes baigneuses balinaises[279].

Le film s'achevait par une lourde poursuite dans les marais et par le bruit des baisers féroces des bottes et de la boue. À cette époque, le son ne se contentait pas d'accompagner l'image. Il vivait d'une vie propre et formait avec l'image un véritable contrepoint[280].

À Bali, ce parallélisme du son et du charme corporel ne tourne jamais au pléonasme, à la pâte gluante. Non.

Un orchestre de percussions[281] et de tambours battus par des doigts plus durs que des baguettes oppose sa sécheresse aux guirlandes déroulées de corps dont le mécanisme s'apparente à celui des ondes sonores et des vagues océanes.

---

* « [Sans titre] », préface au programme du Théâtre national du Palais de Chaillot, Paris, 1957 ; texte repris tel quel dans *Les Lettres françaises*, n° 689, 26 septembre – 2 octobre 1957, p. 1. La plaquette de présentation comprend aussi des textes de Serge Lifar et de Roger Vailland et plusieurs photos de Serge Lido.

277. Préface conçue par le poète le 14 septembre 1957, comme l'atteste ce propos : « J'ai écrit et envoyé à Lombroso [*sic*] la préface pour les danses balinaises. » (*PD V*, p. 700). En collaboration avec l'Agence littéraire et artistique parisienne pour les échanges culturels, l'organisateur de spectacles Fernand Lumbroso (1912-1994) a fait venir Le Ballet de Bali au Théâtre national du Palais de Chaillot dans une production de Jacques Brunet et Jean-Luc Larguier. Le danseur I Ketut Maria – plus connu sous le seul nom de Mario et célèbre pour une chorégraphie assise, le *kebyar duduk* – et I Gusti Ngurah Raka sont accompagnés du Gamelan du Palais de Tabanan, sous la direction de I Wajan Begeg. Cet ensemble s'était déjà produit une première fois à Paris au Théâtre Marigny en 1953.

278. Cocteau est ému par les gestes chorégraphiques que les danseurs effectuent à l'aide des mains et des bras sans que le corps ne se déplace. Déjà vers la fin de l'année 1939, Cocteau se serait extasié devant la danseuse balinaise Ratna Mohini, pseudonyme de Carolina Jeanne de Souza (1904-1988) et première épouse de Henri Cartier-Bresson, lors d'une performance qui a eu lieu au Musée Guimet. Voir Kunang Helmi, « Ratna Cartier-Bresson. A Fragmented Portrait », *Archipel*, n° 54, 1997, p. 263.

279. *Goona-Goona : An Authentic Melodrama of the Isle of Bali (Le Kris)*, réalisé à Bali par André Roosevelt (1879-1962) et Armand Denis (1896-1971) avec l'assistance de Walter Spies (1895-1942), est projeté en France dans le cadre de l'Exposition coloniale de mai-novembre 1931. (Renseignements aimablement transmis par Jean-Paul Morel). Présentant des scènes de vie quotidienne en alternance avec des transes et des danses traditionnelles balinaises, ce film suscite un vif intérêt pour la culture de Bali. Plusieurs artistes et anthropologues s'y déplacent pour réaliser enregistrements, entretiens, films documentaires ou reportages photographiques, ce qui augmente l'engouement pour ce pays passant à l'époque pour le « dernier paradis sur terre ».

280. Il s'agit en effet de l'un des derniers films dont la bande sonore n'est pas synchronisée et qui utilise les enregistrements de Walter Spies. Installé à Bali depuis 1927, Spies, à la fois peintre musicien et réalisateur, est alors le spécialiste incontournable de la culture balinaise de l'époque. Il réalise les premiers enregistrements de cette musique si particulière et plusieurs films documentaires de grande qualité ayant pour sujet ce pays, notamment *L'Île des démons* (1933).

281. Cocteau évoque le gamelan, orchestre composé principalement d'instruments à percussion (des gongs de tailles différentes), de tambours bifaces et d'une flûte.

Je me demande si ces danseurs parlent une langue riche en symboles religieux. On dirait plutôt qu'ils traduisent les soupirs et les longues plaintes de l'amour.

1957

246

[ENTRETIEN SUR *LA DAME À LA LICORNE*] *

[...[282]]

Paris est un ogre, un Minotaure. Il lui faut chaque année son festin de jeunes victimes qu'il mange, qu'il met au pinacle pour les rejeter ensuite dans la nuit. Mais ce Minotaure on le redoute et il nous fascine. On le cherche maladivement dans le labyrinthe et j'avoue que, si Paris m'effraye, il me charme dans le sens médiéval du terme et c'est ce dangereux charme dont j'ai peur. C'est pourquoi j'habite la Côte d'Azur d'où j'ai du labyrinthe de Paris une vue lointaine à vol d'oiseau, donc une vue plus lisible.

C'est donc comme un provincial que je suis descendu de mes échafaudages de Villefranche et de Menton[283] où je tournais en rond loin du monde, comme la bête lune. J'en suis descendu afin de terminer le travail de *La Dame à la licorne*[284], ballet de Heinz Rosen dont j'ai composé l'intrigue, le décor et les costumes[285]. L'orchestre est dû à la science de Chailley qui s'inspire des musiques du 16e siècle.

Le thème est célèbre, vous le connaissez tous. C'est le thème de la mort et la virginité. La licorne n'accepte de se nourrir que par la main d'une vierge. Arrive un chevalier qui change la vierge en dame. Le chevalier passe son chemin. La petite licorne meurt et il ne reste à la dame à la licorne qu'un seul désir : la mort suprême, virginité des âmes blessées. C'est avec celui de Tristan et Yseut que j'ai paraphrasé dans *L'Éternel Retour*[286] le plus beau mythe que je connaisse.

Ma surprise après Munich où l'œuvre fut créée il y a quatre ans est [de] la voir donnée en France dans le plus beau théâtre du monde, le théâtre Gabriel à Versailles[287]. Je ne connaissais cet opéra de la Reine que par ouï-dire et par les magazines qui montraient

---

* « [Sans titre] », extrait d'une interview de Jean Cocteau pour l'émission radiophonique « Avant-premières » diffusée sur la Chaîne Parisienne le 13 octobre 1957. Le texte a été établi d'après un manuscrit conservé à la BHVP.

282. Premier folio du manuscrit avec un propos de circonstance très général et sans rapport aucun avec le ballet.

283. Cocteau était en train de réaliser les fresques de la chapelle de Villefranche-sur-Mer et de la salle de mariages de la mairie de Menton.

284. La reprise du ballet *La Dame à la licorne* est prévue pour l'inauguration de la restauration du Théâtre de la reine à Versailles, le 15 octobre 1957, sous la direction musicale de Robert Blot. La répétition se tient l'après-midi même, mais en raison d'une grève des machinistes, la soirée est annulée. La représentation sera reportée au 28 janvier 1959 à l'Opéra de Paris.

285. Cocteau a également dessiné la page de couverture de la partition.

286. *L'Éternel Retour*, film réalisé par Cocteau en 1943.

287. Le théâtre d'opéra au château de Versailles doit son nom à l'architecte Ange-Jacques Gabriel (1698-1792), premier architecte du roi. Il est inauguré le 16 mai 1770 pour le mariage du futur Louis XVI et de Marie-Antoinette de Habsbourg-Lorraine.

les spectacles de S. M. la reine Elisabeth[288]. Mais de même qu'aucune photographie ne donne la moindre idée de ma chapelle de Villefranche, de même rien ne me laissait prévoir une pareille splendeur[289].

S'il y avait un peu moins de poussière sur le plateau, ce serait un théâtre de rêve. Mais on ne nous changera pas. L'État a dépensé des millions pour ressusciter ce chef d'œuvre architectural, mais il refuse un aspirateur à celui qui le garde et qui voit avec tristesse la poudre à la maréchale des siècles tomber dans les perruques des fantômes qui hantent la salle et qui soulèvent un nuage chaque fois qu'ils applaudissent.

Voilà.

Je pourrais dire de mes artistes qu'ils sont admirables[290] sans qu'ils le soient, mais ils le sont. Et l'œuvre est difficile, car selon ma méthode présente elle affecte sournoisement d'être très simple et très nouvelle – mais avec la force que nécessite la nouvelle attitude révolutionnaire, attitude que j'oppose à toute la fausse force et à toute l'horrible allure poétique dont le snobisme a pris l'habitude et qu'il s'imagine être l'audace.

247

La Dame à la licorne *

Allégorie : « Peinture ou sculpture représentant une idée abstraite. » Ainsi s'exprime le Larousse et c'est sans doute la raison pour laquelle j'aime l'allégorie et j'évite le symbole qui cache un objet familier sous sept voiles.

L'idée de virginité, de solitude, me semble être à l'origine des fables de la Licorne et des bouleversantes tapisseries à fond rouge[291].

Et le *seul désir* de la banderole médiévale n'est-il pas celui d'une autre solitude et d'une autre pureté : la mort ?

C'est autour du double thème de la mort et de la virginité que notre ballet (ou mimodrame) allégorise.

---

288. Cocteau fait allusion à la première visite officielle de la reine Elisabeth d'Angleterre, reçue par le Président de la République française René Coty et à sa présence, le 9 avril 1957, lors de l'inauguration du Théâtre Gabriel au château de Versailles, restauré dans son état d'origine par André Japy grâce à de nombreux fonds, principalement du mécène américain John D. Rockefeller Jr et de ses fils.

289. À la fois grandiose et raffinée, la décoration intérieure du Théâtre Gabriel a été assurée par plusieurs artistes entrés au service du roi Louis XV. Le plafond central qui représente Apollon distribuant des couronnes aux Musées est l'œuvre de Louis-Jacques Durameau (1733-1796). Dans la salle entièrement en bois et peinte en faux-marbre où dominent le vert Campan et le sérancolin, les bas-reliefs des loges proviennent d'Augustin Pajou (1730-1809) et les trophées d'instruments du cartouche et de l'encadrement de la scène sont d'Antoine Rousseau (1710-1782).

290. Les interprètes pressentis pour la reprise de 1957 à Versailles étaient Marjorie Tallchief (la dame), Liane Daydé (la licorne) et Michel Renault (le chevalier). Ceux qui danseront sur la scène de l'Opéra en 1959 sont Claude Bessy (la dame), Liane Daydé (la licorne) et Michel Renault (le chevalier).

* « *La Dame à la licorne* », texte manuscrit et dessin reproduits en fac-similé, *L'Opéra de Paris*, nº 15, décembre 1957, p. 26-29.

291. Composée de six tableaux sur fond vermeil et datant du XVe siècle, la tapisserie de *La Dame à la licorne* est conservée au musée de Cluny à Paris. Pour certains, les différents tableaux représentent les vertus illustrées dans le célèbre *Roman de la Rose* (vers 1230) ; pour d'autres, cinq d'entre eux symbolisent les cinq sens. À son tour, Cocteau propose une autre interprétation, son ballet représentant le combat entre l'amour et la mort, avec pour enjeu la conservation ou la perte de la pureté ou de la virginité.

La Licorne meurt lorsque la jeune fille qui la nourrissait devient dame et lorsque le chevalier coupable abandonne sa victime, elle retrouve l'espoir d'une virginité nouvelle avec la mort, seul désir des âmes blessées.

Heinz Rosen et notre musicien Chailley ont compris à merveille la marche d'une intrigue où la moindre faute de noblesse serait impardonnable.

Costumes et décor ne prétendent pas rejoindre l'exquise magnificence des fameuses tapisseries. Ils se contentent d'éviter le « style poétique » et de souligner le *réalisme irréel* dont le règne fait l'honneur de notre époque, riche en contrastes.

Ce réalisme irréel remplace les « ismes » de ma jeunesse et, malgré les méthodes antagonistes, forme le lien mystérieux entre les œuvres les plus disparates.

Une petite estrade et quelques musiciens en costume moderne ont pour rôle, sur les planches, de rendre évidente notre peu de prétention à conduire le public dans le domaine du rêve.

La Dame à la licorne est un ballet, un mimodrame. Les danseurs y racontent une histoire dans la langue internationale de la danse. Un point, c'est tout.

248

[Théâtre d'ombre de Pékin] *

Rien de médiocre ne pourrait vivre en Chine. Les microbes de la beauté y tuent tout ce qui manque de style, de noblesse, d'une certaine grâce cruelle.

Je ne connais pas les ombres, les marionnettes du théâtre Marigny, mais j'affirme que le spectacle relèvera des étranges inventions du rêve.

249

[Antonio el bailarin] **

« Flamenco » désignait jadis une certaine allure des soldats revenus de Flandre. La danse flamenca couronne le style. Elle arrive du fond des siècles sur les routes mystérieuses que prirent les Gitans des Indes et de l'Égypte.

La danse flamenca est plus qu'une danse. C'est une langue qui se parle avec le corps. On dirait que les danseurs et les danseuses sont un feu qu'ils essayent d'exciter ou d'éteindre par des piétinements et des claques.

Antonio [292] porte cette danse à sa haute puissance expressive.

---

* « [Sans titre] », préface au programme de théâtre intitulé *Le Théâtre d'ombres et de marionnettes de Pékin*, Théâtre Marigny, Paris, W. Fischer, [1957].

** « [Sans titre] », texte de présentation figurant dans le programme *Antonio et son ballet espagnol*, Paris, Théâtre des Champs-Élysées, octobre 1957; texte repris dans Jean Cocteau, *Paratonnerres et ascenseurs*, essai d'inventaire des préfaces par Pierre Caizergues avec le concours de Pierre Chanel (Centre d'étude du XXe siècle, Université Paul-Valéry – Montpellier III, 2006, p. 68). Version choisie : celle du programme qui donne le texte d'origine.

292. Antonio El Bailarin De Espana, de son vrai nom Antonio Ruiz Soler (1921-1996), mieux connu encore sous le seul prénom d'Antonio, est le plus célèbre des danseurs espagnols de son époque. Il s'est fait

Il s'exprime dans un idiome de gestes dont il compose une poésie savante et sauvage. Mais il faut que le public participe au cérémonial, trépigne, applaudisse, entretienne le buisson ardent de la troupe incomparable.

250

[Almanach du disque 1957] *

Monsieur le Président, Monsieur le Ministre, Mesdames, Messieurs,

J'ai l'honneur d'occuper à l'Académie royale de Belgique le fauteuil de M me Colette [293], et bien longtemps, chaque soir, j'ai occupé non pas un fauteuil, mais le bout du lit où cette femme admirable coulait vers sa mort comme un beau fleuve sous le petit pont de bois de son écritoire, éclairé par le fanal bleu de sa lampe. Une grande tendresse réciproque m'autorise à prendre la parole en son nom. M me Colette savait le nom de toutes les fleurs. Elle était très fière de cette science. Or, à la liste innombrable des espèces, je me permets d'en ajouter une qui n'use pas de la terre pour prendre racine et pour fleurir, mais bien de notre macadam, de notre trottoir parisien, et cette étrange fleur vivace, c'est la Chanson française. Monsieur le Président, Monsieur le Ministre, Mesdames, Messieurs, dites, le pépiniériste le plus célèbre de cette floraison n'est-il pas l'ami que j'admire depuis ses débuts à Marseille ? C'est Charles Trenet !

Mon vieux Charles,

Nietzsche appelait Schubert le parfait ménétrier [294]. Le ménétrier, c'est le musicien qui mène les noces et les cortèges de fêtes. Moi, je te surnomme le parfait troubadour, car tu ne te contentes pas de visiter les fermes et les châteaux [295], d'aller de porte en porte, mais à la même minute tu chantes, grâce aux ondes, dans toutes les maisons et dans toutes les chambres. Charlie Chaplin me dit un jour : « Il m'arrive le soir d'être fatigué lorsque je songe au nombre de salles dans lesquelles je joue. » Ce qui étonne chez toi, Charles, c'est le manque de fatigue, cette bonne humeur prestigieuse, cet

---

connaître en Amérique du sud avec sa partenaire Rosario, avant de retourner en Espagne en 1949. Quatre ans plus tard, il crée sa propre troupe de danseurs de flamenco qui remporte un succès international, en grande partie grâce au film d'Edgar Neville, *Duende y Misterio del Flamenco* (1953). Son succès est dû à la synthèse opérée entre danse classique et danse folklorique.

* « [Sans titre] », allocution de Jean Cocteau, en tant que membre de l'Académie française et président d'honneur de l'Académie du disque français, pour la remise des grands prix de l'Académie du disque français. Texte publié dans *Almanach du disque*, Paris, Éditions Pierre Horay, 1957, p. 15-16. Manuscrit (2 ff.) conservé à la BHVP.

293. Le 10 janvier 1955, Cocteau est élu à l'Académie royale de langue et de littérature française de Belgique, prenant la succession de Colette, née Sidonie-Gabrielle Colette (1873-1954). Rappelons que Colette a contribué à la création, en 1951, de l'Académie du disque, voir note 178 du texte 222.

294. Propos inspirés de Friedrich Nietzsche, *Le Voyageur et son ombre*, traduit par Henri Albert (Mercure de France, 1902), plus précisément l'aphorisme 155 : « Si l'on osait appeler Beethoven l'auditeur idéal d'un ménestrel, Schubert aurait le droit d'être appelé lui-même le ménestrel idéal. »

295. Allusion au vers du dernier couplet de la chanson *Je chante* : voir note 73 du texte 139.

or que tu jettes sans compter par les fenêtres. Grâce à tes chansons, l'époque nous fut moins lourde et moins sombre. Tu as aidé beaucoup de monde, et même le pauvre monde sans yeux, à traverser des heures pénibles. C'est donc un témoignage de tendre gratitude que t'expriment, par mon entremise, la Ville de Paris et l'Académie du disque français, et notre Colette que je représente à cette table.

105. Charles Trenet, s.d., collection privée.

251
[Milorad Miskovitch] *

Comment ne pas souhaiter bonne chance à des jeunes qui bravent une époque lourde et inattentive.

Puissent Miskovitch[296] et ses camarades répandre partout le merveilleux contrepoison de la danse.

Jean Cocteau
1957

* « [Sans titre] », préface manuscrite reproduite en fac-similé dans le programme *Ballets 1956 de Paris* (Paris, Société d'éditions techniques et publicitaires, 1957) et reprise comme préface imprimée au programme *Les Ballets à Monte-Carlo. Saison 1957-1958*, présentation des Ballets 1957 de Paris, direction artistique : Milorad Miskovitch et Irène Lidova (Paris, Éditions Sévy, [1957]).

296. Milorad Miskovitch (1928-2013), danseur français d'origine yougoslave, débute à l'Opéra de Belgrade en 1945, avant de faire partie de diverses compagnies, notamment le Ballet des Champs-Élysées, les ballets russes du colonel de Basil, les ballets de Monte-Carlo, les ballets de Roland Petit, les Ballets de Maurice Béjart. En 1956, il fonde sa propre compagnie, les Ballets Miskovitch.

252

[Debussy ou le dieu Pan] *

Claude Debussy ou
« le dieu Pan ». Il a, sur sa flûte, donné une voix au vent, aux vagues, aux nuages [297].

Il a fait murmurer les monstres marins et sous l'arbre aux fées, il a fait entendre des voix de France que seule Jeanne d'Arc avait entendues.

Nous l'aimions parce qu'il est amour et mystère.

253

[Django] **

Django mort, c'est un de ces doux fauves qui meurent en cage. Il a vécu comme on rêve de vivre : en roulotte. Et même lorsque ce n'était plus une roulotte de romanichel, c'était encore une roulotte. Son âme était ambulante, et sainte. Et ses rythmes lui étaient propres à l'exemple des rayures du tigre et de sa phosphorescence. Elles habitaient sa peau. Elles le rendaient royal et invisible aux chasseurs. Mais les chasseurs finissent toujours par abattre les doux fauves qui ne veulent de mal à personne. Et parmi les chasseurs il y a la fatigue, cet ogre parisien qui nous dévore. Django se dépensait pour tous avec la générosité gitane, il jetait son or par la fenêtre et cet or n'était autre que lui.

254

Trenet parfait ménétrier précède le cortège de la noce ***

En France tout finit, paraît-il, par des chansons. Il serait triste que les Français finissent par des chansons, qu'ils n'écoutassent plus rien d'autre.

J'aime les chansons, mais comme Apollinaire, j'ai le culte de l'événement, du rare, de la surprise. Ils deviennent impossibles dans un déluge de charme, de complaintes et d'intellectualisme musical.

---

* « [Sans titre] », texte manuscrit rédigé pour accompagner un enregistrement sur disque du *Prélude à l'après-midi d'un faune* de Claude Debussy chez Pathé-Marconi (1957), projet qui, à notre connaissance, n'a pas abouti. Document reproduit dans Josiane Mas (éd.), *Centenaire Georges Auric – Francis Poulenc*, Montpellier, Centre d'Étude du XXe siècle, Université Paul Valéry, 2001, p. 14. Nous n'avons pu vérifier l'original

297. Cocteau fait allusion à *Syrinx*, pièce pour flûte de Claude Debussy, créé par le flûtiste Louis Fleury, dédicataire de l'œuvre, chez Louis Mors le 1er décembre 1913. Deux autres pièces de Debussy évoquent également le dieu Pan : la mélodie « La Flûte de Pan » composée à partir d'un texte de Pierre Louÿs, la première des trois *Chansons de Bilitis* pour voix et piano (1898), et « Pour invoquer Pan, dieu du vent d'été », premier des *Six Épigraphes antiques* pour piano à quatre mains (1915).

** « [Sans titre] », texte liminaire au générique du film *Django Reinhardt* de Paul Paviot (1957). Il s'agit d'une version retravaillée d'un texte publié en 1954 (voir texte 202).

*** « Trenet parfait ménétrier précède le cortège de la noce », *Arts-Spectacles*, n° 653, 15-21 janvier 1958, p. 1. Premier état manuscrit (3 ff.) et second état manuscrit intitulé « Le Parfait Ménétrier » (3 ff.) conservés à la BHVP.

En ce qui concerne Charles Trenet, rien à craindre[298]. C'est un cavalier seul, un vrai troubadour qui pénètre dans toutes les chambres par le mystérieux tunnel de la radio.

Nietzsche, avec cette admirable injustice de l'amour, appelle Schumann la vieille fille, et Schubert le parfait ménétrier[299]. Charles est un parfait ménétrier dont les chansons précèdent le cortège de la noce. Puisse-t-il ne jamais ressembler au grand bouc de Chicago qui mène les moutons naïfs vers l'abattoir.

Je l'aime, ce qui est ma façon d'admirer.

P.-S. 1. – Un des Goncourt[300] m'a reproché la place que je réserve à Trenet dans mon panthéon intime. Or le génie échappe à l'analyse. Il est d'ordre volatil et ne se pèse pas. Offenbach peut m'enchanter autant que Mozart et Chabrier que Chopin. Je m'en excuse. Stendhal disait d'une femme qu'elle descendait de sa calèche avec génie[301].

P.-S. 2. – Dans son domaine du tour de chant, Charles Trenet a souvent agi comme Mme Callas à Rome[302]. Ils ont eu raison l'un et l'autre. Il nous manque un Conservatoire du public, un Conservatoire où il apprendrait à respecter ceux qui l'amusent et ceux qui l'émeuvent.

255

Satie est mort, vive Satie *

Il est normal que Satie en arrive à faire chanter Socrate[303]. N'est-il pas le type de ces individus mystérieux et exceptionnels à qui la société verse la ciguë goutte[304] à goutte et refuse leur sagesse qu'elle estime être farces dangereuses ou folie ? Cet homme étrange que nous appelâmes tous notre bon maître[305] était de ligne si pure qu'elle en devenait invisible aux yeux d'une foule de juges habitués à ne voir une ligne que par ses surcharges et en quelque sorte le thyrse par ses pampres de vigne, le caducée par sa boucle de serpents.

298. Cocteau écrit ce texte à l'occasion du spectacle de Charles Trenet à l'Alhambra, où le chanteur fête le 16 janvier 1958 ses vingt ans de carrière.

299. Propos inspirés de Friedrich Nietzsche, *Le Voyageur et son ombre*, traduit par Henri Albert (Mercure de France, 1902), plus précisément l'aphorisme 161 « [...] Robert Schumann, l'éternel jeune homme, tant qu'il se sentit dans la plénitude de sa force : il est vrai qu'il y a des moments où sa musique fait songer à l'éternelle "vieille fille". » Pour Nietzsche au sujet de Schubert, voir note 294 du texte 250.

300. Comprenons, l'un des membres de l'Académie Goncourt.

301. Nous n'avons pu retrouver l'origine de cette allusion ou de cette citation dans l'œuvre de Stendhal.

302. Maria Callas, pseudonyme de Sophie Cecilia Kalos (1923-1977), est bien évidemment l'une des plus célèbres cantatrices du XXe siècle.

* « Satie est mort, vive Satie », préface à l'ouvrage de Rollo Myers, *Erik Satie* traduit de l'anglais par Robert Le Masle (Paris, Gallimard, coll. « Leurs figures », 1959, p. 7-9). Annoncé comme préface à cet ouvrage de Myers, le texte a paru en préoriginale dans le programme de concert de la Société philharmonique de Bruxelles : « Une Soirée Erik Satie », le 24 février 1958. Manuscrit et dactylogramme conservés à la BHVP. Second dactylogramme conservé à SUL. Version choisie : celle de la préface, corrigée à l'aide des dactylogrammes.

303. Référence au *Socrate* de Satie.

304. Jusqu'à la fin de sa vie, Erik Satie resta fort critiqué par ses pairs, non seulement pour son caractère fantasque, mais également pour ses compositions à l'écart de tout mouvement esthétique.

305. Habitant Arcueil au sud de Paris, Satie reçoit souvent le surnom du « Bon Maître d'Arcueil ».

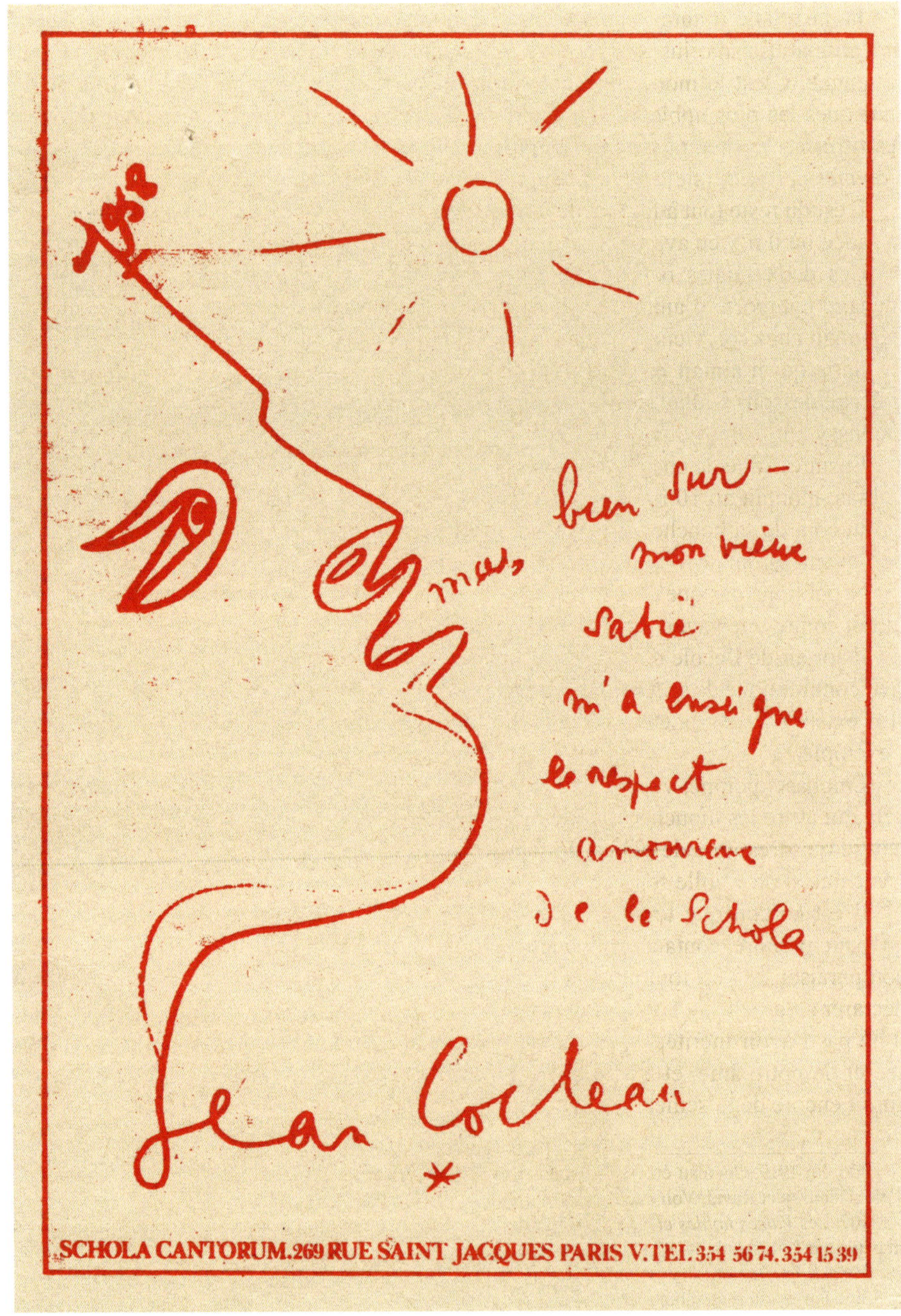

106. Publicité pour la Schola Cantorum, 1958, collection privée.

Jamais Satie n'aurait accepté de s'enrichir d'une apparence. Il poussait la probité et l'antinarcissisme jusqu'à se moquer de son propre reflet et même jusqu'à lui tirer la langue. C'est le motif des titres cocasses et ridicules dont il discrédita exprès ses musiques les plus nobles. Il y mettait en outre de la malice, bien décidé à contredire les titres assez prétentieux de l'impressionnisme musical : *Cathédrales englouties* et *Pavanes pour des* [sic] *infantes défuntes*[306].

Il est du reste tout à fait significatif de voir Debussy, son vieux camarade, ajouter de la sauce où il n'y en avait point, en orchestrant les *Gymnopédies*.

Ces deux faunes barbus formaient une sorte de ménage amical avec ce qu'un ménage comporte d'amour hargneux et de disputes. Chaque dimanche, le vieil Erik déjeunait chez son vieux Claude et, à table, commençait une escrime de piques.

Satie qui n'aimait pas Ravel et disait de lui : « Il met la ponctuation en oubliant d'écrire dessous » allait jusqu'à louer les *Valses nobles et sentimentales*[307] pour agacer Debussy qui ne les pouvait souffrir.

Ensuite, Satie, le chapeau melon sur l'œil, le binocle en bataille et son parapluie sur le bras, montait au 10 rue d'Anjou[308] dans ma chambre, s'asseyait au pied de mon lit et, du coin de sa bouche sinueuse, sortaient des verdicts opposés à ceux de la mode et de l'avant-garde.

N'oublions pas que cet anarchiste « allait au blanc » comme dirait Montaigne[309] et luttait contre une vague de pénombre et de fausses teintes.

Il sortait de l'école de Vincent d'Indy et la *Schola Cantorum*[310], si elle ne lui avait rien communiqué de sa froideur prolixe, lui avait enseigné le contrôle de ses sentiments. Il n'existe pas de pudeur plus adorable que celle dont l'œuvre de Satie nous donne l'exemple.

Emphase, pompe, volonté d'être clair ou obscur, recherche visible, préciosité, tout cela qui attire les mouches du dilettantisme, vous n'en trouvez aucune trace dans cette œuvre qui n'est grande que si on y colle son oreille, comme un trou de serrure n'est vaste que si on y colle son œil.

Il est certain que toute admiration collective est un malentendu, et que l'artiste ne peut prendre contact par l'incomparable avec un univers qui ne juge que par comparaisons. C'est toujours par quelque faute qu'on s'accroche et c'est ce qui faisait déclarer à Satie[311] : « L'essentiel n'est pas de refuser la Légion d'honneur, encore faut-il ne pas l'avoir méritée. » Il voulait dire que les honneurs ne s'adressent pas au plus secret de notre âme, et que si notre âme les a mérités par quelque déguisement, il y aurait encore déguisement à ne pas le reconnaître.

---

306. En 1919, Cocteau émet des propos tout à fait semblables au sujet des titres de compositions de Satie, Debussy et Ravel. Voir note 406 du texte 50.

307. Les *Valses nobles et sentimentales* de Maurice Ravel comprennent six pièces pour piano, créées en privé par Louis Aubert le 8 mai 1911.

308. Le 10, rue d'Anjou est l'adresse où Cocteau vit avec sa mère de 1910 à 1926.

309. Par « aller au blanc », Cocteau renvoie en réalité à l'expression « donner au blanc » dont Montaigne se sert dans le chapitre 4 du livre III de ses *Essais*. Comme le blanc désigne, dans le cadre de la pratique du tir à l'arc, le centre de la cible, « donner au blanc » signifie mettre la flèche dans le mille, atteindre son but. Information communiquée par Sylvia Giocanti.

310. Pour Satie et la Schola Cantorum, voir note 219 du texte 33.

311. Pour l'ensemble des écrits, causeries et aphorismes du compositeur, voir Erik Satie, *Écrits*, réunis, établis et annotés par Ornella Volta (Paris, Éditions Champ Libre, 1977).

Il existe de Satie mille boutades profondes qu'il nous expédiait par pneumatique avec son écriture chinoise. Il ne lisait pas nos réponses. Après sa mort, sous des couches de poussière, on découvrit dans sa chambre d'Arcueil des centaines d'enveloppes non ouvertes s'accumulant par couches comme on découvre sous terre les ruines de civilisations successives.

Je pourrais vous parler de notre bon maître pendant des heures. Mais que ferais-je alors? Double emploi et pléonasme avec le livre que Rollo Myers [312] lui consacre. Je lui cède la place et me retire dans cette ombre inactuelle que Satie préféra toujours aux projecteurs de l'actualité.

Satie est mort, vive Satie.

256

[Le Gaya] *

1920. Il était une fois, rue Duphot, un bar appelé « Le Gaya » que gérait Louis Moysès. Un jour, Darius Milhaud me dit [313] : « Il faut à notre groupe un lieu de rendez-vous et les cafés littéraires sont morts. Que penserais-tu d'un bar? » – « D'accord, mais quel bar? » – « Je t'y mène. »

Lorsque nous arrivâmes au « Gaya », un pianiste jouait les premiers fox-trot et blues qui nous arrivaient d'Amérique. Moysès accepta d'être chaque samedi notre hôte, « mais, me dit-il, je dois, hélas!, renvoyer mon pianiste. Il déplaît à ma clientèle. » Je lui conseillai alors de renvoyer sa clientèle et de conserver son pianiste [314]. C'était Jean Wiéner.

Doucet n'avait pas encore paru, ajoutant, rue Boissy-d'Anglas, à celles de Wiéner, ses mains, les mains d'un gros et merveilleux pianiste belge qui exécutait les rythmes les plus difficiles en lisant *La Reine Margot* et *Les Trois Mousquetaires*.

C'est alors que « Le Gaya » emprunta le titre de mon mime joué par les Fratellini, *Le Bœuf sur le toit*, titre sous lequel le bar de Moysès allait devenir célèbre. Le titre du *Bœuf sur le toit* m'avait été donné par Paul Claudel qui revenait du Brésil avec Darius Milhaud. C'était l'enseigne d'une auberge brésilienne [315]. On m'a beaucoup moqué, chicané à cause de ce titre, lequel, entre nous, n'était pas plus ridicule que « Le Cheval vert » ou « Le Chien qui fume ».

---

312. Rollo Myers (1892-1985), critique musical anglais, auteur et traducteur de plusieurs ouvrages sur Satie, Debussy et Ravel.

* « [Sans titre] », présentation enregistrée pour le disque *Le Bœuf sur le toit. Souvenirs*, Jean Wiéner au piano, Pierre Lemarchand à la batterie, disque Pathé-Marconi, STX 127, [1958]. Transcription de Pierre Chanel conservée dans la collection Kontaxopoulos-Prokopchuk. D'après son journal, Cocteau enregistre ce texte les 19 et 20 juin 1958 (voir *PD VI*, p. 179). À plusieurs reprises également, le poète témoigne de l'émotion qui s'empare de lui en écoutant la musique du disque, passant de « ému de l'entendre », à « pleurer » de redécouvrir ces « grandes musiques bouleversantes », voire de désirer « mourir en écoutant ce disque » (voir *ibid.*, p. 188-194).

313. Anecdote déjà présente dans texte 136. Pour une rectification à ce sujet, y lire la note 35.

314. Anecdote déjà présente dans texte 136.

315. Pour une rectification de l'origine du titre du spectacle, voir note 4 du texte 53.

J'ai moi-même été le batteur [316] du bar « Gaya » et on m'en a longtemps voulu. On oubliait que j'étais fort jeune et que j'avais le droit de m'amuser comme les autres.

Vous allez entendre Wiéner avec Pierre Lemarchand [317], un batteur auquel j'ai raconté notre style de l'époque. En les écoutant, vous comprendrez la route enchantée que nous avons dû prendre et qui conduisait de cette merveille, le blues primitif, à la science du jazz moderne.

J'ajoute que le jeune public de l'époque hua le premier jazz, les Billy Arnold, que j'amenai d'un dancing de Londres et que je fis entendre à un concert Wiéner comme orchestre concertant sur la scène des Agriculteurs [318]. C'est le sort de la beauté d'être longue à parvenir comme la lumière des étoiles.

Ici Jean Cocteau qui vous parle en 1958.

257

[Lettre à Léon Chancerel] *

Milly
22 juin 1958

Mon cher Léon Chancerel [319],

Un hommage amical ne saurait être un discours. Acceptez-vous ces quelques lignes où je salue un homme infatigable et qui collaborait sur les planches avec les artistes.

Lorsque je montai *Le Pauvre Matelot* [320], je n'arrivais pas à me faire comprendre d'une chanteuse.

Jacques Rouché [321] n'était plus jeune. Il enjamba la rampe et se renversa sur une table prenant la pose exacte et difficile que j'allais indiquer moi-même.

Un autre jour (on répétait *Antigone* [322]), pour donner le style d'une démarche à un très jeune couple qui traversait la scène pendant le célèbre chœur ...*Amour*..., je dis à Michel Renaud [323] : « Tu enlaces ta compagne du bras gauche et tu pousses un vélo de

316. Cocteau tenait en effet de temps à autre la batterie. Voir note 38 du texte 136.

317. Le batteur français Pierre Lemarchand joue dans divers ensembles de jazz à partir de la fin des années 1950, notamment avec Boby Jaspar, Martial Solal, Chet Baker et surtout avec le Quintette de Django Reinhardt.

318. Pour le tout premier « Concert Wiéner » à la Salle des Agriculteurs, voir note 159 du texte 215.

* « [Sans titre] », lettre manuscrite reproduite en fac-similé dans la *Revue d'histoire du théâtre*, livraison consacrée à Jacques Rouché (vol. III, juillet-septembre 1958, p. 210-211).

319. Léon Chancerel (1886-1965), auteur, acteur et metteur en scène, président de la société d'histoire du théâtre dans les années 1950 et coordinateur de la livraison consacrée à Jacques Rouché dans la *Revue d'histoire du théâtre* de juillet-septembre 1958.

320. Cocteau évoque sans doute ici la reprise du *Pauvre Matelot* d'Arthur Honegger à l'Opéra-Comique en 1938.

321. Jacques Rouché (1862-1957) a dirigé successivement, la revue juridique *La Grande Revue* (de 1907 à 1939), le Théâtre des Arts (de 1910 à 1913), l'Opéra (de 1913 à 1945) et l'Opéra-Comique de Paris (de 1939 à 1945), ce dernier faisant partie dès 1939 de la Réunion des théâtres lyriques nationaux.

322. Sans doute s'agit-il ici d'une reprise de la pièce *Antigon*e de Cocteau (création au Théâtre de l'Atelier, le 20 décembre 1922), et non de la tragédie mise en musique par Arthur Honegger.

323. Le danseur Michel Renaud (1927-1993) entre au Ballet de l'Opéra en 1939, où il devient danseur étoile sept ans plus tard. Il quitte l'Opéra en 1959 et travaille pour diverses compagnies en tant que soliste invité.

la main droite. » Rouché s'écria : « Cherchez vite un vélo ! » et dit que c'était dommage lorsque je lui expliquai combien ce vélo ferait scandale s'il se matérialisait.

Bref, ce petit kobold[324] à barbiche blanche était jeune, beaucoup plus jeune que nombre de ses pensionnaires.

Je n'oublierai jamais son émerveillement après son angoisse parce qu'il croyait qu'on avait oublié de livrer le décor de *Pulcinella*. Il me pria de descendre dans la cour du théâtre et je le rassurai en lui prouvant qu'il suffisait à Picasso de fort peu pour meubler.

Il voulait partager son enthousiasme avec les machinistes et les électriciens. « Venez voir un miracle », disait-il. Et il ne pouvait s'arracher à un spectacle qu'il se payait comme Louis II de Bavière.

Soucieux d'enrichir les programmes de l'opéra, Jacques Rouché n'a pas seulement dépensé l'or de sa poche. Il dépensa les trésors d'un noble cœur.

Votre Jean Cocteau

258

Hommage à Ernest Ansermet *

Il y a les amis chefs d'orchestre et les chefs d'orchestre célèbres, les grands chefs d'orchestre. Il y a les grands chefs d'orchestre qui se trouvent être des amis. Il ne faut pas confondre. Il arrive même que des chefs d'orchestre amis deviennent de grands chefs d'orchestre tout court. C'est le cas de Golschmann[325] par exemple, qui dirigeait les orchestres de notre jeunesse parce que nous n'avions pas d'autre chef d'orchestre, et qui est devenu en Amérique un chef d'orchestre célèbre. Il possède maintenant une collection de tableaux absolument magnifiques[326].

Ansermet a toujours été un grand chef d'orchestre et un ami. Un jour, on exécutait *Le Sacre du printemps*, et Golschmann dirigeait[327]. Or... – vous connaissez cet incroyable

324. Kobold, créature laide et autoritaire de la mythologie germanique.

* « Hommage à Ernest Ansermet », prononcé par Jean Cocteau lors d'une émission radiophonique le 12 novembre 1958 (Archives de la Radio suisse romande). Texte établi par Pierre-Marie Héron (voir *Jean Cocteau et la radio*, p. 118-119) et complété par nos soins pour les annotations.

325. Vladimir Golschmann (1893-1972), chef d'orchestre d'origine russe naturalisé américain en 1957, fonde en 1919 les Concerts Golschmann pour défendre la musique contemporaine, en créant par exemple *Le Bœuf sur le toit* (1920) et *Cinq Études* (1920) de Milhaud, *Pastorale d'été* (1921) d'Arthur Honegger, *Impressions* (1921) d'Alexandre Tansman, *La Création du monde* (1923) de Milhaud. En décembre 1920, Diaghilev lui confie aussi la direction musicale de la reprise du *Sacre du printemps* dans une nouvelle version chorégraphique. En 1924, il dirige l'orchestre des Ballets suédois, puis travaille pour d'autres orchestres, avant de se rendre aux États-Unis, où il dirige le Saint Louis Symphony Orchestra de 1931 à 1958.

326. Au moment même où Cocteau écrit ce texte, le Museum of Modern Art de Baltimore expose en septembre–octobre 1958 la collection d'art de Golschmann. Voir Adelyn Dohme Breeskin, *The Vladimir Golschmann Collection* (modern paintings, drawings, prints...) (Baltimore, Museum of Modern Art, 1958, 24 pages). À la mort du chef d'orchestre, sa veuve fera don de plusieurs œuvres au Musée du Louvre (tableaux) et au Musée Guimet (antiquités du Proche et Moyen-Orient).

327. Cocteau renvoie à l'une des six reprises du *Sacre du printemps* qui ont eu lieu au Théâtre des Champs-Élysées entre le 15 décembre et le 27 décembre 1920 et qui ont été dirigées par Golschmann.

scandale du *Sacre* – et comme je m'étais glissé derrière des dames dans une loge, celle de Diaghilev, j'entendis une belle dame dire aux autres, au milieu des huées : « Oh mais ça ne m'étonne pas, c'est Jean Cocteau qui dirige ! » Golschmann me ressemblait un peu de dos à cette époque !

Ansermet est, lui, étroitement mêlé à nos luttes de jeunesse [328]. Sa barbe a toujours été notre panache blanc d'Henri IV. Il montait à l'assaut en tête de nos troupes...

Puisque vous aimez les anecdotes, je vais vous en raconter une. J'ai fait, avec Stravinski, l'oratorio d'*Œdipus Rex* et j'ai souvent été le récitant de cette œuvre admirable [329]. Un soir, au théâtre des Champs-Élysées, Ansermet dirigeait *Œdipus Rex* [330]. J'étais assis avec les solistes. Je rêvais. Je me souvenais de cette route nocturne entre Villefranche et le Mont-Boron où habitait Stravinski, et je marchais sur cette route comme un somnambule pour travailler avec Igor, qui habitait sur la colline. Je rêvais, et j'avais complètement oublié que j'étais un des interprètes. Bref, je dormais. Je ne rêvais pas debout, puisque j'étais assis, mais enfin je *dormais debout* assis. Brusquement je vis à gauche la barbe d'Ansermet et sa baguette. Je me levai comme réveillé en sursaut et je lus mon texte.

Ansermet, c'est aussi la merveille de cette période où Stravinski habitait en Suisse et où il écrivait deux chefs-d'œuvre : *L'Histoire du soldat* et *Le Sacre du printemps*. À Genève, avec Ramuz, la salle bourrée d'étudiants, je remplaçai Élie Gagnebin qui était d'habitude le lecteur de l'*Histoire du soldat* [331].

Bref, Ansermet est, je vous le répète, étroitement mêlé à mes plus chers souvenirs. Le soir de la reprise du *Sacre* – c'était le soir où notre ballet *Parade* triompha en 1930 [*sic* [332]] après son scandale de 1917 –, nous avions tous terminé la nuit chez la princesse Murat [333]. Nous avions beaucoup bu. Et Stravinski avait l'idée fixe de couper la barbe d'Ansermet ! Il le poursuivait de salon en salon en brandissant des ciseaux énormes !

---

328. De 1915 à 1923, Ernest Ansermet est l'un des chefs d'orchestre attitrés des Ballets russes, créant, entre autres, *Las Meninas* (1916), *Feu d'artifice* (1917), *Parade* (1917), *Le Tricorne* (1919), *Pulcinella* (1920), *Renard* (1922) et *Les Noces* (1923).

329. Rappelons que Diaghilev s'était opposé à ce que Cocteau interprète le rôle du Speaker à la création d'*Œdipus Rex* le 30 mai 1927, lui préférant Pierre Brasseur, et que Stravinski invite le poète à reprendre le rôle lors de la reprise de la version opéra en 1952 (voir la note suivante).

330. Cocteau interprète le rôle du Speaker dans *Œdipus Rex* au Théâtre des Champs-Élysées les 19 et 20 mai 1952, sous la direction d'Igor Stravinski à la tête de l'Orchestre national de la RTF ; l'enregistrement est effectué dans le cadre du Festival de l'Œuvre du XXe siècle (Disques Montaigne, DGNE TCE 8760). Comme Cocteau évoque ici Ansermet à la direction de l'orchestre, le souvenir renvoie bien davantage aux répétitions du concert. Un an plus tôt, le 3 mai 1951 au même théâtre, Ansermet avait, lui aussi, enregistré *Œdipus Rex*, mais avec Jean Vilar dans le rôle du Speaker.

331. Pour l'*Histoire du soldat* et Élie Gagnebin, voir les notes du texte 243. Cocteau reprend le rôle du Lecteur, qui avait été interprété précédemment par Gagnebin, le 15 novembre 1934 à Genève.

332. Il convient de corriger 1930 par 1920, la reprise de *Parade* et du *Sacre du printemps* ayant eu lieu lors de la saison des Ballets russes de décembre 1920. Une autre rectification s'impose concernant la programmation des deux œuvres : *Parade* est donné les 21, 24 et 26 décembre ; *Le Sacre*, les 15, 16, 18, 22 et 25 décembre 1920. Sans doute Cocteau fait-il allusion, non pas à la même soirée, mais à la même saison de spectacles.

333. La princesse Marie Murat, née Marie de Rohan-Chabot (1876-1951), épouse le prince Lucien Murat (1870-1933) en 1897, puis le comte Charles de Chambrun en 1934. Elle est l'auteur de poèmes, dont Cocteau s'est moqué à ses débuts, et de romans historiques.

Et bien, s'il avait coupé la barbe d'Ansermet, peut-être aurait-il aussi coupé les cheveux de Samson, et n'aurions-nous plus jamais entendu conduire ce chef d'orchestre de notre jeunesse. Par chance, Ansermet a conservé sa baguette magique, et sa barbe !

259

[*Le Bœuf sur le toit*] *

Ce *Bœuf sur le toit* ! En a-t-il fait couler de l'encre. Or, on le devine, l'encre est faite avec l'eau noire du fleuve des morts. Elle vient d'avant nous et coule après nous. Par contre Darius Milhaud, le Brésil, Cendrars et les grosses fleurs multicolores de sa jungle, voilà des forces immédiates, vivantes, fraîches, qui versent de riches et superbes poisons. L'orchestre, la danse, le [*sic*] pantomime savent vaincre le mal d'écrire.

Paul Claudel, en revenant de son ambassade, m'apporta cette enseigne d'une auberge brésilienne. Pas plus étrange que « Le Cheval vert » et « Le Chien qui fume ». Seulement, jadis, notre moindre geste attirait la foudre et provoquait les scandales.

Pile et face, le présent disque vous conduira, les yeux bandés, dans un bar et dans la forêt des tropiques, parmi les monstres, les fauves et les clowns, au milieu de la violence du carnaval de notre jeunesse.

260

Paris et Paris **

Paris est une ville avec sept collines. Seuls s'en doutent les cyclistes et ceux qui la tiennent pour une sœur de Rome et Ville éternelle. Elle possède une tour illustre pareille à un filet de pêche suspendu au ciel [334]. Son fleuve (disait Apollinaire [335]) coule entre des livres.

---

* « [Sans titre] », texte au verso de la pochette de disque *Darius Milhaud* (Paris, Pathé Marconi, 33 tours, [1958-1959]) comprenant deux œuvres du compositeur : *Le Bœuf sur le toit* [ballet de Jean Cocteau] et *La Création du monde* [ballet de Blaise Cendrars]. L'orchestre du Théâtre des Champs-Élysées y est placé sous la direction de Darius Milhaud. Enregistré les 16, 18 et 19 mars 1958, le disque sort en 1959. Cocteau est sollicité pour illustrer la pochette de disque fin novembre 1958, d'après une lettre datée du 23 novembre 1958 conservée à la BHVP. Au recto de la pochette figure le dessin « Darius Milhaud et Jean Cocteau / *Le Bœuf sur le toit* / Direction : Darius Milhaud ». D'après son journal, Cocteau rédige le texte de la pochette le 4 décembre 1958 (*Le Passé défini VI. 1958-1959*, Paris, Gallimard, 2011, p. 389).

** « Paris et Paris », texte manuscrit reproduit en fac-similé au verso de la pochette du disque *Chansons de Paris* par Claude Goaty et Gérard Calvi et son orchestre (30 cm., 33 tours, Vogue, LD 426 30, [1958]). Chanteuse, Claude Goaty sort plusieurs disques entre 1955 et 1963, puis disparaît de la scène à la montée de la musique rock. Un de ses grands succès sera *La Chansonnette* (1962). Le compositeur et chef d'orchestre Gérard Calvi, pseudonyme de Grégoire Krettly (1922-2015), compose plusieurs œuvres classiques (musiques orchestrales, œuvres de chambre, etc.), de la musique de film ou de télévision, ainsi que des chansons pour des vedettes françaises et étrangères, par exemple Edith Piaf, Liza Minnelli ou Frank Sinatra.

334. Allusion à la Tour Eiffel.

335. Cocteau fait allusion à l'ouvrage d'Apollinaire, *Le Flâneur des deux rives* (Paris, Éditions de la Sirène, 1918).

La Seine aux berges savantes traverse des ports et des villages ayant leurs patois, leurs coutumes et leurs costumes.

Paris déconcerte les étrangers parce que mille pointes s'y contredisent, s'y battent en duel et produisent une électricité incomparable.

Paris, par l'entremise des chanteuses réalistes, s'invente une figure irréelle et cache sa figure réelle, haute et grave, sous ce masque frivole.

261
[SUZY SOLIDOR] *

Lorsque Suzy Solidor s'appuie au piano et tire d'elle une voix qui sort des zones les plus intimes de l'être, lorsqu'elle dompte cet élément qui donne le trac comme les vagues donnent le mal de mer, je m'incline... [336]

Mademoiselle Solidor montre ses poses de forçat de Puget [337], d'esclave de Michel-Ange [338], et la petite salle attentive, acclame sa voix hâlée.

107. « Suzy Solidor, oiseau de mer »,
Saint-Malo, 1937, collection privée

* « [Sans titre] », texte accompagné d'un portrait de la chanteuse daté de 1937, dans *Suzy Solidor et ses portraitistes : deux cents peintres, un modèle*, Paris, Éditions La Nef de Paris, s.l.n.d. [1958], non paginé. Voir illustration 107.

336. Ce premier paragraphe reprend une partie du texte 111.

337. Il s'agit du sculpteur Pierre Puget.

338. Les deux *Esclaves*, statues de marbre créées par Michel-Ange en 1515 et conservées actuellement au Musée du Louvre.

262
La « lettre » à Élise [Jouhandeau] * [339]

« La Belle Excentrique ». Jamais deux termes assemblés n'ont fait si bon ménage et n'ont tissé ensemble un maillot couvert de paillettes collant mieux à la personne. Car cette personne, devenue Élise Jouhandeau, se nommait alors Caryathis, et je ne parle pas de son corps, car il va de soi que le corps d'une danseuse possède toutes les grâces, mais de son âme que ce maillot pailleté moule et nous montre admirablement faite et violente.

Élise et Marcel [340], voilà un couple de tempête dont le dialogue ressemble à ces numéros de gymnastes dont on ne peut changer la musique, sous peine de mort.

Et cette musique n'est autre, ici, que le ronflement d'un feu qui arde sans relâche et qui éclaire tour à tour la face de l'un et de l'autre, et parfois les deux, comme sur la toile de Mac Avoy [341], qui les représente côte à côte, pareils à l'empereur Justinien et à Théodora [342].

Seulement, Élise n'est point une Théodora. Elle est la noblesse sans tache, l'écusson de vérité, l'œil sous le rayon duquel il ne faut pas se mettre si on a quelque raison de le craindre.

Elle me représente aussi la dernière de ces merveilleuses, de ces machines à courage, dont Georgette Leblanc [343] établissait l'archétype en pédalant derrière Maeterlinck sur les routes poussiéreuses des Alpes-Maritimes, la traîne de sa robe d'or sur le bras.

Vive ces femmes qui ne furent jamais de petites femmes et soutenaient notre âge héroïque de Montparnasse sur leurs épaules de Cariatides.

Cariatides… Voilà un nom bien proche de Caryathis. C'était, je le répète, le nom de théâtre d'une femme étonnante, qui nous raconte ses souvenirs et que je salue. Avec respect et tendresse.

---

* « La "Lettre" à Élise », manuscrit (2 ff.) conservé à la BHVP. Dactylogramme (2 ff.) intitulé « Élise », daté 1959 et conservé à JD avec la mention « enregistrement RTF 28/05/59 envoyé à M. Jouhandeau ». Publié dans *Le Figaro littéraire*, 26 octobre 1992, par l'entremise de Roger Pillaudin, ancien producteur de radio. Version choisie : celle du manuscrit, plus fidèle à mise en page d'origine.

339. Tout en adressant son texte à Élise Jouhandeau, le titre fait allusion à la *Bagatelle en la mineur* de Beethoven, « Pour Élise », datant de 1810.

340. Il s'agit du couple Élise et Marcel Jouhandeau.

341. Édouard Mac Avoy (1905-1991), peintre célèbre à l'époque, réalise le portrait de Cocteau en 1955 (Musée Jean Cocteau à Menton) et celui des époux Jouhandeau en 1957 (Collection particulière aux États-Unis).

342. Allusion à Justinien et à Théodora, empereur et impératrice de l'empire byzantin au cinquième siècle, et à leur représentation « côte à côte » sur une mosaïque de la basilique San Vitale de Ravenna. Le personnage de Théodora est habituellement déconsidéré pour avoir été une courtisane et la maîtresse de Justinien, avant de devenir son épouse et l'un des plus importants conseillers de l'empereur en matière d'affaires religieuses et politiques.

343. Georgette Leblanc (1875-1941), cantatrice et actrice, compagne de Maurice Maeterlinck de 1895 à 1918, avec lequel elle séjournait à Nice durant les étés. Cocteau rédige une préface pour son ouvrage *La Machine à courage* (Paris, J.B. Janin, 1947). La cantatrice est à l'origine de la brouille entre Maeterlinck et Debussy, le compositeur ayant préféré confier le rôle de Mélisande à l'Écossaise Mary Garden lors de la création de *Pelléas et Mélisande* en 1902.

263
[Sydney Bechet] *

Saint-Jean-Cap-Ferrat,
19 août 1959

J'ai la plus grande admiration pour la science instinctive des saxophonistes du jazz.

Il arrive que le saxophoniste se grise de rythmes et se mette à monologuer dans le vide comme certains ivrognes se racontent et se répètent interminablement.

Pareille chose n'arrivait jamais à Bechet [344]. Il ne bavardait pas, il parlait.

Et sa parole était toujours émouvante et puissante.

Elle sortait du cœur.

Votre poète
Jean Cocteau

264
Jazz **

J'ai amené en France le premier jazz concertant. Je l'avais découvert à Londres, dans un dancing populaire de Hammersmith [345]. Il portait le nom de « Billy Arnold ».

La jeunesse nous a hués salle des Agriculteurs. Mais j'avais dit à notre jeune public : « Sifflez, huez ; un jour viendra où vous acclamerez le jazz. Car il deviendra la musique de chambre de notre époque. »

1959

* « [Sans titre] », texte publié à la suite de la préface, dans Raymond Mouly, *Sidney Bechet notre ami*, Paris, La Table Ronde, 1959, p. 15.

344. Sidney Bechet (1897-1959), clarinettiste, saxophoniste et compositeur de jazz américain, venu s'établir en France au début des années 1950. Il y reste jusqu'à sa mort survenue le 14 mai 1959.

** « Jazz », texte manuscrit reproduit en fac-similé et accompagné de sa transcription dans le magazine *Sonorama*, n° 12, octobre-novembre 1959.

345. C'est lors de son second séjour à Londres en juillet 1920 – pour superviser la représentation anglaise du *Bœuf sur le toit* au Coliseum –, que Cocteau découvre le dancing « The Hammersmith Palais de Danse ». Voir *LM II*, p. 59 (lettre du 9 juillet 1920).

265

À Gloria Lasso * [346]

Voilà le nom qu'elle mérite, car il commence par un chant de victoire et s'achève par une arme faite pour prendre de loin hommes et bêtes.

Le lasso d'une voix et la gloire qui en résulte. C'est de la sorte que je me représente notre célèbre chanteuse.

1959

266

Gants du ciel **

Je suis une sorte de spécialiste des anges et de l'angélisme.

Dans sa fameuse réponse à ma lettre, Jacques Maritain ne s'étonnait-il pas de l'extraordinaire consommation d'anges [347] que je faisais dans mon œuvre ?

C'est à ce seul titre que je me permets de vous saluer tous, vous qui donnez une voix au terrible silence céleste et que le ciel met comme des gants, pour nous tendre une main visible [348].

* « À Gloria Lasso », texte manuscrit reproduit en fac-similé au verso de la pochette du disque de Gloria Lasso : *Lune de miel, Le monde change, ...* (30 cm., 33 tours, La Voix de son maître, FDLP 1092 M, [1959]).

346. Gloria Lasso (1922-2005), chanteuse populaire espagnole venue s'installer en France en 1954. Son interprétation de la chanson *Étranger au paradis* la consacre parmi les voix exotiques de l'hexagone. Francis Lopez renforce encore sa popularité avec *Le Pauvre Muletier* et *Valse mexicaine*. Les ventes de ses disques atteignent des records dans la chanson populaire. La concurrence croissante de Dalida l'oblige à tenter sa chance au Mexique où elle s'installe définitivement dans les années 1960, tout en revenant épisodiquement en France pour quelques récitals.

**« Gants du ciel », texte manuscrit et dessin reproduits en fac-similé au recto et au verso de la pochette du disque *Les Petits Chanteurs de Saint-Laurent : Cantate de la paix, Motets de la Renaissance* (30 cm., 33 tours, Éditions Manerama, n° 30008, [1959]). Mêmes texte et dessin repris dans le programme *Les Petits Chanteurs de Saint-Laurent* (Paris, Église Saint-Laurent, 1959, 24 pages). En 1937, Darius Milhaud compose sur un texte de Paul Claudel la *Cantate* de la paix pour chœurs d'hommes et d'enfants, op. 166.

347. Dans sa *Réponse à Jean Cocteau*, Jacques Maritain constate plutôt dans l'œuvre du poète, d'une part, la prolifération d'anges, d'autre part, « l'énorme consommation de scaphandres » (voir *Réponse à Jean Cocteau*, Paris Stock, 1926, p. 8 [les « anges »] et p. 9 [les « scaphandres »]). En réalité, au travers de cette plaquette, le philosophe néo-thomiste Jacques Maritain (1882-1972) réagit à *La Lettre à Jacques Maritain* (Paris, Stock, 1926) que Cocteau venait de publier pour se distancier de la foi catholique.

348. Image poétique datant de la période de création du recueil *Opéra* (1927), par laquelle Cocteau suggère la possibilité d'un contact avec l'au-delà par l'entremise de « gants » célestes.

Il y a la bosse des cartables du collège de ma jeunesse. Il y a aussi la bosse mystérieuse d'une ombre qui dénonce la courbe d'une aile.

Méfiez-vous des murs et des lampes.

Aux Petits Chanteurs de Saint-Laurent [349]

Votre vieil ami
Jean Cocteau
1959

267

[CHARLIE PARKER] *

Ma méthode de travail ressemble curieusement au jazz.

J'ai improvisé avec les lignes et les couleurs en 1959 comme Charlie Parker [350] improvisait en 1949 au saxophone. Il ne fut, du reste, pas davantage compris que moi.

268

MARLÈNE **

Vous pensez bien qu'on ne présente pas Marlène [351]. Mais on peut la saluer et la remercier d'être ce qu'elle est.

Il est rare qu'on entre armé de pied en cap dans la légende, comme elle vous veut.

---

349. Fondée en 1944 par l'abbé Paul Zurfluh (1910-1990) dans la paroisse du 10e arrondissement de Paris, la manécanterie « Les Petits Chanteurs de Saint-Laurent » atteint rapidement une excellence reconnue et donne de nombreux concerts tant en France qu'à l'étranger, combinant les vacances scolaires et les tournées de concert. Les messes de Noël et de Pâques, la fête de la Sainte-Cécile – fête de la patronne des musiciens ayant lieu le 22 novembre –, ainsi que le concert annuel constituent les temps forts des rendez-vous musicaux. De nombreux disques 45 et 33 tours témoignent du succès de ce chœur d'enfants, se renouvelant sans cesse et toujours en activité de nos jours (2015).

* « [Sans titre] », manuscrit conservé à la BHVP [1959].

350. Charlie Parker (1920-1955), compositeur et saxophoniste alto, est une figure centrale dans le développement du style be-bop.

** « Marlène », dans le programme du *Nouveau spectacle de Bruno Coquatrix* : le grand orchestre d'Aimé Barelli [première partie], Marlène Dietrich [seconde partie], au Théâtre de l'Étoile à Paris (Paris, L'Édition artistique, 1959). Version donnée : celle du programme original, mais sensiblement corrigée sur le plan de l'orthographe et d'après un exemplaire revu par Cocteau lui-même (conservé à la BHVP).

351. Le 27 novembre 1959, Marlène Dietrich entame une nouvelle carrière française et internationale en assurant la seconde partie du spectacle mis sur pied par Bruno Coquatrix au Théâtre de l'Étoile. La chanteuse est accompagnée par l'arrangeur américain Burt Bacharach avec lequel elle enregistrera plusieurs disques durant les années 1960. Le Tout-Paris mondain l'applaudit dans un ensemble créé par le couturier Jean Louis. Présent dans la salle, Cocteau témoigne : « [...] Marlène soulève comme une plume ce public très lourd. Elle a été cet animal terrible et délicieux, ce sphinx au bord de la route, d'abord en robe collante et vaste manteau de fourrure blanc, ensuite, en frac et haut-de-forme, souvenir de *Morocco.* » (*PD VI*, p. 707).

Marlène, pareille aux enfants qui jouent au cavalier, est entrée dans la légende à cheval sur une chaise[352].

Ceux qui ont eu la chance de la voir à l'improviste, sans s'y attendre, à cheval sur cette chaise, et l'entendre chanter : « *Ich bin von Kopf bis Fuss auf Liebe eingestellt* » possèdent le souvenir d'une perfection.

Et pourquoi cette perfection n'était-elle pas seulement une éblouissante douche de sex-appeal ? C'est que si Marlène se livrait à l'exercice du strip-tease et, selon ses habitudes, allait jusqu'au bout, il ne resterait de sa personne que l'essentiel, c'est-à-dire un cœur d'or.

Car cet oiseau de paradis, ce navire, toutes voiles au vent, ce phénomène de grâce, dont les aigrettes, les plumes, les fourrures, semblent appartenir à sa propre chair, est une âme[a] comme il en existe peu, une bonté en marche qui n'hésite pas à traverser les océans pour rendre service.

Il serait ridicule de vous en dire davantage et de profiter de l'honneur qu'elle me fait en me permettant de vous parler d'elle. Mieux vaut voir apparaître celle dont le nom commence par une caresse et s'achève par un coup de cravache : Marlène ... Dietrich !

1959

Variantes

a. *Cocteau corrige lui-même* « arme », *imprimé dans le programme, par* « âme ».

269

Hommage à Marianne [Oswald] *

Le charme inattendu de Marianne Oswald (*Cette Marianne* comme elle signe) et qui la rend difficile à suivre c'est que chez elle la douceur affecte les aspects de la fureur. Elle flambe. Elle bouscule. Elle fonce. Elle aime à la manière dont les autres détestent. Et je l'ai maintes fois comparée aux mégots impossibles à éteindre même avec le talon. Elle ressemble à la vérité qui est une personne insupportable.

Lorsqu'elle parle de l'enfance elle parle d'elle (car elle a conservé ce trésor intact). On dirait un ogre qui protège les petits enfants pour que la société ne les mange pas.

Il importe d'être toujours attentif lorsqu'elle parle de la jeunesse.

Car elle oppose aux cœurs secs et mous, un cœur pur et dur.

1959

352. Célèbre scène du film *L'Ange bleu* (1930) de Josef von Sternberg dans lequel Marlène Dietrich interprète le rôle de la chanteuse de cabaret Lola. Elle y chante la chanson *Ich bin von Kopf bis Fuss auf Liebe eingestellt*, écrite et composée par Friedrich Hollaender, qui lui assurera une renommée internationale.

* « Hommage à Marianne », manuscrit conservé jadis dans les archives de Milly-la-Forêt, publié dans les *CJCns* (n° 2, 2003, p. 208), mais disparu depuis lors.

270

[BERTHE BOVY] *

Je ne conseille pas aux dramaturges qui collaborent avec Berthe Bovy de la manier comme un instrument ordinaire. Il serait dangereux de la mettre entre toutes les mains. Elle est dure et sensible, construite en nerfs et en os – comme un Stradivarius [353].

Mais que dis-je ? N'est-elle pas son propre virtuose et n'offre-t-elle pas en scène le spectacle étrange d'un violoniste qui serait un violon – d'un instrument mystérieux, capable de se jouer lui-même.

271

LA VOIX HUMAINE ** [354]

Grâce à Francis Poulenc et à Denise Duval [355] mon acte acquiert la puissance mystérieuse des théâtres grec, chinois, japonais, où le plus vrai que le vrai transcende la vie et hausse le réalisme jusqu'au style.

La scène, réduite, représente l'angle d'une chambre de femme ; chambre sombre, bleuâtre, avec, à gauche un lit en désordre, et, à droite, une porte entr'ouverte sur une salle de bains blanche très éclairée.

Devant le trou du souffleur, une chaise basse et une petite table : téléphone, lampe envoyant une lumière cruelle.

Le rideau découvre une chambre de meurtre. Devant le lit, par terre, une femme en longue chemise, étendue, comme assassinée. Silence. La femme se redresse, change de pose et reste encore immobile. Enfin, elle se décide, se lève, prend un manteau sur le lit, se dirige vers la porte après une halte en face du téléphone. Lorsqu'elle touche la porte, la sonnerie se fait entendre. Elle s'élance. Le manteau la gêne, elle l'écarte d'un coup de pied. Elle décroche l'appareil.

---

* « [Sans titre] », texte manuscrit reproduit en fac-similé dans une brochure publicitaire de Pathé Marconi pour le disque *Théâtre de toujours. Jean Cocteau* réalisé par Pierre Hiégel en 1959.

353. Comme toujours, Cocteau utilise une figure de style marquante qui consiste, ici, à comparer Berthe Bovy à un violon Stradivarius, marque de l'excellente de la lutherie italienne au XVIIIe siècle.

** « *La Voix humaine* », montage d'un manuscrit reproduit en fac-similé (pour le 1er paragraphe) et d'un texte imprimé (pour les paragraphes suivants) dans l'album de disque *La Voix humaine* de Francis Poulenc et Jean Cocteau par Denise Duval (Ricordi, s.d.). Une version plus sommaire du même texte figure, sous la forme d'un manuscrit entièrement reproduit en fac-similé, dans l'album de disque *La Voix humaine* (RCA Victor, 1959). Version choisie : celle de l'album Ricordi, la plus développée.

354. *La Voix humaine*, tragédie lyrique en un acte composée par Francis Poulenc sur un texte de Jean Cocteau, est créée à l'Opéra-Comique de Paris le 6 février 1959, sous la direction de Georges Prêtre. Jean Cocteau réalise la mise en scène et les décors. L'interprète est Denise Duval.

355. Denise Duval (1921-), cantatrice française, débute en 1942 au Grand Théâtre de Bordeaux. Montée à Paris, elle entre aux Folies Bergère, puis elle passe à l'Opéra-Comique en 1947 où elle chante dans *Madame Butterfly*. Sa collaboration avec Francis Poulenc – dans *Les Mamelles de Tirésias* (1947), puis *Le Dialogue des carmélites* (1957) et *La Voix humaine* (1957), enfin *La Dame de Monte-Carlo* (1961) – consacre sa réputation.

De cette minute, elle parlera debout, assise, de dos, de face, de profil, à genoux derrière le dossier de la chaise-fauteuil, la tête coupée, appuyée sur le dossier, arpentera la chambre en traînant le fil, jusqu'à la fin où elle tombe sur le lit, à plat ventre. Alors sa tête pendra et elle lâchera le récepteur comme une pierre.

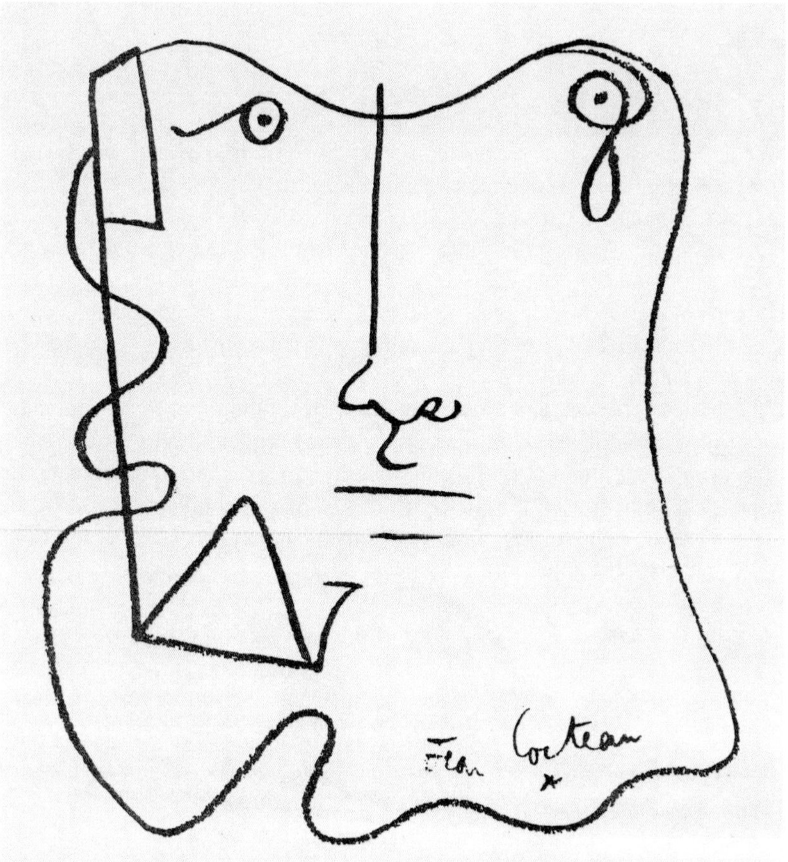

108. *La Voix humaine*, [1959], collection privée.

DERNIÈRES ANNÉES
1960 À 1963

109. Dessin pour le programme de l'Académie internationale d'été – musique et danse, Nice, 1 er juillet – 10 août 1960.

272
[Gilbert Bécaud] *

La première fois qu'Amade[1] m'a amené Gilbert Bécaud[2] à la campagne, je ne l'avais encore jamais entendu et je ne l'avais jamais vu, et il me fallait réussir un dessin de lui pour son programme[3]. Or j'ai fait le portrait d'un premier communiant, d'un garçon très sage et sans la moindre fougue, car c'est de la sorte qu'avec sa modestie, sa timidité, sa gentillesse, il se présentait à moi, les yeux baissés. Ensuite j'ai pensé à ce que m'avait raconté mon fils adoptif[4], d'un pianiste fantastique et un peu fou entendu à Montmartre et qui s'appelait Gilbert Bécaud. Et enfin je l'ai vu et entendu moi-même et j'ai ri de mon dessin de sainte nitouche.

Gilbert Bécaud, c'est la folie qui est le vrai miracle de l'enfance et que les grandes personnes cachent comme une honte. Il a eu le courage d'être excessif, ce que si peu de gens osent, et de se montrer tel qu'il est jusqu'au bout.

* « [Sans titre] », enregistrement figurant sur l'un des disques du magazine sonore *Sonorama*, n° 22, septembre 1960.

1. Louis Amade (1915-1992), auteur de romans, de nouvelles et de textes de chanson, encourage Gilbert Bécaud à se lancer dans la chanson et devient son parolier principal.

2. Gilbert Bécaud (1927-2001), chanteur et compositeur, reçoit une formation classique au Conservatoire de Nice, puis devient l'accompagnateur de Marie Bizet, Yves Montand et Jean Sablon avant de se lancer lui-même dans la chanson. Ses premiers succès datent des années 1950, notamment *Mes mains*, *Je t'appartiens*, *Les Marchés de Provence*, *Le jour où la pluie viendra*, *Quand tu danses*. Très populaire, il est surnommé « Monsieur 100 000 Volts », tant son énergie dépensée sur scène surprend à l'époque. Au décès de Cocteau, Bécaud et Amade écriront ensemble à sa mémoire le succès *Quand il est mort le poète*.

3. Sans doute s'agit-il du portrait daté « Noël 1954 » et reproduit dans *Music-Hall*, n° 1, février 1955. Voir illustration 110.

4. Édouard Dermit (1925-1995), mineur de fond, avant de rencontrer Cocteau à Paris en juillet 1947 qui fait de lui aussitôt son fils adoptif et son légataire universel. Il interprète quelques rôles dans les films du poète, entre autres « Cégeste » dans *Orphée* (1949), « Paul » dans *Les Enfants terribles* (en collaboration avec Jean-Pierre Melville, 1950) et à nouveau « Cégeste » dans *Le Testament d'Orphée* (1959). Il s'adonne également à la peinture et réalise des décors de ballets.

110. Gilbert Bécaud, dans *Music-Hall*, n° 1, février 1955.

273
DANS LE TAPIS DE *CLÉOPÂTRE* *

La voilà en route sur le Fleuve des morts, celle qui vint du ghetto russe enroulée dans le tapis de Cléopâtre. Car c'est de la sorte que nous vîmes apparaître ce grand ibis du Nil que Serge de Diaghilev nous amenait comme le marchand d'Alexandrie à César[5]. Elle ne dansait pas. Elle se contentait d'être et de convaincre par quelques gestes, soit dans la sultane de *Schéhérazade*[6], soit dans le rôle d'Hélène de Troie[7] ; et plus tard, elle devint le saint Sébastien de Gabriele D'Annunzio, de Claude Debussy et de Bakst[8].

* « Dans le tapis de *Cléopâtre* », *Le Figaro,* 17 octobre 1960. Texte écrit à l'occasion du décès de la danseuse Ida Rubinstein, le 20 septembre 1960.

5. Pour Ida Rubinstein dans *Cléopâtre*, voir texte 10.
6. Pour Ida Rubinstein dans *Schéhérazade*, voir texte 12.
7. Pour Ida Rubinstein dans *Hélène de Sparte*, voir texte 15.
8. Pour Ida Rubinstein dans *Le Martyre de saint Sébastien*, voir texte 14.

À partir de cette époque, Mme Rubinstein organisa de magnifiques spectacles. Elle fut tour à tour l'héroïne des œuvres de Paul Valéry, d'Arthur Honegger[9] et de Maurice Ravel[10].

J'en conserve le souvenir d'un silence qui circulait au milieu de nos vacarmes. Morte, elle doit jouer pour la dernière fois le rôle de cette sainte Thaïs du musée Guimet devant laquelle je rencontrai un jour le père Charles Henrion[11] à genoux.

Avec Ida Rubinstein, c'est encore un peu de ma jeunesse qui sombre.

274

SALUT À LOUIS ARMSTRONG *

La poésie ne se limite pas à l'emploi du vers ou du poème en prose. Elle auréole de son mystère des hommes qui, sans le savoir, échappent au niveau officiel de leur besogne et la transcendent.

J'ai connu de ces phénomènes qui, grâce à un prestige de source inconnue, scandalisaient leurs collègues par une supériorité dont ils ne devinaient pas la cause et qu'ils mettaient sur le compte de l'intrigue.

Lorsque j'admire un peintre, un musicien, un dramaturge, un cinéaste, un sportif, on me dit que ce peintre n'est pas un peintre, ce musicien un musicien, ce dramaturge un dramaturge, ce cinéaste un cinéaste, ce sportif un sportif. Et si je demande : « Alors que sont-ils ? », on prend un air vague pour me répondre : « Je ne sais pas… c'est autre chose. »

Or cet « autre chose » nous apporte la meilleure définition de la poésie.

---

9. Ida Rubinstein a commandé six œuvres à Arthur Honegger dont elle interprète à chaque fois le rôle-titre : *Amphion* (1931) et *Sémiramis* (1934), deux ballets sur un livret de Paul Valéry ; les musiques de scène de *Phaedre* pour une pièce de Gabriele d'Annunzio (1926) et de *L'Impératrice au bûcher* sur un livret de Saint George de Bouhélier (1927) ; le ballet *Les Noces d'Amour et de Psyché* dont Honegger réalise l'orchestration à partir de diverses musiques de J. S. Bach (1928) ; enfin, l'oratorio dramatique de *Jeanne d'Arc au bûcher* sur un livret de Paul Claudel (1938).

10. Ida Rubinstein s'est adressée à Maurice Ravel pour une composition au caractère espagnol. Ravel lui livre son *Boléro*, basé sur un thème de seize mesures, répété dix-neuf fois sur un rythme immuable, faisant entrer à tour de rôle divers instruments dans un crescendo progressif jusqu'à l'explosion finale, musique qui deviendra rapidement célèbre dans le monde entier. Dans ce ballet créé le 22 novembre 1928 à l'Opéra de Paris dans un décor conçu par Alexandre Benois, Ida Rubinstein y tient le rôle d'une danseuse espagnole de flamenco. Le 23 mai de l'année suivante, elle créé un autre ballet de Ravel, *La Valse*, œuvre qui avait été refusée par Diaghilev en avril 1920, mais créée en concert aux Concerts Lamoureux le 12 décembre 1920.

11. Le Père Charles Henrion (1887-1969), religieux catholique disciple du père Charles de Foucauld, avait joué un rôle dans le retour temporaire de Cocteau à la foi catholique en 1925.

* « Salut à Louis Armstrong », manuscrit conservé au Musée des lettres et des manuscrits à Paris, accompagné de la date du 4 janvier 1961 et de la mention d'un discours prononcé lors du festival de jazz de Nice en 1961. Dans son journal, Cocteau confirme avoir envoyé le 5 janvier 1961 à Michel de Bry « quelques lignes sur Armstrong pour l'Académie du disque » (voir *PD VII. 1960-1961*, Paris, Gallimard, 2012, p. 298-299) et avoir prononcé ce discours durant l'entracte du concert de Louis Armstrong en lui remettant « le discobole de vermeil (l'oscar) ». Voir *ibid.*, p. 325.

278
[Darius Milhaud] *

Darius ne s'est jamais laissé couler sur une pente douce. Et même dans cette chaise roulante [18] que sa noblesse transforme en char d'un roi dont il porte le nom, il remonte chaque minute la pente où tant d'autres se laissent pousser par la gloire.

Ton cœur bourru je le connais de longue date, Darius. Et, si je ferme les yeux, je me retrouve à Aix-en-Provence, sous les platanes, où des instrumentistes aussi inconfortables que ceux de *Siegfried Idyll* [19] sur les marches de l'escalier de Tribschen, exécutent une œuvre que nous composâmes pour ta mère [20].

Ta rencontre avec Claudel [21] était écrite dans les astres. Vos bontés à rebrousse-poil se ressemblent. Nous leur dûmes *Le Bœuf sur le toit* dont Claudel me donna le titre et dont tu rapportais les rythmes du Brésil comme cet autre le cèdre dans son chapeau [22].

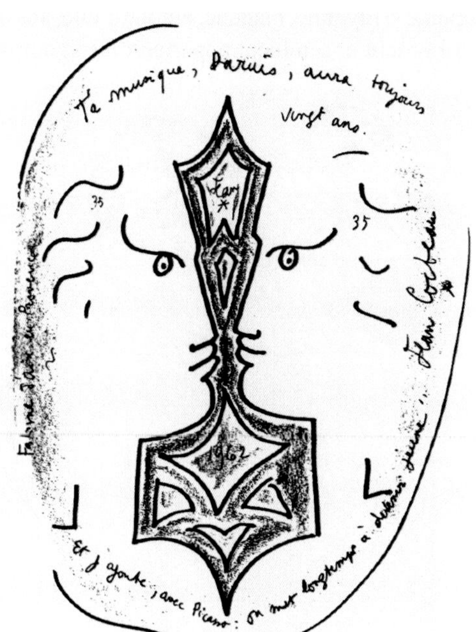

113. Hommage à Darius Milhaud, 1962, collection privée.

* « [Sans titre] », deux états manuscrits et un dactylogramme (1 ff. chacun) conservés à la BHVP. Traduction allemande de ce texte dans le programme du concert *Musica Viva* que l'Opéra d'État de Bavière consacre au compositeur français le 19 janvier 1962.

18. Milhaud souffre de crises de rhumatisme aiguës qui le contraignent à se déplacer en chaise roulante.

19. Intitulée à l'origine *Tribschen Idyll*, la *Siegfried Idyll* a été composée en 1870 par Richard Wagner pour l'anniversaire de sa femme, Cosima Liszt. La composition a été créée le jour même où l'on fêtait cet anniversaire avec un orchestre de quatorze musiciens dans leur résidence de Tribschen près de Luzern.

20. Sans doute s'agit-il de la mélodie *Hymne au soleil*, composée dans la maison familiale de Milhaud à Aix-en-Provence.

21. Rappelons que Milhaud était le secrétaire de Paul Claudel au Brésil durant la Première Guerre mondiale.

22. Il s'agit de Bernard de Jussieu, voir note 310 du texte 43.

Les musiques lointaines ne voyageaient pas encore sur les ondes. On les découvrait et on nous en réservait la surprise.

Ton bagage considérable consolide la gerbe des Six que j'ai nouée avec amour. En Amérique et en France, en face de ce cirque Medrano que nous aimâmes, tu restes ce farouche et tendre prophète des saintes Écritures, fidèle aux rites d'une religion où s'enracine la nôtre[23].

Un jour, jadis, je te demandai de jouer la note de triangle du *Roi David*[24]. Au sommet de l'orchestre, je guettais ta baguette et manquai la note. C'est cette note que je paye aujourd'hui en t'exprimant ma tendresse, ainsi qu'à ta femme et à ton fils.

Je t'embrasse.

Jean Cocteau
Novembre 1961

279
[BÉATRICE ARNAC] *

Béatrice Arnac[25] échappe à la famille fantomatique des voix sans visages, car sa voix émouvante n'est autre qu'un visage tendre et fraternel.

Jean Cocteau
1961

114. Texte et signature de Cocteau, 1961, pochette de disque de Béatrice Arnac, Éditions Orphée.

---

23. Pierre Caizergues et Josiane Mas développent plus amplement l'idée que Milhaud avait « une grande sensibilité œcuménique » dans la note 2 de la lettre 44. Voir Jean Cocteau – Darius Milhaud, *Correspondance*, éd. Pierre Caizergues et Josiane Mas, Valence, Novetlé-Massalia, 1999, p. 89.

24. Il s'agit ici d'une erreur. Créé le 11 juin 1921 au Théâtre du Jorat à Mézières (Vaud), *Le Roi David* est un oratorio d'Arthur Honegger auquel Cocteau n'a pris aucune part. C'est dans *Les Choéphores* créé aux concerts Delgrange le 15 juin 1919 que le poète intervient en tant qu'instrumentiste.

* « [Sans titre] », texte reproduit sur le verso de la pochette du disque de Béatrice Arnac, *La Rue Saint-Jean, Le Jardin d'Elvire, Comptine, À Recouvrance*, 17 cm., 45 tours, Disques Pacific, 150.009 B, collection « Chansons d'Orphée », [1961]. Voir illustration 114.

25. Béatrice Arnac (1937-), chanteuse, compositrice et actrice de cinéma, interprète de nombreux poètes dans les années 1960 et 1970.

280

[Monique Morelli] *

Louis Aragon se suffit toujours à lui-même et le chant interne de son œuvre semble n'avoir besoin d'aucune aide.

C'est pourquoi j'admire ceux qui, par miracle, peuvent, non pas y ajouter quelque chose, mais presser le poème jusqu'à en rendre l'âme évidente. Monique Morelli[26] nous étonne et nous éclaire certaines ombres secrètes d'un grand poète.

1961

281

[Nouveau cirque] **

La merveille du « Nouveau Cirque »[a][27] de mon enfance, c'étaient les petits panaches d'eau de la piste qui s'enfonce, prête pour la pantomime et le combat naval.

En outre le cirque devenait la vaste cuve, piétinée par d'étranges vignerons[b] : clowns, cowboys, illusionnistes, acrobates, cuve d'où sortait et moussait un champagne qui nous grisait chaque dimanche.

Ce soir[c], la piste sera empanachée par un champagne véritable, survoltant[d] des amateurs qui, parfois, l'emportent sur la science des professionnels.

Remercions ceux qui peuvent se payer le luxe de nous faire, un peu, oublier nos drames.

1961

Variantes

a. La merveille [du « Nouveau Cirque » *Ms. 1 – Ms. 2* ; du cirque *Progr.*] de mon enfance, c'étaient [...]

b. [...] la vaste cuve, piétinée par d'étranges [vignerons *Ms. 1* ; vendangeurs *Ms. 2 – Progr.*] : clowns, [...]

c. [Ce soir *Ms. 1 – Ms. 2* ; Le soir du 32 e Gala de l'Union *Progr.*], la piste sera empanachée [...]

d. [...] un champagne véritable, [survoltant *Ms. 1 – Ms. 2* ; résolvant *Progr.*] des amateurs qui [...]

---

* « [Sans titre] », texte manuscrit reproduit en fac-similé au recto de la pochette du disque *Chansons d'Aragon* par Monique Morelli, 25 cm., 33 tours, Chant du monde, [1961].

26. Monique Morelli, née Monique Dubois (1923-1993), occupe une position enviée parmi les chanteuses interprètes de la chanson française de qualité jusque dans les années 1970. Ses enregistrements sont systématiquement consacrés à des poètes : Louis Aragon, Francis Carco, Pierre Mac Orlan, etc.

** « [Sans titre] », préface au programme du 32e Gala de l'Union des Artistes au Cirque d'hiver Bouglione, le 9 mars 1962. Première version connue du texte donnée dans un manuscrit accompagné d'un dessin – voir le catalogue *Gérard Economos. La rencontre avec Jean Cocteau et Édouard Dermit* (Paris, Galerie « Arts et autographes », 2003, p. 69). Seconde version connue du texte donnée dans un manuscrit accompagné d'un autre type de dessin et conservé dans la collection Stéphane Dermit. Version choisie : celle des manuscrits (*Ms. 1 – Ms. 2*), plus riche, mieux ponctuée et datée tous deux de 1961, tout en indiquant les variantes significatives des trois versions (*Ms. 1 – Ms. 2 – Progr.*).

27. Cocteau évoque abondamment le « Nouveau Cirque » de son enfance dans le chapitre V de ses *PS*. Pour une évocation plus détaillée des « petits panaches d'eau », voir *ibid.*, p. 71-72.

282

[JEAN WIÉNER] *

L'art passe toute sa vie à nous nouer et à se dénouer, alors il change continuellement de forme.

Ma vie a été dure et belle et l'amitié y joue un grand rôle. Tous les acteurs de ma route ont des visages d'amis. Les uns sont morts, les autres, il n'y a jamais eu d'ombre entre nous.

À l'époque lointaine dont je parle, « Le Bœuf sur le toit » n'était pas encore le cabaret qu'il est devenu. C'était une sorte de club de camarades qui bavardaient et faisaient de la musique.

Cette enseigne du « Bœuf sur le toit » avait été rapportée du Brésil par Paul Claudel et Darius Milhaud.

115. « Jean Wiéner présenté par Jean Cocteau » au Bœuf sur le toit, s.d., collection privée.

* « [Sans titre] », manuscrit (5 ff.) conservé à la BHVP. Les trois derniers paragraphes de ce texte ont été repris avec quelques légères variantes dans le « Salut à Jean Wiéner » prononcé en ouverture de l'émission radiophonique « Salade de musique : Jean Wiéner », France 4 Haute-Fidélité, 28 mars 1962. Voir Pierre-Marie Héron, *Jean Cocteau et la radio*, numéro thématique des *CJCns*, n° 8, 2010, p. 126-127.

Avant que nous ne pensions à l'employer, Darius me dit un jour : « Les cafés littéraires sont démodés. Les gens se retrouvent dans des bars. Que dirais-tu d'un bar comme quartier général de notre groupe ?

J'en connais un dirigé par mon ami Louis Moysès qui ne demanderait pas mieux que de se mettre à nos ordres. »

J'y allai.

C'était rue Duphot, le bar « Gaya ». Il y avait un public d'hommes d'affaires et deux pianistes : Wiéner et Doucet. Ils jouaient les premiers grands fox-trots et blues, faits en Amérique par les Noirs, les Israélites et les Russes.

Le lendemain, je rencontrai Moysès. Il m'annonça que ses pianistes déplaisaient à la clientèle et qu'il allait les renvoyer. Je lui dis qu'il fallait renvoyer sa clientèle et garder ses pianistes. Il m'écouta et fit fortune. Depuis ce jour, nous n'avons plus quitté Wiéner et le gros Doucet qui jouait les œuvres les plus difficiles en lisant sur son pupitre *Les Trois Mousquetaires* et *Le Vicomte de Bragelonne*[28].

Wiéner a enchanté notre jeunesse et nous enchante encore. La grâce exquise et savante qu'il a distribuée dès le premier jour n'avait rien à faire avec la science un peu pédante qui devait assimiler le jazz aux grandes recherches de Schoenberg, Berg et du dodécaphonisme.

Wiéner charmait et charme dans le sens littéral du terme. Lorsqu'il joue la musique des autres, il y met tant de fraîcheur et de cœur qu'on dirait qu'il l'invente et lorsqu'il compose (comme cette admirable vrille désespérée du *Grisbi*[29] par exemple), on dirait que personne n'a composé cette musique et qu'elle sort toute seule de l'âme du peuple de Paris.

Je l'embrasse et je le salue avec mon admiration, ma reconnaissance et ma vieille tendresse fidèle.

[*Adjonction en marge :*] C'est exprès que je n'entre pas dans les détails. Il faudrait parler du Noir Vance Lowry et de cette batterie que Stravinski avait achetée et dont je jouais moi-même[30], mais on m'a fait assez d'ennuis avec cela pour que je n'en parle plus.

---

28. Pour *Les Trois Mousquetaires* et *Le Vicomte de Bragelonne*, voir note 49 du texte 186.

29. Wiéner a composé la musique de *Touchez pas au grisbi !* (1954), film de Jacques Becker dont le scénario est basé sur le roman éponyme d'Albert Simonin.

30. Pour la batterie de Stravinski prêtée au cabaret « Le Bœuf sur le toit » et sur laquelle a joué Cocteau, voir notes 38 et 39 du texte 136.

283

Patmos [*]

Comme l'*Impromptu*, l'*Oratorio* est un genre. Il exige la plus grande rigueur et un manque total de pittoresque. Comment cet *oratorio* de *Patmos*[31] s'est-il fait ? Sans doute la plus large preuve de confiance dans le mystère de la jeunesse est-elle à l'origine de cette considérable aventure.

Patmos c'est l'île où saint Jean mangea « le livre » et ce livre lui donna des visions d'où nous viennent les énigmes de l'apocalypse.

Notre oratorio est une paraphrase de l'apocalypse où les dangers de notre époque apparaissent. Ils s'y mélangent. Je ne connaissais pas Yves Claoué[32] ni rien de sa musique. Je l'avais entendu improviser au piano.

Hindemith[33] m'ayant demandé jadis de collaborer, j'avais composé ce bloc oratoire, mais, après coup, il voulut un opéra bouffe et *Patmos* demeura sur ma table.

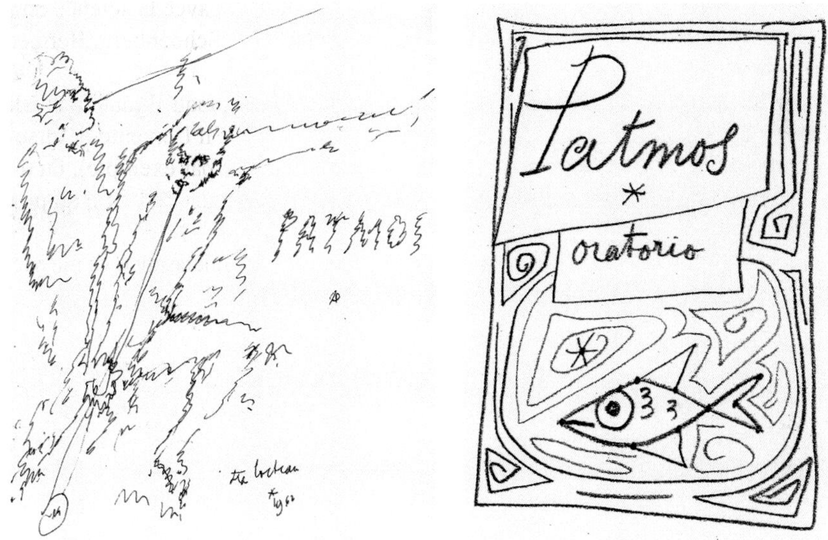

116. « *Patmos* », 1962, collection privée.

117. « *Patmos* oratorio », 1963, BHVP.

* *Patmos*, texte de présentation figurant dans le programme de l'oratorio de Jean Cocteau et Yves Claoué créé le 3 mai 1962 dans la Chapelle royale du Château de Versailles par l'Orchestre philharmonique de la Radio Télévision française dirigé par André Girard et les chœurs de la R.T.F. dirigés par René Alix. L'oratorio est écrit pour récitant, cinq voix solistes, chœurs et orchestre. Manuscrit conservé à la BHVP. Version choisie : celle du manuscrit permettant de corriger de nombreuses erreurs de transcription et d'orthographe dans le programme.

31. Pour la genèse et le texte de cet oratorio, d'abord confié à Paul Hindemith (1895-1963) avant d'échouer à Yves Claoué (voir la note suivante), voir David Gullentops, « *Patmos*, un oratorio inédit de Jean Cocteau et Yves Claoué », dans David Gullentops et Malou Haine (dir.), *Jean Cocteau. Textes et musique*, Sprimont, Mardaga, 2005, p. 77-104.

32. Yves Claoué (1927-2001), compositeur français de musique de scène et de films. Pressenti par Cocteau pour « trouver une ligne musicale » aux « textes de *L'Apocalypse* que Hindemith [n'avait osé] entreprendre », Claoué se voit confier l'oratorio en novembre 1957. Voir *PD V*, p. 763-764 et 769.

33. Paul Hindemith avait abandonné le projet de *Patmos* en 1952.

Un jour, comme Yves Claoué se plaignait en ma présence de ne trouver aucun prétexte à se mettre en route, je lui confiai mon œuvre à mes périls et risques et aux siens.

Après quatre ans de silence où ses camarades ne le virent plus, il m'apprit que la besogne était prête. Ensuite, des spécialistes se penchèrent sur sa partition d'orchestre et, peu à peu, toutes les chances entourèrent son berceau.

Il importe de remercier ceux qui les représentent et lui permirent de sauter à pieds joints et sans mors les échelons de l'échelle, dans une des plus étranges entreprises du monde musical.

J'ignore ce qui en résulte, je l'entendrai comme vous ce soir dans la chapelle de Versailles. Seulement, je sais avec quel respect le chef d'orchestre, les solistes et les chœurs ont étudié ce travail.

J'exprime donc ma profonde gratitude à l'auteur et à ses interprètes.

284

Pelléas et Mélisande *

Lorsque le chef-d'œuvre de Maeterlinck fut épousé par un autre chef-d'œuvre [34], il naquit de cet accouplement étrange un scandale [35].

J'étais alors trop jeune pour suivre ma famille au théâtre. Elle en revenait pendant mon sommeil et laissait dans ma chambre le programme ou un superbe magazine en couleurs : *Le Théâtre* [36].

Si j'ai toujours refusé de faire les décors et les costumes de *Pelléas* à l'Opéra-Comique, au Metropolitan Opera de New York, à celui de Londres, à la Scala de Milan, malgré la prière affectueuse de Madame Maeterlinck, c'est par peur de perdre l'équilibre entre le rêve et un pur réalisme qu'une longue méprise fait encore confondre avec l'irréalité. Lorsque je m'efforce à Metz de vaincre mes scrupules, c'est qu'il m'a paru curieux de rendre hommage aux décors d'origine de Jusseaume [37] en dessinant vite et presque les yeux fermés, le souvenir d'enfance que j'en garde. Cette méthode permet en outre de résoudre le lourd problème du machinisme et, sur des tulles, d'accentuer le

---

* « *Pelléas et Mélisande* », texte de présentation figurant dans le programme du cinquième festival international de Metz (21-30 septembre 1962); texte repris avec d'infimes variantes dans *L'Opéra de Paris*, nº 22, 1964, p. 52-53. *Pelléas et Mélisande* est repris au Théâtre municipal de la Ville de Metz les 22 et 23 septembre 1962. Jacques Pernoo assure la direction musicale de l'orchestre municipal de Metz. Henri Doublier se charge de la mise en scène. Jean Cocteau réalise les décors et les costumes. Parmi les interprètes figurent Denise Duval, Geneviève Macaux, Mireille Martin, Michel Roux, Henri Gui, André Vessières, Yvan Tcharenko.

34. Dès 1952, Cocteau énonce l'idée selon laquelle le texte de Maeterlinck a été évincé par la musique de Debussy. En témoignent son journal (*PD I*, p. 319), ainsi que le texte 179.

35. Scandale que Cocteau explique, dans l'entretien avec Jaton, de la façon suivante : « En réalité, en *baignant* le texte de Maeterlinck dans une sorte de vague musical, Debussy contredisait la théorie des *airs* qu'on retient du *bel canto*, et alors les gens n'avaient pas de points de repère et se moquaient beaucoup surtout, des situations [scéniques] assez *bizarres* [...]. » Voir texte 286.

36. Pour *Le Théâtre*, voir note 41 du texte suivant.

37. Lors de la création de *Pelléas et Mélisande* à l'Opéra-Comique de Paris en 1902, ce sont Lucien Jusseaume (1861-1925) et Eugène Ronsin qui réalisent les décors. Le programme de 1962 reproduit les décors ainsi que les costumes de la création aux côtés de ceux que le poète a réalisés pour cette reprise.

relief du style médiéval des costumes auquel je songeais sur les neiges d'Engadine [38] en regardant skieurs et skieuses pareils aux archers et aux belles dames de Dürer, Cranach ou Holbein.

Je n'ignore pas le rôle que jouent les cheveux de Mélisande [39], mais les lourdes perruques m'effraient et je préfère la coiffer avec ces charmantes cagoules, sur lesquelles, au Moyen Âge, nos reines portaient leurs couronnes.

Puisse la profonde et douce lumière de Maeterlinck traverser cette ruche et m'éviter d'alourdir le vol nuptial de Mélisande semblable à celui des abeilles.

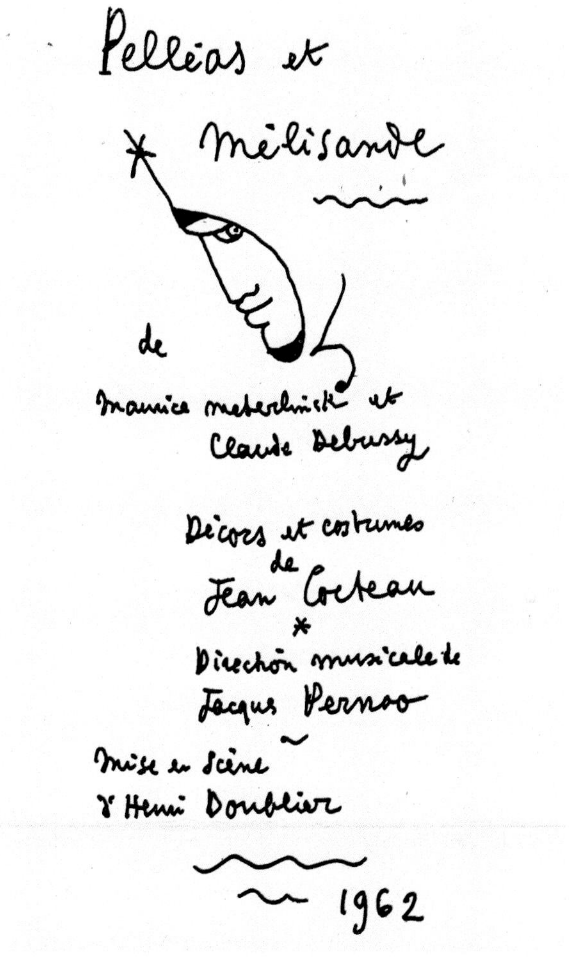

118. « *Pelléas et Mélisande* », programme du 5 e Festival international de Metz, 21-30 septembre 1962.

38. Cocteau fait allusion à un récent séjour en Engadine.

39. Allusion à la scène 2 de l'acte IV, où Golaud traîne Mélisande par les cheveux.

285
[ENTRETIEN AVEC PIERRE CHANEL] *

[...]

[*Texte lu :*] En ce qui concerne *Pelléas*, j'étais trop jeune pour aller au théâtre. Je n'en connaissais que les départs de ma mère et les retours des grandes salles interdites. On jetait sur mon lit un programme, ou le magazine *Le Théâtre* [40] – au réveil je passais d'un rêve dans un autre – et c'est le souvenir des décors d'origine que j'ai essayé de rendre visible par l'entremise de surfaces translucides sur lesquelles j'ai rapidement esquissé ce qui reste dans ma mémoire des vieux décors de l'Opéra-Comique.

119. « *Pelléas et Mélisande* », 1963, collection privée.

* [*Pelléas et Mélisande*], extraits d'une interview de Jean Cocteau réalisée par Pierre Chanel, entre autres à propos des représentations de *Pelléas et Mélisande* au Ve Festival international de Metz (21-30 septembre 1962). Enregistrement effectué au théâtre de Metz pendant une répétition de *Pelléas et Mélisande*, le 21 septembre 1962. L'interview mêle les propos d'un texte préparé et lu par Cocteau et ses réponses improvisées aux questions de Pierre Chanel. Nous reprenons ici le texte et les notes établis par Pierre-Marie Héron dans *Jean Cocteau et la radio*, p. 181-182.

40. Le périodique *Le Théâtre* a paru de 1897 à 1921, avec des interruptions pendant la guerre de 1914. « Somptueux magazine », dans lequel Cocteau « découpai[t] des décors » pour en orner « un guignol », raconte-t-il dans l'article « Une actrice de grand style » (*Ce Soir*, 26 octobre 1937). Voir Cocteau, *Poésie de journalisme 1935-1938*, éd. Pierre Chanel, Paris, Belfond, 1973, p. 90-91.

Maeterlinck n'a pas situé Pelléas – mais le style médiéval s'impose. Et non seulement je l'aime et les cagoules nous sauvent des perruques excessives, mais encore il met des belles couleurs et des formes nobles dans la brume matinale ou crépusculaire des décors.

[...]

Pierre Chanel : *Jean*, La Chevauchée des Walkyries, *tout ça, ça n'est pas intéressant ?*

[*Improvisation :*] J'ajoute que mes souvenirs d'enfance ne sont pas seuls dans ma conception des décors. Un jour, Debussy, avec lequel je me trouvais à l'Opéra, au bar de l'Opéra – parce que nous avions été deux fois voir *La Walkyrie*, nous voulions voir le spectacle de la *Chevauchée*[41], et nous rations toujours le spectacle de la *Chevauchée*... et nous étions dans ce bar, et je parlais de *Pelléas* et je lui disais que les décors de l'Opéra-Comique étaient... beaux mais un peu difficiles, un peu lourds, et il me dit : « Oui, il faudrait les commander à un japonais. » C'était l'époque du japonisme mallarméen, et voilà un peu ce qui m'a dirigé.

Et puis aussi je me suis souvenu des magnifiques illustrations de Manet pour *L'Après-midi d'un faune* de luxe, celle dont Mallarmé disait : « sac de bonbons, mais de rêve »[42].

[...]

286

[ENTRETIEN AVEC HENRI JATON] *

Durant l'été 1962, l'Opéra de Metz présentait Pelléas et Mélisande *de Claude Debussy, dans de nouveaux décors conçus par Jean Cocteau. Je*[43] *rencontrais l'éminent artiste quelques heures seulement avant le spectacle. Jean Cocteau, spontanément, voulut bien me définir en termes très clairs le caractère et la signification qu'il attribuait à l'Œuvre de Maeterlinck et de Debussy dans le cadre de la production dramatique contemporaine.*

Et bien *Pelléas* est une pièce à cheval sur le réalisme et l'irréalité. Rien ne le situe dans le temps, mais l'intrigue le situe à merveille dans... dans le cadre des lieux où elle se déroule avec une logique implacable.

Rien n'est ridicule comme cette coutume qui consiste à prendre l'œuvre de Maeterlinck pour un livret d'opéra – un livret d'opéra qui se démode *(petit rire)*.

41. *Chevauchée des Walkyries*, prélude de l'acte III de l'opéra de Wagner.

42. Pour cette formule de Mallarmé, voir note 49 du texte 286.

* [*Pelléas et Mélisande*], extraits d'une interview de Jean Cocteau réalisée par Henri Jaton, à propos des représentations de *Pelléas et Mélisande* au Ve Festival international de Metz (21-30 septembre 1962). Enregistrement effectué le 21 septembre 1962 (archives sonores de la Radio suisse romande). La première prise de parole de Cocteau, présentée comme improvisée, reprend en réalité fidèlement un texte préparé, conservé à la BHVP sous le titre « Le Pelléas de Metz » (10 ff.). Nous reprenons ici le texte et les notes établis par Pierre-Marie Héron dans *Jean Cocteau et la radio*, p. 77-85. Les notes ont été complétées par nos soins.

43. Henri Jaton (1906-1976), critique musical et journaliste à Radio-Lausanne.

Pelléas est un chef-d'œuvre, un des textes les plus nobles, les plus merveilleux de la dramaturgie contemporaine et c'est sans doute sa puissance… délicate, sa solitude qui trompent l'intellectualisme, lequel s'imagine ne pas suivre les modes et… et les suit sans se rendre compte qu'il n'existe aucune mode pour la beauté.

La musique impressionniste est féminine, mais… mâle le texte de Maeterlinck. Il résulte de ce mariage que, comme chez les Mantes Religieuses, *(sourire)* l'épouse dévore l'époux pendant l'acte d'amour.

Le chef-d'œuvre de Claude Debussy a dévoré le chef-d'œuvre de Maeterlinck[44], à tel point qu'il arrive à la comtesse Maeterlinck de se plaindre parce que le nom du dramaturge ne figure même pas sur les affiches.

Je tiens de Claude Debussy, qu'il ne voulait pas composer un opéra mais souligner, par une ligne musicale, le relief des paroles.

C'est pourquoi si les chanteurs ne sont pas des acteurs ou sont des acteurs médiocres et articulent mal, l'œuvre devient longue, et ennuyeuse.

À Metz toutes les paroles s'entendent et, par exemple, la scène de l'espionnage d'Yniold[45] et celle où Golaud bouscule Mélisande[46] prennent une puissance terrible et presque insupportable. Le drame de la jalousie l'emporte sur les vagues sonores de l'orchestre.

Pour les décors de *Pelléas*, que j'avais refusés de longue date à l'opéra de Paris, de New York, de Londres, de Munich, de Vienne et de Milan, par crainte *(sourire)* de mal résoudre le problème et d'alourdir le spectacle, j'ai enfin risqué ma chance pour trois raisons.

La première c'est que j'étais trop jeune à l'époque de la création d'une œuvre que je devinais à travers des programmes rapportés par ma famille. Je trouvais le programme de *Pelléas* sur mon lit au réveil et je passais d'un rêve dans un autre.

C'est ce qui me reste en mémoire des vieux décors de Jusseaume[47] que j'ai voulu fixer par des esquisses rapides sur des surfaces transparentes que la lumière traverse.

La seconde raison me vient de Claude Debussy. Un soir, la veille ou l'avant veille *(sourire)* – du *Martyre de saint Sébastien*, comme nous parlions au bar de l'Opéra du casse-cou des décors de *Pelléas*, il me dit : (*imitation de voix*) « Il faudrait un peintre japonais pour les réussir » (il avait composé sa musique à l'époque du japonisme, du japonisme mallarméen).

44. Pour « l'anéantissement » de la pièce de Maeterlinck par la musique de Debussy, voir note 35 du texte 284.

45. Acte III, scène 4. Yniold est le fils de Golaud, issu d'un premier mariage.

46. Acte IV, scène 2. Golaud est le mari de Mélisande et le demi-frère de Pelléas.

47. Lucien Jusseaume (1851-1925), décorateur de théâtre, appartient au genre naturaliste, opposé à l'avant-garde. François Lesure note à propos de la création de 1902 : « Dans l'euphorie de l'accession de son œuvre à la scène, Debussy fut surtout séduit par le "timbre doucement insinuant" de Mary Garden (Mélisande), par la fragile juvénilité de Jean Périer (Pelléas) et la compréhension globale du chef Messager. Par la suite, il allait souhaiter une direction plus nerveuse et un "mouvement plus juste" et se dégoûter de l'aspect banal des décors de Jusseaume et Ronsin. ». Voir François Lesure, « Répétition générale de *Pelléas et Mélisande* à l'Opéra-Comique », *Célébrations nationales 2002*, http : //www.culture.gouv.fr/ culture/ actualites/ celebrations2002/debussy.htm

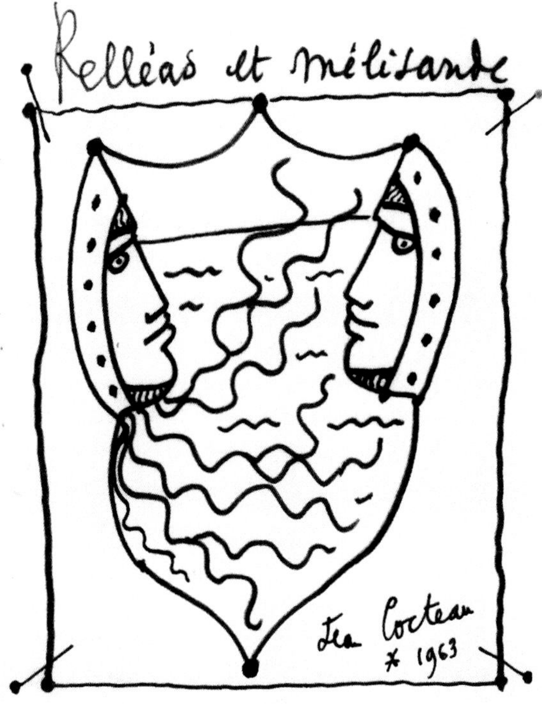

120. « *Pelléas et Mélisande* », 1963, collection privée.

La troisième raison fut le style des vignettes de Manet qui illustrent la plaquette luxueuse de *L'Après-midi d'un faune*. Plaquette dont Mallarmé désirait qu'elle ressemblât « à un sac de bonbons, mais de rêve »[48].

En outre, je... je charge le costume médiéval de mettre formes et couleurs dans cette brume matinale et crépusculaire.

Il est possible, après un si grand nombre de tentatives que la mienne... déçoive à la fois les amateurs de réalisme et les amateurs de songe. Mais l'œuvre est écrite à cheval sur ces contrastes et il fallait obéir à l'élégance suprême de ce déséquilibre.

Pourquoi Metz ? me demande-t-on. Et bien, parce que c'est en... décentralisant le théâtre que Paris... pourra découvrir des collaborations... artisanales et parce que je devais, par reconnaissance pour l'interprète de *La Voix humaine*, essayer d'offrir à Denise Duval un cadre digne d'elle.

48. Dans la note bibliographique de ses *Poésies* rédigée pour l'édition Deman de 1899, Mallarmé écrit : « *L'Après-midi d'un faune* parut à part, intérieurement décoré par Manet, une des premières plaquettes coûteuses et sac à bonbons mais de rêve et un peu orientaux avec son "feutre du Japon, titré d'or et noué de cordons rose-de-Chine et noirs", ainsi que s'exprime l'affiche : puis M. Dujardin fit, de ces vers introuvables autre part que dans sa photogravure, une édition populaire, épuisée. » Voir Mallarmé, *Œuvres complètes*, éd. Bertrand Marchal, Paris, Gallimard, Bibliothèque de la Pléiade, 1998, t. 1, p. 47.

Artistes, metteur en scène, Pierre Grouin, qui... m'a aidé dans l'exécution des décors, et Simonini qui a fait les... les rideaux de scène, chef d'orchestre, orchestre et personnel des coulisses, tous ont transformé ce travail très dur en une véritable fête.

Hélas, les dates de *Renaud et Armide* correspondent avec celles où l'Académie Française m'envoie, comme académicien Belge, saluer Maeterlinck au cérémonial d'anniversaire[49].

Je ne pourrai donc assister à ce *Renaud* dont les circonstances m'avaient déjà privé à Baalbek[50]. Cette double malchance est la seule ombre sur ce Festival. J'eusse aimé applaudir mes nouveaux interprètes et le décor de mon fils adoptif Édouard Dermit.

Également à Metz j'exécute les sept vitraux pour l'abside de l'église Saint-Maximin[51].

Le premier vitrail... est déjà posé à titre d'essai et il attend les autres *(sourire)*.

La parfaite bonne grâce du clergé de Metz et celle des responsables du festival, dont je suis le Président d'Honneur *(sourire)*, viennent encore de contribuer à mon amour de la Moselle et d'une ville pleine de charmes – charmes au pluriel – et de mystère.

Maître, vous avez évoqué deux éléments qui me paraissent retenir notre attention. Tout d'abord vous avez évoqué le souvenir de Claude Debussy. Avez-vous eu l'occasion de le rencontrer fréquemment ?

Et bien je l'ai beaucoup vu à l'époque de... du *Martyre de saint Sébastien*. Parce que j'étais très lié avec D'Annunzio et avec Mme Ida Rubinstein et nous étions toujours ensemble pendant les répétitions. Je l'ai vu aussi beaucoup pendant les répétitions de... du *Sacre du printemps*. Là c'est très étrange, il avait la partition sur les genoux et une sorte de... pas de jalousie, non, mais de tristesse, de voir que... que tout à coup un nouveau mode musical se présentait à la jeunesse après le sien. Une sorte de... une sorte de mélancolie.

Est-ce que vous avez gardé le souvenir de la création relativement tumultueuse de Pelléas précisément ?

Ah, comme je vous l'ai dit, j'étais trop gosse, je n'allais pas au théâtre *(– Oui, je comprends)* Et alors ça m'était... pour moi je voyais le théâtre à travers les départs de ma mère et... et tout ça était pour moi un rêve extrêmement... vague et... vous savez comment sont les enfants, j'avais des petits théâtres où je construisais des décors *(petit rire)* et j'essayais vaguement de reconstituer *(rire)* les décors de *Pelléas*, mais que je

49. L'allocution de Cocteau (prononcée le 29 septembre) est recueillie dans *Le Centenaire de Maurice Maeterlinck (1862-1962)*, Bruxelles, plaquette éditée par l'Académie royale de langue et de littératures françaises de Belgique en 1964. Elle avait d'abord paru en 1962 dans *Les Nouvelles littéraires* du 1er septembre et dans la collection « Brimborions » des Éditions Dynamo (Liège).

50. Cocteau était venu avec sa troupe présenter *La Machine infernale* au 1er Festival International de Baalbek (Liban) en août 1956 (voir *PD V*, p. 213-219). *Renaud et Armide* y est représenté au cours du 7e Festival (19 juillet-21 août 1962), les 18 et 21 août (Temple de Bacchus), dans les décors et costumes de Christian Bérard (prêtés par la Comédie-Française), avec des « éléments musicaux » de Poulenc. Distribution : Geneviève Page (Armide), Madeleine Marion (Oriane), Jacques Dacqmine (Renaud) et Henri Doublier (Olivier), qui signe la mise en scène. Le spectacle est repris au Théâtre municipal de Metz samedi 29 et dimanche 30 septembre à 21h.

51. Cocteau fait ce travail en 1961-1962, avec l'aide des frères Dedieu, verriers, mais il n'en verra pas l'aboutissement, la pose des sept vitraux s'étalant de 1962 à 1970.

n'imaginais pas du tout! Pour moi c'était une sorte de… de… de *phénomène*. Surtout que ma mère me racontait qu'il y avait eu des scandales et à cette époque-là [52] – à cet âge-là, je ne comprenais pas pourquoi un théâtre pouvait – un spectacle de théâtre pouvait scandaliser. En réalité, le… le… en *baignant* le texte de Maeterlinck dans une sorte de… de vague musical, Debussy contredisait la théorie des *airs* qu'on retient, des… du *bel canto*, et alors les gens n'avaient pas de points de repère et… et… et se moquaient beaucoup surtout, des situations assez *bizarres* – par exemple du gosse qui va *(petit rire)*… que le père fait monter à la fenêtre pour voir si… si Maman est avec… *(petit rire)* le jeune homme, et… et aussi la scène où *Pelléas* – où Golaud la tire par les cheveux et l'insulte [53]… tout ça, quand c'est mal chanté et mal joué, devient un opéra assez confus où la… où la dramaturgie n'effraye pas, mais quand on a de bons acteurs, comme nous les avons cette fois et je crois comme il y en a eu avec Etcheverry par exemple [54], et bien la scène prend une très grande violence.

Est-ce que vous avez pu mesurer après coup les raisons pour lesquelles Debussy et son librettiste ont été divisés ?

Et bien, ils ont été divisés pour la raison suivante : Erik Satie… voulait… mettre en musique *La Princesse Maleine* [55]. Mais il écrivait des lettres très cocasses *(petit rire)* qui devaient surprendre Debussy… c'était un vieux monsieur très étrange… et Debussy, déjà célèbre, et qui écrivait des lettres plus sérieuses, a obtenu de faire *Pelléas* sans prévenir Satie. Et Satie, qui déjeunait tous les dimanches chez son vieux… copain Debussy, a tout à coup appris que Debussy faisait *Pelléas* et qu'il ne pouvait plus faire *La Princesse Maleine*. Enfin il a (petit rire) il a avalé la pilule, mais enfin l'idée était de Satie. Et c'était la même que celle de Debussy, c'est très étrange! Puisque lui, Satie, venait de la Schola, était pour la ligne classique, et Debussy était le maître de l'impressionnisme musical. Mais… il est évident que… leur idée était la même : ne pas… avoir des… des… un orchestre qui se *convulse* comme… comme un arbre ne se convulse pas dans un décor, et plutôt *baigner* les textes de Maeterlinck, qu'ils aimaient et qu'ils admiraient, dans un climat musical.

---

52. François Lesure précise le contexte de la création : « La répétition générale, le 28 avril 1902, se déroula dans une atmosphère un peu houleuse, mais ne fut pas la bataille que quelques-uns ont ensuite imaginée avec bagarres et intervention de la police. […] C'est du reste davantage le texte de Maeterlinck que la musique qui provoqua rires et quolibets. La première – le 30 avril – fut plus calme et, peu à peu, dans les représentations suivantes, *Pelléas* s'imposa et fut répété quatorze fois en deux mois. […] L'accueil fait aux premières représentations fut très contrasté. […] Un groupe de bouillants prosélytes, qu'on appela le "bataillon sacré", se tenait dans les troisièmes galeries pour combattre les récalcitrants; certains ne manquèrent pas une représentation. […] Comme dans beaucoup de combats esthétiques, les snobs contribuèrent aussi au succès; on allait bientôt les appeler les Pelléastres. » Voir Lesure, « Répétition générale de *Pelléas et Mélisande* à l'Opéra-Comique ».

53. Référence aux deux passages déjà évoqués (III, 4 et IV, 2).

54. Henri-Bertrand Etcheverry, interprète de Golaud dans la représentation de *Pelléas et Mélisande* à Paris, Salle du Conservatoire, du 24 avril au 26 mai 1941 (chœurs Yvonne Gouverné, Orchestre de la Société des Concerts du Conservatoire, dirigé par Roger Désormière). Enregistrement intégral édité par La Voix de son Maître (20 disques 78 tours), réédité en 2006 par EMI (3 CD).

55. Ce drame en cinq actes publié en 1889 à trente exemplaires, réédité en 1890, première pièce de Maeterlinck, ne fut créé qu'en 1935, à la radio. Baignant dans l'atmosphère symboliste, Debussy avait lui aussi songé, en 1891, à la mettre en musique, avant d'assister, le 17 mai 1893, à l'unique représentation de *Pelléas et Mélisande* que Lugné-Poe donnait aux Bouffes Parisiens et de jeter son dévolu sur cette pièce.

Mais est-ce que Maeterlinck, à la veille de la création musicale de Pelléas, *n'a pas fait paraître un article fulminant, et en somme protestant contre l'usage qui était fait de son texte ?*

Et bien… oui… Il était très étonné, comme le public, il n'avait pas le recul [56]. Et par exemple il détestait le cinématographe. Et je possède de Maeterlinck une lettre que j'ai donnée à la Comtesse Maeterlinck – à Madame Maeterlinck – et où il me dit [57] : « Je déteste le cinématographe, mais vous êtes la seule personne que j'autorise à faire un film avec *Pelléas et Mélisande.* » Et si je n'ai jamais fait, malgré les… les supplications de Madame Maeterlinck, ce film, c'est d'abord que je ne trouvais pas de Pelléas ni de Mélisande, et qu'ensuite… il serait arrivé la même chose qu'à l'Opéra-Comique, c'est-à-dire que les publics du cinématographe, le gros public de jeunes, qui ne connaît pas l'œuvre de Maeterlinck, et le public… inculte qui… qui remplit les salles de cinéma, auraient ri… pour les mêmes raisons qui faisaient rire le public de l'Opéra-Comique. Je n'aurais pas… j'aurais obtenu la même surprise et le même scandale. J'en ai eu… j'en ai eu peur, non pas pour moi, parce que je m'en fiche, mais j'en ai eu peur pour l'œuvre [58].

[…] [59]

En somme, je crois comprendre que tout chez vous est question d'horaire et d'exactitude.

Oui … je vous avouerai franchement que si je pouvais faire de la musique, j'en ferais ! La musique évidemment, c'est pas possible parce que… il faut la faire depuis qu'on est gosse, et puis il faut… c'est un … cela ne permet pas de faire un autre travail, je connais peu de musiciens qui ont fait autre chose que de la musique. Mais… j'aimerais… m'exprimer par tous les moyens, ça c'est sûr. Et alors on me parle toujours… Oui ! et on me parle toujours de chapelles, on me dit « Pourquoi faites-vous des chapelles ? » C'est parce que ce sont des murs, et que j'ai de l'espace. On m'avait même proposé *(petit rire)* de faire le… le métro… d'orner le métro de la place de la Concorde ! *(petit rire)* Bien évidemment je ne l'ai pas fait mais après je me suis dit « Pourquoi ne le ferais-je pas ? » et Picasso, en se moquant de moi, me dit un jour : « Je crois que si on te commandait la gare Saint-Lazare tu la ferais ! » *(petit rire)* J'aime le travail ! J'aime le travail, c'est le secret de mon activité.

---

56. Lettre ouverte à la presse, publiée dans *Le Figaro* du 14 avril 1902 (« En un mot, le *Pelléas* en question est une pièce qui m'est devenue étrangère, presque ennemie ; et, dépouillé de tout contrôle sur mon œuvre, j'en suis réduit à souhaiter que sa chute soit prompte et retentissante »). La rage de Maeterlinck a pour premier motif le choix de Mary Garden, jeune et très belle chanteuse écossaise, maîtresse d'André Messager, directeur de la musique à l'Opéra-Comique, pour créer le rôle de Mélisande, alors qu'il voulait confier ce rôle à sa femme Georgette Leblanc. Procès, scènes, projets de duel et de « raclée » s'ensuivent. Le Tout-Paris fut mêlé à la querelle.

57. En réponse à une lettre du 18 octobre 1947, dans laquelle Cocteau lui demande l'autorisation de « porter à l'écran *Pelléas* sans en changer une ligne ».

58. Même motif invoqué dans son allocution du 29 septembre 1962.

59. Les crochets signalent des propos du poète qui ne concernent pas la musique, mais ses réalisations « architecturales » à Villefranche-sur-Mer, Menton, Fréjus et Le Cap d'Ail.

287

[JADIS DEBUSSY] *

Lorsque nous attaquions jadis Debussy et la musique impressionniste[60], c'était non seulement à cause de cette insolence de l'extrême jeunesse, mais encore parce que la jeunesse croit se faire une infidélité en se laissant envahir par l'amour d'une œuvre[61].

Tout cela est fort loin et l'âge nous a rendus dignes d'ouvrir notre âme à l'hôte royal.

Debussy possède cet étrange privilège de se mélanger aux forces et aux grâces mystérieuses de la nature. On le salue comme le vent, les arbres, les nuages, les fleuves, la mer.

288

[PUBLIC FRANÇAIS] **

121. « Disco parade Classique », 1962, programme d'une émission radiophonique enregistrée le 11 novembre 1962 sur France I – Paris Inter.

On se trompe sur le public. On le mésestime et, sous prétexte qu'il n'aimerait pas les maîtres de la musique, on lui jette les ouvrages mineurs en pâture.

* « [Sans titre] », *Le Journal musical français*, numéro thématique consacré à Claude Debussy, n° 111, 18 octobre 1962, p. 3 ; texte repris dans *Le Journal musical français*, n° 121, 18 octobre 1963, p. 7

60. Ces attaques sont présentes dans *Le Coq et l'Arlequin*, voir texte 33.

61. Allusion aux œuvres de Satie que Cocteau défendait ardemment à l'époque.

** « [Sans titre] », texte manuscrit et dessin reproduits en fac-similé dans le programme de l'émission radiophonique de Jean Fontaine « Discoparade classique » enregistrée en public à la Salle Pleyel le 20 octobre 1962 et diffusée par France 1 - Paris Inter le 6 novembre 1962 ; texte repris dans le programme de l'émission radiophonique de Jean Fontaine « Discoparade classique » enregistrée à la Salle Pleyel le 29 avril 1963, avec le concours de Reru Grist de la Scala de Milan, du pianiste Janis Byron et de l'Orchestre Philharmonique de la R.T.F. sous la direction de George Sebastian.

Or le grand public français est le plus apte à recevoir n'importe quel hôte royal.

C'est une belle initiative que de rompre avec des habitudes paresseuses et d'offrir à la jeunesse, en marge du jazz, les chefs-d'œuvre qui ne s'écoutent pas avec les nerfs, mais avec le cœur [62].

1962

289

[Irène Lidova] *

La danse est un langage international, une forme internationale de la poésie.

C'est pourquoi j'ai voulu être chorégraphe. L'idée du violon d'Ingres est ridicule. La poésie adopte n'importe quel véhicule pour atteindre les âmes nobles.

Je félicite Irène Lidova de le comprendre et ne jamais abandonner son sacerdoce du geste et de la musique.

Bonne chance à toute sa troupe.

Jean Cocteau
1962

290

Charles Aznavour **

Dans le monde torrentiel de la chanson, Charles Aznavour [63] représente [a] le drame et la tendresse, avec une rigueur surprenante. Car, s'il arrive que, chez nombre de chanteurs, le texte néglige la musique ou la musique néglige le texte, le style d'Aznavour ne néglige ni l'un ni l'autre, et même sa prosodie étonne par une véritable science du verbe et par une ligne impeccable.

Mais le véritable succès de Charles vient de ce qu'il chante davantage avec son cœur qu'avec sa gorge [64].

Variantes

a. […] Charles Aznavour [apporte *Ms* ; représente *D*] le drame et la tendresse […]

---

62. Au programme de cette émission figuraient les œuvres de Berlioz, Mendelssohn, Mozart et Wagner jouées par l'Orchestre philharmonique de la R.T.F.

* « [Sans titre] », texte manuscrit reproduit en fac-similé dans le programme de souvenir *Ballet Miskovitch*, Paris, Théâtre de l'Étoile, 1962.

** « Charles Aznavour », texte manuscrit reproduit en fac-similé au verso de la pochette du disque *Aznavour sings Aznavour*, 33 tours, Barclay 80415, 1962. Manuscrit (1 ff.) conservé à la BHVP. Version choisie : celle de la pochette du disque (*D*), tout en indiquant l'une des variantes significatives du manuscrit (*Ms*)

63. Charles Aznavour, né Varenagh Aznavourian (1924-), perce comme interprète à partir de 1954. Il fait une courte apparition dans le film de Jean Cocteau *Le Testament d'Orphée* (1959).

64. Propos à comparer à l'une des toutes premières remarques du poète au sujet du chanteur : « Aznavour émeut. C'est une gueule et une voix de tubard. Il y a de l'âme. » (*PD VI*, p. 158).

291
[DÉCÈS DE FRANCIS POULENC] *

Francis Poulenc emporte avec lui toute une traîne de souvenirs, toute une époque où notre jeunesse flambait, bataillait, sans aucune contrainte d'école.

Il ne s'agissait que, même avec injustice, de désobéir aux règles de la veille.

Ensuite, ce fut le charme d'une fontaine de Jouvence, une eau fraîche et vive qui coulait de son cœur.

La mort de Poulenc est un désastre musical et amical. Notre arbre qui s'effeuille.

292
[POULENC RUE HUYGHENS] **

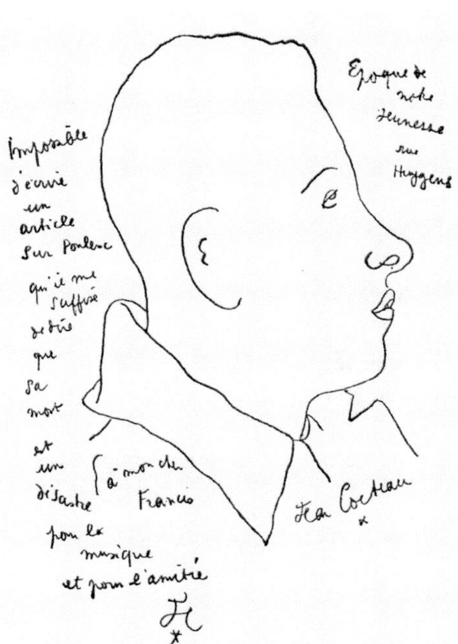

122. Hommage à Francis Poulenc, 1963, reproduction sur une invitation à un concert Poulenc en 1979, collection privée.

À mon ami Francis / Jean Cocteau [65]

[*Adjonction dans la marge gauche :*] Impossible d'écrire un article sur Poulenc. Qu'il me suffise de dire que sa mort est un désastre pour la musique et pour l'amitié.

[*Adjonction dans la marge droite :*] Époque de notre jeunesse rue Huyghens [66].

* « [Sans titre] », *Les Lettres françaises*, n° 964, 7-13 février 1963, p. 1. Texte écrit à l'occasion du décès de Francis Poulenc survenu le 30 janvier 1963.

** « [Sans titre] », texte ajouté dans les marges d'un portrait de Poulenc réalisé par Jean Cocteau, *Les Nouvelles littéraires*, n° 1849, 7 février 1963, p. 1.

65. La disposition de ce texte est à comparer à l'illustration 122 : apparaît la technique du calque permettant à Cocteau de reprendre le portrait de Poulenc, tout en faisant légèrement varier le texte, en l'occurrence « à mon cher Francis », le reste demeurant identique.

66. Pour les concerts de l'atelier Huyghens, voir note 263 du texte 36.

293

[Poulenc personne si vivante] *

Une personne si vivante, si amoureuse de la vie : et tout à coup, dans cette chambre, une statue de cire, un visage fermé à triple tour. Il me semblait qu'une brouille irrémédiable venait de se produire entre nous et j'étais presque tenté de crier à ce gisant : « Que t'ai-je fait ? » Car la mort seule intéresse les morts.

En une minute, une source fraîche d'où coulait la musique venait de se tarir. Jamais plus nous n'entendrions naître et renaître ce miracle d'un équilibre mystérieux entre le neuf et le classique, entre l'héritage des maîtres, l'invention robuste et comme paysanne de mélodies où la science et la fraîcheur enfantine s'enroulaient ensemble, où la masse orchestrale servait nos textes au lieu de s'en servir.

Le mort de Poulenc, c'est une belle branche de notre arbre généalogique qui tombe, c'est le Groupe des Six que j'ai tant aimé devenu le groupe des quatre [67], c'est *La Machine infernale* – dont il allait faire un opéra [68] – qui, après *La Voix humaine*, me prive d'un second titre de noblesse.

294

[Poulenc, c'était l'élan] **

28 juillet 1963. Milly-la-Forêt. Poulenc, c'était l'élan, le vif, la source sonore et mélodique. Le soir sur son lit de mort devenait terrible comme une brouille, comme une indifférence monstrueuse à l'amitié. J'avais le désir de lui crier : « Que t'ai-je fait ? Pourquoi cette figure de cire fermée à triple tour ? » Notre groupe ne relevait pas d'une école. Il ne reposait que sur les règles du cœur. Votre Jean Cocteau.

295

[La mort de Francis Poulenc] ***

La mort de Francis Poulenc c'est encore une fois la mort de ma jeunesse et d'une époque merveilleuse où nous avons tous flambé, lutté, rêvé ensemble sans être liés par un dogme, par une esthétique, par une école. Un groupe d'amis qu'on a baptisé Groupe des Six et qui devient groupe des quatre [69] m'avait choisi comme

* « [Sans titre] », *Le Journal musical français*, n° 116, 6 mars 1963, p. 1 ; texte repris sous le titre « Sur la mort de Francis Poulenc » dans *Le Journal musical français*, 18 octobre 1963, p. 7.

67. Après le décès d'Arthur Honegger survenu en 1955, le Groupe des Six se réduit aux quatre survivants : Georges Auric, Louis Durey, Darius Milhaud et Germaine Tailleferre.

68. *La Machine infernale*, projet d'opéra abandonné par Poulenc en avril 1959.

** « [Sans titre] », texte reproduit en fac-similé dans *La Cité. Revue de la Cité Universitaire de Paris. Les arts, les lettres, les sciences en France et dans le monde*, n° 18, novembre 1963, p. 62.

*** « [Sans titre] », manuscrit (2 ff.) conservé à la BHVP.

69. Idée également exprimée dans texte 293.

123. Illustration pour *La Dame de Monte-Carlo*, dans Jean Cocteau, *Nouveau Théâtre de poche*, Monaco, Éditions du Rocher, 1960.

porte-parole[70]. Seulement après ce Montparnasse où la jeunesse brûle ses idoles afin de s'affirmer, vint l'âge où on se retrouve libre de remettre les idoles sur leur socle et de leur rendre un hommage royal. Poulenc vénéra Debussy, Ravel, Stravinski et sans subir leur influence trouva un équilibre extraordinaire entre le charme et la rigueur.

Sa *Voix humaine* est un chef-d'œuvre où il me sert au lieu de se servir de moi.

Grâce à une grande chanteuse et à une grande actrice, Denise Duval, ma pièce au lieu de prendre une allure d'opéra se trouve traduite dans une autre langue, celle de la musique, langue qui la hausse et lui confère une sorte de puissance étrange pareille à celle du théâtre grec ou chinois.

Poulenc allait entreprendre un travail analogue pour ma *Machine infernale*[71] et une de ses dernières œuvres fut *La Dame de Monte-Carlo*[72], qui n'était à l'origine qu'une chanson parlée pour Marianne Oswald.

70. Cocteau rassemble les idées exprimées par les Nouveaux Jeunes et Erik Satie dans *Le Coq et l'Arlequin*, voir texte 33.

71. Pour *La Machine infernale*, projet avorté de Poulenc, voir note 69 du texte 293.

72. *La Dame de Monte-Carlo*, « monologue » pour soprano et orchestre de Poulenc sur un texte de Cocteau, est créé à Monte-Carlo en novembre 1961. La première parisienne a lieu le 5 décembre 1961 au Théâtre des Champs-Élysées sous la direction du chef d'orchestre Georges Prêtre. Denise Duval (soprano) en est l'interprète. La couverture de la partition imprimée chez Ricordi est dessinée par Cocteau.

Poulenc adorait la vie et le travail. J'ai été comme stupéfait de le voir pâle, grave et inattentif, car la mort seule intéresse les morts, et ils nous abandonnent sur la rive.

Poulenc était jeune puisque les vieillards des livres dans Balzac et dans Stendhal sont jeunes à notre époque. À soixante-quatre ans, en pleine forme, il va rejoindre le cortège de nos deuils et son œuvre seule témoignera de cette source fraîche et vive qui coulait dans son cœur.

296

JEUNESSE ÉTERNELLE *

La beauté de l'art exigeait, jadis, l'effort de nous déplacer jusqu'à elle.

Aujourd'hui, cette beauté se livre à domicile sous forme de machines, de microphones, d'ondes, de magazines et d'albums en couleurs.

Une corne d'abondance dangereuse détourne les oreilles et les yeux des sources profondes.

Ce n'est pas une baisse du niveau des spectacles qui dévalorise les muses, c'est le public, fatigué par trop de vacarme et trop de caresses rapides.

Jouez les chefs-d'œuvre. Exposez-les, arrangez-vous pour que le public retrouve sa fraîcheur détruite.

Cette fraîcheur somnole chez de jeunes âmes qui ne sont pas longues à la réveiller et à flamber d'enthousiasme.

Le drame du chef-d'œuvre, c'est que, neuf, il révolte les habitudes et que, vieux, il devient une ennuyeuse étude de collège.

Seulement le racisme de la jeunesse qui s'imagine que la jeunesse est une race et la vieillesse une autre, se désagrège vite au contact du génie, à quelque période qu'il appartienne, si un geste paresseux ne permet pas d'appuyer sur un bouton pour balayer le rêve.

Jeunesse de la musique, jeunesse des hommes, rencontrez-vous. Glorifiez la magnificence secrète par laquelle les âmes actives échappent au cybernétisme.

Méditez la maxime de Picasso : « On met longtemps à devenir jeune » et profitez des fêtes qu'on vous offre pour sauver en vous cette grâce qui ne vous quittera plus.

297

[HEINZ ROSEN **]

J'ai fait, avec Heinz Rosen, le ballet *La Dame à la licorne* et j'ai pu me rendre compte de l'amour et du dessein avec lesquels il s'exprime dans la langue internationale de la danse. Les spécialistes vous diront l'abondance de son travail. En ce qui me

* « Jeunesse éternelle », texte manuscrit reproduit en fac-similé dans le programme de l'émission radiophonique de Jean Fontaine « Prestige de la musique » enregistrée par France Inter le 19 février 1964 au Grand Auditorium de la Maison de la R.T.F. ; texte repris sous le titre « Son dernier message : "Jeunesse éternelle" », dans *Paris-Presse – L'Intransigeant*, 17 octobre 1963. Version choisie : celle du manuscrit.

** « [Sans titre] », texte manuscrit reproduit en fac-similé dans Heinz Rosen (dir.), *Ballett Theater*, Munchen, Süddeutscher Verlag, 1963, p. 9. Christoph Wolter nous précise que ce texte manuscrit accompagné d'une esquisse de deux danseurs est daté du 24 mars 1963.

concerne je me contente de saluer un ami parfait et un collaborateur qui accepte qu'on lui indique l'ébauche à laquelle il donne sa forme mouvante et définitive. Cet album reflète son activité fiévreuse et calme, la grâce qu'il apporte à statufier chaque minute du mouvement.

La danse est un des plus nobles véhicules de la poésie.

De théâtre en théâtre, de ville en ville, de pays en pays, Rosen se dépense et jette sa poudre d'or par les fenêtres d'un monde pauvre et douloureux.

Nous devons lui en dire notre gratitude.

298
[Fragments sur Bach] *

Il y a dans la *Messe en si*[73], notamment dans le Credo, des pages d'époque que l'on aime parce qu'elles sont d'époque, et d'autres qu'il est impossible de dater parce qu'elles ne sont que musique. Le propre de ces pages n'est pas d'être belles mais d'être « uniques » ce qui, selon Oscar Wilde, différencie l'œuvre d'art de l'œuvre de métier. [...]

L'éclatement du Sanctus ! Ne dirait-on pas une porte qui claque et qui s'ouvre soudain sur une musique qui dure depuis des siècles, un déchirement de la voûte céleste sur ces millions d'anges qui croisent et qui décroisent leurs ailes en criant : « Saint est le seigneur ! » [...]

Cet homme qui écrivait au siècle des diligences avait-il donc entrevu ces puissantes machines, ces tournoiements d'hélices régis par le Nombre comme le cours des astres lui-même ? [...]

Il est vrai que le vieux Bach est autre chose que cette sublime machine à coudre dont parlait Colette, à moins qu'il ne s'agit d'une brodeuse à l'échelle d'Arcturus[74]... après tout, ne tricote pas les astres qui veut : Bach n'est pas davantage une fausse algèbre, un de ces rouages stupides qui tournent pour tourner, c'est une mécanique baignée d'esprit. Chaque tour de roue colore le temps d'une teinte toujours nouvelle et toujours plus intense : on ne sait plus si c'est l'harmonie qui s'enrichit ou le rythme qui éclate : à la fin du Gloria les fulgurations des trompettes composent un ciel d'apocalypse, et la musique n'est plus qu'un tourbillon vertigineux, un char de feu qui nous ravit au monde terrestre et nous jette, pantelants, dans la gloire du Père... Le Credo ne finit pas autrement, c'est toujours la même péroraison grandiose et tragique, familière et inattendue... À ces moments là, la terre touche le ciel... [...]

Mais n'est-ce pas la monotonie des grands poètes qui sont, à leur manière, de grands penseurs ? [...]

Bach est de ceux qui ont le plus élargi la dimension poétique, il est, comme Claudel, de ces paysans profondément attachés à leur ornière... Je serai cela et encore cela, et

* « [Fragments sur Bach] », propos de Jean Cocteau cités dans une introduction au programme souvenir du concert *Hommage à Jean Cocteau*, Paris, Église Saint-Eustache, 18 décembre 1963, n. p.

73. *Messe en si mineur*, de Johann Sébastian Bach, BWV 232, pour deux sopranos, un contralto, un ténor, une basse, chœur et orchestre, dont les différentes parties ont été composées en 1724 et 1748.

74. Arcturus est l'étoile la plus brillante de la constellation du Bouvier.

après je serai davantage, jusqu'à en crever ! Cette puissance, j'allais dire cette fureur créatrice, éclate dans sa vie comme dans son œuvre : vingt-et-un enfants, plus de trois cents cantates, sans compter le reste !

299

Orphée, attentif *se tait*
et vous *écoute.*

SUBLIME *

Mot inconnu dans le dictionnaire de notre époque.

Vous aviez l'air d'un épouvantail qui chasse les moineaux et attire les aigles, d'un arbre qui veut se déraciner, s'arracher du sol pour rejoindre le ciel, d'une lutte avec le démon de la musique.

Spectacle inoubliable.

Jean

300

[Lettre **]

15 août 1960

Mon Père je viens de réentendre la messe par la radio mais je ne vous voyais pas déraciné par l'orage des voix et des cuivres, mais c'était tout de même admirable.

Je vous embrasse.

Jean

* « Sublime », texte manuscrit accompagné d'un dessin aux crayons de couleur reproduit dans le programme souvenir du concert *Hommage à Jean Cocteau*, Paris, Église Saint-Eustache, 18 décembre 1963, n. p. Il s'agit d'un texte de félicitation envoyé par le poète au Père Martin ayant dirigé les chanteurs de Saint-Eustache dans la *Messe en si mineur* de Johan Sébastian Bach à l'occasion des « Heures musicales » de Saint-Séverin en mars 1960. Organiste, chef de chœurs, compositeur et musicologue, le Père Martin a créé, en 1944, le chœur de l'église Saint-Eustache qui s'est illustré dans de nombreux concerts et enregistrements de musique sacrée dont le répertoire s'étend du XIVe au XXe siècle.

** « [Sans titre] », lettre manuscrite accompagnée d'un dessin au stylo-bille et reproduite dans le programme souvenir du concert *Hommage à Jean Cocteau*, Paris, Église Saint-Eustache, 18 décembre 1963, n. p. (voir illustration 124). Le Père Martin avait déjà dirigé l'Orchestre et les chœurs de l'église Saint-Eustache dans cette même *Messe en si mineur* de Bach août 1960 à Notre-Dame de Paris. Ce concert avait bénéficié d'une retransmission radiophonique.

15 Août 1960

mon Père je viens de réentendre la messe par la radio mais je ne vous voyais pas dévoré par l'orage des voix et des cuivres, mais c'était tout de même admirable

Je vous embrasse

Jean

124. Lettre de Cocteau adressée au Père Martin, 15 août 1960, dans *Hommage à Jean Cocteau*, Paris, Église Saint-Eustache, 18 décembre 1963.

301

[JOHNNY HALLYDAY] *

Salut Johnny[75], coq d'une nouvelle journée[a].

Jean Cocteau, 1963

Variantes

a. *Version antérieure* : Salut Johnny, [nous aimons en toi le *biffé*] coq d'une nouvelle journée.

* « [Sans titre] », manuscrit reproduit dans *CJCns*, n° 2, 2003, p. 235. Les éditeurs y signalent que ce « texte qui se trouvait sur le bureau de Cocteau le jour de sa mort, devait figurer dans le programme du tour de chant de Johnny Hallyday, avec un dessin de Bernard Buffet en couverture, en novembre 1963 ».

75. Johnny Halliday, pseudonyme de Jean-Philippe Smet (1943-), auteur-interprète qui demeure, jusqu'à notre époque (2015), l'un des chefs de file du rock français.

302

[Décès Édith Piaf] *

Édith Piaf s'éteint consumée par un feu qui lui vaut sa gloire. Je n'ai jamais connu d'être moins économe de son âme, elle ne la dépensait pas, elle la prodiguait, elle en jetait l'or par les fenêtres. J'ai eu la chance de lui faire jouer pour la première fois, en 1940, un rôle de théâtre. C'était le monologue du *Bel Indifférent*. Elle m'avait téléphoné qu'elle voulait le reprendre en octobre. Comme tous ceux qui vivent de courage, elle n'envisageait pas la mort et il lui arrivait même de la vaincre. Seulement sa voix nous reste, cette grande voix de velours noir, magnifiant ce qu'elle chante. Mais, si cette grande voix me reste, c'est hélas ! une grande amie que je perds.

303

Jean Cocteau on jazz **

Editor's note : The following article was compiled by John Hopper from an interview with Jean Cocteau held shortly before the artist's death in 1963. The interviewer's questions are italicized. Cocteau is speaking as the article begins.

It was after the 1914 war that I first became acquainted with jazz in Paris. Among the French, it was still thought of as no more than musical accompaniment to the dance. I heard it played for the first time at the Casino de Paris, with Marie Pilsen [*sic*], as I have since written in *Cock and Harlequin*. The trumpeters were at the left of the stage, and after the main spectacle, they reassembled and continued to play in the hall. Watching them go at it was like seeing wild animals mauling raw meat.

A little later on I was at Hammersmith, England. There they had popular dancing, with a huge block of ice in the center of the floor for refreshment. Billy Arnold was juggling with his high hat. Together with his troupe, he returned with me to Paris, where I presented them as a chamber music ensemble.

We opened at the Salle des Agriculteurs to an audience packed with young people. When they jeered at us, I got up and said to them : "Some day you will cheer as much as you are booing now. You may yell as much as you like then, but it will be in the American way."

I should have added that sentence they have quoted so often since : "Jazz is a pulsation that shall never stop."

An then it was at the club Le Bœuf sur le toit ?

Yes which they were still calling the Gaya Bar. There you could hear Wiéner and an American Negro named Vance, whom I had discovered. I recorded my first record,

* « [Sans titre] », *Le Figaro*, 12-13 octobre 1963, p. 23. Enregistré par la R.T.F. lors d'une précédente alerte de santé de la chanteuse, ce texte a été diffusé à la radio le 11 octobre 1963 vers midi, soit une heure avant le décès du poète. Édith Piaf venait de décéder la veille.

** « Jean Cocteau on Jazz. An Exclusive Interview with the Celebrated French Literary Figure », by John Hopper, *Downbeat*, 14 January 1965, p. 16-17. Nous n'avons pas retrouvé la version française de ce texte. Nous en avons réalisé une traduction.

The Robbers of Children, while directing with one hand and reciting my poem at the same time.

That sounds like some of the jazz and poetry recordings that have been made in America.

Exactly. About this Vance. Up till then, he had been playing in a nearby bistro. Thanks to Vance, the people at the Gaya took on, bit by bit, the habit of listening to jazz. I even played drums there myself on occasion. It was, incidentally, at this future Bœuf sur le toit that this first fox trot was introduced.

Has you interest in jazz declined since those early years ?

I have always been connected with jazzmen, notably with Bechet. I have written a preface to a book which is being dedicated to him.

It seems, then, that you have had the intuition not only to discover the early possibilities of jazz but its future uses as well and the influence jazz could have on us all. From a strictly musical point of view, what is your current opinion of jazz ?

I have never approved of the way composers use jazz in following the line of Auric and Stravinski. One imitates jazz no more than one copies Mozart or Bach.

Then you follow the progress of jazz closely ?

I am always the movement. I believe in the contrary of what Baudelaire said on "the movement which displaces the lines, " and I think he was lying. But I have never been in agreement with a public which likes jazz as one likes wine, like the young people nowdays, without ant understanding or discernment.

Today, they applaud any kind of music, once having given it the fashionable label of jazz. I remember the reactions to jazz festivals at Cannes, at the Antibes and Juan-les-Pins festivals. A trumpeter can improvise with spirit or tell us a boring story, like some old drunk. It reminds me of those idiots who crowd around a sickbed and insist on telling you all the family news of which you could care less…

How do you feel about Louis Armstrong ?

I like him very much. Also Hartung. I've called him the "Chopin gone mad." [Cocteau interrupted himself, struck by the phrase.] Take that down. It's important. Excuse me, I was saying ? … Ah, yes, that jazz will once again become very instinctive, without a doubt, as in literature and painting. It will be cursed by the youth, or by a certain type of youth. I am astonished that jazz has not always existed.

But hasn't it existed in other forms ? For celebrating old rites ?

That's true. Have you read *The Sophists'Banquet*? The notes recovered from the library of Alexandria prove that the ancient Greeks played a sort of jazz rhythm with oyster shells and up to the point where the listeners became frenzied. The mystical aspect of jazz, or the erotic one, is well known in other civilizations and other epochs. In reality, jazz is inside us, and there is a jazz in every part of the body.

You've used the word "civilization." There are some people who still believe jazz is a survival of savage times.

Ridiculous ! The great Greek period is not the one we celebrate. The great epochs come when one produces beauty instead of reproducing it. The Negroes have always, and in a thousand ways, produced beauty. *There* is the proof of the civilizations we dare to call savage.

If it is no more to you than a sign of revolt, jazz is, therefore... [Cocteau sat forward excitedly.]

People call the great civilizations "moments of weakness."

Returning to the revolt contained in jazz itself and the outlet it can provide, what is your reaction to the violence that sometimes attends jazz, especially at some of the festivals?

Alcohol can make you *see*, and it can arouse the animal in you. Anything can serve as e pretext for revolt in youths who have real reasons to rebel. We are living in an epoch where intensity has replaced patience. Nothing is intensive enough, unless maybe it is jazz, and it is normal that...

Nothing, you say, is intense enough?

No. Nothing is more comparable than the intensity of jazz. It is jazz which has really contradicted the impressionists in painting. It is jazz and the *Rite of Spring*. It has played the same role as the "fauve" painters.

People like to recognize rather than discover. That which seems important to me in jazz is that it is complete – one hears it and one sees it. Note that well! This is, after all, what enchanted me with jazz in the first place.

[*Retraduction en français de la version américaine :*]

JEAN COCTEAU S'EXPRIME SUR LE JAZZ

Note de l'éditeur : l'article qui suit a été établi par John Hopper[76] *à partir d'une interview de Jean Cocteau, qui s'est tenue peu avant la mort de l'artiste en 1963. Les questions de l'interviewer apparaissent en italiques. Cocteau parle dès le début de l'article.*

C'est après la guerre de 1914 que j'ai d'abord fait la connaissance du jazz à Paris. Pour les Français, on le considérait seulement comme de la musique d'accompagnement pour la danse. Je l'ai entendu jouer pour la première fois au Casino de Paris avec Marie Pilsen [*sic*[77]], comme je l'ai écrit, depuis, dans *Le Coq et l'Arlequin*. Les trompettistes étaient sur la gauche de la scène et, après le spectacle principal, ils s'étaient rejoints dans l'entrée où ils ont continué à jouer. Les regarder faire, c'était comme regarder des animaux sauvages déchiqueter de la viande crue.

Un peu plus tard, j'étais à Hammersmith, en Angleterre. Il y avait là un dancing à succès, avec un énorme bloc de glace au centre de la piste pour se rafraîchir. Billy Arnold jonglait avec son haut-de-forme. Avec toute sa troupe, il est rentré avec moi

76. John Hopper (1934-), journaliste et poète américain qui publie à l'époque dans *Combat*, *Metronome* et *Downbeat*.

77. Sans doute s'agit-il de Harry Pilcer.

à Paris, où je l'ai présenté comme un ensemble de musique de chambre. Nous avons commencé à la Salle des Agriculteurs, pour un public bourré de jeunes gens. Quand ils ont commencé à se moquer de nous, je me suis levé et je leur ai dit : « Un jour, vous acclamerez ce que vous êtes en train de railler aujourd'hui. Vous pouvez donc hurler autant que vous voulez, mais cela deviendra le style américain. »

J'aurais dû ajouter cette phrase qu'on a si souvent citée depuis : « Le jazz est une pulsation qui ne s'arrêtera jamais. »

Ce fut alors au Club Le Bœuf sur le Toit ?

Oui, qu'on appelait encore le bar Gaya. Là, vous pouviez écouter Wiéner et un Nègre américain appelé Vance, que j'avais découvert. J'y ai enregistré mon premier disque, *Les Voleurs d'enfants* [78], dirigeant d'une main tout en récitant mes poèmes.

Cela ressemble à certains enregistrements de jazz et poésie qui ont été faits en Amérique.

Exactement. À propos de Vance. Jusqu'alors, il avait joué dans un bistrot voisin. Grâce à Vance, les gens du Gaya ont pris l'habitude, peu à peu, d'écouter du jazz. À l'occasion, j'ai même moi-même joué de la batterie [79]. Incidemment, c'est au futur Bœuf sur le toit qu'on a introduit le premier fox-trot.

Est-ce que votre intérêt pour le jazz a décliné depuis ces premières années ?

J'ai toujours été en relation avec des jazzmen, surtout avec Bechet. J'ai écrit la préface d'un livre qui lui était consacré [80].

Il semble, dès lors, que vous ayez eu l'intuition non seulement de découvrir les possibilités précoces du jazz, mais aussi son avenir, de même que l'influence que le jazz peut avoir sur nous tous. D'un point de vue strictement musical, quelle est votre opinion actuelle sur le jazz ?

Je n'ai jamais approuvé la manière dont les compositeurs recourent au jazz en suivant la ligne d'Auric et de Stravinski. On n'imite pas plus le jazz qu'on ne copie Mozart ou Bach.

Alors, vous suivez de près la progression du jazz ?

Je suis toujours le mouvement. Je crois le contraire de ce que Baudelaire disait sur « le mouvement qui déplace les lignes » et je pense qu'il mentait [81]. Mais je n'ai jamais été en accord avec un public qui aime le jazz comme on aime le vin, comme les jeunes gens de nos jours, sans compréhension ni discernement.

Aujourd'hui, ils applaudissent n'importe quelles sortes de musique, une fois qu'elles ont reçu l'étiquette à la mode de jazz. Je me souviens des réactions aux festivals de jazz de Cannes, aux festivals d'Antibes et de Juan-les-Pins. Un trompettiste peut improviser avec esprit ou nous raconter une histoire ennuyeuse, comme un vieil ivrogne. Cela me rappelle ces idiots qui s'agglutinent autour du lit d'un malade et insistent pour vous raconter toutes les nouvelles de la famille, ce qui est le cadet de vos soucis…

---

78. Il s'agit de l'enregistrement sur disque du poème d'*Opéra* « Les Voleurs d'enfant », voir note 333 du texte 101.

79. Pour Cocteau à la batterie, voir note 38 du texte 136.

80. Voir texte 263.

81. Pour cette allusion à Baudelaire, voir note 62 du texte 188.

Que pensez-vous de Louis Armstrong ?

Je l'aime beaucoup. De même que Hartung[82]. Je l'ai qualifié de « Chopin qui a tourné mal. » (Cocteau s'interrompt, frappé par la phrase.) Notez cela. C'est important. Excusez-moi. Qu'est-ce que je disais ? … Ah, Oui. Un jour, ce jazz redeviendra très instinctif, sans aucun doute, tout comme en littérature et en peinture. Il sera maudit par la jeunesse, ou par un certain type de jeunesse. Je reste étonné que le jazz n'ait pas toujours existé.

Mais n'a-t-il pas existé sous d'autres formes ? Pour la célébration d'anciens rites ?

C'est exact. Avez-vous lu *Le Banquet des Sophistes*[83] ? Les notes retrouvées de la bibliothèque d'Alexandrie prouvent que les anciens Grecs jouaient une sorte de rythme de jazz avec des coquilles d'huîtres à un point où les auditeurs en devenaient frénétiques. L'aspect mystique du jazz, ou son érotisme, est bien connu dans d'autres civilisations et à d'autres époques. En réalité, le jazz est en nous, et il y a un jazz dans chaque partie de notre corps.

Vous avez employé le mot « civilisation ». Il y a quelques peuples qui croient encore que le jazz est une survivance des temps sauvages.

Ridicule ! La grande période grecque n'est pas celle que nous célébrons. Les grandes époques surviennent lorsqu'on produit la beauté, et non pas quand on la reproduit. Les Nègres ont toujours, et de mille manières, produit de la beauté. *Là*, est la preuve de ces civilisations que nous osons appeler sauvages.

Si le jazz n'est pour vous rien de plus qu'un signe de révolte, dès lors (Cocteau se penche en avant, tout excité).

Les gens appellent les grandes civilisations des « moments de faiblesse ».

Revenons à la révolte contenue dans le jazz lui-même et à l'exutoire qu'il peut procurer, quelle est votre réaction face à la violence issue du jazz, particulièrement lors des festivals ?

L'alcool peut vous donner des *visions* et il peut réveiller l'animal qui dort en vous. N'importe quoi peut servir de prétexte pour se révolter chez les jeunes qui ont de vraies raisons de se rebeller. Nous vivons une époque où l'intensité remplace la patience. Rien n'est assez intense, sauf, peut-être, le jazz et c'est normal que…

Rien, dites-vous, n'est assez intense ?

Non. Rien ne donne lieu à de plus fortes comparaisons que l'intensité du jazz. C'est le jazz qui a vraiment contredit les impressionnistes en peinture. C'est le jazz et *Le Sacre du Printemps*. Il a joué le même rôle que les peintres « fauves ».

On préfère reconnaître plutôt que découvrir. Ce qui me semble important dans le jazz, est qu'il est complet – on l'entend et on le voit. Notez bien ceci ! C'est ce qui, en premier lieu, m'a enchanté dans le jazz.

---

82. Nous n'avons pu identifier le dénommé Hartung parmi les premiers jazzmen. Peut-être s'agit-il de Lil Harding (1898-1971), une des premières femmes musiciennes de jazz qui épousera Louis Armstrong en 1924.

83. Il s'agit du *Banquet des savants* d'Athénée. Pour ce paragraphe, voir note 386 du texte 49.

304
ÜBER STRAWINSKY *

Vielleicht überrasche ich Sie, indem ich diese Huldigung an Strawinsky mit einer anderen Huldigung beginne, die ich Platons Gastmahl entnehme. Dort spricht Alkibiades, und wohlgemerkt : abgesehen von meiner Jugendlichkeit zur Zeit, als ich Strawinsky kennenlernte, will ich keinerlei Ähnlichkeit zwischen mir und dem Redner behaupten.

Er ist übrigens, sagt dieser Redner, der einzige Mensch, demgegenüber ich eine Empfindung hege, die man in mir nicht zu finden erwartet : dass ich mich nämlich vor jemandem schäme. (Alkibiades spricht von Sokrates.) Doch nur vor ihm schäme ich mich meiner, denn in meinem Gewissen gewahre ich wohl, dass ich, obschon ich keinen Einwand gegen ihn vorzubringen hätte, um etwa nicht zu tun, was er anordnet, mich doch von der Hochschätzung, die mir die Menge entgegenbringt, besiegen lasse, sobald ich von ihm entfernt bin. Und oft genug sähe ich ihn sogar mit Freuden aus der Schar der Menschen verschwunden ! Und dennoch, wenn es einträfe, so weiß ich gewiss, dass ich davon einen nur um so größeren Kummer hätte : dergestalt, dass ich schließlich außerstande bin, zu wissen, was meine Gefühle diesem Manne gegenüber sein möchten, von dem ich euch gesagt habe, welchen Eindruck er mir mit seinen Flötenweisen eingeprägt hat.

Et caetera.

Doch ziemt es, all dies in die Vergangenheit und in den Plural zu setzen, denn ich spreche zu Ihnen von meiner Jugend und dass er nicht allein wie Sokrates war, denn er und Picasso haben mich gelehrt, zu leben und mich vor ihrem Wissen zu demütigen. Ja, Picasso und Strawinsky schafften mir oft jene heilsame Scham, und ich habe ihnen, die meine Seele gebildet haben, zu verdanken, was ich bin – jener heilsamen Scham, die mich leider meinen Landsleuten immer verdächtig macht.

Zur Glanzzeit des Russischen Balletts Serge Diaghilews war ich zwanzig Jahre alt und glaubte absurde Privilegien zu besitzen : die der Jugend und der flüchtigen Macht, die sie ausübt.

Picasso und Strawinsky haben mich auf zwei verschiedenen Wegen – Wegen, die man nicht auf den Karten verzeichnet findet – die Überlegenheit von Privilegien gelehrt, bei welchen die Jugend darin besteht, dass dem, was in uns ist, nicht zu altern verstattet wird.

Diese innere Jugend, die ich von ihnen habe, sie ist alterslos, und darum haben ein Strawinsky, ein Picasso kein Alter und werden immer jünger, je mehr sie sich von den sichtbaren Reizen entfernen, um ihrer andere Spielen zu lassen und sie der Welt zu lehren, die sie zuerst zurückweist, indem sie mit Hässlichkeit und Unverständlichkeit

* « Über Strawinsky », dans Otto Tomek (dir.). *Igor Strawinsky. Eine Sendereihe des Westdeutschen Rundfunks zum 80. Geburtstag*, Köln, Pressestelle Westdeutscher Rundfunk, 1963, p. 44-48. Le premier jet manuscrit de la version française est conservé à la BHVP, mais livre un état du texte fragmentaire et très raturé. La première page de la mise au net manuscrite de la version française est reproduite en fac-similé dans l'ouvrage d'Otto Tomek (*ibid.*, p. 45) et est datée par le poète de 1961. Comme nous n'avons retrouvé aucune version française complète de cet article, nous faisons suivre la version de la première page rédigée par Cocteau par la traduction du restant du texte réalisée par Ignace De Keyser.

verwechselt, was doch nur eine immer tiefere und immer geheimere (wenn Sie so wollen : immer weniger mitteilbare) Form der Schönheit ist.

Dies will Picassos bewundernswertes Bonmot sagen : „Man braucht sehr lange Zeit, um jung zu werden". Mit zwanzig Jahren habe ich neben anderen Torheiten auch die begangen, mich (zugunsten höchst unwerter Theorien) gegen das *Sacre du Printemps* aufzulehnen, das uns alle erschüttert hatte.

Man kennt den Mechanismus der Jugend : die Jungen weisen zurück, was sie erschüttert, als wäre es eine Untreue ihrem Selbst gegenüber, eine Untreue sich selbst gegenüber. Sie verjagen den Eindringling. Und das Seltsame dabei war, dass ich Strawinsky, den meine Angriffe derart verletzt hatten, dass sich ein sehr langes Schweigen zwischen uns ergab, dass ich also Strawinsky royalistischer als den König wiederfand, aufgestanden gegen sich selbst und derart latinisiert, dass ihm das *Sacre* wie ein fremdartiges Werk vorkam und er mich ersuchte, ihm den Text zu einem Oratorium *Oedipus Rex* zu schreiben, und zwar auf lateinisch; ein Oratorium, mit dem er sich vornahm (und er tat's), einen neuen Klassizismus zu erfinden. (Der hochwürdige Pater Daniélou sprang mir ein wenig fürs Lateinische bei, das ich, wie ich gestehe, seit meiner Gymnasialzeit ein wenig vergessen hatte).

Selbstverständlich – wie zu erraten ist – verwirrte und langweilte das Werk, und es bedurfte langer Zeit, bis ich in Wien konstatieren konnte, dass die neue Generation dieses Werk dem *Petruschka* [bevorzügte ?)] dem sie wegen seiner pittoresken Seiten und wegen seines Gehalts an russischer Folklore gram war, einer Folklore, die auch im *Sacre du Printemps* vorhanden ist, aber im wilden und prächtigen Zustand.

Es ist lächerlich, Strawinsky einen Vorwurf daraus zu machen, dass er sich dem Dodekaphonismus angeschlossen hat. Es ist dies die Logik jener Jugend, von der ich zu Ihnen sprach, und die mit der offensichtlichen Jugend zusammenfällt. Soweit, was ich Ihnen über einen der beiden Männer sagen wollte, mit denen ich Stürme und Widrigkeiten durchmessen habe.

Soll ich Ihnen gestehen, dass ich diese Art von Freundschaft hundertmal heiteren und platten Freundschaften vorziehe, und dass, wenn es Strawinsky beifällt, mich Wechselbädern zwischen seinen Herzensregungen und seiner Zurückhaltung auszusetzen, dies der tiefen und respektvollen Zärtlichkeit keinen Abbruch tut, die ich ihm gegenüber empfinde.

So hat man mir kürzlich aus Hollywood berichtet, dass Strawinsky behauptete, eine meiner liebsten Erinnerungen, der Spaziergang im Bois de Boulogne nach dem *Sacre du Printemps*, nach dem Skandal des *Sacre du Printemps*, gehöre in den Bereich der Legende.

Das gehörte nicht zum Bereich der Legende, und mein Gedächtnis ist unfehlbar, vor allem wo es durch Vermittlung des Herzens etwas aufzeichnete. Absurd wäre es nur, Strawinsky ein Aussetzen des Gedächtnisses übel zu nehmen, denkt man an die unzähligen geheimnisvollen Rechenoperationen, in denen er haust, an die Zahlen, an die Algebra, die er in musikalische Wunder verwandelt, und deren Strenge das Vergessen einiger Minuten entschuldigt, während derer Serge Diaghilew, mit Tränen in den Augen, Puschkin rezitierte – nach der Première des *Sacre du Printemps* am Ufer des Sees im Bois de Boulogne.

Strawinsky ist ein Genie, und wie Picasso kürzlich erklärte, sind die Genies Ungeheuer, doch eben bewundernswerte Ungeheuer, ohne die man nicht leben könnte.

[*Nous donnons ici la transcription de la première page du manuscrit de Cocteau qui est reproduite en fac-similé dans l'ouvrage :*]

À Otto Tomek [84], pour lequel j'ai préparé ce texte de tout cœur. Jean Cocteau 1961

Je vous étonnerai peut-être en commençant cet éloge d'Igor Stravinski par un autre éloge tiré du *Banquet* de Platon [85].

C'est Alcibiade qui parle, et, bien entendu, sauf la jeunesse que j'avais à l'époque où j'ai connu Stravinski, je ne me réclame d'aucune ressemblance avec l'orateur.

Il est d'autre part, dit-il, le seul homme en face duquel j'éprouve un sentiment qu'on ne s'attendait guère à trouver en moi : celui d'être honteux devant quelqu'un. (Il parle de Socrate).

Or ce n'est qu'en face de lui que j'ai honte de moi. Car j'ai bien conscience en mon for intérieur que n'ayant d'objection que je puisse opposer pour ne point faire ce qu'il ordonne, je me laisse pourtant, dès que je me suis éloigné de lui, vaincre par la considération que la foule me témoigne. Bien des fois même je verrai avec joie qu'il fut disparu du nombre des hommes ! Et par contre, si cela arrivait, je sais pertinemment que j'en aurais encore un plus gros chagrin : tellement que je suis enfin incapable de savoir ce que peuvent être mes sentiments à l'égard de cet homme dont je viens de vous dire quelle impression il a produite sur moi par son air de flûte.

Et caetera.

Mais il importe de mettre tout cela au passé et au pluriel – car je vous parle de ma jeunesse et qu'il n'était pas seul comme Socrate. Car lui et Picasso m'ont appris à vivre et à m'humilier devant leur savoir [86].

[*Nous faisons suivre la traduction française d'après la version allemande :*]

Très souvent en effet, Picasso et Stravinski me donnaient cette honte salutaire, et je leur dois, à eux qui ont formé mon âme, ce que je suis – avec cette honte salutaire qui, malheureusement, me rend suspect auprès de mes concitoyens.

À l'époque de gloire des Ballets Russes de Serge Diaghilev, j'avais vingt ans et je croyais disposer de privilèges absurdes : ceux de la jeunesse et du pouvoir éphémère que celle-ci exerce.

Par deux chemins différents – chemins qui ne sont pas indiqués sur des cartes routières –, Picasso et Stravinski m'ont appris la supériorité des privilèges, à savoir que celui de la jeunesse qui est en nous ne daignera pas vieillir.

Cette jeunesse intérieure que je leur dois n'a pas d'âge, et c'est bien pourquoi un Stravinski, un Picasso n'ont pas d'âge non plus. Ils resteront toujours plus jeunes, dans la mesure où ils prennent leur distance vis-à-vis de stimuli apparents afin de se permettre de jouer d'autres jeux et d'apprendre ceux-ci au monde, qui d'abord les rejette parce qu'ils confondent laideur et incompréhension, ce qui, en fait, n'est qu'une forme plus profonde et plus secrète (et si l'on veut : de moins en moins ouverte) de la beauté.

C'est en effet ce qui veut dire le bon mot de Picasso : « Il nous faut beaucoup de temps pour devenir jeune. » Parmi les bêtises que j'ai commises à l'âge de vingt ans, il

84. Otto Tomek (1928-2013), musicologue, chef du département de musique contemporaine à la Westdeutscher Rundfunk (WDR) de Cologne de 1957 à 1971. On lui doit de nombreuses créations d'avant-garde.

85. Dans *Le Banquet* de Platon, Alcibiade est l'un des personnages conviés à faire un éloge de l'amour.

86. À nouveau, Cocteau reconnaît désormais Stravinski comme son maître en musique, et non plus Satie (voir note 44 du texte 184).

y avait mon rejet (en faveur de théories sans aucune valeur) du *Sacre du Printemps* [87] – qui nous avait tous effrayé.

On connaît le mécanisme de la jeunesse : les jeunes rejettent ce qui les effraye, comme si c'était une infidélité vis-à-vis d'eux-mêmes, une infidélité en soi. Ils repoussent l'intrus. Le plus rare dans tout cela fut que Stravinski – que mes attaques avaient sérieusement blessé, et qu'il s'ensuivit un long silence entre nous –, que donc je retrouvai Stravinski plus royaliste que le roi, ressurgi contre lui-même et tellement latinisé que *Le Sacre* lui paraissait comme une œuvre étrange et qu'il me pria de lui écrire un texte pour un oratorio *Œdipus Rex*, et même en latin ; un oratorio, avec lequel il avait l'intention (une intention qu'il réalisa) d'inventer un nouveau Classicisme. (Le révérend père Daniélou me venait un peu en aide pour le latin que, j'avoue, j'avais un peu oublié depuis mes années scolaires.)

Évidemment – comme on pouvait s'y attendre –, l'œuvre irrita et ennuya, et il fallut beaucoup de temps avant que je ne puisse constater, à Vienne, que la nouvelle génération préférait cette œuvre à *Pétrouchka* dont ils déploraient les pages pittoresques et le poids du folklore russe – un folklore qui était également présent dans *Le Sacre du Printemps*, mais là dans un état sauvage et magnifique.

Il est risible de reprocher à Stravinski qu'il avait suivi le dodécaphonisme. C'est la logique de cette jeunesse, dont je vous parlais, et qui coïncide avec la jeunesse évidente. Voilà ce que je voulais dire d'un de ces deux hommes, avec lequel j'ai traversé tempêtes et adversité.

Dois-je vous avouer, que je préférais cent fois plus ce genre d'amitié aux amitiés amusantes et plates, et que, s'il arriva à Stravinski de m'exposer à des sauts d'humeurs entre ses impulsions de cœur et sa réticence émotionnelle, cela ne porte pas atteinte à la tendresse profonde et que j'éprouve envers lui.

Ainsi, on m'a récemment informé de Hollywood, que Stravinski prétendait qu'un de mes plus chers souvenirs, la ballade au Bois de Boulogne après le *Sacre du Printemps*, après le scandale du *Sacre du Printemps*, appartenait au domaine des légendes.

Ceci n'appartient pas au domaine des légendes, et mon souvenir est infaillible, surtout parce qu'il a enregistré quelque chose par la médiation du cœur. Il serait simplement absurde d'en vouloir à Stravinski pour un oubli de mémoire ; il suffit de penser aux innombrables opérations secrètes de calcul, qu'il maîtrise parfaitement, aux nombres, à l'algèbre qu'il transforme en des merveilles musicales, et dont la rigueur pardonne l'oubli des quelques minutes, pendant lesquelles Serge Diaghilev, les larmes aux yeux, récitait du Pouchkine [88] – après la première du *Sacre du Printemps* au bord du lac au Bois de Boulogne.

Stravinski est un génie et, comme le déclarait récemment Picasso, les génies sont des monstres, bien que des monstres adorables, sans lesquels on ne pourrait pas vivre.

---

87. Cocteau aborde ce rejet du *Sacre du printemps* de Stravinski dans *Le Coq et l'Arlequin*, voir texte 33.

88. Pour l'évocation de Pouchkine par Diaghilev et Stravinski à la suite du « scandale » du *Sacre du printemps*, voir texte 23 et l'appendice intitulée « Le Sacre du printemps » du *Coq et l'Arlequin* (texte 33).

TEXTES NON DATÉS

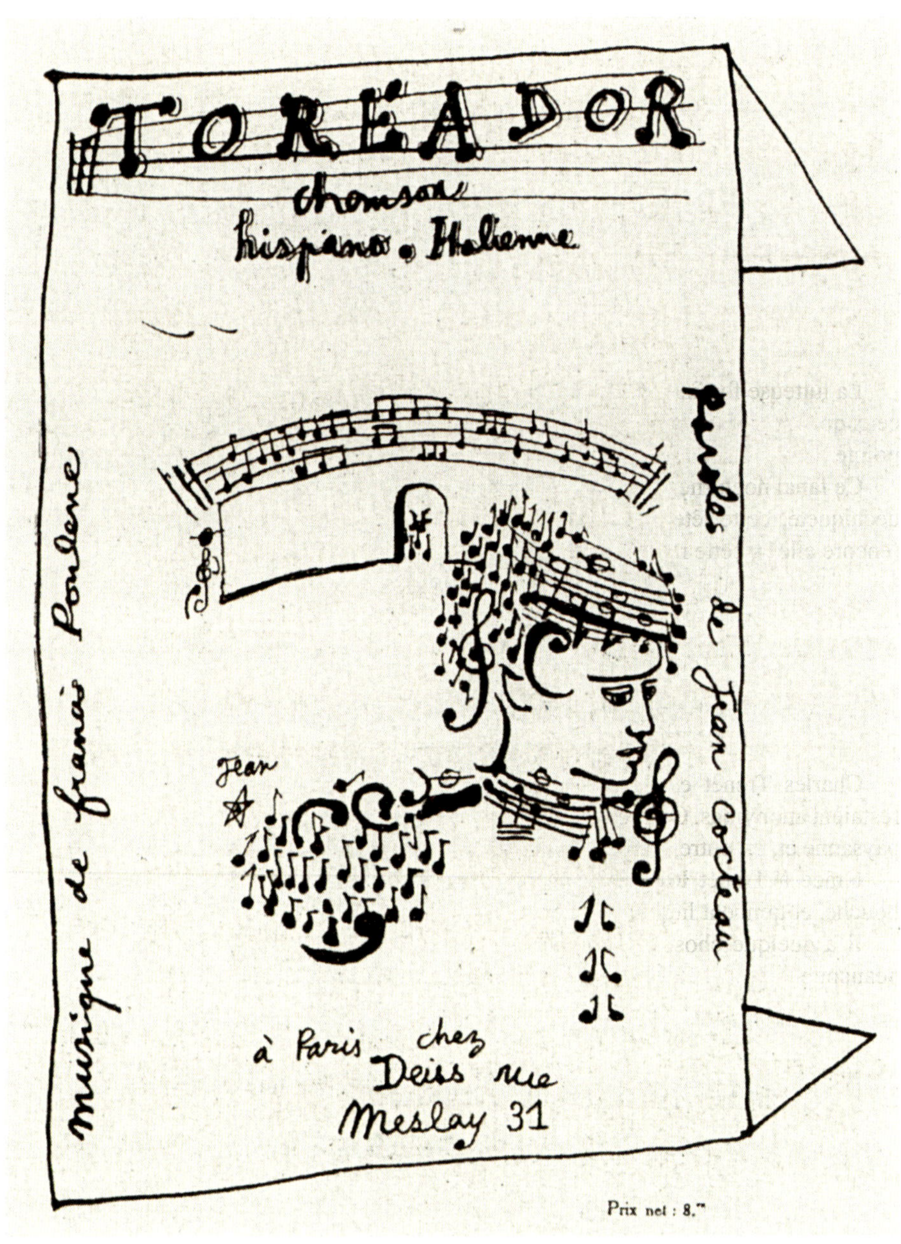

125. *Toréador*, chanson hispano-italienne de Francis Poulenc, couverture de la partition, Paris, R. Deiss, 1933.

305

MARIANNE OSWALD *

La lutteuse foraine, la forte, la faible, l'enfant qui boude et pleure de rage et insulte ceux qui passent sur la route et suce un sucre d'orge rouge jusqu'à ce qu'il devienne une pointe dangereuse, une arme de mort. Cette Marianne !

Ce fanal nocturne, ce mégot impossible à éteindre sous le talon, ce bonnet phrygien déchiqueté, cette tête au bout d'un pique promenée en triomphe par une tricoteuse (encore elle !), cette rose dans les ténèbres, cette grosse colombe poignardée !

306

TEXTE LU À MME ARTAUD **
COLUMBIA (PUBLICITÉ)

Charles Trenet est le premier auteur célèbre d'airs célèbres. Jadis ces auteurs restaient anonymes. C'est un troubadour. *Je chante* est son histoire. Il possède une force paysanne et, en outre, le mystère du Gilles de Watteau [1] ou de Harpo Marx [2].

Grâce à Trenet les poètes morts descendent dans la rue, passent de bouche en bouche, et tiennent lieu de Rouget de l'Isle [3].

Il a quelque chose de singulier et de pluriel. Il est intime et national. Je l'aime beaucoup.

Jean Cocteau

---

* « Marianne Oswald », manuscrit (2 ff.) conservé au Musée des lettres et des manuscrits à Paris.

** « Texte lu à Mme Artaud / Columbia (publicité) », manuscrit (1 ff.) conservé à la BHVP.

1. Comparaison avec le Gilles de Watteau déjà esquissée dans texte 139.

2. Harpo Marx, né Adolph Marx (1888-1964), acteur comique américain faisant partie du trio des Marx Brothers.

3. Cocteau fait allusion à l'auteur de *La Marseillaise*, Claude Rouget de l'Isle (1760-1836), pour suggérer que les chansons de Charles Trenet constituent une ressource inépuisable de l'identité française.

307

Wiéner et Wiéner *

Qu'un pianiste unique devienne deux, voilà un prodige de la machine. Grâce à l'ingénieur Charlin[4], Jean Wiéner, pareil aux dieux de l'Inde, se trouve enrichi de quatre mains[5]. Il le fallait, sans doute pour ressusciter notre jeunesse et les musiques émouvantes qui furent sa base sonore.

On dirait que le fantôme de Doucet est venu s'asseoir auprès de son camarade ; mais non, c'est Wiéner seul qui nous enchante et de ses quatre mains mystérieuses réveille la Princesse endormie, dont le charme grave précédait les troupes savantes du jazz dur de notre époque.

Faites ce rêve : un pianiste incomparable joue. Ensuite il improvise, et de ce mélange naît au monde le monstre délicieux que « Les Discophiles français » vous présentent.

308

Paris
L'auréole des chansons **

Paris est de toutes les villes la moins modeste. Il est presque impossible d'ouvrir le poste de radio sans entendre Paris se louer par l'entremise d'une chanson.

Paris ! Paris ! La Seine ! La Tour Eiffel ! Les gosses de Paris ! Montmartre ! Montrouge ! Les soirs de Paris ! Les gosses de Paris !

Paris charge ses grandes filles, de Mistinguett à Gréco, d'une publicité qui serait insupportable si elle ne répondait pas à l'ivresse naïve d'un visage qui constate sa beauté dans une glace.

Le narcissisme de Paris a, à peu près, créé au loin une ville imaginaire et qui offre, sans doute, quelque ressemblance avec la nôtre puisque j'ai vu, en Égypte, des Français chavirés par un jeune chanteur de charme évoquant des berges, des guinguettes, des couples d'amour qui n'existent que dans un univers de rimes et de songes.

Et voilà le rôle de ce disque. Il fallait fixer de Paris une image faite de ce plus vrai que le vrai qui transcende la réalité dans le chef-d'œuvre et la résume de telle sorte qu'elle dégage la lumière mystérieuse des auréoles.

---

*« Wiéner et Wiéner », préface au dos des pochettes de quatre disques intitulés *Wiéner et Wiéner. 1. Tangos et danses brésiliennes. 2. Fox et valses. 3. Valses et slows, 4. Deux slows et vieux airs de France*, édites par « Les Discophiles français », s.d. Ce texte est postérieur à 1950, année du décès de Clément Doucet.

4. André Charlin (1903-1983), ingénieur du son et inventeur, développe la technique de la stéréophonie à partir du milieu des années 1930.

5. Grâce à la technique de la stéréophonie, les enregistrements de Jean Wiéner donnent à présent l'impression de morceaux joués à quatre mains.

** « Paris. L'auréole des chansons », texte au verso de la pochette du disque intitulé *Paris. Les plus célèbres succès français par Eddie Barclay et son orchestre*, 25 cm., 33 tours, Barclay 82.013 Standard. Comprend dix-huit titres et une illustration de Cocteau.

Le Paris des chansons n'est-il pas l'auréole de cette sainte Geneviève qui nous sauve toujours à la dernière minute ? Et l'accordéon n'est-il pas l'orgue de notre messe d'action de grâce ?

309

[José Sicco] *

Comme les marchands de guimauve à la foire José Sicco[6] tire de son accordéon une belle pâte délicieuse de musique.

310

[Les compagnons de la chanson] **

N'est-il pas adorable de voir, chez Les Compagnons de la chanson, la fièvre et le désordre de la vingtième année devenir ordre et rythme sans rien perdre du feu de la jeunesse.

* « [Sans titre] », texte manuscrit reproduit en fac-similé au recto de la pochette du disque *José Sicco : Accordéon aux Champs-Élysées*, 17 cm., 45 tours, RGM, EP 10112 Medium.

6. José Sicco (1922-2013), accordéoniste populaire des années 1960 et 1970.

** « [Sans titre] », manuscrit reproduit en fac-similé dans le programme *Édith Piaf présente Les Compagnons de la chanson sur un texte de Jean Cocteau dit par Maurice Escande*, Entr'acte, s.d.

126. « Le Guitariste », dans *Les Feuilles libres*, n°30, décembre 1922-janvier 1923.

127. Arthur Rubinstein, pianiste, [vers 1930], collection privée.

INDEX DES NOMS

Remarques préliminaires

Les noms de personnes figurant dans les textes de Cocteau et dans les notes sont indexés, à l'exception des noms faisant partie de références bibliographiques.

Les patronymes sans prénom sont suivis de la qualification de la personne, par exemple : Boda (clown).

Les nombres en italiques placés en fin de ligne renvoient aux pages des illustrations.

Pour les noms cités sur plusieurs pages, les nombres en gras indiquent l'endroit où se trouvent la ou les notices explicatives principales.

128. « Isadora débute », dans Jean Cocteau, *Portraits-Souvenir*, Paris, Grasset, 1935.

INDEX DES ŒUVRES

Remarques préliminaires

Seuls les œuvres musicales, ballets et chansons figurant dans les textes de Cocteau et dans les notes sont indexées, de même que les pièces de théâtre avec accompagnement musical. Les œuvres littéraires et les films ne le sont pas.

Les œuvres sont suivies du nom de leur compositeur dans le cas où leur titre est également un nom de genre, par exemple : *Ballade* (Chopin), *Ballade* (Fauré).

Les nombres en italiques, placés en fin de ligne, renvoient aux pages des illustrations.

Pour les titres cités sur plusieurs pages, les nombres en gras indiquent l'endroit où se trouvent la ou les notices explicatives principales

CAHIER D'ILLUSTRATIONS

1. Affiche du Ballet russe : Nijinski, 1911,
collection Séverin Wunderman – Musée Jean Cocteau à Menton.

2. Affiche du Ballet russe : Karsavina, 1911,
collection Séverin Wunderman – Musée Jean Cocteau à Menton.

3. *Cantate*, couverture du programme de la création de l'œuvre d'Igor Markevitch au Théâtre Pigalle le 4 juin 1930.

4. *La Création du monde*, s.d., collection privée. Ce dessin illustrant une reprise du ballet de Darius Milhaud sur un livret de Blaise Cendrars (créé le 25 octobre 1923 au Théâtre des Champs-Élysées) a été réalisé pour un enregistrement des années 1950.

5. Faune musicien, [1957-1958], collection privée.

6. Affiche du Festival de musique de Menton, [1956],
collection Séverin Wunderman – Musée Jean Cocteau à Menton.

7. « L'éternelle Salomé [de Richard Strauss] », dans *Le Témoin*, 28 mai 1910.

8. *La Voix humaine*, couverture de la partition pour chant et piano de Francis Poulenc, Paris, Éditions musicales Ricordi, 1959, collection privée.

129. Paganini « Nice », 1959, collection privée.

TABLE DES MATIÈRES

JEAN COCTEAU
ÉCRITS SUR LA MUSIQUE

Dans la même collection (suite de la page 2)

Camille Saint-Saëns, *Écrits sur la musique et les musiciens 1870-1921*, par Marie-Gabrielle Soret, 2012, 1172 pages.

Liszt et la France : musique, culture et société dans l'Europe du XIXe siècle, sous la direction de Malou Haine, Nicolas Dufetel, Dana Gooley et Jonathan Kregor, 2012, 616 pages.

Généalogies du romantisme musical français, sous la direction d'Olivier Bara et Alban Ramaut, 2012, 284 pages.

Le Conservatoire national de musique et de déclamation 1900-1930 : documents historiques et administratifs, par Anne Bongrain, 2012, 752 pages.

La symphonie dans la Cité : Lille au XIXe siècle, par Guy Gosselin, 2011, 504 pages.

Le style de Claude Debussy, par Sylveline Bourion, 2011, 514 pages.

Lettres de Franz Liszt à la princesse Marie de Hohenlohe-Schillingsfürst, née de Sayn-Wittgenstein, présentées et annotées par Pauline Pocknell, Malou Haine et Nicolas Dufetel, 2010, 464 pages.

Charles Koechlin, compositeur et humaniste, sous la direction de Philippe Cathé, Sylvie Douche et Michel Duchesneau, édité par Marie-Hélène Benoit-Otis, 2010, 610 pages.

Composer au XXIe siècle : pratiques, philosophies, langages et analyses, sous la direction de Sophie Stévance, 2010, 206 pages.